清餘姚邵氏本爾雅正義

第一册

清 邵晉涵撰

山東省圖書館藏清乾隆五十三年餘姚邵氏面水層軒刻本

山東人民出版社·濟南

U0784803

圖書在版編目（CIP）數據

清餘姚邵氏本爾雅正義 /（清）邵晉涵撰 .— 濟南：山東人民出版社，2024.3
（儒典）
ISBN 978-7-209-14269-4

Ⅰ.①清… Ⅱ.①邵… Ⅲ.①《爾雅》- 注釋 Ⅳ.① H131.2

中國國家版本館 CIP 數據核字（2024）第 036329 號

項目統籌：胡長青
責任編輯：劉一星
裝幀設計：武　斌
項目完成：文化藝術編輯室

清餘姚邵氏本爾雅正義
〔清〕邵晉涵撰

主管單位　山東出版傳媒股份有限公司
出版發行　山東人民出版社
出 版 人　胡長青
社　　址　濟南市市中區舜耕路517號
郵　　編　250003
電　　話　總編室（0531）82098914
　　　　　市場部（0531）82098027
網　　址　http://www.sd-book.com.cn
印　　裝　山東華立印務有限公司
經　　銷　新華書店

規　　格　16開（160mm×240mm）
印　　張　72.5
字　　數　580千字
版　　次　2024年3月第1版
印　　次　2024年3月第1次
ISBN　978-7-209-14269-4
定　　價　174.00圓（全四册）
如有印裝質量問題，請與出版社總編室聯繫調换。

《儒典》選刊工作團隊

學術顧問　杜澤遜　李振聚　徐　泳

項目統籌　胡長青

責任編輯　劉　晨　劉嬌嬌　張艷艷

呂士遠　趙　菲　劉一星

前言

中國是一個文明古國、文化大國，中華文化源遠流長，博大精深。在中國歷史上影響較大的是孔子創立的儒家思想，因此整理儒家經典、注解儒家經典，爲儒家經典的現代化闡釋提供权威、典范、精粹的典籍文本，是推進中華優秀傳統文化創造性轉化、創新性發展的奠基性工作和重要任務。

中國經學史是中國學術史的核心，歷史上創造的文本方面和經解方面的輝煌成果，大量失傳了。西漢是經學的第一個興盛期，除了當時非主流的《詩經》毛傳以外，其他經師的注釋後來全部失傳了。東漢的經解祇有鄭玄、何休等少數人的著作留存下來，其餘也大都失傳了。南北朝至隋朝興盛的義疏之學，其成果僅有皇侃《論語疏》幸存於日本。五代時期精心校刻的《九經》、北宋時期國子監重刻的《九經》以及校刻的單疏本，也全部失傳。南宋國子監刻的單疏本，我國僅存《周易正義》、《爾雅疏》、《春秋公羊疏》（三十卷殘存七卷）、《春秋穀梁疏》（十二卷殘存七卷），日本保存了《尚書正義》、《毛詩正義》、《禮記正義》（七十卷殘存八卷）、《周禮疏》（日本傳抄本）、《春秋公羊疏》（日本傳抄本）、《春秋正義》（日本傳抄本）。南宋兩浙東路茶鹽司刻八行本，我國保存下來的有《周禮疏》、《禮記正義》、《春秋左傳正義》（紹興府刻）、《論語注疏解經》（二十卷殘存十卷）、《孟子注疏解經》（存臺北「故宫」），日本保存有《周易注疏》《尚書正義》（凡兩部，其中一部被清楊守敬購歸）。南宋福建刻十行本，我國僅存《春秋穀梁注疏》、《春秋左傳注疏》（六十卷，一半在大陸，一半在臺灣），日本保存有《毛詩注疏》《春秋左傳注疏》。從這些情況可以看出，經書代表性的早期注釋和早期版本國内失傳嚴重，有的僅保存在東鄰日本。

鑒於這樣的現實，一百多年來我國學術界、出版界努力搜集影印了多種珍貴版本，但是在系統性、全面性和準確性方面都還存在一定的差距。例如唐代開成石經共十二部經典，石碑在明代嘉靖年間地震中受到損害，明代萬曆初年西安府學等學校師生曾把損失的文字補刻在另外的小石上，立於唐碑之旁。近年影印出版唐石經拓本多次，都是以唐代石刻與明代補刻割裂配補的裱本爲底本。由於明代補刻采用的是唐碑的字形，這種配補本難以區分唐刻與明代補刻，不便使用，亟需單獨影印唐碑拓本。

爲把幸存於世的、具有代表性的早期經解成果以及早期經典文本收集起來，系統地影印出版，我們規劃了《儒典》編纂出版項目。

《儒典》出版後受到文化學術界廣泛關注和好評，爲了滿足廣大讀者的需求，現陸續出版平裝單行本。共收録一百十一種元典，共計三百九十七册，收録底本大體可分爲八個系列：經注本（以開成石經、宋刊本爲主。開成石經僅有經文，無注，但它是用經注本删去注文形成的）、經注附釋文本、纂圖互注本、單疏本、八行本、十行本、宋元人經注系列、明清人經注系列。

《儒典》是王志民、杜澤遜先生主編的。本次出版單行本，特請杜澤遜、李振聚、徐泳先生幫助酌定選目。

特此説明。

二〇二四年二月二十八日

目録

第一册

第二册

爾雅正義序

文淵閣校理翰林院編修加三級教習庶吉士充國史館纂修官邵晉涵撰

上古結繩爲治後世聖人易之以書契百工以乂萬品以察由是成命百物序三辰以固民至於成周文章大備訓詁日滋元聖周公始作爾雅以觀政辨言周室既衰羣言淆亂折衷至聖六蓺以彰七十子之徒發明章句增成其義傳爾雅三篇其爲書也重辭累言而意恉同受依聲得義而假借相成宮室器用之度歲時星辰之行州野山川之列艸木蟲魚鳥獸之散殊或因事以

爲名或比類以合誼其事則覩指而可識其形則隨象而可見通貫六書發揮六藝聚類同條雜而不越敷繹聖訓則天地萬物之情著矣揚於王廷則宣教明化之用遠矣漢初經始萌芽爾雅嘗立博士厥後五經竝立其業益顯通才達儒依於爾雅傳釋典藝沈潛乎訓詁洞徹其指歸故用日少而畜德多三十而五經立矣魏晉以降崇尚虛無說經者務爲鑿空憑臆違離道本爾雅之學殆將廢墜唯郭景純明於古文研覈小學擇撢羣蓺博綜舊聞爲爾雅作註援據經傳以明故訓之隱

滯旁采謠諺以通古今之異言制度則準諸禮經藪澤則測其地望詮度物類多得之目驗故能詳其形聲辯其名實詞約而義博事覈而旨遠葢舊時諸家之註未能或先之也爲之疏者舊有孫炎高璉二家今皆不傳邢氏疏成於宋初多掇拾毛詩正義掩爲已說閒采尚書禮記正義復多闕略南宋人已不滿其書後取列諸經之疏聊取備數而已晉涵少蒙義方獲受雅訓長涉諸經益知爾雅爲五經之錧鎋而世所傳本文字異同不免譌舛郭註亦多脫落俗說流行古義寖晦爰据唐

石經暨宋槧本及諸書所徵引者審定經文增校郭註
仿唐人正義繹其義蘊彰其隱賾竊以釋經之體事必
擇善而從義非一端可盡漢人治爾雅若舍人劉歆樊
光李巡孫炎之註遺文佚句散見羣籍梁有沈旋集註
陳有顧野王音義唐有裴瑜註徵引所及僅存數語或
與郭訓符合或與郭義乖違同者宜得其會通異者可
博其旨趣今以郭氏爲主無妨兼采諸家分疏於下用
俟辯章譬川流而滙其支瀆非木落而離其本根也郭
註體崇矜愼義有幽隱或云未詳今考齊魯韓詩馬融

鄭康成之易註書註以及諸經舊說會稡羣書尚存梗槩取證雅訓辭意瞭然其跡涉疑似仍闕而不論確有据者補所未備附尺壤於崇邱勉千慮之一得所以存古義也郭氏多引詩文爲證陋儒不察遂謂爾雅專用釋詩今据易書周官儀禮春秋三傳大小戴記與夫周秦諸子漢人撰著之書遐稽約取用與郭註相證明俾知訓詞近正原於制字之初成於明備之世久而不墜遠有端緒六藝之文曾無隔閡所以廣古訓也聲音遞轉文字日孳聲近之字義存乎聲自隸體變更韻書割

裂古音漸失因致古義漸湮今取聲近之字旁推交通申明其說因是以闡揚古訓辨識古文遠可依類以推近可舉隅而反所以存古音也艸木蟲魚鳥獸之名古今異稱後人輯爲專書語多皮傅今就灼知副實者詳其形狀之殊辨其沿襲之誤其未得實驗者擇從舊說以近古爲徵不敢爲億必之說猶郭氏志也惟是受性顓愚識限方域麤事編輯固陋是虞維時

盛治右文翊經惇學秘籍鴻章彙昭壁府幸得以管闚錐指之學觀書石室聞見所資時有增益歲在旃蒙協

洽始具簡編舟車南北恒用自隨意有省會仍多點竄十載於兹未敢自信而中年意思零落性多遺忘耳目所接時或失焉抱殘守獨凛凛乎以不克聞過爲懼勉出所業就正當世俊哲洪秀偉彥之倫叩其兩端匡厥紛繆企而望之

爾雅正義目

肥酉重校

爾雅正義目

琉璃廠西門內金陵
文炳齋劉德文鐫刻

爾雅正義卷第一

文淵閣校理翰林院編修加三級教習庶吉士充國史館纂修官邵晉涵撰集

爾雅序

【正義】爾雅所爲作者正名協義究洞聖人之微恉俾學者軌於正道也劉熙釋名云爾雅爾昵也昵近也雅義也義正也五方之言不同皆以近正爲主也艮以齊音楚語風氣區分啣口合脣短長互異不有會通曷窺旨要雖會萃夫殊言必統彙於雅訓故張晏漢書註亦曰爾近也雅正也漢世毛公作詩詁訓傳孔穎達疏云毛以爾雅之作多爲釋詩而篇有釋詁釋訓故依爾雅訓而爲詩立傳此言毛傳依於爾雅也後儒學不師古虛造不可知之說猥曰爾雅專爲釋詩而作或又曰爾雅掇拾傳註而成書持論踳駁殊無實證何則字有定義物有正名六蓺之文同條共貫豈得謂易書春秋禮經之訓釋有異於詩夫文字既彰即有訓釋周官保氏掌養國子八歲入小學師儒講習學僮諷書必有正業爾雅

者古人小學之書也小學明則六經之文皆字順詞治周末漢初諸儒釋六經者悉依爾雅豈得先有諸儒傳詁然後掇拾以成爾雅乎漢書藝文志云書者古之號令號令於衆其言不立具則聽受施行者弗曉古文讀應爾雅故解古今語而可知也是則古今異語必先通乎爾雅廼能得其大義析其微言王充論衡是應篇云爾雅之書五經之訓故劉勰宗經篇云書實紀言而訓詁茫昧通乎爾雅則文義曉然詩主言志訓詁同書斯皆通人之論異乎私智穿鑿便辭巧說乖離經傳者大戴禮記小辨篇云公曰不辨則何以爲政子曰爾雅以觀於古足以辨言矣張揖以爲卽今爾雅觀古辨言以正天下民聽不惑政協於中後之學者欲辨識古文必自爾雅始。作爾雅者先儒迄無定論張揖上廣雅表云昔在周公纘述唐虞宗翼文武剋定四海勤相成王踐阼理政日昃不食坐而待旦德化宣流越裳來貢嘉禾貫桑六年制禮以導天下著爾雅一篇以釋其義傳于後學歷載五百墳典散落唯爾雅獨存是以爾雅爲周公所作今考周公賦憲受臚作謚法解其訓釋字義云勤勞也肇始也怙恃也典常也康虛也惠愛也綏安也考成也懷思也俱與爾雅同義是周公作爾雅之證也張揖又云今俗所傳三篇爾雅或言仲尼所增或言子夏所益今按孔子作十翼以贊周易彖傳云師衆也比輔也晉進也遘遇也序卦傳云師者衆也履者禮也頤者養也晉者進也遘者遇也震者動也聖義闡數式昭雅訓是孔子增修爾雅之證也發明章句始于子夏儀禮喪服傳爲子夏所作其親屬稱謂與爾雅釋親同世所傳子夏易傳或云僞託至於經典釋文李鼎祚集解所徵引者如云元始也芾小也觀象玩辭必求近正是子夏增益爾雅之證也張揖又云或言叔孫通所補或言制郡梁文所考今按爾雅之文間有漢儒增補如釋地八陵云雁門是也釋山云泰山爲東嶽華山爲西嶽霍山爲南嶽恒山爲北嶽嵩高爲中嶽釋獸鼳鼠下云秦人謂之小驢疑皆漢初傳爾雅者所附益後儒遽以此爲爾雅作自漢儒則非也然則爾雅之作究屬何人竊以漢世大

儒惟鄭康成囊括大典網羅衆家審六藝之指歸翊古文之正訓其駮五經異義云元之聞也爾雅者孔子門人所作以釋六藝之言蓋不誤也今由鄭君之言繹之公羊穀梁皆孔子門人其訓釋字義悉符爾雅是則爾雅者始於周公成於孔子門人斯爲定論粤自讃易正樂垂爲六經門弟子身通六藝共撰微言申以訓釋爾雅既著六經以彰周末學校既廢小學不講是非無正人用其私經訓就衰鉤釽析亂故七十子喪而大義乖。爾雅所以分篇者孔穎達詩疏云詁訓者釋古今之異辭辨物之形貌釋親已下皆指體而釋其別亦是詁訓之義是則爾雅每篇皆謂之釋者並是詁訓之義也釋詁釋言釋訓所以通其語言釋親以正其親屬釋宮辨居室之度釋器辨用物所宜釋樂連屬於釋器者以作樂之器亦爲器也釋天辨歲時月星之名釋地辨九州四極之域釋丘釋山釋水因釋地而類及之也釋艸釋木釋蟲釋魚釋鳥釋獸釋畜或别其異名或詳其形體俾學者多識不惑遇物能名也漢書藝文志作三卷二十篇

今所傳本止十九篇陸德明經典序錄云釋詁一篇
蓋周公所作釋言以下或言仲尼所增子夏所足叔
孫通所益梁文所補張揖論之詳矣案張揖謂周公
著爾雅一篇今所傳三篇爲後人增補是張揖所謂
篇即後人所謂卷猶云周公所作祇一卷後人增補
廼有三卷耳陸氏乃以張揖所謂篇即班固所謂篇
遂以周公所作者爲二十篇之一殆考之不審以致
斯誤其實諸篇之目皆周公所定七十子之徒每篇
有增益也但考諸書之徵引爾雅者似有佚句而無
闕篇班固所言篇第今莫可考其佚句之見於諸書
者許叔重說文解字引爾雅云㾜薄也易疏引爾雅
云柤謂之梏械謂之桎詩疏引釋言云斯盡也又引
爾雅無夫無婦並謂之寡丈夫曰索婦人曰嫠左傳
疏引釋詁云由用也禮記疏引釋詁云隱痛也周禮
疏引爾雅云極中也山足曰麓飛曰雌雄走曰牝牡
史記集解引爾雅云四尺謂之仞倍仞謂之尋史記
索隱引爾雅云顏額也怵猶狃也婁女謂之須女熒
惑謂之執法後漢書註引爾雅云覺視也檝謂之橈

文選註引爾雅云劭美也邀遮也摟牽也棘戟也芥草也翦舉也葢戴覆也太平寰宇記引爾雅云沮洳也諸書所引有出於小爾雅者有出於方言者有其文不似爾雅者或所見本異或傳寫之譌○傳爾雅者漢初諸儒授受不絕故賈董之書訓釋經文悉符雅義至於太史公受尚書於孔安國其爲本紀世家徵引尚書者輒以訓詁之字闡繹經義悉依於爾雅以堯典一篇考之如協和萬邦作合和萬國釋詁云協合也欽若昊天作敬順昊天釋詁云欽敬也釋言云若順也歷象日月星辰作數法日月星辰釋詁云歷數也宅嵎夷作居郁夷釋言云宅居也寅賓出日作敬道日出釋詁云寅敬也厥民析作其民析釋言云厥其也允釐百工作信飭百官釋詁云允信也庶績咸熙作衆功皆興釋詁云庶衆也績功也咸皆也熙興也共工方鳩僝功作共工旁聚布功釋詁云鳩聚也有能俾乂作有能使治者釋詁云俾使也乂治也方命圮族作負命毀族釋詁云圮毀也師錫帝曰作衆皆言於堯曰釋詁云師衆也帝曰俞作堯曰然

釋言云俞然也克諧以孝作能和以孝釋言云克能也釋詁云諧和也不格姦作不至姦釋詁云格至也釐降二女于嬀汭作飭下二女於嬀汭釋言云降下也乃日覲四岳羣牧作日見四嶽諸牧釋詁云覲見也惟刑之謐哉作惟刑之靜哉釋詁云謐靜也詢于四岳作謀於四嶽釋詁云詢謀也惇德允元作行厚德釋詁云惇厚也而難任人作遠佞人釋詁云任佞也惟時懋哉作維是勉哉釋詁云時是也茂勉也讓于稷契暨皋陶作讓於稷契與皋陶釋詁云暨與也黎民祖飢作黎民始飢釋詁云祖始也疇若予工作誰能馴予工釋詁云疇誰也歌永言作歌長言釋詁云永長也命汝作納言作命汝爲納言釋言云作爲也其餘謨貢誓範莫不皆然古者傳以釋經史遷所訓釋葢即孔安國書傳而孔傳本於爾雅則知古人釋經未有舍爾雅而別求字義者後儒不察徒見毛公有詁訓傳遂以爲爾雅掇拾毛傳豈爲篤論與毛傳於爾雅間有未采鄭箋爲補其遺兩漢小學之書惟許氏說文解字悉宗雅訓或與雅訓互相證明惟

其得爾雅之傳故能明六書之情也。註爾雅者經典序錄有犍爲文學註諸書多引作犍爲舍人或作舍人文選註間稱爲郭舍人疑卽一人也有劉歆註陸氏謂與李巡正同今散見諸書者不盡同於李巡有樊光註陸氏引沈旋之說疑非光註案詩疏所引有某氏註左傳疏引樊光之註與某氏註同則某氏疑卽樊光然詩疏亦間引樊光註與某氏互見其爲一人與否疑未能定也有李巡註孫炎註皆在郭氏以前也梁有沈旋集註則在郭氏以後也其爲序錄所未及引者有鄭康成註見周禮疏然康成傳不言其註爾雅其卽鄭志引爾雅而釋之後人遂以爲康成爾雅之註與郭註引謝氏之說考序錄有陳國子祭酒謝嶠撰爾雅音在郭氏之後是郭註所引謝氏究莫明其爲何人今所傳郭註字句多脫落或後人取謝嶠之說淆入郭註與諸家之註散見諸書者亦無完本唯郭註尚存今依郭註爲正序者釋名云敘杼也杼敘其實宣見之也夫爾雅者所以通詁訓之指歸敘詩人之興詠總絕代之離詞辯同實而殊號者也【正義】此敘述作書之恉也書契既興即有訓詁許氏說文敘云倉頡之初蓋依類象形故謂之文其後形聲相益即謂之字字者言孳乳而浸多也著於竹帛謂之書書者如也是則文字日滋聲音遞變六蓺之文非通其訓詁末由得其指歸故周公作爾雅所以通詁訓之指歸也自周衰文敝即有私立詁訓如墨子經篇體仿爾雅又演爲經說以自申釋其義其訓釋字名實陰以濟其兼愛之說曼辭假詭將使詁訓不明於天下故孟子欲正人心先距邪說邪說不息則周公孔子之道不著雅者正也通乎爾雅不爲邪說所淆庶語言正而人心胥得其正矣敘詩人之興詠者謂七十子之所增益也子曰小子何莫學夫詩又曰不學詩無以言不爲則等諸面牆可言則歎爲起予六蓺之傳詩教最遠七十子之徒諷詠講習爾雅每篇皆有增益其顯著者如釋詁云關關雝

噰音聲和也釋言云烝塵也戎相也飫私也孺屬也以釋小雅常棣之文釋訓引淇澳之詩而釋之又引既微且尰是刈是濩履帝武敏張仲孝友有客宿宿有客信信其虛其徐猗嗟名兮式微式微徒御不驚釋天引是類是禡既伯既禱乃立冢土戎醜攸行振旅闐闐釋畜引既差我馬其餘散文錯見者多爲毛傳韓詩內傳鄭箋薛君章句所資取釋訓云子子孫孫引無極也顒顒卬卬君之德也則釋詩人興喻之意不專釋字義也總絕代之離詞者世代遼遠文辭漸變古人輯洽之辭後人讀之或苦其詘屈譬諸疆域所分聲音即異故必總而彙之使相通也劉歆與揚雄書云採集先代絕言異國殊語郭氏方言序云考九服之逸言標六代之絕語類離詞之指韻明乖途而同致是也辯同實而殊號者釋詁有三十九字而同一義者郭氏引尸子云十餘名而同一實艸木蟲魚鳥獸多別其二名釋器云繴謂之罿罿罬也罬謂之罦罦覆車也廣五名也釋艸云唐蒙女蘿女蘿菟絲又云蒙玉女廣四名也張揖云夫爾雅之爲書

也文約而義固其㪚道也精研而無誤眞七經之檢度學問之階路儒林之模素也陸德明序錄云爾雅者所以訓釋五經辨章同異皆言作此書之恉也

誠九流之津涉六藝之鈐鍵學覽者之潭奧摛翰者之華苑也

正義 此敘述爾雅之用也九流者漢書藝文志有儒家者流道家者流陰陽家者流法家者流名家者流墨家者流從橫家者流雜家者流農家者流小說家者流其敘云諸子十家其可觀者九家而已皆起於王道既微諸侯力政時君世主好惡殊方是以九家之說蠭出竝作各引一端崇其所善以此馳說取合諸侯其言雖殊辟猶水火相滅亦相生也仁之與義敬之與和相反而皆相成也易曰天下同歸而殊塗一致而百慮今異家者各推所長窮知究慮以明其指雖有蔽短亦六經之支與流裔使其人遭明王聖主得其所折中皆股肱之材已仲尼有言禮失而求諸野方今去聖久遠道術缺廢無所更索彼九家者不猶瘉於野乎若能修六蓺之

術而觀此九家之言舍短取長則可以通萬方之畧矣是九家各有蔽短然其時去聖未遠語言不盡乖雅訓故郭氏於管子晏子春秋尸子呂氏春秋淮南王書並引以爲證以是推之雖莊周墨翟之書有一言之可採者亦在所不廢也六蓺之鈐鍵者漢書蓺文志凡六蓺一百三家舍爾雅無以通六蓺漢河間獻王所上樂記其書最古如云紹繼也夏大也悉同雅訓漢人傳註久多淪墜今就遺文佚句可考者如孟喜京房之易傳馬融之書註禮註杜子春鄭衆鄭興之註周禮賈逵服虔之註左傳俱禀承爾雅訓釋經言後人徒見毛傳鄭箋多本爾雅遂謂爾雅專爲釋詩殆未及博考也學覽者之潭奥者學於古訓瀏覽篇章必先明小學漢人小學之書倉頡篇多散見諸書所徵引如廷直也革戒也赦舍也樂喜也戢聚也阬壑也皆與雅訓相傳合至於說文解字聯系引伸於爾雅之學得其會通若王充論衡應劭風俗通義雖非爾雅專家其所論著亦能引雅訓而發明之也摛翰者之華苑者漢書蓺文志凡詩賦百六家始

於屈原賦二十五篇郭氏釋天篇註引離騷云攝提貞於孟陬以證正月爲陬又蜺爲挈貳註云蜺雌虹也見離騷𥷑雨謂之涷註曰離騷云令飄風兮先驅使涷雨兮灑塵是也釋草卷施草註云宿莽也離騷云俱引屈原賦之文以爲證佐蓋自王子朝奉周之典籍以奔楚左史猗相能讀墳典丘索之書豪傑之士楚產北學說周公仲尼之道江漢以南風氣日開屈原賦雖雜楚音不乖雅訓故郭氏有取焉後人不察轉謂爾雅言𥷑雨以釋離騷之涷雨作爾雅者在離騷以後豈知涷雨之名亦見淮南王書將謂爾雅在淮南以後乎漢儒傳習之書多亡於永嘉之亂而儒者摛翰尚知宗尚雅訓今欲疏通爾雅不得不引漢人摛翰以相證明如奢者勝也孟勉也据見在所傳經典求其本文無可互證張衡西京賦云麗美奢乎許史奢者勝也班固幽通賦云盍孟晉以迨羣孟者勉也豈可謂爾雅勝也勉也之訓專爲班固張衡之賦而作乎又豈可謂爾雅之作在班固張衡之後乎斯又不辨而自明矣**若乃可以博物**

不惑多識於鳥獸草木之名者莫近於爾雅言通【正義】此爾雅者不遺於鳥獸草木也爾雅為詁訓之書鳥獸草木亦詁訓之類禹貢間及鳥獸草木以別土宜夏小正月令以別時候爾雅所釋不專主於詩也然學詩者必多識於鳥獸草木之名淮南泰族訓云關雎興於鳥而君子美之為其雌雄之不乖居也鹿鳴興於獸而君子大之取見食而相呼也然則使學詩者不知鳴鳩之為王雎鹿之有麌麀則無由知其雌雄之不乖得食之相呼即無以通君子好逑燕樂嘉賓之意故多識鳥獸草木之名所以得興觀羣怨之恉也唐代小學漸微遂以爾雅為註蟲魚之書失其本矣

爾雅者蓋興於中古隆於漢氏豹鼠既辯其業亦顯【正義】興於中古者張揖上廣雅表引春秋元命包言子夏問夫子作春秋不以初哉首基為始何是以知周公所造也然爾雅多引詩文後人疑為不盡出於周公令從鄭康成說定為孔子門人所作劉勰練字

篇云爾雅者孔徒之所纂而詩書之襟帶是本於漢儒之舊說也隆於漢氏者趙岐孟子題辭云孝文皇帝欲廣遊學之路論語孝經孟子爾雅皆置博士是爾雅在漢初嘗置博士矣豹鼠旣辯其業亦顯者郭氏釋獸篇註云鼠文彩如豹者漢武帝時得此鼠孝廉郎終軍知之賜絹百匹詳見釋獸太平御覽引漢舊儀云武帝初置博士取學通有修博識多藝曉古文爾雅能屬文章者爲之是漢武置五經博士必取通爾雅者爲之爾雅之業於玆顯矣

英儒贍聞之士洪筆麗藻之客靡不欽玩耽味爲之義訓璞不揆檮昧少而習焉沈研鑽極二九載矣雖註者十餘然猶未詳備竝多紛謬有所漏略

【正義】此郭氏論諸家之註因自明其作註之由也東京以後爾雅之學相傳不絕郭氏方言序云余少玩雅訓是郭氏少而習爾雅也郭氏長於小學今傳者有方言註其闕佚者有三倉解

詁皆因玩雅訓而旁及之者也地理之書謂犍爲郡烏尤有郭璞爾雅臺是其沈研鑽極用力最久故遺跡尚存郭氏自言十八年而成書則其書成於渡江以後也郭氏所見之註有十餘家今考陸氏經典序錄所載犍爲文學劉歆樊光李巡之外益以鄭康成爲六家其餘未之詳也六家之註今並闕佚不完其得失無由而定就諸書所徵引者附見各條或爲郭氏所本或爲郭氏所棄異聞奧義尚可見其梗概焉

是以復綴集異聞會稡舊說考方國之語采謠俗之志錯綜樊孫博關羣言剟其瑕礫搴其蕭稂事有隱滯援據徵之其所易了闕而不論別爲音圖用祛未寤

【正義】此郭氏自言作註之例也爾雅詁訓本於經傳至於草木蟲魚鳥獸非綴集異聞則不能得其形狀郭氏曲通洽見釋之特詳本草廣雅並爲採掇其諸經舊說通於爾雅者如毛傳鄭箋皆資引證不

必皆爾雅之舊註也考方國之語者郭氏方言序云蓋聞方言之作出乎輶軒之使所以巡遊萬國采覽異言車軌之所交人迹之所蹈靡不畢載以爲奏籍又云可不出戶庭而坐照四表不勞疇咨而物來能名故郭氏於方言多取以爲證也采謠俗之志者古音漸遠而四方謠俗之言轉有合於古音協於古義者郭氏引之如云江東呼病曰瘵江東通謂語爲行郭註成於江東故多引江東人語也錯綜樊孫者郭氏兼用舍人李巡之註而於樊光孫炎註用之較多其引樊光註者如釋草蘻狗毒引樊光云俗語苦如蘻釋畜回毛在膺宜乘引樊光云俗呼之官府馬其匡正孫炎註者如釋詁覭髳茀離也註云孫叔然字別爲義非矣釋蟲莫貈蟷蜋蛑註云孫叔然以方言說此義亦不了是也博關羣言剟其瑕礫搴其蕭根者郭氏好古文奇字故山海經穆天子傳皆爲之註及註爾雅則愼而取之不敢蔓有援引如釋地言西王母註不引山海經及穆天子傳誠以釋經宜於詳愼無取乎奇聞異說也事有隱滯援據徵之其所易

了闕而不論者郭氏引經傳及本草廣雅以證明隱滯其義之常行者不備釋也別爲音圖用祛未寤者陸氏敘錄郭有音一卷圖贊二卷今並不傳經典釋文間存郭氏之音孔疏采及音義至於草木禽獸郭註句中有圖圖雖亡猶可按註而得其形似也**輒復擁篲清道企望塵躅者以將來君子爲亦有涉乎此也**【正義】此郭氏有望於後人之補註也梁有沈旋集註唐有裴瑜註今俱散佚其偶見於諸書徵引者殊鮮精義唐以後人或撰新義或別爲之註或取草木蟲魚鳥獸自爲一書多意必之論無精覈之識學者病焉今所傳爾雅唯郭註最善

爾雅卷上【正義】漢書藝文志爾雅三卷是爾雅舊分三卷經典序錄郭璞註三卷是郭氏所分卷帙仍漢志之舊隋書經籍志作五卷疑兼音圖而言今本郭註俱作三卷此其舊題也**郭璞註**【正義】晉書列傳郭璞字景純河東聞喜人也璞好經術博學有高才而訥於言好古文奇字妙於陰陽歷算終

尚書郎記室參
軍贈宏農太守

釋詁第一

【正義】說文解字云：詁，訓故言也。古，故也。从十口，識前言者也。詩大雅蒸民云：古訓是式。鄭箋云：古訓，先王之遺典也。詁通作故，漢書藝文志書有大小夏侯解故，詩有魯故、齊后氏故、齊孫氏故、韓故、毛詩故訓傳。顏師古云：故者，通其指義也。釋文引樊光、李巡本皆作釋故，是也。先王遺典，由今言以通古義，故釋文引張揖雜字云：詁者，古今之異語也。陸德明誤會張揖之意，以此篇爲周公所作，餘爲後人增益，辨已見前矣。周公作爾雅，則篇目皆周公所定，而孔子門人每篇皆有附益以增成其義。即此篇亦有增益者，何以明之？古人字簡，多有假借，自文字日滋，遂不得不多所訓釋，如羕即永字之古文，而此篇云永、羕，長也；嵩爲崇字之或體，而此篇云嵩、崇，高也。是皆門人附益之證。密，靜也，前後重見，其不盡出於一人明矣。後人或引秦風不承權輿謂周公不應釋秦風以此疑爲非周公所作斯又不然逸周書已見權輿豈得謂周公之時無權輿之文乎況夫爾雅與六經相表裏據爾雅以釋六經而六經明引六經以證爾雅而爾雅明故郭氏每引經文所以證明爾雅也如謂先有郭氏所引之經而後有爾雅之義此不足與通古今之義矣此篇所釋始也君也大也其義相承餘迺錯舉而釋之

初哉首基肇祖元胎俶落權輿始也【注】尚書曰三月哉生魄詩曰令終有俶又曰俶載南畝又曰訪予落止又曰胡不承權輿胚胎未成亦物之始也其餘皆義之常行者耳此所以釋古今之異言通方俗之殊語

【正義】訓釋古今必有託始累辭相貫其義則同故先釋始之義也○初哉首基○初者說文云初裁衣之

始也此言造字之本意也經傳通用直以初爲始耳餘皆放此干寶周易爻義云位始故稱初夏小正云初者始也穀梁隱五年傳云初始也哉說文作才云艸木之始也古文哉俱作才如書云往哉汝諧張平子碑作往才汝諧是也詩大雅文王云陳錫哉周鄭箋哉始也左氏昭七年傳引作陳錫載周周頌云載見辟王毛傳載始也是哉通作載也首者方言云人之始生謂之首釋名云首始也呂氏春秋簡選篇以爲兵首高誘註首始也基者說文云基牆始築也周頌昊天有成命云夙夜基命宥密周語引此詩而釋之曰基始也○肇祖元胎○肇者說文作戹戸始開也夏小正云貍子肇遂肇始也逸周書諡法解云肇始也祖者說文云祖始廟也史記集解引尚書云黎民祖飢漢書食貨志亦引作祖飢史記五帝本紀作黎民始飢禮記孔子閒居云無以祖洽於衆也又聘禮記云出祖釋軷旣夕禮云有司請祖期鄭註將行而飲酒曰祖祖始也元者呂氏春秋造類篇元者吉之始也春秋繁露王道篇春秋何貴乎元而言之元

者始也說苑奉使篇引史䵣曰元者吉之始也漢書律歷志云元始也胎者漢書枚乘傳云福生有基禍生有胎孟康註云基胎皆始也本或作始爾風七月云殆及公子同歸毛傳殆始也孔疏以爲釋詁文○俶落權輿○俶者聘禮云俶獻無常數鄭註俶始也落者左氏昭七年傳云願與諸侯落之杜預註宮室始成祭之爲落權輿者逸周書周月解云是謂日月權輿大戴禮記誥志篇云孟春百草權輿是權輿二字連文

註 尚書至權輿○**正義** 尚書曰三月哉生魄者康誥文詩曰令終有俶者大雅旣醉文又曰俶載南畝者周頌載芟文又曰訪予落止者周頌訪落文又曰胡不承權輿者秦風權輿文今本作不承權輿疑有闕字以文義求之當以郭氏所引爲舊本也○胚胎至者耳○說文云胚婦孕一月也胎婦孕三月也文子九守篇三月而胚四月而胎淮南精神訓云一月而膏二月而胅三月而胎是胚胎未成亦物之始故衆經音義引爾雅舊註云胎始養也其餘皆義之常行者郭氏以人所易曉故不引書爲證舉以示

例也。此所至殊語。楊雄方言云皆古今語也初別國不相往來之言也今或同而舊書雅記故俗語不失其方而後人不知故爲之作釋也郭氏彼註以爲釋詁釋言之屬按華陽國志引揚雄自序云典莫大於爾雅作方言是方言倣爾雅而作故郭氏多引爲證

林烝天帝皇王后辟公侯君也【註】詩曰有壬有林又曰文王烝哉其餘義皆通見詩書【正義】此釋人君之號變文以著名題德以別操也荀子王制篇云君者善羣也春秋繁露滅國篇云君者不失其羣者也又云君者羣也漢書刑法志云從之成羣斯爲君矣白虎通義云君羣也羣下之所歸心也林與烝並釋爲君者白虎通義云林衆也此篇下文云烝衆也是林烝爲君與君羣也義同故漢書律歷志云林君也屈原天問云伯林雉經王逸註林君也平都相蔣君碑云於穆林烝實乾所生是漢人知宗雅訓也天者穀梁宣十五年傳云爲天

下主者天也繼天者君也帝者說文云帝諦也王天下之號也皇者說文云皇大也从自自始也始皇者三皇大君也王者說文云王天下所歸往也白虎通義云帝者天號王者五行之稱也何休公羊傳註云德合於元者稱皇德合於天者稱帝仁義合者稱王后者說文云后繼體君也象人之形施令以告四方故厂之从一口發號者君后也易姤卦象傳云后以施命誥四方又曲禮云天子之妃曰后孔疏引白虎通云后君也明配至尊爲海內小君天下尊故繫其王言之也辟者下文云辟法也言爲人所取法也穀梁文六年傳云士造辟而言是也公侯者白虎通義云所以名之爲公侯何公者通也公正無私之意也侯者候也候順逆也又云伯子男臣子於其國中襃其君爲公春秋曰葬齊桓公齊侯也尚書曰公曰嗟秦伯也詩云覃公維私覃子也春秋曰葬許繆公許男也禮大射經曰公則釋獲大射者諸侯之禮也伯子男皆在也王制孔疏云公侯伯子男五等之爵獨以侯爲名者以侯爲君又舉中而言故稱諸侯也謚

法解云德象天地曰帝靜民則法曰皇仁義所在曰王立制及衆曰公執應八方曰侯**註**詩曰至詩書○**正義**有王有林小雅賓之初筵文文王烝哉大雅文王有聲文其餘義皆見詩書者詩疏云板傳曰上帝以稱王者桑柔傳云昊天斥王然則王稱天稱帝詩之通義呂刑云皇帝清問下民商頌元鳥云商之先后周頌烈文云百辟其刑之小雅白駒云爾公爾侯皆義之常行者耳

弘廓宏溥介純夏幠厖墳嘏丕奕洪誕戎駿假京碩濯訏宇穹壬路淫甫景廢壯冢簡箌昄晊將業席大也

註詩曰我受命溥將又曰亂如此幠為下國駿厖湯孫奏假王公伊濯訏謨定命有壬有林厥聲載路既有淫威廢為殘賊爾土宇昄章緇衣之蓆兮廓落宇

宙穹隆至極亦爲大也𦘷義未聞尸子曰此皆大有十餘名而同一實【正義】此釋大之義也說文云天大地大人亦大故大象人形○弘廓宏溥○弘者易云含弘光大廓者方言云張小使大謂之廓衆經音義引孫炎云廓張之大也大雅皇矣云憎其式廓通作擴孟子云知皆擴而充之矣趙岐註擴廓也孫奭音義引丁公著云張大也宏者書盤庚云用宏茲賁孔疏引樊光云周禮曰其聲大而宏溥者禮記祭義云溥之而橫於四海○介純夏幠()介者方言云夰大也東齊海岱之間曰夰或曰幠夰介古通用晉六二云受茲介福于其王母虞翻註介大也純者周頌維天之命云文王之德之純毛傳純大也左傳疏云凡言純孝純臣者皆謂大孝大忠也夏者方言云自關而西秦晉之間凡物之壯大者而愛偉之謂之夏樂記云夏大也左氏襄二十九年傳云能夏則大大幠者天官腊人云幠胖之事後鄭云幠與大亦一也幠又詁曰大二者同矣賈疏以爲釋詁

文是幠本或作膴○厖墳假丕○厖者方言云厖深之大也又云自關而西秦晉之間凡大貌謂之幪或謂之厖說文云厖石大也左氏成十六年傳云民生敦厖杜註厖大也墳者方言云墳地大也青幽之間凡土而高且大者謂之墳小雅苕華云牂羊墳首魚藻云有頒其首毛傳頒大也孔疏云頒與墳字異音義同嘏者方言云秦晉之間凡物壯大謂之嘏或曰夏說文云嘏大遠也徐鍇繫傳云詩曰天錫公純嘏大遠之福也少牢饋食禮云以嘏于主人郊特牲云嘏大也丕者禹貢云三苗丕叙史記夏本紀作三苗大叙○奕洪誕戎○奕奕者小雅車攻云四牡奕奕文選註引韓詩云奕奕盛貌又通作亦周頌噫嘻云亦服爾耕鄭箋亦大也洪者洪範云不畀洪範九疇史記集解引鄭註以爲大道也漢書作鴻範洪鴻古字通用誕者邶風旄丘云何誕之節兮毛傳誕闊也闊與大義相成也大雅生民云誕彌厥月毛傳誕大也戎者方言云戎大也宋魯陳衛之間謂之嘏或曰戎周頌烈文云念茲戎功○駿假京碩○駿者大雅文

王云駿命不易通作浚皋陶謨云夙夜浚明有家釋文引馬融云浚大也又通作俊夏小正云時有俊風俊者大也假者方言云夏大也周鄭之間謂之假家人九五云王假有家陸績云假大也士冠禮云宜之于假鄭註假大也京者方言云京大也燕之北鄙齊楚之郊或曰京公羊桓九年傳云京者何大也穀梁文九年傳云京大也左氏莊二十二年傳云莫之與京碩者方言云齊宋之間曰巨曰碩說文云碩頭大也繫傳引詩云碩大且儼蹇上六云往蹇來碩通作石漢書律歷志云石大也○濯訏宇穹○濯者方言云濯大也荆吳揚甌之間曰濯商頌殷武云濯濯厥靈訏者方言云訏大也中齊西楚之間曰訏大雅生民云實覃實訏通作芋小雅斯干云君子攸芋毛傳芋大也鄭箋芋當作幠是芋又與幠通也宇者荀子非十二子篇矞宇嵬瑣楊倞註宇大也放蕩恢大也穹者文選註引韓詩云在彼穹谷薛君云穹谷深谷今小雅白駒篇作在彼空谷毛傳空大也是穹爲深而大也○王路淫甫○王通作任邶風燕燕云仲氏

任只毛傳任大也孔疏以爲釋詁文路者大雅皇矣
云串夷載路毛傳路大也淫者方言云遙淫也九疑
荆郊之鄙謂淫曰遙凡言遙遠者皆廣大也呂刑云
爰始淫爲劓刵椓黥以淫爲大也甫者後漢書註引
韓詩云東有甫草薛夫子章句云甫傳也有博大之
茂草也○景廢壯冢○景者士冠禮云介爾景福廢
者墨子非命篇廢以爲刑政壯者方言云秦晉之間
凡人之大謂之奘或謂之壯月令云養壯佼冢者書
疏引舍人云冢封之大也大雅緜云乃立冢土鄭註
天官冢宰云百官總焉則謂之冢列職於王則稱大
冢大之上也○簡菿眅晊○簡者盤庚云予其懋簡
相爾淮南俶真訓云壹簡以游太清高誘註簡大也
菿者說文云菿艸大也舊疏引韓詩云菿彼甫田本
於詩者釋文也玉篇引韓詩與釋文同毛詩作倬古字
通用說文云倬著大也大雅桑柔云倬彼昊天鄭箋
倬明大貌今本說文作菿艸大也菿艸木到後人所
竄易也眅者說文云眅大也繫傳云眅訓爲大當作
阪作眅亦假借也晊者史記索隱引樊光云郅可見

之大也疏本作郢○將業蓆○將者方言云將大也齊楚之郊或曰京或曰將商頌長發云有娀方將業者釋器云大版謂之業周頌有瞽云設業設簴蓆者說文云蓆廣多也【註】詩曰至蓆兮○【正義】我受命溥將商頌烈祖文亂如此憮小雅巧言文爲下國駿厖商頌長發文湯孫奏假商頌那文王公伊濯大雅文王有聲文訏謨定命大雅抑文有壬有林小雅賓之初筵文厥聲載路大雅生民文旣有淫威周頌有客文廢爲殘賊小雅四月文爾土宇昄章大雅卷阿文緇衣之蓆兮鄭風緇衣文毛傳俱用爾雅今本四月毛傳云廢忕也釋文云本作廢大也○廓落至大也○廓落爲大者淮南原道訓云廓四方高誘註廓大也廓又通作郭郭落爲大之貌也宇宙爲大者左氏昭四年傳云失其守宇杜註於國四垂爲宇莊子庚桑楚篇有實而無乎處者宇也郭象註宇者有上下四方而上下四方未有窮處釋文引三倉云上下四方爲宇穹隆爲大者考工記韗人云穹者三之一鄭司農云穹讀爲志無空邪之空謂鼓木腹穹隆者居

鼓三之一也是穹與空聲近義同穹隆即大也至極爲大者郭氏讀䏔爲至下文云極至也荀子儒效篇宇中六指謂之極楊倞註六極謂上下四方是極與宇義同○尸子至一實○舊疏引尸子廣澤篇云墨子貴兼孔子貴公皇子貴衷田子貴均列子貴虛料子貴別囿其學之相非也數世矣而已皆弇于私也天帝皇后辟公弘廓宏溥介純夏憮冢晊昄皆大也十有餘名而實一也若使兼公虛均衷平易別囿一實也則無相非也郭氏引之以證異名而同實也

憮厖有也 註 二者又爲有也詩曰遂憮大東 正義 有與大義相近故憮厖又爲有也憮通作撫文王世子云君王其終撫諸鄭註撫猶有也厖者周語云敦厖純固淮南俶真訓云通乎無槩而復反于敦龐言自無而反諸有也有本或作厚小雅節南山云則無膴仕毛傳膴厚也商頌長發云爲下國駿厖毛傳厖厚也孔疏以爲釋詁文 註 詩曰至大東○ 正義 魯頌閟宮文舊疏以

爲當在齊魯韓詩是也毛詩作遂荒大東傳云荒有也憮荒聲之轉又通作方召南鵲巢云維鳩方之毛傳方有也

迄臻極到赴來弔艐格戾懷摧詹至也【注】齊楚之會郊曰懷宋曰屆詩曰先祖于摧又曰六日不詹詹摧皆楚語方言云【正義】從高而下曰至自外而來亦爲至此釋之也○迄臻極到○迄者周頌維淸云迄用有成臻者考工記嘉量銘云允臻其極大雅雲漢云饑饉荐臻極者崧高云峻極于天釋地言四極謂四方所至也到者大雅韓奕云靡國不到○赴來弔艐○赴者說文云赴趨也釋名云趨赴也赴所至也徐鍇云春秋傳赴告用此字今俗作訃非是士喪禮云乃赴于君來者釋名云來哀也使來入已哀之故其言之低頭以招之也士冠禮云兄弟具來弔者說文作迅至也今經傳俱作弔盤庚云厥謀弔

由靈左氏昭二十六年傳云率羣不弔之人杜註弔至也艘者史記索隱引孫炎云艘古屆字大雅瞻卬云靡有夷屆又通作戒商頌烈祖云既戒既平毛傳戒至也○格戾懷摧詹○格者堯典云不格姦史記作不至姦舜典云歸格于藝祖史記作歸至於祖禰廟格通作假商頌元鳥云四海來假祭統云假於太廟戾者魯語云戾于敝邑郭氏方言註引詩曰魯侯戾止懷者釋名云懷回也本有去意回來就已也亦言歸也來歸已也小雅鼓鍾云懷允不忘鄭箋懷至也摧詹皆方俗語也【註】齊楚至言云○【正義】方言云假狢懷摧詹戾艘至也邠唐冀兖之間曰假或曰狢齊楚之會郊或曰懷摧詹戾楚語也艘宋語也皆古雅之別語也今則或同郭氏彼註亦引詩曰先祖于摧六日不詹大雅雲漢小雅采綠之文也

如適之嫁徂逝往也【註】方言云自家而出謂之嫁猶女出爲嫁【正義】說文云往之也釋名云往暀也歸暀於彼也故其言之卬頭以指遠也如者小爾雅

云如適也春秋隱三年公子翬如齊適者說文云適之也魏風碩鼠云適彼樂國之者說文云之出也碩鼠云誰之永號鄭箋之往也嫁者列子天瑞篇子列子居鄭圃將嫁於衛徂者說文云退往也或作徂後漢書引韓詩云彼徂者岐註引薛君云徂往也又省作且鄭風溱洧云士曰旣且毛傳且往也逝者碩鼠云逝將去女鄭箋逝往也【註】方言至爲嫁○【正義】方言云嫁逝徂適往也自家而出謂之嫁由女而出爲嫁也逝秦晉語也徂齊語也適宋魯語也往凡語也郭註引方言由作猶右字通用

賚貢錫畀予貺賜也【註】皆賜與也【正義】說文云賜予也轉相訓也賚者詩序云賚大封于廟也賚予也言所以錫予善人也商頌烈祖云賚我思成鄭箋云賚讀如往來之來少牢饋食禮云來女孝孫鄭註來讀曰釐釐賜也大雅旣醉云釐爾女士毛傳釐予也孔疏引釋詁云釐予賜也貢者說文作贛賜也淮南道應訓云桓公贛之衣冠而見要畧云一朝用三千鍾贛高誘註贛賜也錫者

禹貢云錫土姓史記作賜土姓公羊莊元年傳云錫
者何賜也畀者祭統云畀之爲言與也能以其餘畀
其下者也予者天官冢宰云予以馭其幸鄭註有以
賜予之以勸後也貺者歸妹上六云亦無貺也士昏
禮云貺
室某也

儀若祥淑鮮省臧嘉令類綝彀攻穀介徽善也【註】詩曰
儀刑文王左傳曰禁禦不若詩曰永錫爾類我車既
攻介人維藩大姒嗣徽音省綝彀未詳其義餘皆常
語○【正義】釋名云善演也演盡物理也此通言善美也
儀若祥淑○儀通作義大雅文王云宣昭義問
毛傳義善也若訓爲順順者善也魯頌閟宫云魯侯
是若祥者左傳疏引李巡云福之善也士相見禮云
語忠信慈祥禮運云是謂大祥通作詳淮南説林訓
六畜生多耳目者不詳高誘註詳善也淑者邶風燕

燕云淑愼其身雜記云如何不淑○鮮省臧嘉○鮮者小雅北山云鮮我方將鄭箋鮮善也故後世以鮮風爲善風也省者大雅皇矣云帝省其山鄭箋省善也禮記文傳云省於其君鄭註以爲善於其君也臧者盤庚云邦之臧惟汝衆左氏宣十二年傳云執事順成爲臧繫辭傳云藏諸用鄭氏易作臧諸用臧與藏義同小雅隰桑云中心藏之鄭箋藏善也嘉者隨九五云孚于嘉郊特牲云盡其嘉而無與讓也○令類緜彀○令者士冠禮云以時之令類者左氏昭二十八年傳云勤施無私曰類呂氏春秋重言篇引高宗之言曰余唯恐言之不類也荀子儒效篇其言有類高誘楊倞註並云類善也緜者類篇云緜縎也叔于田鄭箋云縎之言善也彀者行葦釋文云句說文作彀案上文云敦弓既堅堅好也則彀當爲善也○攻穀介徽○攻者治物之善也穀者春官典瑞云穀圭以和難鄭註穀善也諸侯相與爲難故以善圭和之使善也介者大雅既醉云介爾景福徽者小雅角弓云君子有徽猷【註】詩曰至不若○【正義】儀刑文王

者大雅文王文左傳曰禁禦不若者惠棟左傳補註云張平子東京賦云禁禦不若以知神姦螭魅魍魎莫能逢旃爾雅釋詁云若善也郭景純註左傳曰禁禦不若今左傳作不逢不若案下傳云莫能逢之杜氏云逢遇也旣云不逢又云莫逢文旣重出且杜氏不應舍上句註下句此晉以後傳寫之譌當從張衡本作禁禦不若。詩曰至嶽音。承錫爾類大雅旣醉文我車旣攻小雅車攻文介人維藩大雅板文毛詩作价傳云价善也太姒嗣徽音大雅思齊文

舒業順敘也【註】皆謂次序**舒業順敘緒也**【註】四者又爲端緒

【正義】說文云敘次弟也緒爲端緒亦言有次第其義相承也。舒業順敘也。舒者大雅常武云王舒保作釋文引毛傳作舒序也考工記鮑人云則厚薄序也鄭註序舒也轉相訓也業者學記云時教必有正業順者左氏襄四年傳云以順則公子堅長鄭註大射儀云今文順爲循釋名云順循也循其

理也鄭註燕禮云序次第也○舒業至緒也○舒通作紓凡紓軸皆有端緒故又爲緒也業者史記張蒼傳云緒正律歷文顥曰緒業也是緒業互相爲訓故下文云緒業事也順者士冠禮云順爾成德敘者周頌烈文云繼序其皇之天官宮伯云行其秩敘史記正義引孫炎云謂端緒也

怡懌悅欣衎喜愉豫愷康妉般樂也註皆見詩悅懌愉釋賓協服也註皆謂喜而服從正義釋名云樂樂也使人好樂之也此釋悅樂之義又轉爲相悅服也○怡懌至樂也○怡者說文作㠯說也史記集解引今文尚書云舜讓于德不怡史記作不懌是也懌者文王世子云其成也懌衆經音義引舊註云怡心之樂也懌意解之樂也悅者說文云說說釋也益彖傳云民說無疆經傳通作說孟子本作悅後世隸體字也欣者孟子云舉欣欣然有喜色衎者說文云衎衎喜皃漸六二云飲食衎衎喜者說文云喜樂也又云憙說也愉者聘禮記云

私覿愉愉焉荀子王霸篇云安重閒靜莫愉焉楊倞
註愉樂也豫者雜卦傳云豫怡也虞翻註豫薦樂祖
考故怡鄭康成云豫行出而喜樂之意愷者說文云
愷康也康者盤庚云無傲從康妉者說文作媅樂也
詩釋文引韓詩云妉樂之甚也般者孟子云般樂怠
敖皆言樂也○悅懌至服也○悅又爲服者召南草
蟲云我心則說毛傳說服也孟子云弔者大悅謂弔
者皆心服也懌者小雅節南山云旣夷旣懌毛傳懌
服也愉與諭通穀梁僖三年傳云諸侯皆諭乎桓公
之志釋者顧命云王不懌釋文云馬融本作不釋案
古字懌皆作釋莊子齊物論南面而不釋然說文云
釋解也史記多作醳是釋爲本字醳爲或體字懌爲
別體字也賓者虞翻易註引詩云莫敢不來賓楚語
云其不賓也久矣又通作嬪說文云嬪服也鄭註天
官云故書嬪作賓協者左氏僖二十六年傳云謀其
不協協與賓義同故鄭註樂記云賓協也**註**皆見詩
○**正義**商頌那云亦不夷懌毛傳夷說也夷怡音義
同邶風靜女云說懌女美鄭箋說懌當作說釋大雅

鳧鷖云旨酒欣欣毛傳欣欣然樂也商頌那云衎我烈祖大雅崧高云周邦咸喜唐風山有樞云他人是愉小雅白駒云逸豫無期魚藻云豈樂飲酒邶風云凱風自南愷豈凱古通用唐風蟋蟀云無以太康小雅鹿鳴云和樂且湛鄭箋湛樂之久也衛風氓云無與士耽鄭箋耽非禮之樂妉湛耽音義同般周頌篇名鄭箋般樂也舊疏云郭以爾雅之作多爲釋詩且詩中備有此文故云皆見詩其實六經中所訓亦爾

遹遵率循由從自也【註】自猶從也遹遵率循也【註】三者又爲循行也【正義】此釋所從自與所循行其義相貫通○遹遵至自也○遹者大雅文王有聲云遹求厥寧遵者鄭風云遵大路兮率者小雅北山云率土之濱循者左氏昭七年傳云循牆而走由者襄二十四年傳云抑有由也從者哀八年傳云從武城皆言自也○遹遵率循也○說文云循行順也遹者釋文引孫炎云古述字讀聿是也少牢饋食禮云遂述命士喪禮云不述命鄭註俱云述循也釋言云

遹述也詳見釋言遹者謚法解云遵循也率者夏小正云率者循也左氏宣十二年傳云今鄭不率遹作帥觀禮云帥乃初事鄭註今文帥作率文王世子云武王帥而行之

靖惟漠圖詢度咨諏究如慮謨猷肇基訪謀也 **註** 國語曰詢于八虞咨于二虢度于閎夭謀于南宮諏于蔡原訪于辛尹通謂謀議耳如肇所未詳餘皆見詩

正義 此釋謀慮之義也說文云慮難曰謀○靖惟漠圖○靖者方言云靖思也東齊海岱之間曰靖盤庚云則惟汝衆自作弗靖惟者詩釋文引韓詩云惟念也盤庚云人惟求舊漠者詩疏引舍人云漠心之謀也圖者說文云圖畫計難也聘禮云君與卿圖事○詢度咨諏○詢者舜典云詢于四嶽史記作謀於四嶽度者士喪禮云度茲幽宅兆基咨者說文云謀事曰咨左氏昭元年傳云子產咨於太叔諏者說文云諏聚

謀也特牲饋食禮云不諏日○究如慮謨○究者釋
言云究窮也謂盡其謀也如通作茹周頌臣工云來
咨來茹鄭風柏舟云不可以茹鄭箋俱云茹度也度
即爲謀故釋言又云茹度也慮者方言云慮謀思也
夏官大司馬云大役與慮事韓非解老云白公勝慮
亂又曰越王慮伐吳謨者說文云謨議謀也皐陶謨
云謨明弼諧史記作謀明輔和○猷肇基訪○猷者
盤庚云汝猷黜乃心肇者大雅江漢云肇敏戎公毛
傳肇謀也基者周語云后稷始基靖民訪者說文云
汎謀曰訪徐鍇繫傳云謂廣問於人也左氏昭元年
傳云晝以訪政哀六年傳云君大訪於陳子而圖其
小【注】國語至議耳○【正義】晉語胥臣說文王之詞云
詢于八虞而咨于二虢度于閎天而謀于南宮諏於
蔡原而訪于辛尹韋昭註以詢度諏訪皆謀也案小
雅皇皇者華云周爰咨諏周爰咨謀周爰咨度周爰
咨詢左氏襄四年傳說此詩云訪問於善爲咨咨親
爲詢咨禮爲度咨事爲諏咨難爲謀毛傳云訪問於
善爲咨咨事爲諏咨事之難易爲謀咨禮義所宜爲

度親戚之謀爲詢但本左傳爲義郭氏不引詩而引國語者欲見詢咨度謀諏訪之義經傳皆同不獨毛詩爲然也故舉以見例○餘皆見詩○小雅菀柳云俾予靖之周頌云維天之命釋文引韓詩云維念也小雅小弁云聖人莫之漠莫音義同大雅崧高云我圖爾居小雅常棣云是究是圖大雅抑云訏謨定命文王云厥猶翼翼猷猶古通用

典彝法則刑範矩庸恒律戛職秩常也【注】庸戛職秩義見詩書餘皆謂常法耳**柯憲刑範辟律矩則法也**【注】詩云伐柯伐柯其則不遠論語曰不踰矩【正義】凡事之可常行者垂之爲法故法卽爲常此互訓之也○典彝至常也○典者天官冢宰掌建邦之六典鄭註典常也經也法也王謂之禮經常所秉以治天下也邦國官府謂之禮法常所守以爲法也常者其上下通名謚法

解云典常也周禮疏引孫炎云典禮之常也故釋言又云典經也彝者洪範云彝倫攸敘法者冢宰以八灋治官府則者冢宰以八則治都鄙鄭註則亦灋也典灋則所用異異其名也刑者周頌烈文云百辟其刑之範者繫辭傳云範圍天地之化而不過刑範皆法之常也矩者說文作巨云規巨也从工象手持之巨或从木矢矢者其中正也矩有常度故為常也庸者文言傳云庸言之信庸行之謹九家易云庸常也謂言常以信行常以謹矣恒者恒象傳云恒久也家人象傳云君子以言有物而行有恒律者釋言云律述也敘述者有常法也戛者書疏云戛猶楷也言為模楷之常故戛為常也職者下文云職主也言所主有常也秩者天官宮正云行其秩敘月令云大合百縣之秩芻鄭註秩常也○柯憲至法也○柯者考工記車人之事半矩謂之宣一宣有半謂之欘一欘有半謂之柯一柯有半謂之磬折是柯與矩皆所以為法也憲者皐陶謨云慎乃憲內則云五帝憲刑者大雅思齊云刑于寡妻禮運云刑仁講讓刑迪作型說

文云型鑄器之法也範者九家易云範者法也言乾坤消息法周天地而不過於十二辰也衆經音義引爾雅作笵法也謂楷式法則也通俗文云規模曰範辟者小雅雨無正云辟言不信毛傳辟法也左氏文六年傳云辟刑獄孔疏以爲依法斷治也律者王制云加地進律漢書律歷志云律者法也莫不取法焉矩者考工記匠人云欲爲淵則句于矩則者說文云則等畫物也後漢書註引韓詩云四方是則祭義云以爲黔首則【註】庸戛至詩書○【正義】皋陶謨云自我五禮有庸哉康誥云不率大戛泰誓云亦職有利哉小雅賓之初筵云不知其秩○詩云至踰矩○【正義】郭所引詩豳風伐柯文不踰矩者爲政篇文

辜辟戾辠也【註】皆刑罪【正義】說文云辠犯法也从辛从自言辠人蹙鼻苦辛之憂秦以爲辠似皇字改爲罪辜者微子云凡有辜罪秋官掌戮云殺王之親者辜之鄭註辜之言枯也謂磔之辟者呂刑云墨辟疑赦左氏僖二十三年傳云貳乃辟也戾者大雅抑云亦維斯戾

黃髮齯齒鮐背耇老壽也【註】黃髮髮落更生黃者齯齒齒墮更生細者鮐背背皮如鮐魚耇猶耆也皆壽考之通稱【正義】壽說文作𦒐久也从老省𠃬聲此釋壽考之名也黃髮者秦誓云尚猷詢茲黃髮詩疏引舍人云黃髮老人髮白復黃也齯齒者魯頌閟宮云黃髮兒齒鄭箋云兒齒亦壽徵說文云齯老人兒齒也鮐背者大雅行葦云黃耇台背毛傳台背大老也鄭箋台之言鮐也大老則背有鮐文耇者論衡無形篇云人少則髮黑老則髮白白久則黃人少則膚白老則膚黑黑久則黚若有垢矣髮黃而膚有垢故禮曰黃耇無疆案論衡所引士冠禮之詞也鄭註云耇凍梨也釋名云黃耇鬢髮變黃也耇垢也皮色驪悴恒如有垢者也或曰凍梨皮有班黑如凍梨色也詩疏引孫炎云耇面如凍梨色如浮垢老人壽徵也是孫氏兼采眾家之說爲義也老者說文云老考也七十曰老从人毛匕言須髮變白也召誥云則無

遺壽耇漢書孔光傳引書作無遺耇老顏師古云召誥之辭今作壽耇與耇老義同也。註黃髮至耆也正義詩疏引孫炎云黃髮髮落更生郭註本孫炎不從諸家之說以爲白變而黃也釋名云䶬大齒落更生細者如小兒齒也又云九十曰鮐背背有鮐文也俱與郭註同郭以耇猶耆耆方言云梨鮐老也燕代之北鄙曰梨秦晉之郊陳兗之會謂老曰耇鮐說文云耆老也釋名云耆指也不從力役指事使人也郭氏以耇即爲老不從諸家所釋以耇爲垢左傳疏引舍人云耇覯也血氣精華覯竭言色赤黑如狗矣以聲近之字輾轉相釋郭氏所不取也

允孚亶展諶誠亮詢信也註方言云荆吳淮汭之間曰展燕代東齊曰諶宋衛曰詢亦皆見詩展諶允慎亶誠也註轉相訓也詩曰慎爾優游也正義說文云信誠也誠信也互相訓

也賈誼書道術篇期果言當謂之信反信爲慢志操精果謂之誠反誠爲殆誠信義相貫通也○允孚至信也○允者堯典云允釐百工史記作信飭百官考工記嘉量銘云允臻其極孚者呂刑云五辭簡孚史記作五辭簡信雜卦傳云中孚信也公羊僖十五年傳云季氏之孚也亶者盤庚云誕告用亶其有衆士冠禮云嘉薦亶時展者左氏定四年傳云展布四體諶者說文云諶誠諦也通作忱盤庚云爾忱不屬誠者文言傳云修辭立其誠檀弓云徒使我不誠於伯高亮者皋陶謨云亮采有邦史記集解引馬融云亮信也通作諒內則云請肄簡諒鄭註諒信也詢通作恂論語云恂恂如也○展諶至誠也○誠訓爲信展諶允亶又訓爲誠其義同也賈公彥云展者言之誠亶者行之誠此各就文義分釋之耳愼者說文愼謹也王制云愼測淺深之量禮器云有所竭情盡愼皆言誠也

【註】方言至見詩○【正義】方言云允訦恂展諒信也齊魯之間曰允燕代東齊曰訦宋衛汝潁之間曰恂荆吳淮泗之間曰展衆信曰諒周南召南衛之

語也監本淮汭譌作淮泗燕代譌作燕岱說文云燕代東齊謂信曰訦本方言爲義也郭云皆見詩者商頌長發云允也天子大雅文王云萬邦作孚小雅常棣云亶其然乎亶通作單天保云俾爾單厚毛傳單信也車攻云展也大成大雅大明云天難諶斯小雅我行其野云成不以富論語引作誠不以富鄘風柏舟云不諒人只鄭風溱洧云洵訏且樂洵詢音義同

○詩曰至優游○【正義】小雅白駒文毛傳用爾雅

謔浪笑敖戲謔也【注】謂調戲也見詩【正義】說文云謔戲也詩曰善戲謔兮說文引衛風淇奧之詩戲謔二字爲連文也謔浪笑敖四字連文又禮運云是謂君臣相謔詩釋文引韓詩云浪起也大雅板云勿以爲笑左氏昭五年傳王欲敖叔向以其所不知是四字分言之亦各爲義故詩疏引舍人云謔戲謔也浪意萌也笑心樂也敖意舒也戲笑邪戲也謔笑之貌也【注】見詩。○【正義】邶風終風文毛傳云

言戲謔不敬

粤于爰曰也【註】書曰土爰稼穡詩曰對越在天王于出征爰粤于也【註】轉相訓【正義】說文云曰詞也从口乙聲亦象口氣出也粤者說文云粤于也審慎之詞周書曰粤三日丁亥粤與越通盤庚云越其罔有黍稷釋文云本又作粤是也于者說文云亏於也象氣之舒亏从丂从一者其氣平之也爰者大雅緜云爰始爰謀曰又通作聿詳見釋言皆語辭也爰粤又轉訓爲于者盤庚云綏爰有衆三國志註引鄭註云爰于也夏小正云越有小旱越于也【註】書曰至出征。【正義】土爰稼穡周書洪範文對越在天周頌清廟文王于出征小雅六月文

爰粤于那都繇於也【註】左傳曰棄甲則那那猶今人云那也書曰皐陶曰都繇辭於乎皆語之韻絕【正義】尚書大傳云於者歎之也周頌毛傳云於歎詞也孔穎達云於即嗚字歎之辭也爰又爲歎詞故方言云爰哀

也小雅四月云爰其適歸粤者微子云越至于今史記集解引馬融云越於也于通作吁呂刑云王曰吁釋文引馬融本作于塈于尚賢篇引作於以于爲於經傳通義也那者奈何二字之合聲也都者孟子引逸書云謨葢都君趙岐註都於也繇者大誥云猷大誥爾多邦釋文引馬融本猷作繇是繇爲歎辭多士云王曰猷告爾多士多方云王若曰猷告爾四國多方皆爲歎辭以猷爲於也多士又云嗚呼猷告爾有方多士重言以歎之猶詩言噫嘻也舊時釋書者俱以猷爲道葢以此篇下文云繇道也故据以爲義而於繇於也之訓偶有不檢也繇又通作由大雅抑云無易由言鄭箋由於也皆以其聲近故義同也**註**左傳至韻絕○**正義**左傳曰棄甲則那者宣二年傳文今人云那那者世說載漢魏人語多云那郭氏据當時語也臯陶曰都者臯陶謨文史記作臯陶曰於又堯典云僉曰於鯀哉詩疏引鄭註云於者嗚聲是也繇辭於乎皆語之韻絕者郭意亦以繇即於乎也說文云烏取其助气故以爲烏呼今經傳多作嗚呼文

選註引薛君韓詩
章句云嗚歎辭也

敆郃盍翕仇偶妃匹會合也註皆謂對合也仇讎敵妃知儀匹也註詩云君子好仇樂子之無知實維我儀國語亦云丹朱馮身以儀之讎猶儔也廣雅云讎輩也**妃合會對也**註皆相當對**妃媲也**註相偶媲也

正義說文云合亼口也凡相會合卽爲儔匹釋名云匹辟也往相辟耦也妃合會又爲當對妃又爲媲偶其義輾轉相承故說文又云媲妃也○敆郃至合也○敆者說文云敆合會也通作祫王制云祫禘祫嘗祫烝鄭註祫合也郃者大雅大明云在洽之陽說文引作在郃之陽風俗通義亦作在郃之陽小雅正月云洽比其鄰毛傳洽合也又通作協堯典云協和萬邦史記作合和萬國盍者豫九四云朋盍戠虞翻云盍合

也坤爲盍戠聚會也九歌東皇太一云盍將把兮瓊芳翕者臯陶謨云翕受敷施繫辭傳云其靜也翕夏小正云翕也者合也仇者左氏桓二年傳云嘉耦曰妃怨耦曰仇古之命也偶者桓六年傳云人各有耦耦與偶通下篇釋言云偶遇也釋名云偶遇也二人相對遇也妃者昭九年傳云妃以五成杜註妃合也匹者大雅文王有聲云作豐伊匹毛傳匹配也仇偶妃匹皆言媲對之合也會者天官冢宰云以會官事聘禮云會諸其幣又爲合盍之名士虞禮云命佐食啓會鄭註會合也謂敦盍也○仇讎至匹也○仇讎俱訓爲匹者衆經音義引李巡云仇讎怨之匹也詩疏引孫炎云相求之匹也敵者左氏成二年傳云若以匹敵方言云臺敵匹也自關而西秦晉之間物力同者謂之臺敵妃者晉語云爲王妃兮知者鄭箋云知匹也儀者益稷云鳳凰來儀詩疏引鄭註云儀匹言其相乘匹大雅蒸民云我儀圖之鄭箋儀匹也我與倫匹圖之而未能爲也○妃合會對也○周頌清廟云對越在天大雅皇矣云帝作邦作對毛傳俱云

對配也妃對互相爲訓合會與妃義同○妃媲也○詩疏引某氏云詩曰天立厥妃毛詩妃作配傳云配媲也左氏文十四年傳云子叔姬妃齊昭公釋文云本亦作配是妃配二字古通用釋名云配輩也一人獨處一人往輩耦之也註詩云至輩也○正義君子好仇周南關雎文今本仇作逑毛傳逑匹也鄭箋云怨耦曰仇孔疏云詩本作逑爾雅多作仇字異音義同也樂子之無知檜風隰有萇楚文實維我儀鄘風柏舟文丹朱馮身以儀之周語文韋昭註儀匹也郭云儷猶儔者以聲近爲義廣雅云儷輩也謂儕輩也

紹胤嗣續纂緌績武係繼也註詩曰下武維周緌見釋水餘皆常語正義說文云繼續也紹者盤庚云紹復先王之大業樂記云紹繼也衆經音義引舊註云紹繼道也允者左傳疏引舍人云繼世也說文云子孫相承續也高宗肜日云罔非天允史記作罔非天繼嗣者洪範云禹乃嗣興續者周頌良耜云續古之人纂者祭統云纂乃祖服周語云纂修其

緒說文作纘繼也大雅大明云纘女惟莘綏者說文云綏系冠纓也鄭註天官夏采云綏以旄牛尾為之綴於橦上是冠綏旄綏皆取其繫屬凡繫屬者皆相繼續也續者左氏昭二年傳云子盍亦遠續禹功杜註以續為纂纂即繼也孔疏取下文續功也為訓則於文義有所窒矣武者詩序云下武繼文也以武為繼也係通作繫說文云系繫也易繫辭傳釋文云繫續也春官小史云奠繫世言定其繼世之敘也班固東都賦云系唐統註引爾雅曰系繼也系與係通 註 詩曰至釋水○正義 大雅云下武維周毛傳用爾雅釋水云緌綏也郭氏彼註云綏繫是以綏為繫繫即為繼也

忥謐溢蟄慎貉謐顗頠密寧靜也 註 忥顗頠未聞其義餘皆見詩傳 正義 說文云靜審也釋名云靜整也忥云謐慎也溢者下文云溢慎也溢通作恤說文云恤靜也詩曰閟宮有恤蟄者繫辭傳云龍蛇之蟄慎者

繫辭傳云是以愼密而不出也貉與莫通又通作漠郭氏釋言註漠然清靜也謐者說文云謐靜語也一曰無聲史記集解引今文尚書云惟刑之謐哉史記作惟刑之靜哉顗者說文云顗謹莊皃本或作寞說文云寞靜也頠者說文云頠閑習也密說文作宓云靜也今經傳通作密舜典云四海遏密八音繫辭傳云幾事不密則害成鄭註密靜也寧者緇衣云國家以寧【註】皆見詩傳○【正義】郭以謐溢謐古字通用俱訓爲愼謐密古字通用俱訓爲寧愼寧皆靜也周頌維天之命云假以溢我說文引作誐以謐我又作誐以謐我毛傳云溢愼也昊天有成命云夙夜基命宥密周語引此詩而釋之曰密寧也賈誼書禮容語引作夙夜基命宥謐釋之曰謐者寧也謐溢謐密皆聲之轉故其義亦同也埶於詩傳無考貉者大雅皇矣云貊其德音毛傳貊靜也

隕磒湮下降墜摽蘦落也【註】磒猶隕也方俗語有輕重

耳湮沈落也摽蘦見詩【正義】說文云木曰落艸曰零隕墜之類皆爲落也隕者說文云隕從高下也姤九二云有隕自天夏小正云隕麋角隕墜也豳風七月云十月隕蘀毛傳隕墜也磒者說文引春秋傳云磒石于宋五今春秋莊七年傳磒作隕穀梁傳云著於下不見於上謂之隕隕磒古通用湮者周語云墮高湮痺下者益象傳云自上下下降者禹貢云是降丘宅土曲禮云水潦降降與下義同故釋言云降下也墜說文作隊云從高隊也左氏僖二十八年傳云俾隊其師杜註隊隕也摽通作莩趙岐孟子註莩零落也蘦通作零夏小正云栗零零也者降也【註】磒猶至見詩○【正義】郭以隕即爲磒因方俗語有輕重分爲二字耳左氏文十八年傳云不隕其名隕墜也列子周穆王篇王若磒虛焉張湛註磒墜也是其義同也湮爲水落故云沈落也摽蘦見詩者召南云摽有梅毛傳摽落也盛極則隋落者梅也鄭風野有蔓草云零露漙兮豳風東山云零雨其濛

命令禧眕祈請謁誶誥告也**註**禧未聞禮記曰眕於鬼神

正義皆謂陳告也命者士冠禮云宰自右少退贊命少牢饋食禮云祝命嘗食鄭註皆云命告也說文云命使也謂告以使之也令者說文云令發號也月令云命相布德和令謂布告令於外也禧者說文徐鍇本云禧禮告也案禧通作釐漢書文帝紀祠官祝釐謂禮告也眕通作眡玉篇引張揖埤蒼云眡告也禮記曰眡於鬼神祈者春官太祝云以祈福祥釋言云祈叫也孫炎以為呼告之詞也請者說文云請謁也士昏禮云擯者出請事入告又云請期用鴈是請即為告也謁者說文云謁白也左氏昭十六年傳云宣子謁諸鄭伯月令云太史謁之天子釋言云告謁請也互相訓也誶今本作訊陸本作誶後漢書註引爾雅亦作誶告也廣韻引詩云歌以誶止王逸楚詞章句引詩云誶予不顧今陳風誶俱作訊戴震毛鄭詩考正云訊乃誶字轉寫之譌毛詩云告也韓詩云諫也皆當為誶誶音碎故與萃韻訊音信問也於

詩義及音韻咸幷格矣又云雨無正四章莫肯用訊
訊乃誶字轉寫之訛誶告訊問聲義不相假借棄戴
說是也學記云多其誶吳語云乃誶申胥今轉寫俱
訛作訊惟離騷云謇朝誶而夕替莊子山木篇怵然
而誶之墨子非命篇百姓之誶也誶字尚未盡譌皆
爲告也誥者書云大誥爾多方秋官士師云誥用之
于會同【注】禮記至鬼神○【正義】下曲禮文鄭註云畛
致也祝致告於鬼神辭也釋言云畛致也詳見釋言

永悠迥違遐逷闊遠也【注】書曰逷矣西土之人**永悠迥**
遠遐也【注】遐亦遠也轉相訓【正義】此以遠與遐互相訓也說文云遠遼也永
者坤用六云利永貞悠者周頌訪落云於乎悠哉朕
經音義引舍人云悠行之遠也迥者大雅云洞酌彼
行潦毛傳洞遠也洞迥音義同又通作敻詩釋文引
韓詩云于嗟敻兮敻亦遠也違者說文云違離也召
南殷其靁云何斯違斯遐者泰九二云不遐遺小雅
天保云降爾遐福逷者史記引太誓云離逷其王父

母弟大雅抑云用逷蠻方左氏襄十四年傳云豈敢離逷濶者邶風擊鼓云于嗟濶兮永悠迥遠叉俱訓爲遐者說文遐作假云至也極其所至亦爲遠也【註】書曰至之人○【正義】牧誓文今本作逖矣後漢書註文選註俱作逷矣與郭氏所見本同逷逖古今字也左氏僖二十八年傳云糾逖王慝

虧壞圮垝毀也【註】書曰方命圮族詩曰乘彼垝垣虧通語耳【正義】說文云毀缺也虧者魯頌閟宮云不虧不崩儒行云見利不虧其義壞者說文云壞敗也籒文作𣀔釋文引字林云壞自敗也𣀔毀也經解云以舊坊爲無用而壞之者必有水敗圮者釋文云岸毀也書序云祖乙圮于耿釋文引馬融云圮毀也垝者說文云垝毀垣也【註】書曰至垝垣○【正義】方命圮族堯典文史記作負命毀族乘彼垝垣衛風氓文

矢雉引延順薦劉繹尸旅陳也【註】禮記曰尸陳也雉順

劉皆未詳【正義】皆言陳敘也矢者大雅卷阿云以矢其音春秋隱五年公矢魚于棠左傳所謂陳魚而觀之也矢本或作肆大雅行葦云或肆之筵毛傳肆陳也孔疏以爲釋詁文周頌時邁云肆于時夏鄭箋亦云肆陳也雉者左傳疏引樊光服虔云雉夷也夷平也文選註引服虔云雉夷聲相近聲近者其義同喪大記云夷于牀鄭註夷之言尸也士喪禮註與喪大記同雉即爲夷夷訓爲尸尸者陳也是輾轉相訓也引者行葦云以引以翼引本或作淫春官大師云帥瞽而廞作匶謚鄭註故書廞作淫鄭司農云淫陳也延者晉語云使張老延君譽于四方韋昭註延陳也順者坊記引君陳曰爾有嘉謀嘉猷入告爾君於內女乃順之於外曰此謀此猷惟我君之德順者陳敘也此謀此猷惟我君之德即其陳敘之詞也舊說以順爲將順失其義矣薦者雜記云薦而不食祭義云薦其薦俎劉者淮南原道訓云劉覽徧照謂陳覽也繹者小雅吉日云會同有繹尸者祈父云有母之尸饔左氏宣十二年傳云荊尸而舉杜註尸

陳也白虎通義崩薨篇尸之言陳也旅者秋官司儀云旅擯後鄭云旅讀如鴻臚之臚臚陳之也左氏莊二十二年傳云庭實旅百郊特牲云旅幣無方皆言陳也【註】禮記至陳也○【正義】郊特牲文

尸職主也【註】左傳曰殺老牛莫之敢尸詩曰誰其尸之又曰職爲亂階 **尸寀也**【註】謂寀地 **寀寮官也**【註】官地爲寀同官爲寮【正義】尸既爲陳又與職俱爲主其事者尸又訓爲寀寀寮又俱爲官轉相訓也○尸職主也○尸者書序云康王既尸天子穀梁隱五年傳云卑不尸大功又學記云當其爲尸鄭註尸主也爲祭主也職者泰誓云亦職有利哉左氏僖二十六年傳云大師職之禮記疏引干寶周官詩云凡言職者主其事也○尸寀也○莊子天下篇皆願爲之尸謂願其主食寀之地也○寀寮官也○寀通作采堯典云疇咨若予采釋文引馬融云采官也寮通作僚大雅板云及爾同僚晉語云非僚弗從毛

傳及韋昭註俱云寮官也【註】左傳至亂階○【正義】郭引左傳成七年傳文也又宣十二年傳云晁子尸之襄二十七年傳云非歸其尸盟也皆言主也誰其尸之者召南采蘋文職爲亂階者小雅巧言文○謂采地○【正義】顏師古漢書註云因官食地故曰采地○官地至爲寮○【正義】禮運云大夫有采以處其子孫是采爲官地也同官爲寮者左氏文七年傳文

績緒采業服宜貫公事也【註】論語曰仍舊貫餘皆見詩書【正義】說文云事職也釋名云事偉也偉立也凡所立之功也故青徐言立曰偉也績者周語云莫非嘉績下文又云績業也功也成也義相承也緒者天官宮正云稽其功緒采者史記集解引馬融云采事也業者文言傳云君子進德修業宋衷云業事也服者祭統云纂乃祖服鄭註服事也宜者士冠禮云宜之于假貫者夏官職方云使同貫利漢書武帝紀引逸詩云九變復貫顏師古註貫事也公與功同穀梁

宣十二年傳云功事也【註】論語至詩書○【正義】仍舊貫者先進篇文餘皆見詩書者商頌殷武云設都于禹之績魯頌閟宮云纘太王之緒臯陶謨云載采采史記作始事事周頌噫嘻云亦服爾耕大雅鳧鷖云公尸來燕來宜江漢云肇敏戎公毛詩言業者皆不訓爲事盤庚云紹復先王之大業又東晉所上古文有業廣維勤之語郭氏嘗見東晉古文故云見書

永羕引延融駿長也【註】宋衛荆吳之間曰融羕所未詳

【正義】說文云長久遠也永者舜典云歌永言史記作詞長言唐風山有樞云且以永日毛傳永引也羕者說文云羕水長也詩曰江之羕矣文選註引韓詩作江之漾矣薛君章句云漾長也羕通作養夏小正云時有養日時有養夜養長也又羕爲古永字齊侯鎛鍾云羕保其身又云羕保用亯是也引者大雅召旻云職兄斯引毛傳引長也史記曹世家云豈不欲引曹之祀者哉又漢書律歷志云十丈爲引引者信也

又云信於引引者信天下者也顏師古云信讀曰伸是引爲長也延者說文云延長行也大誥云延洪惟我幼沖人又迪作梃說文云梃木長也詩曰松桷有梃融者大雅既醉云高明有融左氏昭五年傳云明而未融駿者小雅雨無正云不駿其德【註】宋衛至曰融。【正義】方言云駿融延長也宋衛荊吳之間曰融延年長也凡施於年者謂之延施於衆長謂之永

喬嵩崇高也【註】皆高大貌左傳曰師叔楚之崇也崇充也【註】亦爲充盛【正義】此釋高大之貌高大者又爲充盛也。喬嵩崇高也。喬者說文云喬曲而高也禹貢云厥木維喬周頌般云墮山喬嶽案釋木云句如羽喬又云小枝繚上爲喬喬是樹枝盤曲而小枝銳上者爲喬山之銳而高者似之故釋山云銳而高嶠嶠卽喬字之或體也嵩爲崇字之或體周語云夏之興也融降于崇山韋昭註云崇崇高山也夏居陽城崇高所近史記集解引劉熙孟子註謂

益辟禹之子在嵩高之北漢書通作嵩高漢碑亦作嵩是崇亦作崈或體作嵩隸體變轉又爲崧也大雅云崧高維嶽毛傳崧高皃釋山云山大而高是也崇者說文云崇嵬高也又云高崇也轉相訓也繫辭傳云知崇禮卑周頌烈文云維王其崇之大射儀云大侯之崇○崇充也○崇又訓爲充充者滿也大射儀云主人不崇酒有司徹云再拜崇酒荀子知賦云周流四海曾不崇日楊倞註崇充也言知周流四海曾不充滿一日而徧也【註】左傳至崇也○【正義】宣十二年傳文杜註云師叔潘尫爲楚人所崇貴○亦爲充盛○【正義】左傳引舍人云威大充盛郭註畧本舍人

犯奢果毅尅捷功肩堪勝也【註】陵犯誇奢果毅皆得勝也左傳曰殺敵爲果肩即尅耳書曰西伯堪黎勝肩

戡劉殺克也【註】轉相訓耳公羊傳曰克之者何殺之

也劉獮斬刺殺也**註**書曰咸劉厥敵秋獵曰獮應殺
氣也公羊傳曰刺之者何殺之也**正義**克相勝卽爲相克又爲殺轉相
訓也○犯奢至勝也○犯者夏官大司馬云馮弱犯
寡則眚之奢者說文云奢張也西京賦云麗美奢乎
許史薛綜註袨服過此二家也以奢爲勝漢人宗雅
訓也倮者方言云倮勇也廣韻云倉頡篇果敢作此
倮衆經音義引孫炎云倮决之勝也今通作果毅者
說文云毅有决也周語云致戎以果毅又云棄毅行
容羞也是果毅俱爲勝敵也尅者左氏莊十一年傳
云得儁曰克既濟九三云三年克之捷者小雅采薇
云一月三捷功者大司馬云若師有功又云若師不
功鄭註功勝也呂氏春秋先已篇三王先教而後殺
故事莫功焉肩者盤庚云朕不肩好貨疏引舍人云
肩强之勝也堪者多方云克堪用德周語云下能堪
其任墨子非攻篇述湯武之事云往攻之予必使汝
大堪之○勝肩至克也○勝肩又爲克者周頌武云

勝殷遏劉敬之云佛時仔肩毛傳仔肩克也戡者說文云戡刺也逸周書祭公解云維武王申大命戡厥敵謂克敵也劉者漢書引今文武成云咸劉殷王紂殺者說文云殺戮也釋名云罪人曰殺殺竄也埋竄之使不復見也○劉獮至殺也○劉又爲殺者盤庚云重我民無盡劉方言云秦晉宋衛之間謂殺曰劉晉之北鄙亦曰劉獮者夏官大司馬云遂以獮田鄭註獮殺也斬者說文云斬截也釋名云斫頭曰斬斬腰曰腰斬斬暫也暫加兵即斷也刺者說文云君殺大夫曰刺晉語云既刺三郤秋官小司寇云以三刺斷庶民獄訟之中其屬有司刺鄭註刺殺也三訊罪定則殺之【註】左傳至堪黎○【正義】左氏宣二年傳云殺敵爲果致果爲毅郭云肩即克者說文云克肩也是肩克互相訓也西伯堪黎商書篇名說文引書作西伯既戓黎云戓殺也今本作戡黎古字通書疏引孫炎云戡强之勝也則孫炎本作戡○公羊至之也○【正義】隱元年傳文○書曰至之也○【正義】咸劉厥敵周書君奭文秋獮爲獮釋天文郭氏彼註亦云順

殺氣也公羊傳曰刺之者何
殺之也僖二十八年傳文

亹亹蠠沒孟敦勖釗茂劭勔勉也【注】詩曰亹亹文王蠠沒猶黽勉書曰茂哉茂哉方言云周鄭之間相勸勉爲勔釗孟未聞【正義】說文云勉彊也亹亹蠠沒以聲轉爲義也繫辭傳云成天下之亹亹者鄭註亹亹沒沒也禮器云君子達亹亹焉鄭註亹亹勉勉也周語云亹亹怵惕韋昭註亹亹勉勉也大雅棫樸云勉勉我王荀子引作亹亹我王蠠沒轉爲沒沒又轉爲勿勿曾子立事篇云君子終身守此勿勿也盧辨註勿勿猶勉勉也祭義云勿勿乎其欲饗之也鄭註勿勿猶勉勉也又轉作密勿小雅十月之交云黽勉從事漢書劉向傳作密勿從事邶風谷風云黽勉同心文選註引韓詩作密勿同心傳云密勿僶勉也是皆聲之轉也孟者班固幽通賦云盍孟晉以迨羣兮漢人用雅訓也嘉定錢詹事曰洛誥云汝

乃是不餥孟餥聲之轉釋文引馬融云餥勉也孔疏謂鄭王皆訓爲勉也敦者繫辭傳云安土敦乎仁曲禮云敦善行而不怠本或作惇文選註引爾雅云惇勉也勖者牧誓云勖哉夫子史記作勉哉夫子釗者方俗語也茂茂者无妄象傳云先王以茂對時馬融云茂勉也通作懋舜典云維時懋哉史記作維是勉哉劭者漢書成帝紀云先帝劭農晉灼云劭勸勉也勔說文作偭云勉也**註**詩曰至勔釗○**正義**亹亹文王大雅文王文郭云蠠沒猶黽勉者爾雅多以聲轉爲義舉以爲例也漢書五行志黽勉作閔勉書曰茂哉茂哉皋陶謨文今本茂作懋史記引湯征云勉哉勉哉郭引方言者方言云釗勉也秦晉曰釗自關而東周鄭之間曰勔釗齊魯曰勖

茲郭氏彼註云相勸勉也

鶩務昏暋強也　**註**馳鶩事務皆自勉強書曰不昏作勞暋不畏死**正義**強當作彊即勉也鶩務聲近義同說文作敄彊也今通作務文子積誠篇云名

可强立功可强成淮南時務訓作名可務立功可彊成荀子富國篇云憪然要時務民楊倞註務勉彊也謂以勞役彊民也暋者書疏引孫炎云暋夙夜之勉也書釋文云暋本或作暋說文云暋彊也忞彊也周書曰在受德忞讀若旻案今立政篇作其在受德暋註書曰至旻死。正義不暋作勞盤庚文孔疏引鄭註暋讀爲暋訓爲勉也暋不畏死康誥文說文云暋冒也

卬吾台予朕身甫余言我也註卬猶姎也語之轉耳書曰非台小子古者貴賤皆自稱朕禮記曰授政任功曰予一人畛於鬼神曰有某甫言見詩朕余躬身也註今人亦自呼爲身

台朕賚畀卜陽予也註賚卜畀皆賜與也與猶予也因通其名耳魯詩云陽如之何

今巴濮之人自呼阿陽**正義**說文云我施身自謂也予身俱訓爲我說文又云予推予也故又爲賜與此連釋之也○卬吾至我也○卬者大雅生民云卬盛于豆吾者士冠禮云願吾子之教之也鄭註吾我也台者禹貢云祗台德先予者堯典云予聞如何史記作朕聞之其何如是朕卽予也身者少儀云毋身質言語甫者士冠禮字辭曰伯某甫鄭註甫是男子之美稱余者周語引湯誓云余一人有罪無以萬夫余猶予也言爲發聲之詞故郎以爲自謂之稱也○朕余躬身也○朕余又訓爲身左傳疏引舍人云余卑謙之身也孫炎云余舒遲之身也左氏僖九年傳云小白余杜註余身也躬者士昏禮記云已躬命之又鄉射禮云倍中以爲躬鄭註躬身也謂中之上下幅也春官大宗伯云侯執信圭伯執躬圭後鄭云信當爲身聲之誤也身圭躬圭葢皆象以人形爲瑑飾文有麤縟耳欲其愼行以保身也是射侯圭文之言躬者皆謂身也○台朕至予也○台朕予互相爲訓陽亦爲予也賚畀卜皆錫予之

予因字同而連舉之也上文云賚畀予賜也賚畀又互訓爲予也湯誓云予其大賚汝周頌序云賚予也畀者穀梁僖二十八年傳云畀與也祭統云畀之言與也卜者小雅天保云君曰卜爾楚茨云卜爾百福釋文引韓詩云卜畀炎火**註**卬猶至見詩。**正義**卬猶姎者說文云姎女人自稱我也風俗通義云南蠻相呼爲姎徒書曰非台小子者湯誓文古者貴賤皆自稱朕者獨斷云朕我也古者尊卑共之貴賤不嫌則可同號之義也堯曰朕在位七十載皐陶與帝舜言曰朕言惠可底行屈原曰朕皇考此其義也至秦天子獨以爲稱漢因而不改也白虎通義云王者自謂一人者謙也欲言已材能當一人耳故論語曰百姓有過在予一人臣下謂之一人何亦所以尊王者也以天下之大四海之內所共尊者一人耳故尚書曰不施予一人或稱朕何亦王者之謙也朕我也或稱予者予亦我也不以尊稱自也但自我皆謙案周以前貴賤同稱故爾雅訓朕爲我又訓爲身又訓爲予自漢以後定爲王者所自稱矣郭又引禮記者下曲禮文言見詩者周南葛覃云言告師氏言告言歸毛傳言我也。今人至爲身。正義 自呼爲身通見史傳今俗語尚然。魯詩至阿陽。正義 陽如之何詩考以爲卽陳風澤陂篇傷如之何之異文也魯詩以於東晉郭氏猶及見之今韋君章句久佚莫可考矣巴濮人自呼阿陽據時驗也

肅延誘薦餤晉寅藎進也 註 禮記曰主人肅客詩曰亂是用餤王之藎臣易曰晉進也寅未詳 羞餞迪烝進也 註 皆見詩禮 正義 說文云進登也釋名云進引也引而前也此分釋其義也。肅延至進也。肅者大雅桑柔云民有肅心特牲饋食禮云乃宿尸鄭註宿讀爲肅肅進也進之者使之祭曰當來也延延者少牢饋食禮云祝延尸鄭註由後詔前相之曰延延進也誘者鄉射禮云誘射謂進而教之也薦者祭義云卿大夫有善薦於諸侯鄭註薦進也凡經傳言薦人者皆進之於上也天官籩人云共其籩

薦羞之實鄭註薦羞皆進也未飲未食曰薦既飲既食曰羞凡經傳言殷薦薦車薦歲事薦時食者皆進也餕者龍龕引舊註云餕甘之進也晉者說文云晉進也日出萬物進寅者司馬法云殷曰寅車六月毛傳引之鄭箋寅進也漢書律歷志云引達於寅寅通作夤顏師古漢書註引書曰夤亮天功漢書敘傳云夤用刑名漢紀作寅用刑名李仲璇孔子廟碑寅賓作夤賓玉篇云夤進也藎者逸周書皇門解云朕藎臣大明爾德孔晁註藎進也。羞饈至進也。羞者說文云羞進獻也洪範云使羞其行孔疏引王肅云使進其行晉語云有武德以羞爲正卿饈者說文云饈送去也文選註引韓詩薛君章句云送行飲酒曰饈迪者皐陶謨云允迪厥德漢書敘傳云亦迪斯文劉德云迪進也烝者釋天云冬祭曰烝郭氏云進品物也【註】禮記至進也。【正義】禮記曰主人肅客者上曲禮文鄭註進客謂道之詩曰亂是用餕者小雅巧言文王之藎臣者大雅文王文鄭箋今王之進用臣也易曰晉進也晉卦彖傳文。皆見詩禮。【正義】少牢饋食禮云主人羞斯俎鄭註羞進也夏小正云丹鳥羞白鳥羞也者進也士虞禮記云朱徹乃餞大雅崧高云王餞于郿桑柔云弗求弗廸毛傳廸進也小雅甫田云烝我髦士

詔亮左右相道也**註**皆謂教導之詔相道左右助勴也**註**勴謂贊勉亮介尚右也**註**紹介勸尚皆相佑助左右亮也**註**反覆相訓以盡其義**正義**道本亦作導謂相教導說文云勴助也右手口相助也小爾雅云涼佐也涼與亮通道勴右亮其義相通故互訓以明之也○詔亮至道也○詔者說文云詔告也告之所以導之也微子云詔王子出廸文王世子云春誦夏弦大師詔之亮者詩釋文引韓詩云亮彼武王亮相也毛詩作涼彼武王音義同左右者泰象傳云以左右民相者鄉飲酒禮云主人一相少牢饋食禮云以相從入皆言相導也○詔相至勴也○詔相道左右助又爲贊勉者春官大

宗伯云詔相王之大禮盤庚云予其懋簡相爾月令
云野虞教道之商頌長發云實左右商王大雅蒸民
云愛莫助之是皆爲贊助也○亮介尚右也○鄭註
祭統云右助也通作祐繫辭傳云祐者助也亮者舜
典云惟時亮天功史記作時相天事介者大雅生民
云攸介攸止疏引孫炎云介者相助之義如人之左
右手故以介爲左右也尚者左氏襄二十九年傳云
不尚取之是皆言佑助也○左右亮也○尚書大傳
云舜爲左右書序云周公爲師召公爲保
相成王爲左右亮訓爲相故左右爲亮也

緝熙烈顯昭晧頻光也【註】詩曰學有緝熙于光明又曰
休有烈光【正義】晉語云光明之耀也說文云光明也
緝明也熙廣也韋昭註引詩緝熙亶厥心而釋之曰
亦如之是鄭康成虞翻俱以熙爲光也古者光廣二
字通用荀子禮論積厚者流澤廣大戴禮記作流澤
光故釋言云光充也烈者說文云烈火猛也商頌長

發云如火烈烈言其光炎也顯者周頌淸廟云肅雝顯相墨子非命篇引太誓曰天有顯道昭者說文云昭日明也大雅既醉云介爾昭明鄭箋昭光也晧者說文云晧日出貌頎者小雅無將大車云不出于熲本亦作耿立政云丕釐上帝之耿命孔疏云耿光也釋詁文【註】詩曰至烈光○【正義】學有緝熙于光明周頌敬之文休有烈光周頌載見文

劼鞏堅篤掔虔膠固也【註】劼虔皆見詩書易曰鞏用黃牛之革固志也掔然亦牢固之意【正義】天保毛傳云固堅也轉相訓也劼者說文云劼愼也愼密故嚴固也又通作硈說文云硈石堅也釋言云硈鞏也堅石所以爲鞏固也鞏者說文云鞏以革有所束也大雅瞻卬云無不克鞏元和郡縣志釋鞏縣之義謂四面有山河之固依爾雅以爲名案說文云固四塞也則李吉甫之說是也堅者考工記函人云不摯則不堅篤者釋名云篤築

也築堅實稱也緇衣云篤以不揜掔者莊子徐無鬼
云掔好惡虔者殷武毛傳云虔敬也與劼慎義同又
釋宮云椹謂之榩鄭箋引作椹謂之虔者以其堅固
也膠者說文云膠昵也釋言云𥝩膠也𥝩與昵通凡
膠粘者所以為堅固小雅隰桑云德音孔膠**註**劼虔殷
至之意。**正義**劼虔皆見詩書者酒誥云汝劼毖殷
獻臣大雅韓奕云虔共爾位郭引易者革初九云鞏
用黃牛之革干寶云鞏固也離為牝牛離爻本坤黃
牛之象也遯六二云執之用黃牛之革象曰執用黃
牛固志也侯果云六二離爻離為黃牛獨守中直堅
如革束郭以革遯二卦其取象同其義亦同故合而
釋之也掔然亦牢固之意者說文引詩曰赤舄掔掔
掔掔亦重
固之貌

疇孰誰也 **註**易曰疇離祉 **正義**說文云誰何也釋名云
誰相也有所擇言不能一也
疇者說文云𠷎誰也繫傳云口𠷎為誰也堯典云疇
咨若予采史記作誰可順此事孰者論語云孰能為

之大【注】易曰疇離祉

。【正義】否九四爻辭

暀暀皇皇藐藐穆穆休嘉珍禕懿鑠美也【注】穆穆巳上皆美盛之貌其餘常語【正義】此釋美善之義也。暀暀至穆穆。暀暀者魯頌泮水云烝烝皇皇鄭箋皇皇當作暀暀少儀云祭祀之美濟濟皇皇鄭注皇皇讀如歸往之往是暀暀卽皇皇也皇皇者曲禮云諸侯皇皇少儀云言語之美穆穆皇皇藐說文作䫉美也大雅瞻卬云藐藐昊天鄭箋藐藐美也穆穆者商頌那云穆穆厥聲此皆重言之以狀其美也周頌烈文云繼序其皇之毛傳皇美也清廟云於穆清廟毛傳穆美也呂氏春秋至忠篇可謂穆行矣高注穆美也是單舉其文亦爲美也。休嘉至懿鑠。休者商頌長發云何天之休後漢書註引今文太誓云羣公咸曰休哉嘉者士冠禮云嘉薦令芳珍者左氏文八年傳云珍之也鄭注天官膳夫云今時美物爲珍膳是珍爲美也禕者易釋文引古文云以其偉偉美也禕與偉通東京賦云侯其禕而懿者說文云懿專久之美也周頌時邁云我求懿德鑠者周頌酌云於鑠王師史記李斯傳云鑠金百鎰索隱云百鎰之美金也【註】穆穆至之貌○【正義】郭以重語皆言其貌與釋訓義同也楊倞荀子註引爾雅云穆穆敬敬也皇皇正也郭璞云皇皇自修正貌穆穆容儀謹敬也案釋訓云穆穆敬也郭註云皆容儀謹敬是楊倞所据也釋言云皇正也楊倞引作皇皇今本郭註無皇皇自修正貌六字未知楊倞所据何本楊倞又云由言語之美所以威儀修飾或曰穆穆美也皇皇有光儀也又云皇皇穆穆言緒之美也

諧輯協和也【註】書曰八音克諧左傳曰百姓輯睦

關關噰噰音聲和也【註】皆鳥鳴相和

勰燮和也【註】書曰燮友柔克【正義】此釋和順之義兼及於聲之和也○諧輯協和也○諧者堯典云克諧以孝史記作

能和以孝禮器云則外諧而內無怨輯者大雅公劉云思輯用光莊子天地篇民莫敢不輯協者說文云協衆之同和也洪範云協用五紀○關關至和也○皆音聲之和也此因釋和字之義而連及之或疑爲釋訓篇之脫簡者非也釋訓自子子孫孫以下皆釋引諭之意與此釋字義者殊又引無極也君之德也以下皆協於古音不得以音聲和也錯列其間後人徒較量於字句長短疑爲脫簡舛矣○勰燮和也○勰者說文云勰同思之和也釋文云本又作協燮者大雅大明云燮伐大商【註】書曰至輯睦○【正義】八音克諧舜典文左傳曰百姓輯睦今本左傳僖十五年成十六年俱云羣臣輯睦與郭氏所見本異說文云輯車和輯也○書曰至柔克○【正義】洪範文

從申神加弼崇重也【註】隨從弼輔增崇皆所以爲重疊

神所未詳【正義】皆言重疊也從者祭義云又從而思之申者益稷云天其申命用休史記作天

其重命用休楊倞荀子註云再命曰申神者說文云神天神引出萬物者也又云申神也鄭註禮運云神者引物而出風俗通義怍神篇引傳曰神者申也是神與申義同加者說文云加語相增加也鄉射禮云乃復求矢加于楅鄭註增故曰加弼者說文云弼輔也重也又引書鄁成五服言相重而成五服也崇者盤庚云高后丕乃崇降罪疾大雅鳧鷖云福祿來崇

註隨從至重疊○正義下文云拼從也郭註爲隨從又云弼輔備也上文云崇充也皆與重疊之義相通

斁悉卒泯忽滅罄空畢罊殲拔殄盡也註斁今直語耳忽然盡貌今江東呼厭極爲罊餘皆見詩正義皆言竭盡也○斁悉卒○斁者史記李斯列傳云雖監門之養不斁于此矣索隱云言監門下人飯猶不盡此也悉者說文云悉詳盡也穀梁莊二十九年傳云以其用民力爲已悉矣范甯註悉盡也卒者鄉射禮云卒爵興曾

語云民羸幾卒韋昭註卒盡也○泯忽滅○泯者詩疏引李巡云没之盡也左氏成十六年傳云是大泯曹也杜註泯滅也忽者大雅皇矣云是絕是忽毛傳忽滅也滅者左氏成八年傳云是以卒滅○罄空畢○罄者說文云罄器中空也衆經音義引孫炎云罄竭盡也空者方言云濂之言空也畢者士冠禮云見弟畢袗元禮記註引王居明堂禮云畢入于室○罄殲拔殄○罄者說文云罄器中盡也殲者書疏引舍人云殲衆之盡也說文云殲微盡也春秋曰齊人殲于遂穀梁莊十七年傳云殲者盡也拔者少儀云毋拔來毋報往鄭註來往所之不可卒也是拔與卒忽義同殄者左氏宣二年傳云敗國殄民**註**忽然至見詩○**正義**忽然盡貌者左氏莊十一年傳云其亾也忽焉文五年傳云不祀忽諸皆言盡之速也江東呼厥極爲罄据時驗也廣雅云罄極也監本作爲罄永樂大典載陸佃爾雅新義危素爾雅畧義引郭註俱作爲罄今從之餘皆見詩者大雅雲漢云圭璧既卒大雅桑柔云靡國不泯小雅正月云寧或滅之天保

云罄無一不宜罄或作窒說文云窒空也詩曰瓶之窒
矣大東云杼柚其空無羊云畢來旣升秦風黃鳥云
殲我良人大雅瞻
卬云邦國殄瘁

爾雅正義卷第一

爾雅正義卷第二

文淵閣校理翰林院編修加二級教習庶吉士充國史館纂修官邵晉涵撰集

苞蕪茂豐也【註】苞叢繁蕪皆豐盛【正義】序卦傳云豐者大也方言云凡物之大貌曰豐廣雅云豐大也苞者說文引書云艸木蔪苞今本禹貢作草木漸包釋文云包字或作苞商頌長發云苞有三蘖毛傳苞本也鄭箋用爾雅大雅生民鄭箋云豐苞亦茂也是物之稹固而發生茂盛者爲苞也蕪者說文云蕪豐也从大卌卌數之積也林者木之多也卌與庶同意商書曰庶艸繁蕪今本洪範作庶草蕃廡晉語云不能蕃廡蕪爲隸體增加字廡爲假借字也茂者說文云茂艸豐盛周頌良耜云黍稷茂止小雅天保云如松柏之茂是艸木之豐盛皆爲茂也【註】苞叢至豐盛。【正義】釋言云苞稹也孫炎以爲物叢生曰苞是苞爲叢茂也後漢書註引爾雅云蕃蕪豐也蓋連引註文凡物之苞叢繁蕪者望之

豐滿故其貌爲大也

揫斂屈收戢蒐裒鳩摟聚也【註】禮記曰秋之言揫揫斂也春獵爲蒐蒐者以其聚人衆也詩曰屈此羣醜原隰裒矣左傳曰以鳩其民摟猶今言拘摟聚也【正義】說文云聚會也方言云萃集也東齊曰聚是聚爲萃集也揫者說文引詩云百祿是揫毛詩商頌長發篇作百祿是遒傳云遒聚也釋文云揫郭音遒揫遒音義同方言云凡歛物而細謂之揫是揫爲聚之多也斂者說文云斂收也大雅蕩篇斂怨以爲德言其聚衆怨也荀子非十二子云斂然聖王之文章具焉楊倞註斂然聚集之貌屈者釋文引韓詩云屈收也收斂得此衆聚是屈與收斂義同故爲聚也收者周頌維天之命云我其收之毛傳用爾雅左氏襄四年傳云收二國之燼凡經傳言收斂者皆爲聚合也戢者周頌

時邁云載戢干戈通作輯舜典云輯五瑞史記作揖五瑞集解引馬融云揖斂也蒐者成十六年傳云蒐乘補卒襄二十四年傳云齊社蒐軍實言聚而閱之也裒者商頌殷武云裒荆之旅是聚之多者爲裒釋文云裒古字作襃本或作捊案孟氏易君子以捊多益寡今本謙卦象傳作裒多益寡俟果云裒聚也裒捊聲之轉也鳩者說文作勼聚也通作鳩堯典云共工方鳩僝功史記作旁聚布功又通作逑說文引書作旁逑僝功云逑斂聚也摟者說文云摟曳聚也本或作摟小雅角弓云式居婁驕鄭箋婁斂也疏引釋詁云婁斂聚也詩釋文引徐邈云婁鄭音樓爾雅釋文云本或作樓非【注】禮記至斂也。【正義】鄉飲酒義云秋之爲言愁也鄭註愁讀爲揫揫斂也郭氏依鄭讀兼取鄭義也。春獮至衆也。春獮爲蒐釋天文公羊昭八年傳云蒐者何簡車徒也何休註徒衆也是蒐者以聚徒衆也。詩曰至其民。屈此羣醜魯頌泮水文原隰裒矣小雅常棣文毛傳俱用爾雅以鳩其民左氏隱八年傳文又昭十七年傳云五鳩鳩

民者也。摟猶至聚也。劉熙孟子註云摟牽也故摟爲拘摟郭氏引時俗語爲證也

肅齊遄速亟屢數迅疾也註詩曰仲山甫徂齊疌駿肅**亟遄速也**註詩曰不疌故也駿猶迅速亦疾也正義釋名云疾截也有所越截也速訓爲疾肅亟遄又訓爲速義相貫通也。肅齊至疾也。肅者禮運云刑肅而俗敝鄭註肅駿也周語云俾莫不任肅純恪韋昭註肅速也淮南本經訓云寬而不肆肅而不悖高誘註肅急也皆與疾之義相成也召南小星云肅肅宵征毛傳肅肅疾貌是重言之亦爲疾也齊者大戴禮記五帝德云幼而慧齊史記作幼而徇齊集解云齊速也言聖德幼而疾速也離騷云反信讒而齊怒王逸註齊疾也荀子君道篇齊給便捷而不惑尚書大傳云多聞而齊給鄭註齊疾也遄者說文云遄往來數也易曰事遄往說文所引損卦初九爻辭也大雅崧高云式遄其行是遄爲行之速也速者考工記云

不微至無以爲戚速也鄭註速疾也書或作數祭義云故聽且速也速通作遬呂氏春秋辨土篇莖生有行故遬長弱不相害故遬大高誘註遬疾也亟者說文云亟敏疾也大雅靈臺云經始勿亟少儀云小飯而亟之淮南主術訓雖馳傳騖置不若是其亟亟又通作極說文云極疾也亟又去吏切少儀云亟見曰朝夕鄭註亟數也屢常作婁釋詁云婁亟也樂記云臨事而屢斷其義相成也數者祭義云其行也趨趨以數鄭註數之言速也迅者釋獸於貎貐狒狒皆云迅走是迅爲走之疾也○寁駿至速也○寁者說文云寁居之速也詩疏引舍人云寁意之速寁通作簪豫九四云朋盍簪釋文引子夏傳云疾也鄭康成云速也寁簪聲之轉也駿者周頌噫嘻云駿發爾私弟子職云若有賓客弟子駿作皆言速也駿又通作逡舊疏引禮記大傳云逡奔走鄭註逡疾也疾奔走言勤事也肅亟遄又爲速轉相訓也釋文云亟又作急釋名云急及也操切之使相逮及也急亦作棘詳見釋言【註】詩曰至徂齊○【正義】大雅蒸民文毛傳以爲

東方齊也謂往治齊之城郭也漢書杜欽傳引韓詩傳云仲山甫異姓之臣就封于齊郭氏引詩之意則以爲仲山甫徂行之疾也或本齊魯詩傳未聞其審○詩曰至疾也○**正義**詩鄭風遵大路文駿猶迅者說文云駿馬之良材者迅疾也从辵卂聲駿馬善疾走假借以爲駿奔走猶迅爲疾走假借以爲迅雷風烈也速亦疾者通上下文之義

壑阬阬滕徵隍漮虛也【注】壑谿壑也阬阬謂阬壍也隍城池無水者方言云漮之言空也皆謂丘墟耳滕徵未詳**正義**玉篇云虛空也謂大而空虛也壑者大雅韓奕云實墉實壑左氏襄三十年傳我公在壑谷郊特牲云水歸其壑鄭註壑猶阬也說文作叡云溝也阬阬者後漢書註引倉頡篇云阬壑也莊子天運篇在坑滿坑滕者咸上六象傳云滕口說也孔疏云所競者口無復心實也徵者鄭氏易損卦云君子

徵忿懫欲註云徵清也言清虛也隍者泰上六云城復于隍釋言云隍壑也舍人李巡註俱詳見釋言漮者說文云漮水虛也謚法解云漮虛也漮通作康小雅賓之初筵云酌彼康爵鄭箋康虛也穀梁襄二十四年傳云四穀不升謂之康范甯註以爲虛也釋文引郭氏音義云康本或作荒荒亦丘墟之空無案大雅召旻云我居圉卒荒鄭箋荒虛也孔疏引某氏曰周禮云野荒民散則削之唯某氏之本有荒字耳其諸家爾雅則無之【註】壑谿至墟耳○【正義】傳記以大壑爲歸墟故以壑爲谿壑也坑坑重文總言坑塹者玉篇引左氏傳註溝塹也字書云城隍也隍城池無水者虞翻易註云城下溝無水稱隍有水稱池是也方言云㝩空也郭氏彼註云㝩㝩空貌㝩或作歁虛也案㝩通作漮說文云㝩屋㝩㝩也歁饑虛也皆與漮義同郭云皆謂丘墟者說文云虛大丘也徐鉉云今俗作墟非是

黎庶烝多醜師旅衆也【註】皆見詩洋觀裒衆那多也【註】

詩曰薄言觀者又曰受福不那洋溢亦多貌**正義**說文云衆
多也多重也从重夕夕者相繹也故爲多齊謂多爲
夥是衆與多其義同也○黎庶至衆也○黎者堯典
云黎民於變時雍庶者說文云庶屋下衆也堯典云
庶績咸熙史記作衆功皆興烝者益稷云烝民乃粒
多者少牢饋食禮云承致多福無疆醜者曲禮云在
醜夷不爭師者說文云師二千五百人爲師从帀从
𠂤𠂤四帀衆意也堯典師錫帝曰史記作衆皆言於
帝易彖傳云師衆也旅者士冠禮云東面旅占天官
旅下士鄭註云旅衆也下士治衆事者是皆言衆多
也○洋觀至多也○匡謬正俗云山東俗謂衆爲洋
是洋爲方俗語也魯頌閟宮云萬舞洋洋論語云洋
洋乎盈耳哉重言之亦爲多也周頌臣工云奄觀銍
艾大雅文王有聲云適觀厥成鄭箋觀多也裒者上
文云聚也又訓爲多義相成也衆多互相訓也商頌
云猗與那與毛傳那多也**註**皆見詩○**正義**大雅桑
柔云民靡有黎小雅小明云我事孔庶周頌思文云

立我烝民商頌殷武云天命多辟大雅緜云戎醜攸
行板云曾莫惠我師小雅采芑云振旅闐闐俱訓爲
衆義之常行者耳○詩曰至不那○正義
薄言觀者小雅采綠文受福不那桑扈文
流差柬擇也註皆選擇見詩正義說文云擇柬選也流者釋言云流求也以聲爲
義求又轉訓爲擇也差者既夕禮記夏祝淅米差盛
之鄭註差擇之也柬者荀子修身篇柬理也楊倞註
柬與簡同文選註引爾雅作簡擇也夏官趣馬云簡
其六節鄭註簡差也王制云簡不肖以絀惡註見詩
○正義周南關雎云左右流之小雅
吉日云既差我馬邶風云簡兮簡兮
戰慄震驚戁竦恐慴懼也註詩曰不戁不竦慴卽懾也
正義說文云懼恐也恐懼也互相訓也戰者懼容也
論語云使民戰栗史記齊悼惠世家云股戰而栗言
其懼甚也小雅小旻云戰戰兢兢毛傳戰戰恐也是
重言之亦爲懼也方言云蛩烘戰慄也荆吳曰蛩烘

蛩供又恐也說文云供戰慄也廣雅云蛩供懼也是戰慄二字連文爲懼也秦風黃鳥云惴惴其慄莊子人間世云吾甚慄之大宗師云登高不慄天運云操之則慄是慄爲懼也震卦彖辭云震驚百里大雅江漢云徐方震驚震驚二字經傳多連言之晉語云四鄰莫不震動韋昭註震懼也方言云懼驚也是驚懼互相訓也戁者說文云敬也過敬則心瞿也竦者說文作愯懼也春秋傳曰駟氏愯案左氏昭十九年傳作駟氏聳杜註聳懼也又昭六年傳云聳之以威漢書刑法志引作悚之以威方言云聳悚也周語云身聳除潔韋註聳懼也楚語云能聳其德韋註聳敬也以聳爲敬猶以戁爲敬皆言敬而懼也竦愯聳悚古字通用恐訓爲懼懼義之通行者耳慴者說文云慴懼也讀若疊周頌時邁云莫不震疊毛傳疊懼也疊慴音義同莊子釋文引爾雅云怖懼也今無此文【註】詩曰至慴也○【正義】不戁不竦商頌長發文毛傳戁恐竦懼也慴卽懾者說文云懾失气也曲禮云則志不懾

痡瘏虺頹玄黃劬勞咎顇瘽瘉鰥戮癙癵瘇痒疷疵閔逐疚痗瘥痱𤸷瘵瘼癠病也【註】虺頹玄黃皆人病之通名而說者便謂之馬病失其義也詩曰生我劬勞書曰智藏瘝在相戮辱亦可恥病也今江東呼病曰瘵東齊曰瘼禮記曰親瘠色容不盛戮逐未詳餘皆見詩【正義】說文云病疾加也釋名云疾病者客氣中人急疾也病並也並與正氣在膚體中也此釋病之異名也。痡瘏至劬勞。痡者漢書註引韓詩云熏胥以痡痡病也通作鋪大雅江漢云淮夷來鋪毛傳鋪病也瘏者豳風鴟鴞云予卩卒瘏毛傳以爲卩病也釋文云瘏本又作屠虺頹者周南作虺隤詩釋文云虺說文作瘣隤說文作頹爾雅釋文有瘣字引字林云病也又云今經註無此字案爾雅舊本必

有作瘦瘠者或作𤸇類陸氏旣定從𤸇字復别見瘦
字於後蓋於𤸇卽爲瘦偶有不檢遂以爲經註無此
字也說文以瘠爲禿貌釋名以隤爲氣下隤皆病之
狀也元黃者毛傳云元馬病則黃郭氏以爲人病之
通名也劬勞者小雅鴻鴈云劬勞于野毛傳劬勞病
苦也○咎顇至癙癵○咎者說文云咎災也釋言云
凶咎也鹽鐵論云猶食毒肉愉飽而罹其咎也顇者
釋文云字或作悴說文云悴憂也通作瘁文選註引
倉頡篇云瘁憂也小雅北山云或盡瘁事國鄭箋以
爲盡力勞病也癉者釋文云字亦作𢤿樂記云徵亂
則哀其事勤是癉爲勞劇之病也瘉者龍龕手鑑引
爾雅舊註云瘉勞病也小雅鼓鐘云其德不猶鄭箋
云猶當作瘉瘉病也鰥者釋名云愁悒不寐目恒鰥
鰥然也戮以耻辱爲病鄭註秋官掌戮云戮猶辱也
左氏文十年傳云國君不可戮也癙者釋文引孫炎
云畏之病也通作鼠小雅雨無正云鼠思泣血鄭箋
鼠憂也癵者釋文引郭氏音義以爲拘攣之病也○
痻痒至疚痗○痻者大雅雲漢云云如何里鄭箋云

里憂也詩釋文云本亦作瘇爾雅作悝案下文云悝
憂也義相成也說文云悝啁也一曰病也痒者說文
云痒瘍也釋文引舍人云瘨癵瘇痒皆心憂憊之病
也疷者說文徐鍇本以爲病不翅也釋文引孫炎云
滯之病也字書云疲病也通作祇小雅何人斯云俾
我祇也毛傳祇病也疵者大誥云知我國有疵疏引
鄭註云知我國有疵病之瑕禮運云是謂疵國通作
呰檀弓云亦非禮之呰也閔者儒行云不閔有司鄭
註閔病也逐者舊疏引衛風考槃云碩人之軸鄭箋
云軸病也孔疏云軸與逐蓋古今字異疚者說文作
疚云貧病也詩曰煢煢在疚今周頌閔予小子篇作
煢煢在疚左氏昭二十年傳云不爲利疚於回是疚
爲貧病也痗者鄭箋以爲困病也○瘥痱至瘼癠○
瘥者左氏昭十九年傳云札瘥夭昏孔疏引賈逵云
小疫曰瘥痱者說文云痱風病也通作腓小雅四月
云百卉具腓毛傳腓病也釋文引韓詩云腓變也玉
篇引詩作百卉具痱瘽者釋文引孫炎云瘽病案緇
衣云章善瘽惡鄭註瘽病也是瘽惡猶云疾惡也瘽

通作瘅左氏襄十九年傳云荀偃瘅疽說文云瘅勞病也瘵者楚策引詩云無自瘵也今小雅菀柳篇作無自瘵焉瘼者小雅四月云亂離瘼矣鄭箋云今政亂將有憂病者矣瘠者方言云江湘閒凡物生而不長曰瘠**註**虺隤至義也○**正義**周南卷耳云我僕痡矣又云我馬瘏矣我馬虺隤我馬元黃疏引孫炎云痡人疲不能行之病瘏馬疲不能進之病虺隤馬罷不能升高之病元黃馬更黃色之病郭氏以爲皆人病之通名不從孫義者以毛傳於痡瘏虺隤俱從爾雅釋爲病不以瘏虺隤爲馬病說文云痡病也瘏病也亦從爾雅劉向九歎云躬劬勞而瘏悴王逸註瘏亦病也是劉向王逸俱不以瘏爲馬病虺穨元黃亦猶是矣○詩曰至未詳○生我劬勞小雅蓼莪文知藏瘵在周書召誥文相戮辱亦可耻病者左氏襄三年傳云楊干爲戮何辱如之江東呼病曰瘵者木元虛海賦云爲凋爲瘵瘵其通語也東齊曰瘼者方言云瘼病也東齊海岱之閒曰瘼禮曰親瘠色容不盛者玉藻文戮逐未詳戮字葢衍文○餘皆見詩○大

雅瞻卬云邦國殄瘁小雅角弓云交相為瘉小雅正
月云癙憂以痒大雅桑柔云稼穡卒痒小雅白華云
俾我疷兮豳風鴟鴞云鬻子之閔斯大雅召旻云維
今之疚不如茲邶風伯兮云使我心痗大雅板云下
民卒癉緇衣引作卒癉瞻卬云
士民其瘵桑柔云瘼此下民

恙寫悝盱繇慘恤羅憂也【註】今人云無恙謂無憂也寫
有憂者思散寫也詩曰悠悠我悝云何盱矣繇役亦
爲憂愁也【正義】說文云𢝊愁也今經傳通作憂恙者
者孔子荷杖而問之曰子之公不有恙乎搏杖而揖
之問曰子之父母不有恙乎置杖而問曰子之兄弟
不有恙乎杖步而倍之問曰子之妻子不有恙乎賈
誼書容經篇孔子問子貢曰子之兄弟亦得無恙乎
鄭註司儀云問君曰君不恙乎問大夫曰二三子不
恙乎說文云恙憂也是本爾雅爲義也寫者方言云

凡言相憐愛謂之噴或謂之無寫無寫猶言無恙也悝瘇通用已見上文又通作惄說文云楚潁之間謂憂曰惄盱者豫六三云盱豫王弼註睢盱而豫悔亦至焉說文作忏憂也繇者廣韻引詩云我歌且繇慘當作懆懆說文云愁不安也詳見釋訓恤者衆經音義引孫炎云恤救之憂也大宗伯云以恤禮哀寇亂鄭註恤憂也盤庚云永敬大恤邶風谷風云皇恤我後說文作䘏憂也罹當作離小雅四月云亂離瘼矣毛傳離憂也隸體作罹小弁云我獨于罹詩釋文云罹本作離

【註】今人至愁也○【正義】郭云無恙謂無憂者匡謬正俗云風俗通義釋無恙云上古之時草居露宿恙噬人蟲也善食人心人恒苦患之凡相問曰無恙乎非謂疾也按爾雅云恙憂也楚辭九辨云還及君之無恙恙此言及君之無憂豈謂不被蟲噬乎漢元帝詔貢禹曰今生有疾何恙不巳乃上疏乞骸骨此言病何憂不差而乞骸骨豈又被蟲食心耶凡言無恙謂無憂耳安得食人之蟲揔名恙乎今案顏師古之辨篤矣應劭本於易緯据許氏說文當作無它

非雅義也顏引爾雅作憂心也蓋連引舊註之文耳
郭云思散寫者舊疏引小雅車舝云我心寫矣郭引
詩云悠悠我悝者小雅十月文今本作我里毛傳云
悠悠憂也是音義相通也云何盱矣周南卷耳及小
雅都人士文繇役亦爲憂愁者郭以義推言之
高誘淮南註云繇役也監本亦作以今從宋本

倫勩邛敕勤愉庸癉勞也【註】詩曰莫知我勩維王之邛
哀我癉人國語曰無功庸者倫理事務以相約敕亦
爲勞勞苦者多惰愉今字或作窳同勞來強事謂翦

篲勤也【註】詩曰職勞不來自勉強者亦勤力者由事
事故爲勤也詩曰追其謂之翦篲未詳【正義】勞訓爲勤勤訓爲勞
轉相訓也。倫勩至勞也。說文云勞劇也用力者
勞倫者鄭註學記云倫理也易釋文引鄭註噬嗑云

勑猶理也是倫與敕義同勑本又作肄邶風谷風云
既詒我肄毛傳肄勞也疏引孫炎云習事之勞也卭
者小雅小旻云亦孔之卭毛傳卭病也勞苦爲病義
相成也敕者說文云勑勞也从力來聲故下文云來
勤也今經傳通作勅徐廣史記註云飭古勑字天官
冢宰云百工飭化八材賈疏云飭勤也勤力以化八
材勑通作飭飭訓爲勤勤卽勞也勤者周頌賚云文
王既勤止左氏昭十三年傳請君無勤玉藻云勤者
有事則收之鄭註謂執勞辱之事也淮南氾論訓云
肩負儋之勤也愉通作窳商子墾草篇窳惰之民勉
疾又云惰民不窳庸者大雅崧高云以作爾庸鄭箋
庸功也夏官司勳云民功曰庸癉者鄭註士冠禮云
古文亶爲癉又通作單周頌昊天有成命云單厥心
是也○勞來至勤也○勞又訓爲勤者衆經音義引
犍爲舍人云勞力極也夏官司弓矢云使者勞者鄭
註云勞者勤勞之事儒行云先勞而後祿鄭註勞猶
事也來者大雅文王有聲云遹追來孝强者孟子云
强爲善而已矣事者淮南俶眞訓云事其神而嬈其

精修務訓云事而身弗伐事猶勞也衆經音義引舍人云來強事也疑強事二字本係舍人之註傳寫者漏入正文也謂者小雅隰桑云遐不謂矣翦當作踐鄭註玉藻云踐當爲翦書疏引鄭註書序云踐讀曰翦史記集解引服虔云踐翦也是踐翦古通用左氏文元年傳云踐修舊好士相見禮云不足以踐禮皆言勤也篲當作蔧泰初六云以其彙釋文云古文彙作蔧鄭註云勤也【註】詩曰至庸者。【正義】莫知我勩小雅雨無正文左氏昭十三年傳引作莫知我肄是肄與勩通維王之卭者小雅巧言文哀我癉人大東文毛詩作憚人又小明云憚我不暇憚通作癉音義同國語曰無功庸者晉語公族穆子之辭。詩曰至謂之。【正義】職勞不來者大東文毛傳來勤也孔疏云以不被勞來爲不見勤故采薇詩序曰杕杜以勤歸卽是勞來也迨其謂之者召南摽有梅文

悠傷憂思也【註】皆感思也懷惟慮願念惄思也【註】詩曰

惄如調飢【正義】釋名云思司也凡有所司捕必靜思忖亦然也此分釋思之義也○悠傷憂思也○悠者上文云悠遠也是悠爲思之遠也周南關雎云悠哉悠哉傷者說文作傷憂也卷耳云維以不永傷是憂傷之思也憂訓爲思通見經傳郭以爲皆感思所以別於念慮之思也○懷惟至思也○方言云懷惄惟慮願念思也惟凡思也慮謀思也願欲思也念常思也凡思之貌或曰惄按諡法解云懷思也與釋詁同上文已云惟慮謀也又訓爲思增成其義也願者鄭風蔓草云適我願兮左氏襄三十年傳云不愛而願大念者釋名云念黏也意相親愛心粘著不能忘也秦風小戎云言念君子惄者小雅小弁云惄焉如擣疏引舍人云惄志而不得之思也【註】詩曰至調飢○【正義】周南汝墳文釋文引韓詩惄作愵方言云愵憂也自關而西秦晉之間或曰惄說文云愵憂貌讀與惄同

祿祉履戩祓禧褫祜福也【註】詩曰福履綏之俾爾戩穀

祓祿康矣禠禧書傳不見其義未詳【正義】禮記祭統云福者備也釋名云福富也其中多品如富者也祿者少牢饋食禮云使女受祿于天鄭註云古文祿爲福祉者用頌雝云介以繁祉履者釋言云履祿也履禮也是履祿義同又訓爲禮者荀子大略篇禮者人之所履也說文云禮履也所以事神致福也是訓爲禮亦言受福也戩者方言云福祿謂之祓戩祓者大雅生民云以弗無子鄭箋弗之言祓也疏引孫炎云祓除之福春官女巫云祓除釁浴說文以祓爲除惡之祭言去惡以致福也禧通作釐說文云釐家福也漢書孝文紀云祠官祝釐如淳曰釐福也賈誼傳受釐坐宣室是也顏師古云釐本字作禧禠者說文云禠福也義本爾雅張衡東京賦云祈禠禳災思元賦云蒙厖禠以拯民据爾雅爲義也祜者賈誼書禮篇云祜大福也商頌烈祖云有秩斯祜祜士冠禮云承天之祜【註】詩曰至不見○【正義】福履綏之周南樛木文俾爾戩穀小雅天保文祓祿康矣大雅卷阿文毛詩作茀祿爾康矣

監本作書傳少
見今從宋本

禋祀祠蒸嘗禴祭也【注】書曰禋于六宗餘者皆以爲四時祭名也【正義】祭統云祭者所以追養繼孝也此斷意以享禋也韋昭註禋敬也書疏引孫炎云禋絜敬之祭也下文云禋敬也其義相承也祀者說文云祀祭無已也衆經音義引倉人云祀地祭也按春官大宗伯云以禋祀祀昊天上帝則祀不專屬祭地而言郭氏所不取也祠蒸嘗禴者大宗伯云以祠春享先王以禴夏享先王以嘗秋享先王以烝冬享先王是四時之祭名也詳見釋天【注】書曰至六宗。【正義】舜典文尚書大傳作湮于六宗鄭註湮祭也字當爲禋

儼恪祗翼諲恭欽寅熯敬也【注】儼然敬貌書曰夙夜惟寅詩曰我孔熯矣諲未詳【正義】說文云敬肅也釋名云敬警也恒自肅敬也儼

者陳風澤陂云碩大且儼毛傳儼矜莊貌儼通作嚴
荀子儒效篇嚴嚴乎其能敬已也楊倞註嚴或爲儼
是也恪者說文作愙云敬也徐鉉云今俗作恪商頌
那云執事有恪祗者商頌長發云上帝是祗金縢云
罔不祗畏史記作罔不敬畏翼者大誥云厥考翼大
雅卷阿云以引以翼譚者大雅生民云克禋克祀毛
傳禋敬也左氏桓六年傳云以致其禋祀杜註禋絜
敬也禋譚古字通恭者說文云恭肅也商頌那云溫
恭朝夕欽者堯典云欽若昊天史記作敬順昊天書
釋文引馬融云威儀表備謂之欽鄭康成云敬事節
用謂之欽皆就書文而推演其義耳內則云欽有帥
是欽郎敬也寅者堯典云寅賓出日史記作敬道日
出逸周書祭公解云我不則寅哉寅哉寅通作夤說
文云夤敬惕也易曰夕惕若夤漢書敘傳云夤亮天
功鄧展註云夤敬也熯者徐鍇以爲熯當作戁說文
云戁敬也【註】儼然至熯矣。【正義】儼然敬貌者曲禮
云儼若思論語云儼然人望而畏之釋名云嚴儼也
儼然人憚之也夙夜惟寅舜典文史記作夙夜惟敬

我孔熯矣小雅楚茨文毛傳用爾雅

朝旦夙晨晙早也【註】晙亦明也【正義】說文云早晨也从日在甲上古文甲始於一見於十成於木之象朝者說文云倝旦也从倝舟聲舊疏引鄘風蝃蝀云崇朝其雨毛傳云從旦至食時爲終朝孔疏云左傳子文治兵終朝而畢子玉終日而畢是終朝非竟日也旦者說文云旦明也从日見一上一地也邶風匏有苦葉云旭日始旦毛傳旭日始出謂大昕之時夙者說文作𡖋云早敬也从丮持事雖夕不休早敬者也大雅生民云載震載夙士冠禮云夙興設洗賈誼書禮容語云夙早也晨者說文作晨云晨早昧爽也从臼从辰辰時也辰亦聲丮夕爲𡖋臼辰爲晨皆同意小雅庭燎云夜鄉晨毛傳晨明也秋官司寤氏云禦晨行者鄭註晨先明也晙者大明也與旦晨之義同

頢竢替戾底止徯待也【註】書曰徯我后今河北人語亦

然替戾底者皆止也止亦相待【正義】說文云待竢也竢通作須士喪禮云擯者出告須鄭註須亦待也士昏禮記云某敢不敬須左氏成十二年傳云寡君須矣雜記云孤某須矣竢通作俟士昏禮云俟于門外鄉射禮云負俟而俟祭義云八十不俟朝穀梁莊八年傳云俟待也替戾底俱訓爲止詳見下徯者盇稷云惟動丕應徯志【註】徯書曰至相待。【正義】孟子引書曰徯我后趙岐註徯待也東晉所上古文在太甲篇說文繫傳引作徯予后監本作止亦相待也宋本無也字

⿰口爾幾裁殆危也【註】幾猶殆也⿰口爾裁未詳【正義】說文云危在高而懼也釋名云危阢也阢阢不固之言也⿰口爾者說文云⿰口爾危也龍龕手鑑引舊註云⿰口爾事之危也幾者說文云幾殆也从丝从戍戍兵守也丝而兵守者危也大雅瞻卬云維其幾矣左氏宣十二年傳云利人之幾荀子舜問篇汝其以曾國驕人幾矣裁裁者逸周書芮良夫解云爾乃⿰目賣亂翫裁祭義云裁及其親猶孟子云以危

父母也殆者小雅節南山云無小人殆

祭義云不敢以先父母之遺體行殆

譏汔也【注】謂相摩近【正義】說文云譏訖也訖事之樂也

譏通作幾井卦彖詞云汔至亦未繘井孔疏汔幾也

幾近也大雅民勞云汔可小康鄭箋汔幾也【注】謂相

摩近。【正義】釋文云譏郭音剴說文云剴摩也詩疏

引孫炎云汔近也故以爲相摩近也左氏襄二十八

年傳云楚不幾十年以幾爲近也又昭十年傳引詩

汔可小康杜註汔期也期幾以聲近爲義耳詩疏引

史記周昌傳臣期知其不

可以證成杜義非雅訓也

治肆古故也【注】治未詳肆古見詩書**肆故今也**【注】肆旣

爲故又爲今今亦爲故故亦爲今此義相反而兼通

者事例在下而皆見詩也【正義】此以故與今反覆相訓

也。治肆古故也。治當爲

始益稷云在治忽史記作來始滑漢書律歷志引作七始詠是治始二字相溷也墨子經篇云始當時也是始則故也肆爲發端之詞故爲申釋之詞其義相通古故以聲爲義也○肆故今也○說文云今是時也肆故爲當時反覆相訓也**註**肆古見詩書○**正義**梓材云肆徂厥敬勞盤庚云古我先王皆言故也周頌昊天有成命云肆其靖之毛傳肆固也鄭箋固當爲故字之誤也邶風日月云逝不古處毛傳古故也○此義至見詩○**正義**郭以爲義有反覆旁通詳見徂在存也之註云見詩者大雅緜云肆不殄厥愠毛傳肆故今也抑云肆皇天弗尚鄭箋肆故今也俱以故今二字連文郭云皆見詩與毛鄭微異

惇亶祜篤掔仍肶埤竺腹厚也

註頻仍埤益肶輔皆重厚掔然厚貌餘皆見詩書**正義**釋名云厚後也有終厚也故靑徐人言厚曰後也惇者內則云皆有惇史惇通作敦樂記云若夫敦樂而無憂鄭註敦厚也亶者周語云亶厚也摭上文

云亶信也誠也又云祜福也俱又訓爲厚增成其義也篤者公羊宣十二年傳云君子篤於禮而薄於利上文云篤堅固也堅又訓厚義相承也仍者明堂位云爵用玉琖仍雕下文云仍因也因而重之以爲厚也肶者說文云膍牛百葉也膍或作肶釋文云本或作脾釋名云脾裨也埤者說文云埤增也是肶與埤俱以增益爲厚也竺與篤通楚詞天問云帝何竺之腹者月令云水澤腹堅呂氏春秋作水澤復堅高誘註復或作複釋名云腹複也是腹有重複之義故訓爲厚說文亦云腹厚也

【註】頻仍至詩書○【正義】頻仍埤益肶輔皆重厚者廣雅云仍再也邶風北門云政事一埤益我小雅節南山云天子是肶采菽云福祿膍之釋文引韓詩云膍厚也是皆以重爲厚也堅然厚貌者上文堅固也郭氏註云堅然亦牢固之意是以固爲厚也餘皆見詩書者舜典云惇德允元史記作厚德允元左傳疏引樊光註引詩云逢天亶怒大雅桑柔毛傳云單厚也孔疏云單亶聲近義亦同疏又引某氏註云詩云俾爾亶厚小雅天保文也盤庚

云朕及篤敬周頌維天之命云曾孫篤之小雅蓼莪云出入腹我

載謨食詐僞也【註】載者言而不信謨者謀而不忠書曰朕不食言【正義】古者爲僞二字通用堯典云平秩南訛史記作便程南爲漢書王莽傳作以勸南僞月令云毋或作爲淫巧鄭註云今月令作爲作詐僞葢因有所作爲遂生詐僞其聲相近其義相通後世字別爲義則載謨訓作爲之爲食詐爲虛僞之僞也載者臯陶謨云載采采大宗伯云則攝而載果鄭註載爲也謨者上文云謨謀也逸周書祭公解云無以小謀敗大作是謀即爲作作者爲也食者書疏引孫炎云食言之僞也左氏僖二十八年傳云背惠食言成十六年傳云瀆齊盟而食話言又云臨事而食言襄二十七年傳云食言者不病哀二十五年傳云是食言多矣杜註言而不行如食之消盡後終不行前言爲僞也詐者方言云謫詐也自關而東西或曰謫詐通語也【註】載者至食言。【正義】郭以載謨爲反訓近時學者多不從之然古人之訓實有反覆相通者如此篇上云允誠也而下云允佞也展信也而周語云展而不信誕者妄也而廣雅云誕信也合諸以徂爲存以治爲亂則知古訓流傳郭註未可遽非矣朕不食言湯誓文

話猷載行訛言也【註】詩曰愼爾出話猷者道道亦言也周禮曰作盟詛之載今江東通謂語爲行世以妖言爲訛【正義】呂氏春秋離謂篇云言者以諭意也下篇云乃話民之弗率書疏引舍人云話政之善言也孫炎云善人之言也說文作話云合會善言也傳曰告之話言案左氏文六年傳作著之話言猷者坊記引君陳云女有嘉謀嘉猷載者左傳引逸詩云無載爾僞行者舜典云朕堲讒說殄行史記作朕畏忌讒說殄僞行訓爲言故龍作納言訛者小雅正月云民之

訛言鄭箋訛僞也是訛訛與行義同皆爲言也【注】詩曰至爲訛。【正義】愼爾出話大雅抑文毛傳話善言也猷者道道亦言者下文云猷道也鄭註禮記云道言也周禮云作盟詛之載者春官詛祝云作盟詛之載辭鄭註載辭爲辭而載之於策秋官司盟云掌其盟約之載鄭註載盟辭也左氏襄九年傳云晉士莊子爲載書哀八年傳云景伯負載是也郭云江東通謂語爲行者據時諺也以妖言爲訛言今俗語猶然

遘逢遇也【注】謂相遘遇遘逢遇遻也【注】轉復爲相觸遻

遘逢遇遻見也【注】行而相值卽見【正義】此以遇遻見輾轉相訓也。遘逢遇也。說文云遇逢也釋言云遇偶也穀梁傳所云不期而會者也遘者鄭氏易姤作遘序卦傳云遘者遇也鄭風野有蔓草云邂逅相遇釋文云逅本亦作遘毛傳云邂遘不期而會是遘爲遇也逢者左氏宣三年傳云莫能逢之杜註逢遇也。遘逢遇遻也。說文云遻相遇驚也龍龕手鑑引爾雅舊註云心

不欲見而見曰遻遘逢遇又爲遻者金縢云遘厲虐疾邶風柏舟云逢彼之怒王風中谷有蓷云遇人之不淑矣。遘逢遇遻見也。四者又俱訓爲見也遘通作覯豳風伐柯云我覯之子毛傳覯見也說文云覯遇見也逢者王風兔爰云逢此百罹遇者檀弓云遇負杖入保者息鄭註遇見也遻者楚詞懷沙云重華不可遻兮王逸註遻逢也遻通作寤漢書鄧展註寤逢遇也又通作迕楊倞荀子註云迕遇也故釋言又云迕寤也詳見釋言註行而至即見。正義監本作行而相值即是見宋本無是字今從宋本

顯昭覲釗覿見也註顯昭明見也逸書曰釗我周王監

瞻臨涖覜相視也註皆謂察視也正義說文云見視也視瞻也此分釋其義也。顯昭至見也。上文云顯昭光也又訓爲見義相成也說文云顯頭明飾也昭日明也以其光明故轉訓爲著見也覲者舜典云日覲四岳羣牧史記作日見四嶽諸牧儀禮有覲禮鄭目錄云秋見曰

覲曲禮云天子當依而立諸侯北面而見天子曰覲大雅韓奕云韓侯入覲此言四時之朝覲也古者貴賤不嫌同稱故左氏昭十六年傳云宣子私覲於子產是覲即見也釗與昭聲近義同故爲見也覿者聘禮云賓覿記又云私覿愉愉焉荀子大略篇私覿私見也穀梁莊二十四年傳云覿見也此言聘問之禮也易困卦云三歲不覿淮南主術訓云使史黯往覿焉是覿即見也○監瞻至視也○監者說文云監臨下也周頌敬之云日監在茲魯語云使長監于世韋昭註監觀也說文作𥌭視也瞻者說文云瞻臨視也魯頌閟宮云魯邦所詹風俗通義引作魯邦所瞻又通作覘檀弓云我喪也斯沾鄭注沾讀曰覘覘視也臨者說文云臨監臨也大雅皇矣云臨下有赫又雜記云臨者入門左鄭註臨視也涖者天官世婦云涖陳女宮之具秋官大司寇云涖其盟書鄭註涖臨也覜者春官典瑞云以覜聘秋官大行人云殷覜以除邦國之慝說文云諸侯三年大相聘曰覜覜視也相者說文云相省視也盤庚云相時憸民地官大司徒云

以相民宅鄭註相占視也註逸書至周王○正義孟子引書紹我周王趙岐註以爲願見周王尚書逸篇之文也郭氏引作釗我周王所見本異也梅賾所上古文武成篇作昭我周王○皆謂察視也○正義釋名云視是也察其是非也是視爲察視也

鞫訩溢盈也註詩曰降此鞫訩正義說文云盈滿器也墨子經篇云盈莫不有也鞫者齊風南山云曷又鞫止鄭箋鞫盈也訩者小旻鄭箋云謀事者衆訩訩滿庭左氏僖二十八年傳云曹人兇懼兇兇衆多之聲也溢者說文云溢器滿也孝經云滿而不溢註詩曰至鞫訩○正義小雅節南山文毛傳鞫盈訩訟也鄭箋盈猶多也

孔魄哉延虛無之言閒也註孔穴延魄虛無皆有閒隙餘未詳正義下文云閒代也杜註左傳云閒隙也孔魄延虛無爲閒隙哉之言爲詞之閒故說文

云哉言之間也孔者小雅角弓云如酌孔取鄭箋云孔取謂度其所勝多少凡器之孔其量大小不同詩疏引老子云孔德之容唯道是從亦謂器之受實爲孔也䰡者釋名云䰡月始生䰡然也延者杜註左傳云隧延道也虛無者老子云是謂虛化又云當其無有室之用是皆有間隙也哉者周頌雝云假哉皇考之者臣工云惟暮之春言者有客云薄言追之皆謂詞之間也

瘞幽隱匿蔽竄微也【註】微謂逃藏也左傳曰其徒微之是也【正義】說文云微隱行也是幽隱皆爲微也瘞者也釋言云瘞幽也詳見釋天幽者困象傳云入於幽谷不明也隱者少儀云隱情以虞匿者左傳疏引舍人云匿藏之微也盤庚云不匿厥指左氏襄十八年傳云敢匿情乎蔽者月令云無有掩蔽竄者左氏定四年傳云而君又竄之杜註竄匿也荀子儒效篇惠施鄧析不敢竄其察楊倞註竄匿也【註】微謂至是也

○正義衆經音義引舊註云謂逃竄也又微止也左傳曰其徒微之者哀十六年傳文又襄十九年傳云崔杼微逆光服虔云微匿也晉語云設微薄而觀之左傳疏引孔晁云微蔽也

訖徵妥懷安按替戾底底尼定曷遏止也註妥者坐也懷者至也按抑替廢皆止住也戾底底義見詩傳國語曰戾久將底孟子曰行或尼之今以逆相止爲遏徽未詳正義止歫也謂有所限而止也訖者穀梁僖九年傳云毋訖糴祭統云訖其耆欲鄭註訖猶止也徽者坎上六云係用徽纆揚雄解嘲云徽以糾纆以徽爲止也妥與安義同小雅楚茨云以妥以侑懷者王風揚之水云懷哉懷哉鄭箋懷安也安者左氏襄七年傳云吾子其少安又僖二十三年傳云行也懷與安實敗名是以懷安爲不行也按者大雅皇矣云以按徂旅孟子引作以遏徂莒荀子王制篇偃然

案兵無動呂氏春秋期賢篇衛以十人者按趙之兵高誘註按止也替者楚茨云勿替引之戾者左氏襄二十九年傳云乃猶可以戾杜註戾止也底者說文云底下也又云止下基也是底與止義相通也上文云替戾底止徯待也是又以相待爲止也底通作祇以聲爲義監本底誤作廢今從宋本改正釋文與宋本同尼者下文云尼定也通作柅姤初六云繫于金柅釋文引蜀才作尼止也柅訓爲止與尼同義也定者小雅節南山云亂靡有定曷者商頌長發云則莫我敢曷漢書引作則莫我敢過過者湯誓云夏王率過衆力史記作夏王率止衆力大雅文王云無遏爾躬公羊莊二十二年傳云季子之遏惡也【註】徯者至爲過○【正義】下文云安安坐也故云徯者安也上文云懷至也至止以聲爲義也按訓爲抑者楚策云王抽旃旄而抑兕首是抑爲按也釋言云替廢也以廢爲止今俗語猶然戾底義見詩傳者舊疏以爲蓋在齊魯韓詩今按小雅采菽云亦是戾矣毛傳戾至也鄭箋戾止也至止聲同毛鄭俱本爾雅爲義也底通作

祇何人斯云俾我祇也鄭箋祇安也安亦爲止也國語曰戾久將底者晉語云可以戾也今戾久矣戾久將底韋昭註戾定也底止也孟子曰行或尼之者今本孟子作止或尼之趙岐註尼止也舊疏以爲所見本異或傳寫誤也今以逆相止爲過者孫子云歸師弗遏是也監本抑字下衍按也二字今從宋本刪去舊疏云按抑音廢皆止住也與宋本同

豫射厭也註詩曰服之無斁豫未詳 正義 豫者雜卦傳云豫怠也射者文選註引韓詩云在此無射薛君云射厭也祭統云奔走無射屈原天問云皆歸射鞫是也又鄭註鄉射禮云豫讀如成周宣榭災之榭是豫讀爲射射通作斁斁訓爲厭以聲爲義也註詩曰至無斁 ○ 正義 周南葛覃文說文云斁猒也射斁音義同故書云俾我有周無斁

烈績業也註謂功業也績勳功也註謂功勞也 正義 釋名云業

捷也事捷乃有功業也功攻也攻治之成也故上文云業事也下文云功成也○烈績業也○烈者盤庚云其克從先王之烈表記云后稷天下之爲烈也鄭註烈業也績者舜典云三載考績周語云莫非嘉績○績勲功也○績又訓爲功者堯典云庶績咸熙史記作衆功皆興穀梁宣十二年傳云績功也勲者夏官司勲云王功曰勲說文云勲能成王功也功以勞定國也

功績質登平明考就成也【注】功績皆有成詩曰質爾民人禮記曰年穀不登穀梁傳曰平者成也事有分明亦成濟也【正義】釋名云成盛也功者夏官稾人云乃入功于司弓矢鄭註功成也荀子富國篇百姓之力待之而後功績者穀梁成五年傳云伯尊其無績乎質者曲禮云疑事毋質少儀云毋身質言語鄭註質成也登者大雅崧高云登是南邦左氏襄元年傳云且不登叛人也平者夏官大司馬以佐王

平邦國鄭註平成也明者隨九四云有孚在道以明象曰有孚在道明功也王弼註能幹其事而成其功也是明為成也考者謚法解云考成也春秋隱五年考仲子之宫穀梁傳云考者成也雜記云路寢成則考之而不釁詩序云斯干考室也無羊考牧也就者史記楚世家云就章華臺既夕禮云薦馬纓三就鄭註就成也又鄭註天官典絲云采色一成曰就**註**詩曰至成也。**正義**質爾民人大雅抑文年穀不登曲禮文平者成也

宣四年傳文

梏梗較頲庭道直也**註**梏梗較頲皆正直也詩曰既庭且碩頲道無所屈**正義**說文云直正見也梏者緇衣引詩云有梏德行大雅抑篇作有覺德行毛傳覺直也梗者方言云梗覺也郭氏彼註云謂直也較者鄭註天官司裘云鵠之言較較者直也所以直已志又大射儀註云鵠之言較較直也頲者左氏襄五年傳引詩云周道挺挺杜註挺挺正直

也頲通作挺又通作脡曲禮鮮魚曰脡祭鄭註脡直也庭者後漢書註引倉頡篇云廷直也周語云以待不庭不虞之患韋昭註庭直也不庭猶不道也道者孟子云不直則道不見【註】詩曰至且碩。【正義】小雅大田文

密康靜也【註】皆安靜也【正義】密靜也已見上文康者大雅生民云不康禋祀

豫寧綏康柔安也【註】皆見詩書【正義】說文云安靜也釋名云安晏也晏晏然和喜無動懼也豫者虞氏易雜卦傳豫怡也寧者說文作寍安也从心在皿上人之飲食器所以安人乾卦云萬國咸寧綏者夏小正云綏多女士綏安也諡法解云綏安也康者晉卦云晉康侯諡法解又云康安也柔者內則云柔色以溫之【註】皆見詩書。【正義】皆見詩者小雅白駒云逸豫無期斯干云君子攸寧周頌桓云綏萬邦賈誼書禮容語引詩成王不敢康康安也詩疏引某氏曰詩云懷柔百神皆見書者康誥

云無康好逸豫盤庚云玆猶不常寧又云底綏四方西伯戡黎云不有康食史記作不有安食舜典云柔遠能邇

平均夷弟易也【註】皆謂易直【正義】易言其平易也平者說文云語平舒也小雅節南山云不平謂何均者說文云平徧也地官之屬有均人鄭註均猶平也主平土地之力政者又有土均註云主平土地之政令者也夷者周頌有客云降福孔夷說文作徲云行平易也弟者大雅泂酌云豈弟君子表記引詩而釋之曰弟以說安之毛傳作易以說安之是弟訓爲易也

矢弛也【註】弛放**弛易也**【註】相延易【正義】矢訓爲弛者大雅江漢云矢其文德孔子閒居篇引作弛其文德鄭註弛施也詩釋文引毛傳定本作矢弛也孔氏正義本作矢施也弛訓爲易者小雅何人斯云我心易也釋文引韓詩作我心施也是易爲和易之易也樂記云庶民弛政鄭註弛

政去其紂時苛政是易爲移易之易也坊記云君子
弛其親之過鄭註弛猶棄忘也是易爲易去之易也
古音順協義相貫通後世字別爲聲聲別爲義古音
既昧於古義多所窒矣【註】相延易。【正義】大雅皇矣
云施于孫子鄭箋施猶
易也延也郭註本鄭箋

希寡鮮罕也【註】罕亦希也鮮寡也【註】謂少【正義】堯典云
鳥獸希革槃
辭傳云吉人之辭寡盤庚云鮮以不浮于天時希寡
鮮俱訓爲罕義之常行者耳鮮又訓寡轉相訓也【註】
罕亦希也。【正義】鄭風太叔于田云叔發罕忌毛傳
罕希也公羊桓六年傳云蓋以罕書也何休註罕希
也少儀云罕見日聞名鄭
註罕希也是郭註所本也

酬酢侑報也【註】此通謂相報荅不主于飲酒【正義】此言
相報答也
酬者說文云醻主人進客也或作酬酢者說文云醋
客酌主人也特牲饋食禮云尸以醋主人鄭註醋報

也古文醋作酢是醋酢古今字也廣韻引倉頡篇云主答客曰酬客報主曰酢鄉飲酒禮云賓實爵主人之席前東南面酢主人又云主人實觶酬賓小雅瓠葉云酌言酢之又云酌言醻之毛傳酢報也醻道飲也鄭箋報者賓既卒爵洗而酌主人也主人既卒酢爵又酌自飲卒爵復酌進賓猶俗之勸酒孔疏以爲鄭據鄉飲酒燕禮而言也侑者特牲饋食禮云尸三飯告飽祝侑鄭註云侑勸也或曰又勸之使又食少牢饋食禮侑辭曰皇尸未實侑也小雅楚茨云以妥以侑毛傳侑勸也鄭箋爲其嫌不飽祝以主人之辭勸之孔疏云已飲食而後勸之亦是重報之義是酬酢侑皆爲飲食之禮相報也【註】此通至飲酒。【正義】郭以經傳義有假借不專主飲酒而言舊疏引繫辭傳云可與酬酢楚茨云萬壽攸酢公食大夫禮云公受大夫束帛以侑是也士冠禮云主人酬賓束帛儷皮皆其證也

毗劉暴樂也【註】謂樹木葉缺落蔭疏暴樂見詩覭髳茀

離也【注】謂草木之叢茸翳薈也茀離卽彌離彌離猶蒙龍耳孫叔然字別爲義失矣【正義】此釋草木疎密之異名也。毗劉暴樂也。說文云毗緣廢也釋文引樊光本作庇云蔭也按庇蔭也釋言文與暴樂之義無涉作毗者是也詩疏引爾雅作毗劉爆爍也又引舍人云毗劉爆爍之意也木枝葉稀疏不均爲爆爍。覭髳茀離也。說文云覭小見也引爾雅曰覭髳弗離案覭髳茀離皆雙聲凡雙聲之字義存乎聲【注】謂樹至見詩。【正義】郭氏本舍人爲義云見詩者大雅桑柔云捋采其劉毛傳劉爆爍而希也鄭箋云及已將采之時則葉爆爍而疏。謂草至失矣。【正義】郭云草木之叢茸翳薈猶孫子云葭葦山林翳薈也茀離卽彌離者彌離又轉作仳離王風中谷有蓷云有女仳離又云彌離卽蒙龍者蒙龍又轉作厖茸左氏僖五年傳云狐裘尨茸後世彌離轉作迷離又轉作靡麗蒙龍轉作蒙戎又轉作葱龍皆語之遞轉郭氏舉類以曉人也

郭以字別爲義爲失者連舉之字
不當分析取義亦舉以例其餘也

蠱謟貳疑也【註】蠱惑有貳心者皆疑也左傳曰天命不
謟【正義】說文云疑未定也是疑即惑也蠱者左氏哀
二十六年傳云大尹蠱惑其君墨子非儒篇盛容
修飾以蠱世皆言惑也又惑疾爲蠱宣八年傳云晉
胥克有蠱疾昭元年傳云疾如蠱是也謟者昭二十
六年傳云天道不謟不貳其行貳者大雅大明云無
貳爾心左氏閔元年傳云間攜貳【註】蠱惑至不謟○
【正義】貳本亦作忒曹風鳲鳩云其儀不忒毛傳忒
疑也疏以爲釋言文郭引左傳哀十七年傳文

楨翰儀榦也【註】詩曰維周之翰儀表亦體榦【正義】說文
云榦築牆
耑木也左氏宣十一年傳云平板榦是榦爲板築之
具也楨者說文云楨剛木也費誓云峙乃楨榦史記
集解引馬融云楨榦皆築具楨在前榦在兩旁書疏
引舍人云楨正也築牆所立兩木也翰者成二年傳

云楫有翰檜杜註翰旁飾舍人云翰所以當牆兩邊障土者也儀者說文作檥云幹也史記項羽本紀檥其船以待若今小舩兩頭植篙猶築牆之榦矣【註】詩曰至體幹○【正義】維周之翰大雅崧高文又文王云維周之楨小雅桑扈云之屏之翰皆言幹也儀所以行禮左氏成十三年傳云禮身之幹也襄三十年傳云禮國之幹也

弼棐輔比俌也【註】書曰天威棐忱易曰比輔也俌猶輔也【正義】說文云俌輔也弼者上文云重也又訓為俌義相成也通作弻說文云弻輔信也書曰弻成五服又通作佛周頌敬之云佛時仔肩鄭箋佛輔也棐者洛誥云公功棐迪篤以棐為輔也輔者洛誥言四輔大戴禮記千乘篇國有四輔尚書大傳云古者天子有四輔臣前曰疑右曰丞左曰輔後曰弼越語云憎輔遠弼韋昭註相道為輔矯過為弼是輔弼皆言相俌也比者說文云比密也大雅皇矣云克順克比

左傳昭二十八年傳釋此詩云擇善而從之曰比【註】書曰至輔也○【正義】天威棐忱康誥文比輔也比卦彖傳文

疆界邊衛圉埊也【註】疆場境界邊旁營衛守圉皆在外埊也左傳曰聊以固吾圉也【正義】說文云埊遠邊也疆者說文云疆界也小雅信南山云我疆我理毛傳疆畫經界也穀梁昭二年傳云疆之為言猶竟也界者說文云畍竟也孟子云不以封疆之界邊者左氏昭十一年傳云五大不在邊漢書武紀引逸詩云親省邊埊衛者大司馬九畿之籍采畿之外方五百里曰衛畿又史記五帝紀黃帝始制營衛說文云衛行列衛也圉者大雅召旻云我居圉卒荒左傳疏引舍人云圉邊埊也詩疏引舍人云圉拒邊埊也孫炎云圉國之四埊也【註】左傳至圉也○【正義】隱十一年傳文

昌敵彊應丁當也【註】書曰禹拜昌言彊者好與物相當值【正義】當者相值也昌者說文云昌美言也益稷云汝亦昌言又云師汝昌言敵者謂敵體相當也少儀云敵者曰某固願見又左氏桓八年傳云不當王非敵也是敵爲相當也上文云敵匹也廣雅云敵僮當也彊者左氏昭十年傳云彊於陳鮑氏惠棟補註以爲與陳鮑相當也應者周頌賚云我應受之僖十年傳云應乃懿德丁者大雅雲漢云寧丁我躬劉向九歎云丁時逢殃後漢書岑彭傳與人頌云我喜我生獨丁斯時丁當雙聲義存乎聲【註】書曰至昌言○【正義】東晉所上古文大禹謨之辭孔傳昌當也

浡肩搖動蠢迪俶厲作也【註】浡然興作貌蠢動作公羊傳曰俶甚也穀梁傳曰始厲樂矣肩見書迪未詳【正義】釋言云作爲也說文云作起也浡者左氏莊十一年傳云其興也浡焉孟子云則苗浡然興之矣肩者上

文云勝也克也又訓爲作義相成也搖者說文云搖
動也月令云以搖養氣左氏昭二十三年傳云乃搖
心矣動者樂記云動之以四時蠢者方言云蠢作也
考工記云則春以功鄭註春讀爲蠢蠢作也左氏昭
二十四年傳云今王室實蠢蠢焉杜註蠢蠢動擾貌
迪者微子云詔王子出迪迪訓爲行行卽作也俶者
大雅崧高云有俶其城毛傳俶作也厲者皐陶謨云
庶明厲翼疏引鄭註云厲作也以衆賢明作輔翼之
臣【註】公羊至見書。【正義】俶甚也公羊隱九年文始
厲樂矣穀梁隱五年文肩見書者盤庚云朕不肩好
貨鄭註無考監本作蠢
動作也宋本無也字

茲斯咨呰已此也【註】呰已皆方俗異語【正義】經傳多以此爲語辭通釋
之也茲者湯誓云夏德若茲考工記嘉量銘云茲器
維則斯者檀弓云情在於斯左氏襄三年傳云使臣
斯司馬杜註斯此也咨呰與紫音同文選註引春秋
元命包云紫之言此也已者皐陶謨云邇可遠在茲

史記作近可遠在已是已即茲也【注】皆已至異語。【正義】魏封孔羡碑云咨可謂命世大聖億載之師表者已以咨爲此也咨與呰同戴震曰莊子書已而爲知者已而不知其然皆當訓爲此案淮南道應訓已雖無所除其患害亦以已爲此也

嗟咨髊也【注】今河北人云髊嘆音兔罝【正義】廣韻云髊長歎也嗟說文作𧬃云咨也釋名云嗟佐也言之不足以盡意故發此聲以自佐也詩序云言之不足故嗟歎之咨者𧬃典云咨四嶽史記作嗟四嶽【注】今河至髊嘆。【正義】文選注引爾雅舊注云嗟楚人發語端也郭以河北人讀髊音如罝各以方俗語爲證也釋文引字林以髊爲古嗟字監本作音兔罝之罝宋本無之罝二字按郭注方言於亟字音爲詐欺躋字音爲濟渡不云音詐欺之欺濟渡之濟者省文也之罝二字係後人所增今從宋本

閑狎串貫習也【註】串厭串貫貫忕也今俗語皆然【正義】玉篇云習串也閑者鄉射禮註引尚書大傳云閑之者貫之也貫之者習之也大畜九三云日閑輿衞釋文引鄭註以爲日習車徒仲尼燕居云故戎事閑也狎者左氏襄四年傳云民狎於野串者大雅皇矣云串夷載路毛傳串習也荀子大畧篇惡民之串以無分得也貫者齊風猗嗟云射則貫兮左氏昭二十六年傳云貫瀆鬼神說文引作摜瀆鬼神云摜習也又云遦習也釋文作慣云本又作貫又作遦同

曩塵佇淹留久也【註】塵垢佇企淹滯皆稽久【正義】此釋遲久之義也曩者左氏定八年傳云曩者之難今又難焉對今而言是爲久也塵者大雅桑柔云倉兄塡兮毛傳塡久也又南有嘉魚鄭箋云烝塵也塵然猶言久如也東山鄭箋云古者聲寘塡塵同也佇者邶風燕燕云佇立以泣毛傳佇立久立也淹者左氏成二年傳云無令輿師淹於君地儒行云淹之以樂好又通作奄

周頌臣工云奄觀銍艾鄭箋奄久也畱者說文云畱止也常武云不留不處【註】塵垢至稽久○【正義】書疏引孫炎云塵居之久久則生塵矣郭以爲塵垢義本孫炎釋言云烝塵也郭亦本孫炎之說以爲塵埃皆望文生義也監本作皆

稽久也宋本無也字

逮及暨與也【註】公羊傳曰會及暨皆與也逮亦及也【正義】與謂相及也逮者旅六五傳云上逮也及者祭義云夫何神明之及交鄭註及與也暨者說文作臮云臮詞與也虞書曰臮咎繇【註】公羊至及也○【正義】會及暨皆與也隱元年傳文釋言云逮及也

隮假格陟躋登陞也【註】方言曰魯衞之間曰隮梁益曰格禮記曰天王登遐公羊傳曰躋者何陞也【正義】陞當作升隮者洪範云惟天陰隮下民釋文引馬融云隮升也升猶舉也假者商頌烈祖云鬷假無言格者呂刑云

庶有格命疏引鄭註格登也登命謂壽考者是也陟者說文云陟登也集韻云陟或作騭古字通用舜典云女陟帝位史記作女登帝位夏小正云魚陟負氷陟升也躋者說文云躋登也商書曰告女顛躋躋通作隮顧命云由賓階隮士虞禮記云隮祔爾于皇祖某甫鄭註隮升也又通作齊樂記云地氣上齊鄭註齊讀為躋躋升也登者盤庚云乃登進厥民左氏文八年傳云晉侯將登箕鄭父先都【註】方言至陞也○【正義】方言云郢洛躋登也東齊海岱之間曰躋魯衛曰郢梁益之間曰洛與郭氏所引字句微異禮記曰天王登遐下曲禮文公羊傳曰躋者何升也文二年傳文穀梁傳亦云躋升也

揮盝歇涸竭也【註】月令曰無漉陂池國語曰水涸而成梁揮振去水亦為竭歇通語【正義】鄭註禮記云竭盡也揮者考工記㡛氏云淸其灰而盝之而揮之是揮與盝皆為澄而去之也盝通作漉楚策云漉汁灑地方言云漉極也郭氏彼

註云滲漉極盡也歇者左氏宣十二年傳云憂未歇
也杜註歇盡也涸者說文云涸渴也渴盡也淮南主
術訓不涸澤而漁高誘註涸澤漉池史記封禪書云
秋涸凍索隱引字林云涸竭也廣雅云渴盪涸盡也
註 月令至爲竭。正義 月令云仲春之月無竭川澤
無漉陂池國語曰水涸而成梁者周語單襄公告王
之辭揮振去水亦爲竭者左氏僖二十四年傳云旣
而揮之孔疏云振去匜中之水故曰揮何承天云振
去爲
揮

抿拭刷清也 註 振訊抆拭埽刷皆所以爲潔清 正義 抿者士喪
禮云乃沐櫛抿用巾浴用巾抿用浴衣鄭註抿晞也
清也古文抿皆作振賈疏抿猶拭也拭者聘禮云賈
人北面坐拭圭鄭註拭清也大戴禮記釁廟篇雍人
拭羊鄭註雜記云拭靜也刷者說文云刷刮也㕞拭
也天官凌人云秋刷後鄭云
秋涼冰不用可以清除其室

鴻昏於顯間代也【註】鴻雁知運代昏主代明明亦代昏顯卽明也間錯亦相代於義未詳【正義】說文云代更洪大誥治鄭本洪作鴻孔疏引鄭註以鴻爲代言周公代成王誥也昏者郊特牲云昏禮不賀人之序也鄭註序猶代也於者孟子萬章篇引逸書云女其于予治于於字通用言汝其代予治之也趙岐註以爲助我治事助與代義相通也顯者左氏昭十三年傳云再會而盟以顯昭明言盟以更著其明也間者書疏引孫炎云間厠之代也益稷云笙鏞以間聘禮云皮馬相間周語云新不間舊韋昭註間代也

饁饟饋也【註】國語曰其妻饁之【正義】說文云饋餉也詩疏引孫炎云饁野之餉

舍人云饟自家之野也說文云饁餉田也詩曰饁彼南畝餉饟也周人謂餉曰饟小雅甫田云攘其左右鄭箋攘當爲饟以酒食饟其左右從行者【註】國語至饁之【正義】晉語文又小宗伯饁獸于郊鄭註饁饋也

遷運徙也【註】今江東通言遷徙【正義】說文云迻迻也或作徙迻遷徙也遷者小雅伐木云遷于喬木左氏宣十二年傳云遷大國之跡于鄭杜註遷徙也運者說文云運迻徙也呂氏春秋諭大篇引夏書云天子之德廣運乃神莊子釋文引向秀云非海不行故曰海運簡文云運徙也

秉拱執也【註】兩手持爲拱【正義】執謂持也秉者鄭風溱洧云方秉蕑兮吳語云挾經秉枹拱通作共商頌長發云受小共大共鄭箋共執也【註】兩手持爲拱○【正義】孟子云拱把之桐梓趙註拱合兩手也尚書大傳云七日大拱鄭註兩手搤之曰拱

廞熙興也【註】書曰庶績咸熙廞見周官【正義】釋言云興起也鄭註樂記云興之言喜也歆也孔疏引爾雅作歆喜興也【註】書曰至周官○【正義】庶績咸熙堯典文史記作衆功皆興廞見周官者春官巾車云飾遣車遂廞之行之車僕云廞革車鄭註皆以廞爲興也

衛蹶假嘉也【註】詩序曰假樂嘉成王也餘未詳【正義】上文云嘉美也衛通作偉莊子大宗師云偉哉造物釋文引向秀云偉美也淮南覽冥訓云偉哉造化高誘註偉哉猶美哉蹶者唐風蟋蟀云良士蹶蹶畢舉其文亦爲美詞也假者周頌維天之命云假以溢我說文引作誐以溢我云誐嘉善也假誐聲之轉【註】詩序至王也。【正義】大雅云假樂君子中庸引作嘉樂君子

廢稅赦舍也【註】詩曰召伯所稅舍放置【正義】舍置也廢者天官太宰云廢置以馭其吏鄭註廢猶退也左氏襄二十三年傳云天之所廢廢又訓爲置公羊宣八年傳云廢其無聲者左氏文二年傳云廢六關是也稅通作說左氏昭二十一年傳云說甲于公而歸赦者說文云赦置也舜典云眚災肆赦秋官司刺掌三刺三宥三赦之瀆鄭註赦舍也【註】詩曰至所稅。【正義】召南甘棠文今本作召伯所說毛傳說舍也釋文云本或作稅

棲遲憩休苦㰦齂呬息也【註】棲遲遊息也苦勞者宜止息憩見詩㰦齂呬皆氣息貌今東齊呼息爲呬也【正義】鄭註樂記云息猶休止也棲遲者詩疏引舍人云棲遲行步之息小雅北山云或棲遲偃仰陳風衡門云可以棲遲說文作屖遲也憩說文作愒息也大雅民勞云汔可小愒是也衆經音義引舍人云憩臥之息也休者荀子大畧篇君子息焉小人休焉是休即息也苦訓爲息於經籍無考㰦與喟通說文云喟太息也禮運云喟然而歎廣韻云㰦太息也齂者說文云齂臥息也呬者說文引詩曰昆夷呬矣詩疏引某氏曰詩云民之攸塈按毛傳云塈息是呬與塈通也【註】憩見至呬也○【正義】憩見詩者召南甘棠云召伯所憩㰦齂呬皆氣息貌者郭意以栖遲憩休苦爲止息之息㰦齂呬爲氣息之息也東齊呼息爲呬者方言云呬息也東齊曰呬說文亦本方言爲義

供峙共具也【註】皆謂備具【正義】具備也供者天官庖人云共祭祀之好羞左氏僖四年傳云共其資糧屝屨共與供通峙者費誓云峙乃糗糧大雅崧高云以峙其粻孔疏云預貯米粟謂之儲峙峙又通作庤周頌臣工云庤乃錢鎛毛傳庤具也文選註引郭舍人云共具物也偫具事也是舍人本峙作偫說文云偫待也儲偫也

㥐憐惠愛也【註】㥐韓鄭語今江東通呼爲憐【正義】說文今通作愛㥐者說文云㥐撫也撫愛也憐者趙策云竊愛憐之以憐爲愛古今通語也惠者周語云惠所以和民也周頌烈文云惠我無疆【註】㥐韓鄭語○【正義】方言云憮憐愛也韓鄭曰憮汝潁之間曰憐郭註本方言易憮爲㥐者古者㥐憮音義同如周原膴膴韓詩作周原腜腜是也

娠蠢震戁妯騷感訛蹶動也【註】娠猶震也詩曰憂心且

妯無感我帨兮或寢或訛蠢戁騷蹶皆搖動貌【正義】說文云動作也娠者說文云娠女妊身動也春秋傳曰后緡方娠說文所引左氏哀元年傳文也蠢者說文云蠢蟲動也鄉飲酒義云春之爲蠢蠢蟲至春而動故尚書大傳以春爲動方也上文云蠢作也義相通也震者序卦傳云震者動也穀梁文九年傳云震動也戁者小爾雅云而戁曰戁上文云震戁懼也此申釋其義也妯者方言云人不靜曰妯齊宋曰妯騷者大雅常武云徐方繹騷騷當作慅說文云慅動也感者說文云感動人心也樂記云其感人深訛通作吪王風兔爰云尚寐無吪蹶者大雅緜云文王蹶厥生鄭箋云文王動其緜緜民初生之道【註】娠猶至或訛。【正義】娠猶震者舊疏引大雅生民云載震載夙昭元年左傳云邑姜方震大叔是有身爲震也詩曰憂心且妯者小雅鼓鍾文無感我帨兮者召南野有死麕文或寢或訛者小雅無羊文覆察副審也【註】覆按察視副長皆所爲審諦【正義】說文云宷悉也知宷諦也篆文作審覆者孫子云必覆索之漢書盧綰傳云上乃令人覆按是也察者說文云察覆審也秋官鄉士云察其辭鄭註察審也禮器云五獻察鄭註察明也故釋訓以明明爲察也賈誼書耳痺篇其視察言視之審也副者匡謬正俗云副貳之字副字本爲福字從衣畐聲書史假借遂以副字代之案福與覆聲相近故訓爲審也

契滅殄絕也【註】今江東呼刻斷物爲契斷【正義】釋名云絕截也如割截也契者說文云栔刻也左氏定九年傳云盡借邑人之車鍥其軸荀子勸學篇鍥而舍之鍥栔與契通故釋名云契絕也滅者夏官大司馬云外內亂鳥獸行則滅之殄者益稷云用殄厥世史記作用絕其世【註】今江至契斷○【正義】淮南齊俗訓越人契臂高誘以爲刻臂呼刻斷物爲契斷今俗語猶然

郡臻仍迺侯乃也【註】迺即乃餘未詳【正義】古者乃仍二字通用郡通作窘小雅正月云又窘陰雨鄭箋窘仍也臻者易釋文引京房易云水臻至臻亦仍也故廣雅云仍再也郡臻二字俱從仍取義也仍者春官司几筵云凶事仍几後鄭云故書仍爲乃先鄭云乃讀爲仍是仍乃二字相通也迺者大雅公劉云迺埸迺疆侯者小雅四月云侯栗侯梅

迪繇訓道也【註】義皆見詩書【正義】釋名云道導也所以通導萬物也說文云迪道也方言云裕猷道也東齊曰裕亦曰猷猷與繇通地官之屬有土訓誦訓各道其土地之事也【註】義皆見詩書。【正義】見詩者大雅桑柔云弗求弗迪小雅巧言云秩秩大猷漢書註引作大繇周頌烈文云四方其訓之見書者益稷云迪朕德史記作道吾德君奭云告君乃猷裕我酒誥云聰聽祖考之彝訓

僉咸胥皆也【註】東齊曰胥見方言【正義】說文云皆俱詞也僉者堯典云僉曰

於鯀哉史記作皆曰鯀可咸者士冠禮云咸加爾服魯語云小賜不咸韋昭註咸徧也胥者盤庚云不能胥匡以生【註】東齊至方言。【正義】方言云僉胥皆也自山而東五國之郊曰僉東齊曰胥

育孟耆艾正伯長也【註】育養亦為長正伯皆官長【正義】長謂相長也育者說文引書云教育子鄭註大司樂亦引作育子今本舜典作教胄子釋文引馬融云胄長也孟者康誥云王若曰孟侯者耆者曲禮云六十曰耆說文云耆老也釋名云六十曰耆耆指也不從力役指事使人也艾者曲禮云五十曰艾方言云東齊魯衛之間凡尊老謂之傁或謂之艾釋名云五十曰艾艾治也治事能斷割芟刈無所疑也正者大雅皇矣云其正不獲伯者穀梁隱二年傳云紀子伯莒子而與之盟范甯註紀子以莒子為伯而與之盟伯長也【註】育養至官長。【正義】下文云育養也邶風谷風云既生既育鄭箋云育謂長也正伯皆官長者衆經音義引舍人云伯位之長也天官之屬有官正官伯鄭註

正長也伯長也王制云卒有正州有伯逸周書大衆解云立正長以蒐功

艾歷也【註】長者多更歷【正義】周頌訪落云朕未有艾孔疏以艾爲歷也

歷秭算數也【註】歷歷數也今以十億爲秭論語云何足算也【正義】說文云數計也歷者堯典云歷象日月星辰史記作數法日月星辰秭者周頌豐年云萬億及秭算者少牢饋食禮云爵無算鄭註算數也律歷志引逸書云先其算命算與撰選義通鄭氏易云若夫雜物算德註云算數也盤庚云世選爾勞釋文云選卽算也後漢書註引詩云威儀棣棣不可算也【註】今以至算也。【正義】說文云數億至萬曰秭徐岳數術記遺云黃帝爲法數有十等十等者億兆京垓秭壤溝澗正載也廣韻引風俗通云千生萬萬生億億生兆兆生京京生垓垓生秭秭生壤壤生溝溝生澗澗生正正生載載地不能載也郭云今以十億爲秭者據時驗也論語云何足算也憲問篇文鄭註算

數也

歷傳也【注】傳近【正義】說文云傳相也歷訓爲傳猶下文云歷相也【注】傳近。【正義】小爾雅云傳近也楚詞遠遊云歷太皡以右轉兮以歷爲近也左氏僖二十三年傳云昏而傳焉

艾歷覛胥相也【注】覛謂相覛也公羊傳曰胥盟者何相盟也艾歷未詳【正義】上文云相覛也此又推言其義也艾歷者方言云裔歷相也裔艾聲之轉也郊特牲云簡其車徒而歷其卒伍歷爲相閱也覛者說文云覛衺視也周語云古者太史順時覛土韋昭註覛視也視即相也胥者大雅緜云聿來胥宇新序作聿來相宇賈誼書禮篇引詩云君子樂胥胥者相也【注】覛謂至盟也。【正義】文選註引爾雅云脈相覛也郭註云脈脈謂相覛貌也與今本字句皆異春秋桓三年齊侯衛侯胥命于蒲公羊傳云胥命者何相命也郭氏引作相盟疑傳寫之譌穀梁傳云

胥之爲言猶相也

乂亂靖神弗淈治也【註】論語曰予有亂臣十人淈書序作汩音同耳神未詳餘見詩書【正義】釋名云治値也物皆値其所也乂者謚法解云乂治也說文作嬖治也通作艾漢書五行志引鴻範艾用三德應劭云艾治也亂者說文云𤔔治也乙字相亂𤔔治之也書疏引舍人云亂義之治也靖者周語云自后稷之始基靖民神者小雅信南山云維禹甸之毛傳甸治也鄭註地官稍人云甸讀如維禹敶之之敶韓詩甸作敶古者甸陳聲同陳又轉爲神其義同也說文云㑴理也理卽爲治亦以聲近義同也弗者詩釋文引韓詩云拂弗也弗與拂同曲禮云進几杖者拂之言𣫭治之也淈者文選註引倉頡篇云淈水通貌淈通作屈詩疏引某氏云詩曰屈此羣醜按魯頌泮水鄭箋云屈治也是据爾雅爲義也【註】論語至詩書○【正義】論語曰予有亂臣十人

泰伯篇文盤庚云茲余有亂政顧命云其能而亂四方皆言治也漏書序作汨者書序云帝釐下土方設居方別生分類作汨作案說文云汨治水也周語云決汨九川又云汨越九原韋註以汨爲通也餘見詩書者堯典云有能俾乂史記作有能使治者周頌烈文云日靖四方大雅生民云茀厥豐草茀弗音義同

頤艾育養也**註**汝頴梁宋之間曰艾方言云**正義**長養也頤皆言者序卦傳云頤者養也說文云養供養也艾者小雅鴛鴦云福祿艾之艾通作乂益稷云萬邦作乂詩疏引鄭註云乂養也育者周頌思文云帝命率育育通作鬻豳風鴟鴞云鬻子之閔斯又省作粥夏小正云粥也者養也秋官修閭氏云與其國粥鄭註粥養也

註汝頴至言云○**正義**方言云胎養也汝頴梁宋之間曰胎或曰艾

汱渾隕墜也**註**汱渾皆水落貌**正義**上文云隊落也此又廣其義也汱當作汏

說文云汏淅簡也高誘淮南註云渾轉行貌郭以爲皆水落之貌也隕落也已見上文

際接翜捷也【註】捷謂相接續也【正義】捷速也又訓爲接以聲爲義也際者小爾雅云際接也左氏昭四年傳云爾未際孟子萬章篇敢問交際何心也趙岐註際接也淮南本經訓上際青雲高誘註際接也又通作瘵小雅菀柳云無自瘵焉鄭箋瘵接也接者曾子問云接祭而已矣內則云接以太牢鄭註接讀爲捷捷勝也又鄭註易晉卦亦云接勝也荀子大略篇先事慮事謂之接楊倞註接讀爲捷速也翜者說文云翜捷也飛之疾也

毖神溢慎也【註】神未詳餘見詩書【正義】上文云慎誠也毖者說文云毖慎也周書曰無毖于卹神者魯頌云閟宮有侐鄭箋閟神也又說文云秘神也閟秘毖音義同是神即毖也溢者詩疏引舍人云溢行之慎也【註】見詩書。【正義】大誥云天閟毖我成功所大雅桑柔云爲謀爲毖詩疏

引某氏曰詩云
假以溢我愼也

鬱陶繇喜也【註】孟子曰鬱陶思君禮記曰人喜則斯陶陶斯詠詠斯猶猶即繇也古今字耳【正義】上文云喜樂也鬱陶者方言云鬱悠思也晉宋衞魯之間謂之鬱悠郭氏彼註云鬱悠猶鬱陶也禮記疏引何允云陶懷喜未暢意也繇通作猶大戴禮記文王官人云喜色猶然以出【註】孟子至斯猶○【正義】孟子曰鬱陶思君萬章篇文禮記曰人喜則斯陶陶斯詠詠斯猶者檀弓文鄭註陶鬱陶也猶當爲搖秦人猶搖聲相近

馘穧獲也【註】今以獲賊耳爲馘獲禾爲穧並見詩【正義】俘獲之獲收穫之穫俱通作獲此合而釋之也漢書引今文武成云乃以庶國祀馘於周廟說文云穧穫刈也【註】今以至見詩○【正義】今以獲賊耳爲馘者毛傳云不服者殺而獻其左耳曰馘獲禾爲穧者逸周書大

開武解云既秋而不獲維禽其饗之是獲與穫通孔穎達以穧爲禾之鋪而未束者也竝見詩者大雅皇矣云攸馘安安魯頌泮水云在泮獻馘小雅大田云此有不斂穧

阻艱難也【註】皆險難【正義】釋名云難憚也人所忌憚也道阻且長艱說文作囏云土難治也釋名云艱根也如物根也士喪禮云無有後艱

剡絜利也【註】詩曰以我剡耜【正義】說文云剡銳利也繫傳云周易剡木爲矢禮大圭剡上削令上銳也桒橋頌云會枝剡棘王逸註剡利也絜說文作㓞云刀劒刃也籒文作絜通作畧周頌載芟云有畧其耜匡謬正俗云問曰俗於礪山出刀子謂之略刃有舊義否答曰按爾雅云剡略利也張揖古今字詁云古作絜一本作挈未知孰是此則礪刀使利故稱略刃耳【註】詩曰至剡耜○【正義】今小雅大田篇作以我覃耜覃剡聲相近淮南氾論訓古者剡耜而耕高誘註剡利也

允任壬佞也【註】書曰而難任人允信者佞人似信壬猶任也【正義】說文云佞巧讇高材也允訓爲信又訓爲反覆相訓也任者書疏引孫炎云似可任之佞也壬者皐陶謨云何畏乎巧言令色孔壬史記作何畏乎巧言善色佞人【註】書曰至任也○【正義】舜典云而難任人史記作遠佞人壬猶任者古者壬任字通用賔之初筵鄭箋云壬任也

俾拼抨使也【註】皆謂使令見詩俾拼抨使從也【註】四者又爲隨從【正義】說文云使伶也伶與令通秦風寺人之令釋文引韓詩令作伶也說文又云從隨行也使令隨行其義相通故連釋之也○俾拼抨使也○俾者堯典云有能俾乂史記作有能使治者立政云乃伻我有夏拼通作絣班固典引云將絣萬物項岱註絣使也抨通作伻洛誥云伻來以圖○俾

拼抨使從也○使令之義即爲隨從申釋其義也拼或省作并說文云并相從也註見詩○正義周頌載見云俾緝熙于純嘏大雅桑柔云荓云不逮毛傳荓使也釋文云本或作拼又周頌小毖云莫予荓蜂釋訓云甹夆掣曳也案說文云德使也夆使也疑荓蜂當作德夆詩言莫爲予任使者訓爲掣曳猶言左右相使於義亦通說文又云傳使也皆聲之轉也

儴仍因也註皆謂因緣正義說文云因就也儴通作襄臯陶謨云日贊贊襄哉疏引馬融云襄因也又通作攘費誓云無敢寇攘疏引鄭註云因其亡失曰攘釋文云樊孫引論語其父攘羊釋之作攘註云因來而盜曰攘仍者顧命四言仍几明堂位云爵用玉琖仍雕鄭註仍因也

董督正也註皆謂御正正義謂理正也左氏文七年傳引夏書云董之用威文六年傳云董遁逃督者春官太祝禁督逆祀命者僖十三年傳云謂督不忘

亨孝也【註】亨祀孝道【正義】亨說文作亯从高省曰象進孰物形孝經曰祭則鬼亯之論語云致孝乎鬼神史記集解引馬融註云祭祀豐潔

珍亨獻也【註】珍物宜獻穀梁傳曰諸侯不亨覲【正義】文選註引犍爲舍人云獻珍物曰珍獻食物曰亨案聘禮云受亨束帛加璧秋官大行人云將幣三亨是亨不專指食物而言故荀子大略篇云亨獻也彊國篇云君亨其成羣臣亨其功楊倞註謂受其獻也【註】穀梁至亨覲○【正義】隱五年傳文

縱縮亂也【註】縱放掣縮皆亂法也【正義】縱者放恣也小雅民勞云無縱詭隨縮者說文云縮亂也是本爾雅爲義楚語云縮于財用則匱

探篡俘取也【註】書曰俘厥寶玉篡者奪取也探者摸取

也【正義】探者說文云探遠取也繫辭傳云探賾索隱穀梁隱元年傳云已探先君之邪志篡者方言云自關而西秦晉之間凡取物而逆謂之篡說文云而奪取曰篡淮南氾論訓云相與篡之法言云鴻飛冥冥弋者何篡焉宋衷曰篡取也今人計數取物爲篡俘者說文云俘軍所獲也左氏僖二十二年傳云示之俘馘疏引李巡云囚敵曰俘伐執之曰取俘本又作捋說文云捋引取也謙象傳云君子以捋多益寡虞翻曰捋取也【註】書曰至取也○【正義】書序云夏師敗績湯遂從之遂伐三朡俘厥寶玉篡爲奪取者後漢書註引郭璞註爾雅曰掠奪取也是篡本或作掠探爲摸取者列子天瑞篇手目所及亡不探也

徂在存也【註】以徂爲存猶以亂爲治以曩爲曏以故爲今此皆詁訓義有反覆旁通美惡不嫌同名【正義】徂通作且鄭風出其東門云匪我思且鄭箋云猶匪我思存也釋文引爾雅徂存也在者聘禮記云子以君命在寡

君左氏僖九年傳云其在亂乎杜註在存也曾子立事篇存往者在來者盧辨註在猶存也【註】以徂至同名。【正義】上文云徂往也此又訓爲存郭氏以爲義有反覆旁通也以亂爲治以故爲今見上文以曩爲曏見釋言郭氏舉以爲例凡經傳中反覆相訓者可以類推美惡不嫌同名者公羊隱七年傳文

在存省士察也【註】書曰在璿璣玉衡士師官亦主聽察存卽在【正義】上文云察審也在者書疏引舍人云在見物之察也文王世子云必在視寒暖之節鄭註在察也存者禮運云處其所存大傳云五曰存愛鄭註俱云存察也省者左氏哀十六年傳云鄭人省之禮器云禮不可不省也士通作仕小雅節南山云弗問弗仕鄭箋仕察也【註】書曰至聽察。【正義】在璿璣玉衡舜典文士師官亦主聽察者舜典云女作士疏引鄭註云士察也主察獄訟之事秋官之屬有士師鄭註與書註同

烈枿餘也【註】晉衛之間曰櫱陳鄭之間曰烈【正義】烈者舊疏引大雅雲漢詩序云宣王承厲王之烈鄭箋烈餘也通作栵廣雅云栵餘也枿者書疏引李巡云枿槁木之餘也漢書敘傳註引詩云苞有三枿劉德云謂木斫而復枿生也今毛詩本枿作櫱盤庚云若顛木之有由櫱說文作巘云伐木餘也又轉作肄周南汝墳云伐其條肄毛傳肄餘也斬而復生曰肄【註】晉衛至曰烈○【正義】方言云烈枿餘也陳鄭之間曰枿晉衛之間曰烈秦晉之間曰肄或曰烈郭註據方言為義與今本互異

訝迎也【註】公羊傳曰跛者迓跛者【正義】說文云訝相迎也周禮曰諸侯有卿訝也訝或作迓案秋官掌訝云凡賓客諸侯有卿訝卿有大夫訝大夫有士訝士皆有訝又鄭註訝士云訝迎也士官主迎四方賓客聘禮云迓賓于館鄭註以君命迎賓謂之訝盤庚云予迓續乃命于天左氏

成十三年傳云迓晉侯于新楚訝迓經傳通用迓又通作御召南鵲巢云百兩御之鄭箋御迎也又通作輅左氏宣二年傳云狂狡輅鄭人杜註輅迓也**註**公羊至跛者。**正義**公羊成二年傳云使跛者迓跛者使眇者迓眇者何休註迓迎卿主迎者也

元良首也**註**左傳曰狄人歸先軫之元良未聞**正義**高誘呂覽註云首上也元者士冠禮云始加元服鄭註元首也魯頌閟官云建爾元子毛傳元首也良者小雅六月毛傳云元戎先良也是以良爲元也左氏昭元年傳云良醫也猶周禮所云上醫也又少儀所謂良綏鄭註以爲君綏君即上也**註**左傳至之元。**正義**僖三十三年傳文又哀十一年傳云公使太史固歸國子之元孟子滕文篇勇士不忘喪其元皆以元爲頭也書疏引釋詁云元首首也與郭本異

薦摯臻也**註**薦進也摯至也故皆爲臻臻至也**正義**上文云臻

至也又臻與仍義同亦見上文薦者坎象傳云水洊
至釋文引干寶本作水薦至京房本作水臻至是也
摯者說文云䞇至也周書曰大命不䞇今西伯戡黎
篇作大命不摯史記作不至大宗伯云以禽作六摯
後鄭註摯
之言至也

賡揚續也【註】書曰乃賡載歌揚未詳【正義】說文云續連
賡郎續字也又通作庚小雅大東云西有長庚書疏
引作西有長賡毛傳以賡爲續也揚者益稷云皋陶
拜手稽首颺言史記作皋陶拜手稽首揚言是颺郎
揚也曾子立事篇身言之後人揚之【註】書曰至載歌
○【正義】益稷文史記作
乃更爲歌更亦續也

祔祪祖也【註】祔付也付新死者於祖廟祪毀廟主【正義】說文
云祖始廟也又云祔後死者合食于先祖也釋名云
又祭曰祔祭於祖廟以後死孫祔於祖也士虞禮記

云將旦而祔則薦喪服小記云祔必以祧昭穆祧者說文云祧祔祧祖也【註】祔付至廟主○【正義】祔付以聲爲義上文云垝毀也垝祧聲同故以爲毀廟主也說文繫傳引郭璞曰祧毀也祔新廟毀舊廟也與今本異

即尼也【註】即猶今也尼者近也尸子曰悅尼而來遠尼定也【註】尼者止也止亦定【正義】即訓爲尼尼與昵同高宗肜日云無豐于昵以昵爲近也衛風氓云來即我謀左氏成十三年傳云即楚謀我皆言近就也尼又爲定者上文云尼定止也是尼定二字訓同舊疏引舍人云尼者私之定也【註】即猶至來遠○【正義】書疏引孫炎云即猶今也尼者近也郭註本孫炎書釋文引尸子云不避遠昵

邇幾暱近也【註】暱親近也【正義】說文云近附也邇者臯陶謨云邇可遠在茲邇省作

爾少牢饋食禮云佐食爾上敦黍于筵上鄭註爾近也幾者左氏襄二十一年傳云楚不幾十年暱者說文云暱日近也暱或作昵閔元年傳云諸夏親暱疏引舍人云暱戚之近也**註**暱親近也。**正義**書疏引孫炎云昵親近也文選註引爾雅昵近也孫炎云親之近也郭註本孫炎

妥安坐也**註**禮記曰妥而后傳命也**正義**上文云妥安止也此釋妥爲安坐義相承也釋名云坐挫也骨節挫屈也古者坐爲危坐故釋名又云跪危也兩膝隱地體危隉也妥則爲安坐大射儀命賓諸公卿大夫公曰以我安賓諸公卿大夫皆對曰諾敢不安又云公以賓及卿大夫皆作乃安是使之安坐也士虞禮云主人及祝拜妥尸特牲饋食禮云主人拜妥尸少牢饋食禮云主人皆拜妥尸妥尸之禮卽楚茨所謂以妥以侑也**註**禮記至傳命○**正義**士相見禮云凡言非對也妥而後傳言鄭註妥安坐也傳言猶出言也此作禮記曰妥而後傳命舊疏以爲傳寫誤也或所見本異

貉縮綸也【註】綸者繩也謂牽縛縮貉之今俗語亦然【正義】釋名云綸理也作之有倫理也貉為方俗語縮者周語云縮取備物韋昭註縮引也【註】謂牽至亦然。【正義】淮南俶眞訓云以摸蓋牽連物之微眇高誘註摸蘇猶摸索是貉轉為摸縮轉為蘇皆言連引之勢郭引俗語又因摸蘇而轉

貉嘆安定也【註】皆靜定見詩【正義】上文云貉靜也又訓為定義相承也貉通作莫釋文云嘆本亦作莫左氏昭二十八年傳云德正應和曰莫杜註云莫然清靜安者繫辭傳云君子安其身而後動【註】見詩。【正義】大雅皇矣云貊其德音釋文引韓詩作莫其德音云莫定也皇矣又云求民之莫鄭箋求民之定謂所歸就也商頌殷武云寢成孔安

伊維也【註】發語辭伊維侯也【註】詩曰侯誰在矣互相訓

【正義】此皆屬辭之間字也。解六五云：君子維有解。孔疏：維，辭也。士冠禮云：嘉薦伊脯。鄭註：伊，維也。賈疏云：助句辭，非爲義也。伊又通作繄。左氏隱元年傳云：繄我獨無。伊、維又爲侯者，大雅下武云：應侯順德。【註】發語辭。【正義】小雅小旻云：伊于胡底。大雅皇矣云：維此王季。皆發語辭。○詩曰至在矣。○【正義】小雅六月文。又大雅文王云：侯文王孫子。

時、寔，是也。【註】公羊傳曰：寔來者何？是來也。【正義】時者，湯誓云：時日曷喪。史記作是日何時喪。無逸云：時舊勞于外。中論引作是舊勞於外。考工記嘉量銘云：時文思索。鄭註：時，是也。寔者，大雅韓奕云：實墉實壑。鄭箋云：實當作寔，趙魏之東實、寔同聲。寔，是也。泰誓云：是能容之。大學作實能容之。周策云：是攻用兵。高誘註：是，實也。寔通作實，古者寔、是二字同用。詛楚文云：是戮力同心。以是爲寔也。【註】公羊至來也。○【正義】春秋桓六年春正月寔來。公羊傳云：寔來者何？猶曰是人來也。穀梁傳

云宴來者是來也

卒猷假輟已也【注】猷假未詳【正義】鄭註禮記云已止也卒者士冠禮云卒筮書卦鄭註卒已也左氏襄十九年傳云其爲未卒事於齊故也乎衆經音義引李巡云卒事之已也猷者春秋宣八年壬午猶繹公羊傳云猶者通可以已也又春秋文六年云猶告于廟穀梁傳云猶之爲言可以已也猶猷古通用假者曲禮云天王登假鄭註假已也本或作瑕大雅思齊云烈假不瑕鄭箋瑕已也孔疏以爲釋詁文輟者曲禮云輟朝而顧

求酋在卒就終也【注】詩曰嗣先公爾酋矣成就亦終也其餘未詳【正義】釋名云終盡也求者地官牛人云共其享牛求牛後鄭云求終也終事也大雅文王有聲云遹求厥寧舊疏引下武云世德作求鄭箋求終也酋與求聲相近在者左氏昭十二年傳云

將何以在哀二十七年傳云多陵人者皆不在皆以
在爲終也卒者小雅蓼莪云我獨不卒鄭箋卒終也
昭二十四年傳云以待其卒衆經音義引孫炎云卒
病之終也就者史記楚世家云韓宣子問叔向曰子
比其濟乎對曰不就宣子曰何爲不就以就爲終也
註詩曰至酋矣○正義大雅卷阿文今本酋作似毛
傳似嗣也
酋終也

崩薨無祿卒徂落殪死也註古者死亡尊卑同稱耳故
尚書堯曰徂落舜曰陟方乃死正義說文云死澌也人所離也釋名云死
人始氣絕曰死死澌也就消澌也大戴禮記四代篇
云天子死曰崩諸侯曰薨大夫曰不祿庶人曰死鄭
註曲禮云異死名者爲人褻其無知者若猶不同然
也自下顚壞曰崩薨顚壞之聲卒終也不祿不終其
祿死之言澌也精神澌盡也白虎通義云天子稱崩
何別尊卑異生死也天子曰崩大尊像崩之爲言㒃

然伏僵天下撫擊失神明黎庶殞涕海內悲涼諸侯
曰薨國失陽薨之言奄也奄然已也大夫曰卒精燿
終也卒之爲言終於國也士曰不祿不終君之祿祿
之言消也身消名彰庶人曰死魂魄去亡死之言澌
精氣窮也釋名云天子曰崩崩壞之形也崩硼聲也
諸侯曰薨薨壞之聲也士曰不祿不復食祿也大夫
曰卒言卒竟也徂落徂祚也福祚殞落也徂亦往也
言往去落也殪翳也就隱翳也**註**古者至乃死○**正**
義郭以爲古者尊卑同稱然經傳皆以崩薨爲尊稱
穀梁隱三年傳云高曰崩厚曰崩尊曰崩天子之崩
以尊也後世唯不祿與卒有互稱者通典引石渠禮
議云聞人通漢問云記曰君赴於佗國之君曰不祿
夫人曰寡小君不祿大夫士或言卒死皆不能明戴
聖對曰君死不葬曰不祿既葬曰薨又問尸服卒者
之上服士曰不祿言卒何也聖又曰大尸者所以象
神也其言卒而不言不祿者通貴賤尸之義也通漢
對曰尸象神也故服其服士曰不祿諱辭也孝子諱
死曰卒案曲禮云壽考曰卒短折曰不祿鄭註祿謂

有德行任爲大夫士而不爲者老而死從大夫之稱少而死從士之稱是不祿與卒非大夫士之定稱也郭引堯曰殂落舜曰陟方乃死者據舜典之文書疏引李巡云徂落堯死之稱說文云殂往死也白虎通義云書言殂落死者各自見義堯見憯痛之舜見終各一也

爾雅正義卷第二

爾雅正義卷第三

文淵閣校理翰林院編修加二級教習庶吉士充國史館纂修官邵晉涵撰集

釋言第二

【正義】大戴禮記四代篇云發志爲言發言定名古謂之名今謂之字說文云直言曰言釋名云言宣也宣彼此之意也上篇釋詁有十餘名而同一實者此篇所釋或連舉二字或祗釋一言惟滷矜鹹苦也三言連舉爲異耳古有以一句爲一言者左氏定四年傳趙簡子稱子太叔語我九言論語云一言以蔽之曰思無邪皆以一句爲一言也然論語即有以一字爲一言者子貢問有一言而可以終身行之者乎子曰其恕乎以恕字爲一言也戰國策云臣請三言而已曰海大魚左傳疏引易說云伏羲作十言之教曰乾坤震巽坎離艮兌消息是則一字爲一言其來已久漢書東方朔傳云臣朔固已誦四十四萬言亦以字計也此篇通古

今之訓義多爲釋詩而作

殷齊中也【註】書曰以殷仲春釋地曰岠齊州以南【正義】上篇開章言始此篇開章言中兩篇相承之義也殷者禹貢云九江孔殷史記夏本紀作九江甚中秋官大行人云殷相聘也齊者舜典云以齊七政史記正義引尚書大傳云齊中也左氏文十八年傳云齊聖廣淵【註】書曰至以南○【正義】以殷仲春堯典文釋文引馬融鄭康成註皆云殷中也岠齊州以南見下釋地篇郭註亦見下

斯誃離也【註】齊陳曰斯誃見詩【正義】詩釋文引孫炎曰斯析之離說文云誃離別也列子黃帝篇不知斯齊國幾千萬里言離去中國也穀梁僖四年傳云於是哆然外齊侯也哆然離散之貌誃哆音義同【註】齊陳至見詩○【正義】齊陳曰斯方言文陳風墓門云斧以斯之廣雅云斯離分也

韓非子說林云斧離數創皆言離析也詃
見詩者舊疏引小雅巷伯云哆兮侈兮

諏興起也【註】禮記曰尸諏【正義】說文云起能立也言作而起也諏者列子黃帝篇則未嘗見舟而諏操之者也玉篇云諏起兒是也興者益稷云率作興事【註】禮記曰尸諏○【正義】士虞禮云祝入尸諏士虞禮記云尸諏祝前鄉尸亦見祭統

還復返也【註】皆迴返也【正義】說文云返還也還復也易雜卦傳云復反也轉相訓也

宣徇徧也【註】皆周徧也【正義】說文云徧帀也言周帀也宣者大雅文王云宣昭義問淮南時則訓必宣以明徇者史記五帝本紀幼而徇齊索隱云幼而才智周徧且辯給也墨子公孟篇思慮徇通徇本作旬江漢云來旬來宣毛傳旬徧也說文云旬徧也

馹遽傳也【註】皆傳車馹馬之名【正義】傳乘傳也今通謂之驛說文云馹驛傳也

驛置騎也傳遽也遽傳也王藻云士曰傳遽之臣鄭註傳遽以車馬給使也左氏僖三十三年傳云使遽告于鄭昭二年傳云乘遽而至成五年傳云以傳召伯宗晉語云遽人來告列子說符篇使遽人來謁之皆言驛也驛又通作繹大雅常武云徐方繹騷鄭箋徐國傳遽之驛【註】皆傳至之名○【正義】左傳疏引舍人云馹尊者之傳也案文十六年傳云楚子乘馹故以爲尊者之傳然襄二十一年傳云乘馹而見宣子二十七年傳云子木使馹謁諸王二十八年傳云吾將使馹奔問諸晉則馹不專屬尊者矣左傳疏又引孫炎云傳車馹馬詩江漢釋文云以車曰傳以馬曰遽顏師古漢書註古者以車謂之傳車其後又單置騎謂之馹騎此言漢制鄭註秋官行夫云傳遽若今時乘傳騎驛而使者是也古無單騎郭意以車馬可以互見不必分屬較孫義爲長釋文引郭氏音義云馹本或作遷聲類云古馹字同

蒙荒奄也【註】奄奄覆也皆見詩【正義】說文云奄覆也謂掩覆也蒙者方言云蒙

覆也說文作冡覆也左氏襄十四年傳云蒙荆棘杜註蒙冐也說文云冐冡而前也荒者書疏引孫炎云荒大之奄益稷云惟荒度土功鄭註荒奄也【註】皆見詩。【正義】鄘風君子偕老云蒙彼縐絺謂以縐絺覆體也魯頌閟宮云遂荒徐宅又喪大記云黼荒鄭註荒蒙也在上曰荒蓋取其相奄覆故曰荒

告謁請也【註】皆求請也【正義】請謁告也已見釋詁告謁又為請轉相訓也

肅雝聲也【註】詩曰肅雝和鳴【正義】小雅鴻雁云肅肅其羽邶風匏有苦葉云雝雝鳴雁皆言聲音單舉其文亦為聲【註】詩曰肅雝和鳴。【正義】周頌有瞽文

格懷來也【註】書曰格爾衆庶懷見詩【正義】來格懷至也已見釋詁格懷又為來轉相訓也方言云洛來也自關而東周鄭之郊齊魯之間或謂之洛或曰懷格洛古通用【註】書曰至見詩。【正義】格爾衆庶湯誓文懷見詩者齊風南山云曷又懷止鄭箋懷來也夏官之屬懷方氏鄭註主

來四方
之民

眕厎致也【註】皆見詩傳【正義】眕告也厎止也已見釋詁眕厎又爲致義相成也曲禮云眕於鬼神鄭註眕致也眕或爲祇禹貢云覃懷厎績史記夏本紀作覃懷致功左氏昭三十年傳云明厎其情祇厎致三字以音相近爲義也【註】皆見詩傳○【正義】眕訓爲致今於毛傳無考疑在齊魯韓詩周頌武云者定爾功毛傳者致也釋文者毛音指左氏宣十二年傳云者昧也杜註者致也致討於昧

佫怙恃也【註】今江東呼母爲佫【正義】說文云恃賴也佫者廣韻云恃事日佫龍龕手鑑引舊註云佫恃事自佫也荀子非十二子篇儉然佫佫然惕倞註佫佫然恃尊長之貌怙者謚法解云怙恃也左氏宣十五年傳云怙其儁才定四年傳云無怙富無恃寵【註】今江至爲佫○【正義】小雅蓼莪云無父何怙無母何恃釋文引韓詩云怙賴也恃負也郭氏引方俗語以証佫有母稱也方言云南楚瀑洭

之閒謂婦妣曰母姼稱婦考曰父姼廣韻㑥姼皆承紙切其義同也㑥本作𡜊說文云𡜊恃也

律遹述也【註】皆敘述也方俗語耳【正義】釋詁云遹循也說文云述循也詩疏引爾雅作聿曰述也律與聿通遹與曰通孫炎云遹古述字讀聿是也小雅角弓云見晛曰消大雅抑云曰喪厥國釋文引韓詩作見晛聿消聿喪厥國文王有聲云遹追來孝禮器引作聿追來孝緜云予曰有先後予曰有奔奏楚詞章句引作予聿有奔走予聿有先後文王云聿修厥德漢書東平思王傳引作述修厥德【註】皆敘至語耳○【正義】中庸云上律天時鄭註律述也又鄭註春官典同亦云律述氣者也史記索隱引釋名云律述也所以助陽氣也郭云方俗語者言其聲相近也

俞畣然也【註】禮記曰男唯女俞畣者應也亦爲然【正義】堯典云帝曰俞史記五帝本紀凡書作曰俞者皆作曰然祭義云如語焉而未之然鄭註如有所以語親而未

見答廣雅云對倉也曹憲云今人以答字爲對答失矣註禮記至女俞。正義內則文

豫臚敘也註皆陳敘也正義說文云敘次第也鄭註鄉射禮云今文豫爲序釋地釋文引春秋元命包云豫之言序也晉語云豫而後給又云風聽臚言于市韋註臚陳也史記六國表臚于祭祀又周禮象胥干賓註云今鴻臚漢書蘇林註上傳語告下曰臚韋昭註臚陳敘也莊子釋文引向秀註從上語下曰臚傳是也臚通作旅燕禮云皆以旅酬於西階上鄭註旅序也

庶幾尚也註詩曰不尚息焉正義下文云庶幸也詩疏引易說云幾覬也是庶幾者幸覬之意也說文云尚庶幾也徐鍇繫傳云春秋左傳曰尚克知之庶幾知之也左氏襄十六年傳云引領西望曰庶幾乎註詩曰不尚息焉。正義小雅菀柳文

觀指示也註國語曰且觀之兵正義說文云示所以示人也穀梁隱五年傳云

非常曰觀仲尼燕居云其如指諸掌而已乎【註】國語至之兵。【正義】周語祭公謀父之辭

若惠順也【註】詩曰惠然肯來【正義】釋詁云順敘也釋名云順循也循其理也堯典云欽若昊天史記作敬順昊天舜典云亮采惠疇禮運云長惠幼順【註】詩曰至肯來。【正義】邶風終風文

敖憮傲也【註】禮記曰無憮無敖傲慢也【正義】說文云傲倨也倨不遜也通【註】禮記至慢也。【正義】無憮無敖投壺文小雅桑扈云彼交匪敖漢書五行志引作匪徼匪傲巧言云昊天太憮鄭箋王甚傲慢石經憮作幠古字傲訓爲慢者釋名云慢漫也漫漫無所限也

幼鞠稺也【註】書曰不念鞠子哀【正義】方言云稺年小也說文云幼少也曲禮云十年曰幼鞠通作鬻豳風鬻子之閔斯毛傳鬻稚也詩疏引郭氏音義云鞠一作毓石經稺作稚【註】書曰至子哀。【正義】周書康誥云兄亦不念鞠子哀

逸僁過也【註】書曰汝則有逸罰【正義】言過失也說文云逸失也愆過也酒誥云不惟自息乃逸牧誓云不愆於六步七步至于六步七步左氏哀十六年傳云失所爲愆【註】書曰至逸罰。【正義】舊疏引書盤庚云惟予一人有佚罰費誓云汝則有常刑無云汝則有逸罰者師讀不同故也僁與愆同大雅抑云不愆于儀緇衣引作不僁于儀

疑休戾也【註】戾止也疑者亦止【正義】釋詁云戾止也疑止者鄉射禮云賓升西階上疑立鄭註疑止也大雅桑柔云靡所止疑鄭箋無有止息時休者說文云休息止也月令云毋休于都

疾齊壯也【註】壯壯事謂速也齊亦疾【正義】釋詁云齊速疾也疾齊又爲壯力義相成也墨子尚賢篇有力者疾以助人淮南說山訓力貴齊知貴捷皆與速同義壯本或作莊大雅云思齊太任毛傳齊莊也疏以爲釋言文內則云進退周旋愼齊鄭註亦云齊莊也

悈褊急也【註】皆急狹【正義】說文云悈褊也悈急以聲相近爲義也古音悈戒棘革極急通用檜風云棘人欒欒兮讀詩記引崔靈恩集註作悈人小雅六月云我是用急鹽鐵論引作我是用戒大雅文王有聲云匪棘其欲禮器引作匪革其猶檀弓云夫子之疾革矣文選註引倉頡篇云革戒也淮南覽冥訓安之不極高誘註極急也褊者廣雅云褊狹陋也魏風葛屨云維是褊心左氏昭元年傳云以敝邑褊小莊子山木篇雖有褊心之人皆言急狹也

貿賈市也【註】交易物爲貿詩曰抱布貿絲【正義】說文云市買賣所之也貿易財也賈賈市也一曰坐賣售也白虎通義云賈者固也言固物以待民來求其利也鄭註地官司市云通物曰商居賣物曰賈左氏昭十三年傳云如市賈焉【註】交易至貿絲○【正義】今本闕交易物爲貿五字今據衆經音義所引郭註增補詩衛風氓文

屝陋隱也【註】禮記曰屝用席書曰揚側陋【正義】釋詁云隱微也說文云隱蔽也屝者喪大記云甸人取所徹廟之西北屝薪用爨之疏引熊安生云屝謂西北隅屝隱之處徹取屋外當屝隱處薪陋者左氏成八年傳云辟陋在夷陋本或作漏大雅抑云尚不愧于屋漏鄭箋漏隱也疏以爲釋言文案釋宮云西北隅謂之屋漏與喪大記所云西北屝者其義相通【註】禮記至側陋○【正義】儀禮士虞禮有司徹俱有屝用席之文鄭註屝隱也于屝隱之處從其幽闇特牲饋食禮云屝用筵註作禮記疑傳寫之訛

書曰揚側陋堯典文

遏遾逮也【註】東齊曰遏北燕曰遾皆相及逮【正義】釋詁云逮及暨與也遏本作曷小雅四月云曷云能穀毛傳曷逮也遾本作逝邶風日月云逝不古處毛傳逝逮也通作噬唐風有杕之杜云噬肯適我毛傳噬逮也釋文引韓詩作逝逝及也則噬本亦作逝今作遾或體字也

註東齊至曰遾。正義方言云蝎噬逮也東齊曰蝎北燕曰噬逮通語也郭註蝎作遏噬作遾音義同

征邁行也註詩曰王于出征邁亦行正義說文云征正行也邁遠行也泰卦云拔茅征吉周頌云時邁其邦註詩曰至出征。正義小雅六月文

圮敗覆也註謂毀覆正義釋詁云圮毀也又爲覆也說文云敗毀也覆覂也左氏僖十五年傳云侯車敗謂車覆也

荐原再也註易曰水荐至今呼重蠶爲𧔧正義說文云再一舉而二也廣韻云再重也舊疏引孫炎云荐草生之再也左氏襄二十三年傳云不虞荐至杜註荐仍也文王世子云末有原鄭註原再也註易曰至爲𧔧。正義水荐至坎卦象辭夏官馬質云禁原蠶者舍人本作𧔧

憮敉撫也註憮愛撫也敉寧見書正義說文云撫安也謂愛而相安也憮本

作攺說文云攺撫也讀與撫同又云敉撫也周書曰亦未克敉公功讀若弭案說文引書洛誥之文周禮疏引鄭註云敉安也撫訓爲安敉亦訓安轉相訓也

註撫愛至見書。正義方言云憮愛也韓鄭曰憮說文引之方言又云宋衛邠陶之閒曰憮郭氏取方言爲釋也敉寧見書者大誥云予翼以于敉寧武圖功

臞脙瘠也註齊人謂瘠爲脙正義瘠說文作膌瘦也周禮大司徒云其民晳而瘠左氏襄二十一年傳云瘠則甚矣杜註瘠瘦也臞者史記索隱引舍人云臞瘦也文選註引舊註云臞肉之瘦也說文云臞少肉也韓非解老云子夏內戰而臞脙者說文云齊人謂臞脙也與郭註同玉篇云齊人謂瘠腹爲脙

桄熲充也註皆充盛也正義釋詁云崇充也此篇又釋桄熲俱爲充也說文云桄充也義本爾雅釋文云孫本作光堯典云光被四表周語云故能光有天下韋昭註光大也淮南修務訓段干

木光於德寡入光於勢皆言充也光通作横戴震曰樂記號以立横鄭註横充也孔子閒居篇以横於天下鄭註横充也堯典古本必有作横被四表者横被廣被也漢書王莽傳昔唐堯横被四表後漢書馮異傳云横被四表高誘淮南註横讀桄車之桄是其證案祭義云溥之而横於四海淮南原道訓横之而彌於四海横光聲相近故漢人稱横門為光門後世猶沿其舊矣頻光也已見釋詁通作耿晉語云其光耿於民矣

婁暱亟也【註】親暱者亦數亟亦數也【正義】鄭註少儀云婁亟數也釋文云婁又作屢今經傳通作屢益稷云屢省乃成暱者左氏成十三年傳云暱就寡人暱本或作昵衆經音義引爾雅云昵亟也親昵亦數也

靡罔無也爽差也爽忒也【註】皆謂用心差錯不專一佴

貳也【註】佴次爲副貳【正義】衛風氓云靡室勞矣又云士也罔極又云女也不爽士貳其行此釋之也毛傳靡無也爽差也俱本爾雅無說文作𩏂亡也奇字作无谷風云何有何亡地官司市云亡者使有亡與無古通用益稷云罔水行舟史記作無水行舟靡罔皆義之常行者故郭氏無註忒說文作忒失常也周語云實有爽德月令云無或差貸豫卦傳云四時不忒鄭註忒差也是差忒義相通也佴者說文云佴佽也鄭註特牲饋食禮云次猶貳也佽次音義同【註】皆謂至專一○【正義】大雅瞻卬云鞫人忮忒疏引孫炎云忒變雜不一郭註本孫炎言差忒皆變雜不一也○佴次爲副貳○【正義】鄭司農註天官小宰云貳副也說文云貳副益也文選司馬子長報任少卿書云僕又佴之蠶室注引如淳曰佴次也若人相次也

劑翦齊也【註】南方人呼翦刀爲劑刀【正義】齊者斷也說文云劑齊也義本

爾雅又云翦齊斷也亦本爾雅爲義天官小宰聽賣買以質劑劑者所以斷斷其不齊也秋官之屬有翦氏鄭註翦斷滅之言也魯頌閟宮云實始翦商毛傳用爾雅鄭箋翦斷也【註】南方至劑刀。【正義】說文繫傳引字書曰翦刀劑也

饙餾稔也【註】今呼貸飪爲饙饙均熟爲餾【正義】大雅泂酌云可以餴饎此釋之也詩疏引孫炎曰蒸之曰饙均之曰餾說文云餴滫飯也餴或作饙餾飯氣流也釋名云饙分也衆粒各自分也釋文引字書云饙一蒸米也詩疏誤以字書爲說文舊疏復仍其誤玉篇云饙半蒸飯餾飯氣蒸也釋文云稔字又作飪說文云飪大熟也稔亦訓熟故饙餾爲稔也【註】今呼至爲餾。【正義】詩疏引郭註云今呼餈者修飯爲饙饙均熟爲餾者修二字當作音修舊係旁註混入正文監本闕均字今据補郭氏以餈飯爲饙据時俗語也廣雅云饙謂之餈釋文引倉頡篇云餈饙也孔疏蒸米謂之饙饙必

餾而熟之故言饙餾

媵將送也【註】左傳曰以媵秦穆姬詩曰遠于將之【正義】說文云送遣也籒文作遜媵說文作倂云送也呂不韋曰有侁氏以伊尹倂女後漢書註引孫炎云送女曰媵是也將者詩疏引孫炎云將行之送也鄭風丰云悔予不將兮文子符言篇來者不迎去者不將是也又燕禮云媵觚于賓咸卦傳云媵口說也天官小宰云祼將之事公羊文十五年傳云筍將而來也媵將俱訓爲送也【註】左傳至將之○【正義】以媵秦穆姬僖五年傳文遠于將之邶風燕燕文

作造爲也【正義】說文云作起也造就也皆與爲義相通穀梁僖二十年傳云作爲也禹貢云大陸既作史記作大陸既爲王風兔爰云尚無造毛傳造僞也大雅思齊云小子有造毛傳造爲也爲僞古通用

餥餱食也【註】方言云陳楚之間相呼食爲餥【正義】釋名云食殖也

所以自生殖也餥餱俱訓爲食說文云餥餱也餱乾食也周書曰峙乃餱糧徐鍇繫傳云詩乾餱以愆今人謂飯乾爲餱案說文引書費誓之辭也今本作峙乃糗糧釋名又云餱候也候人饑者以食之也【註】方言至爲餥。【正義】方言云餥食也陳楚之內相謁而食麥饘謂之餥說文云陳楚之閒相謁食麥飯曰餥與郭註所引字句微異

鞫究窮也【註】皆窮盡也見詩【正義】說文竆極也鞫作𥷚躳也又通作鞫盤庚云爾惟自鞫自苦墨子尚賢篇云大用之天下則不究小用之則不困【註】見詩。【正義】大雅瞻卬云鞫人忮忒蕩云靡屆靡究

滷矜鹹苦也【註】滷苦地也可矜憐者亦辛苦苦即大鹹【正義】釋名云苦吐也人所吐也滷說文作鹵西方鹹地也東方謂之㡿西方謂之鹵玉篇云滷苦地也書

曰海濱廣滷本亦作斥按今本禹貢作廣斥與玉篇所引異左氏襄二十六年傳云表淳鹵矜者廣雅云鹶矜大也是矜與鹵義同釋文作鹶本又作矜玉篇云鹶苦也鹹者說文云鹹銜也北方味也註可矜至大鹹○正義舊疏引小雅鴻雁云爰及矜人毛傳云矜憐也苦即大鹹者淮南地形訓鍊苦生鹹

干流求也註詩曰左右流之流覃也覃延也註皆謂蔓莚相被及正義干者公羊定四年傳云以干闔廬何休註不待禮見曰干孟子公孫丑篇則是干澤也荀子議兵篇皆干祿蹈利之士皆言求之亟也流訓為求以聲相近為義流又訓覃覃訓為延轉相訓也樂記云流而不息大雅蕩云覃及鬼方註詩曰至被及○正義左右流之周南關雎文葛覃疏引王肅云葛生於此延蔓於彼廣雅云蔓長也莚偏也釋文云覃本又作𫍜孫炎云古覃字同

佻偷也註謂苟且正義小雅鹿鳴云視民不佻毛傳佻愉也佻愉二字俱从心今本爾雅俱

从人說文徐鍇本引詩作不佻佻愉也愉薄也佻佻字从人愉字从心當從之左氏昭十年傳云佻之謂甚矣疏引李巡云佻偷薄之偷也論語云則民不偷包氏云不偷薄也俱訓爲薄與郭異【註】謂苟且○【正義】左傳疏引孫炎云偷苟且也郭註本孫炎

潛深也潛深測也【註】測亦水深之別名【正義】廣韻云潛水伏流也小雅正月云潛雖伏矣潛深深又皆訓爲測說文云測所至也玉篇云廣深曰測淮南說林訓以篙測江篙終而以水爲測惑矣

縠鞠生也【註】詩曰縠則異室【正義】釋詁云縠善也此篇上文云鞠稺也縠鞠又爲生也說文云縠續也言其生生不已也釋詁又云育養也鞠與育古字通方言云鞠養也陳楚韓鄭之間曰鞠小雅蓼莪云母兮鞠我【註】詩曰至異室○【正義】王風大車文

啜茹也【註】啜者拾食【正義】方言云茹食也吳越之間凡貪飲食者謂之茹郭氏彼註云今俗呼能麤食者爲茹說文云啜嘗也釋名云啜絕也乍啜而絕於口也檀弓云啜菽飲水禮運云茹其毛是啜即茹也

茹虞度也【註】皆測度也詩曰不可以茹【正義】釋詁云度如謀也茹虞又爲度也如與茹通已見釋詁虞者西伯戡黎云不虞天性史記集解引鄭註云不度天性孫子云以虞待不虞者勝【註】詩曰至以茹○【正義】邶風柏舟文

試式用也【註】見詩書【正義】說文云用可施行也試者論語云吾不試式者戰國策云式於政不式於勇高誘註式用也【註】見詩書○【正義】小雅大東云百僚是試商頌長發云帝命式于九圍舜典云明試以功盤庚云式敷明德

誥誓謹也【註】皆所以約勤謹戒衆【正義】說文云謹愼也釋詁云誥告也誥誓又爲謹也釋名云上勑下曰告告覺也使覺悟已意也誓者說文云約束也釋名云誓制也以拘制之也秋官士師云誓用之于軍旅誥用之于會同誥或作詰大司寇云誥四方鄭註誥謹也呂刑云以誥四方

競逐彊也【註】皆自勉彊【正義】釋名云彊畺也大雅桑柔云職競用力鄭箋競逐也左氏昭元年傳云諸侯逐進杜註逐猶競也皆言有力而彊也說文云競彊語也

禦圉禁也【註】禁制【正義】禦圉古字通大雅蒸民云不畏强禦漢書引作强圉桑柔云孔棘我圉鄭箋云圉當作禦管子輕重甲篇莫之能圉墨子辭過篇引先王作宮室之法曰邊足以圉風寒衆經音義引舍人云禦圉謂未有而預防之也

窒薶塞也【註】謂塞孔穴【正義】說文云窴窒也𡫼閉也鄭註禮記云塞猶實也窒者豳風

七月云穹窒熏鼠東山云洒掃穹窒毛傳鄭箋皆云塞也說文繫傳引解嘲曰窒隙蹈瑕薶者說文云瘞也釋天云祭地曰瘞薶是也省作貍大宗伯云以貍沈祭山林川澤通作埋祭法云瘞埋於泰折

黼黻彰也【註】黼文如斧黻文如兩已相背【正義】益稷云黼黻此釋之也考工記云白與黑謂之黼黑與青謂之黻說文云黼黑與白相次文黻白與青相次文又云彰文彰也廣韻云彰明也言其繡文著明故左氏桓元年傳云火龍黼黻昭其文也【註】黼文至相背○【正義】下篇釋器云斧謂之黼孫炎云黼文如斧形蓋半白半黑似斧刃白而身黑黻謂刺繡爲巳字相背以青黑線繡郭註本孫炎鄭註明堂位云黻冕服之韠也舜始作之以尊祭服禹湯至周增以畫文是黻亦用畫文也

膺身親也【註】謂躬親也【正義】少儀云執箕膺擖鄭註膺親也弟子職作執箕膺揲玉藻云弗身踐也言弗親翦也

愷悌發也【註】發發行也詩曰齊子愷悌【正義】愷當作闓說文云闓明也悌當從古文尚書作圛周禮疏引鄭註洪範云色澤而光明也史記宋世家引作涕蓋字本作圛通作悌史記本因形訛而作涕今本尚書又因聲訛而爲驛說文引書而爲之解曰圛升雲半有半無與鄭義同也詩疏引舍人李巡孫炎郭璞皆云闓明發行案諸家以闓爲明是也發訓爲行以釋闓圛之義稍爲迂曲商頌釋文引韓詩云發明也是發有明之義故闓圛訓爲發也齊風釋文又引韓詩云發旦也旦亦明也【註】詩曰至愷悌。【正義】齊風載驅文毛詩作豈弟鄭箋豈弟猶言發夕也豈讀爲闓弟古文尚書以弟爲圛圛明也

郭註用鄭箋

髦士官也【註】取俊士令居官畯農夫也【註】今之嗇夫是也【正義】小雅甫田云烝我髦士又云田畯至喜此釋之也棫樸鄭箋士卿士也奉璋之儀峩峩然故今

俊士之所宜鄭氏以髦士爲卿士是髦士郎官也七
月毛傳田畯田大夫也疏引孫炎云畯農官也案田
畯亦謂之農率夏小正曰農率均田又謂之田月令
云命田舍東郊又謂之農大夫周語云命農大夫咸
戒農用又謂之農正周語又云農正再之又謂之嗇
夫覲禮云嗇夫承命鄭註云嗇夫蓋司空之屬春秋
傳曰嗇夫馳故孫炎統云農官也【註】取俊至是也○
【正義】髦俊也見下文甫田鄭箋云田畯司嗇今之嗇
夫也郭註本鄭箋漢書百官公卿表鄉有嗇夫職聽
訟收賦稅司馬彪續漢百官志鄉小者縣置嗇夫一
人註引風俗通云嗇者省也夫賦也言能消息百姓
均其賦役晉書百官志郡國及縣農月皆隨所領戶
多少爲差散吏爲勸農縣萬
以上置四鄉鄉置嗇夫一人

蓋割裂也【註】蓋未詳【正義】裂說文作𠟭分解也割剝也
剝列也君奭云割申勸文王之德
鄭註緇衣云割之言蓋也蓋割雙聲義存乎聲公羊
襄二十七年傳云眛雉彼視何休註眛割也眛蓋聲

之轉也又顏師古漢書註云蓋音公盍反

邕支載也【註】皆方俗語亦未詳【正義】釋文邕字又作擁作擁釋云擁者護之載案左氏襄二十五年傳云陳侯免擁社謂載社主也支與榰通榰柱所以承載詳見下文王煦曰淮南齊俗訓云金之性沉托之于舟上則浮勢有所支也

諈諉累也【註】以事相屬累爲諈諉【正義】釋文引孫炎云楚人曰諈秦人曰諉說文繫傳云諈諉謂不能自決而以屬累於人也漢胡建擅誅監軍從史云埶事不諉上是也漢書註蔡讓云諉託也列子釋文引爾雅作諈諉累去也疑傳寫之訛

漠察清也【註】皆清明【正義】釋詁云嗼定也察審也漠察又爲清義相成也楚詞遠遊云漠虛靜以恬愉兮詩疏引樊光云漠然清貌大戴禮記子張問入官篇水至清則無魚人至察則無徒

庇庥廕也【註】今俗語呼樹廕爲庥【正義】說文云廕艸陰
地言艸木之陰可休
庇也左氏文七年傳云則本根無所庇廕矣呂氏春
秋懷寵篇則民知所庇矣高誘註云庇依廕也休者
說文云从人依木休或从广周南漢廣云不可休思
左傳疏引舍人云庇蔽也茠依止也庥本或作茠【註】
今俗至爲庥。【正義】淮南精神訓云得茠樾下高
誘註茠廕也衆經音義引孫炎云庇覆之廕也

穀履祿也【註】書曰既富方穀詩曰福履將之履禮也【註】
禮可以履行見易【正義】上文云穀生也穀又爲祿論
語云不至于穀是也履祿福也巳
見釋詁履與祿義同履又訓爲禮者仲尼燕居云言
而履之禮也祭義云禮者履此者也商頌長發云率
履不越韓詩外傳作率禮不越說文云禮履也【註】書
曰至將之。【正義】既富方穀洪範文福履將之周南
樛木文。見易。【正義】序卦傳云物畜然後有禮故
受之以履履者禮也韓康伯云禮所以適時用也故

既畜則須用有用須禮也今本易孔疏以履者禮也
四字爲韓註李氏易傳則以四字爲傳文郭氏云見
易不云見易註是郭氏所見之本與李氏
易傳同舊疏据孔疏本仍以爲韓註非也

隱占也【註】隱度【正義】顔師古漢書註云占謂自隱度
其實定其辭也盤庚云尚皆隱哉

逆迎也【正義】春秋隱二年紀裂繻來逆女方
言云自關而東曰逆自關而西曰迎

憯曾也【註】發語辭見詩【正義】憯說文作朁曾也今作憯
怛之憯假借字也說文又云曾
語之舒也【註】見詩。【正義】大雅雲漢
云憯不知其故蕩云曾莫惠我師

增益也【註】今江東通言增【正義】說文云益饒也小雅天
保云以莫不增說苑云以一
累壤增太山
不益其高

窶貧也【註】謂貧陋**薆隱也**【註】謂隱蔽**僾唈也**【註】嗚唈短

氣皆見詩【正義】窶者說文云無禮居也貧財分少也衆經音義引倉頡篇云無財曰貧無財備禮曰窶曲禮云主人辭以窶窶者方言云掩翳薆也離騷云衆薆然而蔽之漢書律歷志昧薆于未僾者荀子禮論惲詭唈僾不能無時至焉楊倞註唈僾氣不舒憤鬱之貌詩疏引孫炎云僾心唈也【註】嗚唈至見詩○【正義】漢書成帝紀云可爲於邑顏師古註於邑短氣貌嗚唈當作於邑皆見詩者邶風北門云終窶且貧郭氏方言註引詩云薆而不見通作愛大雅蒸民云愛莫助之毛傳愛隱也桑柔云亦孔之僾僾又與薆通說文引詩作僾而不見

基經也【註】基業所以自經營基設也【註】亦爲造設【正義】釋詁已云基始也謀也此又廣其義也康誥云周公初基言始經營也賈誼書禮容篇云基者經也釋名云基據也扗下物所依據也基又爲造設大雅公劉云止基迺理晉語云猶無基而厚墉也

祺祥也【註】謂徵祥祺吉也【註】祥吉之先見【正義】釋詁云祥善也釋名云吉實也有善實也祺祥也當作禎祥也周頌維清毛傳云禎祥也疏以爲釋言文引舍人曰禎福之祥某氏曰詩云維周之禎定本集註禎字作禎按說文云禎祥也祺吉也所据爾雅與毛傳同士冠禮云壽考維祺

兆域也【註】謂塋界【正義】春官小宗伯云兆五帝於四郊鄭註兆爲壇之營域左氏文十八年傳云則姦兆也杜註兆域也尚書大傳云兆十有二州鄭註兆域也大雅生民云以歸肇祀孔疏肇宜爲兆說文兆作垗垗域作或或又从土【註】謂塋界○【正義】士喪禮云兆南北面鄭註兆域也新營之處廣雅云宅垗營域葬地也

肇敏也【註】書曰肇牽車牛【正義】釋詁云肇始也謀也肇又訓爲敏廣雅云敏亟也【註】

書曰至車牛○正義酒誥文

挾藏也註今江東通言挾浹徹也註謂霑徹正義挾說文作㚘藏也今作篋士冠禮云同篋鄭註隋方曰篋是也浹者天官釋文挾本作浹楊倞荀子註挾讀爲浹大雅大明云使不挾四方毛傳挾達也釋名云達徹也言不使通達於四方也註今江至霑徹○正義方言云挾護也漢書惠帝紀除挾書律應劭云挾藏也楊倞荀子註浹周洽也玉篇云浹通也洽也

替廢也替滅也註亦爲滅絶也正義說文云普廢一偏下也或作普或作替衆經音義引李巡云普去之廢也少牢饋食禮云勿替引之左氏僖二十四年傳云王替隗氏替又訓爲滅者大雅召旻云胡不自替

速徵也徵召也註易曰不速之客正義鄉飲酒禮云主人速賓又云徵唯所

欲左氏宣九年傳王使來徵聘皆言召也【註】易曰至之客。【正義】需上六爻辭釋文引馬融云速召也詩疏引

琛寶也【註】詩曰來獻其琛【正義】說文云寶珍也詩疏引舍人云美寶曰琛【註】詩曰至其琛。【正義】魯頌泮水文

探試也【註】刺探嘗試【正義】釋詁云探取也探又為試也多方云探天之威舊疏引論語云見不善如探湯

髦選也【註】俊士之選髦俊也【註】士中之俊如毛中之髦【正義】上文云髦士官也此申釋之也說文云髦髮也俊才過千人也白虎通義引禮別名記曰十人曰選百人曰俊王制云命鄉論秀士升之司徒曰選士司徒論選士之秀者而升之學曰俊士鄭註可使習禮者孔疏內則二十而冠始學禮此升於大學者曰選俊之人年以二十故可習禮按士冠禮云髦士攸宜

選士俊士猶言髦士也

俾職也註使供職正義釋詁云俾使也從也俾又爲職義相成也君奭云罔不率俾漢書武紀云莫不率俾顏師古註言皆循其貢職而可使也

紕飾也註謂緣飾見詩正義玉篇云紕冠緣邊飾也雜記云紕以爵韋六寸是也註見詩○正義鄘風干旄云素絲紕之毛傳紕所以織組也疏引家語云總紕於此成文於彼

淩慄也註淩懅戰慄慄慼也註戰慄者憂慼正義釋文引樊光註作夌冰凜也當從之天官夌人鄭註云夌冰室也夌栗以聲相近爲義釋文又引埤蒼云淩慄也與今本同釋詁云慄懼也慄又爲慼義相成也莊子人間世云吾甚慄之註淩懅戰慄○正義懅當爲遽廣雅云遽畏懼也

蠲明也【註】蠲清明貌茅明也【註】左傳曰前茅慮無明朗也【正義】說文云明照也朖明也蠲者多方云不蠲蒸釋文引馬註蠲明也左氏襄十四年傳云惠公蠲其大德杜註蠲明也舊疏引樊光云蠲除垢濁使令清明茅者左傳疏引舍人云茅昧之明也玥者招五年傳云明而未融淮南原道訓新而未朗高註朗明也左傳疏引樊光云詩云高朗令終【註】左傳至慮無○【正義】宣十二年傳文杜註云茅明也或曰時楚以茅為旌識

猷圖也【註】周官曰以猷鬼神祇謂圖畫猷若也【註】詩曰寔命不猷【正義】釋詁云圖猷謀也此又申釋之也小雅白華云之子不猶鄭箋猶圖也禮記儒行云猶將不忘百姓之病也鄭註猶圖也猷又訓為若若如也論語云吾猶人也【註】周官至圖畫○【正義】春官凡以神仕者掌三辰之法以猶鬼神示之居鄭註猶圖也郭氏引之於義亦通釋名云圖度也畫其

品度也。詩曰至不猷
○正義召南小星文

偁舉也註書曰偁爾戈稱好也註物稱人意亦爲好正義說文云偁揚也玉篇引左傳云禹偁善人今本左傳作稱文選註引爾雅作稱舉也士相見禮云聞吾子稱贊左氏襄三年傳云稱解狐又云解狐得舉是稱卽舉也稱又爲好謂美好也周語云君子不自稱也註書曰偁爾戈○正義牧誓文今本偁作稱

坎律銓也註易坎卦主法法律皆所以銓量輕重正義說文云銓衡也文選註引倉頡篇云銓稱也注曰銓所以稱物也易釋文引九家易云坎爲律樂記云律小大之稱比終始之序律訓爲銓度猶比訓爲比次也褚先生補史記樂書作類大小之稱按太史公易經傳之字俱本雅訓易律爲類於雅訓無徵少孫視史遷爲疎矣鄭註以律爲六律亦於雅訓偶有不檢也註

易坎至輕重。正義左傳疏引樊光云坎卦水也水性平律亦平銓亦不也此郭註所本按左氏宣十二年傳云川壅爲澤有律以如已也杜註云坎爲法象晉書郭璞傳璞上疏曰坎爲法象刑獄所奉是坎卦主法易家之舊說也

矢誓也註相約誓正義晉象傳云矢得也虞翻曰矢古誓字鄘風柏舟云之死矢靡他

舫舟也註竝兩船泳游也註潛行游水底正義釋水云大夫曰方舟又曰潛行爲泳詳見下說文引明堂月令云舫人習水者邶風谷風云泳之游之秋官萍氏云禁川游者

迨及也註東齊曰迨正義下文逮及也迨或體字也小雅伐木云迨我暇矣註東齊曰迨

。正義方言文

冥幼也註幼稺者冥昧正義幼本作窈詩疏引孫炎云冥深闇之窈也某氏云詩曰嵗

巘其窴說文云窴幽也窈深遠也案幼幽聲近義通故大戴禮記誥志篇云幽幼也說文義本爾雅

降下也【正義】穀梁莊三十一年傳云降猶下也堯典云釐降二女于嬀汭史記作飭下二女于嬀汭

傭均也【註】齊等也【正義】說文云傭均直也均平徧也小雅節南山云昊天不傭

彊暴也【註】彊梁淩暴【正義】說文云暴疾有所趣也大雅蕩云曾是彊禦毛傳彊梁禦善也

窕肆也【註】輕窕者好放肆肆力也【註】肆極力【正義】說文云窕深肆極也衆經音義引字書云佻輕也左氏成十六年傳云楚師輕窕大戴禮記王言篇布諸天下而不窕肆又爲力者文十二年傳云使輕者肆焉

俅戴也【註】詩曰戴弁俅俅【正義】俅說文作絿釋訓云俅俅服也轉相訓也【註】詩曰至俅俅。【正義】周頌絲衣文毛詩戴作載鄭箋載戴也釋名云載戴也抂其上也

瘱幽也註幽亦薶也正義釋詁已云瘱幽微也此重言之說文云瘱幽薶也

氂罽也註毛氂所以爲罽正義廣雅云毦罽也釋文引李巡本氂作毳先鄭司服註毳罽衣也後鄭註巾車云樊與纓皆以五色罽飾之註毛氂至爲罽○正義詩疏引郭璞云氂音貍舍人云氂毛罽也邊人續羊毛而作書疏引孫炎云毛氂爲罽七月鄭箋云褐毛衣也太平御覽引韋耀光問云賤者之所服也今罽亦用爲之詩孔疏云罽者織毛爲之若今之毛氍毹以衣馬之帶鞅也

烘燎也註謂燒燎煁烓也註今之三隅竈見詩正義說文云烘尞也煁烓也烓行竈也燎當從說文作尞詩疏引舍人云烘以火燎也煁烓竈也孔疏云烓者無釜之竈其上然火謂之烘本爲此竈上亦然火照物若今之火爐也註見詩○正義小雅白華云卬烘于煁

陪朝也註陪位爲朝正義說文云陪重土也通作陛玉篇云陛天子階也賈誼書云陛九

級者堂高大幾六尺矣陛者朝之列位也

康苛也【註】謂苛刻【正義】說文云苛小艸也釋器云康謂之蠱康苛皆細小之物故假借以爲煩碎之名淮南主術訓孩躁康荒不愛民力

樊藩也【註】謂藩籬【正義】樊說文作棥引詩云營營青蠅止於棥漢書戾太子傳引作止于藩樊藩古字通【註】謂藩籬○【正義】詩疏引孫炎云樊圃之藩也莊子養生主云不蘄畜乎樊中太宗師云吾願游乎其藩

賦量也【註】賦稅所以評量【正義】周官閭師云以時徵其賦鄭註司市云量豆區斗斛之屬左氏昭三年傳云齊舊四量【註】賦稅至評量○【正義】方言云平均賦也燕之北鄙東齊北郊凡相賦歛謂之平均廣雅云賦稅也說文云量稱輕重也

粻糧也【註】今江東通言粻【正義】說文云糧穀也粻別體字大雅崧高云以峙其粻

庶侈也【註】庶者衆多爲奢侈庶幸也【註】庶幾僥倖【正義】小雅楚茨云爲豆孔庶鄭箋庶脵也釋文云脵又作侈詩疏引舍人云庶衆也侈多也孫炎云庶豐多也按釋詁已云庶衆也庶又訓侈廣衆字之義也上文云庶幾尚也庶又訓幸廣尚字之義也詩疏引易說云庶幸也與爾雅同小爾雅云非分而得謂之幸左氏襄十九年傳云小國幸於大國

筑拾也【註】謂拾掇【正義】說文云拾掇也掇拾取也金縢云凡大木所偃則起而筑之疏引鄭註云禾爲木所偃者起其木拾其下禾乃無所亡失也今本尚書筑作築

奘駔也【註】今江東呼大爲駔駔猶麤也【正義】說文云奘駔大也左氏昭二十二年傳云陳大夫麴壯而頑【註】今江至麤也○【正義】方言云秦晉之間凡人之大謂之奘或謂之壯

玉篇云䮕猶驫也與郭註同釋文引孫炎樊光本作將且也小雅谷風云將恐將懼鄭箋將且也

集會也【正義】釋詁云會合也說文云集羣鳥在林木之上左氏襄二十六年傳云幸而集晉國賴之

舫泭也【註】水中簰筏【正義】上文已云舫舟也舫又爲泭廣異名也說文云泭編木以渡也邶風谷風云方之舟之齊語云方舟設泭楚詞九章云乘氾泭以下流【註】水中簰筏。【正義】詩釋文引孫炎云方木置水中爲泭筏也又引郭璞云木曰簰竹曰筏小筏曰泭簰音皮佳反泭筏同音伐樊光爾雅本作柎方言云泭謂之簰簰謂之筏筏秦晉通語也韋昭國語註云方併也編木曰泭小泭曰桴舫方泭桴音義同釋文又引樊光本舫作坊泭作坿

洵均也【註】謂調均**洵龕也**【註】未詳【正義】上文云傭均也洵又爲均也鄭註地官均人云旬均也易坤爲均今書亦有作旬者詩疏引李巡云洵徧之均也某氏引詩云其下侯旬洵旬

音義同釋詁云洵信也洵又爲龕也逸周書
祭公解云周克龕紹成康之業言能信繼也

逮遝也註今荆楚人皆云遝正義說文云遝迨也玉篇云迨遝行相及也方言云關之東西曰遝或曰及與下文逮及也義同

是則也註是事可法則正義說文引爾雅作徥則也徥行皃今本作是釋名云是嗜也人嗜樂之也釋詁云則法也

畫形也註畫者爲形像正義說文云形象形也考工記云畫繢之事釋名云畫挂也以五色挂物上也

賑富也註謂隱賑富有正義說文云富備也一曰厚也西京賦云鄉邑殷賑薛綜註殷賑謂富饒也魏都賦云同賑大內李善註引爾雅說文繫傳云賑振也振起之也

局分也【註】謂分部也【正義】曲禮云左右有局鄭註局部分也左氏成十六年傳云離局姦也

懠怒也【註】詩曰天之方懠【正義】說文云怒恚也詩疏引舍人云懠怒聲【註】詩曰至方懠。【正義】大雅板文毛傳用爾雅釋文云懠疾怒也

偯聲也【註】謂聲音【正義】玉篇云偯小聲也廣韻云偯動艸聲又鷩鳥之聲通作屑漢書武帝紀云屑然如有聞

葵揆也【註】詩曰天子揆之揆度也【註】商度【正義】上文云茹虞度也揆又爲度也葵揆以聲爲義說文云揆葵也衆經音義引孫炎云揆商度也大雅板云則莫我敢葵禹貢云三百里揆文教大戴禮記文王官人篇推其往言以揆其來行【註】詩曰至揆之。【正義】小雅采菽文今本作葵之

逮及也【正義】說文逮及也又云隶及也又云隸及也詩曰隸天之未陰雨逮隶隸音義同

惄飢也【註】惄然飢意【正義】釋詁云惄思也惄又訓飢義相成也說文云惄飢餓也詩曰惄如朝飢詩疏引李巡云惄不飽之飢也【註】惄然飢意。【正義】汝墳毛傳云惄飢意也郭註本毛傳

眕重也【註】謂厚重見左傳【正義】眕通作疹詩釋文引韓詩胡寧疹我以旱云重也重直容切【註】見左傳。【正義】隱三年傳云憾而能眕者鮮矣杜註憾則思慮不能自安自重說文云眕目有所恨而止也

獵虐也【註】淩獵暴虐【正義】古者以殺爲虐書呂刑惟作五虐之刑墨子尚同篇引作惟作五殺之刑左氏宣十五年傳云虐我伯姬獵訓爲虐與釋詁獮殺也義同

土田也【註】別二名【正義】說文云土地之吐生萬物者也田陳也樹穀曰田釋名云土吐也能

吐生萬物也巳耕者曰田田塡也五稼塡滿其中也
大雅崧高云徹申伯土疆言通治其田之疆界也

戍遏也【註】戍守所以止寇賊【正義】說文云戍守邊也从人持戈釋詁云遏止也王風揚之水云不與我戍申毛傳戍守也

師人也【註】謂人衆【正義】釋詁云師衆也師又爲人也鄭志答趙商云師者衆之通名故人多云焉

硈鞏也【註】硈然堅固【正義】說文云硈堅石也确磬石也徐鉉云今俗作確非是易文言云確乎其不可拔說文作隺云高至也案硈确義同隸通轉作確鞏者高而固也釋詁云鞏固也詳見釋詁

棄忘也【正義】說文云忘不識也棄捐也周南汝墳云不我遐棄秦風晨風云忘我實多

囂閑也【註】囂然閑暇貌【正義】孟子云人知之亦囂囂人不知亦囂囂趙岐註囂囂然自

得之志無欲之貌也

謀心也【注】謀慮以心【正義】說文云人心土藏在身之中貫也洪範云謀及乃心管子心術篇心也者智之舍也釋名云心纖也所識纖微無物不

獻聖也【注】謚法曰聰明睿智曰獻【正義】益稷云萬邦黎獻說文云聖通也白虎通義引禮別名記云萬傑曰聖【注】謚法至曰獻○【正義】逸周書謚法解文睿智本或作叡哲謚法解又云知質有聖曰獻揚善賦簡曰聖敬賓厚禮曰聖

里邑也【注】謂邑居【正義】大戴禮記王言篇三百步爲里千步爲井說文云里居也釋名云五鄰爲里居方一里之中也四井爲邑邑猶俋也邑人聚會之稱也左傳疏引李巡云里居之邑也大雅韓奕云于蹶之里孔疏周禮五鄰爲里以五鄰必同居故以里爲名

襄除也【註】詩曰不可襄也【正義】釋詁云襄因也又爲除也說文云漢令解衣耕謂之襄耕芸所以除草也小雅出車云玁狁于襄毛傳用爾雅【註】詩曰至襄也○【正義】鄘風墻有茨文

振古也【註】詩曰振古如茲猶云久若此【正義】振爲發語詞詩與古字連文其義亦相近也【註】詩曰至如茲○【正義】周頌載芟文鄭箋振亦古也、

懟怨也【正義】說文云怨恚也大雅蕩云彊禦多懟穀梁莊三十二年傳云力盡則懟范註懟恚恨也

縭介也【註】縭者繫也介猶閡也【正義】說文云縭以絲介履也豳風東山云親結其縭釋器云縭緌也又重見釋水篇釋文引李孫顧舍人本並云縭纚也介別也

號謼也【註】今江東皆言謼【正義】說文云號呼也謕號也謼呼謼也衆經音義引爾雅云號呼也大呼也釋名云以其善惡呼名之也魏風碩鼠云誰之永號春官雞人夜嘑旦謼呼嘑音義同

凶咎也正義說文云凶惡也咎災也釋名云凶空也就空亡也王風兔爰云逢此百凶左氏宣十二年傳云必有大咎

苞稹也註今人呼物叢緻者爲稹正義釋詁云苞豐也苞又爲稹稹增成其義也禹貢云草木漸苞釋文引馬融云相包裹也考工記云稹理而堅註今人至爲稹○正義詩疏引孫炎云物叢生曰苞齊人名曰稹郭註本孫炎唐風鴇羽鄭箋稹者根相迫迮梱致也

逜寤也註相干寤正義逜說文作啎寤也本又作遻莊子達生篇遻物而不慴釋文引爾雅云遻忤也郭璞云相干寤是陸氏所見爾雅本有作遻忤者矣然惟於莊子釋文引之而爾雅釋文轉闕而不載祇云孫本逜作迕案哀公問云迕其衆以伐有道釋文引王肅云違也荀子富國篇云午其軍楊倞註午讀爲迕釋名云寤忤也能與物相接忤也

題題也【註】題額也詩曰麟之定【正義】釋文云題本又作定定毛傳定題也說文云題額也徐鉉云今俗作額【註】詩曰麟之定○【正義】周南麟趾文

猷肯可也【註】詩曰猷來無棄肯今通言【正義】上文云猷若也猷又爲可也說文云可肎也肯可以聲轉爲義唐風杕杜云噬肯適我【註】詩曰至無棄○【正義】魏風陟岵文

務侮也【註】詩曰外禦其務貽遺也【註】相歸遺【正義】務侮聲爲義小雅常棣云外禦其務左氏僖二十四年傳引詩作外禦其侮周語引此詩亦作侮貽者周頌思文云貽我來牟

貿賈也【註】廣二名賄財也【正義】衛風氓云抱布貿絲又曰以我賄遷此釋之也上文已云貿市也貿又爲買義相成也地官司市云以量度成賈而徵價鄭註價買也說文云財人所寶也廣

雅云財貨也鄭註周禮云金玉曰貨布帛曰賄

甲狎也【註】謂習狎【正義】衛風芄蘭云能不我甲釋文云韓詩作狎書多方云甲于內亂釋文引鄭王皆以甲爲狎音義相兼也

菼鵻也菼䕆也【註】詩曰毳衣如菼菼草色如鵻在青白之間【正義】王風大車云毳衣如菼此釋之也說文云萑之初生一名䕆一名鵻鄭箋云菼䕆也毳衣之屬衣繢而裳繡皆有五色其青者如鵻說文繫傳云此帛色名染之如生菼色如今人所染麥綠也蓋菼亦名爲鵻非獨其色也案詩疏引爾雅及郭註鵻字俱从鳥陸氏釋文鵻字从馬今從詩疏詳見釋艸

粲餐也【註】今河北人呼食爲粲 渝變也【註】謂變易 宜肴也【註】詩曰與子宜之 夷悅也【註】詩曰我心則夷【正義】鄭風

緇衣云還子授子之粲兮羔裘云舍命不渝女曰雞鳴云與子宜之風雨云云胡不夷此釋之也毛傳俱用爾雅釋文引舍人本渝作揄詩疏引李巡云宜飲酒之肴也【註】今河至爲粲○【正義】粲餐音相近語有輕重耳釋名云餐乾也乾入口也釋文本作飱引字林云水澆飯也釋名云飱散也投水於中解散也○

詩曰至則夷○【正義】召南草蟲文

顛頂也【註】頭上耋老也【註】八十爲耋輶輕也【註】詩曰德輶如毛俴淺也【註】詩曰小戎俴收【正義】秦風車鄰云有馬白顛又云逝者其耋駟鐵云輶車鸞鑣小戎云小戎俴收此釋之也毛傳俱用爾雅俴本或作踐鄭風東門之墠云有踐家室毛傳踐淺也疏以爲釋言文【註】頭上○【正義】方言云顛頂上也齊語云班序顛毛墨子修身篇華髮隳顛○八十爲耋○【正義】郭註本毛傳案禮記古本云八十曰耋九十曰耄七年曰悼悼與耄有罪不

加刑焉今本脱曰耋二字毛傳説文俱用禮記古本鄭氏易註云年踰七十王肅云八十曰耋皆是也馬融易註云七十曰耋何休公羊註云六十稱耋皆異文詩疏引孫炎云耋老人面如鐵色也○詩曰至如毛○**正義**大雅蒸民文文選註引曹大家云輶德德輕而易行説文以輶爲輕車也

絢絞也**註**糾絞繩索訛化也**註**詩曰四國是訛跋躐也**註**詩曰狼跋其胡疐跆也**註**詩曰載疐其尾**正義**豳風七月云宵爾索綯破斧云四國是吪狼跋云狼跋其胡載疐其尾此釋之也毛傳俱用爾雅方言云車紂自關而東周洛韓鄭汝潁而東謂之緻或謂之曲綯郭氏彼註云綯亦繩名詩疏引李巡云綯繩之絞也堯典云平秩南訛方言云譌化也訛譌吪音義同説文云跋蹎跋也蹎跆也詩曰載蹎其尾疐當作蹎詩疏引李巡云跋前行曰躐跆郤頓曰疐學記云不躐等也孔疏躐謂踰越中庸云言前定則不跆鄭註跆蹟也

烝塵也【註】人衆所以生塵埃戎相也【註】相佐助飫私也【註】宴飲之私孺屬也【註】謂親屬【正義】小雅常棣云烝也無戎又云飲酒之飫又云和樂且孺此釋之也毛傳烝塡也豳風東山云烝在桑野毛傳烝寘也鄭箋古聲塡寘塵同是烝訓爲塵聲義相兼也戎飫孺之訓毛傳俱用爾雅詩疏引孫炎云飫非公朝私飲酒也李巡云孺骨肉相親屬也【註】人衆至塵埃○【正義】詩疏引孫炎云蒸物久之塵郭註本孫炎按孫炎昧於古音後世望文生義寔昉於孫炎古者聲同聲近者其義卽存乎聲無俟彊爲傅合也○宴飲之私○【正義】說文云飫燕食也案周語云王公立飫則有房烝親戚宴饗則有殽丞又曰飫以顯物宴以食好是飫禮與燕禮異周語又云王公之有飫禮將以講事成禮建大德昭大物毛傳云不脫屨升堂謂之飫鄭箋云飫者圖非常之事若議大疑於堂則有飫禮焉聽朝爲公則

幕暮也【註】幕然暮夜【正義】幕訓爲暮以聲近爲義也左氏昭十三年傳云以幕蒙之方言云幕覆也說文云莫日且冥也从日在茻中暮當從說文作莫

煽熾也熾盛也【註】互相訓煽義見詩【正義】煽說文作傓熾盛也煽訓爲熾熾又訓盛義相成也註見詩。【正義】小雅十月之交云艷妻煽方處漢書谷永傳引魯詩云閻妻扇方處列子黃帝篇扇赫百里是傓爲本字扇爲省字煽或體字也魯頌閟宮云俾爾昌而熾

柢本也【註】謂根本【正義】說文云柢木根也木下曰本士虞禮云載猶進柢鄭註柢本也或作邸春官典瑞云四圭有邸鄭註引爾雅云邸本也本又作氐小雅節南山云維周之氐毛傳氐本也

窕閒也【註】窈窕閒隙【正義】周南關雎云窈窕淑女毛傳窈窕幽閒郭氏註方言云窕言閑都也釋文引舍人本作跳云跳者躍之間釋名云跳條也如草木枝條務上行也

淪率也【註】相率使用【正義】小雅雨無正云淪胥以鋪毛傳用爾雅漢書敘傳註晉灼曰齊魯韓詩作薰薰帥也淪薰聲相近帥即率字

罹毒也【註】憂思慘毒【正義】釋詁云罹憂也罹又爲毒毒也王風兎爰云逢此百罹鄭箋

檢同也【註】模範同等【正義】小雅巧言云譖始既涵鄭箋涵同也史記司馬相如傳云上咸五徐廣云咸一作函是鄭君所見爾雅本作涵郭本作檢聲之轉也【註】模範同等○【正義】文選註引倉頡篇云檢法度也釋名云檢禁也禁閉諸物使不得開露也

郵過也【註】道路所經過【正義】上文云逸諐過也郵亦爲過過失也小雅賓之初筵云不知其郵王制云郵罰麗于事晉語云言無郵又云郵而效之郵又甚焉註皆云過也通作尤包咸論語註云尤過也【註】道路所經過○【正義】郊特牲云郵表畷鄭註引詩云爲下國畷郵孔疏云若郵亭屋宇處所孟

子速於置郵而傳命郭氏以郵
爲郵亭過爲經過於義亦通

遜遯也註謂逃去也正義說文云遜遁也遁遷也一曰逃
箋孫當讀如公孫于齊之孫孫之言孫遁也公羊莊
元年傳云孫猶孫也內諱奔謂之孫鄭氏易註云遯
者逃去之名詩疏引孫炎云遁逃去也遁與遯通本
亦作遂漢書匈奴傳云遂逃竄伏敘傳述贊云攜手
遂泰

斃踣也註前覆**僨僵也**註卻偃正義踣本或作仆說文云仆頓也左氏隱元年
傳云必自斃疏引釋言云斃踣也孫炎云前覆曰踣
定八年傳云與一人俱斃疏引釋言云斃仆也孫炎
云前覆曰仆踣仆字同前覆者不能起故兼覆亡之
義宣十五年傳云有以國斃襄十一年傳云踣其國
家僨者隱三年傳云鄭伯之車僨於濟疏引舍人云
背踣意也案說文云偃僵也吳越春秋云迎風則偃

背風則仆孔疏云仆是前覆偃是卻倒是偃爲仰偃也釋名云仆踣也頓踣而前也僵正直畺然也

昣殄也【註】謂殄絶也【正義】上文已云昣致也釋詁云殄盡也昣又訓殄以聲轉爲義皆假借字也下文障昣也爲昣字本義

曷盍也【註】盍何不【正義】曷盍聲近義同廣雅云曷盍何也

虹潰也【註】謂潰敗【正義】大雅抑云實虹小子召旻云蟊賊內訌毛傳俱云潰也疏俱以爲釋言文釋文云顧本作訌李本作降說文云訌讀也讀中止也司馬法云師多則人讀繫傳引爾雅注云潰散也

陪闇也【註】陪然冥貌【正義】玉篇云陪與晻同荀子不苟篇是姦人將以盜名於晻世者也

錢詹事曰陪當爲陰論語高宗諒陰鄭註訓陰爲闇蓋據此文古書陰與音通春秋傳鹿死不擇音是也

翻膠也註膠黏翻正義釋詁云膠固也說文引春秋傳云不義不䵒䵒或作翻言不義者不能堅固故左傳下文云厚將崩今本作不暱杜註訓暱爲親則與厚將崩之文詞不相屬矣翻通作昵故又作昵考工記弓人相膠之法云凡昵之屬不能方杜子春云昵或爲翻翻粘也方言云翻粘也齊魯青徐自關而東或曰翻

孔甚也厥其也正義禹貢云六府孔修史記作六府甚修堯典云厥民析史記作其民析

戛禮也註謂常禮正義釋詁云戛常也常又訓禮者天官鄭註禮經常所秉禮法常所守也

闍臺也註城門臺正義釋宮云闍謂之臺詳見下

囚拘也註謂拘執正義說文云囚繫也从人在口中左氏僖二十八年傳云乃拘宛春於衛史記晉世家作乃囚宛春於衛

攸所也【正義】禹貢陽鳥攸居史記作陽鳥所居大雅韓奕云爲韓姞相攸

展適也【注】得自申展皆適意【正義】左氏莊二十七年傳云天子非展義不巡守又檀弓云展墓而入猶曲禮言適墓也

鬱氣也【注】鬱然氣出【正義】詩釋文引韓詩云鬱隆炯炯衆經音義引李巡云鬱盛氣也

宅居也【正義】說文云宅所託也釋名云宅擇也擇吉處而營之堯典云宅嵎夷史記作居郁夷

休慶也【正義】說文云慶行賀人也士冠禮云承天之休

祈叫也【注】祈祭者叫呼而請事【正義】釋詁云祈告也祈也大雅雲漢云祈年孔夙衆經音義引孫炎云祈爲民求福叫告之詞也又爲叫也說文云叫嘑

濬幽深也【注】濬亦深也【正義】說文云容深通川也古文作濬書疏引舍人云濬下之深

也鄭氏易恒初六云濬恒象曰始求深也商頌長發云濬哲維商廣雅云濬智也釋詁云幽微也幽文爲深也小雅伐木云出自幽谷

哲智也【正義】方言云哲知也齊宋之間謂之哲書疏引舍人云哲大智也大雅瞻卬云哲夫成城鄭箋哲多謀慮也

弄玩也【正義】玉篇云玩戲也小雅斯干云載弄之璋左氏襄四年傳云愚弄其民

尹正也【註】謂官正也**皇匡正也**【註】詩曰四國是皇【正義】說文正是也是直也小雅都人士云謂之尹吉毛傳用爾雅左氏定四年傳云周公相王室以尹天下皇者漸漸之石云不皇朝矣鄭箋用爾雅皇匡聲相近襄十四年傳云過則匡之周官大司馬之屬有匡人鄭註主正諸侯【註】謂官正也○【正義】皐陶謨云庶尹允諧鄭註用爾雅○詩云至是皇○【正義】豳風破斧文詩

考引董氏云齊詩作匡賈公彥引以爲据是皇讀如匡也

服整也【註】服御之令齊整【正義】說文云服用也整齊也魏風葛屨云好人服之鄭箋尚可使整治之

聘問也【註】見穀梁傳【正義】小雅采薇云靡使歸聘荀子大略篇聘問也【註】見穀梁傳○【正義】隱九年天王使南季來聘傳云聘問也周官大宗伯云時聘曰問曲禮云諸侯使大夫問於諸侯曰聘

愧慙也【正義】說文云媿慙也或作愧小爾雅云不直失節謂之慙莊子釋文引爾雅作怍慙也

殛誅也【註】書曰鯀則殛死【正義】說文云殛殊也殊死也漢令云蠻夷長有罪當殊之

匡繆正俗引應劭釋云殊之者死也漢書高帝紀云赦天下殊死巳下如淳曰死罪之明白也左傳曰斬其木而弗殊韋昭云殊死斬刑顏師古曰殊絕也異也言其身首離絕而異處也今本作誅也按說文誅

責也與殛異義當作殊也【註】書曰至殛死○【正義】洪範文

克能也【正義】釋詁云克勝也克又爲能也堯典云克明俊德史記作能明馴德豳風伐柯云匪斧不克穀梁隱元年傳云克者何能也

翌明也【註】書曰翌日乃瘳【正義】說文云翊翌也轉相訓也明古音近芒翊明古通用【註】書曰至乃瘳○【正義】金縢文今本翌作翼漢書載三統歷引周書武成篇若翌日癸巳

訩訟也【註】言訩譊訟爭也【正義】訩說文作詾或省作訩說也

晦冥也【正義】冥窈也已見上文晦又爲冥也穀梁莊十五年傳云晦冥也易隨象傳云君子以嚮晦入宴息

奔走也逡退也【註】逡巡卻去也外傳曰已復於事而逡

疐仆也【註】頓躓倒仆【正義】奔逡疐皆言行止之容也說文云走趨也春秋言出奔者皆出走也逡文選註引爾雅作踆逡踆古通用禮記註引詩云逡奔走在廟鄉射禮云賓少退鄭註少逡遁也山陽太守祝穆後碑云鄉黨逡逡朝廷便便蓋漢世論語異文逡逡言退讓也疐跲也斃仆也已見上文【註】逡巡至而逡○【正義】郭引外傳今齊語作有司已於事而竣韋註竣退伏也說文引國語亦作有司已事而竣逡竣音義同文選註引郭璞爾雅註云逡逡巡却去也監本闕今据補

亞次也【正義】亞說文引賈侍中說以爲次弟也特牲饋食禮云亞獻尸左氏文六年傳云爲亞卿焉

諗念也【註】相思念【正義】釋詁云念思也小雅四牡云將母來諗魯語云使吾無忘諗

屆極也【註】有所限極【正義】釋詁已云極艐至也屆郎艐之異文小雅小弁云不知所屆

弇同也【註】詩曰奄有龜蒙弇蓋也【註】謂覆蓋【正義】釋名云蓋加也

加物上也奄本訓蓋轉訓爲同義相成也周頌執競云奄有四方毛傳奄同也奄與弇通詩疏引孫炎云弇覆也蓋亦覆之義易象傳云剛弇也又通作掩盤庚云予不掩爾善【註】詩曰至龜蒙。【正義】魯頌閟宮文鄭箋奄覆也說文以奄爲大有餘也故又爲同也

恫痛也【註】詩曰神罔時恫【正義】說文云恫痛也一曰呻吟也盤庚云乃奉其恫匡繆正俗云郭景純音呻哃今痛而呻者江南俗謂之呻喚關中俗謂之呻恫太原俗謂恫喚此以痛而呻吟其義一也【註】詩曰至時恫。【正義】大雅思齊文

握具也【註】謂備具【正義】秦風權輿云夏屋渠渠鄭箋云屋具也孔疏以爲釋言文今本作握釋文云李本作幄云相位處之具也釋名云幄屋也以帛衣板施之形如屋也

振訊也【註】振者奮迅【正義】文選註引韓詩云振奮也廣雅云奮振也奮訊也左氏昭十八

年傳云振除火災孔疏所以振訊除去火災也

鬩恨也【註】相怨恨【正義】恨左傳疏引孫炎本作狠云相墻毛傳鬩狠也周語云兄弟讒鬩韋註鬩狠也酒誥云厥心疾狠曲禮云狠毋求勝杜預左傳註以爲訟爭貌是也【註】相怨恨。【正義】左傳疏引李巡云鬩相怨恨也是李本作恨郭註從李巡

越揚也【註】謂發揚【正義】周語云汩越九原晉語云夫人美于中必播于外而越于民韋註俱云越揚也樂記云越于聲音

對遂也【註】詩曰對揚王休【正義】大雅蕩云流言以對毛傳對遂也祭統云對揚以辟之鄭註對遂也【註】詩曰至王休。【正義】大雅江漢文

燬火也【註】詩曰王室如燬燬齊人語【正義】詩疏引李巡云燬一名火孫炎

云方言有輕重故謂火爲燬也後漢書註引韓詩薛君章句云燬烈火也註詩曰至人語○正義周南汝墳云王室如燬說文引作如焜焜火也燬火也音義同方言云煤火也楚轉語也猶齊言焜火也詩釋文云齊人謂火曰燬或曰楚人名曰煤齊人曰燬吳人曰焜此方俗訛語也案燬本作烜秋官有司烜氏

懈怠也宣緩也註謂寬緩正義說文云怠慢也緩綽也釋名云懈解也骨節解緩也緩浣也斷也持之不急則動搖浣斷自放縱也懈通作解奇頌般武云稼穡匪解左氏昭元年傳云於是乎節宣其氣衆經音義引集註云懈者極也怠者嬾也

遇偶也註偶爾相值遇正義文選註引爾雅偶遇也衆經音義亦引作偶遇也春官云冬見曰遇鄭註遇偶也穀梁隱八年傳云不期而會曰遇曲禮云諸侯未及期相見曰遇註偶爾相值遇○正義文選註引郭璞云遇值也衆經音義引郭註偶爾相值者矣與今本微異

曩鄉也註國語曰曩而言戲也正義釋詁云曩久也說文云鄉不久也郭氏云以曩爲鄉義有反覆旁通蓋曩本訓久反覆旁通又爲不久也左氏襄二十四年傳云曩者志入而已檀弓云曩者爾心或開予士相見禮云鄉者吾子辱使某見皆言不久也註國語至戲也。正義晉語里克之辭今本國語作曩而言戲乎韋昭註曩向也

偟暇也註詩曰不遑啓處正義偟本作皇表記引詩云皇恤我後左氏昭十七年傳云社稷之不皇遑作遑別體作偟註詩曰至啓處。正義小雅四牡文

宵夜也正義說文云夜舍也天下休舍也書疏引舍人云宵陽氣消也堯典云宵中星虛史記作夜中星虛召南小星云肅肅宵征秋官司寤氏云禁宵行者鄭註宵定昏也

懊忨也註謂愛忨愒貪也註謂貪羨正義說文忨貪也春秋傳曰忨歲而

歠曰釋名云貪探也探入他分也玉篇云㦛貪也忨貪也愛也愒貪也羡也案說文引春秋傳左氏昭元年傳文今本作翫歲而愒日忨翫愒歠音義同

楮柱也【註】相搘拄【正義】楮通作支周語引周詩云天之所支不可壞也其所壞亦不可支也韋註支柱也說文云楮柱砥古用木今以石廣韻引爾雅楮柱也俱從木俗本俱從手今改正

裁節也【正義】釋名云節有限節也論語云不知所以裁之通作財泰象傳云后以財成天地之道鄭註財節也釋文財荀作裁

竝併也【註】詩曰竝坐鼓瑟【正義】鄭註儀禮云今文竝皆爲併禮運云竝于鬼神鄭註竝併也【註】詩曰至鼓瑟○【正義】秦風車鄰文

卒既也【註】既已【正義】卒已也終也已見釋詁卒又爲既廣其義也穀梁桓三年傳云既者盡也

聘禮云旣圖事鄭註旣已也

慒慮也【註】謂謀慮也【正義】說文云慒慮也玉篇云慒謀也慮也釋文云字書作悰

將資也【註】謂資裝【正義】上文云將送也將又爲資也召南鵲巢云百兩將之聘禮云問幾月之資鄭註資行用也說文云資貨也

黹紩也【註】今人呼縫紩衣爲黹【正義】說文云黹箴縷所紩衣紩縫也益稷云絺繡疏引鄭註云絺讀爲黹紩也尚書詳解引鄭註云畫與紩皆有六畫以爲繪施之於衣紩以爲繡施之於裳又鄭註春官司服云希讀爲絺或作黹【註】今人至爲黹〇【正義】說文云縫以鍼紩衣也呼縫衣爲作箴黹至今猶然

遞迭也【註】更迭【正義】說文云遞更易也迭更迭也書疏引李巡云遞者更迭呂氏春秋蕩兵篇

遞與遞廢說卦傳云迭用柔剛

矤況也【註】譬況【正義】說文云矤況也詞也从矢取詞之所之如矢也舊疏引謝氏云志譬況小雅伐木云矤伊人矣

廩廯也【註】或說云即倉廩所未詳【正義】說文云亩穀所振入宗廟粢盛倉黃亩而取之故謂之亩亩或作廩釋名云廩矜也寶物可矜惜者投之其中也文選註引月令章句云穀藏曰倉米藏曰廩釋文引孫炎云廯藏穀鮮絜也舍人云廯少鮮也廣雅云廯倉也

逭逃也【註】亦見禮記【正義】書疏引樊光曰行相避逃謂之逭亦行不相逢也【註】亦見禮記○【正義】緇衣引太甲云自作孽不可以逭梅賾所上古文尚書取之郭氏見梅賾本故云亦見禮記

訊言也【註】相問訊【正義】說文云訊問也相問以言也曾子事父母篇弗訊不言

間俔也【註】左傳謂之諜今之細作也【正義】說文云俔間見也爲間者必有所聞見故謂間爲俔孫子云事莫密于間齊策云乃縱反間于燕【註】左傳謂之諜○【正義】襄十一年傳云育諜曰齊師遁謂以所見聞來告也周官掌戮云掌斬殺賊諜而搏之鄭註諜謂姦寇反間者說文云諜軍中反間也

沄流也【註】水流漭沆【正義】說文云沄轉流也沆莽沆大水也春秋繁露山川頌水則源泉混混沄沄楚詞九思云流水兮沄沄

干扞也【註】相扞衛【正義】干扞以聲爲義周南兔罝云公侯干城左氏成十二年傳引詩而釋之曰此公侯之所以扞城其民也文六年傳云親帥扞之杜註扞衛也釋文引孫炎云干盾自扞蔽

趾足也【註】足脚䠊刖也【註】斷足【正義】釋名云足底也趾止也言行一進一止也

說文趾作止云止下基也象艸木出有址故以止爲
足易鼎卦云鼎折足鄭註無事曰趾陳設曰足趾尚
書作刵呂刑云刵罰五百刖說文作跀云跀
跀也跀斷足也書疏引李巡云斷足曰刖

襄駕也【註】書曰懷山襄陵【正義】上文云襄除也襄又爲
駕也說文云駕馬在軛中鄭
風大叔于田云兩服上襄毛傳上駕者言爲衆
馬之最良者也【註】書曰至襄陵○【正義】堯典文

忝辱也【正義】說文云辱恥也釋名云辱衂也言折衂也
堯典云德忝帝位小雅小宛云無忝爾所生

燠煖也【註】今江東通言燠【正義】書疏引舍人云燠溫暖
也說文云燠熱在中也煖溫
也洪範云哲時燠若疏引鄭註燠火氣也唐風
無衣云安且燠兮穀梁桓十四年傳云時燠也

塊堛也【註】土塊也外傳曰枕凷以堛【正義】說文云凷墣
也或作塊堛凷也
墣塊也墣與堛通既夕禮云甃用塊左氏僖二十三
年傳云野人與之塊淮南說林訓以土勝水者非以

一墣塞江也又人間訓云塘漏若鼷穴一墣之所能塞也【註】土塊至以塩。【正義】儀禮疏引孫炎云塩土塊也郭註本孫炎舊疏述郭註云土凷也吳語云疇枕王以墣而去之今引作枕凷以塩於義難通葢郭註本作土凷也傳寫者改凷作塊以通俗郭註本作枕王以塩傳寫者又王誤爲凷也

將齊也【註】謂分齊也詩曰或肆或將【正義】上文云將資也將又爲齊也齊通作齊與資義同鄭註聘禮云古文資作齊天官外府云共其財用之幣齊先鄭云齊或爲資今禮家定齊作資後鄭註齊資同耳其字以齊次爲聲從貝變易古字亦多或齊行道之財用也說文云齊持遺也【註】詩曰至或將。【正義】小雅楚茨文毛傳或陳于丌或齊其肉疏引王肅云分齊其肉所當用也

餬饘也【註】糜也【正義】說文云饘糜也周謂之饘宋謂之餬內則云饘酏左氏昭七年傳云饘於是鬻於是以餬余口鍾鼎欵識載叔夜鼎銘云用饘用羹孔疏云今人以薄粥塗物謂之餬紙餬帛則餬

者以鬻食口之名

啓跪也【註】小跽【正義】左傳疏引李巡云啓小跪也小雅四牡云不遑啓處說文云跪拜也跽長跪也釋名云跪危也兩膝據地體危陧也起啓也啓一舉體也案劉熙所謂啓一舉體即郭云小跽也

矈密也【註】謂緻密【正義】說文云矈目旁薄緻宀宀也緻密也廣韻云矈密緻皃

開闢也【註】書曰闢四門【正義】說文云闢開也開張也費誓云東郊不開石經初刻作不闢【註】書曰闢四門。【正義】說文引虞書曰閍四門从門从𠬞音義同

袍襺也【註】左傳曰重襺衣裘【正義】說文云以絮曰襺以縕曰袍釋名云袍丈夫著下至跗者也袍苞也苞內衣也秦風無衣云與子同袍毛傳用爾雅襺省作繭玉藻云纊爲繭縕爲袍鄭註衣著之異名也纊謂之新綿也縕謂今纊及舊絮也雜記云子羔之襲也繭衣裳釋名云繭幕也貧者著

衣可以幕絡絮也詩疏襺是袍之別名謂新緜著袍者也【註】左傳至衣裳。【正義】襄二十一年傳文

障畛也【註】謂壅障【正義】說文云障隔也畛井田間陌也云十夫有溝溝上有畛是障者所以隔水也莊子齊物論爲是而有畛也釋文謂封域畛陌也

靦姡也【註】面姡然【正義】說文云靦面見也詩曰有靦面目姡面醜也繫傳云凡人所覜瞻心實見之故有別識無耻之人面見之而已心實否也國語范蠡曰雖靦然人面實禽獸也釋文引舍人云靦擅也一曰面貌也謂自專擅之貌孫炎李巡云靦人面姡然也方言云秦晉之間曰獪或曰姡郭氏彼註云言黠姡也今建平郡人呼狡爲姡方言又云姡娗也或謂之猾案說文引詩小雅何人斯文詩疏引說文靦面見人姡面靦也與今本字句微異繫傳所引國語今吳語作余雖靦然而人面哉吾猶禽獸也韋註靦面目之皃也

鬻糜也【註】淖糜【正義】說文云鬻鍵也糜糝也釋名云粥濯於糜粥粥然也糜煮米使糜爛也左傳釋文引孫炎云鬻淖糜也月令云行糜粥飲食呂氏春秋高誘註今八月比戶賜高年鳩杖粉粢

舒緩也【註】謂遲緩【正義】釋詁云舒敘也此篇上文云宣緩也舒又爲緩廣其義也洪範云舒時燠若史記集解引鄭註云舒舉遲也大雅江漢云匪安匪舒穀梁桓十四年傳云聽遠音者聞其疾而不聞其舒舒本作紓小雅采菽云彼交匪紓毛傳紓緩也說文云紓緩也左氏成二年傳云以紓其難

翿纛也【註】今之羽葆幢纛翳也【註】舞者所持以自蔽翳【正義】說文云翳翳也所以舞也詩曰左執翳繫傳云詩又曰無冬無夏值其鷺翳今俗作翿說文又云翳華蓋也案王風君子陽陽毛傳云翿翳也翳也釋文云翳徒報反沈徒老反俗作纛陳風宛邱釋文云翿作纛音義同爾雅釋文云纛字又作翳徒報反是字本作翳翳別體作翿俗作纛爾雅原文當作翿翳也翳

翳也今本從俗作纛轉据俗本爾雅以改毛傳幸釋文彼此互見可以正之宋本翿作翢【註】今之羽葆幢○【正義】方言云翿幢翳也楚曰翿關西關東皆曰幢釋名云翿陶也其貌陶陶下垂也幢童也其貌童童也鄭司農註鄉師云翿羽葆幢也漢書高紀云黃屋左纛李斐云纛羽毛幢也在乘輿衡左方上注之蔡邕云以犛牛尾爲之如斗或拄騑頭或拄衡應劭云雉尾爲之拄左騑當鑣上顏師古云應說非也○舞者至蔽翳○【正義】君子陽陽鄭箋翳舞者所持謂羽舞也疏引李巡云翿舞者所持纛也孫炎云纛舞者所持羽也是郭註所本也今本註關持字据詩疏所引郭註補正

隍壑也【註】城池空者爲壑【正義】壑隍虛也已見釋詁此又申言其義也大雅韓奕疏引舍人云隍城池也壑溝也李巡云隍城池壑也

芼搴也【註】謂拔取菜【正義】廣雅云芼搴取也搴拔也周南關雎云左右芼之疏引孫炎云

旨擇菜也某氏云搴猶拔也搴說文作攓云拔取也南楚語楚詞曰朝搴批之木蘭又通作㩍列子天瑞篇㩍蓬而指淮南兵畧訓㩍巨旗註云㩍卷取也

典經也【正義】釋詁云典常也典又爲經申其義也左氏昭十五年傳云言以考典典以志經

威則也【註】威儀可法則也【正義】上文云是則也威又爲則周頌有客云既有淫威毛傳用爾雅鄭箋旣有大則謂用殷正朔行其禮樂如天子也釋名云威畏也可畏懼也左氏襄三十一年傳云令尹無威儀民無則焉

苛妎也【註】煩苛者多嫉妎【正義】妎與齘通方言云齘苛怒也小怒曰齘陳謂之苛又鄭註內則云苛疥也是妎本或作疥鄭君所見爾雅本與郭異釋名云疥齘也癢搔之齒類齘也

芾小也【註】芾者小貌【正義】易釋文引子夏易豐其芾傳云小也召南云蔽芾甘棠毛傳蔽

芾小貌芾又通作茀大雅卷阿
云茀祿爾康矣毛傳茀小也

迷惑也【正義】說文云惑亂也曲禮疏引何允
云迷於事爲惑易坤卦云先迷後得

狃復也【註】狃忕復爲【正義】釋文引李巡云狃能屈申曰
復鄭風太叔于田云將叔無狃毛
傳狃習也左氏僖十五年傳云一夫不可狃況國乎
晉語得國而狃【註】狃忕復爲○【正義】小爾雅云狃忕
也詩疏引孫炎云狃忕前事復爲也郭註本孫炎後
漢書註云狃忕猶慣習也謂慣習前事而復爲之

逼迫也【正義】小爾雅云逼近也說文云迫近也逼
與偪通左氏隱十一年傳云實偪處此

般還也【註】左傳曰般馬之聲班賦也【註】謂布與反也【正義】還
量也已見上此又廣其義也般還班古字通用鄭氏
易乘馬般如今本作班如舜典班瑞于羣后史記引
作還瑞廣雅云班賦布也班通作肦王制云名山大
澤不以肦鄭註肦讀爲班又通作頒祭義云頒禽鄭

註頒之言分也【註】左傳至之聲○【正義】襄十八年傳文今本般作班桓六年傳云使曾爲其班○謂布與○【正義】書疏引孫炎云謂賦與也衆經音義引李巡云班徧賦與也小爾雅云頒賦布也

濟渡也濟成也濟益也【註】所以廣異訓各隨事爲義【正義】方言云過渡謂之涉濟郭氏彼註云猶今云濟渡盤庚云若乘舟汝弗濟檀弓云濟於河鄭註濟渡也樂記云事蚤濟也祭統云義者所以濟志也鄭註濟成也左氏桓十三年傳云必濟師言增益也濟本訓爲渡轉訓爲成又訓爲益義相成也

緍綸也【註】詩曰維絲伊緍緍繩也江東謂之綸【正義】說文云緍釣魚繁也小雅采綠云言綸之繩鄭箋綸釣繳也孔疏綸是繩名釣繳者謂繫繩於釣竿也【註】詩曰至之綸○【正義】維絲伊緍召南何彼穠矣文疏引孫炎云皆繩名也郭註本孫炎今江南統謂之釣綸郭引方

俗語所以別於綸綬也

辟歷也【註】未詳【正義】釋詁云辟律法也律與歷聲相近漢書律歷志云以律起歷又云律法也莫不取法焉辟歷以聲爲義也

漦盪也【註】漉漉出涎沫【正義】說文云漦順流也漉浚也盪通作漉已見釋詁釋文引李巡云吐沫漦也周語云卜請其漦而藏之韋註漦龍所吐沫龍之精氣也

寬綽也【註】謂寬裕也【正義】說文云寬屋寬大也綽緩也玉篇云寬緩也詩疏引孫炎云性之裕者舜典云敬敷五教在寬衛風淇澳云寬兮綽兮毛傳寬能容衆

袞黻也【註】袞衣有黻文【正義】說文云袞天子享先王卷龍繡於下幅一龍蟠阿上鄉袞訓爲黻者上文云黼黻彰也是黻字訓爲彰廣雅云山龍彰也是袞訓爲黻亦言其彰明也大雅烝民云

亥職有闕司隸校尉魯峻碑作緄職鄭註典同云䫉讀爲亥亥通作昆昆者明也如昆蟲爲明蟲是也

華皇也【註】釋草曰葟華榮【正義】今本作皇華也釋文先云雞萼榮也讀若皇爾雅曰雞萼也或作葟案說文多取互訓以華訓葟不必其定爲爾雅原文也今從釋文本詩疏引樊光云詩云皇皇者華孫炎云皇皇猶煌煌詳見釋草

昆後也【註】謂先後方俗語【正義】左氏哀十八年傳引夏書云昆命于元龜杜註昆後也【註】謂光至俗語○【正義】衆經音義引郭註云謂兄後也方俗異言耳與今本異

彌終也【註】終竟也【正義】彌說文作镾云久長也當從之易繫辭傳云故能彌綸天下之道荀爽云彌終也淮南原道訓橫之而彌於四海高誘註彌終也釋詁基於始者君子慎始也釋言迄於終者示民有終也

爾雅正義卷第三

清餘姚邵氏本爾雅正義

第二册

清 邵晉涵撰

山東省圖書館藏清乾隆五十三年餘姚邵氏面水層軒刻本

山東人民出版社·濟南

山東省立圖書館點收

爾雅正義卷第四

文淵閣校理翰林院編修加一級教習庶吉士充國史館纂修官邵晉涵撰集

釋訓第三

【正義】釋詁云訓道也說文云訓說教也繫傳云訓者順其意以訓之也釋文引張揖雜字云訓者謂字有意義也詩疏云訓者道也道物之貌以告人也釋訓道形貌也案古者重語皆爲形容之詞有單舉其文與重語同義者如肅肅敬也丕丕大也祇言肅祇言丕亦爲敬也大也有單舉其文即與重語異義者如坎坎喜也居居惡也祇言坎言居則非喜與惡矣此篇先釋重語子子孫孫以下三十二句敷繹詩義協於古音所以具訓於蒙士也次及連語次引詩而釋之錯舉其詞多言形體兼及用物俾諷誦者擬諸形容得古人順敘之意故自爲一篇至於釋古今之異言通方俗之殊語與釋詁釋言同義

明明斤斤察也【註】皆聰明鑒察【正義】釋詁云察審也賈誼書道術篇纖微皆審謂之察反察爲眊呂刑云明明棐常逸周書王子晉解云明明赫赫周頌執競云斤斤其明皆言察也斤斤與明義同漢書律歷志云斤者明也詩疏引舍人云明明言其明甚孫炎云明明性理之察也斤斤重慎之察也後漢書註引李巡云斤斤精詳之察也釋文引舍人云斤斤物精詳之察也漢書敘傳云平津斤斤後漢書吳漢傳云斤斤謹慎俱本雅訓斤斤又通作扃扃左氏襄五年傳引逸詩云我心扃扃杜註扃扃明察也

條條秩秩智也【註】皆智思深長【正義】釋言云哲智也賈誼書云深知禍福謂之智反智爲愚釋名云智知也無所不知也春秋繁露如天之爲篇其在人者亦宜行而無留若四時之條條然也條條與秩秩義同秦風小戎云秩秩德音毛傳秩秩有知也小雅巧言云秩秩大猷毛傳秩秩進

知也條條釋文云舍人本作攸攸沈亦音條

穆穆肅肅敬也【註】皆容儀謹敬【正義】賈誼書云接遇肅名云敬警也恒自肅警也舜典云四門穆穆大雅思齊云肅肅在廟樂記云肅肅敬也說文云肅持事振敬也从聿在㞋上戰戰兢兢也

諸諸便便辯也【註】皆言辭辯給【正義】賈誼書云論物明辯謂之辯反辯為訥說文云諸辯也重言之亦為辯也小雅采菽云平平左右釋文引韓詩作便便左右毛傳平平辯治也服虔左傳註云平平辯治不絕之貌古者平便字通用書云平章百姓史記引作便章百姓平秩東作史記引作便程東作便又通作辯史記索隱引今文尚書作辯章百姓鄭註春官馮相氏云仲春辯秩東作仲夏辯秩南訛仲秋辯秩西成仲冬辯在朔易賈疏以為據書傳而言今本尚書大傳唯有辯秩西成辯在朔

易二語便辯以聲爲義【註】皆言辭辯給。【正義】鄭註士師云故書別爲辯凡經傳言諸者俱有辯別之意

肅肅翼翼恭也【註】皆恭敬【正義】釋詁云恭敬也賈誼書云接遇慎容謂之恭反恭爲媟釋名云恭拱也自拱持也肅肅敬也已見上文詩釋文引韓詩云民民翼翼文選註引韓詩云京師翼翼孔子閒居云威儀翼翼毛傳翼翼恭敬也

廱廱優優和也【註】皆和樂【正義】賈誼書云剛柔得道謂之和反和爲乖周頌雝云有來雝雝樂記云雝雝和也商頌長發云敷政優優毛傳用爾雅左氏成二年傳引詩作布政優優杜注成湯布政優和說文引作布政憂憂憂憂和之行也

兢兢繩繩戒也【註】皆戒慎【正義】賈誼書云思惡勿道謂之戒反戒爲傲小雅小旻云戰戰兢兢毛傳用爾雅周南螽斯云宜爾子孫繩繩兮毛傳繩繩戒慎也薛瓚漢書註引爾雅繩繩戒也

應劭云謹敬更正意也今本或作僶僶音義同

戰戰蹌蹌動也【註】皆恐動趨步【正義】戰戰色動也蹌蹌行動也淮南人閒訓引堯戒云戰戰慄慄小旻毛傳云戰戰恐也曲禮云士蹌蹌鄭註引聘禮曰衆介北面鏘鏘焉今本儀禮作衆介北面蹌焉禮記釋文云蹌本又作鶬或作鏘尙書大傳引逸詩云鶬鶬相從荀子又作鎗鎗

晏晏溫溫柔也【註】皆和柔【正義】後漢書註引爾雅云晏晏溫和也疑舊註有溫和也之訓故章懷引作正文矣註又引尙書考靈耀云堯文塞晏晏鄭註寬容覆載謂之晏今尙書作安安釋名云安晏也晏晏然和喜無動懼也詩云溫溫恭人小宛毛傳溫溫和柔貌抑毛傳溫溫寬柔也玉藻云燕居告溫溫

業業翹翹危也【註】皆縣危**惴惴僥僥懼也**【註】皆危懼【正義】

說文云危在高而懼也懼恐也釋名云危阢阢不固之言也大雅召旻云兢兢業業豳風鴟鴞云予室翹翹小雅小宛云惴惴小心鴟鴞又云予維音嘵嘵又商頌長發云有震且業毛傳業危也是單舉其文亦爲危也說文云惴憂懼也詩曰惴惴其慄嘵懼也詩曰唯予音之嘵嘵案說文引豳風與今本字句微異莊子齊物論小恐惴惴李頤註小心貌齊策云安平君以惴惴之郎墨是惴惴爲危懼也憢本作嘵

番番矯矯勇也【註】皆壯勇之貌　桓桓烈烈威也【註】皆嚴猛之貌　洸洸赳赳武也【註】皆惈毅之貌【正義】賈誼書云持節不恐謂之勇反勇爲怯誠動可畏謂之威反威爲圂釋名云勇踴也遇敵踴躍欲擊之也威畏也可畏懼也武舞也征伐動行如物鼓舞也故樂記曰發揚蹈厲太公之志也大雅崧高云申伯番番毛傳番番勇武貌魯頌泮水云矯矯虎臣鄭箋矯矯武貌牧誓云尚桓桓周頌桓云桓桓武王鄭箋桓桓有威武之武王商

頌長發云相土烈烈毛傳用爾雅大雅江漢云武夫洸洸毛傳洸洸武貌周南兔罝云赳赳武夫釋文引爾雅云勇也說文云赳輕勁有才力也邶風谷風云有洸有潰毛傳洸洸武也是畢舉其文亦爲武也廣雅云桓桓矯矯赳赳武也是勇威武三字之訓相通釋文引舍人云矯矯得勝之勇也洸洸本作潢潢

藹藹濟濟止也注皆賢士盛多之容止【正義】大雅文王疏引釋訓云濟濟容止也蓋連引注文卷阿疏引釋訓云藹藹濟濟止也與今本同卷阿云藹藹王多吉士毛傳藹藹猶濟濟也文王云濟濟多士毛傳濟濟多威儀也曲禮云大夫濟濟少儀云濟濟翔翔祭義云濟濟者容也遠也管子形勢解濟濟者誠莊事斷也皆言容止也

注皆賢至容止。【正義】詩疏引孫炎云濟濟多士之容止也郭注本孫炎荀子大畧篇朝廷之美濟濟鎗鎗楊倞注亦以濟濟爲多士貌

悠悠洋洋思也注皆憂思【正義】釋詁云悠思也悠悠亦爲思秦風渭陽云悠悠我思

中庸云洋洋乎如在其上鄭註人想思其傍僾之貌舊疏引邶風二子乘舟云中心養養洋養音義同

蹶蹶踖踖敏也註皆便速敏捷也正義釋名云敏閔也進敘無否滯之言也故汝顯言敏曰閔也唐風蟋蟀云良士蹶蹶毛傳蹶蹶動而敏于事小雅楚茨云執爨踖踖說文云踖長脛行也

甍甍增增衆也註皆衆夥之貌正義周南螽斯云螽斯羽甍甍兮毛傳衆多也魯頌閟宮云烝徒增增釋文云顧舍人本甍甍作雄雄註皆衆夥之貌○正義史記云楚人謂多爲夥

烝烝遂遂作也註皆物盛興作之貌正義魯頌泮水云烝烝皇皇鄭箋烝烝猶進進也祭義云陶陶遂遂鄭註相隨行之貌賈誼書容經云祭祀之容遂遂然皆言起而行也

委委佗佗美也註皆佳麗美豔之貌正義釋文云委諸儒本並作禕舍人

引詩釋云禕禕它它如山如河禕禕者心之美舍人所引鄘風君子偕老文今本作委委佗佗案委蛇韓詩作禕禕隋見衛尉衡方碑舍人以委作禕本於韓詩

註皆佳至之貌○正義詩疏引李巡云皆容之美也孫炎云委委行之美佗佗長之美郭註與李孫義同毛傳云委委者行可委曲縱迹也佗佗者德平易也詩釋文引韓詩云德之美貌與郭註義相成也

怟怟惕惕愛也註詩云心焉惕惕韓詩以爲悅人故言愛也怟怟未詳正義說文云怟愛也釋文引李巡云怟怟和適之愛也怟本或作媞漢書敘傳註孟康曰媞媞惕惕愛也註詩云至悅人○正義陳風防有鵲巢文毛傳惕惕猶忉忉也韓詩亡於宋初今於他書無考

偁偁格格舉也註皆舉持物蓁蓁孽孽戴也註皆頭戴

物【正義】說文云舉對舉也分物得增益曰戴偁偁格格者釋言云偁舉也釋詁云格陞也馬融書註云陞猶舉也重言之義亦同周禮註引詩云約之格格言縮板之舉也蓁蓁孽孽者周南桃夭云其葉蓁蓁毛傳蓁蓁至盛貌有色有德形體至盛也文選註引韓詩蓁蓁者莪薛君云蓁蓁盛也衛風碩人云庶姜孽孽毛傳孽孽盛飾是則蓁蓁孽孽皆言物飾之盛說文所謂分物得增益者亦言其饒盛也

歷歷媞媞安也【註】皆好人安詳之容祁祁遲遲徐也【註】皆安徐【正義】歷歷者說文引詩云歷歷夜飲今小雅湛露篇省作厭厭秦風小戎云厭厭良人毛傳厭厭安靜也媞媞者說文云媞諦也魏風葛屨云好人提提毛傳提提安諦也孔疏引孫炎云提提行步之安也荀子修身篇難進曰偍淮南說林訓提提者射高誘註提提安也祁祁者召南采蘩云被之祁祁毛傳祁祁舒遲也遲遲者商頌長發云昭假遲遲孔子問居云威儀遲遲皆安徐也媞偍提音義同

丕丕簡簡大也【註】皆多大【正義】丕簡大也已見釋詁重言之亦爲大也詩疏引李巡云簡簡降福之大也立政云以並受此丕丕基周頌執競云降福簡簡

存存萌萌在也【註】萌萌未見所出【正義】釋詁云在存也易繫辭傳云成性存存後漢書杜篤傳云不若近而存存也萌萌當作薗薗說文云薗存也玉篇引爾雅作薗薗省作悶悶文子上禮篇其政悶悶其民淳淳淮南引老子亦作悶悶

懋懋慔慔勉也【註】皆自勉強庸庸慅慅勞也【註】皆劬勞也【正義】釋詁云懋勉也庸勞也說文云慔勉也重言之義同荀子大畧篇庸庸勞勞廣雅云庸庸用也舊疏引小雅巷伯云勞人草草毛傳草草勞心也陳風月出云勞心慅兮草慅音義同

赫赫躍躍迅也【註】皆盛疾之貌【正義】釋詁云迅疾也商頌殷武云赫赫厥聲江

漢毛傳赫赫然盛也疏引孫炎云赫赫明著之迅小
雅巧言云躍躍毚兔釋文云赫舍人本作奭說文云
奭盛也躍樊光本作濯
引詩釋云濯濯厥靈

綽綽爰爰緩也**注**皆寬緩也悠悠偁偁丕丕簡簡存存
懋懋庸庸綽綽盡重語**正義**釋言云寬綽也衞風淇
澳云寬兮綽兮毛傳綽緩也
小雅角弓云綽綽有裕毛傳綽綽寬也王風兔爰云
有兔爰爰毛傳爰爰緩意**注**皆寬至重語○**正義**明
監本皆寬緩也四字注誤入疏脫悠悠偁偁以下十
九字案釋文有重語二字舊疏亦述郭註監本郭註
多脫誤或所見非善本也今据宋本補正二十三字
郭氏以悠偁丕簡存懋庸綽諸訓已見釋詁釋言而
古人有重言者故舉以例
其餘其未舉者可以類推

坎坎壿壿喜也**注**皆鼓舞懽喜**正義**小雅伐木云坎坎
鼓我蹲蹲舞我說文云

鼗縣也舞也樂有章詩曰鼗鼗舞我壿舞也詩曰壿壿舞我詩釋文引說文作壿士舞也案說文引詩與今本毛詩字句微異坎與鼗同音蹲作壿與爾雅同葢許氏所據爲古本也鄭箋爲我擊鼓坎坎然爲我與舞蹲蹲然謂以樂樂已是皆言喜也釋文引舍人云壿壿舞皃

瞿瞿休休儉也【注】皆良士節儉【正義】賈誼書云廣較自斂謂之儉反儉爲侈說文云儉約也唐風蟋蟀云良士瞿瞿又云良士休休毛傳瞿瞿然顧禮義也休休樂道之心疏引李巡云皆良士顧禮義之儉也

旭旭蹻蹻憍也【注】皆小人得志憍蹇之皃【正義】釋文云旭旭郭呼老反是郭氏讀旭旭爲好好小雅巷伯云驕人好好鄭箋好好喜讒言之人也釋文又云謝許玊反則旭讀如字太元從次二云方出旭旭朋從爾醜測曰方出朋從不知所之也大雅板云小子蹻蹻毛傳蹻蹻驕

貌疏引孫炎云

謂驕慢之貌

夢夢訰訰亂也【註】皆闇亂【正義】詩疏引孫炎云夢夢昏昏之亂也釋文引顧野王云

夢夢訰訰煩懣亂也小雅正月云視天夢夢釋文云

亂也韓詩云惡貌也大雅抑云視爾夢夢毛傳用爾

雅荀子哀公篇繆繆忳忳其事不可循楊倞註忳與

肫同雜亂之貌楚詞九章云中悶瞀之忳忳賈誼書

先醒篇不知治亂存亡之所由忳忳然猶醉也抑又

云誨爾諄諄中庸鄭註引作忳忳說文云諄告曉之

孰也忳肫訰

諄音義同

懆懆邈邈悶也【註】皆煩悶【正義】說文云悶懣也懣煩也玉篇云懆煩悶也釋文云本

又作懆顏師古漢書註謂痛切而叫呼也邈邈通作

藐藐大雅抑云聽我藐藐毛傳藐藐然不入也疏引

舍人云藐

藐憂悶也

僔僔洄洄惛也【注】皆迷惛也【正義】説文云惛不憭也僔惛也釋文引郭氏音義云洄洄本或作㣛家説文引爾雅云襛襛之異文襛通作佪太元疑初一云疑佪佪失貞矢註云執志不固佪佪從人故失正見之道也襛通作潰大雅召旻云潰潰回遹毛傳潰潰亂也

版版盪盪僻也【注】皆衺僻【正義】詩疏引李巡云版版失道之僻也盪盪者弗思之僻也孫炎云蕩蕩法度廢壞之僻大雅板云上帝板板毛傳板板反也鄭箋王爲政反先王與天之道蕩云蕩蕩上帝詩序天下蕩蕩無綱紀文章鄭箋蕩蕩法度廢壞之貌詩疏蕩蕩是廣平之名非善惡之稱論語云蕩蕩乎民無能名焉洪範云王道蕩蕩言其無復惡事序言蕩蕩無綱紀文章言其除去善事案孔疏分析訓義與此篇斷章釋詩之義相合此篇如愓愓愛也太元之逃云心愓愓則非愛也瞿瞿儉也擅弓云瞿瞿焉如有求而弗得玉藻云視容瞿瞿則非儉也旭旭憍也賈誼書修政語旭旭然如日之始出

則非憍也邈邈悶也離騷云神高馳之邈邈則非悶也訓有旁通義有分屬各見指歸無庸皮傅此篇多釋詩文故郭氏專據詩傳爲義

爞爞炎炎熏也【注】皆旱熱熏炙人【正義】大雅雲漢云蘊隆蟲蟲又云赫赫炎炎此釋之也毛傳蟲蟲而熱炎炎熱氣也爞爞釋文引韓詩作烔烔說文云烔光也炎火光上也炎炎通作惔惔洛誥云無若火始惔惔六韜云熒熒不救炎炎奈何

居居究究惡也【注】皆相憎惡【正義】唐風羔裘云自我人居居又云自我人究究此釋之也毛傳居居懷惡不相親比之貌究究猶居居也疏引李巡云居居不狎習之惡孫炎云窮極人之惡王逸楚詞章句究究不止貌也與孫炎之義相通

仇仇敖敖傲也【注】皆傲慢賢者【正義】敖傲也已見釋言小雅正月云執我仇仇

毛傳仇仇猶謷謷也十月之交云讒口嚻嚻釋文引韓詩作謷謷大雅抑云聽我嚻嚻毛傳嚻嚻猶謷謷也敖謷謷音義同釋文云傲舍人本作𣪠釋云仇仇無倫理之貌謷謷衆口毀人之貌李巡與舍人同王逸九思云令尹兮謷謷註云謷謷不聽話言而妄語也

佌佌瑣瑣小也註皆才器細陋正義說文云小物之微也釋文引舍人云佌佌形容小貌詩疏引舍人云瑣瑣計謀褊淺之貌小雅正月云佌佌彼有屋毛傳用爾雅說文引詩佌佌作𠈌𠈌解云小貌節南山云瑣瑣姻亞毛傳瑣瑣小貌

悄悄慘慘慍也註皆賢人愁恨正義說文云慍怒也釋文引韓詩云慍恚也悄悄者說文云悄憂也玉篇云悄心無憀也小雅出車云憂心悄悄柏舟毛傳悄悄憂貌慘慘者詩疏引李巡云慘慘憂怒之慍也案慘慘當屬懆懆之訛毛鄭詩考正云月出三章勞心慘兮案慘七感切方言云

殺也說文云毒也音義皆與詩不協蓋懆字轉寫誤爲慘耳懆千到切故與照繚紹韻說文懆不安也引詩念子懆懆今詩中正月篇憂心慘慘北山篇或慘慘劬勞抑篇我心慘慘皆懆懆之譌釋文於北山篇云字作懆懆於白華篇念子懆懆云亦作慘慘蓋二字音義未能决定也據此則李巡註亦當作懆懆

痯痯瘐瘐病也**註**皆賢人失志懷憂病也**正義**痯說文作悹憂也小雅四牡云四牡痯痯毛傳痯痯罷貌大雅抑云靡聖管管毛傳管管無所依也小雅正月云憂心愈愈毛傳愈愈憂懼也釋文瘐本作庾庾庾愈音義同

殷殷惸惸忉忉慱慱欽欽京京忡忡惙惙怲怲奕奕憂也**註**此皆作者歌事以詠心憂**正義**詩人言憂愁之狀此統釋之也殷殷者小雅正月云憂心慇慇毛傳慇慇然痛也說文云慇痛也惸惸者文選註引韓詩云惸惸荏疚疚憂也

忉忉者齊風甫田云勞心忉忉毛傳忉忉憂勞也慱慱者檜風素冠云勞心慱慱毛傳慱慱憂勞也欽欽者秦風晨風云憂心欽欽毛傳思望之心欽欽然京京者正月云憂心京京毛傳京京憂不去也忡忡惙惙者召南草蟲云憂心忡忡又云憂心惙惙毛傳忡忡猶衝衝也惙惙憂也怲怲弈弈者小雅頍弁云憂心怲怲又云憂心弈弈毛傳怲怲憂盛滿也弈弈然無所薄也後漢書註引爾雅云惙怛憂也疑惙惙下脫怛怛二字或即怲怲之異文也

畇畇田也註言墾辟也畟畟耜也註言嚴利郝郝耕也註言土解繹繹生也註言種調穟穟苗也註言茂好也縣縣麃也註言芸耨精挃挃穫也註刈禾聲栗栗衆也註積聚緻溞溞淅也註洮米聲烰烰烝也註氣

出盛【正義】雅頌屢言農事合而釋之始言與其功終言食其利無輟其時無廢其用以見稼穡之艱難也自首春均田豫具田器土膏脉發殖種以時良苗懷新成秀垂穎夏勤其芸薙秋趨其收斂場圃既築委積日增始能普粒食之利裕養民之政矣。畇畇田也。小雅信南山云畇畇原隰毛傳畇畇墾辟貌鄭註地官均人引作畇畇原隰賈疏以為均田之意夏小正云農率均田月令云命田舍東郊皆修封疆審端徑術是均田之事也。畟畟至苗也。耜說文作梠臿也鄭註月令云耜者耒之金也釋名云耜似也似齒之斷物也周頌良耜云畟畟良耜毛傳畟畟猶測測也疏引舍人云畟畟耜入地之貌說文云治稼畟畟進也耕者說文云犁也言犁治也載芟云其耕澤澤鄭箋土氣烝達而和耕之則澤澤然解散疏引舍人云釋釋猶藿藿解散之意周語云土乃脉發韋註引氾勝之書云春土冒橛陳根可拔耕者急發是土解而耕之事也郝澤釋三字音義同載芟又云驛驛其達鄭箋達出地也疏引舍人云穀皆生之貌驛繹古通用文選註引韓詩薛君章句云繹繹盛貌大雅生民云禾役穟穟毛傳穟穟苗好美也說文穟禾采之貌詩曰禾穎穟穟穎禾末也毛傳義本爾雅言苗之生長茂盛也說文作垂穎之貌亦與雅訓相成。緜緜麃也。載芟云緜緜其麃毛傳云麃耘也釋文引韓詩作民民其麃民民衆貌麃芸也麃本或作穮左氏昭元年傳云辟如農夫是穮是蔉杜註穮耘也詩釋文引說文云穮耨鉏田也字林云耕禾間也爾雅釋文同今本說文作穮耕禾間也與陸氏所見本異郭註言芸耨精詩疏引郭註作芸不息也亦與今本異。挃挃穫也。良耜云穫之挃挃積之栗栗疏引孫炎云挃挃穫聲也李巡云栗栗積聚之衆也說文云挃穫禾聲也穫刈穀也積積禾也秩積也詩曰積之秩秩繫傳云堆積已刈之禾也積秩栗皆聲之轉字異義同小爾雅云截穎謂之銍釋名云銍銍斷穗聲也。溞溞淅也。詩疏引樊光云詩曰釋之溞溞烝之烰烰孫炎云溞溞淅米聲烰烰炊之氣也樊所引詩大雅生民之文也今本作釋

之叟叟蒸之浮浮毛傳釋淅米也叟叟聲也浮浮氣也叟溞聲之轉烰浮音義同說文云淅汰也烰蒸也蒸火氣上行也

俅俅服也【註】謂戴弁服**峨峨祭也**【註】謂執圭璋助祭**韹韹樂也**【註】鐘鼓音**穰穰福也**【註】言饒多【正義】此舉雅頌所言祭祀之禮容貌聲音之盛以事神而致福也俅俅者釋言已云俅戴也郭註引詩曰戴弁俅俅說文云俅冠飾貌詩曰弁服俅俅戴弁在首而謂之服者士冠禮祝辭始加曰始加元服再加曰乃申爾服三加曰咸加爾服鄭註謂緇布冠皮弁爵弁也是弁得稱爲服也毛傳俅俅恭順貌峨峨者大雅棫樸云奉璋峨峨毛傳峩峩盛壯也鄭箋祭祀之禮王祼以圭瓚諸臣助之亞祼以璋瓚奉璋之儀峩峩然疏引舍人云峨峨奉璋之貌韹韹者周頌執競云鐘鼓喤喤毛傳喤喤和也鄭箋武王既定天下祭祖考之廟奏樂而八音

克諧疏引舍人云喤喤鐘鼓之樂也鍠本亦作鍠說文云鍠鐘聲也詩曰鐘鼓鍠鍠漢書禮樂志引詩亦作鍠鍠與說文同穰穰者執競云降福穰穰毛傳穰穰衆也疏引舍人云穰穰衆多之貌也某氏引此詩言穰穰是福豐之貌也祭統云福者備也備者百順之名也

子子孫孫引無極也【註】世世昌盛長無窮顒顒卬卬君之德也【註】道君人者之德望【正義】小雅楚茨云子子孫孫大雅卷阿云顒顒卬卬此釋其義也詩疏引舍人云子孫長行美道引無極也古彝鼎銘多作子子孫孫永用寶皆欲其昌盛無窮也卷阿毛傳顒顒溫貌卬卬盛貌鄭箋體貌則顒顒然敬順志氣則卬卬然高朗疏引孫炎云顒顒體貌溫潤也卬卬志氣高遠也虞翻易註云顒顒君德有威容貌容止可觀進退可度則下觀其德而順其化詩曰顒顒卬卬如珪如璋君德之義也案虞註以顒顒為有威與毛傳孫註義殊鄭箋以為敬順

蓋兼有威及温潤之義郭註祇言德望以有令德者必有令望也詩疏云顒顒卬卬以下徑訓興喻之義不釋詩文平都相蔣君碑作顒顒昂昂

丁丁嚶嚶相切直也【註】丁丁斫木聲嚶嚶兩鳥鳴以喻朋友切磋相正【正義】嚶與喻之義在朋友之相切正也文選註引韓詩云伐木廢朋友之道缺勞者歌其事詩人伐木自苦其事故以爲文鄭箋引爾雅而釋之云昔日未居位在農之時與友生於山巖伐木爲勤苦之事猶以道德相切正也嚶嚶兩鳥聲也其鳴之志似於有友道然故連言之【註】丁丁至相正。【正義】毛傳丁丁伐木聲郭註本毛傳傳又云嚶嚶驚懼也疏引王肅云鳥聞伐木驚而相命嚶嚶然以興朋友切切節節郭不從者以友朋自有切直之義不必祇在驚懼也故從鄭箋作兩鳥鳴知爲兩鳥者以一鳥則不得有相切之義詩又云嚶其鳴矣則爲一鳥之鳴

所以求友也

藹藹萋萋臣盡力也【註】梧桐茂賢才衆地極化臣竭忠

噰噰喈喈民協服也【註】鳳凰應德鳴相和百姓懷附興頌歌【正義】大雅卷阿云藹藹王多吉士又云菶菶萋萋雝雝喈喈上文云藹藹止也釋詁云噰噰和也皆釋字義此又言興喻之義也說文云藹藹臣盡力之美文選註引韓詩薛君章句云萋萋盛貌詩疏引舍人云藹藹賢士之貌萋萋梧桐之貌尚書大傳引逸詩云鳳凰喈喈說文云鳳凰鳴聲喈喈【註】梧桐至頌歌○【正義】毛傳梧桐盛也鳳凰鳴也臣竭其力則地極其化天下和洽則鳳凰樂德鄭箋菶菶萋萋喻君德盛也雝雝喈喈喻臣民和協疏引孫炎云言衆臣竭力則地極其化梧桐盛也郭註本傳箋為義說文繫傳引郭註作梧桐茂賢士衆

佻佻契契愈遐急也【註】賦役不均小國困竭賢人憂歎遠益急切燕燕粲粲尼居息也【註】盛飾宴安近處優閒【正義】小雅大東云佻佻公子又云契契寤歎北山云或燕燕居息大東又云粲粲衣服毛傳佻佻獨行貌爾雅釋文引詩云佻佻獨行歎息也詩釋文引韓詩作嬥嬥往來貌契契者毛傳云憂苦也論語云有心哉何晏註有心謂契契然也劉向九歎云孰契契而委棟兮王逸章句契契憂貌也燕燕者毛傳云安息貌本或作晏晏粲粲者毛傳云鮮盛貌文選註引韓詩作采采衣服薛君曰采采鮮貌【註】賦役至優閒。【正義】大東序云東國困於役而傷於財譚大夫作是詩以告病焉北山序云役使不均郭氏取詩序爲義釋詁云遐遠也昵近也尼通作昵言居遠者急切處近者優閒見政役之不均也

哀哀悽悽懷報德也【註】悲苦征役思所生也【正義】小雅蓼莪云哀

哀父母鄭箋哀哀者恨不得終養父母報其生長已
之苦悽悽者說文云悽痛也祭義云必有悽愴之心
言追念所生也釋文云悽郭本或作萋小雅杕杜云
其葉萋萋下云憂我父母與喻之義與蓼莪同故皆
爲懷報
德也

儵儵嘒嘒罹禍毒也【註】悼王道穢塞羨蟬鳴自得傷已
失所遭讒賊【正義】儵釋文引樊光本作攸引詩云攸
攸我思易釋文引子夏易云其欲攸攸
漢書敘傳作其欲浟浟註云浟浟欲利之貌今頤卦
六四爻辭作其欲逐逐是儵攸字同通作逐又通作
踧小雅小弁云踧踧周道鞫爲茂草又云鳴蜩嘒嘒
毛傳踧踧平易也周道周室之道鞫窮也蜩蟬也嘒
嘒聲也鄭箋此喻幽王信褒姒之讒亂其德政使不
通於四方柳木茂盛則多蟬郭註兼用傳箋之義罹
者遭
也

晏晏旦旦悔爽忒也【註】傷見絕棄恨士失也皐皐琄琄刺素食也【註】譏無功德尸寵祿也灌灌愮愮憂無告也【註】賢者憂懼無所訴也憲憲洩洩制灋則也【註】佐興虐政設教令也謔謔謞謞崇讒慝也【註】樂禍助虐增譖惡也【正義】上文興喻之義有祇取諸物者如丁丁嚶嚶雝雝喈喈是也有言人兼及於物者如哀哀與萋萋連舉儵儵與嘒嘒連舉是也以下惟舉人之情狀言之○晏晏至忒也○衛風氓云言笑晏晏信誓旦旦毛傳晏晏和柔也信誓旦旦然說文云怛憯也或从心在旦下詩曰信誓怛怛詩疏釋訓云晏晏旦旦悔爽忒也謂此婦人恨夫差貳其心變本言信故言晏晏旦旦而自悔解言此之意非訓此字也定本云旦旦猶怛怛○皐皐至食也○大雅召旻云皐皐訿訿曾不知其玷毛傳皐皐頑不知道

也鄭箋王政已大壞小人在位曾不知大道之欽疏引舍人云皐皐不治之貌某氏云無德而空食祿也小雅大東云鞙鞙佩璲鄭箋以瑞玉為佩佩之鞙鞙然徒美其佩而無其德刺其素飧疏引某氏云鞙鞙無德而佩故刺素餐也文選註引韓詩薛君章句云何謂素餐素者質也人但有質朴而無治民之材名曰素餐尸祿者頗有所知善惡不言默然不語苟欲得祿而已譬如尸焉○灌灌至告也○大雅板云老夫灌灌毛傳灌灌猶款款也鄭箋老夫諫女款款然王風黍離云中心搖搖毛傳搖搖憂無所愬說文引爾雅作懽懽愮愮今本灌或作懽愮搖音義同○憲憲至則也○大雅板云天之方難無然憲憲天之方蹶無然泄泄毛傳憲憲猶欣欣也泄泄猶沓沓也鄭箋女無憲憲然無沓沓然為之制法度達其意以成其惡疏引李巡云皆惡黨為制法則也孫炎云厲王方虐諂臣並為制作法令說文引詩作無然詍詍云詍多言也○謔謔至慝也○板云天之方虐無然謔謔又云多將熇熇不可救藥毛傳謔謔然喜樂熇熇

然熾盛也鄭箋女無誰誰然以讒慝助之多行熇熇慘毒之惡誰能止其禍說文云熇火熱也易云家人嗃嗃釋文引劉表本作熇熇侯果云嗃嗃嚴也易疏嗃嗃嚴酷之意謞熇嗃音義同

翕翕訿訿莫供職也【注】賢者陵替姦黨熾背公卹私曠職事速速蹙蹙惟逑鞫也【注】陋人專祿國侵削賢士求哀念窮迫【正義】小雅小旻云翕翕訿訿釋文引韓詩云不善之貌毛傳翕翕然患其上訿訿然思不稱乎上鄭箋臣不事君亂之階也召旻毛傳訿訿窳不共事也疏引李巡云君闇蔽臣子莫親其職說文云呰不思稱意也繫傳云不思稱事之意也孫子云諄諄翕翕徐言入入者失其衆也註云翕翕不真也速速者後漢書註引韓詩云速速方穀今本毛詩作蔌蔌方有穀毛傳蔌蔌陋也鄭箋穀祿也案後漢書註引毛詩亦作速速方穀傳同今本誤衍有字楚辭九歎云躬速速其不吾親王逸註速速不

親附貌也慼慼者節南山云慼慼靡所騁鄭箋慼慼
縮小之貌我視四方土地日見侵削於夷狄慼慼然
雖欲馳騁無所之也案蔡邕釋誨云速速方轂天天
是加註云謂小人乘方轂而行方竝也小人並轂而
行則君子車無所騁於義亦通惟逑鞫者釋詁云惟
思也釋言云鞫窮也逑與求同言思念所求皆窮困
也註賢者至職事○正義說文繫傳引註云賢者
陵替姧黨熾盛背公卹私曠職事也字句微異

抑抑密也註威儀審諦秩秩清也註德音清泠正義秩秩智也
已見上文秩秩又爲清也大雅假樂云威儀抑抑德
音秩秩鄭箋引爾雅而釋之曰成王立朝之威儀緻
密無所失教令又清明天下皆樂仰之孔疏緻密無
失謂舉止詳悉事無非禮教令清明謂下民寧靜無
微不
燭

甹夆掣曳也註謂牽挽正義周頌小毖云莫予荓蜂毛
傳荓蜂摩曳也鄭箋羣臣小人

無敢我摩曳謂爲譎詐誑欺不可信也疏引孫炎云謂相掣曳入於惡也**註**謂牽挽○**正義**詩疏掣曳者從旁牽挽之言是挽離正道使就邪僻義本於郭註也疏又引孫毓云羣臣無有牽引扶助我亦以掣曳爲牽挽也粤荓蜂夆摩掣音義同宋本挽作拕

朔北方也**註**謂幽朔**正義**堯典云宅朔方史記引作居北方書疏引舍人云朔盡也北方萬物盡故言朔也李巡云萬物盡於北方蘇而復生故言北方尙書大傳云便在伏物史記索隱引尸子云北方者伏方也

不俟不來也**註**不可待是不復來**不遹不蹟也****註**言不循軌跡也**正義**此以不俟釋不來以不遹釋不蹟也小雅采薇云我行不來說文俟作竢引詩曰不竢不來今詩無此語蓋以釋訓多釋詩義故以訓釋之文爲詩本文也楚詞九章思美人云揚厥憑

而不竢王逸章句思舒憤懣無所待也不蹟者沔水云念彼不蹟謂不循道也遹古述字邶風報我不述

不徹不道也 註 徹亦道也**勿念勿忘也** 註 勿念念也 正義 小雅十月之交云天命不徹毛傳徹道也鄭箋不道者言王不循天之政教大雅文王云無念爾祖孝經釋文引鄭註云無念無忘也 註 勿念念也○正義 毛傳無念念也小爾雅同是郭註所本也服虔左傳註云不尚尚也毋寧寧也俱與此同

萲諼忘也 註 義見伯兮考槃詩 正義 文選註引韓詩薛君章句云諼草忘憂也說文作藼云令人忘憂草也或作蕿又或作萱淇澳云終不可諼兮釋云民之不可忘也即見下文 註 義見至槃詩○正義 爾雅釋文引詩云焉得萲草毛傳云萲草令人善忘今衛風伯兮云焉得諼草毛傳諼草令人忘憂與陸氏所据本異考槃云永矢弗諼毛傳用爾雅

每有雖也註詩曰每有良朋辭之雖也正義莊子庚桑楚云每發而不當釋文引爾雅云每雖也衆經音義引倉頡篇云每非一定之辭也註詩云至良朋○正義小雅常棣文

饎酒食也註猶今云饎饌皆一語而兼通正義地官饎人云掌凡祭祀共盛士虞禮云饎爨在東壁西面鄭註炊黍稷曰饎是饎者食也釋文引字林云熟食也然饎多兼酒而言小雅天保云吉蠲爲饎鄭氏周官儀禮註俱引韓詩作吉圭惟饎毛傳饎酒食也說文云饎酒食也詩曰可以饙饎饎又通作喜小雅甫田云田畯至喜鄭箋喜讀爲饎饎司嗇至則又加以酒食也詩疏引李巡云得酒食則喜歡也釋文引舍人本作喜釋云古曰饎註猶今至兼通○正義郭氏以饌釋饎也饌本爲食兼通於酒故馬融論語註云饌酒食也呼酒食爲饌今人猶然

舞號雩也註雩之祭舞者吁嗟而請雨正義春官司巫云若國大旱則

率巫而舞雩鄭註雩旱祭也公羊桓五年傳云大雩
者何旱祭也穀梁定元年傳云雩者爲旱求者也求
者請也左氏桓五年傳云龍見而雩後漢書註引服
虔云雩遠也遠爲百穀求膏雨也【註】雩之至請雨○
【正義】月令云大雩帝鄭註雩吁嗟求雨之祭也春官
女巫旱暵則舞雩鄭註使女巫舞旱祭崇陰也疏引
鄭答臨碩難云董仲舒曰雩求雨之祭吁嗟之歌何
休公羊傳注云男女各八人舞而呼雩故謂之雩釋
文引孫炎云雩之祭有
舞有號郭註本孫炎

暨不及也【註】公羊傳曰及我欲之暨不得已暨不得已
是不得及蠢不遜也【註】蠢動爲惡不謙遜也【正義】釋詁云及
暨與也蠢動也此又反覆申明其義也春秋昭七年
春暨齊平穀梁傳云暨猶暨暨也暨者不得已也以
外及內曰暨蠢者大誥云西土人亦不靜越茲蠢小
雅采芑云蠢爾蠻荆【註】公羊至得已○【正義】隱元年

傳云及我欲之暨不得已也何休註不得已者善輕惡淺徐彥疏善輕則暨齊平是也惡淺者宋公之弟辰暨仲佗石彄出奔陳是也

如切如磋道學也**註**骨象須切磋而爲器人須學問以成德如琢如磨自修也**註**玉石之被琢磨猶人自修飾瑟兮僩兮恂慄也**註**恒戰悚赫兮咺兮威儀也**註**貌光宣有斐君子終不可諼兮**註**斐文貌道盛德至善民之不能忘也**註**常思詠**正義**此釋衛風淇澳之詩禮記大學引之孔疏云記者引爾雅以釋之也○如切至脩也○骨謂之切象謂之磋玉謂之琢石謂之磨俱見下文釋器學記云玉不琢不成器人不學不知道荀子大畧篇人之于文學也猶玉之于琢磨也詩曰如切如磋如琢

如磨謂學問也毛傳道其學而成也聽其規諫以自修如玉石之見琢磨也禮記鄭註道猶言也孔疏初習謂之學重習謂之修○瑟兮至儀也○毛傳瑟矜莊貌僩寬大也赫有明德赫赫然咺威儀容止宣著也詩釋文引韓詩云僩美貌說文云武貌禮記鄭註恂字或作峻讀如嚴峻之峻言其容貌嚴栗也咺釋文引韓詩作宣宣顯也說文引詩作愃云寬嫺心腹貌○有斐至忘也○斐毛詩作匪文章貌釋文引韓詩作邲美貌也諼忘也已見上文禮記鄭註民不能忘以其意誠而德著也

既微且尰骭瘍爲微腫足爲尰註骭腳脛瘍創也是刈是濩濩煮之也註煮葛爲絺綌履帝武敏武迹也敏拇也註拇迹大指處張仲孝友註周宣王時賢臣善父母爲孝善兄弟爲友有客宿宿言再宿也有客信

信言四宿也【注】再宿爲信重言之故知四宿【正義】此引詩文而釋之既微且尰小雅巧言文是刈是濩周南葛覃文履帝武敏大雅生民文張仲孝友小雅六月文有客宿宿有客信信周頌有客文○既微至爲尰○説文引詩作既微且尰鄭箋此人居下溼之地故生微尰之疾疏引孫炎云皆水溼之疾也骭瘍爲微者説文云骭骹也骹脛也脛胻也胻脛耑也釋名云脛莖也直而長似物莖也創牀也牀毁體使傷也釋文引字書微作癓三倉云足創也也案三倉以微爲足創殆未辨骭之所在高誘淮南註云骭自膝以下脛以上也是説文所云骹也脛耑也謂脛端交接之處正指膝以下脛以上而言也今人於膝以下脛以上有創多云瘵之難瘉或致蹇於行矣尰足爲尰者説文云瘇脛氣足腫腫癰也釋名云足續也言續脛也脚却也以其坐時却在後也腫鍾也寒熱氣所鍾聚也○是刈至之也○詩疏引舍人云是刈刈取之是濩煑治之孫炎云煑葛以爲絺綌釋文引韓詩云刈取也

濩淪也孔疏以薉之於濩故曰濩薉非訓濩爲薉○履帝至拇也○毛傳以履帝武敏爲句與爾雅同王逸楚詞章句引詩云履帝武敏歆師讀之異也士相見禮云執玉者則唯舒武鄭註武迹也離騷云及前王之踵武詩疏引孫炎云拇迹大指處易云咸其拇虞翻云母足大指處拇母通子夏傳作蹲足大指左傳謂之將指釋文引舍人本敏作畝云古者姜嫄履炎帝之迹於畎畝之中而生后稷○張仲至爲友○詩疏引李巡云張姓仲字其人孝故稱孝友唐書宰相世系表周宣王時有卿士張仲釋名云孝好也愛好父母如所悅好也友有也相保有也冠禮賈疏云不言善事父母善事兄弟者欲見非但善事兄弟而亦爲兄弟之所善者謂行周備之意也○有客至宿也○毛傳一宿曰宿再宿曰信孔疏云釋訓因文重而倍之傳分而各言之其義同也左氏莊三年傳云凡師一宿爲舍再宿爲信過信爲次此以師行言之也周語云回祿信於聆隧檮杌次於丕山韋註再宿爲信過信爲次則信次之名不僅指師行而言矣

美女爲媛【註】所以結好援美士爲彥【註】人所彥詠【正義】鄘風君子偕老云邦之媛也鄭風羔裘云邦之彥兮此釋之也鄭箋媛者國人所依倚以爲媛助也釋文引韓詩作邦之援兮援取也疏引孫炎云君子之援助然說文云媛美女也从女从爰爰引也彥者毛傳彥士之美稱疏引舍人云國有美士爲人所言道秦誓云人之彥聖說文云彥美士有文人所言也【註】所以至彥詠○【正義】好援本或作好媛今從宋本作援釋文媛作援彥作喭

其虛其徐威儀容止也【註】雍容都雅之貌猗嗟名兮目上爲名【註】眉眼之間式微式微者微乎微者也【註】言至微【正義】此引詩文而釋之其虛其徐邶風北風文猗嗟名兮齊風猗嗟文式微式微邶風式微文○其虛至止也○毛詩作其虛其邪鄭箋邪讀如徐威儀虛徐寬仁者疏引孫炎云虛邪威儀謙退也孔

疏虛徐者謙虛閑徐之義。猗嗟至爲名。毛傳目上爲名目下爲清据爾雅而推言之也疏引孫炎云目上平博是眉眼之閒也名與明通檀弓云子夏喪其子而喪其明冀州從事郭君碑云卜商號咷喪子失名。式微至者也。鄭箋用爾雅孔疏君被逐旣微又見卑賤是至微也孫子云微乎微微至於無形是微乎微者當時語也猶公羊傳云賤乎賤者也

之子者是子也【注】斥所詠【正義】詩疏引李巡云之子者論五方之言是子也孔疏之爲語助人言之子者猶云是此子也桃夭傳云嫁子爲嫁者之子漢廣則貞潔者之子東山之子言其妻白華之子斥幽王各隨其事而名之

徒御不驚輦者也【注】步挽輦車【正義】徒御不驚小雅車攻文此釋之也毛傳徒輦也說文云輦輓車也輓引之也釋名云輦車人所輦也黍苗云我任我輦又云我徒我御鄭箋有輓輦

者步行曰徒士卒有步行者是輓輦與徒同是步行故爾雅以輦者釋徒字之義也地官鄉師云大軍旅會同正治其徒役與其輂輦鄭註云輂人輓行所以載任器也司馬法曰夏后氏二十人而輂殷十八人而輦周十五人而輦是輓輦之人三代互有多寡會同田獵則人輓輦以徒行也

襢裼肉袒也【註】脫衣而見體暴虎徒搏也【註】空手執也

馮河徒涉也【註】無舟檝【正義】鄭風大叔于田云襢裼暴虎小雅小旻云不敢暴虎不敢馮河此釋之也說文襢字从月云膻肉膻也詩曰膻裼暴虎馮作淜云無舟渡河也襢裼者詩疏引李巡云襢裼脫衣見體曰肉袒左氏昭二十年傳云使華寅肉袒執蓋孟子云雖袒裼裸裎於我側說文云裼袒也暴虎者毛傳暴虎空手以搏之疏引舍人云無兵空手搏之馮河者毛傳馮陵也疏引李巡云無舟而渡水曰徒涉易泰卦云用馮河荀爽云馮河而上不用舟航論語云暴虎馮河孔安國註用爾雅

註無舟檝。正義檝監本作楫今從釋文方言云楫謂之橈或謂之櫂釋名云在旁撥水曰櫂又謂之楫楫捷也撥水使舟捷疾也

籧篨口柔也註籧篨之疾不能俯口柔之人視人顏色常亦不伏因以名云

戚施面柔也註戚施之疾不能仰面柔之人常俯似之亦以名云

夸毗體柔也註屈己卑身以柔順人也正義邶風新臺云籧篨不鮮又毗此合而釋之以形容柔色事人之狀也。籧篨口柔也戚施面柔也。籧篨戚施本物名說文云籧篨粗竹席也又云䶕䵷詹諸也詩曰得此䶕䵷太平御覽引韓詩云得此戚施薛君云戚施蟾蜍喻醜惡是說文本韓詩䶕䵷戚施聲之轉也二物皆粗醜故借以爲人疾之名晉語云籧篨不可使俯戚施不可使

仰淮南修務訓籧篨戚施雖粉白黛綠弗能爲美高誘註籧篨偃也戚施僂也皆醜皃毛傳籧篨不能俯者戚施不能仰者皆言其疾狀之醜也因其不能俯仰又借以爲口柔面柔之狀鄭箋籧篨口柔常觀人顏色而爲之辭故不能俯者也戚施下人以色故不能仰也釋文引舍人云籧篨巧言也戚施令色誘人詩疏引李巡云籧篨人巧言好辭以口饒人是謂口柔戚施和顏悅色以誘人是謂面柔也顏師古漢書註口柔觀人顏色而爲辭佞者也釋文云字書作規頌〇夸毗體柔也〇釋文引樊光云詩云無爲夸毗史記索隱引舍人云夸毗卑身屈已也曹大家云體柔人之夸毗也詩疏引李巡云屈已卑身求得於人曰體柔鄭箋女無夸毗以形體順從之孔疏夸毗者便辟其足前却爲恭以形體順從於人釋文云字書作[illegible][illegible]【註】籧篨至人也〇【正義】釋文引孫炎云籧篨之疾不能俯口柔之人視人顏色常亦不伏因以名云戚施之疾不能仰面柔之人常俯似之因以名云夸毗屈已卑身以柔順人也郭註但用孫炎

婆娑舞也【註】舞者之容【正義】婆說文作媻徐鉉云今俗作婆非是陳風東門之枌云婆娑其下詩疏引李巡云婆娑盤辟舞也孫炎云舞者之容婆娑然顏師古漢書註云婆娑舞貌也言於枌栩之下歌舞以娛神也初學記引蔡邕月令章句云舞者樂之容也有俯仰張翕行綴長短之制

辟拊心也【註】謂椎胷也【正義】邶風柏舟云寤辟有摽毛傳用爾雅喪大記云徒跣扱衽拊心問喪云辟踊哭泣鄭註辟拊心也問喪又云發胷擊心又云擊胷傷心皆言辟也辟本或作擗

矜憐撫掩之也【註】撫掩猶撫拍謂慰卹也【正義】小雅鴻鴈云爰及矜人毛傳矜憐也方言云陳楚江淮之間曰憐宋衛邠陶之間曰憮或曰俺憮俺與撫掩通。【註】撫掩猶撫拍。【正義】鄭註鄉射禮云撫拊之也賈疏撫者撫拍之義又士喪禮云君坐撫鄭註撫手案之釋名云撫敷也敷手以拍之也拍搏也手搏其上也緎羔裘之縫也【註】縫飾羔皮之名【正義】召南羔裘云羔羊之革素絲五緎此釋之也毛傳緎縫也釋文引孫炎云緎縫之界域孔疏縫合羔羊皮爲裘縫即皮之界域因名裘縫爲緎詩言五紽五總爾雅獨釋緎者葢舉中言之紽總亦爲縫也【註】縫飾至之名〇【正義】初學記引郭氏毛詩拾遺云羔裘晏兮三英粲兮毛詩註曰三英三德也英謂古者以素絲英飾裘即上文素絲五紽也是郭氏釋詩以素絲爲縫也緎說文作黬云羔裘之縫繫傳云詩曰羔羊之黬以黑爲縫也與郭異

殿屎呻也【註】呻吟之聲【正義】大雅板云民之方殿屎毛傳殿屎呻吟也晉書音義引孫炎云愁苦呻吟之聲說文引詩殿屎作唸吚呻吟也

幬謂之帳【註】今江東亦謂帳爲幬【正義】召南小星云抱衾與裯鄭箋裯牀帳也疏引鄭志張逸問諸妾抱帳進御於君何其碎答曰今人名帳爲裯雖古無名帳爲裯諸妾何必人抱

一帳施者因之如今漢抱帳也案說文云幬禪帳也帳張也幬與裯通而鄭志迺云古無名帳爲裯者葢於雅訓偶有不檢也釋名云帳張也張施於牀上也

侜張誑也【註】書曰無或侜張爲幻幻惑欺誑人者誰昔昔也【註】誰發語辭【正義】陳風防有鵲巢云誰侜予美墓門云誰昔然矣此釋之也毛傳侜張誑也鄭箋女衆讒人誰侜張誑欺我所美之人乎說文云侜有所廱蔽也誑欺也毛傳又云昔久也鄭箋誰昔昔也是据爾雅爲義【註】書曰至人者○【正義】周書無逸云民無或胥譸張爲幻說文云譸訓也書曰無或譸張爲幻是說文所引書與今本俱作譸張郭引書作侜張所見本異侜譸因聲相近而轉也釋文引馬融本作輈後漢書皇后紀云汝今輈張是侜又通作輈矣書疏引孫炎云眩惑誑欺人也郭註本孫炎○誰發語辭○【正義】詩言誰昔猶檀弓所云疇昔之夜也故爲發語辭釋詁云疇誰也

不辰不時也【註】辰亦時也【正義】大雅桑柔云我生不辰小雅小弁云我辰安在毛傳辰時也

凡曲者謂罶【註】毛傳曰罶曲梁也凡以薄爲魚笱者名爲罶【正義】小雅魚麗云魚麗於罶孔疏曲薄也以薄爲魚笱詳見下文釋器【註】毛傳至梁也○【正義】卽魚麗傳文傳又云寡婦之笱也蓋兼用釋器文

鬼之爲言歸也【註】尸子曰古者謂死人爲歸人【正義】小雅何人斯云爲鬼爲蜮左氏昭七年傳云鬼有所歸乃不爲厲祭義云衆生必死死必歸土此之謂鬼鄭註禮運云鬼者精魄所歸【註】尸子至歸人○【正義】列子天瑞篇鬼歸也又云古者謂死人爲歸人文選註引尸子云老萊子曰人生於天地之間寄也寄者固歸此篇所釋始乎明終乎幽也

爾雅正義卷第四

爾雅正義卷第五

文淵閣校理翰林院編修加三級教習庶吉士充國史館纂修官邵晉涵撰集

釋親第四

【正義】禮記大傳云親者屬也說文云親至也釋文引倉頡篇親愛也近也釋名云親襯也言相隱襯也屬續也恩相連續也賈誼書六術篇人之戚屬以六爲法人有六親六親始曰父父有二子二子爲昆弟昆弟又有子子從父而昆弟故爲從父昆弟從父昆弟又有子子從祖而昆弟故爲從祖昆弟從祖昆弟又有子子從曾祖而昆弟故爲從曾祖昆弟曾祖昆弟又有子子爲族兄弟備於六此之謂六親親之始於一人世世別離分爲六親親戚非六則失本末之度是故六爲制而止矣是六親專屬同姓而言此篇所釋先言宗族次及於母黨妻黨婚姻者以母黨妻黨婚姻亦得爲六親也左氏昭二十五年傳云爲父子兄弟姑姊甥舅

昏媾姻亞以象天明杜註六親和睦以事嚴父若衆星之共辰極也是母黨妻黨婚姻俱爲六親之證也老子云六親不和有孝慈孔穎達云六親謂父子兄弟夫婦也案孔氏因釋孝慈而推測六親未爲通義六親始於一本則賈誼書所釋者是也自一本而旁達則杜註所釋者是也禮記大傳又云同姓從宗合族屬異姓主名治際會名著而男女有别鄭註合合之宗子之家序昭穆也異姓謂來嫁者也立於母與婦之名耳際會昏禮交接之會也著明也是異姓之親謂母黨妻黨其誼相連屬也孝經云孝莫大於嚴父六親俱由父而推故親親自宗族始

父爲考母爲妣【註】禮記曰生曰父母妻死曰考妣嬪今世學者從之案尚書曰大傷厥考心事厥考厥長聰聽祖考之彝訓如喪考妣公羊傳曰惠公者何隱之

考也仲子者何桓之母也蒼頡篇曰考妣延年書曰
嬪于虞詩曰聿嬪于京周禮有九嬪之官明此非死
生之異稱矣其義猶今謂兄爲晜妹爲媦即是此例
也【正義】白虎通義三綱六紀篇父者矩也以法度教
子也説文云父矩也家長率教者从又舉杖母牧
也从女象褱子形一曰象乳子也釋名云父甫也始
生已也母冒也含生已也古者父母考妣不以存歿
而有異稱此篇下文云父之考爲王父父之妣爲王
母即其例也方言云南楚瀑洭之間謂婦妣曰母姼
稱婦考曰父姼郭氏彼註云古者通以考妣爲生存
之稱冀州從事郭君碑云哀哀考妣追惟賈靈卜商
號咷喪子失名是父母生而稱考妣漢人猶知雅訓
自漢以後遂以爲存歿之殊稱矣【註】禮記至從之○
【正義】曲禮云生曰父曰母曰妻死曰考曰妣曰嬪説
文云妣歿母也釋名云父死曰考考成也亦言槁也

稿於義爲成凡五材膠漆陶冶皮革乾稿乃成也母死曰妣妣比也比之於父亦然也是漢世儒者多据曲禮爲說郭氏所不取也○案尚至稱矣○許叔重五經異義用謹案以折衷同異郭氏亦用之以疏通證明其說也云大傷厥考心者康誥文云事厥考厥長又云聽聽祖考之彝訓者皆酒誥文云如喪考妣者舜典文郭氏歷引書文以明考妣非歿後之稱也公羊傳曰惠公者何隱之考也仲子者何桓之母也惠公仲子之卒俱在春秋前郭氏引之明歿後亦得稱母也郭又引倉頡篇者漢書蓺文志云倉頡七章者秦丞相李斯所作也爰歷六章者車府令趙高所作也博學七章者太史令胡毋敬所作也漢初閭里書師合倉頡爰歷博學三篇斷六十字以爲一章凡五十五章并爲倉頡篇曲禮孔疏亦引倉頡篇云考妣延年唐時倉頡篇未亡孔氏所見本與郭同也郭氏又引書曰嬪于虞者堯典文詩曰聿嬪于京者大雅大明文周禮有九嬪之官者天官之屬以明妻嬪非生死之異稱猶父母考妣非生死之異稱也○其

義至例也。此郭氏舉類以曉人也兄爲𥙷卽見下文妹爲娟者公羊桓二年傳云若楚王之妻娟無時焉可也何註娟妹也說文云楚人謂女弟曰娟廣雅云娟妹也釋文引纂文云河南人云妹娟也

父之考爲王父父之妣爲王母【註】加王者尊之王父之考爲曾祖王父王父之妣爲曾祖王母【註】曾猶重也曾祖王父之考爲高祖王父曾祖王父之妣爲高祖王母【註】高者言最在上也【正義】釋名云祖祚也祚物先所歸往也王母亦如之曾祖從下推上祖位轉增益也高祖高皋也最在上皋韜諸下也曲禮云祭王父曰皇祖考王母曰皇祖妣父曰皇考母曰皇妣鄭註更設尊號尊神異於人也皇君也考成也言其德行之成也妣之言媲也媲於考也案爾雅釋親屬之稱謂自父母上及於祖父母曾祖父母高祖父母存殁

俱無異稱至曲禮言祭之稱號始別有所設耳祭法言廟制曰考廟曰王考廟曰皇考廟曰顯考廟孔疏曰考廟者父廟曰考考成也謂父有成德之美也曰王考廟者祖廟也王君也君考者言祖有君成之德也祖尊於父故加君名也曰皇考者曾祖也皇大也君也曾祖轉尊又加大君之稱也曰顯考廟者高祖也顯明也高祖居四廟最上故以高祖曰之此又廟制之殊稱也

父之世父叔父爲從祖祖父父之世母叔母爲從祖祖母【註】從祖而別世統異故父之晜弟先生爲世父後生爲叔父【註】世有爲嫡者嗣世統故也**男子先生爲兄後生爲弟**【正義】釋名云父之世叔父母曰從祖父母言從己親祖別而下也亦言隨從己祖以爲名也父之兄曰世父言爲嫡統繼世也又曰伯父伯把也把持家政也父之弟曰仲父仲中也位

在中也仲父之弟曰叔父叔少也叔之弟曰季父季
癸也甲乙之次癸最在下季亦然也兄荒也荒大也
故青徐人謂兄爲荒也弟第也相次第而生也白虎
通義云謂之兄弟何兄者況也況父法也弟者悌也
心順行篤也案從祖祖父母釋名作從祖父母後世
皆沿之國語謂之從祖叔母魯語云公父文伯之母
季康子之從祖叔母也韋註祖父昆弟之妻據喪服
經作從祖祖父母與爾雅同賈疏從祖祖父母是曾
祖之子祖之兄弟言從祖而別也世父叔父俱有父
之名者喪服傳云世父叔父何以期也與尊者一體
也昆弟一體也

男子謂女子先生爲姊後生爲妹父之姊妹爲姑【正義】邶風
泉水云問我諸姑遂及伯姊鄭箋先姑後姊尊姑也
疏引孫炎云姑之言古尊老之名也是男子子女子
子俱稱姊妹姑也左傳疏引樊光云春秋傳云姑姊
妹樊所引傳左氏昭三年傳文也白虎通義云男者

任也任功業也女者如也從如人也說文云姊女兄也妹女弟也釋名云父之姊妹曰姑姑故也言於已爲久故之人也姊積也猶日始出積時多而明也妹昧也猶日始入歷時少尚昧也白虎通義引禮親屬記曰男子先生稱兄後生稱弟女子先生爲姊後生爲妹父之昆弟不俱謂之世父父之女昆弟俱謂之姑何也以爲諸父曰內親也故別稱之也姑當外適人疎故總言之也至姊妹亦當外適人所以別諸姊妹何爲事諸姑禮等可以外出又同故稱畧也至姊妹雖欲有畧之姊尊妹卑其禮異也又云謂之姊妹何姊者咨也妹者末也案白虎通義釋父之姊妹統稱爲姑之義是也今人亦統稱爲姑然古人稱父之姊有爲姑姊者稱父之妹有爲姑妹者左氏襄二十一年傳云季武子以公姑姊妻之疏引劉炫規過云古人謂姑爲姑姊妹此姑姊是襄公父之姊是父之姊爲姑姊也列女傳云梁有節姑妹入火而救其子是父之妹爲姑妹也

父之從父晜弟爲從祖父父之從祖晜弟爲族父族父之子相謂爲族晜弟族晜弟之子相謂爲親同姓【註】同姓之親無服屬兄之子弟之子相謂爲從父晜弟【註】從父而別

【正義】喪服小功章云從祖父母通典引馬融云從祖祖父之子是父之從父昆弟也喪服又云從祖昆弟鄭註父之從父昆弟之子通典引馬融云謂曾祖孫也於已爲再從兄弟同出曾祖故言從祖兄弟陳銓云從祖之子同出曾祖也緦麻三月章云族父母族兄弟通典引馬融云族父從祖昆弟之親也賈疏族父者已之父從祖昆弟也族昆弟者已之三從兄弟皆名爲族族屬也骨肉相連屬以其親盡恐相疏故以族言之耳族晜弟之子相謂爲親同姓者大傳云絕族無移服鄭註族昆弟之子不相爲服故大傳又云四世而緦服之窮也兄之子弟之子相謂爲從父昆弟者喪服大功傳云從

父昆弟鄭註世父叔父之子也

子之子爲孫【註】孫猶後也孫之子爲曾孫【註】曾猶重也曾孫之子爲玄孫【註】玄者言親屬微昧也玄孫之子爲來孫【註】言有往來之親來孫之子爲晜孫【註】晜後也汲冢竹書曰不窋之晜孫晜孫之子爲仍孫【註】仍亦重也仍孫之子爲雲孫【註】言輕遠如浮雲【正義】白虎通義云子者孳孳無已也釋名云子孳也相生蕃孳也孫遜也遜遁在後也曾孫義如曾祖也元孫元懸也上懸於高祖最在下也元孫之子曰來孫此在無服之外其義疏遠呼之乃來也來孫之子曰昆孫昆貫也恩義轉遠以禮貫連之耳昆孫之子曰仍孫以禮仍有之耳恩意實遠也仍孫之子曰雲孫言去已遠如

游雲也皆爲早娶晚死壽考者言也案曾孫又爲自孫以下之統稱周頌維天之命云曾孫篤之鄭箋曾猶重也自孫而下事先祖皆稱曾孫孔疏孫是其正稱自曾孫已下皆得稱孫哀二年左傳云曾孫蒯聵敢告皇祖文王烈祖康叔是雖歷多世亦稱曾孫也鄭註喪服傳云據祖期則曾祖大功高祖宜小功也高祖曾祖皆有小功之差則曾孫元孫爲之服同也服盡於元孫故左氏僖二十八年傳載盟諸侯之要言曰及其元孫無有老幼言以元孫爲遠也昆孫又爲遠孫之統稱昭十六年傳云孔張君之昆孫案孔張爲鄭穆公之曾孫今云昆孫者散文言之遠孫俱得稱昆孫也仍孫或作耳孫漢書註應劭云言去高曾益遠但耳聞之也晉灼云耳孫元孫之曾孫也顏師古云仍耳聲相近蓋一號也【註】汲冢至晜孫。【正義】晉書束晳傳太康二年汲郡人不準盜發魏襄王墓或言安釐王冢得竹書數十車其紀年十三篇記夏以來至周幽王爲犬戎所滅郭引之以證古有晜孫之稱也不窋之晜孫謂毁榆也王父之姊妹爲王姑曾祖王父之姊妹爲曾祖王姑高祖王父之姊妹爲高祖王姑父之從父姊妹爲從祖姑父之從祖姊妹爲族祖姑【正義】王父之姊妹喪服緦麻三月章謂之父之姑爲歸孫者稱之曰王姑也曾祖之姊妹高祖之姊妹從曾祖高祖而奉以尊稱也喪服小功成人章有從父姊妹鄭註父之昆弟之女父之從父姊妹則稱爲從祖姑言從祖而别也上文云父之從祖晜弟爲族父則父之從祖姊妹當爲族姑今云爲族族祖姑者言自族祖而别也

父之從父晜弟之母爲從祖王母父之從祖晜弟之母爲族祖王母父之兄妻爲世母父之弟妻爲叔母父之從父晜弟之妻爲從祖母父之從祖晜弟之妻爲

族祖母【正義】父之從父晜弟之母卽上文所謂父之世母叔母也謂之從祖王母猶云從祖祖母也父之從祖晜弟之母卽族父之母也謂之族祖王母言從族祖而來以尊稱也父之兄妻爲世母父之弟妻爲叔母者喪服傳世母叔母何以亦期也以名服也賈疏二母是路人以來配世叔父則有母名旣有母名則當隨世叔而服之大傳云服術有六三曰名鄭註名世母叔母之屬也上文云父之從父晜弟爲從祖父則其妻謂之從祖母言從祖而別也上文云父之從祖晜弟爲族父則其妻當爲族母今云族祖母者猶云族祖姑亦言自族祖而別也

父之從祖祖父爲族曾王父父之從祖祖母爲族曾王母【正義】喪服緦麻三月章云族曾祖父母鄭註族曾祖父母者曾祖昆弟之親也賈疏已之曾祖親兄弟案族曾王父者高祖之子已之從曾祖也

父之妾爲庶母【正義】釋名云妾接也以賤見接遇也庶摭也拾摭之也謂拾摭微賤待遇之也喪服緦麻三月章云士爲庶母傳曰何以緦也以名服也大夫以上爲庶母無服賈疏以其母名故有服云服雖有士大夫之異其稱謂同也

祖王父也晜兄也【註】今江東人通言晜【正義】上文云父之考爲王父喪服謂之祖父母是祖即王父也說文云周人謂兄爲晜郭云江東通言晜各以方俗語爲證也

宗族【正義】題上事也白虎通義云宗者何謂也宗者尊也爲先祖主者宗人之所尊也禮曰宗人將有事族人皆侍古者所以必有宗何也所以長和睦也大宗能率小宗小宗能率羣弟通其有無所以紀理族人者也族者何也族者湊也聚也謂恩愛相流湊也上湊高祖下至元孫一家有吉百家聚之合而爲親生相親愛死相哀痛有會聚之道故謂之

族堯典云以親九族釋文引馬鄭註云上自高祖下至元孫凡九族王風葛藟鄭箋九族者據已上至高祖下至元孫之親周官太宰云宗以族得民鄭註宗繼別爲大宗收族者大宗伯云以飲食之禮親宗族兄弟小宗伯掌三族之別以辨親疏鄭註三族謂父子孫人屬之正名喪服小記云親親以三爲五以五爲九上殺下殺旁殺而親畢矣鄭註已上親父下親子三也以父親祖以子親孫五也以祖親高祖以孫親元孫九也殺謂親益疏者服之則輕是古者三族九族俱以同姓言也爾雅所釋自高祖及於元孫所謂九族也自從父昆弟世父叔父以及於族曾王父則自高祖以下所謂旁殺之親也自元孫推及於仍孫雲孫又自族昆弟推及於親同姓者大傳云繫之以姓而弗別綴之以食而弗殊雖百世而昏姻不通者周道然也則雖親同姓之雲仍亦爲宗族也姑姊妹繫於宗族者

鄭駮五經異義云婦人歸宗女子雖適人字猶繫姓明不與父兄爲異族鄭荅據爾雅而言爾雅載姑姊妹於宗族而姑之子姊妹之子載於妻黨者所以示族與黨之別也詩疏引尚書歐陽說云九族乃異姓有親屬者父族四五屬之內爲一族父女昆弟適人者與其子爲一族巳女昆弟適人者與其子爲一族巳之子適人者與其子爲一族母族三母之父姓爲一族母之母姓爲一族女昆弟適人者爲一族妻黨二妻之父姓爲一族妻之母姓爲一族書疏引異義夏侯與歐陽同白虎通義亦載其文今知不然者爾雅所以正名辨物父之親爲宗族母之親爲母黨妻之親爲妻黨是族與黨秩然有辨若以母妻之親均稱爲族則名不正矣故鄭駮異義云異姓之服不過緦麻言不廢昏又昏禮請期云惟是三族之不虞恐其廢昏明非外族也是經典所云三族九族俱爲同姓昭然察矣監

本宗族二字訛題在前今從唐石經及鄭樵本改正下放此

母之考爲外王父母之妣爲外王母母之王考爲外曾王父母之王妣爲外曾王母【註】異姓故言外【正義】喪服小功五月章云爲外祖父母傳曰何以小功也以尊加也通典引馬融云母之父母也本服緦以母所至尊加服小功故曰以尊加賈疏外親之服不過緦麻以祖是尊名故加至小功外曾王父外曾王母禮不爲制服喪服期章云女子子爲祖父母傳曰何以期也不敢降其祖也是母於王考王妣爲期服已雖無服猶奉以尊稱也言外者所以别於父族

母之晜弟爲舅母之從父晜弟爲從舅【正義】秦風渭陽云我送舅氏疏引孫炎云舅之言舊尊長之稱喪服緦麻三月者舅傳曰何以緦從服也鄭註母之兄弟從於母而服之

母之從父晜弟曰從舅開元禮謂之堂舅

母之姊妹爲從母從母之男子爲從母晜弟其女子子爲從母姊妹

【正義】喪服小功成人章云從母丈夫婦人報傳曰何以小功也以名加也外親之服皆緦也通典引馬融云母之姊妹也言丈夫婦人者異姓無出入降皆以丈夫婦人之名名之也又云外祖從母其親皆緦也以尊名加故小功也緦麻三月章云從母昆弟傳曰何以緦也以名服也通典引馬融云姊妹子相爲服也以從母有母名以子有昆弟名左氏襄二十三年傳云穆姜之姨子也杜註穆姜姨母之子與穆姜爲姨兄弟孔疏據父言之謂之姨據母言之當謂之從母但子效父言亦呼爲姨姨子昆弟卽喪服從母昆弟是也通典引袁準正論曰從母小功五月舅緦麻三月禮非也從母緦時俗所謂姨母也舅之與姨俱母之姊妹兄弟焉得異服從母者從其母而爲庶母者也親益重故小功也凡

稱父母者皆同乎父母之例者也舅非父列姨非母列故舅不稱父姨不稱母也可稱姨不應稱母謂姨母爲從母者此時俗之亂名書之所由誤也春秋傳蔡哀侯娶於陳息侯亦娶焉息嬀將歸過蔡蔡侯曰吾姨也止而享之爾雅曰妻之姊妹同出爲姨此本名者也左傳臧宣叔娶於鑄生賈及爲而卒繼室以其姪穆姜之姨子也以蔡侯爾雅言之穆姜焉得言姨此緣妻姊妹之姨因相謂爲姨也姊妹因謂爲姨故其子謂之姨子其母謂之姨母從其母而來故謂之從母從從母姨母爲親一也因復謂之從母此因假轉亂而遂爲名者也又左傳宋景曹卒季康子使冉有弔且會葬曰以肥之得備彌甥先儒曰彌遠也姊妹之孫稱彌甥此臨時說事而遂可爲名乎亦猶從母轉相假也或曰按準以經云從母是其姊妹從其母來爲巳庶母其親益重故服小功非通謂母之姊妹也宣舒曰二女相與行有同車之道坐有同席之禮其情親而比其恩曲而至由此觀之姊妹通斯同矣兄妹别斯異矣同者親之本異者疎之源也然則

二女之服何其不重邪兄妹之服何其不輕邪曰同父而生父之所不降子亦不敢降故二女不敢相與重然則舅何故三月邪從母何故小功邪曰故母取其愛是以外王父之尊禮無厭降之道爲人子者順母之情親乎母之類斯盡孝之道也是以從母重而舅輕也曰姑與父異德異名叔父與父同德同名何無輕重之降邪曰姑與叔父斯王父愛之所同也父之所不降子亦不敢降此叔父與姑所以服同而無降也案袁氏所論不達禮意於雅訓尤爲未晰爾雅母黨有稱從母者猶宗族有稱從父云爾如以爲從其母來故謂之從母夫從其母來則是媵也古有以姊妹爲媵者亦有以姪爲媵者母之姊妹爲媵謂之從母母之姪爲媵亦將謂之從母乎況從母而來之媵卽庶母也禮旣爲庶母制服何以又爲從母制服乎且庶母所生之男子卽已之昆弟也豈得謂之從母昆弟乎庶母所生之女子子卽已之姊妹也豈得謂之從母姊妹乎反覆推之知袁氏未爲篤論矣爾雅於宗族曰父之妾爲庶母謂有隨媵之妾有不聘

之妾爲之子者俱謂之庶母也於母黨曰母之姊妹爲從母謂母之姊妹不俱事一夫故從乎母而奉以尊稱其所生之男子女子均屬異姓故謂之從母舅弟從母姊妹也於妻黨曰妻之姊妹同出爲姨姨之名於妻黨有此稱於母黨不當有此稱也自周末禮教衰微假人以名嚣子效父言有稱從母爲姨者劉熙撰釋名遂云母之姊妹曰姨禮謂之從母爲娣而來則從母列也故雖不來猶以此名之也此因漢世有姨之稱故劉熙因有此釋揆諸爾雅之文殊爲乖舛晉世蔡謨徐邈徐衆徐彥議禮遂有姨母姨兄弟姨妹之稱沿於習俗名實混淆轉有致疑於爾雅之文者夫名不正則言不順子效父言可謂名之正乎爾雅者正名之書也名正而分定故喪服經與爾雅同

母黨

【正義】題上事也父母恩同而尊有所屈故釋親詳於宗族畧於母黨喪服傳云禽獸知母而不知父野人曰父母何算焉都邑之士則知尊禰矣大夫及學士則知尊祖矣故

宗族上及於高祖下及於雲孫旁及於族曾王父親同姓而母黨唯上及於外曾王父旁及於從舅從母母之尊有所屈子不得伸其私恩也大傳云從服有屬從鄭註子爲母之黨通典引雷次宗喪服經傳畧註云夫二親恩等而中表服異君子類族辨物本以性分爲判故外親之服不過於緦於義雖當求情未愜苟微有可因則加以伸心外祖有尊從母有名故皆得因此加以小功也舅情同二人而名理闕無因故有心而不獲遂也然情不止於緦亦以見於慈母矣至於餘人雖有尊名而不得加者服當其義情無不足也又引庾蔚之謂傳云以名服及云以名加皆是先有其義故施以此名尋名則義自見矣外親以緦斷者抑異姓以敦已族也緦服既不足以申外甥外孫之情故聖人因其有申之義而許其加也外祖以尊加從母以名加者男女異長伯季不同由母於姊妹有相親之

近情故許其因母名以加服兄弟姊妹同氣之懷不異故其服不得殊由若同在他鄉小功加一等而大功以上則不加也案雷氏庾氏之說俱足以證母黨與宗族輕重之别母黨之外曾王父從舅禮不爲制服而爾雅列其稱謂者雷氏所謂雖有尊名而不得加也

妻之父爲外舅妻之母爲外姑【註】謂我舅者吾謂之甥然則亦宜呼壻爲甥孟子曰帝館甥于貳室是也【正義】釋名云妻之父曰外舅母曰外姑言妻從外來謂至已家爲婦故反以此義稱之夫婦匹敵之義也坊記云壻親迎見於舅姑舅姑承子以授壻鄭註舅姑妻之父母也喪服緦麻三月者妻之父母傳曰何以緦從服也通典引馬融云壻從妻而服緦也服問云有從重而輕爲妻之父母鄭註妻齊衰而夫從緦麻不降一等言非服差【註】謂我至是也○【正義】謂我舅者吾謂之甥也即見下文孟子萬章篇云館甥於貳室

趙岐註禮謂妻父曰外舅謂我舅者吾謂之甥堯以女妻舜故謂舜甥

姑之子爲甥舅之子爲甥妻之晜弟爲甥姊妹之夫爲甥**註**四人體敵故更相爲甥甥猶生也今人相呼蓋依此**正義**此因釋妻之晜弟爲甥而兼及於姑之子舅之子姊妹之夫有同稱也釋名云妻之晜弟曰外甥其姊妹女也來歸已內爲妻故其男爲外姓之甥甥者生也他姓子本生於外不得如其女來在已內也喪服緦麻三月者姑之子鄭註外兄弟也傳曰何以緦報之也喪服又云舅之子鄭註內兄弟也傳曰何以緦從服也**註**四人至依此○**正義**四人體敵者外兄弟內兄弟婿兄弟姻兄弟其體相敵也郭云今人相呼蓋依此是晉時猶互呼爲甥今未聞

妻之姊妹同出爲姨**註**同出謂俱已嫁詩曰邢侯之姨

女子謂姊妹之夫爲私【註】詩曰譚公維私【正義】此釋妻黨姊妹之夫之親也謂吾姨者我謂之私左氏莊十年傳云蔡哀公娶於陳息侯亦娶焉息嬀將歸過蔡蔡侯曰吾姨也是姊妹各事一夫互稱爲姨非相從爲媵者也說文作妻之女弟同出爲姨釋名云姊妹互相謂夫曰私言於其夫兄弟之中此人與己姊妹有恩私也【註】同出至維私○【正義】詩疏引孫炎云同出俱已嫁也是郭註所本也邢侯之姨譚公維私衛風碩人文毛傳用爾雅疏又引孫炎云私者無正親之言案姊妹之夫未嘗非外親之正也故郭氏不取

男子謂姊妹之子爲出【註】公羊傳曰蓋舅出女子謂晜弟之子爲姪【註】左傳曰姪其從姑謂出之子爲離孫謂姪之子爲歸孫女子子之子爲外孫【正義】釋名云姊妹之子曰

出出嫁於異姓而生之也左氏莊二十二年傳云陳
厲公蔡出也文十四年傳云齊出貜且長成十三年
傳云康公我之自出襄二十五年傳云則我周之自
出又云蔡人欲立其出昭四年傳云徐子吳出也杜
註姊妹出嫁而生子是也說文云姪兄之女也釋名
云姑謂兄弟之女爲姪姪迭也共行事夫更迭進御
也公羊莊十九年傳云姪者何兄之子也成二年傳
云蕭同姪子者齊君之母也左氏襄二十三年傳云
繼室以其姪皆專指女子子而言然喪服大功成人
章云姪丈夫婦人報傳曰姪者何也謂吾姑者吾謂
之姪鄭註爲姪男女服同是女子於昆弟之男子女
子子均稱爲姪不專指姪娣也謂出之子爲離孫者
釋名云出之子曰離孫言遠離也又謂之從孫甥左
氏哀二十五年傳云太叔疾之從孫甥也杜註姊妹
之孫爲從孫甥與孫同列謂姪之子爲歸孫者釋名
云姪之子曰歸孫婦人謂嫁曰歸姪子列故其所生
爲孫也喪服緦麻三月章云父之姑鄭註歸孫爲祖
父之姊妹是也女子子之子爲外孫者緦麻三月章

云外孫賈疏以女出外適而生故云外孫春秋僖五年云杞伯姬來朝其子何休云禮外孫初冠有朝外祖之道【注】公羊至舅出。【正義】襄五年傳文傳又云莒欲立其出也又文十四年傳云接菑晉出也貜且齊出也公羊傳謂之晉出齊出者猶左傳稱鄭甥云爾何休註以出爲外孫非也。左傳至從姑。【正義】僖十五年傳文杜註謂我姪者我謂之姑謂子圉質秦杜意亦以姪之名兼男女而稱之也

女子同出謂先生爲姒後生爲娣【注】同出謂俱嫁事一夫公羊傳曰諸侯娶一國二國往媵之以姪娣從娣者何弟也此即其義也【正義】此釋俱事一夫者之稱謂也易歸妹云反歸以娣又云其君之袂不如其娣之袂良大雅韓奕云諸娣從之毛傳諸侯一娶九女二國媵之諸娣衆妾也何休公羊傳註云禮適夫人無子立右媵右媵無子立左媵左媵無子立嫡姪娣嫡姪娣無子立右媵姪娣右

媵姪娣無子立左媵姪娣此媵之位有貴賤也位雖有別而爲媵則同故以已年之長幼以相稱謂年長者爲姒年幼者爲娣【註】同出至義也○【正義】左傳疏引孫炎云同出謂俱嫁共事一夫也郭註本孫炎郭註又引公羊傳者莊十九年傳文

女子謂兄之妻爲嫂弟之妻爲婦【註】猶今言新婦是也

【正義】釋名云嫂叟也叟老者稱也叟縮也人及物老皆縮小於舊也喪服傳云夫之昆弟何以無服也其夫屬乎父道者妻皆母道也其夫屬乎子道者妻皆婦道也謂弟之妻婦者是嫂亦可謂之母乎故名者人治之大也可無愼乎鄭註謂弟之妻爲婦者卑遠之故謂之婦嫂者尊嚴之稱嫂猶叟也叟老人稱也是爲序男女之別爾賈疏兄弟之妻本無母婦之名名兄妻爲嫂者尊嚴之稱名弟妻爲婦與子妻同號者推而遠之下同子妻也是兄弟妻既無母婦之名今名爲嫂婦者假作此號使遠於淫亂案男子亦稱

兄弟之妻爲嫂婦而爾雅繫之女子者男子於兄弟之妻相遠女子於兄弟之妻相近故從其近者言之也【註】猶今至是也○【正義】晉書及世說多稱新婦郭以時驗爲證也今俗語猶然

長婦謂稚婦爲娣婦娣婦謂長婦爲姒婦【註】今相呼先後或云妯娌【正義】釋名云少婦謂長婦曰姒言其先來己所當法似也長婦謂少婦曰娣娣弟也己後來也或曰先後以來先後言之也喪服傳云娣姒婦者弟長也何以小功也以爲相與居室中則生小功之親焉鄭註娣姒婦者兄弟之妻相名也案喪服傳以弟釋娣以長釋姒稱爲娣姒婦者所以別於姪娣也左氏成十一年傳云聲伯之母不聘穆姜曰吾不以妾爲姒杜註聲伯之母叔肸之妻昆弟之妻相謂爲姒穆姜宣公夫人宣公叔肸同母昆弟孔疏云世人多疑娣姒之名皆以爲兄妻呼弟妻爲娣弟妻呼兄妻爲姒因即惑於傳文不知何以爲說今謂母婦之號隨夫尊卑娣姒之名從身長幼以其

俱來夫族其夫班秩旣同尊卑無以相加遂從身之少長釋親云長婦謂稚婦爲娣婦娣婦謂長婦爲姒婦止言婦之長稚不言夫之大小今穆姜謂聲伯之母爲姒昭二十八年傳叔向之嫂謂叔向之妻爲姒二者皆呼夫弟之妻爲姒豈計夫之長幼乎釋親又云女子同出謂先生爲姒後生爲娣孫炎云同出謂俱事一夫也事一夫者以己生先後爲娣姒則知娣姒以己之年非夫之年也故賈逵鄭元及此註皆云兄弟之妻相謂爲姒言兩人相謂謂長者爲姒知娣姒之名不計夫之長幼也以上皆孔氏釋娣姒之義也儀禮賈疏亦云假令弟妻年大稱之曰姒兄妻年小稱之曰娣引左傳穆姜之言爲証與孔氏意同今案孔氏之說非也婦人三從之義旣嫁從夫若娣姒之名從身之少長不計夫之長幼則從夫之義謂何矣且孔氏所引禮文雅訓俱爲未覈喪服傳云謂弟之妻婦者是嫂亦可謂之母乎傳意謂兄弟之妻有嫂婦之稱不可從母婦之屬也孔氏廼云母婦之號隨夫尊卑則不違於禮意矣釋親上云女子同出謂

先生爲姒後生爲娣爾雅明著其文曰女子同出言其俱事一夫也所謂媵也此云長婦謂稚婦爲娣婦娣婦謂長婦爲姒婦爾雅明著其文曰娣婦者對夫而言夫年有長稚故婦從夫而有長婦稚婦言其各事一夫所謂昆弟之妻也孔氏迺欲以媵之俱事一夫者牽合於昆弟之妻則不達於雅訓矣孔氏所据者左傳之稱弟妻爲姒耳殊不知古之稱娣姒者猶今人稱妯娌也兄妻稱弟妻曰妯娌弟妻亦可稱兄妻曰妯娌蓋晰言之則兄妻爲姒弟妻爲娣合言之則昆弟之妻統稱爲娣姒急言之則但稱爲姒故賈逵鄭康成杜預謂兄弟之妻相謂爲姒者是也孔氏謂娣姒之名不計夫之長幼者非也【註】今相至妯娌

○【正義】史記集解引孟康曰兄弟妻相謂先後索隱引鄒誕生音先後並去聲即今妯娌也韋昭云先姒後娣顏師古漢書註古謂之娣姒今關中俗呼爲先後吳楚俗呼之爲妯娌方言云築娌匹也郭氏彼註云今關西兄弟婦相呼爲築娌廣雅云妯娌娣姒先後也郭氏以先後妯娌俱可連稱以證娣姒之可連

稱也連稱娣姒見儀禮連稱先後見史記漢書連稱姒妯娌見方言廣雅知娣姒之可連稱則左傳之稱姒者不過稱謂之間偶從其省不得因此而致疑於兄妻爲姒弟妻爲娣也釋名又云青徐人謂長婦曰稙長禾苗先生者曰稙取名於此也荆豫人謂長婦曰熟熟祝也祝始也所謂長婦皆言其夫年之長也

妻黨【正義】題上事也說文云妻與夫齊者也从女从屮从又又持事妻職也釋名云士庶人曰妻妻齊也夫賤不足以尊稱故齊等言也大傳云從服有從重而輕鄭註從服謂妻之父母此篇釋妻之黨兼及於姑之子舅之子姊妹之夫因妻之昆弟而類舉之也兼及於外孫者因離孫歸孫而連舉之也兼及於嫂婦娣姒者以其同爲女子之類也

婦稱夫之父曰舅稱夫之母曰姑姑舅在則曰君舅君姑沒則曰先舅先姑【註】國語曰吾聞之先姑謂夫之

庶母爲少姑【正義】白虎通義云稱夫之父母謂之舅姑何尊如父而非父者舅也親如母而非母者姑也故稱夫之父母爲舅姑也說文云姑夫母也威姑也漢律曰婦告威姑釋名云夫之父曰舅舅久也久老稱也夫之母曰姑亦言故也婦於舅姑在則稱之曰君舅君姑士昏禮舅姑既没婦入三月奠菜祝辭曰敢奠嘉菜于皇舅某子敢告于皇姑某氏鄭註皇君也是婦初來時雖舅姑既没奠祝之辭猶稱君舅君姑婦人以不逮事舅姑爲不幸也舅姑没則曰先舅先姑晉姜鼎銘云余惟嗣朕先姑謂夫之庶母爲少姑者夫有母名則婦亦有姑名也【註】國語至先姑○【正義】魯語公父文伯之母曰吾聞之先姑曰君子能勞後世有繼子夏聞之曰善哉商聞之曰古之嫁者不及舅姑謂之不幸夫婦學于舅姑者也魯語又載文伯之母曰吾聞之先子韋註先子先舅稱先舅爲先子者從其夫而稱之也

夫之兄爲兄公【註】今俗呼兄鍾語之轉耳夫之弟爲叔

夫之姊爲女公夫之女弟爲女妹【註】今謂之女妹是也【正義】釋名云夫之兄曰公公君也君尊稱也俗間曰兄章章灼也章灼敬奉之也又曰兄忪是已所敬見之怔忪自肅齊也俗或謂舅曰章又曰忪亦如之也禮記疏引皇侃云婦人謂夫之兄爲公者須公平尊稱也孔穎達云俗本女旁置公轉誤也案陸氏釋文本作妐今從宋本作公夫之弟爲叔者釋名云叔少也幼者稱也叔亦俶也見嫂俶然却退也夫之姊爲女公夫之女弟爲女妹者昏義云順於舅姑和於室人而后當於夫鄭註室人謂女妐女叔諸婦也孔疏女妐謂壻之姊也女叔謂壻之妹也諸婦謂娣姒之屬說文徐鍇本云妹夫之女弟也徐鍇云曹大家女誡所謂嫂妹也

子之妻爲婦長婦爲嫡婦衆婦爲庶婦【正義】白虎通義云婦者服也以禮屈服也說文云婦服也从女持帚灑埽也士昏禮云庶婦則使人醮之鄭註適婦酌之以醴尊之庶婦

酌之以酒卑之內
則謂之家婦介婦

女子之夫爲壻 正義 說文云壻夫也从士胥聲詩曰女也不爽士貳其行士者夫也徐鍇通論云壻者胥也胥有才智之稱也知爲人父之道也故於文士胥爲壻方言云東齊之閒壻謂之倩郭氏彼註云言可借倩也今俗呼女壻爲卒便是也

壻之父爲姻婦之父爲婚 正義 白虎通義云婚姻者何謂也婚者昏時行禮故曰婚姻者婦人因夫而成故曰姻詩云不惟舊因謂夫也又曰燕爾新婚謂婦也所以昏時行禮何示陽下陰也昏亦陰陽交時也說文云姻壻家也女之所因故曰姻婚婦家也禮娶女以昏時婦人陰故曰婚釋名云婿之父曰姻姻因也女往因媒也婦之父曰婚言壻親迎用昏又恒以昏夜成禮也鄭註士昏禮云女氏稱昏壻氏稱姻

父之黨爲宗族，母與妻之黨爲兄弟。【正義】此釋兄弟之親與宗族有別也。古者宗族則稱昆弟，母與妻之黨則稱兄弟。母之黨者，若舅之子爲外兄弟是也。妻之黨者，鄭註士昏禮云兄主婦者，兄弟之道宜相親也。散文言之，母黨亦有稱昆弟者，若從母之子爲從母昆弟是也。宗族亦稱爲兄弟者，喪服傳云小功以下爲兄弟，鄭註兄弟猶言族親也。小雅伐木云兄弟無遠，鄭箋兄弟父之黨母之黨，是父黨母黨並稱爲兄弟也。對文言之，則昆弟與兄弟之稱有別。

婦之父母、壻之父母相謂爲婚姻，兩壻相謂爲亞。【註】詩曰：瑣瑣姻亞。今江東人呼同門爲僚壻。【正義】上文已云壻之父爲姻，婦之父爲婚，此又兼言母者，士昏禮婿有見婦之父母之禮，是婦之父母、壻之父母皆得相見，相見則有相謂之辭。昏姻二字每多連舉，士昏禮云某以得爲外昏姻，又云某以得爲外昏姻之數，又云某以得

爲昏姻之故小雅我行其野云昏姻之故左氏文三
年傳云修昏姻皆並舉其文也兩壻相謂爲亞者釋
名云兩壻相謂曰亞言一人取姊一人取妹相亞次
也又並來至女氏門姊夫在前妹夫在後亦相亞而
相倚共成其禮也又曰友壻言其相親友也【註】詩曰
至僚壻。【正義】瑣瑣姻亞小雅節南山文毛傳用爾
雅僚壻猶
言友壻也

婦之黨爲婚兄弟壻之黨爲姻兄弟【註】古者皆謂婚姻
爲兄弟【正義】此申言外姻爲兄弟也大司徒以本俗
六安萬民三曰聯兄弟鄭註兄弟昏姻嫁娶
也曾子問云壻之伯父致命女氏曰某之子有父母
之喪不得嗣爲兄弟穀梁宣十年傳云公娶齊齊以
爲兄弟友之是婚
姻稱爲兄弟也

嬪婦也【註】書曰嬪于虞【正義】說文云嬪服也婦服也義
同天官九職云嬪婦化治絲枲

鄭註嬪婦人之美稱也【註】書曰嬪于虞。【正義】堯典文

謂我舅者吾謂之甥也【正義】釋名云舅謂姊妹之子曰甥甥亦生也出配他男而生故其制字男旁作生也喪服傳云甥者何也謂吾舅者吾謂之甥何以緦也報之也左氏莊六年傳鄧祁侯曰吾甥也杜註姊妹之子曰甥傳又云騅甥聃甥養甥杜註皆鄧甥仕於舅氏也文三年傳云好舅甥成二年傳云大齊甥舅之國也小雅頍弁云豈伊異人兄弟甥舅言甥舅之親比於同姓也

婚姻【正義】題上事也經解云昏姻之禮所以明男女之别也鄭註昏姻謂嫁取也壻曰昏妻曰姻蓋男女自爲昏姻而壻之父爲姻婦之父爲婚又因其子而稱之而親屬又各以其類推也

爾雅正義卷第五

爾雅正義卷第六

文淵閣校理翰林院編修加一級教習庶吉士充國史館纂修官邵晉涵撰集

爾雅卷中

釋宮第五

正義 史記索隱引元命包云宮之言中也廣韻引白虎通亦云宮之言中也易繫辭傳云上古穴居而野處後世聖人易之以宮室上棟下宇以待風雨蓋取諸大壯九家易云坎爲宮禮運云昔者先王未有宮室冬則居營窟夏則居橧巢後聖有作以爲臺榭宮室牖戶是既營宮室即有臺榭戶牖也初學記引白虎通云黃帝作宮室以避寒溼釋文引世本云禹作宮室呂氏春秋云高元作宮室案論語言禹卑宮室則禹之前已有宮室以爲始於黃帝者是也大司徒以本俗六安萬民一曰孅宮室鄭註孅善也謂約椽攻堅風雨攸除各有攸宇

是宮室之作所以安上下也此篇所釋上則爲梁棁桴榱之屬下則爲瓴甋甓地之屬連則爲篠旁則爲墉别内外則爲扆爲序故墨子辭過篇述聖王爲宮室之法曰高足以辟潤濕邊足以圉風寒上足以待雪霜雨露宮墻之高足以别男女之禮也古者祭祀朝聘燕饗之禮各有定位故内而奥窔外而門闕以及鄉位宁樹俱爲釋其所在俾行禮者不至失位也途路之異名趨走之處以及於梁徛又因其類而分釋之

宮謂之室室謂之宮【註】皆所以通古今之異語明同實而兩名【正義】說文云宮室也室實也从宀从至至所止也釋名云宮穹也屋見於垣上穹隆然也室實也人物實滿其中也考工記匠人云室中度以几宮中度以尋此對文言之也散文言之則古者宮室爲通名春秋隱五年考仲子之宮公羊傳云考宮者何考猶入室也穀梁文十三年傳云伯禽曰世室

羣公曰宮明堂位云魯公之廟文世室也武公之廟武世室也是宗廟通稱宮室也左氏莊二十一年傳云虢公爲王宮于玤詩序云斯干宣王考室也鄘風定之方中云作于楚宮又云作于楚室毛傳室猶宮也孟子曰爲巨室趙岐註巨室大宮也是天子諸侯所居通稱宮室也左氏僖二十八年傳云令無入僖負羈之宮檀弓云季武子成寢杜氏之葬在西階之下請合葬焉許之入宮而不敢哭內則云由命士以上父子皆異宮是大夫通稱宮室也士昏禮云請吾子之就宮喪服傳云所適者以其貨財爲之築宮廟大戴禮千乘篇云百姓不安其居不樂其宮豳風七月云入此室處是士庶人通稱宮室也釋文云古者貴賤同稱宮秦漢以來唯王者所居稱宮焉**註**皆所至兩名○**正義**書疏引李巡云所以古今通語明實同而異名郭註本李巡

牖戶之閒謂之扆**註**窗東戶西也禮云斧扆者以其所

扗處名之其內謂之家【註】今人稱家義出於此東西

牆謂之序【註】所以序別內外【正義】古者居室南鄉戶東而牖西其間南鄉以臨外者爲扆扆以內爲家室前堂上東箱西箱之牆爲序內則云爲宮室辨內外故先釋之也○牖戶之間謂之扆○說文云牖穿壁以木爲交窗也戶護也半門曰戶釋名云戶護也所以謹護閉塞也扆設於戶牖之間顧命云狄設黼扆綴衣牖間南嚮春官司几筵云凡大朝覲大饗射凡封國命諸侯王位設黼依依前南鄉鄭註依其制如屏風然覲禮云天子設斧依於戶牖之間鄭註依如今綈素屏風也曲禮云天子當依而立諸侯北面而見天子曰覲明堂位云天子負斧依南鄉而立鄭註斧依爲斧文屏風於戶牖之間案顧命所云牖間卽戶牖之間舉牖以該戶故孔疏云間者窻東戶西戶牖之間也鄭屢以屏風況依者據漢制言之釋名云扆倚也扗後所依倚也屏風言可以屏障風也大雅公劉云既登乃依鄭箋

公劉既登堂負扆而立士虞禮記云佐食無事則出戶負依南面鄭註戶牖之閒謂之依是天子諸侯以及士皆設依天子唯畫斧文爲異其在戶牖之閒則上下皆同詩疏迺云斧者屏風之名扆則戶牖之閒地殊未考扆卽屏風斧扆特畫斧文於屏風耳斧謂之黼見下文釋器扆與依通○其內謂之家○說文云家居也易釋文云人所居稱家夏小正云操泥而就家入人內也是內爲家也曲禮云凡爲君使者已受命君言不宿於家宿於家猶言夜居於內也○東西牆謂之序○說文云序東西牆也釋名云序次序也堂兩旁爲東西夾室中有牆以隔之謂之東西序顧命言西序東序孔疏謂序者牆之別名是也鄭註儀禮云堂東西牆謂之序是序之外卽爲堂矣士冠禮主人直東序西面賓直西序東面是東西牆爲賓主次叙分立之處序之前卽爲階故上階則立於序端仲尼燕居云立則有序故叙立之處謂之序【註】窗東至名之○【正義】說文云窗通孔也釋名云窗聰也於內窺外爲聰明也是窗卽牖也書疏引李巡云謂

牖之東戶之西爲扆郭註本李巡郭又引禮云斧扆者詩疏引郭氏音義云禮有斧扆者形如屏風畫爲斧文置於扆也因名爲斧扆是也魏書李謐明堂制度論引鄭康成三禮圖云扆從廣八尺畫斧文於其上今之屏風也郭云以其所在處名之者設扆之處謂之扆猶今人設屏風之處謂之屏風也○今人至於此○正義詩疏引李巡云謂門以內也郭云今人稱家今北方語猶然○所以至內外○正義詩疏引孫炎云堂東西牆所以別序內外也郭註本孫炎太平御覽引舍人云殿東西堂序尊卑處案以序爲東西堂於禮不合疑傳寫有訛字

西南隅謂之奧【註】室中隱奧之處西北隅謂之屋漏【註】詩曰尚不愧於屋漏其義未詳東北隅謂之宧【註】宧見禮亦未詳東南隅謂之窔【註】禮曰埽室聚窔窔亦

隱闇【正義】此釋室中四隅之名也○西南隅謂之奧○說文云奧宛也室之西南隅釋名云室中西南隅曰奧不見戶明所在秘奧也曲禮云爲人子者居不主奧鄭註謂與父同宮者也不當其尊處孔安國論語註云奧內也皇侃疏云謂室中西南角室向東南開戶西南安牖牖內隱奧無事恒尊者所居之處也是奧爲少左開牖也仲尼燕居云目巧之室則有奧阼又云室而無奧阼則亂於室也鄭註以奧阼爲賓主之處也奧爲尊者所恒居故以爲主之處也少牢饋食禮云司宮筵于奧是祭時布神坐就其尊處也○西北隅謂之屋漏○太平御覽引舍人云古者徹屋西北扉以炊浴汲者訖而復之古謂之屋漏也釋名云西北隅曰屋漏禮每有親死者輒撤屋之西北隅薪以爨竈煮沐供諸喪用時若值雨則漏遂以名之也必取是隅者禮既祭改設饌於西北隅令撤設之示不復用也案士虞禮云祝反入徹設于西北隅喪大記云甸人取所徹廟之西北扉薪用爨之是劉熙所引之禮也劉與舍人同義惟以雨漏訓屋

漏爲增成其義耳詩疏引孫炎云屋漏者當室之所白日光所漏入案有司徹云有司官徹饋饌于室中西北隅鄭註云此於尸謖改饌當室之白曾子問說陽厭之事云當室之白鄭註云得戶明者也葢西北隅爲幽隱之地漏見日光故爲當室之白孫炎義本康成也○東北隅謂之宧○說文云宧養也室之東北隅食所居釋名云東北隅曰宧宧養也東北陽氣始出布養物也太平御覽引舍人云東北陽氣始起萬物所養故謂之宧釋文引李巡云東北者陽氣始起育養萬物故曰宧宧養也案宧與頤通君子之居恒當戶戶在東南則東北隅爲當戶飲食之處在焉故釋詁云頤養也○東南隅謂之窔○釋名云東南隅曰窔窔幽也亦取幽冥也說文作窅云戶樞聲也室之東南隅又云窅窔深也案窔爲稍右開戶以其近戶故以戶樞聲爲名以其在室之隅故兼取幽深爲義荀子非十二子云奧窔之間簟席之上淮南主術訓云責之以閨閣之禮奧窔之間是奧窔爲幽深之地也窔字又作宎莊子徐無鬼篇鶉生於宎司馬

彪云東南隅鶉火地生鶉也太平御覽引舍人云東
方萬物生蟄蟲必出無不由戶突是舍人本突作窔
注 室中至之處。**正義** 廣雅云奧藏也是奧爲隱奧
之處奧本或作隩書疏引孫炎云室中隱隩之處也
。詩曰至屋漏。**正義** 大雅抑文鄭箋云屋小帳也
漏隱也禮祭於奧既畢改設饌於西北隅而厞隱之
處此祭之末也案釋言云厞陋隱也陋漏音義同隱
蔽之處處時見日光謂之當室之白。宧見禮。**正義**
曲禮疏引孫炎云日側之明孔穎達以宧爲明也宧
見禮者宧通作頤東北隅謂之頤中央謂之中霤玉
藻云足如履齊頤霤恭以屋之下垂假借爲裳下垂
之勢也又云端行頤霤如矢言端行則裳之下垂正
直也。禮曰至聚窔。**正義** 既夕禮記云掃室
聚諸窔鄭註室東西隅謂之窔是突與窔通

柣謂之閾**注**閾門限棖謂之楔**注**門兩旁木楣謂之梁
注門戶上橫梁樞謂之椳**注**門戶扉樞樞達北方謂

之落時【註】門持樞者或達北檼以爲固也落時謂之戹【註】道二名也【正義】此釋門上下兩旁之名也○柣謂之閾○柣說文作榍云限也閾門榍也繫傳云榍所以爲限閾左氏僖二十二年傳云不踰閾孔疏云謂門下橫木爲外内之限也曲禮云不踐閾是士大夫出入君門之恒禮也玉藻云賓入不中門不履閾論語云行不履閾此言朝聘之禮也鄭註閾門限也閾亦名梱士冠禮云布席于門中閾西閾外鄭註閾閾也曲禮云外言不入於梱鄭註梱門限也○棖謂之楔○旁於門者爲棖亦名爲楔皇侃云門左右兩椳邊各豎一木名之爲棖棖以禦車過恐觸門也玉藻云君入門介拂闑大夫中棖與闑之間士介拂棖鄭註棖門楔也孔疏以爲門之兩旁長木也○楣謂之梁○說文繫傳云楣謂門上橫梁也眉猶際也案門上橫木爲楣亦名爲梁與下文杗廇謂之梁名同而實異公食大夫禮云公當楣北面鄭註楣謂之梁是據此文爲釋也又梠亦謂之楣鄉

飲酒禮云主人阼階上當楣北面再拜鄭註楣前梁也此言梁縱而楣橫故言前梁也鄉射禮記云序則物當棟堂則物當楣鄭註正中曰棟次曰楣此言楣與棟相近也皆阯下文所云檐謂之樀也與門上之楣梁異。樞謂之椳。說文云樞戶樞也門樞謂之椳廣雅云樞本也繫辭傳云樞機之發鄭註云樞戶樞也戶樞之發或明或闇翟元云樞主開閉開閉有明暗是樞爲制動之主椳其別名也。樞達至之㞋。戶在東南其持樞之木或達於北方者名落時亦名爲㞋釋文云㞋本作戺案戺古巸字說文云巸廣𦣞也本又作扂扂亦訓爲廣也【註】閾門限。【正義】詩疏引孫炎云閾門限也郭註本孫炎匡繆正俗云問曰俗謂門限爲門蕭何也答曰案爾雅柣謂之閾郭景純註曰門限也音切今言門蕭是柣聲之轉耳字宜爲柣而作切音。門兩旁木。【正義】詩疏引李巡云謂梱上兩旁木是根在梱之上也。門戶上橫梁。【正義】釋文云楣本或作相埤蒼云梁也吕伯雍云門樞之橫梁案說文云楣門樞之橫木繫傳云門楣橫木門上樞鼻所附或亦連兩鼻爲之以冒門梱也据說文以楣爲梠則門上橫梁之名當爲楣也衆經音義引郭註無戶字○門戶扉樞○**正義**太平御覽引孫炎云門戶扇樞開可依蔽爲根也郭云扉樞者即扇樞也衆經音義引郭註無戶字

垝謂之坫**註**在堂隅坫墆也牆謂之墉**註**書曰旣勤垣墉**正義**此釋堂隅及垣牆之名也垝謂之坫者垝一名坫士冠禮云爵弁皮弁緇布冠各一匴執以待于西坫南旣夕禮云設楬于東堂下南順齊于坫饌于其上士虞禮云饌於西坫上鄭註云坫在堂角賈疏云坫有二若明堂位云崇坫反圭及論語云兩君之好有反坫之等在廟中有之以亢反爵之屬此言坫者皆據堂上角爲名故云堂角也牆謂之墉者詩疏引李巡云謂垣牆也說文云牆垣蔽也釋名云牆障也所以自障蔽也墉容也所以蔽隱形容也士冠禮云陳設于房中西墉下士昏禮云尊于室中北墉

下鄭註以墉爲牆也【註】在堂至墆也。【正義】郭云堂隅猶鄭云堂角說文云坫屏也亦言其屏蔽也墆者釋文云高貌也或作墆本或作端案坫爲堂角與端義相近作端者是也。書曰既勤垣墉。【正義】周書梓材文馬融云卑曰垣高曰墉釋名云垣援也人所依阻以爲援衛也案城亦謂之牆亦謂之墉說文云墉城垣也大雅皇矣云以伐崇墉是也

鏝謂之杇【註】泥鏝椹謂之榩【註】斫木櫍也地謂之黝【註】黑飾地也牆謂之堊【註】白飾牆也【正義】此釋修飾塗堊之名也。鏝謂之杇。說文云鏝鐵杇也或作槾杇也杇所以涂也秦謂之杇關東謂之槾左氏襄三十一年傳云圬人以時塓館宮室杜註杇人塗者孔疏云圬是塗之所用因謂泥牆屋之人爲圬人論語云糞土之牆不可圬也王肅云圬墁也圬與杇通用。椹謂之榩。椹一名榩斫木時所藉之木也通作虔商頌殷武云方

斲是虞鄭箋云正斲於椹上穀梁昭九年傳云以葛覆質以爲槷范註質椹也是椹又名質也○地謂之黝牆謂之堊○春官守祧云其祧則守祧黝堊之穀梁莊二十三年傳云天子諸侯黝堊喪大記云既禫黝堊是黝堊爲塗塈之事也釋器云黑謂之黝說文云黝微青黑色此言以黑色塗地也其以赤色塗地所謂天子赤墀也鄭司農云黝讀爲幽賈疏云幽是北方北方其色黑欲見地謂之幽取黑義也案小雅隰桑云其葉有幽毛傳幽黑色也是黝幽古字通用堊者說文云白涂也地官掌蜃云共白盛之蜃鄭註云謂飾牆使白之蜃也賈疏云白盛主於宗廟堊牆也是宗廟之牆以白盛之蜃爲堊其以白土飾牆者統謂之堊釋名云堊亞也次也先泥之次以白灰飾之也 註 泥鏝○ 正義 左傳疏引李巡云鏝一名杇塗工作具也郭云泥鏝言用泥以鏝也釋名云泥邇也邇近也以水沃土使相黏近也塗杜也杜塞孔穴也○斫木櫍也○ 正義 詩疏引孫炎云斲材質也郭註本孫炎○黑飾地也白飾牆也○ 正義 鄭司農周禮

註黝黑也堊白也與郭註同徐邈穀梁註云黝黑柱
也堊白壁也范甯云黝堊黑色也案徐邈以黝爲黑
柱與爾雅異范以黝堊爲一色
非也穀梁釋文云堊白土也

樴謂之杙【註】謂橜也在牆者謂之楎【註】禮記曰不敢縣於
夫之楎箷在地者謂之臬【註】即門橜也大者謂之栱
長者謂之閣【註】别杙所在長短之名【正義】此釋杙所在長短之異名
也。樴謂之杙。詩疏引李巡云杙謂橜也說文云
樴弋也弋橜也象折木銳衺著形丿象物挂之也橜
弋也地官牛人云以授職人後鄭云職讀爲樴樴謂
之杙可以繫牛樴人者謂牧人充人與賈疏充人置
樴入地之時樴樴然作聲故以聲名其官也此言杙
置於地可以繫挂也左氏襄十七年傳云以杙抉其
傷此杙之銳者也凡木采於山去其枝條以待用者
俗稱爲木料古謂之橜又謂之樴又謂之杙其狀不

一或衺而銳或大而長其用至廣雖栖雞置兔亦皆用之其在室中者各隨所在而異其名○在牆至之楎○杙之在牆者名楎孔穎達云植曰楎横曰椸同類之物是楎爲傳近於牆者也○在地至之臬○此言杙之短者也說文云闑門梱也橜一曰門梱也孔穎達以爲門中所豎短木在地者也下文云橜謂之闑詳見下○大者至之閣○此言杙之長大者所以別於銳衺者也大者名栱以其可爲斗栱也長者名閣卽所以止扉者也詳見下**註**禮記至楎椸○**正義**內則文鄭註云楎杙也

闍謂之臺**註**積土四方有木者謂之榭**註**臺上起屋**正義**釋言云闍臺也此申釋其義兼別臺榭之異名也○闍謂之臺○鄭風出其東門云出其闉闍毛傳闍曲城也闍城臺也說文云闍城內重門也闍闉闍也詩釋文引孫炎云闍積土如水渚可以望氣祥也是城臺爲闍也禮器云天子諸侯臺門鄭註闍者謂之臺左氏定四年傳云邾子在門臺杜註門上有臺是門

臺亦名闍也以其在城門宮門故謂之闍若苑囿之臺則不名爲闍下文云四方而高曰臺此乃臺之通稱也城臺門臺其形亦四方故又稱爲隅考工記云宮隅之制七雉城隅之制九雉戴震補註云門臺謂之宮隅城臺謂之城隅亦謂之闍是也○有木者謂之榭○此因臺而兼詳榭之制也月令云可以處臺榭鄭註闍者謂之臺有木者謂之榭高誘呂氏春秋註云積土四方而高曰臺臺加木爲榭是臺上架木爲屋名之爲榭故鄭註禮運云榭器之所藏也下文無室曰榭與此異**註**積土四方○**正義**月令疏引李巡云積土爲之所以觀望禮器疏云兩邊築闍爲基是其形四方也○臺上起屋○**正義**左傳疏引李巡云臺上有屋謂之榭郭註本李巡監本誤作臺上起土今從宋本改正

雞棲於弋爲榤鑿垣而棲爲塒**註**今寒鄉穿墻棲雞皆見詩**正義**王風君子于役云雞棲于塒又云雞棲于桀此釋之也弋毛詩引作杙郎上文所謂樴也

兔罝毛傳云丁丁椓杙聲是杙可爲兔罟也莊子人間世云其拱把而上者求狙猴之杙者斬之李頤註所以栖戲狙猴也是杙可以栖狙猴也銳袤之杙爲雞所栖名之爲榤也塒者說文云雞棲垣爲塒垣牆也註今寒至栖雞○正義詩疏引李巡云別雞所棲之名寒鄉鑿牆爲雞作棲曰塒郭註本李巡穿牆以栖雞今北方猶然

植謂之傳傳謂之突註戶持鏁植也見埤蒼正義說文云植戶植也繫傳云植即門戶之橫鍵所穿木也鏁所附焉故謂之楑楑者爲橫杠所唐突也案墨子非儒篇云爭門關抉植是植爲鍵門持鏁之木也淮南本經訓云縣聯房植高誘註植戶植也又主術訓云橋直植立而不動是植當爲直立之木徐鍇以爲橫鍵未之詳也釋文云突本或作楑註戶持至埤蒼○正義說文繫傳引郭註戶持鎖植也監本鏁誤作鎖衆經音義引三蒼云戶旁柱曰植植亦縣薄柱也

宗廇謂之梁【註】屋大梁也其上楹謂之棳【註】侏儒柱也開謂之槉【註】柱上欂也亦名枅又曰楮栭謂之楶【註】即櫨也棟謂之桴【註】屋檼桷謂之榱【註】屋椽桷直而遂謂之閱【註】謂五架屋際椽正相當直不受檐謂之交【註】謂五架屋際椽不直上檐交於檼上檐謂之樀【註】屋梠【正義】此釋梁柱棟桷之異名也○宗廇謂之梁○釋名云梁彊梁也梁一名宗廇者以其大而居中也此爲堂上之梁其前橫列者爲楣承之者爲楹柱○其上楹謂之棳○說文云楹柱也繫傳云楹之言盈盈盈對立之狀釋名云楹亭也亭亭然孤立旁無所依也齊魯讀曰輕輕勝也孤立獨處能勝任上重也李如圭云堂之上東西有楹楹之設蓋於前楣之下是也梁上短柱名棳釋名云棳儒梁上

短柱也棳儒猶侏儒短故以名之也釋文云棳本或作梲禮記疏引李巡云梁上短柱也包咸論語註云梁上楹也明堂位云山節藻梲鄭註藻梲畫侏儒柱爲藻文也○閞謂之槉○閞一名槉太平御覽引舍人云朱儒下小方木案閞在侏儒上說文云閞門欂櫨也繫傳云斗上承棟者橫之似笄也柱端交牾之處置方木焉使相接合故謂之槉○栭謂之楶○說文云栭屋枅上標格欂櫨也繫傳云謂梁上短柱上承屋脊者管仲山楶藻梲蓋刻此柱爲山形畫兩旁枝梧木爲水藻之文今尚謂此短柱爲屋山也格者直立之意楶論語禮記俱作節包咸云節者栭也鄭註明堂位云山節刻欂櫨爲山也疏引李巡云欂櫨一名節皆謂斗栱也釋名云斗在欒兩頭如斗也斗負上員檼也○棟謂之桴○說文云棟極也桴眉棟名繫傳云極屋脊之棟也亦謂之危春秋後語魏人將殺范痤范痤登危而說是也桴謂屋前後檐橫棟也眉楣同也案釋名云棟中也居室之中也極亦訓爲中也棟一名桴是桴者中棟也檐之橫梁爲楣從

中棟之名而亦稱爲桴耳大過九四云棟隆吉象傳云棟隆之吉不撓乎下也是棟在屋中至高之處也○桷謂之榱○說文云桷榱也秦名爲屋椽周謂之榱齊魯謂之桷釋名云桷确也其形細而踈确也或謂之椽椽傳也相傳次而布列也或謂之榱在檼旁下列衰衰然垂也舊疏引沈旋集註云齊魯名桷周人名榱本於說文也漸六四云或得其桷虞翻云桷椽也方者謂之桷春秋莊二十四年刻桓宫桷穀梁釋文云方曰桷圜曰椽是桷與椽有方圓之異總名之爲榱也左氏桓十四年傳云以大宫之椽歸爲盧門之椽襄二十八年傳云子尾抽桷擊扉三又云猶援廟桷動於甍襄三十一年傳云棟折榱崩是榱從棟而分列也○桷直至之交○此別屋椽長短之異也椽之修長而達於檐者名閱其不直達於檐者名交以其交於檐上也◎檐謂之樀○說文云檐梍也檐樀也衆經音義引舊註云樀亦楣也說文云楣秦名屋櫋也齊謂之檐楚謂之梠釋名云楣眉也近前若面之有眉也是楣在檐端也說文又云闇謂之樀

楠廟門也此許君以廣異義疑即下文閍謂之門之異文也釋名云簷檐也接檐屋前後也徐鉉云俗作簷非是**註**屋大梁也○**正義**郭謂之屋大梁所以別於門上之橫梁也○侏儒柱也○**正義**禮記疏引孫炎云梁上侏儒柱郭註本孫炎淮南主術訓云短者以爲朱儒枅櫨高誘註云朱儒梁上戴蹲跪人也○柱上至曰楷○**正義**淮南本經訓云欂櫨高誘註欂枅也說文云枅屋櫨也衆經音義引三蒼云柱上方木曰枅一名楷山東河南皆曰枅自陝以西曰楷顏師古漢書註云薄櫨柱上枅也今所謂楷也○即櫨也○**正義**說文云櫨柱上柎也高誘淮南註云櫨柱上柎即梁上短柱也釋名云盧在柱端都盧負屋之重也○屋檼○**正義**說文云檼棼也釋名云檼隱也所以隱枅也或謂之望言高可望也或謂之棟是檼即棟也○又謂之阿士昏禮云賓升階當阿致命鄭註阿棟也○屋椽○**正義**說文云椽榱也榱椽也是椽一名橑○謂五至檼上○**正義**鄭註鄉射記云是制五架之屋也正中曰棟次曰楣前曰庪賈疏云

中脊爲棟棟前一架爲楣楣前接檐爲庪又云凡屋皆五架李如圭云堂之屋南北五架中脊之架曰棟次棟之架曰楣五架之制通乎上下而其廣狹則異爾案堂有廣狹故椽亦有長短郭以正訓直椽之長者與屋際正相當其短者不直上於檐則爲交於棟上也○屋梠○正義儀禮疏引孫炎云謂室梠周人謂之梠齊人謂之檐謂承檐行材郭註本孫炎爲義也說文云梠楣也釋名云梠旅也連旅旅也或謂之槾槾緜也緜連榱頭使齊平也上入曰爵頭形似爵頭也案梠又謂之宇士喪禮云置於宇西鄭註宇梠也說文云宇屋邊也釋名云宇羽也如鳥羽翼自覆蔽也是梠者言其相連宇者屋檐下垂之勢也

容謂之防註形如今牀頭小曲屏風唱射者所以自防隱見周禮正義容一名防荀子正論篇云居則設張容負依而坐楊倞註容如今小曲屏風施此於戶牖負之而坐是居亦有容也其用之於射則一名乏鄉射禮云乏參侯道鄭註容謂之乏所以爲

獲者禦矢也賈疏云容者以草爲之可以容身故云容也乏者謂矢於此匱乏不去故云乏之也【註】形如至周禮。【正義】此言容與扆異扆如屏風容則如後世所謂小曲屏風施於牀頭者此其異也唱射者郎唱獲者鄉射禮云獲者執旌許諾聲不絶以至于乏是也因其自防隱故謂之防云見周禮者夏官射人治射儀王三獲三容諸侯二獲二容卿大夫一獲一容士一獲一容鄭司農云容者乏也待獲者所蔽也

連謂之簃【註】堂樓閣邊小屋今呼之簃厨連觀也【正義】太平御覽引通俗文云連閣曰簃簃通作誃說文云周景王作洛陽誃臺繫傳云誃臺猶別館也爾雅註堂樓邊小屋爲簃今云簃厨連觀此葢小屋連接大屋觀其表則連於大屋體其實則別爲一區處也趙策云出誃門也高誘註誃別也是小室連於大屋別爲門也連通作聯西京賦云聯以昆德是也廣韻云樓簃也樓與連通

屋上薄謂之筄【註】屋笮【正義】在椽上而傳於瓦者名筄玉篇云筄危也以其當屋之高處也今南方多以竹爲之亦有用木者則謂之軒版【註】屋笮○【正義】說文云笮迫也在瓦之下棼上釋名云笮迮也編竹相連迫迮也是屋皆有笮其用諸重屋則用複笮鄭註考工記云重屋複笮也逸周書作雒解云常累復格復格其郎所云複笮與廣雅云格謂之笮張揖以櫨爲笮與郭義殊

兩階間謂之鄉【註】人君南鄉當階間中庭之左右謂之位【註】羣臣之列位也門屏之間謂之宁【註】人君視朝所宁立處屏謂之樹【註】小牆當門中【正義】此釋朝事儀之所在由內以達外也○兩階間謂之鄉○堂有兩階其東階曰阼階其西階曰賓階人君嚮明而治其兩階間謂之鄉曲禮云天子當依而立諸侯北面而見天子曰覲鄭註秋見曰覲郊特牲云覲禮不下堂而見諸侯案

覲禮云天子衮冕負斧依鄭註南鄉而立以俟諸侯見卽曲禮所云當依而立也秋覲主義以刑等威故與春朝之在廷者不同○中庭之左右謂之位○聘禮云公揖入立于中庭又云擯者進中庭又云宰夫受幣于中庭又曰大夫降中庭舉中以見左右也庭通作廷說文云廷朝中也江永曰治朝外朝皆平地爲庭無堂無階故謂之朝廷廷者庭中也曾子問諸侯旅見天子雨霑服失容則廢明在庭中也案位古通作立論語束帶立于朝卽左傳所謂有位於朝也○門屏之閒謂之宁○曲禮曰天子當宁而立諸公東面諸侯西面曰朝孔疏云天子受朝於路門外之朝於門外而宁立以待諸侯之至故曰當宁而立也案天子外屏屏在路門之外是門以外屏以內其閒謂之宁諸侯未集天子佇立於此設屏以蔽內外也諸侯旣集則出至屏外負屏而立曲禮以負屏爲當宁猶以負依爲當依也宁通作著左氏昭十一年傳云朝有著定周語云大夫士日恪位著以儆其官○屏謂之樹○太平御覽引舍人云以垣當門蔽爲樹

禮記疏引李巡云垣當門自蔽名曰樹荀子大畧篇天子外屏諸侯內屏禮也外屏不欲見外也內屏不欲見內也淮南主術訓天子外屏所以自障高誘註屏樹垣也爾雅曰門內之垣謂之樹諸侯在內天子在外故曰所以自障也案高誘所引爾雅舉其義而言之其註呂氏春秋引爾雅屏謂之樹與今本同郊特牲云臺門而旅樹鄭註旅道也屏謂之樹樹所以蔽行道孔疏云以此推之則諸侯內屏在路門之內天子外屏在路門之外而近應門者矣【註】人君至階間【正義】儀禮言階間者皆言兩階之間如特牲饋食禮云執事之俎陳于階間士虞禮云饌黍稷兩敦于階間是也郭云當階間者言其南鄉而居中也○羣臣至位也○【正義】康王之誥云太保率西方諸侯入應門左畢公率東方諸侯入應門右是朝位分左右也舊疏引明堂位云三公中階之前北面東上諸侯之位阼階之東西面北上諸伯之國西階之西東面北上諸子之國門東北面東上諸男之國門西北面東上此以朝於明堂之列位借以證位有左右耳凡

治朝外朝羣臣皆以庭之左右爲列位也列位監本誤作側位今從宋本○人君至立處○正義詩疏引孫炎云門內屏外人君視朝所宁立處也孫意以爲宁在應門之內也禮記疏引李巡云正門內兩塾間曰宁李亦以在應門之內正門卽應門門側之堂爲塾故以爲在兩塾此皆以宁爲視朝之處也今知不然者宁爲將視朝佇立之處設屏以蔽內外故釋名云宁佇也將見君所佇立定氣之處也葢有屏以蔽之則人臣見君者亦可稍立以定氣要以屏之內爲宁也旣出視朝則屏在天子之後矣故郭氏不取門內屏外之說也○小牆當門中○正義鄭註論語云人君有別內外於門樹屏以蔽之皇侃義疏云今黃閤用板爲郭古者未必用板或用土今太廟中門內作屏郭之也案鄭註玉藻云屏謂之樹今桴思也釋名云屏自障屏也罘罳在門外罘復也罳思也臣將入請事於此復重思之也是鄭言罘罳卽外屏也屏以牆爲之郭
與李孫義同

閍謂之門【註】詩曰祝祭於祊正門謂之應門【註】朝門觀謂之闕【註】宮門雙闕也【正義】此釋祭門中門闕門之名也○閍謂之門○釋名云門捫也在外爲人所捫摸也左傳疏引李巡云祊故廟中門名也禮器云爲祊乎外鄭註云謂之祊者於廟門之旁因名焉是祊爲廟門也閍本或作祊○正門謂之應門○康王之誥云王出在應門之內爲朝諸侯之處即左傳所謂康有酆宮之朝也考工記匠人云應門二徹參个鄭註云正門謂之應門謂朝門也二徹之內八尺三个二丈四尺是鄭康成以正門即朝門也考工記補註云禮說天子五門臯庫雉應路諸侯三門臯應路失其傳也天子之宮有臯門有應門有路門路門一曰虎門一曰畢門不聞天子庫門雉門也諸侯之宮有庫門有雉門有路門不聞諸侯臯門應門也臯門天子之外門庫門諸侯之外門應門天子之中門雉門諸侯之中門異其名殊其等辨等威也天子三朝諸侯三朝天子三門諸侯三門其數

同君國之事併體合也朝與門無虛設也君臣日見之朝謂之內朝或謂之治朝或謂之正朝在路門外庭記或謂之外朝與路寢庭之朝連文爲外內也斷獄蔽訟及詢非常之朝謂之外朝在中門外庭以燕以射及圖宗人嘉事之朝謂之燕朝在路寢庭聘禮曰公出送賓及大門內周官司儀曰出及中門之外廟在中門內明矣○觀謂之闕○說文云闕門觀也釋名云闕在門兩旁中央闕然爲道也禮記疏引白虎通云闕者何闕疑也闕者所以飾門別尊卑也天官太宰云縣治象之法于象魏鄭司農云象魏闕也詩疏引孫炎云宮門雙闕舊章懸焉使民觀之因謂之觀太平御覽引潁容云闕者上有所失下得書之於闕所以求論譽於人故謂之闕矣考工記補註云記曰昔者仲尼與於蜡賓事畢出遊於觀之上蜡之饗亦祭宗廟廟在雉門內故出而至觀也春秋桓宮僖宮災火自司鐸踰公宮至桓僖二廟廟邇公宮也季桓子至御公立於象魏之外立當遠火也春秋穀梁氏傳曰禮送女父不下堂母不出祭門諸母兄弟

不出闕門廟門謂之祭門觀謂之闕亦謂之象魏諸侯設於雉門是以雉門謂之闕門天子設於應門闕門在外祭門在內不出闕門者得出祭門者也【註】詩曰至於祊○【正義】小雅楚茨文左傳疏引孫炎云詩云祝祭於祊祊謂廟門也郭註本孫炎說文云鬃門內祭先祖所以徬徨詩曰祝祭于鬃或作祊毛傳云祊門內也鄭箋云孝子不知神之所在故使祝博求之平生門內之旁待賓客之處是祊祭在門內也孔疏云郊特牲曰索祭祝於祊註云廟門外曰祊又註祊之禮宜於廟門外之西室於此不同者以彼祊對正祭是明日之名與繹俱在門外以廟門謂之祊知內外皆有祊稱也○朝門○【正義】禮記疏引李巡云宮中南嚮大門應門也大雅緜云迺立應門毛傳王之正朝曰應門孔疏云殷代尚質未必曲有等級文王因其制度增而長之以爲天子之制是周以應門爲天子之朝門也明堂位云雉門天子應門言魯之雉門比於應門也○宮門雙闕○【正義】公羊昭二十五年傳云設兩觀何休註云禮天子外闕兩觀諸侯

內闕一觀疏以爲禮緯之文也水經註云孔廟東南五百步有雙石闕是兩觀爲雙闕也

宮中之門謂之闈註謂相通小門也其小者謂之閨小閨謂之閤註大小異名衖門謂之閎註左傳曰盟諸僖閎閎閧頭門正義此別門所在之異名也○宮中至之闈○說文云闈宮中門也考工記匠人云闈門容小扃參个鄭註小扃長二尺參个六尺劉昭續漢志注云禮記古大明堂之禮曰膳夫是相禮日中出南闈見九侯門子日側出西闈視五國之事日闇出北闈視帝節猶爾雅曰宮中之門謂之闈王居明堂之禮又別陰陽門南門稱門西門稱闈故周官有門闈之學師氏教以三德守王門保氏教以六藝守王闈然則師氏居東門南門保氏居西門北門也案劉昭所述以門與闈散文言之耳對文言之則闈爲小門故後漢書註引爾雅作宮中小門謂之闈左氏哀十四年傳云攻闈與大門是闈爲小

門別於大門也又鄭註考工記云廟中之門謂之闈士冠禮云冠者降適東壁見于母鄭註云適東壁者出闈門也時母在闈門之外婦人入廟由闈門士虞禮云賓出主人送主婦亦拜賓鄭註云女賓也不言出不言送拜之於闈門之內是宮中廟中俱有闈門也○其小至之閤○說文云閤特立之戶上圜下方有似圭閤門旁戶也公羊宣六年傳云自閨而出者何休註云宮中之門謂之闈其小者謂之閨從內朝出立乎外朝見出閨者知外朝在閨外內朝在閨內可知是閨爲闈之小者閤又閨之小者也公羊傳又云入其大門則無人門焉者入其閨則無人閨焉者是卿大夫之家大門內卽爲閨門也○衖門謂之閎○說文云䢽里中道从䢼从共皆在邑中所共也篆文作巷閎巷門也左氏成十七年傳云嘗衣乘輦而入於閎昭二十年傳云及閎中疏引孫炎云衖間道也釋文引廣雅云衖道也聲類猶以爲巷字按離騷云五子用失乎家巷衖卽巷也【註】謂相至門也○【正義】公羊疏引孫炎云闈者宮中相通小門也郭註本

孫炎。大小異名。正義 公羊疏引李巡云皆門戶大小之異郭註本李巡。左傳至頭門。正義 襄十一年傳文疏引李巡云衖頭門也郭註本李巡

門側之堂謂之塾 註 夾門堂也 正義 詩疏引白虎通云所以必有塾何欲以飾門因取其名也明臣下當見於君必先熟思其事也考工記云門堂三之一鄭註以爲門側之堂也李如圭云門之內外其東西皆有塾門一而塾四其外塾南鄉案士虞禮陳鼎門外之右匕俎在西塾之西註曰塾有西者是室南鄉又士冠禮擯者負東塾註曰東塾門內東堂負之北面則內塾北鄉也註夾門堂也。正義 詩疏引孫炎云夾門堂郭註本孫炎

橛謂之闑 註 門閫 闔謂之扉 註 公羊傳曰齒著于門闔

所以止扉謂之閎 註 門辟旁長橛也左傳曰高其閈

閣閣長杙即門橜也正義此申釋上文橜閣之義○因釋閾扉之名也○橜謂之闑○上云在地者謂之臬臬即闑也士冠禮云席於門中闑西閾外鄭註云闑橛也曲禮云由闑右李如圭云闑者門中所竪短木在地者也其東曰闑東其西曰闑西○閾謂之扉○說文云閾門扇也扉戶扇也玉藻云閏月則闔門左扉吳語云乃闔左闔是闔即扉也月令仲春之月乃修闔扇鄭註云用木曰闔用竹葦曰扇左氏襄十八年傳云以枚數闔荀子儒效篇外闔不閉皆言門扉也○所以止扉謂之閣○說文云閣所以止扉者繫傳云爾雅弋長者謂之閣所以止扉即今云門頰扇所附著也此申釋上文之義陸本誤作謂之閎諸本俱沿其誤今据郭註改正註門閫○正義說文云梱門橛也繫傳云謂門兩旁扶門短限今人亦謂門限可以施其兩旁謂之榩限古者多乘車故門限必去之也古者君命將出師曰閫以外者將軍制之是也梱猶欵也欵扣也謂人物出入多觸扣之也○公羊至門閫○正義莊十二年傳文

○左傳至廞也○正義襄三十二年傳文今本譌作閈閎左傳釋文云本或作閣是郭氏所据本也說文云閈門也汝南平輿里門曰閈閈既爲門閎亦爲門不當重見作閣者是也郭又云閣長杙即門橛者嫌人不了故重言之

瓴甋謂之甓註甂甎也今江東呼瓴甓正註詩疏引李巡云瓴甋一名甓陳風云中唐有甓是也鄭註考工記云堂涂謂階前若今令甓裓矣賈疏云漢時名堂涂爲令甓裓也令甓則今之塼也裓則塼道也說文作甓瓴適也註甂甎至瓴甓○正義禮記疏云燒土爲之是甓即甎也鄭註禮運云瓦瓴甓是鄭亦呼爲瓴甓恭堂涂及廟中路皆以磚甃之也

宮中衖謂之壼註巷閤間道廟中路謂之唐註詩曰中唐有甓堂途謂之陳註堂下至門徑也路旅途也註

途䣝道也路場猷行道也【註】博說道之異名【正義】此釋道路之名也。宮中衖謂之壼。說文云𡈼宮中道从口象宮垣道上之形詩曰室家之壼案大雅旣醉毛傳云壼廣也孔疏以宮中巷路之廣故以壼爲廣也。廟中路謂之唐。詩疏引李巡云唐廟中路名逸周書作雒解云堤唐山廧孔晁註云唐中庭道也文選註引如淳云唐庭也。堂途謂之陳。釋名云陳堂塗也謂賓主相迎陳列之處也小雅何人斯云胡逝我陳毛傳陳堂塗也鄭箋堂塗公館之堂塗也考工記匠人云堂涂十有二分鄭註分其督旁之脩以一分爲峻也賈疏云名中央爲督假令兩旁上下尺二寸則取一寸於中央爲峻葢甓以瓴甋中央稍高起也。路旅途也。釋名云涂度也人所由得通度也路謂之塗古今通語也旅者左氏莊二十三年傳云羇旅之臣鄭註地官旅師云旅猶處也孟子云行旅皆欲出於王之塗旅訓爲途猶賈訓爲市也釋言云賈市也孟子云商賈皆欲藏於王之市是其義相通也。路場猷行道也。說文云道所行道也路道也場者鄭註地官場人云場築地爲壇季秋除圃中爲之詩云九月築場圃是場與壇義同鄭註祭法云封土曰壇除地曰墠是築治平地爲場也說文云場祭神道也一曰治穀田也是場即道也猷者說文作䌛云行䌛徑也通作繇釋詁已云繇道也詳見釋詁行訓爲道亦通語也【註】巷閤閒道。【正義】小雅鄭箋云奄官掌王后之命於宮中爲近故謂之巷伯疏引孫炎云巷舍閒道也王肅云今後宮稱永巷是宮內道名也郭以爲閤閒道以閤爲宮中小門也。詩曰至有甓。【正義】陳風防有鵲巢文疏引孫炎云詩云中唐有甓郭註與孫炎同漢宮室有唐中亦取庭之廣直爲義故西京賦云前開唐中瀰望廣潒。堂下至徑也。【正義】詩疏引孫炎云堂下至門之徑郭註本孫炎鄭註鄉飲酒禮三揖云將進揖當陳揖當碑揖是陳在堂下李如圭以爲其北屬階其南接門內霤也是一達謂之道路【註】長道二達謂之岐旁【註】岐道旁出也三達謂之劇旁【謂】今南陽冠軍樂鄉數道交錯俗呼之五劇鄉四達謂之衢【註】交道四出五達謂之康【註】史記所謂康莊之衢六達謂之莊【註】左傳曰得慶氏之木百車於莊七達謂之劇驂【註】三道交復有一岐出者今北海劇縣有此道八達謂之崇期【註】四道交出九達謂之逵【謂】四道交出復有旁通【正義】此釋九逵之途之異名也。一達至道路。說文作一達謂之道釋名云一達曰道路道蹈也路露也人所踐蹈而露見也。二達至岐旁。釋名云二達曰岐旁物兩為岐在邊曰旁此道並通出似之也。三達至劇旁。詩疏引孫炎云旁出歧多故曰劇釋名云三達曰劇旁古者列樹以表道道有夾溝以通水潦恒見修治此道旁用功轉劇也○四達謂之衢○公羊疏引李巡云四達各有所至曰衢釋名云四達曰衢齊魯間謂四齒杷爲欋欋杷地則有四處此道似之也左氏定八年傳云及衢而騁大戴禮記子張問入官篇六馬之離必於四面之衢太元達之次五云達於中衢大小無迷測曰達於中衢道四通也○五達謂之康○初學記引孫炎云康樂也交會樂道也釋名云五達曰康康昌也昌盛也車步併列並用之言充盛也○六達謂之莊○初學記引孫炎云莊盛也道煩盛釋名云六達曰莊莊裝也裝其上使高也○七達至劇驂○釋名云七達曰劇驂驂馬有四耳今此道有七比於劇也○八達至崇期○文選註引孫炎云崇多也多道會期於此釋名云八達曰崇期崇充也道多所通人充滿其上如共期也○九達謂之逵○說文云馗九達道也似龜背故謂之馗馗高也或作逵釋名云九達曰逵齊魯謂道多爲逵師此形然也文選註引

韓詩施于中馗薛君云中馗馗中九交之道也淮南說林訓楊子見逵路而哭之爲其可以南可以北高誘註九逵曰逵【註】今南至劇鄉○【正義】晉書地理志荆州南陽國冠軍縣今南陽府鄧州西北四十里有冠軍故城○交道四出○【正義】荀子註引孫炎云衢交通四出也郭註本孫炎○史記至之衢○【正義】史記孟荀列傳云爲開第康莊之衢集解引爾雅○左傳至於莊○【正義】襄二十八年傳文又昭十年傳云又敗諸莊杜註並以莊爲六軌之道非也孟子云引而置之莊嶽之閒數年趙註云莊嶽齊街里名也蓋因爾雅以爲名莊嶽今在青州府臨淄縣北○三道至此道○【正義】詩疏引孫炎云三道旁出復有一岐出者郭註本孫炎漢書地理志北海郡劇侯國晉書地理志齊國景帝以爲北海郡無劇縣蓋晉志之疎舛也今青州府昌樂縣有廢劇縣在縣西五十五里○四道至旁通○【正義】兔罝毛傳逵九達之道左氏隱十一年傳云及大逵桓十四年傳焚東門及大逵莊二十八年傳入自純門及逵市宣十二年傳入自

皇門至于逵路杜註皆以爲逵道方九軌也詩疏謂周禮經涂九軌不名曰逵杜註於爾雅不合是也左傳疏又云九出之道世俗所希不應城内得有此道以記有九軌故以逵當之言並容九軌皆得前達亦是九逵之義故李巡註爾雅亦取並軌之義又涂方九軌天子之制諸侯之國不得皆有唯鄭城之内獨有其涂故傳於鄭國每言之也案孔氏於詩疏則從毛傳左氏疏則申杜義五經正義多有自相矛盾者至於以逵爲九軌雖申杜義實未喻杜氏之意杜氏以莊爲六軌之道以逵爲九逵之道其意葢以爾雅所謂六達九達者猶言六軌九軌云爾孔氏廼謂鄭城之内獨有逵路然則左氏於齊國多言莊將以莊爲齊國所獨有乎於魯國多言衢將以衢爲魯國所獨有乎三百篇言周道魯道將以道路爲周魯所獨有乎在杜氏固未嘗以逵爲鄭國獨有之名也然杜氏以軌訓逵實有不可從者考工記匠人營國國中九經九緯經涂九軌鄭註經緯之涂皆容方九軌是言王城之制又云經涂九軌環涂七軌野涂五軌環

涂以爲諸侯經涂野涂以爲都經涂是言上下之等
差杜氏欲以匠人之九軌傅合於爾雅之九逹則爾
雅所謂一逹二逹者將何以分其等級乎况夫道路
者天下之通言也故郭氏釋爲長道若如杜氏以軌
訓逹則一逹之道路僅容一軌豈天下之道路俱若
是其陝且長哉劉炫據爾雅以逵爲九道交出用規
杜過其言誠有依据矣左傳疏又謂說爾雅者皆以
爲四道交出復有旁通是諸家之說唯李巡爲異義
餘皆與
郭註同

室中謂之時堂上謂之行堂下謂之步門外謂之趨中
庭謂之走大路謂之奔【註】此皆人行步趨走之處因
以名云【正義】人舉足而行有步趨奔走之異此因其
在之處以爲名也舊疏引白虎通云人踐三
尺法天地人說文云行人之步趨也步行也趨走也
走趨也奔走也此散文言之其義相通也釋名云兩

腳進曰行行抗也抗足而前也徐行曰步步捕也如有所伺捕務安詳也疾行曰趨趨赴也赴所至也疾趨曰走走奏也促有所奏至也奔變也有急變奔赴之也此對文言之各有其義也至於賓祭燕饗又各因所在以爲容也室中謂之時玉篇引作室中謂之跱跱上也案曲禮云室中不翔是室中之容也堂上謂之行者玉藻云行以肆夏鄭註云登堂之樂節也案韓詩外傳載晏子聘魯所謂君行一臣行二者指堂上而言曲禮云堂上接武鄭註云武迹也迹相接每移足半躡之中人之迹尺二寸是堂上之行容也堂下謂之步者召誥云王朝步自周則至于豐詩疏引鄭註云步行也堂下謂之步豐鎬異邑而言步者告武王廟卽行出廟入廟不以遠爲文恭也是步爲堂下之容書所言則致其恭也曲禮云堂下布武鄭註云武謂每移足各自成迹不相躡所謂步也門外謂之趨者玉藻云趨以采齊鄭註云路門之樂節至應門謂之趨孔疏以爲步迎賓客之事也曲禮云帷簿之外不趨堂上不趨鄭註行而張足曰趨是趨在

門外矣中庭謂之走大路謂之奔者大傳云遂奔走
周禮疏云庭中走大路奔指助祭者而言又鄭註樂
師云行者謂於大寢之中趨謂於
朝廷此亦散文言之與爾雅異

隄謂之梁【註】即橋也或曰石絶水者爲梁見詩傳石杠
謂之徛【註】聚石水中以爲步渡彴也孟子曰歲十一
月徒杠成或曰今之石橋【正義】此別梁與徛之名也隄謂之梁者說文云梁水
橋也穀梁定九年傳云得之隄下周語引夏令曰十
月成梁唐會要引王居明堂禮云罷梁除道是也石
杠謂之徛者說文云徛舉脛有渡也管子輕重甲篇
桀冬不爲杠夏不束泭以觀凍溺淮南本經訓云積
牒旋石以純修徛高誘註修徛曲中水所當處也徛
與徛通【註】即橋至詩傳。【正義】郭云即橋者以木爲
之左氏莊四年傳云除道梁溠襄二十八年傳云戌
舟發梁淮南繆稱訓云若行獨梁高誘註獨梁一木

橋是皆言以木爲梁也見詩傳者衞風有狐云在彼淇梁毛傳石絕水曰梁○聚石至石橋○正義郭云聚石水中謂履石以渡水也彴者漢書註引韋昭云以木渡水曰榷顏師古云榷者步渡橋爾雅謂之石矼今之畧彴也孟子曰歲十一月徒杠成者離婁篇文舊疏所据爾雅本作十月疑爲脫文今本俱作十一月與孟子同或曰今之石橋者郭氏兩解之

室有東西廂曰廟註夾室前堂無東西廂有室曰寢註但有大寢無室曰榭註榭卽今堂堭四方而高曰臺陜而修曲曰樓註修長也正義此釋廟寢榭之制併及於臺樓也○室有至曰廟○說文云廟尊先祖皃也釋名云廟貌也先祖形貌所在也廟之制序牆之外爲夾室夾室之前有東西廂廂當作箱鄭註公食大夫禮以箱爲待事之處也箱有東西者覲禮記註云東箱東夾之前特牲饋

食禮註云西堂西夾之前買疏以爲即西箱也公羊
疏引李巡云謂宗廟殿有東西小堂也故東箱西箱
亦謂之東堂西堂○無東西曰寢○此言廟之寢也
月令云寢廟畢備鄭註凡廟前曰廟後曰寢孔疏云
廟是接神之處其處尊故在前寢衣冠所藏之處對
廟爲卑故在後寢之制有正室而無東西箱也○無
室曰榭○禮記疏引李巡云但有大殿無室名曰榭
書疏引孫炎云榭但有堂也左氏宣十六年傳云成
周宣榭火杜註宣榭講武屋爾雅曰無室曰榭謂屋
歇前孔疏云歇前者無壁也如今廳事也上文云有
木者謂之榭爲臺上起屋屋中可以藏物與此異也
○四方至曰臺○說文云臺觀四方而高者釋名云
臺持也築土堅高能自勝持也何休公羊註引禮說
云天子有靈臺以候天地諸侯有時臺以候四時初
學記引五經異義云天子有三臺靈臺以觀天文時
臺以觀四時施化囿臺以觀鳥獸魚鼈諸侯卑不得
觀天文無靈臺但有時臺囿臺也詩疏引服虔左傳
註云天子曰靈臺諸侯曰觀臺是皆爲四方而高者

也與上文闍謂之臺有別○陝而至曰樓○說文云樓重屋也釋名云樓謂牖戶之閒有射孔慺慺然也月令云可以居高明鄭註高明謂樓觀也樓之制陝而長曲說文云陝隘也釋文云俗作狹【註】夾室前堂○【正義】公羊疏引孫炎云夾室前堂郭註本孫炎謂夾室之前東西有堂也○但有大寢○【正義】郭意以爲大寢無旁室也或云爾雅祇言無東西廂則仍當有夾室○修長也○【正義】方言云修長也陳楚之間曰修

爾雅正義卷第六

爾雅正義卷第七

文淵閣校理翰林院編修加一級教習庶吉士充國史館纂修官邵晉涵撰集

釋器第六

【正義】易繫辭傳云以制器者尚其象荀爽註結繩爲网罟葢取諸離此類是也又云形乃謂之器荀爽註萬物生長在地成形可以爲器用者也又云備物致用立成器以爲天下利莫大乎聖人虞翻註神農黃帝堯舜也考工記云審曲面埶以飭五材以辨民器謂之百工又云知者創物巧者述之守之世謂之工百工之事皆聖人之作也爍金以爲刃凝土以爲器作車以行陸作舟以行水此皆聖人之所作也聖人制用利民辨形爲度因事命名禮器云器皿之度考工記所述言其度也此篇所釋正其名也器用所尚累代不同禮器疏云舜質素初則陶於河濱後制禮則尚質素故考工記云有虞氏上陶是也禹則治水始立溝洫後制

禮則尚工匠之事夏后氏上匠是也湯則以桀荒淫器物失所湯以制禮樂之器而得民心殷人上梓是也周武王以紂昏淫尊卑無敘故尚文物車旂之屬而得民心周人上輿是也此篇先言禮器次及用器禮以定民志而後可以利用出入民咸用之也豆籩登缶與夫輿之輓第皆搏埴之工攻木之工所治也因鼎鼐而及鈑釗因璧瑗而及璆球攻金之工刮摩之工所治也染縓染赬設色之工所治也爲辨爲韋攻皮之工所治也兼及於鏤刻琢磨治器之名者鄭註禮器云器所以操事器利則事成故治器欲其善也飲食衣服互見於釋器者制器尚象所以裕衣食之原重其本也併及於苫蓐竿簀者日用所資也說文云器皿也象器之口犬所以守之凡切於民用雖纖細不能遺也旌旗亦爲器因屬於講武故附見釋天鐘磬之屬皆器也因樂器衆多故別爲釋樂至木謂之虡旄謂之藣仍見於此篇

木豆謂之豆【注】豆禮器也竹豆謂之籩【注】籩亦禮器瓦豆謂之登【注】卽膏登也【正義】說文云豆古食肉器也从口象形凡豆之屬皆从豆考工記梓人云食一豆肉中人之食也坊記云觴酒豆肉韓非外儲說云取一豆肉是豆者食器之名其用以行禮則籩豆之豆當作梪說文云木器謂之梪从木豆釋文云豆本又作梪是也竹器則謂之籩說文云籩竹豆也瓦器謂之登當作豋說文云豋禮器也讀若鐙同今通作豆登孔穎達云對文則木曰豆瓦曰登散則皆名豆故木器竹器瓦器皆有豆之名也大雅旣醉云籩豆靜嘉生民云于豆于登郊特牲云籩豆之實水土之品也不敢用褻味而貴多品所以交於神明之義也故先釋之○木豆謂之豆○明堂位云夏后氏以楬豆殷玉豆周獻豆鄭注楬無異物之飾也獻疏刻之此三代之異制也春官外宗云佐王后薦玉豆明堂位又云薦用玉豆是周亦用玉豆也玉豆者以玉飾豆三禮圖云口圓徑尺墨漆飾

朱中大夫以上畫以雲氣諸侯以象天子以玉豆之
飾各有等差其質則皆用木祭統云夫人薦豆執技
執醴授之執鐙鄭註云技豆中央直者也鐙足下跗
也又鄭註考工記云豆實四升是豆能容四升通葢
高一尺其直柄謂之技足跗謂之鐙也何休公羊註
云豆祭器名狀如鐙此言豆之狀如瓦豆之鐙至於
豆之足跗雖亦名鐙總而言之爲豆○竹豆謂之籩
○鄭註敘官云竹曰籩又籩人註云籩竹器如豆者
其容實皆四升賈疏云鄭知籩是竹器者依漢禮器
制度而知也云如豆者皆面徑尺柄尺亦依漢禮知
之也云其容實皆四升者據其籩之所受則曰容據
其所實籩蕡等則曰實故曰容實皆四升亦約與豆
四升同也案古者籩豆或有飾或無飾用各有宜士
喪禮大斂用兩楬豆兩籩無縢是無飾者也士虞禮
則豆不朅籩有縢是有飾者也明堂位云雕篹鄭註
云篹籩屬也以竹爲之雕刻鏤其直者也孔疏云篹
籩也以竹爲之形似筥雕鏤其柄○瓦豆謂之登○
考工記旊人云豆實三而成觳崇尺又云豆中縣鄭

註云崇高也豆實四升縣縣繩正豆之柄登本或作鐙公食大夫禮云太羹湆不和實于鐙鄭註太羹湆煮肉汁也太古之羹不和無鹽菜瓦豆謂之鐙生民毛傳云木曰豆瓦曰登豆薦葅醢也登太羹也孔疏云太古之羹以質故以瓦器盛之**註**豆禮器也。**正義**天官醢人掌四豆之實有朝事之豆饋食之豆加豆之實羞豆之實盛於豆者宜濡物與登同用若籩則宜乾物矣禮器云天子之豆二十有六諸公十有六諸侯十有二上大夫八下大夫六鄭註云豆之數謂天子朔食諸侯相食及食大夫疏引皇侃云天子庶羞百二十品籩豆各六十今云二十六者說堂上數也是籩亦可稱豆也周語云品其百籩是豆亦稱籩也故木豆竹豆統謂之禮器。籩亦禮器。**正義**天官籩人掌四籩之實有朝事之籩饋食之籩加籩之實羞籩之實後鄭云朝事謂祭宗廟薦血腥之事饋食薦孰也今吉禮存者特牲少牢諸侯之大夫士祭禮也加籩謂尸既食后亞獻尸所加之籩羞籩謂若少牢主人酬尸宰夫羞房中之羞于尸侑主人主婦皆右之者是籩與豆同爲禮器也○鄶膏登也○正義郭以膏鐙形狀畧似禮器之登故以膏登釋之也說文云鐙錠也徐鉉云錠中置燭故謂之鐙今俗別作燈非是繫傳云案爾雅瓦豆謂之鐙此楚辭所謂蘭膏明燭華鐙錯些繫傳又云古初以人執燭後易之以鐙今北方瓦鐙猶畧存禮器遺制

盎謂之缶註盆也甌瓿謂之瓵註瓿甊小甖長沙謂之瓵康瓠謂之甈註瓠壺也賈誼曰寶康瓠是也正義此因瓦豆而分釋瓦器之名也○盎謂之缶○詩疏引孫炎云缶瓦器說文云缶瓦器所以盛酒漿秦人鼓之以節謌坎卦六四云樽酒簋貳用缶禮器云五獻之尊門外缶門內壺君尊瓦甒鄭註云缶大小未聞壺大一石瓦甒五斗孔疏缶尊名列尊之法缶盛酒在門外禮有以小爲貴者近者小則遠者大缶在門外則大於壺矣是缶爲酒器韓非外儲說云瓦器至賤也不漏可以盛酒是也比卦初六云有孚盈缶詩疏

引鄭註云六爻辰在木上值東井井之水人所汲用缶缶汲器左氏襄九年傳云具綆缶杜註綆汲索缶汲器是缶爲汲器也離卦九三云不鼓缶而歌陳風宛丘云坎其擊缶史記李斯列傳擊甕叩缻真秦之聲也是缶爲樂器也缶有大小唯人所用之其名則同左傳疏引爾雅作罌謂之缶○甂瓵謂之甈○荀子大畧篇流丸止於甌臾楚詞九諫云甂甌登於明堂兮甌瓿一名瓵說文云𦈡小缶也淮南泰族訓甂甌有甚言其治小也○康瓠謂之甈○方言云罃甈謂之盎自關而西或謂之盆或謂之盎其小者謂之升甌郭氏彼註云案爾雅甈康壺而方言以爲盆未詳也郭氏以瓠爲壺故不從方言案說文云甈康瓠破罌也與方言同義釋文云康埤蒼作甗音同李本作光字林作甈口光反【註】盆也○【正義】說文云盎盆也考工記陶人云盆實二鬴厚半寸脣寸士喪禮云新盆槃瓶鄭註盆以盛水瓶以汲水也禮器云夫奥者老婦之祭也盛於盆尊於瓶鄭註盆瓶炊器也荀子富國篇土之生五穀也人善治之則畝數盆楊倞

註葢當時以盆爲量墨子曰侍女以千盆授我五百盆是皆盆之用也方言云缶謂之瓿甊其小者謂之瓶郭氏彼註云卽盆也○瓿甊至之瓶○正義方言云瓿甊甖也自關而西晉之舊都河汾之間其大者謂之甀其中者謂之瓿甊自關而東趙魏之郊謂之瓮或謂之甖甖其通語也又云甂陳魏宋楚之間謂之題自關而西謂之甂其大者謂之甌郭氏据方言爲義兼取時驗也○瓠壺至是也○正義郭氏註下篇釋木云瓠猶壺也史記索隱引李巡云康瓠大瓠也康空也文選註引李巡云大瓠瓢也郭註本李巡以瓠爲浮瓠也史記賈生列傳弔屈原賦云斡棄周鼎兮而寶康瓠集解云大瓠也應劭云康容也一曰康空也與郭義同漢書音義鄭氏云康瓠瓨盆底非郭義也

斪斸謂之定註鋤屬斫謂之鐯註钁也斛謂之疀註皆古鍬鍤字　正義考工記云段氏爲鎛器鄭註鎛器田器此分釋田器之名也○斪斸謂之定○

齊民要術引犍爲舍人云斫斸鉏也一名定說文云斸斫也又云欘斫也齊謂之鎡錤一曰斤柄性自曲者考工記車人云一宣有半謂之欘欘鄭註欘斵斤柄長二尺爾雅曰句欘謂之定是斫斸當作句欘也廣雅云定謂之耨㪷句欘一名定又名耨也釋名云耨以耨媷蓐禾也周頌良耜云其鎛斯趙以薅荼蓼毛傳以鎛爲鎒本或作耨呂氏春秋任地篇耨柄尺此其度也其耨六寸所以間稼也高誘註耨所以芸苗也刄廣六寸所以入苗間也莊子外物篇春雨日時草木怒生銚鎒於是乎始脩是耨所以入地去草以植其苗故易云耒耨之利也○斫謂之鐯○說文云斫謂之櫡櫡衆經音義引爾雅亦作斫謂之櫡是鐯當作櫡也說文又云斲斫也徐鍇云𨾴器也斤以斲之斲與欘義同○又斛謂之疀○說文云疀斛也古田器也又曰斛利也爾雅曰斛謂之疀古田器也周頌臣工云庤乃錢鎛毛傳錢銚也銚即斛也釋文引世本云垂作銚鎛管子輕重乙篇一農之事必有一耜一銚方言云臿燕之東北朝鮮洌水之間謂之斛宋魏

之間謂之鏵或謂之鍏江淮南楚之間謂之臿沅湘之間謂之畚趙魏之間謂之㮯東齊謂之梩是斛謂之臿也說文斛从斗厎聲釋文本作斛監本訛作斛【註】鋤屬○【正義】釋文引李巡云斪斸鋤也定鋤別名郭以爲鋤之屬也趙岐孟子註云鎡基田器耒耜之屬釋名云鋤助也去穢助苗長也齊人謂其柄曰橿橿然正直也頭曰鶴似鶴頭也○钁也○【正義】淮南兵畧訓奮儋钁高誘註钁斫也說文云钁大鉏也鉏立薅所用也○皆古鍬鍤字○【正義】文選註引爾雅作鍬謂之鍤是斛爲古鍬字疀爲古鍤字也釋名云鍤插也插地起土也或曰銷銷削也能有所穿削也或曰鏵鏵刳地爲坎也其板曰葉象木葉也監本鍤作插

緵罟謂之九罭九罭魚罔也【註】今之百囊罟是亦謂之嵒今江東謂之緵嫠婦之笱謂之罶【註】毛詩傳曰罶

曲梁也謂以薄爲魚笱罺謂之汕【註】今之撩罟罾謂之罩【註】捕魚籠也槮謂之涔【註】今之作槮者聚積柴木於水中魚得寒入其裏藏隱因以薄圍捕取之【正義】此釋取魚之制也豳風云九罭之魚小雅云魚麗于罶又云南有嘉魚烝然汕汕又云烝然罩罩周頌云潛有多魚此分釋其名也○緵罟至罔也○說文云网庖犧氏所結繩以漁网或作罔此言魚罔有九罭之名九罭即緵罟也毛傳云九罭緵罟小魚之網也詩疏引孫炎云九罭謂魚之所入有九囊也緵本或作總說文云總聚束也總罟言其細密即數罟也毛傳云古者庶人不數罟罟必四寸然後入澤梁趙岐孟子註云數罟密網也密細之網所以捕小魚鼈者也太平御覽引韓詩云九罭取蝦芘也○嫠婦至之罶○詩疏引孫炎云罶曲梁其功易故謂之寡婦之笱說文云罶曲梁寡婦之笱魚所留也又云笱曲竹

捕魚繫傳云爲隄入水遏魚爲梁此以竹爲梁曲之
也孔疏云曲簿也以簿爲魚笱其功易故號之寡婦
笱耳非寡婦所作也案今南方排竹水中疏節相維
謂之魚簿設門焉隨潮爲啓閉故淮南兵畧訓云發
笱門高誘註云笱竹笱所以捕魚其門可入而不得
出是其制也釋文云罶字書作罜○罺謂之汕○詩
疏引李巡云汕以簿汕魚毛傳云汕汕樔也是毛傳
罺作樔鄭箋與毛傳同說文云樔澤中守艸樓是壅
艸澤畔蓄魚其中名爲罺說文以汕爲魚遊水貌汕
又爲罺之別名也○籗謂之罩○詩疏引李巡云籗
編細竹以爲罩捕魚也孫炎云今楚籗也說文云籱
罩魚者也或省作籗罩捕魚器也孔疏云罩以竹爲
之無竹則以荆故謂之楚籗淮南說林訓云罩者抑
之○槮謂之涔○詩疏引孫炎云積柴養魚曰涔槮
字又作罧淮南說林訓云罧者扣舟高誘註云罧者
以柴積水中以取魚魚聞擊舟聲藏柴下壅而取之
也罧讀沙槮今沇州人積柴水中捕魚爲罧幽州名
之爲槮也槮又謂之筌莊子外物篇筌者所以在魚

釋文云積柴水中使魚依而食焉是槮即罧也【註】今之至之緵。【正義】後世謂緵罟爲百囊罟者以其網之寮也張衡所謂布九罭操鯤鮞言其盡小魚取之也亦謂之罭者玉篇云罭罾也說文云罾魚网也江東謂之緵者據時驗也。毛詩至魚笱。【正義】釋訓云凡曲者爲罶註亦引毛傳後世以魚簿爲魚梁本於毛傳也。今之撩罟。【正義】詩疏引孫炎云今之撩罟郭註本孫炎釋文云撩取也。捕魚籠也。【正義】劉逵吳都賦註罩籗也籠竹捕魚者也與郭註義同。今之至取之。【正義】毛傳云潛槮也釋文云潛爾雅作涔郭音潛又音岑槮素感反舊詩傳及爾雅本並作米傍參小爾雅云魚之所息謂之槢槢槮也謂積柴水中令魚依之止息因而取之也郭景純因改爾雅從小爾雅作木傍參字林作罧案太平御覽引舍人云以米投水養魚爲涔也詩疏引李巡云今以米投水中養魚曰涔是舍人李巡本俱作米傍參又釋文引韓詩云涔小池俱與郭異鳥罟謂之羅【註】謂羅絡之兔罟謂之罝【註】罝猶遮也見詩麋罟謂之罞【註】冒其頭也彘罟謂之羉【註】羉幕也魚罟謂之罛【註】最大罟也今江東云緵謂之罾罾罬也罬謂之罦罦覆車也【註】今之翻車也有兩轅中施罥以捕鳥展轉相解廣異語也【正義】此釋羅網之異名也○鳥罟謂之羅○王風云雉離于羅疏引李巡云鳥飛張網以羅之鄭註月令云鳥罟曰羅網高誘季春紀註云羅鳥網也詩云鴛鴦在梁畢之羅之說文云羅以絲罟鳥也古者芒氏初作羅○兔罟謂之罝○太平御覽引舍人云兔自作徑路張罝捕之也詩疏引李巡註與舍人同鄭註月令云獸罟曰罝罘說文云罝兔罔也莊子外物篇蹄者所以在兔釋文云蹄兔罥也又云兔弶也係其脚故曰蹄也○麋罟謂之罞○麋爲鹿之屬捕

鹿者或執其角或掎其足其用罔者謂之罦○罠罟謂之羉○太平御覽引舍人云罠剛惡䴥人故張網以羅之也羉本或作罠說文云罠釣也孟子云又從而招之趙岐註招罥也孫奭音義云罥謂羂其足也是則說文以罠爲釣亦言維繫之也○魚罟謂之罛○上文巳釋魚罟之異名此又言其大者爲罛也說文云罛魚罟也衛風碩人云施罛濊濊疏引李巡云魚罟捕魚具也魯語云水虞於是乎講罛罶說文引作溝罛罿○繴謂至車也○罿者王風兔爰云雉離于罿釋文引韓詩云施羅于車上曰罿學者說文云罦覆車也詩曰雉離于罦罦或作學說文又云罬捕鳥覆車也罬或作輟繴謂之罿罿謂之罬罬謂之罦捕鳥覆車也左傳疏引孫炎云覆車是兩轅網詩疏引孫炎云覆車網可以掩兔者也一物五名方言異也**註**謂羅絡之○**正義**謂以網維絡之若今人用小網張機以掩鳥也說文云罹覆鳥令不飛走也讀若到是其類也○罝猶至見詩○**正義**衆經音義引郭註云罝遮也遮取兔也與今本異云見詩者周南云

肅肅兔罝是也說文以罘爲兔罟○最大至東云○

正義 詩釋文引馬融云大魚網目大豁也鱣鮪發發魚著網尾發發然是罛爲大網也今南方以沉網爲下罛也○今之至異語○正義 兩轅可以網鳥非但網鳥亦可網獸廣雅云網謂之罟罘兔罟也是獸罟曰罝罘罘與罦一也

約謂之救 註 救絲以爲約或曰亦胥名 正義 天官屨人云青句鄭註約謂之拘著舄屨之頭以爲行戒也士冠禮云元端黑屨青約繶純鄭註約之言拘也以爲行戒狀如刀衣鼻在屨頭王藻云不屨約鄭註約屨頭飾也穀梁襄二十八年傳云織約邯鄲小爾雅云尊者曰達屨謂之金舄而金約也 註 救絲至胥名○正義 說文云約纑繩約也讀若鳩釋文引施音苦侯反故謂之救釋文又引謝音其俱反故鄭註作謂之拘皆以聲爲義聲又轉相通也郭引或說以約爲胥名未詳

律謂之分 註 律管可以分氣 正義 春官典同掌六律六同之和先鄭云陽律以竹

爲管陰律以銅爲管竹陽也銅陰也各順其性後鄭云律述氣者也同助陽宣氣與之同皆以銅爲之又鄭註月令云律候氣之管以銅爲之初學記引蔡邕月令章句云律率也截竹爲管謂之律律者清濁之率法也聲之清濁以律長短爲度律謂之分言其長短有分度也律之用銅用竹先後鄭及蔡氏三説不同孔穎達云案律歴志量者龠合升斗斛本起黄鍾之龠而五量加之其法皆用銅聲中黄鍾以此凖之故此用銅也【註】律管至分氣〇【正義】鄭註月令云凡律空九分孔疏云陰律稱同言與陽同也總而言之陰陽皆稱律故十二月皆云律中也中者應也律管可以分氣言律管可以分十二月之氣也故後人謂之律

分

大版謂之業【註】築牆版也繩之謂之縮之【註】縮者約束之詩曰縮版以載【正義】業者周頌有瞽云設業設簴大雅靈臺云虡業維樅毛傳業大

板也所以飾栒爲縣也捷業如鋸齒或曰畫之鄭箋設大版於上刻畫以爲飾說文云業大版也所以飾縣鍾鼓捷業如鋸齒以白畫之象其鉏鋙相承也繫傳云謂筍簴上橫板也釋名云簨簴上之板曰業刻爲牙捷業如鋸齒也詩疏引孫炎云業所以飾栒刻版捷業如鋸齒也是孫註與毛許義同也縮者詩疏引孫炎云繩束築板謂之縮毛傳作乘謂之縮鄭箋以爲乘聲之誤當爲繩也繩者營其廣輪方制之正也既正則以索縮其築板上下相承說文云繩索也大戴禮記四代篇云巧匠輔繩而斲此又言繩之懸也詩疏引爾雅作繩謂之縮與今本異【註】築牆版也○【正義】文選註引郭氏三蒼解詁云版牆上下版築杵頭鐵沓也說文云牏築牆短版是則短版謂之牏大版謂之業矣業本或作㸁○縮者至以載○【正義】縮版以載大雅緜文孔疏云縮者束物之名用繩束板故謂之縮

彝卣罍器也【註】皆盛酒尊彝其總名小罍謂之坎【註】罍

形似壺大者受一斛【正義】此別酒尊大小之異名也下文云卣中尊也左傳疏引孫炎云尊彝為上罍為下卣居中周禮疏亦云彝為上卣即犧象之屬居中罍為下也坎為小罍之名也○彝卣罍器也○彝者春官小宗伯辨六彝之名物以待果將後鄭註云六彝雞彝鳥彝斝彝黃彝虎彝蜼彝又鄭註尚書云虞夏以上虎蜼而已明堂位云夏以雞彝殷以斝周以黃目賈公彥云虎蜼當是有虞氏之尊雞彝是夏法斝彝是殷法黃彝是周法司尊彝謂彝皆有舟禮象云彝有舟以盛鬯猶尊有罍以盛酒舟宜若後世酒船稍加大爾三禮圖云雞彝受三斗斝彝畫嘉禾虎彝畫虎於尊盛明水鳥彝黃彝蜼彝盛鬱鬯禮記疏云彝法也與餘尊為法也卣者大雅江漢云秬鬯一卣毛傳卣器也孔疏云春官鬱人掌和鬱鬯以實彝而陳之則鬯當在彝而詩及尚書左傳皆云秬鬯一卣者當祭之時乃在彝未祭則在卣賜時未祭故卣盛之案鄭註鬯人云卣中尊謂犧象屬是犧尊象尊皆為卣也博古圖云犧尊象牛

鑿背爲尊象尊全體作象形而開背爲尊周語云奉其犧象是也罍者鬯人云社壝用大罍鄭註大罍尾罍明堂位云山罍夏后氏之尊也周南卷耳云我姑酌彼金罍毛傳人君黄金罍孔疏引許慎五經異義云罍制韓詩說金罍大夫器也天子以玉諸侯大夫皆以金士以梓毛詩說金罍酒器也諸臣之所酢人君以黄金飾尊大一碩金飾龜目蓋刻爲雲雷之象謹案韓詩說天子以玉經無明文謂之罍者取象雲雷博施如人君下及諸臣又司尊彝云皆有罍諸臣之所酢註云罍亦刻而畫之爲山雲之形言刻畫則用木矣故禮圖依制度云刻木爲之韓詩說言士以梓士無飾言其本體則以上同用梓而加飾耳毛說言大一碩禮圖亦云大一斛則大小之制尊卑同也雖尊卑飾異皆得畫雲雷之形以其名罍取於雲雷故也○小罍謂之坎○坎卦爻詞云尊酒簋貳用缶詩疏引鄭註云爻辰在丑丑上値斗可以斟之象斗上有建星建星之形似簋貳副也建星上有弁星弁星之形又如缶天子大臣以王命出會諸侯主國尊

於簋副設元酒以缶是坎卦爻辰有酒罇之象故小罍爲坎註皆盛至總名○正義詩疏引孫炎云罍酒罇也郭註本孫炎說文云櫑龜目酒尊刻木作雲雷象象施不窮也櫑或作罍左傳疏引李巡云卣鬯之尊也案犧尊象尊皆爲卣可以盛酒故云皆盛酒尊也彝其總名者說文云彝宗廟常器也與爵相似書序云武王邦諸侯班宗彝作分器左氏昭十五年傳云能薦彝器於王是其總名也○罍形至一斛○正義此以大罍證小罍之制也鄭註儀禮云以壺爲尊罍亦謂之尊其形相似也罍之大者受一斛與三禮圖同

衣裗謂之裞註衣縷也齊人謂之攣或曰袿衣之飾黼領謂之襮註繡刺黼文以褗領緣謂之純註衣緣飾也衱謂之褮註衣開孔也衣眥謂之襟註交領衱謂

之裾【註】衣後裾也衿謂之袸【註】衣小帶佩衿謂之褑【註】佩玉之帶上屬執衽謂之袺【註】持衣上衽扱衽謂之襭【註】扱衣上衽於帶衣蔽前謂之襜【註】今蔽膝也婦人之褘謂之縭縭緌也【註】即今之香纓也褘邪交落帶繫于體因名爲褘緌繫也裳削幅謂之纀【註】削殺其幅深衣之裳【正義】說文云衣依也上曰衣下曰裳裳釋名云凡服上曰衣衣依也人所依以芘寒暑也下曰裳裳障也所以自障蔽也此分釋衣服之異名也○衣統謂之裞○裞一名裞即衣之衽衽也釋名云衽襜也在旁襜襜然也案旒爲下垂之象衽之屬於衣者則垂而放之故謂之裗亦謂之衣褸皆因其下垂之象以爲名也又玉藻云衽當旁鄭註云衽謂裳幅所交裂也深衣云續衽鉤邊鄭

註云續猶屬也衽在裳旁者也屬連之不殊裳前後也是裳亦有衽唯削其幅爲異耳○黼領謂之襮○此釋領之別名也唐風揚之水云素衣朱襮毛傳襮領也諸侯繡黼丹朱中衣說文云襮黼領也鄭註士昏禮及郊特牲俱引魯詩云素衣朱綃詩疏云綃是繒綺別名於此綃上刺爲繡文故謂之綃黼也綃上刺黼以爲衣領然後名之爲襮故爾雅黼領謂之襮襮爲領之別名也○緣謂之純○此釋衣緣飾之名也深衣云具父母大父母衣純以續具父母衣純以青如孤子衣純以素曲禮云爲人子者父母存冠衣不純素孤子當室冠衣不純采鄭註云尊者存以多飾爲孝繢畫文也郊特牲云丹朱中衣鄭以爲丹朱爲中衣之緣也深衣又云純袂緣純邊廣各半寸鄭註純謂緣之也緣袂謂其卩也緣裼也緣邊衣裳之側廣各寸半則表裏共三寸矣玉藻云緣廣寸半鄭註緣飾邊也○袘謂之䙆○玉篇廣韻俱云䙆衣開孔也本郭註爲義說文云䙆鬼衣玉篇又云袘鬼衣也與郭義殊○衣眥謂之襟○詩疏引李巡云衣眥

衣領之襟釋名云襟禁也交於前所以禁禦風寒也鄭風云青青子衿毛傳青衿青領也顏氏家訓書證篇云古者斜領下連於衿故謂領爲衿案子衿之衿當從漢石經作絵玉篇云絵交絵衣領也與襟同○袚謂之裾○方言云袿謂之裾郭氏彼註云衣後裾也或作袪釋名云裾倨也倨倨然直亦言在後常見踞也左氏僖五年傳云踰垣而走披斬其袪謂斬其衣後裾也說文云裔衣裾也亦言衣之邊也方言又云袚謂之䙔與雅義異○衿謂之袸○釋名云衿亦禁也禁使不得解散也士昏禮云施衿結帨又云視諸衿鞶說文作紟衣系也玉篇云衿亦作紟結帶也應劭漢書註云衿帶也○佩衿謂之褑○方言云佩衿謂之裎郭氏彼註云所以系玉佩帶也紟與衿通用裎即褑之異名也釋名云佩倍也言其非一物有倍貳也有珠有玉有容刀有帨巾有觿之屬也玉篇云褑佩衿也○執衽謂之袺○周南芣苢云薄言袺之又云薄言襭之此釋之也毛傳袺執衽也扱衽曰襭說文云以衣衽扱物謂之襭襭或作擷俱本爾雅

為義詩疏云衽者裳之下也袺謂手執之襭則扱於
帶中矣曲禮云扱衽不入公門問喪云扱上衽皆言
扱於帶也說文又云跋進足有所擷取也爾雅曰跋
謂之擷蓋所見爾雅異本○衣蔽前謂之襜○小雅
采綠云不盈一襜疏引李巡云衣蔽前衣蔽厀也說
文云襜衣蔽前是巨巾為幨也禮謂之韠又謂之韍
玉藻云韠君朱大夫素士爵韋鄭註此元端服之韠
也韠之言蔽也又云一命緼韍幽衡再命赤韍幽衡
三命赤韍葱衡鄭註此元冕爵弁服之韠尊祭服異
其名耳韍之言亦蔽也孔疏云他服稱韠祭服稱韍
是異其名韠韍皆言為蔽取蔽障之義也知祭服稱
韍者以易困卦九二朱韍方來利用享祀是祭祀稱
韍也按詩毛傳天子純朱諸侯黃朱黃朱色淺則亦
名赤韍也則大夫赤韍色又淺耳有虞氏以前直用
皮為之後王漸加飾焉故明堂位云有虞氏服韍夏
后氏山殷火周龍章彼註云天子備焉諸侯火而下
卿大夫山士韎韋而已雜記云韠長三尺下廣二尺
上廣一尺會上去上五寸紕以爵韋六寸不至下五

寸純以素紃以五采是其制也○婦人至緌也○釋
風東山云親結其縭毛傳縭婦人之褘也疏引孫炎
云褘帨巾也案褘說文作幃云囊也則非帨巾矣縭
緌也又見下文釋水○裳削幅謂之纀○說文云常
下帬也或作裳裳幅布帛廣也裳削幅謂之纀深衣云
制十有二幅以應十有二月鄭註云裳六幅幅分之
以為上下之殺又鄭註玉藻云袵謂裳幅所交裂也
凡袵者或殺而下或殺而上是以小要取名焉袵屬
衣則垂而放之裳則縫之以合前後上下相變孔疏
云裳幅下廣尺二寸上闊六寸狹頭嚮上交裂一幅
而為之【註】衣褸至之飾○【正義】方言云褸謂之袵說
文云褸袵也方言又云褸謂之袩郭氏彼註云即衣
袵也釋文云褸本又作褸齊人謂之攣者據時驗而
云然也或曰袿衣之飾者釋名云婦人上服曰袿其
下垂者上廣下狹如刀圭也廣雅云袿長襦也○黼
刺至襮領○【正義】詩疏引孫炎云黼刺黼文以為襮
領郭註本孫炎方言云衱謂之褗郭氏彼註云即衣
領也釋名云領頸也以壅頸也亦言總領衣體為端

首也。交領。正義六書故引孫炎云襟交領也郭註本孫炎方言云衿謂之交郭氏彼註云衣交領也文選註引聲類云衿衣交領也。掎衣至於帶。正義詩疏引孫炎云持衣上衽李巡云扱衣上衽於帶是郭註所本也。今蔽膝也。正義詩疏引孫炎云衣蔽膝也衆經音義引郭註云即今蔽膝也言襜襜然前後出也方言云蔽膝江淮之間謂之褘或謂之袚魏宋南楚之間謂之大巾自關東西謂之蔽厀齊魯之郊謂之袡又云絜襦謂之蔽厀小爾雅云蔽膝謂之袡釋名云韠蔽也所以蔽膝前也婦人蔽膝亦如之齊人謂之巨巾田家婦女出至田野以覆其頭故因以爲名也又曰跪襜跪時襜襜然張也方言廣蔽膝之異名劉熙所釋又推廣其制也。即今至繫也。正義曲禮云女子許嫁纓士昏禮云主人入親說婦之纓鄭註云婦人十五許嫁笄而禮之因著纓明有繫也葢以五采爲之孔穎達云婦人必有繫屬故恒繫纓纓有二時一是少時常佩香纓一是許嫁時繫纓內則云男女未冠笄衿纓鄭以爲佩香纓也又內則云婦事舅姑衿纓鄭云婦人有纓示繫屬也以此而言故知有二纓也郭氏不從孫炎帨巾之說以爲香纓是常佩之纓矣離騷云蘇糞壤以充幃兮王逸註緯謂之縢縢香囊也又云盛香之囊也以香囊爲幃與郭氏義同郭註釋言云褵者繫也故縭亦爲繫也○削殺至之裳○**正義**此言深衣之裳有削殺也江永云深衣者聖賢之法服衣用正幅故裳之正幅亦以正裁惟衽在裳旁始用斜裁古者布幅潤二尺二寸深衣裳用布六幅裁爲十二幅其當裳之前後正處者以布四幅正裁爲八幅上下皆廣一尺一寸各邊去一寸爲縫一幅上下皆正得九寸八幅七尺二寸其在上者旣足要中之數矣下齊當倍於要又以布二幅斜裁爲四幅狹頭二寸寬頭二尺各去一寸爲縫狹頭成角寬頭得一尺八寸皆以成角者向上以廣一尺八寸者向下則四幅下廣亦得七尺二寸合於齊得一丈四尺四寸此四幅連屬於裳之兩旁別名爲衽

下文衽當旁是也

輿革前謂之𩊚【註】以韋靶車軾後謂之第【註】以韋靶後
戶竹前謂之禦【註】以簟衣軾後謂之蔽【註】以簟衣後
戶環謂之捐【註】著車衆環鑣謂之钀【註】馬勒旁鐵載
轡謂之轙【註】車軛上環轡所貫也轡首謂之革【註】轡
靶勒見詩○【正義】此釋車馬之飾名也○輿革至之蔽
前後以革簟為飾此別其名也𩊚者詩疏引李巡曰
輿革前以革為車飾曰𩊚說文云車革前曰𩊚繫傳
云𩊚猶垠以革緣之為垠塄也以革飾輿後曰第詩
疏引李巡云第車後戶名也大雅韓奕篇謂之鞹鞃
毛傳鞹革也鞃軾中也齊風載驅篇謂之朱鞹毛傳
諸侯之路車有朱革之質而羽飾孔疏云以去毛之
皮施於軾之中央持車使牢固也朱鞹則以朱色之
革為之此以革為飾也以簟飾輿前曰禦詩疏引李

巡云竹前謂編竹當車前以擁蔽名之曰禦禦止也孫炎云禦以簟爲車飾也其以簟飾輿後曰蔽蔽言其爲障蔽也以簟飾之是其常行者也至於喪禮用物雖異而其名則同春官巾車云王之喪車五乘木車蒲蔽素車棼蔽藻車藻蔽駹車萑蔽漆車藩蔽又爲士喪禮記云主人乘惡車白狗幦蒲蔽鄭註以惡車爲即木車葢喪車貴賤同等其蔽亦同以蒲爲蔽所以去飾吉車則飾以漆簟詩謂之簟笰載驅毛傳云簟方文席也車之蔽曰笰韓奕鄭箋云簟笰漆簟以爲車蔽今之藩也碩人毛傳云笰蔽也孔疏云爾雅以革與竹別而異其文耳其實革竹同飾後戶俱後車之蔽塞故傳通言之○環謂之捐○秦風小戎云游環脅驅毛傳游環靷環也游在背上所以禦出也鄭箋游環在背上無常處貫驂之外轡以禁其出釋名云游環在服馬背上驂馬之外轡貫之游移前卻無定處也著車衆環名爲捐○鑣謂之钀○說文云鑣馬銜也幩馬纏鑣扇汗也釋名云鑣苞也所以在旁苞斂其口也案衛風碩人毛傳云人君以朱纏鑣扇

汗且以爲飾釋文云鑣馬銜外鐵也一曰扇汗又曰排沫續漢書輿服志云乘輿象鑣用象牙赤扇汗王公列侯以朱鑣絳扇汗卿以下有騑者緹扇汗鑣一名鑣說文以鑣爲轙字之或體徐鍇以爲鑣與轙異疑說文本有脫誤也○載轡謂之轙○說文云轙車衡載轡者軶轅前也釋名云轡咈也牽引咈戾以制馬也轡之爲飾有銜勒鑣羈韁靷以成其用也衡橫也橫馬頸上也衡即爲軶故小爾雅云衡扼也是轅前橫木爲軶軶上著環以載轡者名轙○轡首謂之革○蓼蕭毛傳云革轡首也轡首飾銅以皮爲勒者謂之革孔疏馬轡所靶之外有餘而垂者謂之革【註】以韋靶車軾○【正義】說文云軾車前也猷皮之韋可以束故借以爲皮韋釋名云軾式也所伏以式敬者也郭以軾在輿前革以韋爲之故云以韋靶車軾○轡靶勒見詩○【正義】郭氏以勒訓革也錢詹事曰詩如鳥斯革韓詩作勒勒即革也古器銘多用鋚勒石鼓文及寅簋文作鋚勒伯姬鼎則作攸勒宰辟父敦又作攸革盜古文之鋚勒即詩所云鞗革也說文無鞗

字而有鋚字訓爲鞗首銅鋚卽鞗也謹案說文云靶鞗革也繫傳云御人所把處也釋名云靮絡也絡其頭而行之也蓋鞗爲金飾亦作鋚革爲皮絡亦作勒周頌載見云鞗革有鶬小雅蓼蕭云鞗革沖沖皆言下垂之飾也下云革中絕謂之辨玉篇云辨車鞗勒也是勒用皮之證也詩疏引郭註無勒字

餀謂之餯註說物臭也食饐謂之餲註飯饖臭見論語

摶者謂之糷註飯相著米者謂之糪註飯中有腥肉謂之敗註臭壞魚謂之餒註肉爛

正義皇侃論語義疏引李充爾雅註云皆飲食壞敗之名也疑卽李巡之註傳寫誤也○餀謂之餯○釋文引李巡云餀餯皆穢臭也說文云餀食臭也○食饐謂之餲○說文云饐飯傷熱也餲飯餲也釋文引葛洪字苑云饐餿臭也字林云饐飯傷熱溼也餲食敗也墨子辭過篇夏則飾饐是也○摶者謂之糷○釋文引李巡云糷飯淖糜相著也呂

氏春秋本味篇熟而不爛高誘註爛失飪也○米者謂之糪○釋文引李巡云米飯半腥半熟曰糪說文云炊米者謂之糪按爛與糪皆失飪也論語集解孔安國云失飪失生熟之節也○肉謂之敗○論語義疏引李巡云肉敗久則臭皇侃云肉臭壞也○魚謂之餒○論語義疏引李巡云魚餒肉爛說文云魚敗曰餒釋文云餒字書作餧皇侃云餒謂魚臭壞也魚敗而餒餒然也【註】飯餲至論語○【正義】說文云餲飯傷熱也釋文引倉頡篇云食臭敗也見論語者鄉黨篇云食饐而餲孔安國云饐餲臭味變也皇侃云饐謂飲食經久而腐臭也餲謂經久而味惡也如乾魚乾肉久而味惡也按論語以饐與餲分言之故皇氏分析其義據爾雅則饐餲義同○飯中有腥○【正義】此因米半生熟故爲腥也說文繫傳云今謂豆不爛爲糪豆論衡量知篇云蒸之於甑爨之以火成熟爲飯乃甘可食可食而食之味生肌腴成也粟未爲米米未成飯飯氣腥未熟食之傷人○肉爛○【正義】論語云魚餒而肉敗孔安國云魚敗曰餒也公羊僖十

九年傳云魚爛而亡也何休云魚爛從內發郭云內爛義本何休今本作肉爛葢傳寫之訛

肉曰脫之【註】剝其皮也今江東呼麋鹿之屬通爲肉魚曰斮之【註】謂削鱗也冰脂也【註】莊子云肌膚若冰雪冰雪脂膏也肉謂之羹【註】肉臛也廣雅曰湇見左傳魚謂之鮨【註】鮨鮓屬也見公食大夫禮肉謂之醢【註】肉醬有骨者謂之臡【註】雜骨醬見周禮【正義】此別魚肉之異名也

○肉曰至斮之。○內則云肉曰脫之魚曰作之疏引李巡云肉去其骨曰脫作之魚骨小無所去皇侃云治肉除其筋膜取好處作謂動搖也凡取魚搖動之視其鮮餒餒者不食是李巡本爲魚曰作之與內則同也公羊疏引樊光云斮斫也是樊光本作斮郭氏用樊光本廣雅云斮絕也。○冰脂也。○內則云脂膏以膏之釋文云冰孫炎本作凝膏凝曰脂○肉謂之羹○釋名云羹汪也汁汪郎也鄉飲酒禮云羹定鄭註云肉謂之羹定猶孰也特牲饋食禮云羹飪鄭註云肉謂之羹飪熟也是羹爲肉湆也○魚謂之鮨○說文云鮨魚賠醬也出蜀中此言魚謂之鮨則爲魚鮓之屬釋名云鮓葅也以鹽米釀魚而爲葅也○肉謂之醢○釋名云醢海也封塗使密冥乃成也醢多汁者曰醓醓瀋也宋魯人皆謂汁爲瀋○有骨者謂之臡○說文云腝有骨醢也腝或作臡釋名云醢有骨者曰臡臡胒也骨肉相搏胒無汁也**註**剝其至爲肉○**正義**郭意以脫爲去其皮故不從李巡去骨之註說文解膮字云豕肉羹也解腨字云豕肉醬也其通稱爲肉者皆不僅指羊豕而言故郭引江東呼麋鹿之屬通爲肉皆剝其皮也○謂削鱗也○**正義**鱗釋文引子虛賦云揵鰭掉尾是也或作鱗說文云鱗魚甲也郭氏不從李巡本作作之者以特牲饋食禮有作豕之文鄭註謂以策動作豕視聲氣是豕亦言作不專屬於魚也故定爲削鱗○莊子至膏也○**正**

義 郭引莊子逍遙遊文以證冰爲膏也墨子辭過篇云冬則凝冰是也內則云脂用葱膏用韰鄭註脂肥凝者釋者曰膏說文云戴角者脂無角者膏是脂與膏有別合而言之則脂卽膏也○肉臛至左傳○**正義** 說文云臛肉羹也廣雅云羹謂之湆鄭註儀禮云湆肉汁也今文湆爲汁又謂之醢鄭註醢人云醢肉汁也見左傳者隱元年傳云公賜之食食舍肉又云未嘗君之羹是謂肉爲羹也○見公食大夫禮○**正義** 公食大夫禮有牛鮨有魚膾鄭註云內則謂鮨爲膾然則膾用鮨今文鮨作鰭○肉醬○**正義** 詩疏引李巡云以肉作醬曰醢郭註本李巡說文亦云醢肉醬也○見周禮○**正義** 天官醢人朝事之豆有麋臡鹿臡麇臡後鄭云作醢及臡者必先膊乾其肉乃後莝之雜以粱麴及鹽漬以美酒塗置瓶中百日則成矣鄭司農云麋臡麋肝髓醢或曰麋臡醬也有骨爲臡無骨爲醢

康謂之蠱**註**米皮

正義 說文云穅穀皮也或省作康生民毛傳云或簸康者呂氏春秋審時

篇得時之禾其粟圓而薄糠後時者短穗而厚糠小米是米皮爲康也康謂之蠱者左氏昭元年傳云穀之飛亦爲蠱杜註穀久積則變飛蟲名曰蠱論衡商蟲篇穀蟲曰蠱蠱若蛾矣粟米饐熱生蠱爾雅以蠱蠱爲康之異名說文又云穭穅也是穅又名穭也

澱謂之垽【註】滓澱也今江東呼垽【正義】說文云顯謂之垽垽滓也又云澱滓也滓澱也澱滓濁泥繫傳云今之青澱澄澱所出也釋名云泥之黑者曰滓廣雅云澱謂之滓顏師古急就篇註云滓澱也

鼎絕大謂之鼐【註】最大者圜弇上謂之鼒【註】鼎斂上而小口附耳外謂之釴【註】鼎耳在表款足者謂之鬲【註】鼎曲腳也【正義】說文云鼎三足兩耳和五味之寶器也昔禹收九牧之金鑄鼎荊山之下入山

林川澤螭魅蝄蜽莫能逢之以協承天休易卦巽木於下者爲鼎象析木以炊也周頌絲衣云鼐鼎及鼒此分析其名狀也○鼎絕大謂之鼐○說文云鼐鼎之絕大者考工記云六分其金而錫居一謂之鍾鼎之齊士虞禮有上鼎中鼎下鼎有司徹云司馬舉羊鼎司士舉豕鼎魚鼎則鼎體有別其用亦殊天子諸侯有牛鼎大夫有羊鼎士豕鼎魚鼎而已上得兼下下不得兼上毛傳云大鼎謂之鼐是絕大之鼎特王有之也說文引魯詩說以鼐爲小鼎非雅義也○圜弇上謂之鼒○毛傳云小鼎謂之鼒說文云鼒鼎之圜掩上者掩與弇通上掩則口小宜於食鼎董逌云受食爲食鼎是鼒鼎之屬也○附耳外謂之釴○鼎之附耳於外者名釴即易所謂鉉也易云鼎黃耳金鉉釋文引馬融云鉉扛鼎而舉之也說文云鉉舉鼎具也易謂之鉉禮謂之鼏又云鼏以木橫貫鼎耳而舉之周禮廟門容大鼏七箇即易玉鉉大吉也儀禮云設扃鼏鄭康成士冠禮註云今文扃爲鉉古文鼏爲密昏禮註云扃所以扛鼎鼏覆之今文扃作鉉鼏皆

作容案鉉爲鼎耳故可飾以金玉耳附於外故說文
以鉉爲扛鼎之具鉉聲轉作鬲又通作鼏古者物相
附麗者其名多同後世因聲制字分析其用故鄭註
之釋扃鼏不同於說文易所謂金鉉玉鉉專指鼎耳
而言也士喪禮所謂抽扃專指横貫之木而言也以
聲求之其事相聯其義相貫鉞即爲鉉扃鼏皆其轉
聲也○款足者謂之鬲○說文云鬲鼎屬實五㲄斗
二升曰㲄象腹交文三足考工記陶人云鬲實五㲄
厚半寸脣寸是陶人所爲量器亦名爲鬲故說文以
爲鼎屬爾雅所釋則鼎之曲足者爲鬲也太平御覽
引鄭註周易云無事曰趾陳設曰足博古圖載仲父
鬲銘云仲父作尊鬲【註】最大者○【正義】說文繫傳引
爾雅註云最大圜者也與今本微異鼎之用不同聘
禮飧饔之鼎陳鼎也王曰一舉之鼎食鼎也少牢特
牲之鼎膚禮也士喪既夕之鼎斯須禮也禮圖天子
之鼎飾以黄金諸侯飾以白金容一斛大夫羊鼎飾
以銅容五斗士豕鼎飾以鐵容三斗而牛羊豕鼎各
象其首於足上鼎之最大者是受一斛之鼎也○鼎

歛至小口○正義詩疏引孫炎云鼎歛上而小口者郭註本孫炎說文繫傳引舊註云弇上小上也○鼎曲脚也○正義史記封禪書云其空足曰鬲索隱云款者空也言其足中空也漢書蘇林註云足中空不實者名爲鬲也釋文云款字作窾澗也按古鬲鼎今有存者其足皆曲郭氏葢據目驗也中空而外澗與郭註之義相成

䰙謂之鬵註詩曰溉之釜鬵鬵鉹也註涼州呼鉹正義此釋䰙之異名也考工記陶人云甗實二鬴厚半寸脣寸七穿少牢饋食禮云廩人溉甑方言云甑自關而東謂之甗或謂之鬵或謂之酢餾說文云䰙鬵屬鬵大釜也一曰鼎大上小下若甑曰鬵鉹曲鉹也一曰鬵鼎繫傳云䰙今俗作甑無底曰甑劉向九歎云甖土鬵於中宇兮王逸註鬵釜也註詩曰至釜鬵○正義檜風匪風文毛傳鬵釜屬也○涼州呼鉹○正義詩疏引孫炎云關東謂甑爲鬵涼州謂甑爲鉹郭註本

孫炎方言註亦云涼州呼䥫說文繫傳引郭註作涼州呼曰䥫

璲瑞也 註 詩曰鞙鞙佩璲璲者玉瑞玉十謂之區 註 雙玉曰瑴五瑴爲區 正義 說文云瑞以玉爲信也玉篇云璲以玉爲佩也春官大宗伯以玉作六瑞典瑞掌玉瑞之藏鄭註云人執以見曰瑞璲訓爲瑞以聲近爲義也區者左氏莊十八年傳云皆賜玉五瑴僖三十年傳云納玉於王與晉侯皆十瑴襄十八年傳獻子以朱絲係玉二瑴魯語云行玉二十瑴古者用玉多取盈數故釋玉十之名爲區 註 詩曰至玉瑞○ 正義 詩小雅大東文毛傳用爾雅鄭箋佩璲者以瑞玉爲佩孔疏云禮以玉爲瑞信其官謂之典瑞此瑞正謂所佩之玉玉藻云古之君子必佩玉是也○雙玉至爲區○ 正義 說文云二玉相合爲一玨玨或爲瑴韋昭杜預俱云雙玉曰瑴是五瑴爲玉十也

羽本謂之翮【註】鳥羽根也一羽謂之箴十羽謂之縳百羽謂之緷【註】別羽數多少之名【正義】說文云翮羽莖也是鳥羽之根爲翮

鄭註地官亦云翮羽本也一羽名箴數起於一也十羽名縳說文云縳束也十羽可以束也百羽爲緷說文云緷緯也百羽宜相緯也地官羽人云凡受羽十羽爲審百羽爲摶十摶爲縳鄭註云審摶縳羽數束名也爾雅曰一羽謂之箴十羽謂之縳百羽謂之緷其名音相近也一羽有名蓋失之矣釋文云孫同鄭意云蓋誤是鄭孫皆以爲一羽不當別爲制名也釋文又引郭氏音義云凡物數無不從一爲始以爾雅不失周官未爲得也

木謂之虡【註】縣鐘磬之木植者名虡旄謂之藣【註】旄牛尾也【正義】樂器總釋於下篇此釋其懸樂之器及舞器也木謂之虡者說文云虡鐘鼓之柎也飾爲

猛獸大雅靈臺云虡業維樅毛傳植者爲虡橫者爲栒考工記云梓人爲筍虡鄭註樂器所懸橫曰筍植曰虡詩疏云縣鐘磬者兩端有植木其上有橫木謂直立者爲虡謂橫牽者爲栒是也旄旄謂之藣者說文云藣艸也繫傳云蓋旄似此草也類篇引爾雅作髦謂之藣【註】縣鐘至名虡。【正義】詩疏引孫炎云虡栒之植所以懸鐘磬也宋書引蔡邕月令章句云寫鳥獸之形大聲有力者以爲鐘虡清聲無力者以爲磬虡擊其所縣知由其虡鳴焉是鐘磬皆有虡也釋名云所以懸鼓者橫曰簨簨峻也在上高峻也從曰虡虡舉也在旁舉簨也案劉熙專以簴爲縣鼓之器非通義也【註】旄牛尾也。【正義】書釋文引馬融云白旄旄牛尾也春官旄人後鄭註云旄旄牛尾舞者所持以指麾也又樂師有旄舞先鄭云旄舞者氂牛之尾

菉謂之蔌【註】蔌者菜茹之總名見詩【正義】說文云鬻鼎實惟葦及蒲陳留謂鍵爲鬻字或作餗易鼎卦云覆公餗餗亦作簌詩疏引鄭註云蔌爲八珍所用博古圖有宋公欒餗鼎

董逌云糝有菜之鼎也【註】蔽者至見詩。【正義】鄭司農春官大胥註云古者士見於君以雉爲贄見於師以菜爲贄是菜爲行禮所用蔽其總名也見詩者大雅韓奕云其殽維何維筍及蒲毛傳蔌菜殽也

白蓋謂之苫【註】白茅苫今江東呼爲蓋【正義】說文云蓋苫也苫蓋也繫傳云編茅也說文又云茨以茅葦蓋屋左傳疏引李巡云編菅茅以蓋屋曰苫是蓋即茨也夏官圉師云茨牆則翦闔鄭註茨蓋也闔苫也穀梁文三年傳云茅茨盡矣疏引徐邈說以爲屋上之茅茨成二年傳云焚雍門之茨范註茨蓋也左氏昭二十七年傳云或取一編菅焉謂屋上之編茅也是皆以蓋爲茅茨也【註】白茅至爲蓋。【正義】左傳疏引孫炎云白蓋茅苫也是郭註所本也今江東呼爲蓋者郭意以被苫爲蓋也左氏襄十四年傳云被苫蓋杜註蓋苫之别名也

黃金謂之璗其美者謂之鏐白金謂之銀其美者謂之

鐐【註】此皆道金銀之別名及精者鏐即紫磨金鉼金謂之鈑【註】周禮曰祭五帝即供金鈑是也錫謂之鈏【註】白鑞【正義】此別金之品廣其異名也○黃金至之鐐○說文云金五色金也黃爲之長久薶不生衣百鍊不輕從革不違洪範云金曰從革史記集解引馬融云金之性從人而更可銷鑠禮器云內金示和也鄭註金從革性和也璗者說文云金之美者與玉同色鏐者禹貢梁州貢璆鐵銀鏤史記集解引鄭註云黃金之美者謂之鏐書釋文引韋昭云紫磨金是梁州所貢鄭韋本俱作鏐今本作璆所据本異也銀者說文云白金也漢書地理志犍爲郡朱提縣山出銀食貨志云朱提銀重八兩爲一流直一千五百八十它銀一流直千是爲銀貨二品銀之美者亦在梁州故以爲貢焉鐐說文作鐐云白金也小雅瞻彼洛矣毛傳云諸侯璗琫而璆珌大夫鐐琫而鏐珌說文引以爲禮文葢禮家之舊說故璗鏐鐐之名見

於爾雅。鉼金謂之鈑。蓺文類聚引爾雅鉼作餅釋文云鈑字亦作版。錫謂之鈏。說文云錫銀鉛之間也鈏錫也禹貢揚州錫貢史記集解引鄭註有錫則貢之或時之則不貢錫所以柔金也考工記攻金之工金有六齊鄭註金有六齊多錫爲下齊大刃削殺矢鑒燧也少錫爲上齊鍾鼎斧斤戈戟也 註 此皆至磨金。正義 鏐及鐐皆金銀之別名及精者也初學記引郭氏金銀讚云惟金三品揚越作貢五材之珍是謂國用務經軍農爰及雕弄鏐卽紫磨金者水經註云華俗謂上金爲紫磨金。周禮至是也。正義 秋官職金云旅于上帝則共其金版鄭註云鉼金謂之版此版所施未聞賈疏云旅上帝謂祭五帝於四郊及明堂郭氏据周禮之義言之也。白鑞。正義 夏官職方揚州其利金錫鄭註錫鑞也郭註與鄭氏同顏師古急就篇註云錫在銀鉛之間卽今白鑞也

象謂之鵠角謂之觷犀謂之剒木謂之剫玉謂之雕 註

左傳曰山有木工則劆之五者皆治樸之名【正義】此釋治樸之名也象謂之鵠者象以齒骨爲用詩謂之象弭內則謂之鶮禮器註又用以飾籩鵠與罍通廣雅云罍分也角謂之觷者說文云膭觷也繫傳云理角也今人以解開猪羊頭爲膭也犀謂之剒者犀皮以爲甲又作鼓鞞廣雅云斮絕也鄭司農考工記註云合甲削革裏肉但取其表𠆤以爲甲詳見下文釋獸木謂之剫者說文云剫判也廣雅云剫分也通作度魯頌閟宮云是斷是度玉篇引爾雅作木謂之楙今江東斫木爲楙所見本與郭異也玉謂之雕者考工記刮摩之工有雕人今闕說文云彫琢也左氏昭十二年傳云命剝圭以爲鏚柲是雕玉之事也【註】左傳至劆之。【正義】隱十一年傳文今本作度之

金謂之鏤木謂之刻骨謂之切象謂之磋玉謂之琢石謂之磨【註】六者皆治器之名【正義】此釋治器之名也金謂之鏤者大雅韓奕

云鉤膺鏤錫鄭箋刻金飾之秦風小戎云虎韔鏤膺鄭箋鏤膺有刻金飾也又剛鐵亦名鏤禹貢梁州貢鏤史記集解引鄭註剛鐵可以刻鏤是也木謂之刻者說文云刻鏤也哀公問云器不刻鏤是刻鏤又爲治器之總名也骨謂之切者說文云切刌也鄭司農註天官太宰云珠曰切貫疏今爾雅本云骨曰切者蓋司農讀爾雅本作珠也論衡量知篇作骨曰切與今本同象謂之磋者論衡引作象曰瑳瑳字从玉言治之使其色鮮潔也鄭司農註作象曰磋與今本同玉謂之琢者學記云玉不琢不成器荀子大略篇和之璧井里之厥也玉人琢之爲天下寶孟子云必使玉人雕琢之言既雕復琢也石謂之磨者方言云鑢琢也晉趙謂之鑢說文云鑢琢石也文子上德篇璧瑗之器礛諸之功也淮南說山訓玉待礛諸而成器高誘註云礛諸攻玉之石【註】六者至之名○【正義】詩疏引孫炎云治器之名郭註本孫炎

璆琳玉也【註】璆琳美玉名【正義】白虎通義引禮王度記曰玉者有象君子之德燥不

輕涇不重薄不橈廉不傷疵不掩此釋其美者也說文云球玉磬也或作璆又云琳美玉也益稷云戛擊鳴球周禮疏引鄭註云鳴球即玉磬也魯語云文仲以鬯圭與玉磬如齊告糴韋註玉磬鳴璆也皆以璆爲玉磬之名也商頌長發云受小球大球毛傳球玉也鄭箋受小玉謂尺二寸圭也受大玉謂珽也長三尺顧命云天球在東序疏引鄭註云天球雍州所貢之玉色如天者玉藻云笏天子以球玉鄭註球美玉也是球爲美玉之名不專指玉磬也琳者上林賦云玫瑰碧琳西都賦云琳珉青熒胡渭謂琳乃玉之青碧色者也禹貢雍州貢球琳琅玕下文釋地云有崑崙虛之球琳琅玕焉是球琳皆美玉之名

簡謂之畢【註】今簡札也不律謂之筆【註】蜀人呼筆爲不律也語之變轉滅謂之點【註】以筆滅字爲點【正義】此釋書契所用也簡謂之畢者說文云簡牒也釋名云簡閒也編之篇篇有間也王制云太史典禮執簡記鄭註簡

記策書也左氏襄二十五年傳云執簡而往謂簡記也學記云呻其佔畢鄭註呤誦其所視簡之文是畢爲簡也不律謂之筆者釋名云筆述也述事而書之也曲禮云史載筆孔疏云不言簡牘而云筆者筆是書之主則餘載可知魯語云臣以死奮筆晉語云進秉筆又云臣以秉筆事君齊策云取筆牘受言是書契用筆其來舊矣筆彄謂之管見內則註滅謂之點者說文云點小黑也以筆加小黑以滅其字也**註**今簡札也○**正義**釋名云札櫛也編之如櫛齒相比也是札卽簡也聘禮記云百名以上書於策不及百名書于方鄭註策簡也方版也論衡量知篇云截竹爲筒破以爲牒加筆墨之跡乃成文字斷木爲槧析之爲板力加刮削乃成奏牘古者重方策簡卽策也左傳疏云簡札牒畢同物而異名單執一札謂之簡連編諸簡謂之策故於文策或作册連其編簡之形以其連簡爲策故言策者簡也○蜀人至變轉○**正義**說文云聿所以書也楚謂之聿吳謂之不律燕謂之弗秦謂之筆郭云蜀人呼筆爲不律各據時驗而言

也禮記疏引郭氏云書筆名四方之異言也葢郭氏音義之文

絕澤謂之銑【註】銑即美金言最有光澤也國語曰玦之以金銑者謂此也【正義】說文云銑金之澤者義本爾雅下文言弓之飾云以金者謂之銑是銑即金之別名也【註】國語至此也○【正義】晉語云玦之以金銑者寒甚矣韋註銑猶灑也灑灑寒貌案灑灑亦言其光之寒也

金鏃翦羽謂之鍭【註】今之錍箭是也骨鏃不翦羽謂之志【註】今之骨骲是也【正義】此別矢之名也鏃者說文云族矢鋒也鏃利也今人謂鏃爲鏑以鐵爲鏑翦其羽者謂之鍭射物之矢也詩疏引孫炎云金鏃斷羽使前重也文選註引李巡云鍭以金爲箭鏑也大雅行葦云四鍭既鈞毛傳云鍭矢參亭考工記矢人爲矢鍭矢參分一在前二在後鄭

註云參訂之而平者前有鐵重也穀梁隱二年傳云聘弓鍭矢不出竟場是也以骨爲鏑而不斷羽者謂之志禮射之矢也盤庚云若射之有志是也夏官司弓矢掌八矢之灋鍭矢用諸近射田獵恒矢用諸散射鄭註云鍭之言候也可以司候射敵之近者及禽獸前尤重中深而不可遠也恒矢安居之矢也可以散射謂禮射及習射也恒矢之屬軒輖中所謂志也是恒矢卽志矢也司弓矢有八矢而爾雅祇釋其二者以鍭矢居前最重志矢居後最輕故舉以例其餘也其用諸喪禮則其鏃稍變旣夕禮云猴矢一乘骨鏃短衛志矢一乘軒輖中亦短衛鄭註云猴猶候也候物而射之矢也骨鏃短衛亦云不用也生時猴矢金鏃凡爲矢五分笴長而羽其一志猶擬也習射之矢無鏃短衛亦示不用生時志矢骨鏃凡爲矢前重後輕也賈疏云短衛卽翦羽也謂之衛者羽所以防衛其矢故名爲衛【註】今之至是也○【正義】郭以今名釋古器也方言云箭自關而東謂之矢江淮之閒謂之鍭關西曰箭又云凡箭鏃其廣長而薄鎌謂之錍

或謂之鈀箭其小而長中穿二孔者謂之鉀鑪郭氏彼註云今箭鉀鑿空兩頭也釋名云矢指也言其有所指而迅疾也又謂之箭前進也其本曰足矢形似木木以下爲本以根爲足也又謂之鏑鏑敵也可以禦敵也齊人謂之鏃鏃族也言其所中皆族滅也其旁曰羽如鳥羽也鳥須羽而飛矢須羽而前也齊人曰衛所以導衛矢也郭云骨骲者釋文引埤蒼云骨鏃也案今骲箭以寸木空中簇竅發則受風而鳴又謂之響箭鏃上加骨角小哨者曰鳴鏑

弓有緣者謂之弓【註】緣者繳纏之即今宛轉也無緣者謂之弭【註】今之角弓也左傳曰左執鞭弭以金者謂之銑以蜃者謂之珧以玉者謂之珪【註】用金蚌玉飾弓兩頭因取其類以爲名珧小蚌【正義】此別弓緣有無之異名也說文

云弓以近窮遠象形古者揮作弓釋名云弓穹也張之穹隆然也其末曰簫言簫梢也又謂之弭以骨爲之滑弭弭也蓋弓末亦名弭故禮稱獻弓者執弭左傳釋文云弭弓末也對文言之則有緣者爲弓無緣者爲弭說文云弭弓無緣可以解轡紛者既夕禮云有弭飾焉鄭註弓無緣者謂之弭弭以骨角爲飾左傳疏引李巡云骨飾兩頭曰弓不以骨飾兩頭曰弭儀禮疏引孫炎云緣謂繫約而漆之無緣謂不以繫約骨飾兩頭者也飾弓者金謂之銑蜃謂之珧玉謂之珪各因其本質以爲名也【註】緣者至轉也○【正義】緣訓爲繳纏者既夕禮謂之依鄭註依纏弦也賈疏云依者謂以韋依纏其弦即今時弓𢐀是也弓用繳纏故列女傳言造弓之法纏以荆麋之筋也今宛轉者據當時語也釋名云簫弣之間曰淵淵宛也言曲宛也○今之至鞭弭○【正義】說文云弰角弓也郭氏則以弭爲角弓也左執鞭弭左氏僖二十三年傳文太平御覽引郭氏毛詩拾遺云象弭魚服毛云弭弓反末以象骨爲之蓋俗說之誤也按左傳曰左執鞭

弭弭者弓之別名謂以象牙爲弓今西方有以犀角
及鹿角爲弓者是郭云角弓言以角爲弓也○用金
至小蚌○正義弓兩頭有飾淮南兵畧訓云淇衛箘
簵載以金錫是以金爲弓矢之飾以蜃以玉又各以
其類爲名也說文云珧蜃甲所
以飾物也珧爲小蚌詳見釋魚

珪大尺二寸謂之玠註詩曰錫爾玠珪璋大八寸謂之
琡註璋半珪也璧大六寸謂之宣註漢書所云瑄玉
是也肉倍好謂之璧註肉邊也好孔也好倍肉謂之
瑗註孔大於邊也肉好若一謂之環註邊孔適等正義
此釋玉之器有異名也覲禮云設六玉上圭下璧南
方璋西方琥北方璜東方圭白虎通義文質篇以珪
璧琮璜璋爲五瑞爾雅不盡釋者舉珪璋璧以起度
也○珪大尺二寸謂之玠○珪有大圭冒圭之殊其

長尺有二寸者名玠白虎通義云珪以爲信者何珪者兌上象物始生見於上也信莫著于作見故以珪爲信而見萬物之始莫不自潔珪之爲言潔也上兌陽也下方陰也陽尊故其禮順備也位在東方陽見義於上也說文云圭瑞圭也上圜下方古文作珪又云剡上爲圭玠大圭也周書曰稱奉介圭案考工記玉人之事鎮圭尺有二寸天子守之是鎮圭即玠珪也玠亦作介釋詁云介大也聘禮記云所以朝天子圭與繅皆九寸剡上寸半厚半寸博三寸賈疏云凡圭天子鎮圭公桓圭侯信圭皆博三寸厚半寸剡上左右各寸半唯長短依命數不同○璋大八寸謂之琡○春官典瑞云牙璋以起軍旅以治兵守白虎通義云璋以發兵何璋半珪位在南方南方陽極而陰始起兵亦陰也故以發兵也不象其陰何陰始起物尚疑未可象也璋之爲言明也賞罰之道使臣之禮當章明也南方之時萬物莫不章故謂之璋案考工記玉人云牙璋中璋七寸射二寸厚寸瑑圭璋八寸璋大八寸者名琡即瑑璋也琡說文作璹○璧大六

寸謂之宣。聘禮云受享束帛加璧白虎通義云璧以聘問何璧者方中圓外象地地道安寧而出財物故以璧聘問也方中陰德方也圓外陰繫於陽也陰德盛於內故見象於內位在中央璧之言積也中央故有天地之象所以據用也內方象地外方象天也說文云璧瑞玉圜也璧徑五寸其大六寸者則名宣。肉倍好謂之瑗。此別璧與瑗環之異也肉倍好者詩疏引孫炎云肉身也好孔也身大而孔小左傳疏引李巡云邊肉大其孔小也好倍肉謂之瑗者左傳疏引李巡云其孔大邊肉小也說文云瑗大孔璧人君上除陛以相引肉好若一謂之環者左傳疏引李巡云其孔及邊肉大小適等曰環荀子大畧篇問士以璧召人以瑗反絶以環是也註詩曰至玠珪。正義大雅崧高文鄭箋圭長尺二寸謂之介非諸侯之圭故以爲寶又韓奕云以其介圭入覲于王是命圭亦得通稱介圭其正名則尺二寸者爲玠也。璋半珪也。正義說文云半圭爲璋鄭註周禮亦云半圭曰璋與郭註同高誘淮南註云半圭曰璜案璜半璧也與璋異。漢書至是也。【正義】郊祀志云有司奉瑄玉孟康云璧大六寸謂之瑄是也。肉邊至適等。【正義】郭氏本李孫爲義也程瑤田曰据經及註皆謂若璧孔一寸則邊二寸合兩邊及孔其徑五寸也瑗孔二寸半則邊一寸又四分寸之一合兩邊及孔其徑亦五寸也環孔一寸又三分寸之二則邊亦一寸又三分寸之二合兩邊及孔其徑亦五寸也肉好度法甚明矣而鄭氏不知典瑞及玉人所載璧羨之度與此璧度法不同乃於玉人職据先鄭說引爾雅以證璧羨之肉好謂袤一尺而廣狹焉於典瑞則曰廣徑八寸袤一尺賈氏於是誤釋之以增成其說曰此璧好三寸肉各三寸兩畔共六寸是肉倍好也造此璧時應圜九寸今減廣一寸以益上下之袤則上下一尺廣八寸自鄭賈二氏之說出而爾雅肉好或倍或一之度法學者不明其義矣

繸綬也【註】即佩玉之組所以連繫瑞玉者因通謂之繸

正義說文云綬韍維也玉藻云天子佩白玉而玄組綬公侯佩山玄玉而朱組綬大夫佩水蒼玉而純組綬世子佩瑜玉而綦組綬士佩瓀玟而縕組綬孔子佩象環五寸而綦組綬鄭註綬者所以貫佩玉相承受者也說文又云綖綬維也是繸本或作綖註卽佩至之繸。正義郭以上文云璲瑞也璲繸音同故以爲佩玉之組通謂之繸說文云組綬屬顏師古急就篇註云綬者受也所以承受環印也亦謂之繸

一染謂之縓註今之紅也再染謂之赬註淺赤三染謂之纁註纁絳也青謂之蔥註淺青黑謂之黝註黝黑貌周禮曰陰祀用黝牲斧謂之黼註黼文畫斧形因名云正義此別衆色之名也。一染至之纁。鄭註士冠禮云凡染絳一入謂之縓再入謂之赬三入謂之纁朱則四入與凡染黑五入爲緅七入爲緇玄則六入與賈疏云爾雅所染縓赬纁三者是染赤

法周官鍾氏染鳥羽是染黑法也縓者說文云帛赤黃色喪服云練冠麻衣縓緣縓又謂之縕鄭註玉藻云縕赤黃之間色所謂韎也瞻彼洛矣毛傳云一入曰韎韐左傳疏引賈逵云一染曰韎蓋用茅蒐染之也赬者說文作再染謂之䞓鄭註考工記引爾雅作再染謂之竀左氏哀十七年傳如魚竀尾謂魚尾赤也䞓字或作赬纁者說文云纁淺絳也禹貢厥篚元纁璣組疏引李巡云三染其色已成爲絳絳纁一名也考工記鍾氏染羽三入爲纁鄭註云染纁者三入而成。青謂至之黝。釋名云青生也象物生時色也黑晦也如晦冥時色也禮記疏引孫炎云黝青黑色蔥則青之異色玉藻云一命縕韍幽衡再命赤韍幽衡三命赤韍蔥衡鄭註云幽讀爲黝黑謂之黝青謂之蔥。斧謂之黼。覲禮云天子設斧依於戶牖之間鄭註有繡斧文所以示威也顧命作黼扆黼即斧也釋言云黼黻彰也註今之紅也。正義鄭註既夕禮亦以縓爲紅也說文云紅帛赤白色釋名云紅白色之似絳者也蓋初染絳而未成者故其色在絳黃白之閒○淺赤○【正義】監本作染赤今從詩疏所引郭註改正再染爲淺赤三染則爲大赤矣說文云䞓赤色也蓋色雖淺而已成爲赤也○纁絳也○云絳大赤也釋名云絳工也染之難得色以得色爲工也○黝黑至黝牲○【正義】說文云黝微青黑色周禮曰陰祀用黝牲地官牧人文○黼文至名云○【正義】考工記畫繢之事白與黑謂之黼詳見釋言釋名云斧甫也甫始也凡將制器始用斧伐木已乃制之也賈公彥云據繡次言之白與黑謂之黼據文體形質言之从白而巠黑是黼斧字異而義同也天官典絲共黼畫之物鄭註以爲給衣服及依盬巾之屬案小雅元衮及黼王藻謂君有黼裘是衣服用黼也冪人云凡王巾皆黼是王之巾用黼也檀弓言天子之殯加斧于椁上是椁亦用黼不獨設之於扆黼之於領矣鄭君謂畫黼周尚武賈疏以爲周以武得天下作斧文取斷割之義

邸謂之柢【註】根柢皆物之邸邸卽底通語也雕謂之琢

【註】治玉名也【正義】釋言云柢本也柢與邸通上文云玉謂之雕又云玉謂之琢此申釋之也考工記玉人云兩圭五寸有邸鄭註引邸謂之柢有邸僢共本也大雅樸棫云追琢其章毛傳追雕也金曰雕玉曰琢以雕爲治金因下文金玉而分屬之耳鄭箋云追琢玉使成文章則專屬玉而言雕通作琱說文云琱治玉也琢治玉也是皆爲治玉之名也

蓐謂之茲【註】公羊傳曰屬負茲茲者蓐席也竿謂之箷【註】衣架簀謂之第【註】牀版○【正義】此釋居處之用器也蓐謂之茲○蓐者席也亦名爲茲左氏文七年傳云秣馬蓐食杜註早食於寢蓐中宣十二年傳云軍行右轅左追蓐杜注在左者追求草蓐爲宿備案說文云蓐陳艸復生也一曰蔟也玉篇云蓐艸蓐也言以草爲席也說文又云茲艸木多益故簇爲艸艸蓐亦謂之茲史記周本紀云衞康叔封布茲徐廣曰茲者藉席之名齊太公世家作

衛康叔布采席索隱云蒻是席故亦云蒻席也其以龍鬚草爲之者謂之龍蒻荀子正論篇所云龍蒻也其以薦藉馬謂之馬蒻夏官圉師云春除蓐鄭註云蓐馬蒻也○竿謂之箷○說文云竿竹挺也曲禮云不同椸枷鄭註椸可以枷衣者葢衣枷之在牆者釋宮謂之榫其以竹木横列者謂之箷鄭註內則引作竿謂之椸釋文云箷李巡本作篡○簀謂之第○小爾雅云簀牀第也說文云簀牀棧也第牀簀也檀弓云大夫之簀與鄭註簀謂牀第也左氏襄二十七年傳云牀第之言不踰閾杜註第簀也【註】公羊至負茲○【正義】桓十六年傳文何休註諸侯稱負茲大夫稱犬馬士稱負薪此以茲爲席故以疾病爲負茲也○衣架○【正義】衆經音義引郭註云即衣架也禮記釋文云椸衣架也枷本又作架案監本作木架疑傳寫之訛○牀版○【正義】左傳疏引孫炎云第牀也方言云牀齊魯之間謂之簀陳楚之間或謂之第故孫氏以第爲牀也衆經音義引郭註云即牀板也或以史記范雎列傳云卷以簀疑簀非牀板案士喪禮及喪

大記篇凡浴尸於牀及置冰牀下皆禮第鄭註皆以第爲簀禮第爲去席孔疏云浴時無席爲漏水也設冰無席爲通寒氣也是第爲牀版郭與鄭同義

革中絕謂之辨註中斷皮也革中辨謂之韏註復分平也正義上文云轡首謂之革玉篇云辨車轡勒也廣韻云韏車上所用皮也是轡首之革中分之謂之辨又中分之謂之韏也說文云韏衣也徐鍇云韏革中辨也衣襞積如辨也是辨與韏又爲皮中分之總名孫星衍曰晏子春秋雜篇景公病疽在背問者何如曰如屨辨下又云如珪據此則屨辨形如珪而中空耳案釋名云齊人謂韋屨曰屝屝皮也以皮作之蓋齊人多以皮作屨故以皮中裂者爲屨辨中分則下陷故言陷者如屨辨也註中斷皮也正義鄭註秋官云故書辨爲判釋文引孫炎云辨半分也

鏤鋟也註刻鏤物爲鋟正義上文已云金謂之鏤此又廣其名以鏤即鋟也玉篇云鋟

鎘也釋文引字書云鏤鍬也廣韻云鍍馬金耳飾也

卣中尊也【注】不大不小者【正義】上文云彝卣罍器也此又申釋之也說文云尊酒器也或作尊廣韻云樽有三品上曰彝中曰卣下曰罍詳見上

爾雅正義卷第七

爾雅正義卷第八

文淵閣校理翰林院編修加三級教習庶吉士 國史館纂修官邵晉涵撰集

釋樂第七

【正義】舜典云：命女典樂。春官大司樂掌六代之樂。樂記云：樂者樂也。說文云：樂，五聲八音總名，象鼓鞞，木虡也。此篇所釋五聲別名及八音之器大小之異名，後儒昧其制器之方，或失其命名之義。葢自周衰禮壞，樂尤微眇，重經秦火，遺法失傳。漢河間獻王作樂記，劉向校書得二十三篇，著於別錄，其第十三爲樂器篇，今取入禮記者，自樂本至魏文侯十一篇合爲一篇而已，其餘篇第俱佚。古樂遺法寖以益微，三代樂器名不盡隱者，尚賴此篇之存，而究莫能盡復其器也。道寓乎器，無其器則末由得其音以通其義。春官典同掌六律六同之和，以辨天地四方陰陽之聲，以爲樂器。樂記云：金石絲竹，樂之器也。史記索隱引孫炎云：作樂器小大稱十二律也故郭註於器之長廣尺寸釋之特詳白虎通義引樂記云土曰壎竹曰管皮曰鼓匏曰笙絲曰弦石曰磬金曰鍾木曰柷敔又引樂記云壎坎音也管艮音也鼓震音也弦離音也鍾兌音也柷敔乾音也風俗通義所引樂記亦多言樂器孟康漢書註引作禮樂器篇其卽別錄樂器篇之佚文與

宮謂之重商謂之敏角謂之經徵謂之迭羽謂之柳【註】皆五音之別名其義未詳【正義】益稷云予欲聞六律五聲八音五聲謂宮商角徵羽管子地員篇凡聽宮如牛鳴窌中凡聽商如離羣羊凡聽角如雉登木以鳴音疾以淸凡聽徵如負豬豕覺而駭凡聽羽如鳴馬在野是宮商角徵羽皆因聲以爲名也又謂之重敏經迭柳者玉海載徐景安樂書引劉歆云宮者中也君也爲四音之綱其聲重厚如君之德而爲重商者章也臣也其聲敏疾如

臣之節而爲敏角者觸也民也其聲圓長經貫清濁如民之象而爲經徵者祉也事也其聲抑揚遞續其音如事之緒而爲迭羽者宇也物也其聲低平掩映自下而高五音備成如物之聚而爲柳也釋文引孫炎云宮聲濁而遲故曰重也釋文又云商爲臣而佐君成政故曰敏敏成也**註**皆五至未詳。**正義**春官大師云文之以五聲宮商角徵羽播之以八音金石土革絲木匏竹是聲與音有別也樂記云聲成文謂之音比音而樂之謂之樂鄭註雜比曰音謂宮商角徵羽清濁和比謂之音單出曰聲謂五聲之内唯單有一聲更無餘聲相雜也孔疏初發口單出者謂之聲衆和合成章謂之音金石干戚羽旄謂之樂則聲爲初音爲中樂爲末也尚書大傳云五聲天音也是散文言之聲音相通故郭氏以爲五音郭又云其義未詳蓋不取劉歆之說案劉歆所釋宮中也商章也諸義漢書律歷志取之白虎通義云角者躍也陽氣動躍徵者止也陽氣止商者張也陰氣開張陽氣始降也羽者紆也陰氣在上陽氣在下宮者容也含也

含容四時者也與劉氏所釋之義大指相通宮商角徵羽既各有其義則先儒所釋重敏經迭柳之義亦不容廢矣

大瑟謂之灑【注】長八尺一寸廣一尺八寸二十七弦【正義】瑟琴爲堂上之樂貴淸聲也故先釋之白虎通義云瑟者嗇也閑也所以懲忿窒欲正人之德也故曰瑟有君父之節臣子之法君父有節臣子有義然後四時和四時和然後萬物生故謂之瑟也釋樂器云瑟施弦張之瑟瑟然也鄉飲酒禮云工四人二瑟瑟先相者二人皆左何瑟後首挎越燕禮云小臣左何瑟面鼓執越鄭注越瑟下孔也樂記云淸廟之瑟朱弦而疏越鄭注朱弦練朱弦練則聲濁越瑟底孔也畫疏之使聲遲也孔穎達云不練則體勁而聲淸練則絲熟而聲濁熊氏云瑟兩頭有孔畫疏之疏通也使兩頭孔相連而通孔小則聲急孔大則聲遲故云使聲遲也瑟之大者別名灑則堂位所謂大瑟也釋文

引孫炎云音多變布出如灑也禮記疏引作音之布告如埽灑【注】長八至七弦。【正義】說文云瑟庖犧所作弦樂也禮記疏引世本云包犧氏作五十弦黃帝使素女鼓瑟哀不自勝乃破爲二十五弦其二均聲禮圖云雅瑟長八尺一寸廣一尺八寸二十三弦其常用者十九弦其餘四弦謂之番番贏也頌瑟長七尺二寸廣尺八寸二十五弦盡用之太平御覽引白虎通云大瑟謂之灑長八尺一寸廣一尺八寸二十七弦與郭注同宋書樂志引爾雅云瑟二十七弦者灑今無其器隋書樂志以二十七弦爲伏羲所作未之詳也風俗通義云今瑟長五尺五寸非正器也

大琴謂之離【注】或曰琴大者二十七弦未詳長短廣雅曰琴長三尺六寸六分五弦【正義】白虎通義云琴者禁也所以禁止淫邪正人心也風俗通義云詩云我有嘉賓鼓瑟鼓琴雅琴者樂之統也與八音並行然君子所常御者琴最親

密不離於身非必陳設於宗廟鄉黨非若鍾鼓羅列於虡懸也雖在窮閻陋巷深山幽谷猶不失琴以爲琴之大小得中而聲音和大聲不譁人而流漫小聲不湮滅而不聞適足以和人意氣感人善心故琴之言禁雅之言正也言君子守正以自禁也琴之大者别名離明堂位所謂大琴也禮器疏引孫炎云聲留離也【注】或曰至五弦○【正義】郭氏引或說疑未能定也宋書引爾雅大琴曰離二十弦初學記引樂録云大琴二十弦今無其器玉海引爾雅亦作二十弦今本作二十七弦疑因上文大瑟而誤也通典作二十七弦與今本同禮記疏引世本云神農作琴說文云琴禁也神農所作洞越練朱五弦周加二弦文選註引桓譚新論云神農始削桐爲琴練絲爲弦琴操又云伏羲作琴古制茫昧大琴之長短莫可考矣廣雅云琴長三尺六寸六分五弦者此言常用之琴也通典引揚雄清英云舜彈五弦之琴而天下化堯加二弦以合君臣之思桓譚新論云五弦第一弦爲宮其次商角徵羽文王武王各加一弦以少宮少商風俗

通義云今琴長四尺五寸法四時五行也七弦者法七星也案應劭所言長短與張揖異今琴製俱從張揖琴操以爲象三百六十六日也

大鼓謂之鼖【注】鼖長八尺小者謂之應【注】詩曰應朄縣鼓拄大鼓側【正義】九家易云震爲鼓考工記云凡冒鼓必以啓蟄之日白虎通義云鼓震音煩氣也萬物憤懣震動而出說文云鼓郭也春分之音萬物郭皮甲而出故謂之鼓釋名云鼓廓也張皮以冒之其中空也學記云鼓無當於五聲五聲弗得不和是樂之所成在於鼓故荀子樂論云鼓其樂之君邪考工記云鼓大而短則其聲疾而短聞鼓小而長則其聲舒而遠聞此言鼓之大小失所也鼓之大者名鼖大司馬云諸侯執賁鼓鼓人云以鼖鼓鼓軍事鼖與賁通其小者名應釋文引李巡云小者聲音相承故曰應應承也孫炎云和應大鼓也【注】鼖長八尺○【正義】考工記云韗人爲皋陶鼓長八尺鼓四尺

中圍加三之一謂之鼖鼓後鄭云中圍加三之一者加於面之圍以三分之一也面四尺其圍十二尺加以三分之四尺則中圍十六尺徑五尺三寸三分寸之一也今亦合二十版則版穹六寸三分寸之二耳

大鼓謂之鼖以鼖鼓鼓軍事鄭司農云鼓四尺謂革所蒙者廣四尺說文云鼖八尺兩面。應朄至鼓側

。正義 應朄縣鼓周頌有瞽文鄭箋朄小鼓在大鼓旁應鞞之屬也春官大師云令奏鼓朄鄭司農云朄小鼓也先擊小鼓乃擊大鼓小鼓爲大鼓先引故曰朄朄讀爲道引之引後鄭以爲鼓朄猶言擊朄也小師云擊應鼓後鄭云應鼙也應與朄及朔皆小鼓也釋名云鼙在前曰朔朔始也在後曰應應大鼓也禮器云縣鼓在東應鼓在西是在大鼓之旁

大磬謂之毊 注 毊形似犂錧以玉石爲之 正義 明堂位云叔之離磬鄭注引世本云無句作磬皇侃以爲叔之别名也白虎通義云磬者夷則之氣也象萬物之成也其氣磬

故曰磬說文云磬樂石也象縣虡之形殳擊之也釋名云磬罄也其聲罄罄然堅緻也磬大者名毊釋文引孫炎云毊喬也喬高也謂其聲高也李巡云大磬聲清燥也故曰毊毊燥也商頌那云依我磬聲毛傳磬聲之清者以象萬物之成鄭箋磬玉磬也堂下諸縣與玉磬之聲相依玉磬尊故異言之孔疏云此異於常磬非石磬也淮南說山訓鍾與磬也近之則鍾聲充遠之則磬聲章物固有近不若遠遠不若近者是大磬之聲可以章遠也【注】毊形至爲之○【正義】考工記云磬氏爲磬倨句一矩有半其博爲一股爲二鼓爲三參分其股博去一以爲鼓博參分其鼓博以其一爲之厚已上則摩其旁已下則摩其耑是其制也郭云形似犂錧者釋文引字林云田器也江南人呼犂刀爲錧鄭註考工記云中地之耒其庛與直者如磬折言耒之刺如磬之折可以互相證也三禮圖舊圖引樂經云黃鍾磬前長三律二尺七寸後長二律一尺八寸此謂特縣大磬配鎛鍾者也云以玉石爲之者益稷云戛擊鳴球疏引鄭註云磬懸也而以

合堂上之樂玉磬和尊之也左氏成二年傳云賂以
紀甗玉磬魯語云以鬯圭與玉磬如齊告糴郊特牲
謂諸侯之宮縣擊玉磬諸侯之僭禮也舜典云予擊
石拊石周禮疏引鄭註云磬有大小擊大石磬拊小
石磬禹貢云泗濱浮磬通典云
泗濱石可爲磬近代出華原

大笙謂之巢【註】列管瓠中施簧管端大者十九簧小者
謂之和【註】十三簧者鄉射記曰三笙一和而成聲【正義】
明堂位云女媧之笙簧白虎通義云笙者太蔟之氣
象萬物之生故曰笙說文云笙十三簧象鳳之身也
笙正月之音物生故謂之笙大者謂之巢小者謂之
和古者隨作笙釋名云笙生也象物貫地而生也太
平御覽引舍人云大笙音聲衆而高也小者聲相和
也儀禮疏引孫炎云巢高大也釋文引李巡云小者
聲少音相和也孫炎云應和於笙【註】列管至九簧○
【正義】白虎通義云匏之爲言施也牙也在十二月萬

物始施而牙風俗通義云世本女媧作簧簧笙中簧也詩云吹笙鼓簧承筐是將孔疏云匏匏也以匏爲底故八音謂笙爲匏簧者笙管之中金薄鍱也笙管必有簧故或謂笙爲簧王風君子陽陽云左執簧是也通典云大笙十九簧蓋本郭註○十三至成聲○**正義**鄭司農云笙十三簧者是郭註本於舊說也風俗通義云長四寸十二簧未聞其審鄉射禮記云三笙一和而成聲鄭註三人吹笙一人吹和是和爲笙之小者也

大篪謂之沂註篪以竹爲之長尺四寸圍三寸一孔上出寸三分一名翹横吹之小者尺二寸廣雅云八孔

正義釋名云篪啼也聲從孔出如嬰兒啼聲也太平御覽引舍人云大篪其聲悲沂鏘然也詩云仲氏吹篪也通鑑註引李巡云大篪其聲非一也釋文引孫炎云篪聲悲沂悲也註篪以至三分○**正義**說文云

龡管樂也或作篪史記索隱云七孔一孔上出今之橫笛是也廣雅云篪以竹爲之長尺四寸八孔一孔上出寸三分郭註本廣雅○一名翹横吹之○諸本俱作名翹横吹之義不可曉通鑑註引郭註刪名翹二字唯宋書樂志作沂一名翹葢諸本脫去一字也通典作名曰翹是翹爲沂之別名○小者至八孔○三禮圖引舊圖云雅篪長尺四寸頌篪長尺二寸是小者頌篪也鄭司農註笙師云篪七空賈疏据廣雅疑爲寫者之誤然通典引蔡邕月令章句亦作七孔顏師古漢書註云篪七孔葢不數其上出者則爲七孔與廣雅義相通也史記索隱作六空禮圖以爲九孔風俗通義又云十孔長尺一寸則別有所見爾

大塤謂之嘂【註】塤燒土爲之大如鵝子鋭上平底形如秤錘六孔小者如雞子【正義】白虎通義云壎在十一月陽氣於黃泉之下熏烝而萌唐書樂志云壎曛也立秋之音萬物將曛黃也說文云壎樂器也以土爲之六孔釋名云塤喧也聲濁

喧喧然也塤塤之大者名嚚說文引云嚚高也通鑑註引孫炎云聲大如叫呼也釋文引李巡云嚚大壎也、言其聲之大也

【註】塤燒至雞子。

【正義】後鄭註小師云塤燒土爲之大如鴈卵鄭司農云六孔風俗通義云詩云天之誘民如塤如箎塤燒土也圍五寸半長三寸半有四孔其二通凡爲六孔史記索隱云壎以土爲之大如鵝子形似錘吹之爲聲太平御覽引舍人云塤大者如鵞子聲合黃鐘小者如鷄子聲合太蔟夾鐘風俗通引世本暴辛公作塤蘇成公作箎詩疏云譙周古史考云古有塤箎尚矣周幽王時暴辛公善塤蘇成公善箎記者因以爲作謬矣世本之謬信如周言其云蘇公暴公所善亦未知所出葢以小雅云伯氏吹壎仲氏吹箎蘇公刺暴公也故致此謬荀子樂論云塤箎翁博指塤箎之大者而言

大鐘謂之鏞【註】書曰笙鏞以間亦名鎛其中謂之剽小者謂之棧

【正義】明堂位云垂之和鐘鄭註垂堯之共工也世本曰垂作鐘孔疏云垂所作調和

之鍾宋均曰舜臣鑄大鍾考工記云鳧氏爲鍾大鍾十分其鼓間以其一爲之厚小鍾十分其鉦間以其一爲之厚鍾大而短則其聲疾而短聞小而長則其聲舒而遠聞白虎通義云鍾之爲言動也陰氣用事萬物動成鍾爲氣用金爲聲也說文云鍾樂鍾也秋分之音物穜成釋名云鍾空也內空受氣多故聲大也周禮疏云凡樂皆先奏鍾以均諸樂玉海引三禮義宗云堂下之樂以鍾爲重○大鍾謂之鏞○鍾之大者名鏞書疏引李巡云大鍾音聲大鏞大也孫炎云鏞深大之聲大雅靈臺云賁鼓維鏞毛傳鏞大鍾鄭箋西方之樂謂之鏞鏞功也通作庸商頌那云庸鼓有斁毛傳大鍾曰庸○其中謂之剽○釋文引孫炎云剽者聲輕疾李巡云其中微小故曰剽剽小也○小者謂之棧○釋文引李巡云棧淺也東晉泰興元年會稽剡縣人家井中得一鍾長三寸口徑四寸上有銘古文云棧鍾之小者既長三寸自然淺也案晉書郭璞傳云元帝即位太興初會稽剡縣人於井中得一鍾長七寸二分口徑四寸半上有古文奇書

十八字云會稽徵命璞曰棧鍾告成於會稽宋書符瑞志云愍帝建興四年會稽剡縣陳清於井中得棧鍾長七寸二分口徑四寸其器雖小形制甚古上有古文書十八字其四字可識曰會稽徵命是剡縣所得小鍾當時俱以爲棧鍾即釋文所引也古器沈淪歲久復出事所恒有漢晉諸儒好言休咎揵爲古磬漢人紀其嘉祥會稽棧鍾晉代引爲符命語多傅會迹涉矯誣郭氏雖以棧鍾徵合卜筮而不取以證爾雅誠以註經體宜詳慎也陸德明引之取其存古器之形製爾第晉宋書俱云長七寸二分而陸氏云長三寸當屬傳聞之異玉海云劉敞得鍾十枚於驪山北原無款識制度似周器以爲爾雅之棧鍾也此於古無證以意名之【註】書曰至名鏄【正義】笙鏞以閒益稷文亦名鏞者鄉射禮云其南鏞鄭註鏞如鍾而大通作鏄春官鏄師註云鏄如鍾而大獨在一簴白虎通義云鏄者時之氣聲也節度之所生也君臣有節度則萬物昌無節度則萬物亡亡與昌正相迫故謂之鏄說文云鏄大鐘錞于之屬所以應鐘磬也堵以

二金樂則鼓鎛應之許氏
以鎛鏞爲二器與郭異

大簫謂之言【注】編二十三管長尺四寸小者謂之筊【注】
十六管長尺二寸簫一名籟【正義】白虎通義云簫者
中呂之氣也萬物生於
無聲見於無形勠也肅也故謂之簫說文云簫參差
管樂象鳳之翼風俗通義云尚書舜作簫韶九成其
形參差象鳳之翼案荀子云鳳凰于飛其音若簫是
不特形似其聲亦相似也釋名云簫肅也其聲肅肅
而清也簫之大者名言其小者名筊詩疏引李巡云
大簫聲大者言言也小者聲揚而小故曰筊筊小也
急就篇補注引周禮注云有底而善應謂之管有底
而交鳴謂之筊言本或作管【注】編二至四寸。【正義】
通卦驗云簫長尺四寸注云簫管形象鳥翼鳥爲火
火成數七生數二二七一十四簫之長由此廣雅云
簫大者二十四管北堂書鈔引三禮圖云雅簫長尺
四寸二十四彄諸家皆云簫二十四管郭云二十三

管別有所据也○十六至名籟○【正義】三禮圖云須簫長尺二寸十六彄廣雅云簫小者十六管是箋郎頌簫也風俗通義作十管長尺二寸隋書樂志簫十六管長二尺舜所造所言管尺不同當以禮圖爲据也簫一名籟者淮南齊俗訓云若風之過簫高誘註簫籟也廣雅云籟謂之簫

大管謂之簥【註】管長尺圍寸併漆之有底賈氏以爲如篪六孔其中謂之篞小者謂之篎【正義】風俗通義引禮樂記云管漆竹長一尺六孔孟康漢書註引禮樂器記與風俗通義同蔡邕樂記樂器篇之文也風俗通義又云十二月之音也物貫地而牙故謂之管尚書大傳舜之時西王母來獻其白玉琯昔章帝時零陵文學奚景於泠道舜祠下得生白玉管知古以玉爲管後乃易之以竹耳案漢書律歷志云竹曰管以竹爲管由來久矣管有大中小之異此釋其名也舊疏引李巡云聲高大故曰簥簥高也太平御覽引舍人云大管聲高大

故曰籥籥者高也中者聲相密故曰篞篞密也小者聲音淸妙也【注】管長至六孔○【正義】廣雅云管象箫長尺圍寸是郭注所本也廣雅又云八孔無底通典引月令章句亦云有孔無底郭氏以爲有底者所見異也郭又引賈氏以爲如篪六孔賈逵左傳注也鄭司農注小師亦云管如篪六孔與賈氏同說文亦云如篪六孔本於賈氏廣雅作八孔疑傳寫之誤周頌鄭箋云管如今賣餳者所吹又鄭注小師云管如篴而小併兩而吹之今大予樂官有焉後鄭引漢明帝大予樂爲證與先鄭異

大籥謂之産【注】籥如笛三孔而短小廣雅云七孔其中謂之仲小者謂之箹【正義】明堂位云葦籥伊耆氏之樂也孔疏云葦籥截葦爲籥蓋籥三孔主中聲而上下之律呂於是乎生命之曰籥以黍籥之法在是也風俗通義云周禮籥師掌教國子龡籥詩云以籥不僭籥樂之器竹管三孔所以和衆聲也釋名云籥躍也氣躍出也籥有大中小之異

名此釋之也說文云籟三孔龠也大者謂之産其中謂之籟小者謂之箹疑今本仲字爲誤据風俗通義引禮樂記云籟三孔龠也大者謂之産其中謂之仲小者謂之箹與今本同太平御覽引舍人云仲其聲適中吕也小者聲音細小曰箹也是舍人本亦作其中謂之仲也蓋籥一名籟籟與簫之別名同故淮南說山訓云視籟與竽高誘註籟三孔籥也以其管孔空處成音也是籟爲籥之别名不當屬之其中矣說文又云箹小籟也小籟猶云小籥也【註】籥如至七孔○【正義】說文及笙師鄭註俱作三孔郭註與許鄭同邶風簡兮云左手執籥毛傳籥六孔釋文云以竹爲之長三尺廣雅又以爲七孔所見異也

徒鼓瑟謂之步【註】獨作之【正義】後鄭註小師云出聲曰鼓說文云鼓擊鼓也作樂在八音克諧其獨作之者爲別其名徒鼓瑟謂之步步之義未詳

徒吹謂之和徒歌謂之謠【註】詩云我歌且謠【正義】釋名云竹曰吹

吹推也以氣推發其聲也人聲曰歌歌柯也所歌之言是其質也以聲咏吟有上下如草木之有柯葉也故兗冀言歌聲如柯也案笙師掌教龡竽笙塤籥簫篪篴管舂牘應雅詩亦云伯氏吹壎是吹不專指竹之屬也舜典云歌永言詩疏引鄭註云歌所以長言詩之意又鄭註小師云歌依詠詩也鞮鞻氏云則龡而歌之是歌不專屬人聲也此云徒吹徒歌則指吹竹與人聲而言徒吹謂之和其義未詳徒歌謂之謠者詩疏引孫炎云聲消搖也說文云䚻徒歌从言肉

註 詩云我歌且謠○**正義** 魏風園有桃文毛傳曲合樂曰歌徒歌曰謠釋文引韓詩薛君章句云有章句曰歌無章句曰謠左傳疏云言無樂而空歌其聲逍遙然也

徒擊鼓謂之咢**註**詩曰或歌或咢徒鼓鍾謂之修徒鼓磬謂之寋**註**未見義所出**正義**鼓鍾磬皆合樂之器此釋其獨作者之異名也

徒擊鼓謂之咢詩疏引孫炎云聲驚咢也徒鼓鍾謂之修其義未詳徒鼓磬謂之寋釋文引李巡云罝擊衆聲寋連也本或作謇【注】詩曰或歌或咢○【正義】大雅行葦文毛傳用爾雅

所以鼓柷謂之止【注】柷如漆桶方二尺四寸深一尺八寸中有椎柄連底挏之令左右擊止者其椎名所以鼓敔謂之籈【注】敔如伏虎背上有二十七鉏鋙刻以木長一尺櫟之籈者其名【正義】益稷云合止柷敔小師掌教柷敔瞽矇亦掌之白虎通義云柷敔者終始之聲萬物之所生也陰陽順而復承順天地序迎萬物天下樂之故樂用柷柷始也敔終也顏師古漢書注云柷與俶同俶始也樂將作先鼓之故謂之柷柷釋名云敔衙也衙止也所以止樂也書疏引李巡說擊柷之椎名爲止戛敔之木名爲籈樂之初擊柷以作之樂之將末戛敔以止之

禮書引舊說止者欲戒止於其早也甐者欲修潔於其後也未聞其審【註】柷如至椎名○【正義】風俗通義引禮樂記云柷漆桶方畫木方三尺五寸高尺五寸中有椎上用柷止音爲節詩疏引鄭康成書註云合樂用柷柷狀如漆筩中有椎合之者投椎於其中而撞之鄭司農註小師云柷如漆筩中有椎先儒說柷俱無異義惟釋名云柷狀如伏虎如物始見柷柷然也故訓爲始以作樂也案狀如伏虎則劉熙以敔爲柷矣說文云柷樂木空也所以止音爲節是許氏以柷爲止樂之器皆異說也○敔如至其名○【正義】說文云敔禁也一曰樂器椌楬也形如木虎詩疏引鄭康成書註云敔狀如伏虎背上刻之所以鼓之以止樂鄭司農註小師云敔木虎也俱與郭註同三禮圖引唐禮用竹二尺四寸破爲十莖於敔背橫櫟之是籈以竹爲之也宋書樂志敔狀如虎背上有二十七鉏鋙以竹長尺名曰止橫櫟之以節樂終也是以止爲籈矣案樂器惟柷敔多異名周頌敔作圉古字通用也月令謂之椌楬明堂位謂之揩擊王制云天子

賜諸侯樂以柷將之始合之器居諸器之先自古樂散佚異說紛岐伏虎之狀劉熙既互易其名止樂之器沈約復移置其號疑皆未覩厥器以意爲說也唐六典舉麾鼓柷而後樂作偃麾戛敔而後止後世制器俱依郭註爲定

大鼗謂之麻小者謂之料【註】麻者音槩而長也料者聲清而不亂【正義】白虎通義云鞀者震之器上應昴星以通王道故謂之鞀也釋名云鞉導也所以導樂作也益稷云下管鼗鼓周禮疏引鄭註云舜廟堂下之樂商頌那云置我鞉鼓毛傳鞉鼓樂之所成夏后氏足鼓殷人置鼓周人縣鼓鄭箋置讀曰植植鞉鼓者爲楹貫而樹之殷家之樂鞉與鼓也鞉雖不植貫而搖之亦植之類春官小師掌教鼓鼗瞽矇眂瞭掌播鼗後鄭云鼗如鼓而小持其柄搖之旁耳還自擊宋書樂志云小鼓有柄曰鞉大鞀謂之鞞月令仲夏修鞀鞞是也案鼗之大者名麻小者名料鞞

其麻之别名與麻料義見郭註王制云以鞉將之鄭註鞉所以節樂是鼗爲節樂之器故與和樂之節連類而及焉鼗鞀鞉古字通用

和樂謂之節【正義】節卽虞書所謂搏拊也白虎通引尚書大傳云搏拊鼓裝以糠書疏引鄭註云搏拊以韋爲之裝之以糠形如小鼓所以節樂春官小師令奏擊拊後鄭云拊形如鼓以韋爲之著之以糠明堂位謂之拊搏又謂之相樂記云治亂以相鄭註云相卽拊也亦以節樂拊者以韋爲表裝之以糠糠一名相因以名焉通典云節鼓狀如博局中開圓孔適容其鼓以節樂也宋書樂志云節不知誰所造傳元節賦黄鍾唱哥九韶興舞口非節不詠手非節不拊則所從來亦遠矣

爾雅正義卷第八

爾雅正義卷第九

文淵閣校理翰林院編修加二級教習庶吉士充國史館纂修官邵晉涵撰集

釋天第八 **正義** 堯典云欽若昊天歷象日月星辰敬授人時史記正義云歷數之法日之甲乙月之大小昏明遞中之星日月所會之辰定其天數以爲一歲之歷洪範云五紀一曰歲二曰月三曰日四曰星辰五曰歷數天日月星運於歲月日辰之間歷數則總四者之不齊以齊之也天道恒久而不已天運健行而不息以靜運動故積微成著自下測上凡九重一爲月所行白道二爲辰星所行三爲太白所行四爲日所行黃道五爲熒惑所行六爲歲星所行七爲填星所行八爲二十八舍恒星所行有象之高下止於八其上則大氣包之而爲九以去地之遠近爲天行之內外屈原天問云圜則九重呂氏春秋云天微以成是也爾雅先釋四時者

堯典於仲春言日中於仲夏言日永於仲秋言宵中於仲冬言日短左氏昭十七年傳郯子述古少皞氏設官有司分司至司啓司閉分者春分秋分至者冬至夏至啓者立春立夏閉者立秋立冬所謂順天以授時也天之有南北極爲左旋之樞以定南北天之有赤道爲左旋之中帶以界南北而黃極爲右旋之樞距北極二十餘度黃道爲右旋之中帶斜交於赤道半在赤道南半在赤道北最遠距赤道亦二十餘度與黃極距北極相應日行黃道與赤道斜交二分日行交地平上下之度相等故寒暑平而晝夜均所謂日中宵中也日自南斂北春分後行赤道內其下值中土所居漸近寒日退而暑日進至夏至而極北交地平上下之度上多下少則晝長夜短所謂日永也日自北發南秋分以後行赤道外其下值中土所居漸遠暑日退而寒日進至冬至而極南交地平上下之度上少下多則晝短夜長所謂日短也寒暑相推而四時

行焉故釋天先及四時堯典云平秩東作平秩南爲平秩西成平在朔易四時得其平則和氣育物而爲祥不得其平則戾氣害物而爲災授時以民食爲本而雜占之休咎不與焉故祥與災次之堯典云期三百有六旬有六日以閏月定四時成歲堯典舉成數言之後世所謂歲實也續漢書律歷志云在天成度在歷成日天本無度因日所躔以起度日循黄道一晝夜所過謂之一度凡三百六十五日小餘不及四分日之一後世所謂歲周也三百六十五日四分日之一後世所謂天周之度也晉虞喜分天周爲三百六十五度二十六分乃四分之一而有餘定歲周爲三百六十五日二十四分爲四分之一而不足所謂天者指列星而言所謂歲者指日躔而言後世推測雖分餘稍有增損要不遠乎堯典之成數至月與日會而有合朔日與天會而有分至其中氣朔策之不齊而氣盈朔虛之數以生乃置閏以通之而成歲焉爾雅所釋

歲名卽春官馮相氏所掌十有二歲之位也十二歲爲一終合歲陽於歲名終十二歲者五積歲六十是謂一周爾雅所謂月名卽馮相氏所掌十有二月之位也合月陽於月名亦六十而一周至於自甲至癸馮相氏所掌十日之位也自寅至丑馮相氏所掌十有二辰之位也十日十二辰數窮六十周則更始六六相乘準以敘歲古者紀歲紀月各有定名所以驗天行之轉也故歲陽歲名月陽月名次之洪範云月之從星則以風雨漢書律歷志云月爲風雨風雨者歲功所由成今海濱之人驗風雨者多於弦望是風雨依於月也故風雨次之堯典言鳥火虛昴祇分四象馮相氏言二十八星左氏內外傳多言十二次星次至周而始詳爾雅於二十八星十二次以及五星不盡釋者約舉以該其餘也昔時推步家以二十八宿爲天體則無以解於九重天之說惟二十八宿與日月五星皆右旋而南北推移加大氣左旋之天而爲九所謂

圜則九重也二十八宿之天旋轉甚微所謂天微以成也列宿因以躔而生歲差分至之氣因地而生里差古者紀歲不於節氣而取驗於星中者以星象舉目可見也宋書祖沖之曰中星見伏記籍每以審時者蓋以歷數難明而天驗易顯各據一代所合以為簡易之政也故星名次之祭祀必舉於四時講武必順乎四時欽若授時之政所為有事也故祭名與講武次之因講武而有旌旂故旌旂附見於後

穹蒼蒼天也【注】天形穹隆其色蒼蒼因名云【正義】大雅桑柔云以念穹蒼此釋其義以穹蒼即蒼天也說文云天顛也至高無上从一大釋名云天豫司兗冀以舌腹言之天顯也在上高顯也青徐以舌頭言之天坦也坦然高而遠也是穹者言其高也【注】天形至名云○【正義】詩疏引李巡云古時人質仰視天形穹隆而高色蒼蒼然釋文云郭以穹及蒼蒼俱為天稱蓋郭氏本於

李巡也莊子云天之蒼蒼其正色邪故李巡以
蒼二字爲重文毛傳以蒼天釋穹蒼義得兩讀

春爲蒼天【註】萬物蒼蒼然生【正義】王風黍離云悠悠蒼
天此釋之也鄉飲酒義云
春之爲言蠢也産萬物者聖也釋名云春蠢也動而
生也春日蒼天陽氣始發色蒼蒼也【註】萬物至然生
○【正義】詩疏引李巡云春萬物始生其色蒼蒼故曰
蒼天郭註本李巡爲義衆經音義引爾雅註云萬物
生蒼蒼然也詩疏云
蒼天以體言之也

夏爲昊天【註】言氣皓旰【正義】小雅雨無正云浩浩昊天
鄉飲酒義云夏之爲言假也養
之長之假之仁也釋名云夏假也寬假萬物使生長
也夏日昊天其氣布散皓皓也詩疏引李巡云言萬
物盛壯其氣昊大故曰昊天【註】言氣皓旰○【正義】詩
疏云昊大貌故言其混元之氣昊昊廣大則稱昊天

秋爲旻天【註】旻猶愍也愍萬物彫落【正義】大雅召旻云
旻天疾威鄉飲酒

義云秋之爲言愁也揫之以時察守義者也釋名云秋緧也緧迫品物使時成也秋曰旻天旻閔也物就枯落可閔傷也說文云旻秋天也虞書曰仁閔覆下則稱旻天說文所引虞書蓋書傳之文也詩疏引李巡云秋萬物成熟皆有文章故曰旻天孔疏云旻閔也言其以仁慈之恩覆閔在下則稱旻天按旻天之義諸家不同說文釋名俱以聲爲義李巡緣字體生訓郭氏所不取也孔疏義本毛傳與說文同【注】旻猶至彫落。【正義】愍猶閔也郭意與劉熙同趙岐孟子注云旻天秋天幽陰氣也

冬爲上天【注】言時無事在上而臨下而已【正義】小雅信南山云上天同雲鄉飲酒義云冬之爲言中也中者藏也釋名云冬終也物終成也冬曰上天其氣上騰與地絕也故月令曰天氣上騰地氣下降詩疏引李巡云冬陰氣在上萬物伏藏故曰上天太平御覽引孫炎云冬天藏物物伏於下天清於上【注】言時至而已。【正義】詩疏云從上而下視萬物則稱上天與郭義同

四時【正義】題上事也曾子天圓篇云聖人愼守日月之數以察星辰之行以序四時之順逆白虎通義云歲時何謂春夏秋冬也時者期也陰陽消息之期也四時天異名何天尊各據其盛者爲名也春秋物變盛冬夏氣變盛釋名云四時四方各一時時期也物之生死各應節期而止也詩疏引許叔重五經異義云今尚書歐陽說春曰昊天夏曰蒼天秋曰旻天冬曰上天爾雅亦云古尚書與毛詩同謹按尚書堯典羲和以昊天總勑以四時故知昊天不獨春也左傳夏四月孔丘卒稱曰旻天不弔非秋也又引鄭康成駁異義云元之閒也爾雅孔子門人所作以釋六藝之言蓋不誤也春氣博施故以廣大言之夏氣高明故以蒸大言之秋氣或生或殺故以閔下言之冬氣閉藏而淸察故以監下言之皇天者至尊之號也六藝之中諸稱天者以情所求之耳非必於其時稱之浩浩昊天求天

之博施悠悠蒼天求天之高明旻天不弔求天之生殺當得其宜上天同雲求天之所爲當順其時也此之求天猶人之說事各從其主耳若察於是則堯命羲和欽若昊天孔丘卒旻天不弔無可怪耳案鄭君據爾雅以駁正異義其論篤矣惟以春爲昊天夏爲蒼天與今本異說文云春爲昦天元氣昦昦郎許氏所据本也白虎通義引爾雅兼采兩說是爾雅舊本本有作春爲昊天夏爲蒼天者與許鄭所見之本同也郭氏定從李巡本劉熙釋名與李巡同蓋以蒼天之名因蒼蒼之色春爲木德厥色青蒼則蒼天當就春時而言矣毛傳云蒼天以體言之尊而君之則稱皇天元氣廣大則稱昊天仁覆閔下則稱旻天自上降監則稱上天據遠視之蒼蒼然則稱蒼天毛公以詩人稱天殊名而同德無妨隨舉言之至於四時之名則當從爾雅不可易也呂氏春秋言天有九野雖不可盡据然其於

東方曰蒼天實符雅訓高誘註云東方二月建卯木少也木色青故曰蒼天春爲蒼天此亦其證故郭氏定從李巡

春爲青陽【註】氣青而溫陽夏爲朱明【註】氣赤而光明秋爲白藏【註】氣白而收藏冬爲玄英【註】氣黑而清英四氣和謂之玉燭【註】道光照【正義】此釋四時嘉祥之氣其氣爲青陽夏盛德在火火色赤故其氣爲朱明色淺曰赤色深曰朱也秋盛德在金金色白故其氣爲白藏冬盛德在水水色黑故其氣爲元英黑深而元淺也太平御覽引蔡邕月令章句云迎春歌青陽迎夏歌朱明迎秋歌白藏迎冬歌元英是又爲四時樂章之名也四氣和謂之玉燭者樂記云動四氣之和史記索隱引孫炎云四氣和四時之化釋文引李巡云人君德美如玉而明若燭禮運云播五行於四時

和而后月生也孔疏五行四時調和道度不失而后
月依時而生也監本作四時和謂之玉燭今從唐石
經及宋本【疏】氣青至光照○【正義】太平御覽引孫炎
云夏氣赤而光明是郭註多本孫炎釋名云青生也
象物生時色也赤赫也太陽之
色也郭云道光照者義本尸子

春爲發生夏爲長嬴秋爲收成冬爲安寧【註】此亦四時
之別號尸子皆以爲太平祥風四時和爲通正【註】通
平暢也謂之景風【註】所以致景風【正義】此四時之氣
郊祀歌云青陽開動根荄以遂膏潤并愛跂行畢逮
是春爲發生也朱明盛長旉與萬物桐生茂豫靡有
所詘是夏爲長嬴也西顥沆碭秋氣肅殺含秀垂穎
續舊不廢是秋爲收成也元冥陵陰蟄蟲蓋藏中木
零落抵冬降霜是冬爲安寧也釋文引李巡云長嬴
萬物各發生長也文選註引爾雅作四氣和爲通正

論衡是應篇云爾雅釋四時章曰春爲發生夏爲長嬴秋爲收成冬爲安寧四氣和爲景景星夫如爾雅之言景星乃四時氣和之名也恐非著天之大星爾雅之書五經之訓故儒者所共觀察也而不信從更謂大星爲景景星豈爾雅所言景星與儒者所說異哉案王充所引爾雅本與郭異【注】尸子至祥風○【正義】舊疏引尸子仁意篇述太平之事云燭於玉燭飲於醴泉暢於永風春爲青陽夏爲朱明秋爲白藏冬爲元英四時和正光照此之謂玉燭甘雨時降萬物以嘉高者不少下者不多此之謂醴泉其風春爲發生夏爲長嬴秋爲方盛冬爲安靜四氣和爲通正此之謂永風又君治篇云舜南面而治天下天下太平燭於玉燭息於永風食於膏火飲於醴泉蓋尸子本爾雅而推廣言之爾

甘雨時降萬物以嘉【注】莫不善之謂之醴泉【注】所以出醴泉【正義】孔子閒居云天降時雨書疏引鄭注洪範云春始施生故木氣爲雨陰陽和則時雨降萬

物懋嘉故易曰說萬物者莫說乎澤甘澤時降郎爲醴泉論衡是應篇云爾雅言甘露時降萬物以嘉謂之醴泉醴泉乃謂甘露也今儒者說之謂泉從地中出其味甘若醴故曰醴泉二說相遠實未可知案爾雅釋水泉章一見一否曰瀸檻泉正出正出涌出也沃泉懸出懸出下出也是泉出之異輒有異名使太平之時更有醴泉從地中出當於此章中言之何故反居釋四時章中言甘露爲醴泉乎若此儒者之言醴泉從地下出又言甘露其味甚甜未可然也儒曰道至大者日月精明星辰不失其行翔風起甘露降雨濟而陰一者謂之甘雨非謂雨水之味甘也推此以論甘露必謂其降下時適潤養萬物未必露味甘也亦有露甘味如飴蜜者俱太平之應非養萬物之甘露也何以明之案甘露如飴蜜者著於樹木不著五穀彼露味不甘者其下時土地滋潤流濕萬物洽霑濡溥由此言之爾雅且近得實緣爾雅之言驗之於物案味甘之露下著樹木察所著之樹不能茂於所不著之木然今之甘露殆異於爾雅之所謂甘露

欲驗爾雅之甘露以萬物豐熟災害不生此則甘露降下之驗也甘露下是則醴泉矣注所以出醴泉○正義禮運云天降膏露地出醴泉鄭註膏猶甘也郭以禮記甘露醴泉並舉故以醴泉爲甘雨之應上文云所以致景風其義亦同皆以廣異說也

祥正義題上事也釋詁云祥善也古者天地順而四時當民有德而五穀昌無水旱昆蟲之災無凶饑妖孽之疾所謂太平之祥也自好異者援引上古以後言符瑞所謂景星醴泉者多非其實白虎通義云景星者大星也月或不見景星常見可以夜作有益於人民也甘露者美露也降則物無不盛者也醴泉者美泉也狀若醴酒可以養老禮記疏引援神契云德及於天斗極明日月光甘露降德及於地嘉禾生蓂莢起秬鬯出德至八極則景星見德至草木則朱草生木連理德至鳥獸則鳳凰來鸞鳥舞麒麟臻白虎動狐九尾雉白

首德至山陵則景雲出德至深泉則黃龍見醴泉湧河出龍圖洛出龜書其中緯書所載不可勝記爾雅正羣說之訛景風醴泉近徵諸四時之和萬物之茂而無取乎奇祥異彩故依於爾雅則不惑於讖緯之鄙別矣

穀不熟爲饑【注】五穀不成【正義】說文云穀續也百穀之總名穀不孰爲饑左傳疏引李巡云穀不成熟曰饑穀梁襄二十四年傳一穀不升謂之嗛二穀不升謂之饑三穀不升謂之饉四穀不升謂之康五穀不升謂之大饑又謂之大侵此以穀入多寡分立差等兼取荒饉爲名其實五者皆爲饑也墨子七患篇一穀不收謂之饉二穀不收謂之旱三穀不收謂之凶四穀不收謂之餽五穀不收謂之饑墨子所道不皆先王之法言其以五穀不收爲饑則合於雅訓矣【注】五穀不成○【正義】穀善養人前人多錯舉其數有稱九穀者天官太宰九職一曰三農生九穀鄭司農云九穀黍稷秫稻麻大小豆大小

麥後鄭謂九穀無秫大麥而有粱苽聚食醫及月令之文當從後鄭穀之種別有九也有稱六穀者膳夫云食用六穀鄭司農云六穀稌黍稷粱麥苽亦據食醫會膳食之宜而言也有稱百穀者離象傳云百穀草木麗乎土洪範云百穀用成周頌噫嘻云播厥百穀傳記多言百穀皆舉其成數見穀種之多也其言五穀者則色配五行月令春食麥夏食菽中央食稷秋食麻冬食黍鄭注云麥秀有孚甲屬木菽實孚甲堅合屬水稷五穀之長麻實有文理屬金黍實舒散屬火寒時食之亦以安性也疾醫注云五穀麻黍稷麥豆是據月令爲說至職方五種注云稻黍稷麥菽不從月令賈公彥謂諸州所宜鄭以目驗者是也素問金匱眞言論東方青色其穀麥南方赤色其穀黍中央黄色其穀稷西方白色其穀稻北方黑色其穀豆與職方注同今民食所重爲稻黍稷麥菽是爲五穀定名素問分言五穀之色亦與五行相配五行播而時敘和五穀熟則民

人育年不順成則爲饑

蔬不熟爲饉【注】凡草菜可食者通名爲蔬【正義】詩疏引之菜皆不熟爲饉太宰九職八曰臣妾聚斂疏材鄭注疏材百草根實可食者可食之菜或蓺於圃或采於野厥類孔多通謂之百疏魯語云能殖百穀百疏荀子富國篇云葷菜百疏以澤量楊倞注疏與蔬同以澤量言滿澤也散文言之木實亦得爲蔬地官委人云凡疏材木材鄭注凡疏材草木有實者也月令云山林藪澤有能取蔬食鄭注草木之實爲蔬食皆兼材與食而言也韋昭國語注云疏草菜之可食者是爲蔬之定名本或作蔬周禮注引爾雅作疏

果不熟爲荒【注】果木子【正義】荒說文作⿰米荒云虛無食也說卦傳云艮爲果蓏釋文引馬融云果桃李之屬蓏瓜瓠之屬太宰九職二曰園圃毓草木後鄭云樹果蓏曰圃漢書食貨志云還廬樹桑菜茹有畦瓜瓠果蓏殖於疆易應劭云木實曰果草實曰蓏張晏曰有

核曰果無核曰蓏薛瓚云木上曰果地上曰蓏義相通也荀子富國篇瓜桃棗李一本數以盆鼓楊倞註一本一株也鼓量也言除五穀之外更有此果實是果實之熟亦富國者所資矣周禮疏引爾雅云穀不熟爲饑蔬不熟爲饉疏穀皆不熟則曰大荒果不熟之歲必無穀蔬故爲大荒

仍饑爲荐【註】連歲不熟左傳曰今又荐饑【正義】釋言云荐再也大雅雲漢云饑饉薦臻毛傳薦重也荐薦古通用仍即重也【註】連歲至荐饑。【正義】左傳疏引李巡云連歲不熟曰荐郭註本李巡左氏僖十三年傳云晉荐饑晉語云今又荐饑魯語云饑饉荐降國語爲左氏外傳故亦稱左傳

災【正義】題上事也易釋文引子夏傳云傷害曰災鄭氏云害物曰災春秋繁露必仁且知篇天地之物有不常之變謂之異小者謂之災災常先至而異乃隨之災者天之譴也異者

天之威也五行之沴皆為災而民食為重故左氏莊十一年傳云天降之災僖十三年傳云天災流行皆指饑饉而言白虎通義引禮曰一穀不升不備鶉鷃二穀不升不備鳧鴈三穀不升不備雉兔四穀不升不備囿獸五穀不升不備三牲皆慎災之事也

太歲在甲曰閼逢 正義 史記律書云甲者言萬物剖符甲而出也釋名云甲孚也萬物解孚甲而生也太歲在甲曰閼逢衆經音義引李巡云萬物鋒芒欲出擁遏未通故曰閼逢淮南天文訓寅在甲曰閼逢高誘註萬物鋒芒欲出擁遏未通閼逢歷書作焉逢

在乙曰旃蒙 正義 律書云乙者言萬物生軋軋也釋名云乙軋也自抽軋而出也天文訓云卯在乙曰旃蒙高誘註萬物蒙甲而出歷書作端蒙

在丙曰柔兆 正義 律書云丙者言陽道著明故曰丙釋名云丙炳也物生炳然皆著見也衆經音

義引李巡云言萬物皆垂枝布葉故曰柔兆也孫炎云萬物柔婉有條兆也天文訓云辰在丙曰柔兆高誘註萬物皆生枝布葉歷書作游兆徐廣曰一作游桃

在丁曰強圉【正義】律書云丁者言萬物之丁壯也故曰義引李巡云言萬物皆剛盛未通故曰強圉孫炎曰萬物皮孚堅者也天文訓云己在丁曰強圉高誘註萬物剛盛歷書作強梧

在戊曰著雍【正義】白虎通義云戊者茂也釋名云戊茂也物皆茂盛也天文訓云午在戊曰著雍高誘註位在中央萬物繁養四方歷書作徒惟

在巳曰屠維【正義】白虎通義云巳者屈伸起釋名云巳紀也皆有定形可紀識也天文訓云未在巳曰屠維高誘註屠別維離也萬物各成其性歷書作祝犂

在庚曰上章【正義】律書云庚者言陰氣庚萬物故曰庚天文訓云申在庚曰上章高誘註陰氣上升陽氣畢生歷書作商横

在辛曰重光【正義】律書云辛者言萬物之辛生故曰辛天文訓云酉在辛曰重光高誘註萬物就成熟其煌煌歷書作昭陽

在壬曰玄黓【正義】律書云壬之爲言任也言陽氣任養萬物於下也釋名云壬妊也陰陽交物懷妊也至子而萌也天文訓云戌在壬曰元黓高誘註歲終包任萬物歷書作横艾

在癸曰昭陽【正義】律書云癸之爲言揆也萬物可揆度故曰癸釋名云癸揆也揆度而生乃出之也天文訓云子在癸曰昭陽高誘註陽氣始萌萬物食生歷書作尚章

歲陽【正義】此別太歲在日之名也史記索隱引爾雅釋天云歲陽者甲乙丙丁戊己庚辛

壬癸十干是也歲陰者子丑寅卯辰巳午未申酉戌亥十二支是也廣雅云甲乙爲幹幹者日之神也寅卯爲枝枝者月之靈也甲剛乙柔丙剛丁柔戊剛巳柔庚剛辛柔壬剛癸柔左傳昭七年傳云天有十日杜注云甲至癸是甲癸爲日名爾雅以太歲所在言之案隱以十干爲歲陽非也舊疏引漢書律歷志云復得閼逢攝提格之歲歲在甲曰閼逢在寅曰攝提格此謂甲寅之歲也然則乙卯之歲曰旃蒙單閼丙辰之歲曰柔兆執徐丁巳之歲曰强圉大荒落戊午之歲曰著雍敦牂己未之歲曰屠維協洽庚申之歲曰上章涒灘辛酉之歲曰重光作噩壬戌之歲曰元黓閹茂癸亥之歲曰昭陽大淵獻甲子之歲曰閼逢困敦乙丑之歲曰旃蒙赤奮若以此推之周而復始

太歲在寅曰攝提格【正義】史記律書云寅者萬物始生螾然也故曰寅釋名云寅演也演

生物也史記索隱引李巡云萬物承陽起故曰攝提格格起也淮南天文訓云太陰在寅歲名曰攝提格高誘註格起萬物承陽而起易緯是類謀云攝提招紀鄭註云攝提招紀天元甲寅之歲

在卯曰單閼　**正義**律書云卯之言茂也言萬物茂也釋名云卯冒也載冒土而出也於易爲震二月之時雷始震也索隱引李巡云陽氣推萬物而起故曰單閼單盡也閼止也淮南云太陰在卯歲名曰單閼高誘註單盡遏止陽氣推萬物而起陰氣盡止索隱又引孫炎本作蟬焉云蟬猶伸也

在辰曰執徐　**正義**律書云辰者言萬物之蜄也釋名云辰伸也物皆伸舒而出也索隱引李巡云伏蟄之物皆敦舒而出故曰執徐執蟄徐舒也淮南云太陰在辰歲名曰執徐高誘註執蟄徐舒伏蟄之物皆散舒而出

在巳曰大荒落　**正義**律書云巳者言陽氣之已盡也釋名曰巳巳也陽氣畢布已也於易爲巽

巽散也物皆生布散也淮南云太陰在巳曰大荒落高誘註荒大也方萬物熾盛而大出霍然落落大布散索隱引姚察之說與高誘同大荒落律書作大芒駱天官書作大荒駱堂邑令費鳳碑作歲俗于大荒者省文

在午曰敦牂正義律書云午者陰陽交故曰午釋名云午仵也陰氣從下上與陽相仵逆也於易為離離麗也物皆附麗陽氣以茂也索隱引孫炎云敦盛牂壯也言萬物盛壯淮南云太陰在午歲名曰敦牂高誘註與孫炎同

在未曰協洽正義律書云未者言萬物皆成有滋味也釋名云未昧也日中則昃向幽昧也索隱引李巡云陽氣欲化萬物故曰協洽協和洽合也淮南云太陰在未歲名曰協洽高誘註陰欲化萬物和合協洽律書作叶洽童子逢盛碑作協給

在申曰涒灘【正義】律書云申者言陰用事申賊萬物釋名云申身也物皆成其身體使備盛也衆經音義引李巡云言萬物皆循精氣故曰涒灘灘單盡也孫炎云涒灘萬物吐秀傾垂之貌淮南云太陰在申曰涒灘高誘註涒大灘修萬物皆修其精氣呂氏春秋十二紀序意篇云歲在涒灘高誘註涒大也灘循也萬物皆大循其情性也涒灘誇人短舌不能言爲涒灘也說文云涒食已而復吐之曾相韓勑造孔廟禮器碑作涒歎

在酉曰作噩【正義】律書云酉者萬物之老也釋名云酉者秀也秀者物皆成也於易爲兌兌說也物皆備足皆喜悅也噩本或作咢律書作作鄂索隱引李巡云作咢皆物芒枝起之貌淮南云太陰在酉曰作鄂高誘註作鄂零落也萬物皆陊落漢書天文志云在酉曰作詻

在戌曰閹茂【正義】律書云戌者言萬物盡滅故曰戌釋名云戌恤也物當收恤矜恤之也亦言脫

也落也索隱引孫炎云萬物皆蔽冒故曰閹茂茂冒也淮南云太陰在酉曰掩茂高誘註掩蔽茂冒萬物皆蔽冒閹茂

律書作遇茂

在亥曰大淵獻【正義】律書云亥者該也言陽氣藏於下故該也釋名云亥核也收藏百物核取其好惡眞僞也亦言物成皆堅核也索隱引孫炎云淵深也大獻萬物於深言葢藏之於外也淮南云太陰在亥曰大淵獻高誘註淵藏獻迎萬物終在亥大小深藏窟伏以迎陽

在子曰困敦【正義】律書云子者滋也言萬物滋於下也釋名云子孳也陽氣始萌孳生於下也於易爲坎坎險也索隱引孫炎云困敦混沌也言萬物初萌混沌於黃泉之下也淮南云太陰在子歲名曰困敦高誘註困混敦沌陽氣皆混沌萬物牙蘗

在丑曰赤奮若【正義】律書云丑紐也言陽氣在上未降萬物厄紐未敢出釋名云丑紐也寒氣

自屈紐也於易爲艮艮限也時未可聽物生限止之也索隱引李巡云陽氣奮迅萬物而起無不若其性故曰赤奮若若順也淮南云太陰在丑歲名曰赤奮若高誘註奮起若順也陽奮物而起無不順其性赤陽色律書作汭漢

載歲也夏曰歲【注】取歲星行一次**商曰祀**【注】取四時一終**周曰年**【注】取禾一熟**唐虞曰載**【注】取物終更始【正義】此別年歲之名也左傳疏引李巡云各自紀事唐虞三代示不相襲也其名不相襲而義則相通故載即歲也左傳疏又引李巡云載一歲莫不覆載也夏曰歲者釋名云歲越也越故限也夏小正云初歲祭耒是也商曰祀者釋名云祀巳也新氣升故氣巳也洪範云惟十有三祀洪範爲箕子所自作故經傳皆稱爲商書也周曰年者釋名云年進也進而前也洛誥云公其以予億萬年是也唐虞曰載者釋名云載生

物也堯典云九載績用弗成舜典云三載考績是也
註取歲星行一次○正義左傳疏引孫炎云四時一
終曰歲取歲星行一次也郭註本孫炎說文云歲木
星也越歷二十八宿宣徧陰陽十二月一次律歷書
以五星爲五步漢書天文志晉灼云太歲在四仲則
歲行三宿太歲在四孟四季則歲行二宿二八十六
三四十二而行二十八宿十二歲而周天案五星有
緯南緯北之分黃道有斜交正交之勢五星從天又
從日故有隨天之輪又有逐日之輪兩者相加而後
可以審高下之徑遲速之差素問云凡五星高而遠
則小下而近則大言由人目仰視之大小以測高卑
也二十八宿之度多寡不同井宿三十度觜不及一
度晉灼謂歲星仲行三宿孟季行二宿未聞其審其
謂十二歲而周天者舉成數而言實則周天不及十
二歲蓋十一年三百一十三日四十六刻有奇而一
周天也積八十四年超一辰○取四時一終○正義
書疏引孫炎云祀取四時祭祀一訖也○取禾一熟
○正義說文云秊穀孰也春秋傳曰大有年鄭註文

王世子云季天氣也疏云季稔也稔孰爲歲穀一孰
是季爲天氣也詩補傳引孫炎云季取禾穀一熟○
取物終更始○正義左傳疏引孫炎云載
始也書疏引孫炎云載取萬物終而復始

歲名 正義 此別歲在十二辰之名也秋官哲蔟氏云十有二歲之號鄭註歲謂從攝提格至赤奮若十二歲之名所以別於十二辰也賈誼鵩賦云單閼之歲郊祀樂歌云天馬徠執徐時說文敘云困頓之年是漢人猶宗雅訓也然漢人即有以日辰之名紀歲者韓勅造孔廟禮器碑云青龍在涒歎後碑云青龍建酉西嶽華山亭碑云歲在戊午荊州刺史度尚碑云歲在鶉尾龍集丁未金鄉長侯成碑云歲在己酉歲在甲辰以甲子紀歲趨從簡易積習生常非雅訓之舊矣爾雅兼別年歲之名者鄭註天官云正月吉謂朔日歲謂夏之正月得四時之正以出教令者審也春官太史正歲年以敘事周時三正竝用故幽

風七月之詩月日並舉左氏定四年傳述分土之制於衛則啓以殷政於晉則啓以夏政各視其風土所宜蓋更正朔以一天下之視聽又從民俗所服習者以爲教令此太宰小宰觀治象之法所由並行於正月之吉與正歲也逸周書云夏數得天百王所同乾鑿度云三王之郊一用夏正堯典言成歲是唐虞亦稱歲故載爲歲也商頌殷武云歲事來辟是商亦稱歲也白虎通義云或言歲或言載或言年何言歲者以紀氣物帝王共之據日爲歲年者仍也年以紀事據月言年載之言成也載成萬物終始言之也

月在甲曰畢在乙曰橘在丙曰修在丁曰圉在戊曰厲在巳曰則在庚曰窒在辛曰塞在壬曰終在癸曰極

正義 史記歷書云年名焉逢攝提格月名畢聚索隱云聚音陬是也又引僖公云月雄在畢雌在訾訾則

娵訾之宿洪邁以爲虞喜之說字誤作僖公案虞喜以陬爲訾陬之星非也唐書歷志引洪範傳云歷紀始於顓頊上元太始閼蒙攝提格歲畢陬之月朔日已巳是以畢陬爲月名其來古矣畢橘著義未詳

月陽【正義】題上事也虞喜所謂月雄月雌猶云月陽月陰也舊疏云設若正月得甲則曰畢陬二月得乙則曰橘如三月得丙則曰修寎四月得丁則曰圉余五月得戊則曰厲皋六月得巳則曰則且七月得庚則曰窒相八月得辛則曰塞壯九月得壬則曰終元十月得癸則曰極陽十一月得甲則曰畢辜十二月得乙則曰橘涂周而復起

正月爲陬【注】離騷云攝提貞於孟陬【正義】此以下釋十二月之別名也春秋繁露云凡歲之要在正月也漢書律歷志引周書武成篇惟一月壬辰志又云成王元年正月己巳朔一月卽正月也白虎通義云日尊於月也不言正日言正月何也積日成月物隨月而變故據物爲正也

【註】離騷至孟陬【正義】離騷云攝提貞於孟陬兮惟庚寅吾以降此並舉歲月日而言之也王逸章句云太歲在寅曰攝提孟始也正月爲陬大戴禮記用兵篇攝提失方鄒大失紀盧辨註以爲陬聲誤爲鄒也漢書劉向傳引作攝提失方孟陬無紀孟康云首時爲孟正月爲陬史記云閏餘乖次孟陬殄滅集解云正月爲孟陬

二月爲如三月爲寎四月爲余【正義】如寎義未詳釋文云寎本或作窉余者詩疏引李巡云四月萬物皆生枝布葉故曰余余舒也孫炎云物之枝葉發舒釋文云孫本作舒案小雅小明云日月方除毛傳除除陳生新也鄭箋四月爲除是余本又作除

五月爲皐六月爲且七月爲相八月爲壯九月爲予【註】國語云至於予月是也【正義】皐且相壯義俱未詳元者詩疏引李巡云九月萬物

草盡陰氣侵寒其色皆黑孫炎云物衰而色元也【註】
國語至是也○【正義】越語文韋註引爾雅謂魯哀十
六年
九月
十月爲陽【註】純陰用事嫌於無陽故以名云【正義】小雅采薇云歲
亦陽止杕杜云日月陽止毛傳陽歷陽月也鄭箋十
月爲陽時坤用事嫌於無陽故以名此月爲陽案董
仲舒雨雹對云十月陰雖用事而陰不孤立是則分
陰分陽互爲消息故十月爲陽【註】純陰至名云○【正
義】詩疏引孫炎云嫌於無陽
故名之爲陽孫郭俱本鄭箋
十一月爲辜十二月爲涂【註】皆月之別名自歲陽至此
其事義皆所未詳通者故闕而不論【正義】辜義未詳秋官哲蔟氏以
方書十有二月之號鄭註月謂
從娵至荼娵陬荼涂俱假借字

月名【正義】題上事也春秋繁露云十者天之數也十二者歲之度也用歲之度條天之數十二而天數畢又云天有四時每一時有三月三四十二十二月相受而歲數終矣爾雅不云月在寅爲陬而云正月爲陬者後漢書陳寵傳云天以爲正周以爲春地以爲正殷以爲春人以爲正夏以爲春是三正皆以正月爲陬郭氏釋陽月似据夏時而言以夏時爲民俗通用也

南風謂之凱風【注】詩曰凱風自南東風謂之谷風【注】詩云習習谷風北風謂之涼風【注】詩云北風其涼西風謂之泰風【注】詩曰泰風有隧【正義】此据詩文以分釋四方之風也南風謂之凱風者詩疏引李巡云南風長養萬物喜樂故曰凱風凱樂也夏小正謂之俊風東風謂之谷風者詩疏

引孫炎云谷之言穀穀生也谷風者生長之風陰陽
不和即風雨無節故陰陽和乃谷風至北風謂之涼
風者月令孟秋之月涼風至謂寒涼之風也說文涼
作飆西風謂之泰風者詩疏引孫炎云西風成物物
豐泰也此四方之風應四時者也通卦驗云東北曰
條風東方曰明庶風東南曰清明風南方曰景風西
南曰涼風西方曰閶闔風西北曰不周風北方曰廣
莫風條風一名融風景風一名凱風此又自四方而
推言之耳【註】詩曰至有隧。○【正義】凱風自南習習
谷風北風其涼俱邶風文泰風有隧大雅桑柔文
焚輪謂之頹【註】暴風從上下扶搖謂之猋【註】暴風從下
上風與火爲庉【註】庉庉熾盛之貌迴風爲飄【註】旋風
也【正義】上言風之應乎時者此言風之不時至者也
焚輪謂之頹者小雅谷風云維風及頹此釋之也
詩疏引李巡曰焚輪暴風從上下降謂之頹頹下也
孫炎曰迴風從上下曰頹扶搖謂之猋者月令篇云

焱風暴雨總至此釋之也說文作飆扶搖風也詩疏引李巡云扶搖暴風從下升上故曰焱焱上也孫炎云迴風從下上曰焱莊子逍遙遊云搏扶搖而上者九萬里司馬彪註上行風謂之扶搖淮南原道訓云扶搖抮羊角而上高誘註扶搖如羊角曲縈而上也風與火為庉者易象傳云風自火出此釋其名為庉也孔疏云火出之初因風方熾火既炎盛復生風象皆言實事故爾雅釋之舊說以為假象非也迴風為飄者何人斯云其為飄風此釋之也說文云飄回風也鄭註禮記云迴風為焱孔疏謂風之迴轉也鄭君所見爾雅本與郭異也註暴風從上下○正義毛傳頹風之焚輪者也風薄相扶而上與郭義異○暴風從下上○正義劉逵魏都賦註云焱上也風從下升也顏師古漢書註云焱疾風也○旋風也○正義詩疏引李巡云旋風也一曰飄別二名郭註本李巡離騷云飄風屯其相離兮

日出而風為暴註詩曰終風且暴風而雨土為霾註詩

曰終風且霾陰而風爲曀【注】詩曰終風且曀【正義】此釋風之異者也日出而風爲暴者詩疏引孫炎云陰雲不興而大風暴起毛傳云暴疾也風而雨土爲霾者書疏引鄭註云風土氣也凡氣非風不行猶金木水火非土不處故土氣爲風風本屬土氣其烈風卷塵埃而下則爲霾詩疏引孫炎云大風揚塵從上下也釋名云風而雨土曰霾霾晦也言如物塵晦之色也陰而風爲曀者詩疏引孫炎云雲風曀日光釋名云陰而風曰曀曀翳也言掩翳日光使不明也【注】詩曰至且曀○【正義】終風且暴終風且霾終風且曀俱邶風文

天氣下地不應曰雺【注】言蒙昧地氣發天不應曰霧霧謂之晦【注】言晦冥【正義】此釋蒙霧之氣象也雺者洪範曰蒙疏引鄭氏書註蒙作雺云雺者色澤鬱鬱冥冥也雺聲近蒙李善文選註云雺與蒙同鄭註尚書大傳云蒙冒也釋名云蒙日光不

明蒙蒙然也是爲天氣下地不應也霧者月令云氣霧冥冥鄭註霜露之氣散相亂也史記宋世家引洪範蒙作霧集解引鄭註云氣不釋鬱冥冥也釋名云霧冒也氣蒙亂覆冒物也是爲地氣發天不應也雺霧氣應雖殊其象相似故說文作天氣下地不應曰霿霧晦也史記索隱引爾雅天氣下地不應曰霿言蒙昧不明之意也雺霧二字古嘗通用矣霧謂之晦者春秋僖十五年九月己卯晦公羊穀梁傳皆云晦冥也釋言云晦冥也

螮蝀謂之雩螮蝀虹也【註】俗名爲美人虹江東呼雩蜺爲挈貳【註】蜺雌虹也見離騷挈貳其別名見尸子【正義】鄘風云蝃蝀在東月令云虹始見又云虹藏不見此釋之也釋名云虹攻也純陽攻陰氣也又曰蝃蝀其見每於日在西而見於東啜飲東方之水氣也見於西方曰升朝日始升而出見也文子尚德篇天二氣

即成虹詩疏云虹是陰陽交會之氣純陰純陽則虹不見若雲薄漏日日照雨滴則虹生螮與蝃音義同虹又謂之蜺者孟子云若大旱之望雲霓也趙岐注霓虹也雨則虹見故大旱而思見之說文云霓屈虹青赤或白色陰氣也孟子舊疏引爾雅云雲出天之正氣霓出地之正氣雄謂之虹雌謂之霓則雲陽物也陰陽和而旣雨則雲散而霓見矣舊疏所引不知何人之說而以爲出於爾雅疑援引之誤也【注】俗名爲美人【正義】釋名云虹又曰美人陰陽不和婚姻錯亂則此氣盛故以盛時名之也江東呼爲雩郭以方俗語爲證也。蜺雌至尸子。【正義】月令正義引郭氏音義云虹雙出色鮮盛者爲雄雄曰虹闇者爲雌雌曰霓離騷云率雲蜺以來御悲回風云處雌蜺之標顛天問云白蜺嬰茀遠遊云雌蜺嬛嫥以曾撓是雌虹爲蜺之證也挈貳其別名文選注引尸子云虹霓爲析翳

弇日爲蔽雲【注】即暈氣五彩覆日也【正義】說文云霧雲覆日也釋名云雲

猶云云衆盛意也又言運也運行也弇日謂之蔽雲又謂之背璚淮南覽冥訓背璚見于天高誘註曰旁五色氣在兩邊外出爲背外向爲璚內向爲珥在上外出爲冠註即暈至日也○正義春官眡祲掌十煇之法鄭司農云煇謂日光氣煇即暈字俗體作𪰮釋名云暈捲也氣在外捲結之也日月俱然珥氣在日兩旁之名也珥耳也言似人耳之在兩旁也

疾雷爲霆霓註雷之急擊者謂霹靂正義易繫辭云鼓之以雷霆說文云霳陰陽薄動雷雨生萬物者也霆雷餘聲鈴鈴所以挺生萬物釋名云雷硠也如轉物有所硠雷之聲也春秋隱九年云大雨震電穀梁傳云震雷也電霆也淮南天文訓陰陽相薄爲雷激而爲電易釋文引京房云霆者雷之餘聲挺生萬物也北堂書鈔引爾雅作疾雷謂之霆註雷之至霹靂○正義左傳疏引郭註作雷之急激者衆經音義引郭註作雷之急迅者也說文云震劈歷振物者釋名云震戰也所擊輒破

若攻戰也又曰辟歷辟折也所歷皆破折也
霹靂俗體字文選註引倉頡篇云霆霹靂也

雨霓為霄雪【註】詩曰如彼雨雪先集維霰霰冰雪雜下者故謂之消雪【正義】說文云霰稷雪也或从見釋名云雪綏也水下遇寒氣而凝綏綏然下也霰星也水雪相搏如星而散也雨霓謂之霄雪者說文又云雨霓為霄齊語也釋文云霓本或作霰霹霄本亦作消漢書引五行傳云雹者陰脅陽也霰者陽薄陰也詩疏云盛陽之氣在雨水則溫暖為陰氣所薄而脅之不相入則搏為雹也盛陰之氣在雨水則凝滯而為雪陽氣薄而脅之不相入則消散而下因水而為霰【註】詩曰至消雪【正義】郭所引詩小雅頍弁文鄭箋云將大雨雪始必微溫雪自上下遇溫氣而搏謂之霰文選註引薛君韓詩章句云霰霙也故謂之消雪監本作謂之霄雪今從宋本

暴雨謂之涷【註】今江東呼夏月暴雨為涷雨離騷云令

飄風兮先驅使涷雨兮灑塵是也小雨謂之霢霂【注】詩曰益之以霢霂久雨謂之淫【注】左傳曰天作淫雨淫謂之霖【注】雨自三日已上爲霖【正義】此釋雨降之異名上文言甘雨時降涷雨霢霂皆應乎時者淫雨其不時者也○暴雨謂之涷○淮南覽冥訓降扶風雜涷雨高誘注扶風疾風涷雨暴雨說文作瀑疾雨也又謂之陵雨法言云晨風陵雨李頤注陵雨暴雨也○小雨謂之霢霂○釋名云霢霂小雨也言裁霢歷霑漬如人沐頭惟及其上枝而根不濡也○久雨謂之淫○月令云季春行秋令則天多沈陰淫雨早降謂雨之過多者也月令又謂之苦雨○淫謂之霖○說文云霖雨三日已往南陽謂霖雨曰𩅿【注】今江至是也○【正義】張衡思元賦舊注云巴郡謂暴雨爲涷雨郭云江東呼夏月暴雨爲涷雨各以時驗而言也九歌大司命云令飄風兮先驅使涷雨兮灑塵郭以爲離騷者屈原

所作二十五篇漢志謂之屈原賦王逸章句謂之楚詞漢初統謂之離騷故太史公云屈原放逐乃賦離騷指二十五篇而總言之也○詩曰至霡霂○【正義】小雅信南山文疏引李巡云氷雪俱下蓋承上文同雲雨雪而緣飾爲義與爾雅小雨之訓相違故郭氏不取○左傳至淫雨○【正義】莊十一年傳文○雨自至爲霖○【正義】春秋隱九年云大雨霖以震左傳云雨自三日以往爲霖郭引之也

濟謂之霽【注】今南陽人呼雨止爲霽【正義】洪範云曰霽史記集解引鄭注霽作濟濟者雨止之雲氣在上也說文云霽雨止也霽謂之䨘

風雨【正義】題上事也易曰潤之以風雨王逸楚詞章句云風爲號令雨爲德惠故風動而萬物搖雨降而萬物植釋名云風兗豫司冀橫口合脣言之風氾也其氣博氾而動物也青徐言風踧口開脣推氣言之風放也氣放散也雨羽也如鳥羽動則散也又雨水從雲

下也雨者輔也言輔時而生養此篇廣風雨之異名繫於釋天者春秋繁露五行對云地出雲爲雨起氣爲風風雨者地之所爲地不敢有其功名必上之於天命若從天氣者故曰天風天雨也莫曰地風地雨也兼及於雩霧雷霆雪霰者曾子天圓篇云陰陽之氣各從其所則靜矣偏則風俱則雷交則電亂則霧和則雨陽氣勝則散爲雨露陰氣勝則凝爲霜雪陽之專氣爲雹陰之專氣爲霰霰雹者一氣之化也盧辨註云偏則風而和則雨此謂一時之氣也至若春多雨則時所宜也陽氣在雨溫煖如湯陰氣薄之不相入轉而爲雹陰氣在雨凝滯爲雪陽氣薄之不相入散而爲霰是皆風雨類也併及於虹霓弇雲者風雨所由占驗也

壽星角亢也注數起角亢列宿之長故曰壽天根氐也

【注】角亢下繫於氐若木之有根【正義】星名始於角亢起蒼龍之宿也史記律書云角者言萬物皆有枝格如角也亢者言萬物亢見也氐者言萬物皆至也月令云仲秋之月日在角仲夏之月旦亢中季冬之月旦氐中鄭注曰月之行一歲十二會聖王因其會而分之以爲大數焉凡記昏明中星者爲人君南面而聽天下視時候以授民事夏小正云四月初昏南門正十月初昏南門見南門者亢上下之星也角兩星相對觸故天官書云左角李右角將亢四星曲而長故天官書云亢爲疏廟其南北兩大星曰南門小正以識亢星所在也氐四星側向以承柢故天官書云氐爲天根星度分十二次角亢壽星之次也晉語云歲在壽星又云復於壽星韋昭註自軫十二度至氐四度爲壽星之次是氐亦壽星之次也左氏桓五年傳云龍見而雩續漢志註引服虔云龍角亢也謂四月昏龍星體見莊二十九年傳龍見而畢務杜註謂今九月周十一月龍星角亢晨見東方周語云辰角見而雨畢天根見而

水涸本見而草木節解韋註辰角大辰蒼龍之角角者星名也見者朝見東方建戌之初寒露節也天根亢氐之間也謂寒露雨畢之後五日天根朝見本氐也謂寒露之後十日是氐亦謂之本也案國語言晨見之星不指中星而言【註】數起至曰壽○【正義】十二次以元枵爲首爾雅先言壽星者以角亢爲列宿之首也開元占經分野略例云於辰在辰爲壽星三月之時萬物始達於地春氣布養萬物各盡其天性不羅天天故曰壽星此以月建之十二次釋天星之十二次也○角亢至有根○【正義】史記索隱引孫炎云角亢下繫於氐若木之有根郭註本孫炎衆經音義引爾雅音義云天根爲天下萬物作根氐故曰天根說文云柢木根也根木株也木下曰本

天駟房也【註】龍爲天馬故房四星謂之天駟大辰房心尾也【註】龍星明者以爲時候故曰大辰大火謂之大

辰【註】大火心也在中最明故時候主焉【正義】律書云房者言萬物門戶也至於門則出矣心言萬物始生有華心也尾言萬物始生如尾也房四星下垂而長故天官書云房爲府曰天駟其陰右驂心三星色赤中最深故天官書云心爲明堂尾九星首岐尾上起故天官書云尾爲九子月令云季秋之月日在房季夏之月昏火中孟春之月旦尾中孟冬之月日在尾房星爲天駟者周語云駟見而隕霜又云月在天駟又云自鶉及駟七列也韋註鶉火之分張十三度駟天駟房五度歲月之所在從張至房七列合七宿謂張翼軫角亢氐房之位又謂之農祥周語農祥晨正又云辰馬農祥也說文云房星爲民田時者韋註農祥房星也房星晨正而農事起故謂之農祥也大辰房心尾者春秋昭十七年有星孛于大辰穀梁傳云于大辰者濫于大辰也范甯註引劉向云謂濫於蒼龍之體不獨加大火左傳杜註云大辰房心尾也大火謂之大辰者左氏襄九年傳云古之火正或食于心是故心爲

大火公羊昭十七年傳云大火爲大辰伐爲大辰北辰亦爲大辰鄉飲酒義云參之以三光鄭注三光三大辰也【注】龍爲至天駟○【正義】詩疏引孫炎云龍爲天馬故房四星謂之天駟郭注本孫炎史記索隱引詩汜歷樞云房爲天馬主車駕宋均云房既近心爲明堂又别爲天府及天駟也鄭注周禮引孝經說曰房爲龍馬史記正義云房星君之位亦主左驂亦主良馬故爲駟王者恒祠之是馬祖也○龍星至大辰○【正義】左傳疏引李巡云大辰蒼龍宿之體最爲明故曰房心尾也後漢書注引孫炎云龍星明者以爲時候故曰大辰郭注本孫炎夏小正云八月辰則伏辰也者房心也伏也者入而不見也○大火至主焉○【正義】公羊疏引李巡云大火蒼龍宿之心以候四時故曰太辰又引孫炎云大火心也其中最明故時候主焉郭注本孫炎堯典云日中星火以正仲夏夏小正云五月初昏大火中左氏昭三年傳云火中寒暑乃退杜注心以季夏昏中而暑退季冬旦中而寒退豳風云七月流火毛傳火大火也流下也鄭箋大

火者寒暑之候也火星中而寒暑退唐虞夏皆五月昏火中故堯典與夏小正合周則六月昏火中七月西流故豳風左傳與月令合後世歲差之法權輿於此火出在三月故昭十七年傳云火出於夏爲三月於商爲四月於周爲五月是也九月之昏火始入十月之昏則伏故周語云火見而清風戒寒哀十二年傳云火伏而後蟄者畢是也夏官司爟云季春出火季秋内火襄九年傳云以出内火古者祀火星之見伏以行火政焉莊二十九年傳云火見而致用昭四年傳云火出而畢賦周語云火之初見期於司里是因火行而修庶政也心星色明而易識故詩屢言三星鄭箋以爲心星也大火爲大辰亦謂之辰昭元年傳云遷閼伯于商丘主辰商人是因故辰爲商星十七年傳云宋大辰之虛也晉語云君之行歲在大火若以辰出而以參入必獲諸侯韋註辰大火也月令章句云自亢八度至尾四度謂之大火之次分野畧例云於辰在卯爲大火東方爲木

心星在卯火出木星故曰大火

析木之津箕斗之間漢津也【注】箕龍尾斗南斗天漢之津梁【正義】律書云箕者言萬物根棋故曰箕箕四星閭口形如箕故天官書云箕爲敖客曰口舌小雅巷伯云哆兮侈兮成是南箕鄭箋箕星哆然踵狹而舌廣孔疏云箕四星二爲踵二爲舌若使踵本太狹舌雖小寬不足以爲箕由踵之二星已哆然而大舌又益大所以成爲箕也大東云維南有箕不可以簸揚又云維南有箕載翕其舌鄭箋翕猶引也引舌者言上星相近洪範云星有好風大宗伯謂之飌師即箕星也斗六星重列如北斗故天官書云南斗爲廟其北建星建星者旗也月令云仲冬之月日在斗仲春之月旦建星中孟秋之月昏建星中以建星識南斗所在也漢者夏小正云七月漢案戸漢也者天漢也案戸也者直戸也言正南北也大東云維天有漢監亦有光鄭箋漢天河也有光而無所明大雅棫樸云倬彼雲漢爲章于天雲漢云倬彼雲漢昭回于天鄭箋雲漢天河也倬然天河水氣也精光轉運於

天左氏昭十七年傳云漢水祥也析木之津者昭七年傳云今在析木之津杜註箕斗之間有天漢故謂之析木之津周語云日在析木之津韋註津天漢也析木次名從尾十度至斗十一度爲析木其間爲漢津分野畧例云自尾十度至南斗十一度於辰在寅爲析木尾東方木宿之末斗北方水宿之初次在其間隔別水木故曰析木諸本俱作析木謂之津郭註云即漢津也案左傳疏引爾雅釋天云析木之津箕斗之間漢津也是舊本無謂字郭註亦係後人所增今刪正【註】箕龍至津梁○【正義】箕龍尾者東方蒼龍七宿角亢氐房心尾箕箕居其末也斗南斗者所以別於北斗也天漢之津梁者左傳疏引孫炎云析別水木以箕斗之間是天漢之津也劉炫謂是天漢即天河也天河在箕斗二星之間箕在東方木位斗在北方水位分析水木以箕星爲隔隔河須津梁以渡故謂此次爲析木之津也不言析水而言析木者此次自南而盡北故依此次而名析木也周語云及析木者有建星及牽牛焉建星在南斗北與牽牛並爲

水宿故爲析木之次所及也

星紀斗牽牛也【注】牽牛斗者日月五星之所終始故謂之星紀【正義】律書云牽牛者言陽氣牽引萬物出之也牛者冒也言地雖凍能冒而生也牛者耕植種萬物也牛六星腹下蹶廢角上岐天官書云牽牛爲犧牲月令云季春之月旦牽牛中仲秋之月昏牽牛中星紀者左氏襄二十八年傳云歲在星紀孔疏謂星紀爲斗牛之次是也分野畧例云自南斗十二度至須女七度於辰在丑爲星紀星紀者言其統紀萬物十二月之位萬物之所終始故曰星紀也【注】牽牛至星紀。【正義】左傳疏引孫炎云星紀日月五星之所終始也故謂之星紀郭註本孫炎逸周書周月解云日月俱起于牽牛之初右回而行月周天進一次而與日合宿日行月一次而周天歷會于十有二辰終而復始是謂日月權輿蓋周時冬至日在牽牛爲星紀之中則斗值星紀之初用是爲十二次紀首故曰星紀然唐虞冬至日在虛爲元枵正中不在斗牽牛也十二次之名葢定自周人故鄭註月令云仲冬者日月會於星紀劉逵吳都賦註云斗者日月五星之所經始故謂之星紀紀大宗伯疏引星備云五星初起牽牛困學紀聞引河圖括地象云天左動始於牽牛尸子云天左舒而起牽牛漢書律歷志云斗綱之端指牽牛之初以紀日月故曰星紀五星起其初日月起其中此据周制而推言星紀之義也自元以來冬至日在箕爲析木之津正中

玄枵虛也【註】虛在正北北方色黑枵之言耗耗亦虛意

顓頊之虛虛也【註】顓頊水德位在北方北陸虛也【註】虛星之名凡四【正義】律書云虛者能實能虛言陽氣冬則宛藏於虛日冬至則一陰下藏一陽上舒故曰虛虛二星上下如連珠天官書虛爲哭泣之事堯典云宵中星虛月令云季秋之月昏虛

中唐虞仲秋昏虛中周秦之際虛中在季秋後世所謂歲差也元枵爲虛者左氏襄二十八年傳云淫於元枵元枵虛中也枵耗名也分野畧例云自須女八度至危十五度於辰在子爲元枵也元者黑北方之色枵者耗也十一月之時陽氣在下陰氣在上萬物幽死未有生者天地空虛故曰元枵也顓頊之虛爲虛者昭十年傳云今茲歲在顓頊之虛杜註顓頊之虛謂元枵是也北陸爲虛者昭四年傳云古者日在北陸而藏冰杜註陸道也謂夏十二月日在虛危疏引孫炎云陸中也北方之宿虛爲中也【註】虛在至虛意○【正義】左傳疏引孫炎云虛在正北北方色元故曰元枵枵之言耗耗虛之意也郭註本孫炎說文引春秋傳云歲在元枵元枵虛也葢增損襄二十八年傳文兼取爾雅之訓○顓頊至北方○【正義】左傳疏云北方之次以元枵爲中元枵次有三宿又虛在其中以水位在北顓頊居之故謂元枵虛星爲顓頊之虛也○虛星之名凡四○【正義】郭意以元枵顓頊之虛北陸爲虛星之名故連虛星而爲名凡四其實元

枵顓頊之虛皆次名也亦謂之天黿周語云日在天黿又云出自天黿韋註天黿次名一曰元枵是也北陸者四陸之一也古以星紀日月之行分爲四象亦謂之四陸曲禮云前朱鳥而後元武左青龍而右白虎淮南兵畧訓所謂天數者左青龍右白虎前朱雀後元武是爲列宿之四象合諸左傳日在北陸及西陸朝覿之文是四陸卽四象也角亢氐房心尾箕爲東方青龍之宿奎婁胃昴畢觜觿參爲西方白虎之宿皆南首而北尾井鬼柳星張翼軫爲南方朱鳥之宿斗牛女虛危營室東壁爲北方元武之宿皆西首而東尾爾雅舉北陸西陸以槩東南又於七宿之中各舉一星爲識虛爲北方之宿故云北陸虛也昴爲西方之宿故下文云西陸昴也

營室謂之定【註】定正也作宮室皆以營室之中爲正娵

觜之口營室東壁也【註】營室東壁星四方似口因名

云營室者主營胎陽氣而產之室二星云相對出離宮六星三向列天官書云營室爲清廟

正義日離宮閣道東壁二星上下相掣曳月令云孟春之月日在營室仲冬之月昏東辟中營室謂之定者鄭風云定之方中毛傳定營室也方中昏正四方鄭箋定星昏中而正於是可以營制宮室故謂之營室定昏中而正謂小雪時其體與東壁連正四方周語云營室之中土功其始韋注建亥小雪之中定星昏正於午土功可以始也又謂之天廟周語云日月底于天廟韋注天廟營室也孟春之月日月皆在營室案國語謂孟春日在營室與月令同然月令於孟冬言昏危中仲冬言昏東辟中不言昏營室中者營室在危東壁之閒孔穎達謂室十六度日行一度是十月半而室中十一月初而壁中也娵訾之口爲營室東壁者左氏襄三十年傳云歲在陬訾之口疏引李巡云娵訾元武宿也營室東壁北方宿名鄭注輈人云營室元武宿與東壁連體而四星賈疏云營室是北方七宿室在東壁在西西壁而言東壁者據十月在

南方壁在東故云東壁也陬訾亦謂之豕韋昭十一年傳云歲在豕韋是也分野畧例云自危十六度至奎四度於辰在亥爲諏訾諏訾歎息也十月之時陰氣始盛陽氣伏藏萬物失養育之氣故哀愁而歎悲嫌於無陽故曰諏訾釋文定作頍【注】定正至爲正○【正義】詩疏引孫炎云定正也天下作宫室者皆以營室中爲正郭註本孫炎左氏莊二十九年傳云水昏正而栽杜註謂今十月定星昏而中於是樹板榦而興作孔疏五行北方水故北方之宿爲水星○營室至名云○【正義】左傳疏引孫炎云娵訾之歎則口開方營室東壁四方似口故因名云郭註本孫炎釋文云辟本又作壁此星有人居之角象宜爲壁

降婁奎婁也【注】奎爲溝瀆故名降【正義】律書云奎者主毒螫殺萬物也奎而藏之婁者呼萬物且內之也奎十六星旁殺而下垂天官書云奎曰封豕爲溝瀆婁三星下勢連而上體舒天官書云婁爲聚衆月令云仲春之月日在奎季夏之月旦奎中季秋之月昏婁中降婁爲奎婁者左

氏襄三十年傳云歲在降婁降婁中而旦杜註降婁奎婁也周七月今五月降婁中而天明衆經音義引李巡云降婁白虎宿也分野畧例云自奎五度至胃六度於辰在戌爲降婁降下也婁曲也陰生於午與陽俱行至八月陽遂下九月剝卦用事陽將剝盡萬物枯落卷縮而死故曰降婁【註】奎爲孚名降○【正義】左傳疏引孫炎云降下也奎爲溝瀆故稱降也孫郭俱本天官書爲義

大梁昴也西陸昴也【註】昴西方之宿別名旄頭【正義】律書云留者言陽氣之稽留也故曰留小星毛傳云昴留也疏引春秋元命包云昴之爲留留也言萬物成就繫留也昴七星攢聚鉦繫小天官書云昴爲髦頭名南云維參與昴鄭箋亦以昴爲留也大梁爲昴者左氏昭十一年傳云歲及大梁天官書云昴畢之間爲天街索隱引孫炎云畢昴之間日月五星出入要道若津梁分野畧例云自胃七度至畢十一度於辰在酉爲大梁昴爲大梁之次之中星也西陸爲昴者左氏昭四

年傳云西陸朝覿而出之說文云昴白虎宿星詩疏引鄭康成云四月昴則見左傳疏引鄭志答孫皓問云西陸朝覿謂四月立夏之時周禮夏頒冰是也服虔謂春分奎晨見杜預謂三月奎朝見劉光伯云三說鄭爲近之是昴爲西陸也【注】昴西至旄頭○【正義】詩疏引孫炎云西方之宿昴爲中是郭注所本也西方七宿昴居其中故堯典云日短星昴舉昴星以該西官之七宿也又名旄頭者史記作髦頭漢書天文志晉書天文志俱作旄頭

濁謂之畢【注】掩兔之畢或呼爲濁因星形以名【正義】律書云濁者觸也言萬物皆觸死也畢八星䡾貫兩叉出故天官書云畢曰罕車爲邊兵主弋獵詩疏引李巡云濁陰氣濁起陽氣必止畢止也李本濁作噣其義與律書畧同月令云孟夏之月日在畢孟秋之月旦畢中畢星大宗伯謂之雨師洪範云星有好雨謂畢星也故小雅漸漸之石云月離于畢俾滂沱矣毛傳畢噣

也是濁本或作蠋【註】掩兔至以名。【正義】小雅大東云有捄天畢毛傳畢所以掩兔者鄭箋祭器有畢所以助載鼎實孔疏云捄長貌此言畢之長也鴛鴦曰畢之羅之月令禁羅網畢翳無出國門是田器有畢也特牲饋食禮云宗人執畢是祭器有畢也彼注云畢狀如叉蓋爲其似畢星取名焉掩兔祭器之畢俱象畢星爲之孫毓云祭器之畢狀如畢星名象所出也畢弋之畢又取名焉而因施網于其上義得兩通案史記索隱引孫炎云掩兔之畢或呼爲濁因名星孫炎之意以制器先有定稱星名出於後起然古人觀象以制器未聞因器以名象也郭氏謂因星形以名較孫義爲長

咮謂之柳【註】咮朱鳥之口柳鶉火也【註】鶉鳥名火屬南方【正義】律書云注者言萬物之始衰陽氣下注故曰注索隱云注咮也柳八星垂似柳天官書云柳爲鳥注主木草索隱云漢書天文志注作咮爾雅云鳥咮謂之柳孫炎云咮朱鳥之名柳其星聚也以注爲

柳星，故主草木也。月令云「季夏之月，日在柳」，「季秋之月旦柳中」。味謂之柳者，召南小星云「三五在東」，毛傳以爲三心五噣，疏引元命包云「柳五星」，味本作噣，或作彖。柳爲鶉火者，左氏僖五年傳云「鶉之賁賁，天策焞焞，火中成軍」，杜注：「鶉，鶉火星也。言丙子平旦鶉火中。」襄九年傳云「古之火正或食於味」，是故味爲鶉火，杜注：「火正之官配食於火星，建辰之月鶉火星昏在南方。」昭八年傳云「歲在鶉火」，分野畧例云：「自東井十六度至柳八度，於辰在未，爲鶉首。南方七宿其形象鳥，以井爲冠，以柳爲口，鶉，鳥也，首，頭也，故曰鶉首。自柳九度至張十七度，於辰在午，爲鶉火。南方爲火，言五月之時陽氣始隆，火星昏中，在朱鳥之處，故曰鶉火。」【注】味，朱鳥之口。【正義】說文云「味，鳥口也」。左傳疏引春秋緯文耀鈎云「味爲鳥陽，七星爲頸」，宋均注云：「陽猶首也。柳謂之味，味，鳥首也。七星爲朱鳥頸也。味與頸共在於午者，鳥之止宿，口屈在頸，七星與味體相接連故也。」是朱鳥之口象其止宿之形也。監本訛作朱鳥之名，今從宋本改正。鶉鳥至南方。【正義】

考工記輈人云鳥旟七斿以象鶉火也鶉火朱鳥宿之柳其屬有星星七星郭云鶉鳥名者以南陸三次曰鶉首曰鶉火曰鶉尾皆取象於鳥形也火屬南方者以鶉火居南陸三次之中柳星居鶉火之首故七星爲柳之屬爾雅舉鶉火以該南陸之三次舉柳星以該南官之七星也

北極謂之北辰【注】北極天之中以正四時【正義】論語云譬如北辰居其所而衆星共之北辰北極也諸儒釋北辰者多異說繫辭傳云易有太極釋文引馬融云北辰也易言太極是生兩儀不得謂北辰能生兩儀則馬說非也周禮疏引爾雅北極謂之北辰鄭註云天皇北辰耀魄寶是天皇上帝之號也康成引緯書六天帝之號後儒多所不從爾雅載北極於星名則不得以爲天帝之號也天官書云中宫天極星其一明者太極常居也索隱引爾雅爲證此以紫微星爲北辰也公羊昭十六年傳云北辰亦爲大辰何休註迷惑不知東西者須視北辰以别心伐疏引春秋說云北者高也

極者藏也言太一之星高居深藏故名北極也此本天官書而小變其說後儒謂北極不可見識一小星以爲辨本於公羊疏也北辰有其所若歸諸元氣指爲帝號則無其所北辰居其所若以爲星象星隨時而旋轉則無定居屈原天問云斡維焉繫天極焉加戴氏註云天極論語所謂北辰周髀所謂正北極步算家所謂不動處亦曰赤道極是左旋之極日月五步各有一極曰黃道極周髀所謂北極璿璣環繞正北極者也月與五步之極又環繞璿璣者也是皆爲右旋之極爾雅約舉二十八舍十二次而繼以北辰者以其爲衆星所拱也【註】北極至四時。【正義】公羊疏引李巡云北極天心居北方正四時謂之北辰孫炎云北極天之中以正四時謂之北辰郭註本孫炎

何鼓謂之牽牛【註】今荆楚人呼牽牛星爲檐鼓檐者荷也【正義】此釋何鼓亦名牽牛所以別於星紀之牽牛也天官書云牽牛其北河鼓河鼓大星上將左右

左右將正義謂河鼓三星在牽牛北是也小雅大東云睆彼牽牛不以服箱毛傳用爾雅此文【注】今荆至荷也。【正義】郭引時諺爲證今南方農家暑月占驗猶呼此星爲扁擔因星形以爲名也檐訓爲荷者漢碑負檐俱作儋說文云儋何也何通作荷詩疏引孫炎云何鼓之旗十二星在牽牛之北或名爲何鼓亦名爲牽牛案天官書云東北曲十二星曰旗正義云兩旗者左旗九星在河鼓左也右旗九星在河鼓右也孫氏知何鼓亦名牽牛非星紀之牽牛但以河鼓左右之旗誤指爲何鼓殊不考何鼓祇三星中豐而兩頭銳下故其象爲荷檐若兩旗則十二星今測得十八星非何鼓也詩疏又引李巡云何鼓牽牛皆二十八宿名也李氏誤以何鼓牽牛爲二星既傳合於星紀又以何鼓爲二十八宿名前人說二十八宿者雖有異名未聞有何鼓也上考天官書下參農諺惟郭氏之註能覈其實

明星謂之啓明【注】太白星也晨見東方爲啓明昏見西

方爲太白【正義】此釋五緯之金星也小雅大東云東有啓明西有長庚鄭風女曰雞鳴云明星有爛明星即啓明謂金星也史記索隱引韓詩云太白星晨見東方爲啓明昏見西方爲長庚廣雅云太白謂之長庚或謂之太囂【注】太白至太白○【正義】毛傳曰日旦出謂明星爲啓明日既入謂明星爲長庚疏引孫炎云明星太白也出東方高三舍命曰明星昏出西方高三舍命曰太白是郭注所本也孔穎達不知長庚是何星後儒臆說有以水星爲長庚者當從韓詩廣雅長庚即太白也

彗星爲欃槍【注】亦謂之孛言其形孛孛似掃彗【正義】此釋星之異也春秋彗星三見文十四年有星孛入于北斗公羊傳云孛者何彗星也穀梁傳云孛之爲言猶茀也昭十七年有星孛于大辰左傳云彗所以除舊布新也哀十三年有星孛于東方公羊傳云其言于東方何見于旦也彗星爲欃槍者天官書云天棓長四尺末兑彗星長二丈類彗天欃長四丈末兑天槍長數

丈兩頭兌正義云天彗者一名掃星本類星末類彗小者數寸長長或竟天而體無光假日之光故夕見則東指晨見則西指若日南北皆隨日光而指註亦謂至掃彗○正義釋名云彗星光梢似彗也孛星星旁氣孛孛然也義與郭同衆經音義引孫炎云妖星也四日彗孫意以欃槍棓彗四者皆爲妖星也漢書天文志云欃槍棓彗雖異其殃一也

奔星爲彴約註流星正義星之奔流者爲彴約言其星光似彴約然也釋名云流星星轉行如流水也漢書註引應劭云欃槍奔星也以流星爲欃槍非雅義也

星名正義題上事也說文云曐萬物之精上爲列星或省作星釋名云星散也列位布散也宿宿也星各止宿其處也春官馮相氏掌二十有八星之位秋官哲蔟氏以方書二十有八星之號鄭註星謂從角至軫也二十八星在周宜有定名然舊說多互異月令所載

二十六星益以建弧而無箕昴鬼張史記歷
書備二十八星之號有建罰狼弧而無斗觜
井鬼淮南天文訓云二十八宿中央其星角
亢氐東方其星房心尾東北其星箕斗牽牛
北方其星須女虛危營室西北其星東壁奎
婁西方其星胃昴畢西南方其星觜巂參東
井南方其星輿鬼柳七星東南方其星張翼
軫漢書歷志星名與淮南同蓋天文家相傳
之說故後人多從之鄭注所謂從角至軫也
爾雅於二十八星祇述十七星其未舉者北
方之宿則須女也危也西方之宿則胃也觜
也參也南方之宿則東井也輿鬼也七星也
張也翼也軫也十有二次祇言其九其未舉
者實沈也鶉首也鶉尾也五星祇言其一所
未舉者歲星曰東方木熒惑曰南方火塡星
曰中央土辰星曰北方水爾雅以釋六蓺之
文文有不備可以類推春官保章氏掌天星
以志星辰日月之變動以觀天下之遷辨其

吉凶以星土辨九州之地所封封域皆有分星以觀妖祥先鄭說星土以春秋傳曰參爲晉星商主大火國語曰歲之所在則我有周之分野之屬是也後鄭謂大界則曰九州州中諸國中之分域於星亦有分焉其書亡矣堪輿雖有郡國所入度非古數也今其存可言者十二次之分也星紀吳越也元枵齊也娵訾衛也降婁魯也大梁趙也實沈晉也鶉首秦也鶉火周也鶉尾楚也壽星鄭也大火宋也析木燕也此分野之妖祥主用客星彗孛之氣爲象爾雅兼及於彗星奔星者垂象所以見吉凶辨其名以驗其行俾知宿離不貸毋失經紀也然天道遠人事邇觀人事可以知天道辨星名者尤重於授民時淮南主術訓云昏張中則務種穀大火中則種黍菽虛中則種宿麥昴中則收斂畜積伐薪木高誘註三月昏張星中於南方張南方朱鳥之宿也大火東方蒼龍之宿四月建巳中在南

方虛北方元武之宿八月建酉中於南方也昴星西方白虎之宿也季秋之月收斂畜積也此據堯典而言今時農家作息多取驗於星但因象命名詞不雅馴耳火流而戒寒昴中而趨歛古今無異義也史記索隱引爾雅須女謂之婺女熒惑謂之執法今爾雅無此文蓋索隱引星經傳寫誤作爾雅

春祭曰祠【注】祠之言食夏祭曰礿【注】新菜可汋秋祭曰嘗【注】嘗新穀冬祭曰蒸【注】進品物也【正義】此釋四時之祭也春官大宗伯曰以祠春享先王以禴夏享先王以嘗秋享先王以烝冬享先王春秋繁露四祭篇云古者歲四祭四祭者因四時所生孰而祭其先祖父母也故春曰祠夏曰礿秋曰嘗冬曰蒸此言不失其時以奉祭先祖也過時不祭則失爲天子之道也祠者以正月始食韭也礿者以四月食麥也嘗者以七月嘗黍稷也

蒸者以十月進初稻也此天之經也地之義也祭義篇云春上豆實夏上尊實秋上机實冬上敦實豆實韭也春之始所生也尊實麷也夏之所受初也机實黍也秋之所先成也敦實稻也冬之所畢孰也始生故曰祠善其司也夏約故曰礿貴所初約也先成故曰嘗嘗言甘也畢孰故曰蒸蒸言衆也奉四時所受於天者而上之爲上祭貴天賜且尊宗廟也王制云天子諸侯之祭春曰礿夏曰禘秋曰嘗冬曰蒸鄭註此蓋夏殷之祭名周則改之春曰祠夏曰礿以禘爲殷祭詩小雅曰礿祀蒸嘗于公先王此周四時祭宗廟之名詩疏云周公去夏禘之名以春禴當之更名春曰祠故禘祫志云王制記先王之法度宗廟之祭春曰禴夏曰禘秋曰嘗冬曰蒸祫爲大祭於夏於秋於冬周公制禮乃改夏爲禴禘又爲大祭祭義註云周以禘爲殷祭更名春曰祠是祠禴蒸嘗之名周公制禮所改也易曰不如西鄰之禴祭鄭註爲夏祭之名則文王之時已改言周公者據制禮大定言之耳

【註】祠之言食。【正義】詩疏引孫炎云祠之言食衆經

音義引孫炎云祠食也是郭註所本也說文云春祭曰祠品物少多文詞也仲春之月祠不用犧牲用圭璧及皮幣太平御覽引白虎通云物微故祠名之何休公羊傳註云春薦尚非卵祠猶食也猶繼嗣也春物始生孝子思親繼嗣而食之也故曰祠因以別死生。新菜可汋。正義 禮記疏引孫炎云汋者新菜可汋郭註本孫炎說文云礿夏祭也太平御覽引白虎通云夏曰禴者麥熟進之何休云夏薦尚麥魚始熟可汋故曰礿釋文云汋爚菜也。嘗新穀。正義 詩疏引孫炎云嘗嘗新穀郭註本孫炎禮記疏引白虎通云嘗者新穀熟而嘗之何休云秋薦尚黍豚嘗者先辭也秋穀成者非一黍先熟可得薦故曰嘗。進品物也。正義 禮記疏引孫炎云烝進也進品物也是郭註所本也太平御覽引白虎通云烝之爲言衆也冬之物成者衆何休云冬薦尚稻鴈烝衆也氣盛貌冬萬物畢成所薦衆多芬芳備具故曰烝

祭天曰燔柴 註 既祭積薪燒之 祭地曰瘞薶 註 既祭埋

藏之【正義】覲禮云祭天燔柴祭地瘞祭法云燔柴於泰壇祭天也瘞埋於泰折祭地也祭天曰燔柴者說文柴作祡云燒祡燓燎以祭天神春官大宗伯云以禋祀祀昊天上帝以實柴祀日月星辰以槱燎祀司中司命飌師雨師鄭註禋之言煙周人尚臭煙氣之臭聞者槱積也詩曰芃芃棫樸薪之槱之三祀皆積柴實牲體焉或有玉帛燔燎而升煙所以報陽也鄭司農云實柴實牛柴上也太祝辨九祭之名謂之炮祭鄭司農云炮祭燔柴也祭地曰瘞薶者釋言云瘞幽也薶塞也春官司巫云凡祭祀守瘞鄭註瘞謂若祭地祇有埋牲玉者也守之者以祭禮未畢若有事然祭禮畢則去之【註】既祭至燒之○【正義】書釋文引馬融云祭時積柴加牲其上而燔之後漢書註云天高不可達故燔柴以祭之庶高煙上達也是祭時即行燔柴之禮郭云既祭積薪燒之統前後而言也○既祭埋藏之○【正義】詩疏引李巡云祭地以玉埋地中曰瘞埋孫炎云瘞者翳也既祭翳藏地中也鄭註禮運云埋牲曰瘞是祭畢埋藏牲玉覆之以土

故孫炎又云祭畢埋之顔師古漢書註云埋其物者示歸於地也

祭山曰庪縣【註】或庪或縣置之於山山海經曰縣以吉玉是也祭川曰浮沈【註】投祭水中或浮或沈【正義】覲禮云祭山丘陵升祭川沈賈疏升卽庪縣也言沈不言浮者亦文畧也大宗伯以貍沈祭山林川澤鄭註祭山林曰埋祭川澤曰沈祭山曰庪縣者公羊疏引李巡云祭山以黃玉以璧以庪置几上遥遥而眡之若縣故曰庪縣孫炎云埋於山足曰庪埋於山上曰縣如孫氏所說覲禮所謂升者謂其縣也大宗伯所謂貍者謂其庪也爾雅合而言之故曰庪縣祭川曰浮沈者尚書大傳云沈四海鄭註沈祭名左氏襄十八年傳云沈玉以濟昭二十四年傳云王子朝以成周之寶圭湛於河顔師古云以祭川也湛讀曰沈定三年傳云執玉而沈是祭川用玉也夏官小子云凡沈辜侯禳飾其牲鄭司農云沈謂祭川是祭川有牲也祭川

並用牲玉故或沉或浮【疏】或庪至是也。【正義】郭意互用李孫之說亦當以庪縣爲埋也詩疏引鄭志云張逸問曰以血祭祭五嶽以貍沈祭山川不審五嶽亦當埋否答曰五嶽尊祭之從血腥始何嫌不埋又釋天云祭山曰庪縣不言埋張逸亦引以問鄭答云爾雅之文雜非一家之註不可盡據以難周禮是鄭知祭五嶽有埋而於爾雅所謂庪縣未遽定爲埋也案史記正義引孔文詳云宋末會稽修禹廟於廟庭山土中得五等圭璧百餘枚形與周禮同皆短小此即禹會諸侯於會稽執以禮山神而埋之其璧今猶存在也如孔文詳所言則祭山埋玉確有證驗則爾雅所謂庪縣即周禮所謂貍可無疑其文雜而相難矣山海經曰縣以吉玉者中山經文郭氏彼註云縣祭山之名。投祭至或沉。【正義】公羊疏引孫炎云置祭於水中或浮或沉故曰浮沉是郭註所本也史記河渠書云搴長茭兮湛美玉封禪書云河湫漢水加玉各二是漢時祭川用玉也

祭星曰布【注】布散祭於地祭風曰磔【注】今俗當大道中
磔狗云以止風此其象【正義】祭星曰布者釋文引李
巡云祭星者以祭布露地故
曰布埤雅引釋名云祭星曰布布取其象之布也今
本釋名無此文祭法云幽宗祭星也鄭注宗當爲禜
字之誤也幽禜亦謂星壇也星以昏始見禜之言營
也祭風曰磔者說文云磔禳祀除厲殃也公羊疏引
李巡云祭風以牲頭蹄及皮破之以祭故曰磔孫炎
云既祭披磔其牲以風散之鄭司農注夏官小子云
辜謂磔牲以祭也月令曰九門磔禳以畢春氣【注】布
散祭於地○【正義】公羊疏引孫炎云既祭布散於地
似星布列也釋文云指謂數列羅布也○今俗至其
象○【正義】鄭司農注大宗伯云罷辜披磔牲以祭若
今時磔狗祭以止風賈疏云此舉漢法以況疈辜爲
磔之義必磔狗止風者狗屬西方金制東方木之風
故用狗止風也封禪書云秦德公作伏祠磔狗邑四
門以禦蠱菑案於文皿蟲爲蠱蠱生於風秦制是祭

風之遺制也郭引時俗爲證則晉世猶存古制

是禷是禡師祭也【注】師出征伐類于上帝禡於所征之地【正義】此引大雅皇矣之文而釋之也說文云禷以事類祭天神禡師行所止恐有慢其神下而祀之曰禡今本毛詩作是類毛傳云於內曰類於野曰禡類者祭天神之名虞書云肆類于上帝詩疏引夏侯歐陽說以事類祭之在南方就南郊祭之肆師云類造上帝後鄭云爲兆以類禮即祭上帝也類禮依郊祀而爲之者是祭上帝爲類也小宗伯云四類亦如之後鄭云四類日月星辰運行無常以氣類爲之位是祭日月星辰亦爲類也小宗伯又云凡天地之大烖類社稷宗廟則爲位後鄭云禱祈禮輕類者依其正禮而爲之是祭社稷宗廟亦爲類也說文所謂以事類祭也出師亦祭上帝故太祝掌六祈以同鬼神元一日類先鄭引爾雅師祭爲釋司馬法曰將用師乃告于皇天上帝是祭上帝於郊尚未至所征之地

故毛傳謂在內曰類也禡者鄭註王制云禡師祭也爲兵禱其禮亦亡肆師云祭表貉則爲位後鄭云貉師祭也貉讀爲十百之百於所立表之處爲師祭造軍灋者禱氣勢之增倍也其神葢蚩尤或曰黄帝又甸祝掌四時之田表貉之祝號杜子春讀貉爲百爾所思之百書亦或爲禡兵祭也甸以講武治兵故有兵祭後鄭云田者習兵之禮故亦禡祭禱氣勢之十百而多獲周禮以禡爲貉聲之轉也應劭漢書註云至所征伐之地表而祭之謂之禡禡者馬也馬者兵之首故祭其先神也案應氏以禡爲祭馬神以禡字從馬而爲義耳然下文旣伯旣禱方是馬祭禡爲師祭不當專屬於馬章昭辨釋名云馬武也詩序云桓講武類禡也桓武志也因講武而類禡則禡爲祭造軍法者是也【註】師出至之地○【正義】王制云天子將出征類乎上帝禡於所征之地郭氏約舉其文也孔疏類者以事類告天若以攝位事類告天亦謂之爲類若以巡守事類告天亦謂之爲類故異義古尚書說非時祭天謂之類許慎謹案周禮郊天無言類者

知類非常祭從古尚書說鄭氏無駁與許同也

既伯既禱馬祭也【註】伯祭馬祖也將用馬力必先祭其先【正義】此引小雅吉日之文而釋之也毛傳云伯馬祖也重物慎微將用馬力必先爲之禱其祖禱獲也夏官校人云春祭馬祖夏祭先牧秋祭馬社冬祭馬步鄭註馬祖天駟也孝經說曰房爲龍馬先牧始養馬者馬社始乘馬者馬步神爲災害馬者詩疏云四時各有所爲祭之馬祖祭之在春其常也而將用馬力則又用彼禮以禱之知伯是馬祖者爲馬而祭故知馬祖謂之伯伯者長也馬祖始是長也釋星名云天駟房也天駟爲馬祖詳見上文說文引詩作既禡既禂禂禱牲馬祭也

禘大祭也【註】五年一大祭【正義】說文云禘諦祭也續漢志引張純云禘之言諦也是審諦之義以夏四月陽氣在上陰氣在下故正尊卑之義是禘祭所由命名也禘禮昉自上古魯語云有

虞氏禘黄帝而祖顓頊與郊並重故爲大祭夏殷四
時之祭夏祭亦稱禘故王制云夏曰禘至五年一祭
則謂之大禘商頌序云長發大禘也所以别於夏禘
也周改夏時祭曰礿以禘爲大祭周頌序云雝禘太
祖也鄭箋禘大祭也鄭註禮記謂之殷祭殷者大也
喪服小記云王者禘其祖之所自出以其祖配之大
傳云禮不王不禘王者禘其祖之所自出以其祖配
之通典引禘祫志云太王王季以上遷祭於后稷之
廟其坐位與祫祭同文武以下遷主若穆之遷主祭
於文王之廟文王居室之奥東面文王孫成王居文
王之東而北面以下穆王直至親盡之祖以次繼而
東皆北面無昭主若昭之遷主祭於武王之廟武王
亦居室之奥東面而其昭孫康王亦居武王之東而
南面亦以次繼而東直至親盡之祖無穆主其尸后
稷廟中后稷尸一昭穆尸各一文王廟中尸一穆尸
共一武王廟中武王尸一昭尸共一逸禮記禘於太
廟禮云毁廟之主皆升合食而立二尸韓詩内傳云
禘取毁廟之主皆升食於太廟是也先儒釋大祭之

義者王肅引論語孔子曰禘自既灌而往者吾不欲觀之矣所以特禘者以禘大祭故欲觀其成禮也袁準引國語曰禘郊不過繭栗烝嘗不過把握明禘最大與郊同也鄭箋以為禘大於四時而小於祫也杜佑云聖人制禮合諸天道使不數不怠故有四時之祭焉而又設殷祭者因天道之成以申孝敬之心用盡事終之禮禘祫二禮俱是大祭又鄭注禮記郊祭亦名禘爾雅所記大祭則專主宗廟之祭下文云繹又祭也是為祭於祖廟不指郊天而言**注**五年一大祭

○**正義**公羊疏引孫炎云禘五年大祭也是郭注所本也說文引周禮曰五年一禘蓋禮緯之文公羊文二年傳云五年而再殷祭何休注殷盛也謂三年祫五年禘禘所以異於祫者功臣皆祭也祫猶合也禘猶諦也審諦無所遺失周制三年喪畢禫祭之後乃祫於太祖亦謂之吉禘春秋閔二年吉禘于莊公禮記疏引賈逵云禘者遞也審諦昭穆遷主遞位孫居王父之處也祫之明年春禘於羣廟爾後五年再殷祭一禘一祫因以法五年再閏天道大成也禮記疏

又引禘祫志云春秋僖公三十三年十二月薨文公二年八月丁卯大享於太廟公羊傳云大享者何祫也是三年喪畢新君二年當祫明年春禘於羣廟僖公宣公八年皆有禘則後禘去前禘五年以此定之則新君二年祫三年禘自爾之後五年而再殷祭則六年當祫八年當禘又昭公十年齊歸薨至十三年喪畢當祫爲平丘之會冬公如齊至十四年祫十五年禘傳云有事武宮是也至十八年祫二十年禘二十三年祫二十五年禘昭公二十五年有事於襄宮是也五年之禘其時以夏詩疏引崔靈恩云禘以夏者以審諦昭穆序列尊卑夏時陽在上陰在下尊卑有序故大次第而祭之故禘者諦也第也

繹又祭也【注】祭之明日尋繹復祭周曰繹【注】春秋經曰壬午猶繹商曰肜【注】書曰高宗肜日夏曰復胙【注】未見義所出【正義】此釋繹爲復祭因以别三代之異名禘之名有虞三代同之繹祭則三代各自

爲名也○繹又祭也○祭之來日又祭謂之繹又謂之賓尸又謂之祊周頌序云絲衣繹賓尸也鄭箋繹又祭也天子諸侯曰繹以祭之明日卿大夫曰賓尸與祭同日何休公羊註云禮繹祭昨日事但不灌地降神爾天子諸侯曰繹大夫曰賓尸士曰宴尸去事之殺也必繹者尸屬昨日配先祖食不忍輒忘故因以復祭禮則無有誤敬慎之至詩疏云今少牢饋食禮者卿大夫之祭禮也其下篇有司徹云若不賓尸註云不賓尸謂下大夫也以言若不賓尸是對有賓尸者有司徹所行卽賓尸之禮是卽大夫曰賓尸擯其禮非異日之事故知與祭同日然則天子諸侯謂之繹卿大夫謂之賓尸是繹與賓尸事不同矣而序云繹賓尸者繹祭之事主爲賓事此尸但天子諸侯禮大異日爲之則爲立名謂之爲繹言其尋繹昨日卿大夫禮小同日爲之不別立名直指其事謂之賓尸耳序言繹者是此祭之名賓尸是此祭之事故特詳其文也是繹卽賓尸也禮器云爲祊乎外鄭註祊祭明日之繹祭也謂之祊者以於廟門之傍因名焉

釋文繹本或作繹。周曰繹。何休公羊註云周曰
繹繹者据今日道昨日不敢斥尊言之文意也楊士
勛穀梁疏云謂之繹者繹陳昨日禮也。商曰肜。
詩疏引孫炎云肜者亦相尋不絶之意何休云殷曰
肜肜者肜肜不絶据昨日道今日斥尊言之質意也
賈公彥儀禮疏云肜者取形形祭不絶楊士勛云謂
之肜者肜是不絶之意也。夏曰復胙。詩鄭箋及
何休公羊註引爾雅倶無此句徐彥疏云諸家爾雅
悉無此言郭本有之賈公彥云復胙者復昨日之胙
祭楊士勛云謂之復胙者復前日之禮也釋文云胙
本又作祚亦作胙福也胙祭肉也義竝同【註】祭之至
復祭。【正義】詩疏引李巡云明日復祭公羊疏引孫
炎云祭之明日尋繹復祭郭註本孫炎。春秋至猶
繹。【正義】宣八年經文公羊傳云繹者何祭之明日
也穀梁傳云繹者祭之旦日之享賓也杜預左傳註
云先日辛巳有事於太廟是也。書曰至肜日。【正
義】商書篇名案肜與融同融
者明也故祭之明日爲肜日

祭名【正義】釋詁云禋祀祠蒸嘗禴祭也此又分者時移節變孝子感而思親故奉薦味以申祭孝敬之心愼終追遠之意祭義云霜露既降君子履之必有悽愴之心非其寒之謂也春雨露既濡君子履之必有怵惕之心如將見之是四時之祭祭之本也以次及於諸大祭終於禘繹者取象於歲閏之相成日迻之相繼也故附見釋天

春獵爲蒐【注】搜索取不任者夏獵爲苗【注】爲苗稼除害秋獵爲獮【注】順殺氣也冬獵爲狩【注】得獸取之無所擇也【正義】此釋四時之獵名也說文云獵畋獵也逐禽也左傳疏引蔡邕月令章句云獵者捷取之名也夏官大司馬云中秋教振旅遂以蒐田中夏教茇舍遂以苗田中秋教治兵遂以獮田中冬教大閱遂以

狩田蒐苗獮狩之名同於爾雅夏小正云十有一月王狩王狩者言王之時田冬獵曰狩是四時之田三代所同也公羊桓四年傳云春曰苗秋曰蒐冬曰狩何休註苗毛也明當見物取未懷任者蒐簡擇幼穉取其大者狩猶獸也冬時禽獸長大遭獸可取不以夏田者春秋制也以爲飛鳥未去於巢走獸未離於穴恐傷害於幼穉故於苑囿中取之穀梁傳云四時之田皆爲宗廟之事也春曰田夏曰苗秋曰蒐冬曰狩左氏隱五年傳云春蒐夏苗秋獮冬狩皆於農隙以講事也三傳惟左氏與爾雅同孔疏云公羊傳三名既與禮異又復夏時不田穀梁傳與禮異者良由微言既絕曲辨妄生丘明親受聖經故獨與禮合漢代古學不行明帝集諸學士作白虎通義因穀梁之文爲之主說曰王者諸侯所以田獵何爲苗除害上以共宗廟下以簡集士衆也春謂之田何春歲之本舉本名而言之也夏謂之苗何擇其懷任者也秋謂之蒐何蒐索肥者也冬謂之狩何守地而取之也四時之田總名爲田何爲田除害也案苗非懷任之名

何云擇去懷任秋獸盡皆不瘦何云蒐索取肥雖名通義義不通也故先儒皆依周禮左傳爾雅之文而為之說其名亦有意焉雖復春獵獲則取之不能擇取不孕夏獵所取無多不能為苗除害為因時而變文耳今案左傳疏所引白虎通義今本無之蓋闕文也禮記疏引何休云運斗樞曰夏不田穀梁有夏田於義為短鄭君云四時皆田夏殷之禮詩云之子于苗選徒囂囂夏田明矣如鄭所言夏殷皆以四時田獵周因二代之制也管子小匡篇春以田曰蒐蒐通作搜周語云搜于農隙韋昭註春田曰搜【註】搜索至任者○【正義】杜預左傳註云蒐索擇取不孕者○韋昭國語註云搜擇也禽獸懷娠未著搜擇而取之○為苗稼除害○【正義】鄭註夏官云夏田為苗擇取不孕任者若治苗去不秀實者左傳疏云孫炎亦然是孫炎同鄭註也郭不從者以鳥獸孚乳多在春時則夏獵當以為苗除害故訓之苗月令孟夏之月驅獸毋害五穀毋大田獵是夏苗之事也杜預云苗為苗除害也與郭義同○順殺氣也○【正義】釋詁云獮殺也

說文云獵秋田也或作獮宗廟之田也鄭註夏官云秋田主用罔中殺者多也皆殺而後止杜預云以殺爲名順秋氣也○得獸至所擇○**正義**詩疏引李巡云圍守取之無所擇也郭註本李巡爲義說文云狩犬田也冬日草枯故田犬便於逐利也鄭註夏官云言守取之無所擇也周語云狩于畢時韋昭註冬田曰狩狩圍守而取之畢時時務畢也杜預云冬物畢成獲則取之無所擇也杜義與郭同

宵田爲獠**註**管子曰獠獵畢弋今江東亦呼獵爲獠或曰卽今夜獵載鑪照也火田爲狩**註**放火燒草獵亦爲狩**正義**此別宵田火田之名也說文云獠獵也詩與冬獵名同也宵田者鄭風大叔于田云火烈具舉孔疏云此爲宵田故持火照之或曰管子小匡篇夜戰其聲相聞足以無亂宵田所以習夜戰也火田者夏官羅氏云蜡則作羅襦後鄭註今俗放火張羅其

遺教王制云昆蟲未蟄不以火田孔疏云從十月以後至仲春皆得火田當在十月春秋桓二年二月焚咸丘杜註火田也譏盡物故書是火田當在昆蟲盡蟄之時既行春令猶爲火田故春秋書以示譏孔穎達謂仲春得行火田非也左氏定四年傳云田於大陸焚焉杜註火田并見燒也火田之制當如賈疏所云漢之俗在上放火於下張羅承之以取禽獸若馳騁射獵如大陸之田非所宜也【註】管子至照也○【正義】獠獵畢弋管子四稱篇文詩疏引郭註云獠猶燎也今之夜獵載爐照者也江東亦呼獵爲獠管子云獠獵畢弋與今本字句微異○放火至爲狩○【正義】左傳疏引李巡孫炎云放火燒草守其下風是郭註所本也

乃立冢土戎醜攸行【註】冢土大社戎醜大衆起大事動大衆必先有事乎社而後出謂之宜【註】有事祭也周

官所謂宜乎社**正義**此引大雅緜之文而釋之也鄭箋云大社者出大衆將所告而行也白虎通義云封土立社示有土也又云不謂之土何封土爲社故變名謂之社別於衆土也案社亦謂之土但謂之冢土以別於衆土爾毛傳云美太王之社遂爲大社也疏云傳以大社者天子社名太王時實諸侯而云乃立冢土以天子之名言之者言太王立此社文王後取其制以爲天子之社故詩以冢土言之毛所以爲此說者蓋以祭法云王爲羣姓立社曰大社郊特牲云天子大社必受霜露風雨之氣也以爲大社之名唯施於天子其諸侯不得名大社故也起大事動大衆必先有事乎社而後出謂之宜者詩疏引孫炎云大事兵也有事祭也書疏引孫炎云宜求見福祐也禮記疏云宜者令誅伐得宜亦隨其宜而言也社主於地又爲陰而誅伐亦陰故於社也詩疏云成十三年左傳曰國之大事在祀與戎故兵爲大事也春秋昭十五年有事于武宮雜記云有事於上帝皆是祭事故謂祭爲有事以兵凶戰危慮有負

敢祭之以求其福宜王制云天子將出宜乎社是也註冢土至大衆○正義冢土大社毛傳文釋詁云戎大也醜衆也毛傳亦本釋詁○周官至乎社○正義春官太祝云大師宜于社又云設軍社鄭司農説設軍社以春秋傳曰所謂君以師行祓社釁鼓祝奉以從者也賈疏云軍將出宜祭於社即將社主行續漢志云古者師行載社主是也司馬法謂大社爲冢社

振旅闐闐註振旅整衆闐闐羣行聲出爲治兵尚威武也註幼賤在前貴勇力入爲振旅反尊卑也註尊老在前復常儀也正義此引小雅采芑之文而釋之也夏官大司馬中春教振旅中秋教治兵賈疏春以入兵爲名尚農事秋以出兵爲名秋嚴尚威是二時習戰之名也左氏隱五年傳云三年而治兵入而振旅杜註雖四時講武猶復三年而大習出曰治兵始治其事入曰振旅治兵禮畢振衆而還

是三年習戰之名也詩所謂振旅闐闐指宣王南征之師戰止而歸是治兵振旅爲師出師旋之名也所指之事雖異其爲習戰則同故穀梁莊八年傳云出曰治兵習戰也入曰振旅習戰也公羊莊八年傳作出曰祠兵何休注禮兵不徒使故將出兵必祠於近郊陳兵習戰殺牲饗士卒賈公彥以爲祠五兵矛戟鈎盾弓鼓及蚩尤之造兵者與爾雅異按鄭箋引春秋傳曰出曰治兵入曰振旅其禮也據公羊傳文也是鄭君所見公羊傳本作治兵爾雅釋祭名已云是禷是禡師祭也是祭始造兵者統謂之師祭此言治兵指講武而言何休定作祠兵於義爲狹【注】振旅至行聲○【正義】鄭箋云振猶正也杜預云振整也釋詁云旅衆也是振旅爲整衆也闐闐者鄭箋云伐鼓闐闐然則以爲鼓聲案廣雅云闐闐盛也則是衆盛之意故郭氏以爲羣行聲○幼賤至儀也○【正義】詩疏引孫炎云出則幼賤在前貴勇力也入則尊老在前復常法也郭注本孫炎毛傳云入曰振旅復長幼也長幼猶言尊卑也何休云祠兵壯者在前難在前振

旅壯者在後復長幼且衛後也

講武 正義 題上事也講武必順四時故附見釋天公羊桓四年傳云諸侯曷爲必田狩一曰乾豆二曰賓客三曰充君之庖何休註云已有三牲必田狩者孝子之意以爲已之所養不如天地自然之牲逸豫肥美禽獸多則傷五穀因習兵事又不空設故因以捕禽獸所以共承宗廟示不忘武備又因以爲田除害也是四時之田所以共四時之祭因以習武事也宵用火田所以廣其義動衆宜乎社則出師之祭也振旅闐闐因釋詩文而類敘之兼以辨師出入之異名焉

素錦綢杠 註 以白地錦韜旗之竿 **纁帛縿** 註 纁帛絳也縿衆旒所著 **素陞龍于縿** 註 畫白龍於縿令上向繚

旒九【注】練絳練也飾以組【注】用綦組飾旒之邊維以
縷【注】用朱縷維連持之不欲令曳地周禮曰六人維
王之太常是也【正義】此釋龍旂之制也素錦綢杠者
釋名云素朴素也已織則供用不復
加巧飾也又物不加飾皆自謂之素此色然也錦金
也作之用功重於其價如金故其制字帛與金也說
文云綢繆也鄉射禮記云杠長三仞士之制也廣雅
云天子杠高九仞諸侯七仞大夫五仞此言以素地
之錦綢纏旗之杠也纁帛繆者釋器云三染謂之纁
說文云帛繒也繆旌旗之游也言繆所以著旒以絳
色之繒爲之也素陞龍于繆者儀禮疏載白虎通義
述禮記曰天子乘龍載大旂象日月升龍傳曰天子
升龍諸侯降龍言以素色畫上向之龍於繆也春官
司常所謂交龍爲旂也練旒九者說文云練湅繒也
游旌旗之旒也旐旌旗之旒也長發鄭箋云旒者旗
之垂者也言以絳絲爲下垂之旒有九也考工記輈

人所謂龍旂九斿也飾以組者說文云組綬屬鄘風干旄云素絲組之鄭箋云以素絲縷縫組於旌旗以爲之飾此言以組文爲旒之旁飾也維以縷者說文云縷綫也言以縷綫相維持也賈公彥以素錦素陛龍爲喪葬之旗也【注】以白至之竿○【正義】說文云錦襄色織文也其素色則謂之白地錦說文又云竿竹挺也旂杠爲植木後世多呼旂杠爲旂竿象其形之植立也綢釋爲韜言纏繞之○纁帛至所著○【正義】鄭注司常云九旗之帛皆用絳賈公彥以爲周尚赤故也下文練練爲絳練縷爲朱縷皆以其尚赤也衆旒相著言相繫屬也鄘風鄭箋云屬著也○畫白至一上向○【正義】鄭注司常云諸侯畫交龍一象其升朝一象其下復也賈疏象升朝天子象下復還國也天子旌旗有日月星辰故直有升龍諸侯旌旗無日月星故龍有升降也此文但言陞龍故知其上向也○練絳練也○【正義】釋名云練爛也煮使委爛也此言以練練絳爲旒天子之旒十二而此云九旒考工記所建之旗併有七斿六斿四斿者賈公彥以爲上得兼下

也○用綦至之邊○【正義】綦亦作纂說文云纂似組
而赤是綦組色相似也○用朱至是也○【正義】詩疏
引孫炎云維持以縷不欲其曳地是郭註所本也郭
引周禮夏官節服氏之文也鄭註云維維之以縷王
旌十二旒兩兩以縷綴連旁三人持之禮天子旌曳
地鄭司農云維持之賈疏云天子旌曳地者禮緯文
引之者若不遺維持
之則旒曳地故也

緇廣充幅長尋曰旐【註】帛全幅長八尺繼旐曰旆【註】帛
續旐末爲燕尾者義見詩【正義】此釋旐之制也小雅
出車云設此旐矣司常云
龜蛇爲旐又云縣鄙建旐輈人云龜蛇四斿以象營
室也釋名云旐兆也龜知氣兆之吉凶建之於後察
度事宜之形兆也緇者詩疏引孫炎云緇黑繒也釋
名云緇滓也泥之黑者曰滓此色然也充幅長尋者
方言云周官之法度廣爲尋幅廣爲充言黑繒之廣
充竟幅而長及尋者謂之旐說文以爲游游而長者

是也繼旐曰旆者說文云旆繼旐之旗也沛然而垂釋名云白旆以帛繼旐末也公羊疏引孫炎云帛續旐末亦長尋詩云帛旆英英是也孫所引詩小雅六月文今本作白旆央央【疏】帛全幅長八尺○【正義】布帛俱有幅以其滿幅謂之全幅小爾雅云四尺曰仞倍仞曰尋○帛續至見詩○【正義】釋名云雜帛爲旆以雜色綴其邊如鷰尾也將帥所建象物雜也何休云如燕尾曰旆郭云爲燕尾葢用劉熙何休之說見詩者毛傳白旆繼旐者也詩釋文云繼旐曰茷左傳云蒨茷是也一曰旆與茷古今字殊是旆本又作茷

注旄首曰旌【疏】載旄於竿頭如今之幢亦有旒【正義】此釋旌之制也鄘風云孑孑干旌司常云析羽爲旌又云斿車載旌輈人云弧旌枉矢以象弧也說文云析羽注旌首所以精進士卒釋名云旌精也有精光也緌有虞氏之旌也注旄竿首其形橤橤然也詩疏引孫炎云析五采羽注旄上也其下亦有旒緣考工記鍾氏染羽以朱湛丹秫三月而熾之淳而漬之染羽所以飾

旌旗也旌注於旌而旌又注於干故曰干旌鄭箋云周禮孤卿建旌大夫建物首皆注旌焉又鄭註夏采云綏以旌牛尾爲之綴於橦上是太常以下首皆有旄羽也爾雅舉旌以爲例也【註】載旄至有旒。【正義】詩疏引李巡云旄牛尾著干首鄭註明堂位云綏爲注旄牛尾於杠首所謂大麾書云武王左杖黃鉞右秉白旄以麾周禮大麾以田也旌所以精進士卒故公羊宣十二年傳云莊王親自手旌左氏成十六年傳云楚人謂夫旌子重之麾也如今之幢者郭註釋言云今之羽葆幢是也亦有旒者曲禮云武車綏旌疏引何允云垂放旌旗之旒以見於美也又云德車結旌孔疏云德美在內不尚赫奕故結纏其旒著於竿也是旌亦有旒也

有鈴曰旂【註】縣鈴於竿頭畫蛟龍於旒【正義】上文釋龍旂之制此又釋旂之有鈴也小雅庭燎云言觀其旂司常云交龍爲旂又云諸侯建旂輈人云龍旂九斿以象大火也說

文云旂旗有衆鈴以令衆也釋名云旂旂倚也畫作兩龍相依倚也通以赤色爲之無文采諸侯所建也說文云鈴令丁也左氏桓二年傳云錫鸞和鈴昭其聲也杜註鈴在旂動有鳴聲【註】縣鈴至於旐○【正義】公羊疏引李巡云有鈴以鈴著旐端孫炎云鈴在旂上旂者畫龍是郭註所本也旂畫交龍故何休云加文章曰旂郭註作蛟龍蛟疑交字之譌阮氏梁正等圖旂首爲金龍頭唐志金龍頭銜結綬及鈴是縣鈴於竿頭之遺制與

錯革鳥曰旟【註】此謂合剝鳥皮毛置之竿頭即禮記云載鴻及鳴鳶【正義】此釋旟之制也小雅無羊云旐惟旟矣司常云鳥隼爲旟又云州里建旟輈人云鳥旟九斿以象鶉火也說文云錯革畫鳥於上所以進士衆旟衆也釋名云旟譽也軍吏所建急疾趨事則有稱譽也公羊疏引孫炎云錯置也革急也言畫急疾之鳥於旐周官所謂鳥隼爲旟者矣按

六月云織文鳥章毛傳鳥章錯革鳥爲章也鄭箋鳥章鳥隼之文章孔疏引鄭志荅張逸云畫急疾之鳥隼是孫氏以爲急疾之鳥畫於縿旐本鄭義也【注】此謂至鳴鳶○【正義】公羊疏引李巡云以革爲之置於旐端是李巡以革爲皮也曲禮云前有水則載青旌前有塵埃則載鳴鳶前有車騎則載飛鴻前有士師則載虎皮前有摯獸則載貔貅鄭注載謂舉於旌首以警衆也孔疏以青旌鳴鳶飛鴻爲畫於旌首虎皮爲舉虎皮於竿首至貔貅則云不知爲載其皮爲畫其形又引舊說通有二家一云與虎皮並畫作皮於旌也一云並載其皮孔疏引二家之說則載其皮者亦舊說也虎貔貅既載其皮則鴻及鳴鳶亦當載其皮毛故郭氏本李巡爲說與孫炎異

因章曰旃【注】以帛練爲旒因其文章不復畫之周禮云通帛爲旃【正義】此釋旃之制也司常云通帛爲旜又云孤卿建旜說文云旃旗曲柄也所以旃

表士衆釋名云旃戰也戰戰恭已而已也三孤所建象無事也鄭註司常云通帛謂大赤從周正色無飾孤卿不畫言奉王之政教而已【註】以帛至畫之。【正義】左傳疏引孫炎云因其緇色以爲旗章不畫之郭氏本孫炎爲義以帛練爲旒亦言以絳練爲之也

旌旂【正義】題上事也此因上文講武而連類及之也鄭註鄉射禮云旌總名也釋文云旂本又作旗說文云旗士卒以爲期釋名云旗期也軍將所建象其猛如熊虎與衆期其下也司常掌九旗之物名此不盡釋者舉以例其餘也月令云以爲旗章以別貴賤等級之度故九旗之名上得兼下下不得從上稱也

爾雅正義卷第九

清餘姚邵氏本爾雅正義

第三册

清 邵晋涵撰

山東省圖書館藏清乾隆五十三年餘姚邵氏面水層軒刻本

山東人民出版社·濟南

爾雅正義卷第十

文淵閣校理翰林院編修加二級教習庶吉士充國史館纂修官邵晉涵撰集

釋地第九

【正義】禮運云地秉陰竅於山川郊特牲云地載萬物呂氏春秋云地塞以形高誘註地陰也實而能受故塞以成形兆也白虎通義云地者元氣之所生萬物之祖也地之言施也諦也應施變化審諦不設敬始重終故謂之地也說文云地元气初分輕清陽爲天重濁陰爲地萬物所陳列也釋名云地者底也其體底下載萬物也亦言諦也五土所生莫不審諦也此篇所釋自九州及於四極者周官大司徒以天下土地之圖周知九州之地域廣輪之數辨其山林川澤丘陵墳衍原隰之名物故爾雅於田野之高下山澤所鍾聚分晰言之疆域之界荒遠之服三代之制不同書闕有間可互證也兼及於八陵者遵師掌四方之地名因十藪

九府而類敘之也兼及於五方之異氣者土訓掌導地慝以辨地物後鄭謂地慝若瘴蠱故釋物之稟異氣者使民不疑於耳目也下篇遞及於丘與山川者大戴禮記易本命云凡地東西爲緯南北爲經山爲積德川爲積刑高者爲生下者爲死丘陵爲牡谿谷爲牝是丘與山川俱統於地故釋丘釋山釋水以次分釋焉

兩河間曰冀州【註】自東河至西河【正義】此以下釋殷九州之疆域也禹貢首冀州者尊帝都也殷邦畿在冀州域內故亦首冀州書疏引李巡云兩河間其氣清厥性相近故曰冀冀近也釋名云冀州取地以爲名也其地有險有易帝王所都亂則冀治弱則冀彊荒則冀豐也禹貢云冀州既載公羊疏引鄭註云兩河間曰冀州不書其界者時帝都之使若廣大然周官職方云河內曰冀州案舜肇十有二州鄭註謂舜於舊九州外分青州爲營州冀州爲并州幽州至夏仍合爲九州禹貢無幽并

二州則幽幷之地併入於冀爾雅有幽州無幷州則冀幽州兼有幷州之地周分置幽幷二州俱在禹貢冀州域內是殷周冀州視夏制差小【註】自東河至西河○【正義】河自積石龍門南流爲西河至華陰東經底柱孟津過洛汭爲南河至大伾北流過洚水大陸又北播爲九河同爲逆河入于海爲東河釋文引馬融云在東河之西西河之東南河之北郭祇言東河西河不及南河者以下文河南爲豫州則冀州在南河之北從可知也史記正義古帝王之都多在河東河西故河北稱河內河南稱河外

河南曰豫州【註】自南河至漢【正義】書疏引李巡云河南其氣著密厥性安舒故曰豫豫舒也釋名云豫州地在九州之中京師東都所在常安豫也釋文引春秋元命包云豫之言序也言陽氣分布各得其處故其氣平靜多序也禹貢云荆河惟豫州公羊疏引鄭註云豫州界自荆山而北至于河禹貢豫州以荆山之北爲界爾雅豫州以漢水之北爲界是夏殷之殊制也職方云河南曰豫州又

云正南曰荆州則周時荆州兼有漢北之地與殷制異【註】自南河至漢。【正義】公羊疏引孫氏郭氏皆云自東河至西河之南曰豫州今本郭註與孫炎異郭知自南河至漢者以豫州居冀荆之間其界爲南河之南漢水之北也周禮疏云周之雍豫兼梁州之地爾雅無梁州則殷之豫州亦兼梁地

河西曰雝州【註】自西河至黑水【正義】書疏引李巡云河西其氣蔽壅受性急凶故云雍雍壅也釋名云雍州在四山之內雍翳也釋文引太康地記云雍州兼得梁州之地西北之位陽所不及陰氣壅閼故取名焉釋文又云雍者擁也東崤西漢南商於北居庸四山之內擁翳也禹貢云黑水西河惟雍州公羊疏引鄭註云雍州界自黑水而東至于西河也職方云正西曰雍州殷周雍州俱兼梁州之地與禹貢異【註】自西河至黑水。【正義】郭本禹貢爲義書疏引水經云黑水出張掖雞山至敦煌過三危山南流入於南海今水經註闕此文山海經云灌湘之山又東五百里曰雞山黑水出焉而南流

注于海郭氏無註屈原天問云黑水元趾
三危安在是黑水在周末已不可考矣
漢南曰荆州【註】自漢南至衡山之陽【正義】書疏引李巡
云荆州其氣燥剛
稟性彊梁故曰荆荆彊也釋名云荆州取名於荆山
也必取荆爲名者荆警也南蠻數爲寇逆其民有道
後服無道先彊常警備之也禹貢云荆及衡陽惟荆
州公羊疏引鄭註云荆州界自荆山南至衡山之南
職方云正南曰荆州案殷時荆州以漢水爲界則自
大別以東江南之地屬於揚州大別以西漢東之地
屬於豫州視夏制差小【註】自漢至之陽。【正義】水經
云漾水出隴西氐道縣嶓冢山東至武都沮縣爲漢
水凡在漢水以南皆屬荆州
其南界則越過衡山之陽也
江南曰揚州【註】自江南至海【正義】公羊疏引李巡云江
南其氣慘勁厥性輕揚故
曰揚州釋名云揚州州界多水水波揚也釋文引太
康地記云以揚州漸太陽位天氣奮揚履正含文明

故取名焉禹貢云淮海惟揚州公羊疏引鄭註云揚州界自淮而南至海以東也職方云東南曰揚州其藪澤川浸與禹貢同殷制剖淮南江北之地以屬徐州故揚州以江爲界兼有大别以東之地【註】自江南至海。【正義】公羊疏引孫氏郭氏曰自江至南海也是郭註本孫炎今本作南至海而公羊疏引作至南海疑傳寫之誤然史記尉佗傳云秦以并天下畧定揚越張晏註揚州之南越也顏師古漢書註本揚州之分故曰揚粵置桂林南海象郡晉書地理志以交州廣州爲禹貢揚州之域是五嶺以南至海本禹貢揚州之地殷制與禹貢同則公羊疏引註作南海不爲無據

濟河間曰兗州【註】自河東至濟【正義】濟當作泲兗當作沇公羊疏引李巡云濟河閒其氣專質厥性信謹故曰兗兗信也釋名云兗州取兗水以爲名也晉書地理志引春秋元命包云兗端也信也禹貢云濟河惟兗州公羊疏引鄭註云言兗州之界在此兩水之間殷制與夏同職方云河

東曰兗州賈疏周之兗州於禹貢侵青徐之地【註】自河至濟。【正義】沇州之域河東與冀分界泲自滎至菏西南與豫分界自菏至會汶南與徐分界自會汶後東北行東與營分界說苑作濟南曰兗州

濟東曰徐州【註】自濟東至海【正義】書疏引李巡云淮海間其氣寬舒禀性安徐故曰徐徐舒也釋名云徐州徐舒也土氣舒緩也釋文引太康地記以爲取徐丘爲名云周合其地於青州禹貢曰海岱及淮惟徐州公羊疏引鄭註徐州界又南至淮水殷仍夏制職方云正東曰青州其山川皆禹貢徐州之域周無徐州益以徐爲青也【註】自濟東至海。【正義】徐與沇以泲爲界自泲而東兼有淮南江北之地與揚州分界周之青州于禹貢侵豫州地故其澤藪曰望諸殷爲徐州則望諸亦當在境內

燕曰幽州【註】自易水至北狄【正義】釋文引李巡云燕其氣深要厥性剽疾故曰幽幽要也釋名云幽州在北幽昧之地也釋文又引太康地記以爲因於幽都爲名或云北方太陰故以幽

冥爲號二者相依也禹貢以幽州之地合於冀州職方云東北曰幽州正北曰并州爾雅無并州幽州兼有并州之地故下文云燕有昭余祁昭餘祁爲周禮并州之澤藪也殷以昭余祁屬燕是爲并合於幽之證陸氏釋文亦以并州合於幽州【注】自易水至北狄○【正義】職方并州其浸淶易殷制合并於幽故易水在幽州境內水經云易水出涿郡故安縣閻鄉西山周時幽州偏於東北其正北則爲并州殷以東北之地割屬營州則幽州之境縮於東北而贏於正北公羊疏引孫炎云自易水至北狄郭註本孫炎

齊曰營州【注】自岱東至海此蓋殷制【正義】公羊疏引李巡云齊其氣清舒受性平均故曰營營平也今爲青州釋名云古有營州齊衛之地於天文屬營室取其名也禹貢云海岱惟青州公羊疏引鄭註云今青州界東自海西至岱東嶽曰岱山職方云正東曰青州夏周俱無營州釋文云爾雅營州爲禹貢之青州矣營者蓋取營丘以爲號博物志云營與青同海東有青丘齊有營丘豈

是名乎說苑作齊曰青州是青卽營也【注】自岱東至海。【正義】公羊疏引孫氏云自岱東至海郭註本孫炎書疏云青州之境非至海畔而已堯時青州當越海而有遼東也舜爲十二州分青州爲營州營州卽遼東也爾雅營州之境與禹貢青州同。此蓋殷制。【正義】詩疏引孫炎云此蓋殷制釋文引李巡以爲殷制是郭註所本也詩疏云爾雅九州之名禹貢有梁青無幽營周禮有幽并無徐營孫炎以爾雅之文與禹貢不同於周禮又異故疑爲殷制耳案以爾雅九州爲殷制漢以後諸儒俱無異說惟賈公彥云禹貢所云堯舜法爾雅所云似夏法詩譜所云似殷法今知不然者鄭氏詩譜首言禹貢雍州故下文卽以禹貢九州之名見天下三分之數耳賈氏不審發端禹貢二字遂疑爲殷法雖述鄭譜實乖鄭義至以禹貢爲唐虞法爾雅爲夏法更無所依據矣此篇所釋十藪四極之名多與周禮不同疑亦爲殷制

九州【正義】題上事也說文云州疇也各疇其土而生之水經註引春秋說題辭云州之言

殊也周公職錄云黃帝受命風后受圖割地布九州通典云黃帝方制天下立爲萬國顓項之所建帝嚳所受創制九州是九州之設由來舊矣文選註引韓詩商頌云方命厥后奄有九域薛夫子章句九域九州也長發云帝命式于九圍毛傳九圍九州也殷設九州是其證呂氏春秋有始覽云河漢之間爲豫州周也兩河之間爲冀州晉也河濟之間爲兗州衛也東方爲青州齊也泗上爲徐州魯也東南爲揚州越也南方爲荆州楚也西方爲雍州秦也北方爲幽州燕也所說疆域大率据爾雅而言也

魯有大野【注】今高平鉅野縣東北大澤是也【正義】此以下釋藪澤所在之地也大野爲爾雅沇州之藪夏屬徐州故禹貢徐州云大野既豬周屬沇州故職方兗州云其澤藪曰大野與爾雅同左氏哀十四年傳云西狩於大野杜註在高平鉅野縣東北大澤是也水經註引何

承天云鉅野湖澤廣大南通洙泗北連清濟舊縣故
城正在澤中元和郡縣志云大野澤在鉅野縣東五
里南北三百里東西百餘里鉅野縣自唐以後屢遭
河決川原易形藪澤畔岸今莫可考【註】今高至是也
。【正義】漢書地理志山陽郡鉅壄縣大壄澤在北兗
州藪晉書地理志高平國鉅野縣魯獲麟所今爲曹
州府鉅野縣縣
西有鉅野故城

晉有大陸【註】今鉅鹿北廣河澤是也【正義】此釋冀州之藪也禹貢云大陸
既作詩疏引鄭註云大陸澤名在鉅鹿北爾雅釋地
十藪晉有大陸是鄭以禹貢之大陸即爾雅之大陸
矣元和郡縣志云大陸澤一名鉅鹿在鉅鹿西北五
里禹貢曰恒衛既從大陸既作澤東南二十里南北
二十里葭蘆茭蓮魚蟹之類充仭其中澤畔又有鹹
泉煮而成鹽百姓資之又云廣阿澤在昭慶縣東二
十五里爾雅曰晉有大陸李吉甫於鉅鹿昭慶二縣
分引禹貢爾雅似以大陸廣阿爲二澤然唐之鉅鹿

昭慶縣壤地相接鉅鹿西北之大陸卽昭慶東之廣阿不得分而爲二故吉甫亦云廣阿卽大陸淮南曰鉅鹿大陸廣阿咸一澤也志又載深州鹿城縣陸澤縣並有大陸澤則後世移置之名不可以釋經訓通典旣載昭慶有大陸澤復以陸澤縣爲禹貢大陸澤殆考之不審也呂氏春秋有始覽淮南地形訓所述九藪以晉之大陸趙之鉅鹿分爲二藪高誘註以大陸爲魏獻子所游焚焉而死者鉅鹿爲廣阿澤左氏定元年傳魏獻子田於大陸焚焉還卒於甯杜註疑此田在汲郡吳澤荒蕪之地甯今修武縣近吳澤卽高註所引也高氏以呂覽淮南分列二藪故析言其地其實魏獻子所田之陸祗就荒蕪之地無當於九州之藪呂覽淮南多述周末漢初之制與爾雅乖異於禹貢尤爲無涉孔頴達書疏旣知大陸爲廣阿又及左傳之大陸蔓引支詞轉生疑義【註】今鉅至是也

○【正義】書疏引孫炎等云今鉅鹿縣北廣河澤也是郭註所本疏又引孫云廣河猶大陸與郭氏音義同河當作阿大陸廣阿鉅鹿雖有三名音義實相通也

晉書地理志鉅鹿國鉅鹿縣卽漢之鉅鹿縣也今爲順德府鉅鹿縣

秦有楊陓【註】今在扶風汧縣西【正義】此釋雍州之藪也職方冀州云其澤藪曰楊紆鄭註所在未聞呂氏春秋云秦之陽華高誘註陽華在鳳翔或曰在華陰西淮南云秦之陽紆高註在馮翊池陽一名具圃又修務訓云禹之爲水以身解於陽盱之河高註陽盱河蓋在秦也楊陓所在高氏亦無定說劉昭續漢志註於宏農郡華陰縣引呂氏春秋及高註於右扶風汧縣引爾雅及郭註以陽華楊紆分爲二地然陽楊同音華陓古音之轉不當分爲二地也周禮冀州之藪而爾雅屬於秦則楊陓當在冀雍之間作在華陰者爲近之【註】今在至縣西

○【正義】職方雍州云其澤藪曰弦蒲鄭註弦蒲在汧漢書地理志汧縣北有蒲谷鄉弦中谷雍州藪風俗通義弦蒲在汧縣北蒲谷亭水經註汧水出汧縣之蒲谷鄉決爲弦蒲藪皆言職方之弦蒲也郭意以職方之弦蒲卽爾雅之楊紆矣然雍冀二州同一澤藪

而異其名竊所未詳晉書地理志扶風郡汧縣今爲隴州

宋有孟諸【註】今在梁國睢陽縣東北【正義】此釋徐州之藪也殷之徐州於周爲青州故職方青州曰其澤藪曰望諸青州侵夏豫州之地故禹貢豫州曰被孟豬史記夏本紀作明都鄭註職方云望諸明都也詩譜作明豬左傳作孟諸與爾雅同元和郡縣志孟諸澤在宋州虞城縣西十里周回五十里俗號盟諸澤孟望明盟諸豬皆聲之轉【註】今在至東北。【正義】高誘淮南註孟諸在梁國睢陽東北澤與郭註同呂氏春秋註作在梁國睢陽之東南疑傳寫之訛晉書地理志梁國睢陽縣春秋時宋都今爲歸德府商邱縣自元以後歸德屢被河決藪之涯涘不可復辨

楚有雲夢【註】今南郡華容縣東南巴丘湖是也【正義】此釋荊州之藪也禹貢荊州云雲夢土作乂職方荊州云其澤藪曰雲瞢雲夢本一藪也左氏昭三年傳云王以田

江南之夢定四年傳楚子涉雎濟江入於雲中雲夢二字分舉後儒遂謂夢在江南雲在江北唐人改禹貢爲雲土夢作乂以爲從古本尚書於是雲與夢分爲二地轉有致疑於職方爾雅者矣然史記夏本紀述禹貢云雲夢土爲治漢書地理志引禹貢云雲夢土作乂俱連舉雲夢則唐人所云尚書古本未足据也左傳雲夢分舉不過偶從省文耳傳文謂之江南之夢則江北有夢地可知故杜註云楚之雲夢跨江南北後儒謂夢在江南者非也吳師五戰及郢昭王自郢西走涉沮水渡江而南東行入雲中故杜註云入雲夢澤中所謂江南之夢是雲中即江南之夢後儒謂雲在江北者非也雲夢跨江南北統爲一藪故呂覽淮南竝連稱雲夢與爾雅同【註】今南至是也○

【正義】漢書地理志南郡華容縣雲夢澤在南荆州藪鄭康成職方註應劭風俗通義高誘呂覽淮南註韋昭國語註俱本漢志之文晉書地理志南郡華容縣因於漢制無所改革故郭註亦作在華容漢晉華容縣今爲荆州府監利石首二縣監利在江北石首在

江南郭又云在縣東南巴丘湖者舉江南以該江北也或以漢志編縣有雲夢宫江夏郡西陵縣有雲夢宫疑郭註爲疎漏案春秋以來楚地日闢益廣苑囿戰國策楚王游於雲夢結駟千乘宋玉高唐賦云襄王與宋玉遊於雲夢之臺是當日離宫别苑俱稱雲夢水經註引雲夢城則宫囿所在必增置城隍司馬相如子虛賦云雲夢者方九百里雖賦家夸大之辭亦可見後世遊觀之侈非復殷周藪澤之舊故班志於華容曰雲夢澤荆州藪謂之澤謂之藪者所以釋爾雅職方之藪澤也於編西陵俱曰雲夢宫謂之宫者所以存楚宫之故蹟也先王辨九州之藪物土之宜使民貫利後世遊觀之蹟無當於經義故先儒釋經俱從班志作華容

吳越之間有具區【註】今吳縣南太湖即震澤是也【正義】此釋揚州之藪也禹貢揚州云震澤厎定職方揚州云其澤藪曰具區漢書地理志會稽郡吳縣具區澤在西

揚州藪古文以爲震澤呂氏春秋云吳之具區淮南
云越之具區高註以爲在吳越之間是也【註】今吳至分
是也○【正義】晉書地理志吳郡吳縣具區在西晉分
漢之會稽郡爲吳郡以具區爲在吳西者仍漢志之
文鄭註職方云具區五湖在吳南郭從鄭註作南是
也越絕書云太湖周三萬六千頃太平寰宇記引虞
翻川瀆記云太湖東通松江南通霅溪西通荆溪北
通滆湖東連韭溪凡五道謂之五湖郭以震澤具區
五湖太湖爲一水也然職方揚州云其浸五湖與具
區並列不應一水而互見其名況藪與浸異不得混
合爲一後儒恒致疑焉吳越水鄉濤湖汎決觸地成
川交渠故瀆難以取悉舍太湖而別求具區所在測
望地形迄無實驗知舊說未可廢矣
今太湖在蘇州府西南四十五里

齊有海隅【註】海濱廣斥【正義】此釋營州之藪也呂氏春
秋淮南並云齊之海隅高註隅
猶崖嵅海濱不言所在淮南又云申池在海隅高註
云海隅藪史記集解引左思齊都賦註云申池海濱

齊藪也是以申池爲海隅矣左氏文十八年傳齊懿公游于申池杜註齊南城西門名申門齊城無池唯此門左右有池疑此則是杜氏於申池所在亦無實證劉昭續漢志註於齊國臨菑下引爾雅齊有海隅祇概舉齊地言之耳子虛賦云齊王田於海濱與楚之雲夢對舉是則海濱魚鹽之地有草木禽獸之藪不專屬一地而言【註】海濱廣斥。【正義】禹貢文釋文引鄭註云斥謂地鹹鹵

燕有昭余祁【註】今太原鄔陵縣北九澤是也【正義】此釋幽州之藪也殷之幽州兼周之并州故職方并州云其澤藪曰昭餘祁呂氏春秋作燕之大昭淮南作燕之昭余漢書地理志太原郡鄔縣九澤在北是爲昭餘祁并州藪鄭康成高誘應劭酈道元以及後來地理之書俱本漢志迄無異說近時始有疑太原不當爲燕地因欲於戰國燕地所屬别求一澤以當昭余祁者殊不知殷周異制爾雅之幽州兼職方之并州則兼有并州之澤藪本無可疑如以爲太原之地不當稱爲燕

則請以汾水證之汾水之出太原古今無異說也淮南地形訓云汾出燕京高註燕京山在太原汾陽太平御覽引十三州記亦云汾水出武邑之燕京山唯太原嘗屬於燕故山有燕京之名知太原汾水之出燕京則可知太原之屬於燕知燕之得有太原則無疑於燕之有昭餘祁矣【註】今太至是也。【正義】晉書地理志太原國鄔縣註衍陵字水經註汾水於大陵縣左迆爲鄔澤其陂東西四里南北十餘里陂南接鄔俗謂之鄔城泊太谷水出谷西北流逕祁縣故城南自縣連延西接鄔澤是爲祁藪也卽爾雅所謂昭餘祁矣今在太原府祁縣東七里

鄭有圃田【註】今滎陽中牟縣西圃田澤是也【正義】此釋豫州之藪也職方豫州云其澤藪曰圃田西周時圃田在東都畿內故小雅車攻云東有甫草鄭箋以爲圃田之草也東遷後屬於鄭故左氏僖三十二年傳云鄭之有原圃杜註以爲圃田澤是也當云周有圃田今云鄭

有圃田者爾雅不成於一人或七十子之徒据東周疆域改周作鄭與下文周有焦護又後來傳爾雅者增益其文廣九州之藪爲十藪與古籍舛訛無它書可證當從闕疑元和郡縣志圃田一名原圃東西五十里南北二十六里西限長城東極官渡上承鄭州管城縣曹家陂又溢而北流爲二十四陂【註】今滎至是也。【正義】漢書地理志河南郡中牟縣圃田澤在西豫州藪晉分河南立滎陽故晉志作滎陽郡中牟縣今爲開封府中牟縣

周有焦穫【註】今扶風池陽縣瓠中是也【正義】焦穫在雍州是雍州有二藪也小雅六月云整居焦穫疏引孫炎云周岐周也水經註沮水東注鄭渠渠首上承涇水於中山西邸瓠口所謂瓠口也爾雅以爲周焦穫矣元和郡縣志焦穫藪亦名瓠口即所謂鄭白二渠是也【註】今扶至是也。【正義】晉書地理志扶風郡池陽縣今爲西安府三原縣焦穫澤在涇陽縣界

十藪【正義】題上事也左傳疏引李巡云藪澤之別名也說文云藪大澤也九州之藪揚州具區荆州雲夢豫州圃田青州孟諸沇州大野雍州弦蒲幽州奚養冀州楊紆幷州昭餘祁說文据職方而言也案藪與澤異周禮云藪以財得民左氏昭二十年傳云藪之薪蒸虞候守之周語云藪物之歸也詩釋文引韓詩章句云禽獸居之曰藪鄭氏冢宰註云澤無水曰藪澤虞註水鍾曰澤水希曰藪盋澤爲大壑衆流所歸藪則卑埶之地廣大之墟潦盡水涸草木禽獸叢集其間至於水潦既降彌望皆成巨浸則藪與澤無別矣故風俗通義云藪者澤也藪之言厚也草木魚鼈所以厚養人君與百姓也吕覽淮南所載九藪無大野焦穫而以趙之鉅鹿晋之大陸分爲二藪風俗通義所述十藪据爾雅爲說鄭註澤虞又云爾雅有八藪賈疏以爲周泰同在雍州除畿內一州而言也

東陵阠南陵息愼西陵威夷中陵朱滕北陵西隃雁門是也【註】即雁門山也【正義】此釋五方之陵名也威夷者漢書地理志引詩周道郁夷顏師古註韓詩作郁夷言使臣乘馬行於此道文選註引薛夫子章句云威夷險也則韓詩本作威夷漢郁夷故城在今隴州隴阪在焉故玉篇云隇夷險阻也西隃者穆天子傳云乃絕隃之關隥郭氏彼註以爲即北陵西隃也史記趙世家云反陘分先俞於趙集解引徐廣云爾雅曰西俞雁門是也正義云西先聲相近蓋陘山西隃二山之地並在代州雁門縣皆趙地也阠息愼朱滕於經傳無考禹貢云至于東陵水經以爲地在廬江金蘭縣西北史記正義謂岳州有巴陵蓋是東陵然以威夷西隃例之則東陵不應在南莊子釋文引司馬彪註云東陵陵名今屬濟南也元和郡縣志云東陵在章邱縣南二十八里莊子所云東陵雖在東方然不聞其名阠猶之漢有南陵縣水經註有南陵究俱不聞其名息愼也史記五帝

本紀云北山戎發息愼集解引鄭氏云息愼或謂之肅愼此東北之國不可以當南陵先儒傳爾雅者惟以雁門釋西隃是則夙息愼朱滕久莫可考矣【註】郎雁門山也。【正義】海內西經雁門山雁出其門在高柳北郭氏彼註云雁門山即北陵雁之所出因以名云山今在代州西北三十五里

陵莫大於加陵【註】今所在未聞【正義】風俗通義云國語周單子會晉厲公於加陵爾雅曰陵莫大於加陵言其獨高厲也陵有天性自然者案今國語無此文淮南人間訓亦云晉厲公之合諸侯於嘉陵加柯聲相近加陵即柯陵也春秋成十七年同盟於柯陵杜註柯陵鄭西地周語云柯陵之會韋註柯陵鄭西地名

梁莫大於溴梁【註】溴水名梁隄也【正義】水隄之高大者有類於陵故舉其最大者言之春秋襄十六年會于溴梁溴水之旁有大隄梁故可爲諸侯盟會之所公羊疏引孫炎云梁小

橋也梁雖訓橋然不可以釋八陵矣【註】湨水至隄也【正義】公羊疏引爾雅音義云湨水出河南軹縣東南至溫入河與左傳杜註同郭訓梁爲隄者以釋宫云隄謂之梁也水經註云湨水出原城西北原山勳掌谷南逕原城西春秋會于湨梁謂是水之墳梁也梁水隄也

墳莫大於河墳【註】墳大防【正義】河隄謂之陵猶湨梁也禹貢錐指云漢河隄謂之金隄賈讓所云東薄金隄者在今濬縣界李垂導河書言曹公所開運渠東北有伯禹古隄葢鯀所作也而禹修之世遂目之曰禹隄讓所謂東薄金隄即此也案祭法云鯀障鴻水是河有隄防其來舊矣【註】墳大防【正義】釋丘文方言云青幽之間凡土而高且大者謂之墳郭氏彼註云郎大陵也

八陵【正義】題上事也下文云大阜曰陵詳見下

東方之美者有醫無閭之珣玗琪焉【註】醫無閭山名今

在遼東珣玗琪玉屬【正義】此釋八方中土之利也職方幽州其山鎮曰醫無閭楚詞遠遊云夕始臨乎於微閭漢書地理志作無慮皆聲之轉也說文云醫無閭之珣玗琪周書所謂夷玉也案顧命云夷玉在東序疏引鄭註云夷玉東方之珣玗琪也珣玗琪三字連文淮南地形訓無作毋【註】醫無至玉屬○【正義】漢遼東郡晉爲遼東國醫無閭山在今錦州府廣寧縣西十里高誘淮南註珣玗琪玉名郭以爲玉屬今大凌河有錦川石美者瑩潤如玉大者可作几是玉之屬也

東南之美者有會稽之竹箭焉【註】會稽山名今在山陰縣南竹箭篠也【正義】職方揚州其山鎮曰會稽其利金錫竹箭史記夏本紀禹會諸侯于江南計功而崩因葬焉名曰會稽會稽者會計也吳越春秋云禹巡行天下會計修國之道因以會稽名山仍爲地號禹貢揚州云篠簜既敷無極山碑云揚粤之篠簜財用於是乎出案東南多竹箭至今猶然

註會稽至篠也。正義晉書地理志會稽郡山陰縣會稽山在南上有禹冢會稽山今在紹興府會稽縣南二十里郭以竹箭爲篠者下文釋草云篠竹又云篠箭据此爲說也詳見下文

南方之美者有梁山之犀象焉註犀牛皮角象牙骨正義職方荊州其山鎮曰衡山其利丹銀齒革爾雅作梁山者淮南主術訓橋直植立而不動高誘註橋桔槔上衡也太平御覽引符子云令衡官橋而量之折十橋衡謂之橋橋亦謂之梁是衡與梁義相通也衡與橫通强梁語轉作强橫是衡與梁聲相近也鄭康成周禮註云衡山在湘南高誘淮南註云梁山在會稽長沙湘南會稽二字承上文而衍云在長沙湘南是梁山即衡山之明證矣衡山所在詳見下文釋山犀牛皮可爲甲詳見下文釋獸象者說文云象長鼻牙南越大獸三年一乳左傳疏引異物志云象身倍數牛而目則如豕其鼻長七八尺其所食物皆鼻取之郭氏山海經註云象獸之最大者長鼻大者牙長一

丈性妒不畜淫子象牙骨可爲器用故左氏襄二十四年傳象有齒以焚其身鹽鐵論云荆揚之皮革骨象言其利於用也又左傳定四年楚人執燧象以奔吳師是楚地固有象矣今象在南徼外

西南之美者有華山之金石焉【註】黃金礝石之屬【正義】職方豫州其山鎮曰華山高誘淮南註金美金石含玉之石也華山今宏農華陰南山是也高誘以石爲含玉之石者漢書地理志京兆藍田縣山出美玉西都賦云陸海珍藏藍田美玉註引范子計然曰玉英出藍田水經註云麗戎之山一名藍田其陰多金其陽多玉是古者以金玉爲西南之美也華山所在詳見釋山【註】黃金礝石之屬。【正義】說文礝石次玉者玉藻云士佩瓀玟而緼組綬瓀當作礝子虛賦云礝石碔砆張揖註云礝石白者如冰半有赤色郭以金石之類不可枚舉故言黃金之屬以該三品言礝石之屬則含玉之石亦在其中

西方之美者有霍山之多珠玉焉【註】霍山今在平陽永
安縣東北珠如今雜珠而精好【正義】禹貢云至于岳陽又云至于太岳職
方冀州其山鎮曰霍山晉語云景霍以爲城郎霍太
山也高誘淮南註出夜光之珠五色之玉也太史公
云山西饒材竹穀纑旄玉石應劭註子虛賦云碝石
出鴈門是玉之屬也今山西有玉色黑美者可以鑑
里人謂之玟玉【註】霍山至精好。【正義】漢書地理志
河東郡彘縣霍太山在東後漢陽嘉三年改彘縣爲
永安劉昭註續漢志引爾雅云西南之美者有霍山
之多珠玉焉西方作西南傳寫之訛也晉書地理志
平陽郡永安縣縣名仍後漢之舊霍山今在平陽府
霍州東三十里說文云珠蚌之陰精郭云如雜珠而
精好據時驗云
然也今未聞
西北之美者有崑崙虛之璆琳琅玕焉【註】璆琳美玉名

琅玕狀如珠也山海經曰崑崙山有琅玕樹【正義】禹貢雍州厥貢惟球琳琅玕職方雍州其利玉石管子輕重甲篇崑崙之虛不朝請以璆琳琅玕爲幣乎昆侖虛之球琳即後世于闐之玉也【注】璆琳至珠也。【正義】釋器云璆琳玉也郭註同詳見上詩疏引鄭康成書註云琅玕珠也高誘淮南註云璆琳琅玕皆美玉也郭氏以爲琅玕色如珠者琅玕爲石之精液凝結而成其色似珠不得與璆琳並以爲玉亦不得遂以爲珠也說文云琅玕似珠者與郭註同。山海至玕樹。【正義】海內西經文也郭氏彼註云琅玕子似珠也淮南地形訓增城九重琅玕在其東俶眞訓云鍾山之玉高誘註鍾山昆侖也

北方之美者有幽都之筋角焉【注】幽都山名謂多野牛筋骨【正義】考工記云燕之角史記貨殖傳云龍門碣石北多馬牛羊旃裘筋角高誘淮南註云古之

幽都在雁門以北其畜宜牛羊馬出好筋角可以爲弓弩魏都賦云燕弧盈庫而委勁是北方筋角之利也【註】幽都至筋骨。【正義】海內經云北海之內有山名曰幽都之山通典云幽州因幽都山以爲名也山海經有幽都山今列北荒矣筋角不盡出於野牛郭云多野牛筋角舉類以曉人也

東北之美者有斥山之文皮焉【註】虎豹之屬皮有縟綵者【正義】此釋營州之利也隋書地理志東萊郡文登縣有斥山太平寰宇記以爲即爾雅之斥山矣斥山在今登州府榮成縣南一百二十里管子揆度篇發朝鮮之文皮又輕重甲篇發朝鮮不朝請文皮毤服而以爲幣乎斥山在營州域內營州越海有遼東地故能聚東北之美【註】虎豹至綵者。【正義】淮南道應訓散宜生得元豹黃羆青豻白虎文皮千合以獻于紂是文皮爲虎豹之屬也鹽鐵論云燕齊之魚鹽旃裘高誘淮南註云文皮虎豹之皮也傳云無終子使孟樂因魏莊子納虎豹之皮以請和諸戎也

中有岱岳與其五穀魚鹽生焉【註】言泰山有魚鹽之饒

【正義】禹貢云海岱惟青州厥貢鹽絺海物惟錯史記集解引鄭註云海物海魚也魚種類尤雜職方兗州其山鎮曰岱山其利蒲魚其穀宜四種鄭註四種黍稷稻麥職方又云豫州其穀宜五種鄭註云五種黍稷菽麥稻岱岳以南為中土故五穀並殖焉岱岳所在詳見釋山【註】言泰至之饒○【正義】左氏昭二十一年傳云海之鹽蜃祈望守之管子地員篇齊有渠展之鹽又云煮沸水為鹽史記貨殖傳太公望封於營丘地潟鹵通魚鹽則人物歸之是海岱之間有魚鹽之饒也

九府【正義】題上事也高誘戰國策註府聚也賈公彥云凡物所聚皆曰府官人所聚曰官府在人身飲食所聚謂之六府月令云季春之月命工師令百工審五庫之量金鐵皮革筋角齒羽箭幹脂膠丹漆毋或不良是九府之美大率利用所資也禮運云聖王所以順

山者不使居川不使渚者居中原而弗𢾺也鄭註山者利其禽獸渚者利其魚鹽中原利其五穀使各居其所安不易其利勞𢾺之也爾雅言九州之利各繫以地不强所無土物之宜卽順民之情也管子輕重篇桓公以皮幹筋角羽毛齒革不足爲虞故通遠方之貨是則彊國之謀非復先王九府之制矣淮南墬形訓引爾雅之文有霍山之多珠玉焉無多字有崑崙虛之球琳琅玕焉無虛字末云中央之美者有岱嶽以生五穀桑麻魚鹽出焉餘俱同太平御覽引淮南子作徒格山之文皮焉徒格合聲卽爲斥

東方有比目魚焉不比不行其名謂之鰈【注】狀似牛脾鱗細紫黑色一眼兩片相合乃得行今水中所在有之江東又呼爲王餘魚亦曰版魚【正義】韓詩外傳云東海之魚名曰鰈

比目而行不相得不能達是比目魚本名鰈隸體變轉今作鰈史記封禪書云東海致比目之魚集解引韋昭云各有一目不比不行其名曰鰈吳都賦云罩兩魪劉逵註魪左右魪一目所謂比目魚也云須兩魚並合乃能遊若單行落魄著物爲人所得故曰兩魪丹陽吳會有之鄭康成尚書中候註謂之東鰈【註】狀似至版魚。【正義】比目魚上林賦謂之魼郭氏彼註云魼比目魚也狀似牛脾細鱗紫色兩相合迺得行與此註同也云江東呼爲王餘魚者吳都賦云雙則比目片則王餘劉逵註比目東海所出王餘魚其身半也云亦曰版魚者初學記引臨海異物志云比目魚似左右分魚南越謂之板魚監本脫亦曰版魚四字今從史記索隱所引郭註增補郭氏比目魚贊云比目之鱗別號王餘雖有二片其實一魚協不能密離不爲疏

南方有比翼鳥焉不比不飛其名謂之鶼鶼【註】似鳧青

赤色一目一翼相得乃飛【正義】逸周書王會篇巴人以比翼鳥註云巴人在南者韓詩外傳云南方有鳥名曰鶼比翼而飛不相得不能舉封禪書云西海致比翼之鳥韋昭云各有一翼不比不飛其名曰鶼鶼【註】似鳧至乃飛。【正義】西山經云崇吾之山有鳥焉其狀如鳧而一翼一目相得乃飛名曰蠻蠻郭氏彼註云比翼鳥也色青赤不比不能飛爾雅作鶼鶼是也鶼鶼當作蠻蠻海外南經云比翼鳥在其東其爲鳥青赤兩鳥比翼博物志云比翼鳥一青一赤郭氏比翼鳥贊云鳥有鶼鶼似鳧青赤雖云一質氣同體隔延頸離鳴翻能合翮

西方有比肩獸焉與邛邛岠虛比爲邛邛岠虛齧甘草卽有難邛邛岠虛負而走其名謂之蟨【註】呂氏春秋曰北方有獸其名爲蟨鼠前而兔後趨則頓走則顚

然則邛邛岠虛亦宜鼠後而兔前前高不得取甘草故須蟨食之今雁門廣武縣夏屋山中有獸形如兔而大相負共行土俗名之爲蟨鼠【正義】釋文引李巡云邛邛岠虛能走蟨知美草即若驚難者邛邛岠虛便負蟨而走故曰比肩獸孫炎云邛邛岠虛狀如馬前足鹿後足兔前高不得食而善走蟨前足鼠後足兔善求食走則倒故齧甘草則仰食邛邛岠虛邛邛岠虛負以走王會篇云獨鹿邛邛距虛善走也註云獨鹿西方之戎也穆天子傳云邛邛岠虛日走五百里韓詩外傳云西方有獸名曰蟨前足鼠後足兔得甘草必銜以遺蛩蛩說文云蛩蛩獸也西方有獸前足短與蛩蛩巨虛比其名謂之蟨邛邛當作蛩蛩【註】呂氏至則顛○【正義】愼大覽不廣篇云北方有獸名曰蹶鼠前而兔後趨則跲走則顛常爲蛩蛩距虛取甘草以與之蹶有患害蛩蛩距虛必負而走此以其所能託其所不能

與郭註所引字句微異淮南道應訓用呂覽之文蹷作蟨趨則跲作趨則頓與郭註同。然則至食之。正義郭以呂覽說蟨鼠前而兔後蛩蛩巨虛與之相比則宜爲鼠後而兔前也與孫炎異高誘淮南註云鼠前足短兔後足長故謂之蟨蛩蛩駏驉前足長後足短故能乘虛而走不能上也高誘所釋與郭氏意同說苑云蛩蛩距虛見人將來必負蟨以走二獸者非必性愛蟨也爲得甘草而貴之故也漢書註引張揖云蛩蛩青獸狀如馬距虛似𩣡而小案蛩蛩巨虛本一獸而劉向張揖以爲二獸者因子虛賦有蹷蛩蛩轔距虛之文而誤解也郭氏彼註云距虛卽蛩蛩賦家變文互言耳顏師古從之是則蛩蛩巨虛實爲一獸。今雁至蟨鼠。正義晉書地理志雁門郡廣武縣卽漢之太原郡廣武縣也夏屋山在北今爲代州夏屋山在東羅願云遼北境慶州之地大漠中有蟨鼠

北方有比肩民焉迭食而迭望註此卽半體之人各有

一目一鼻一孔一臂一脚亦猶魚鳥之相合更望備

警急【正義】覛不相得不能飽卽北肩之民也雖其人形而僅得半體故亦謂之獸

中有枳首蛇焉【註】岐頭蛇也或曰今江東呼兩頭蛇爲越王約髮亦名弩弦【正義】釋文引孫炎云蛇有枝首者名曰率然王逸楚詞章句云中央之土有岐首之蛇爭共食牧草之實自相啄嚙楚相孫叔敖碑少見技首蛇洪适云蛇有兩首謂之枳首枳讀如枝亦曰岐首碑云技首益借用釋文云枳首謂蛇有兩頭監本枳作軹今從陸本改正【註】今江至弩弦。【正義】此爲兩頭蛇廣異名也郭氏枳首蛇贊云夔稱一足蛇則二首少不知無多不覺有雖資天然無異駢拇此四方中國之異氣也【正義】陰陽舒慘風土燠寒精氣流形遊魂觸象尸子曰没深水而得怪魚入深山而得怪獸是知山海之輿異氣所鍾神奇殊彙爾雅所釋昭示典常不矜俶儻耳目所及時或遇之故爲著其形生別其性類庶拘墟者不至見布而疑麢見麢而駭毳爾

五方【正義】題上事也不言異氣者省文

邑外謂之郊郊外謂之牧牧外謂之野野外謂之林林外謂之坰【註】邑國都也假令百里之國五十里之界界各十里也【正義】魯頌毛傳云邑外曰郊郊外曰野野外曰林林外曰坰說文云邑外謂之郊郊外謂之野野外謂之林林外謂之冂冂或作坰俱据爾雅爲說無郊外爲牧牧之文然詩疏及爾雅釋文引李巡孫炎舊註俱有此文毛許所引葢異本也詩孔疏云郊牧野林坰自邑而出遠近之異名○邑

外謂之郊○說文云距國百里爲郊据天子邦畿千里而言設百里之國則十里爲郊矣畿內千里以百里爲遠郊以五十里爲近郊聘禮云及郊又云賓至于近郊是也小雅云我出我車于彼郊矣郊謂遠郊也○郊外至之野○小雅出車云于彼牧矣毛傳出車就馬於牧地邶風靜女云自牧歸荑鄭箋自牧田歸荑鄭註天官云牧牧田在遠郊皆畜牧之地是鄭以遠郊卽牧田也鄭風叔于田云叔適野鄭箋郊外曰野鄭註遂人亦云郊外曰野說文云野郊外也與鄭註同皆以郊外卽爲野也據郭言百里之制則郊外十里爲牧牧外十里爲野釋文引李巡本牧作田釋云田㽞也謂㽞列種穀之處田陳以聲近爲義也野又爲邑外之總名詳見下○野外謂之林○說文云平地有叢木曰林逸周書大聚解陂溝道路蘩苴邱墟不可以樹穀者樹以材木左氏宣十二年傳云趙旃弃車而走林謂野外之林也○林外謂之坰○魯頌云駉駉牧馬在坰之野毛傳坰遠野也說文云冂象遠界也邑外之地以坰爲最遠也註邑國至里

也。**正義** 詩疏引孫炎云邑國都也設百里之國五者之界界各十里是郭註所本也鄭註聘禮云周制天子畿內千里遠郊百里以此差之遠郊上公五十里侯伯三十里子男十里也近郊各半之案鄭据千里之畿以百里爲郊孫郭据百里之國以十里爲郊皆以都邑居中五之一爲郊其義同也詩疏云孫炎言百里之國十里爲郊則郊之遠近計境之廣狹以爲差也司馬法云王國百里爲遠郊王畿千里其都去境五百里爾雅從邑之外止有五明當每皆百里故知遠郊百里也知近郊半之者書序云周公旣沒命君陳分正東郊成周於時周都王城而謂成周爲東郊則成周在其郊也於漢王城爲河南成周爲洛陽相去不容百里則所言郊者謂近郊故鄭註云天子近郊五十里今河南洛陽相去則然是鄭以河南洛陽約近郊之里數也周禮杜子春註云五十里爲近郊白虎通云近郊五十里遠郊百里是儒者相傳以爲然昭二年叔弓如晉左傳曰晉侯使郊勞服虔云近郊三十里或當别有依約與鄭異也書傳云百里之國二十里之郊七十里之國九里之郊三十里之國三里之郊言其百里七十里是夏殷諸侯之國其郊與周異也按孔疏以書傳所述爲夏殷之制然爾雅多言殷制據郭註則與周制同衆經音義引爾雅舊註云邑外謂之郊郊外謂之野野外謂之牧牧外謂之林林皆各七里林外謂之坰無里數設百里之國邑王者之都也所引經文及里數俱與郭異說文繫傳引爾雅註百里之國十里爲郊王畿千里郊當百里本郭義也

下溼曰隰大野曰平廣平曰原高平曰陸大陸曰阜大阜曰陵大陵曰阿

【正義】夏官邍師辨其丘陵墳衍邍隰之名此釋之也。下溼曰隰大野曰平。詩疏引李巡云下溼謂土地窊下常沮洳名爲隰也說文云隰阪下溼也溼幽溼也从水一所以覆也覆而有土故溼也釋名云下濕曰隰隰蟄也蟄溼意也平說文作坪云地平也後世謂之平野。

廣平曰原高平曰陸。左傳疏引李巡云謂土地寬博而平正名之曰原詩疏引李巡云高平謂土地豐正名爲陸說文云邍廣平之野人所登陸高平地釋名云廣平曰原原元也如元氣廣大也高平曰陸陸漉也水流漉而去也大司徒鄭註作高平曰原左氏定四年傳杜註引爾雅作廣平曰陸水經註引春秋說題辭云高平曰太原原端也平而有度又引尚書大傳云大而高平者謂之大原是則原陸皆高而廣平者故諸家引述互見其文。大陸至曰阿。小雅天保云如山如阜如岡如陵大雅皇矣云我陵我阿疏引李巡云土地獨高大名阜阜最大爲陵說文云自大陸山無石者陵大自也阿大陵也風俗通義云阜者茂也言平地隆踊不屬於山陵也今曲阜在魯城中委曲長七八里雒北芒坂郎爲阜也釋名云土山曰阜阜厚也言高厚也大阜曰陵陵隆也體高隆也詩釋文引薛君韓詩章句云四平曰陵

可食者曰原【註】可種穀給食陂者曰阪【註】陂陀不平下

者曰溼【注】公羊傳曰下平曰隰【正義】此別種穀之野使三農各盡其力也大司徒以土會之灋辨五地之物生其五曰原隰雅信南山云畇畇原隰曾孫田之月令孟春之月善相丘陵阪險原隰土地所宜周語云原隰衍沃衣食於是乎生地形有高下平三者之殊西北地多廣平東南地多下溼故經傳每連舉原隰則高阪之田在其中左傳疏引孫炎云可食謂有井田也陸阿山田可種穀者亦曰原孫意以井田正界必當在廣平之原而後世於山田種穀者亦稱爲原故通言之然覈諸雅訓廣平之野可種穀者謂之原山田則謂之阪不得相溷大雅公劉云于胥斯原左氏僖二十八年傳云原田每每皆謂廣平之原可種穀者也阪者詩疏引李巡云陂者謂高峯山陂說文云陂阪也小雅正月云瞻彼阪田淮南齊俗訓陵阪耕田皆言山田襄二十五年傳云町原防杜註隄防之間不得方正如井田別爲小頃町是陂阪之田不盡爲井田也隰者詩疏引李巡云下者謂下溼之地隰溼也禹貢所

謂厥土惟塗泥也古者中原平土分井授田盡力溝洫俾民足食荆州田多頃町揚州田多塗泥任土物地田不盡井而地無棄利自溝洫湮廢平原膏土寖成焦壤鹵不生穀惰農自安粒食所須取之阪隰於是禹貢所謂厥田中下厥田下下者華實之毛轉爲九州之上腴矣太宰九職一曰三農生九穀先鄭云三農平地山澤也平地之農耕可食之原山農耕於阪澤農耕於隰三農各修其職斯九穀之利溥故爾雅分晰其地形焉【註】公羊至曰隰。【正義】昭元年傳云上平曰原下平曰隰何休註分別之者地勢各有所生原宜粟隰宜麥當教民所宜因以制貢賦

田一歲曰菑【註】今江東呼初耕地反草爲菑二歲曰新田【註】詩曰于彼新田三歲曰畬【註】易曰不菑畬【正義】禮記疏引蔡邕月令章句云穀田曰田此釋其耕田年歲遠近之異名也詩疏引孫炎云菑始災殺其草木也

新田新成柔田也畬和也田舒緩也禮記註引孫炎註作畬舒緩大司徒云不易之地家百晦一易之地家二百晦再易之地家三百晦先鄭云不易之地歲種之美故家百晦一易之地休一歲乃復種地薄故家二百晦再易之地休二歲乃復種故家三百晦說文云菑不耕田也一易再易之田久不墾治草萊蕪塞必以利耜熾菑發所耕之地也詩云俶載南畝鄭箋讀俶載爲熾菑是也耕二歲則土之彊檕者漸成柔田耕三歲則地肥土緩說文云畬三歲治田也所謂不易之田也【註】今江至爲菑○【正義】易釋文引董遇云菑反草也吕氏春秋辨土篇凡耕之道必始於壚謂彊壚剛土也今農家首春墾草謂之翻田○詩曰至新田○【正義】小雅采芑云于彼新田于此菑畝毛傳用爾雅○易曰不菑畬○【正義】无妄六二爻詞董遇云悉耨曰畬馬鄭註俱本爾雅鄭註坊記云二歲曰畬三歲曰新田傳寫誤也

野【正義】題上事也地官鄉師以歲時巡國及野遂人掌邦之野鄭註此野爲甸稍縣鄙是國

門之外通謂之野大司徒頒職事十有二于邦國都鄙使以登萬民一曰稼穡鄭司農云稼穡謂三農生九穀也遂師經牧其田野辨其可食者周知其數而任之是治野莫重於稼穡故於原隰阪田菑畬新田悉爲別其形體

東至於泰遠西至於邠國南至於濮鈆北至於祝栗謂之四極【注】皆四方極遠之國【正義】釋詁云極至也四方所至故謂之四極大戴禮記千乘篇東辟之民至于大遠有不火食者矣是泰遠者因其爲遠國而名之也又云南辟之民至于大遠西辟之民至于大遠北辟之民至于大遠以其同爲遠國故沿東方之稱也西至於邠國說文引爾雅作西至汃國釋云汃西極之水也南至於濮鈆者逸周書王會篇伊尹爲四方令曰正南百濮左氏文十六年傳云百濮離居劉伯莊史記地名云濮在楚西南是也北至於祝栗者祝栗即涿鹿之轉聲太

史公黃帝本紀所謂邑於涿鹿之阿也

觚竹北戶西王母日下謂之四荒【註】觚竹在北，北戶在南，西王母在西，日下在東，皆四方昏荒之國，次四極者。【正義】荒者，書疏引馬融禹貢註云：荒，政教荒忽，因其故俗而治之。觚竹者，齊語云：北伐山戎，刜令支，斬孤竹。韋昭註：二國，山戎之與也。漢書地理志遼西郡令支縣有孤竹城，是觚竹在北也。北戶者，史記虞舜紀云：南撫交阯、北發。索隱云：北發當云北戶，南方有地名北戶。高誘淮南註云：日在其北，故北戶。吳都賦云：開北戶以向日。顏師古漢書註：日南郡在日之南，所謂開北戶以向日者。西王母者，大戴禮記少間篇：西王母獻其玉琯。盧辨註：漢明帝時，於舜廟下得玉琯一枚，是西王母之國，舜時嘗通中國矣。淮南地形訓云：西王母在流沙之瀕。漢地理志金城縣臨羌縣西北至塞外，有西王母石室，故註云西王母在西。

山海經穆天子傳所載西王母事郭註所不取也日下者堯典云宅嵎夷曰暘谷史記正義云靑州嵎夷之地日所出處名曰陽明之谷故云日下在東

九夷八狄七戎六蠻謂之四海【註】九夷在東八狄在北七戎在西六蠻在南次四荒者【正義】禮記疏引李巡云四海遠於四荒益稷云外薄四海禹貢云東漸于海西被于流沙朔南暨聲教訖于四海孔疏云聞天子威聲文教時來朝見此言唐虞夏后氏所服四海也商頌元鳥云肇域彼四海四海來假鄭箋假至也天下既蒙王之政令皆得其所而來朝覲貢獻此言商所服四海也蓼蕭詩序云澤及四海也孔疏謂時王者恩澤被及四海之國使四海無侵伐之憂得風雨之節立政云至于海表罔有不服孔疏云四海之表無有不服王之化者此言周所服四海也夏官職方及明堂位所言國數與爾雅互有不同鄭註明堂位以爲周之所服國

數也案爾雅釋地多述殷制首言九州以釋商頌之奄有九有此言四海亦當指殷之肇域而言固不盡同於周制矣盧辨大戴禮註以職方爲周所服四海之數明堂位爲朝明堂時來者之國數爾雅所言爲夏之所服殷之服國東方十南方六西方九北方十有三自來註爾雅者俱不言釋地兼述夏制惟賈公彥周禮疏及盧辨註疑爲夏制此以意度非有確證也盧辨所述殷所服之國數亦未知本於何書今考逸周書王會篇末載伊尹朝獻商書商周朝貢之國差爲可据然亦未能悉合於爾雅也李巡本較郭本增益字句分註國名多係漢時屬國以漢制釋雅訓易涉傅會之詞以箄于爲單于復因傳寫而誤事無實證當從闕疑故郭氏不取

李巡及孫炎註俱見王制疏

岠齊州以南戴日爲丹穴【註】岠去也齊中也北戴斗極爲空桐【註】戴值東至日所出爲太平西至日所入爲

大蒙【註】卽蒙汜也【正義】上文由四極之國外薄四海此又由中國以推言四方所至也
太平御覽引舍人云自中州以南日光所照故曰丹
穴莊子讓王篇逃乎丹穴高誘淮南註云丹穴南方
當日下之地空桐戴斗極下之地太蒙西方日所入
處也韓非子十過篇堯有天下南至交趾北至幽都
東西至日月之所出入者莫不賓服太平大蒙日月
所出入之地也【註】卽蒙汜也。【正義】屈原天問云出
自湯谷次于蒙汜淮南覽冥訓云邅回蒙汜之渚
高誘註蒙汜日所入之地淮南又云入于蒙汜
太平之人仁丹穴之人智大蒙之人信空桐之人武【註】
地氣使之然也【正義】淮南地形訓東方有君子之國
高誘註東方木德仁故有君子之國
所謂太平之人仁也仁智信武言其稟氣也大司徒
云山林其民毛而方川澤其民黑而津丘陵其民專
而長墳衍其民晳而瘠原隰其民豐肉而庳大戴禮
記易本命云堅土之人肥虛土之人大沙土之人細

息土之人美耗土之人醜此言其形體也形軆雖殊而各有仁智信武之德淮南氾論訓謂丹穴大蒙反踵空同大夏北戸奇肱修股之民是非各異習俗相反者非也

四極【正義】題上事也逸周書王子晉解云善至于四海曰天子達于四荒曰天王列子湯問篇以是知四海四荒四極之不異是也呂氏春秋有始覽言四極四海之里數淮南地形訓山海經詩含神霧俱言四極相去之里經緯羸縮彼此互異覈諸雅訓語或搆虛今不備述

爾雅正義卷第十

爾雅正義卷第十一

文淵閣校理翰林院編修加三級教習庶吉士充國史館纂修官邵晉涵撰集

釋丘第十

【正義】風俗通義云尚書民乃降丘度土禹決江疏河民乃下丘營度爽塏之場而邑落之故丘之字二人立一上一者地也四方高中央下象形也說文云丘土之高也非人所爲也从北从一一地也人居在丘南故从北中邦之居在崐崘東南一曰四方高中央下爲丘象形案丘字从北應劭以爲二人立一上非也鄭註周禮王逸楚詞章句俱云土高曰丘故說文又云𡍬古文从土今隸變作丘下篇釋水云從釋地已下至九河皆禹所名也是則應劭所云禹決江疏河民乃下丘者是也廣雅云小陵曰丘是丘小於陵也虞翻易註云半山稱丘丘下稱陵則陵又下於丘矣經典多連言丘陵散文言

之凡土高者總稱爲丘亦不計其大小高下也丘有自然而高者亦有人力所爲者古者盡溝洫之利浚深疏滯積土成丘後遂以爲設險之用易坎卦云地險山川丘陵也春秋左氏傳所載丘名甚夥朽壤陁落周道陵遲積漸使然非一朝夕故古之名丘後世多湮此篇所釋俱因丘之形狀以定其名不專繫一地陳有宛丘以下始據地望言之而厓岸從附見焉

丘一成爲敦丘【註】成猶重也周禮曰爲壇三成今江東呼地高堆者爲敦再成爲陶丘【註】今濟陰定陶城中有陶丘再成銳上爲融丘【註】纖頂者三成爲崑崙丘【註】崑崙山三重故以名云【正義】鄭註覲禮云成猶重也楚詞天問云璜臺十成山海經云成山四方而三壇郭氏彼註云形如人築壇相累也成亦重耳爾雅因丘有層累之殊各命以

名凡一重者俱謂之敦丘再重者俱謂之陶丘再重而銳上者俱謂之融丘三重者俱謂之崑崙丘釋名云丘一成曰頓丘一頓而成丘無高下大小之殺也再成曰陶丘於高山一重作之如陶竈然也銳上曰融丘融明也明陽也凡上銳皆高而近陽者也三成曰崑崙丘如崑崙之高而積重也詩疏引爾雅云丘一成爲敦丘孫炎云形如覆敦敦器似盂又引此篇下文云如覆敦者敦丘孫炎云丘一成之形象也孫炎以此篇兩見敦丘主於重言以曉人故互見其訓明其爲一丘也郭氏於一成之敦丘音頓於如覆敦之敦丘音丁回反與孫炎異也書疏引李巡云再成其形再重也後漢書註引孫炎云形如累兩盂也【註】周禮至爲敦○【正義】秋官司儀云將合諸侯則令爲壇三成鄭司農云三成三重也郭氏引之以證成爲重也衞風氓云送子涉淇至於頓丘尚書大傳云舜販于頓丘漢書地理志東郡頓丘縣顔師古云以丘名縣也丘一成爲頓丘謂一頓而成也或曰成重也一重之丘也水經注引闞駰十三州記云頓丘在淇

水南漢頓丘縣今爲大名府清豐縣郭云呼地高堆者爲敦今俗語猶然○今濟至陶丘○【正義】禹貢云東出於陶丘北漢書地理志濟陰郡定陶縣禹貢陶丘在西南陶丘亭說文云陶再成丘也在濟陰水經註引墨子以爲釜丘竹書紀年魏襄王十九年薛侯來會王於釜丘者也郭云濟陰定陶城中有陶丘据目驗而云然也晉書地理志作濟陽郡定陶葢傳刻之譌陶丘今在曹州府定陶縣西南七里○崑崙至名云○【正義】郭以崑崙山有三重以譬況三重之丘亦得稱爲崑崙也水經註引崑崙說云崑崙之山三級下曰樊桐一名板桐二曰元圃一名閬風上曰層城一名天庭劉熙云崑崙懸圃非經義所載今不備述水經註又云橫谿水出三累山其山層密三成故俗以三累名山案爾雅山三成爲崑崙丘斯山豈亦崑崙丘乎以此推之凡丘山之三重者俱名爲崑崙也周禮註引爾雅此文昆侖二字俱不从山當從之

如椉者椉丘【註】形似車椉也或云椉者謂稻田塍埒如

陼者陼丘【註】水中小洲爲陼【正義】釋名云如乘曰乘丘四馬曰乘一基在後似車四列在前似駕馬車之形也如陼者曰陼丘形似水中之高地隆高而廣也如陼之陼當作渚說文云如渚者陼丘水中高者也文選註引聲類云陼或作渚【註】形似至塍埒。【正義】釋文引李巡云形如車乘郭註本李巡又引或云乘者謂稻田塍埒說文云塍稻田畦也謂丘形似稻田之界畔也後世地名有乘丘俱依爾雅爲名春秋莊十年公敗宋師于乘丘杜註乘丘魯地魯乘丘漢屬太山郡括地志云乘丘在瑕丘縣西北三十里今兗州府西北三十里有瑕丘故城又戰國策張儀謂魏王曰齊伐趙取乘丘史記周本紀安王三年三晉伐楚至乘丘而還即應劭所謂濟陰之乘丘也趙乘丘漢爲乘氏縣今鉅野縣西南有乘氏故城。水中至爲陼。【正義】小洲爲渚釋水文

水潦所止泥丘【註】頂上汚下者【正義】潦雨水大貌丘頂洿下停積水者名泥丘

釋名云水潦所止曰泥丘其上污水留不去成泥也
泥當作屔說文云反頂受水丘也从丘从泥省泥亦
聲繫傳云反頂謂凡地及頂當高今反下故曰反頂
史記世家謂之圩頂索隱云圩頂言頂上窊也正義
引括地志云尼丘山在兗州鄒城闕里蓋依爾雅爲
名凡丘頂之停止水潦者俱名泥丘矣淮南又謂之
寅丘說林訓云寅丘無壑高誘註汙小潦水名寅寅
之丘無大壑泥寅聲相近【註】頂上污下者。【正義】污
監本作汙今從宋本改
正釋文云本或作洿

方丘胡丘【註】形四方【正義】丘形自然方者名胡丘釋名
云圜丘方丘就其方圜名之也禮
器云爲高必因丘陵然則古之方丘圜丘亦因乎高
土也淮南地形訓有和丘高誘註四方而高者曰丘
胡和聲
之轉

絕高爲之京【註】人力所作非人爲之丘【註】地自然生【正義】

此釋京與丘之異也說文云京人力所爲絕高者也大雅皇矣云依其在京毛傳京大阜也疏引李巡云丘之高大者曰京公劉云乃覯于京鄭箋用爾雅左氏宣十二年傳云以爲京觀襄二十五年傳云辨京陵呂氏春秋禁塞篇爲京丘若山陵高誘註合土築之以爲京觀故謂之京丘淮南覽冥訓云築重京皆人力所爲者也丘爲地性自然而高所由與京異也風俗通義云爾雅丘之絕高大者爲京謂非人力所能成乃天地性自然者也春秋左氏傳莫之與京國語趙文子與叔向游于九京今京兆京師其義取於此案應劭所釋乖於雅訓古者京與丘各有其義後世或連舉其文若呂氏春秋之稱京丘是也應劭涵京與丘爲一則沿於後世之稱而昧於古義矣元和郡縣志云京者人力所爲絕高丘也亦云非人力所爲者人力所爲者若公孫瓚所築易京是也非人力所爲者若滎陽京索是也此皆後世相沿之稱與雅訓異【註】人力所作。【正義】左傳疏引孫炎云爲之人力所作也郭註本孫炎。地自然生。【正義】詩疏引

李巡云謂非人力所爲自然生爲丘孫炎云地性自然也郭註兼取李孫之義

水潦所還埒丘【註】謂丘邊有界埒水遶環之【正義】埒者界兆也說文云埒卑垣也玉篇云淮南道有形埒亦封道曰埒廣韻云隁隅也案淮南本經訓云聚埒畝是則耕壠之界亦名爲埒此丘爲水潦所環遶有界以限之故名埒丘【註】謂丘至環之。【正義】郭註方言云有界埒似耕壠是言界埒之狀也

上正章丘【註】頂平【正義】丘頂之平正者名章丘後世有章丘山葢依此名隋書地理志齊郡有章丘縣元和郡縣志章丘縣本漢陽丘縣隋改爲章丘取縣南章丘山爲名也

澤中有丘都丘【註】在池澤中【正義】丘在澤中者名都丘風俗通義云水澤所聚謂之都亦曰瀦鄭康成禮記註云南方謂都爲瀦釋名云澤中有丘曰都丘言蟲鳥所都聚也

當途梧丘【註】途道【正義】當道有丘名梧丘釋名云當途有梧丘葢依此名說苑辨物篇齊景公畋於梧丘戰國策云下壘梧丘亦名五丈夫之丘當途監本作堂途今從石經改正

途出其右而還之畫丘【註】言爲道所規畫途出其前戴丘【註】道出丘南途出其後昌丘【註】道出丘北【正義】丘有不在當途而途從右旋者名畫丘途從其前出者名戴丘從其後出者名昌丘釋名云道出其右曰畫丘人尚右凡有指畫皆用右也道出其前曰載丘在前故載也道出其後曰昌丘案釋名省而還之三字人有所規畫多從右而旋然則此三字不當省也戴丘釋名作載丘古者戴載二字通用左氏隱十年伐戴公羊穀梁作伐載周頌載弁俅俅郭氏釋言註引作戴弁俅俅是也昌丘亦名梁丘昌梁雙聲字左氏莊三年

傳遇於梁丘杜註梁丘在昌邑南菑邑因丘以爲名矣【註】道出丘南道出丘北○【正義】召南毛傳山南曰陽孔疏陰是山北左謂東右謂西也丘與山同

水出其前渻丘水出其後沮丘水出其右正丘水出其左營丘【註】今齊之營丘淄水過其南及東【正義】丘之前後左右有水過之者此別其名也釋名云水出其前曰阯丘阯基阯也言所出然水出其後曰阻丘此水以爲險也水出其右曰沚丘沚止也西方義氣有所制止也水出其左曰營丘案渻丘釋名作阯丘說文云水出丘前謂之渻丘作消丘者是也沮丘作阻丘音義同正丘作沚丘所見本異也說文云頍丘名疑即正文之異文禮記疏引釋丘云水出其前而左曰營丘史記集解水經註並引爾雅云水出其前左曰營丘王念孫曰作前左者是也薛瓚漢書註云臨淄即營丘也故晏子曰先君太公築營之丘今齊城中有丘即

營丘也應劭以爲營丘卽營陵陵卽丘也酈道元云
營陵城南無水惟城北有一水世謂之白狼水西出
丹山俗謂凡山也東北流由爾雅出前左之文不得
以爲營丘矣今臨淄城中有丘拒小城內周遭三百
步高九丈北降丈五淄水出其前故有營丘之名與
爾雅相符元和郡縣志營丘在臨淄縣北百步外城
中爾雅曰水出其前經其左曰營丘今臨淄城中有
丘淄水出其前經其左故曰營丘諸家引爾雅之文
詳畧不同以水所營繞而言其當有前字明甚【註】今
齊至及東○以【正義】詩疏引孫炎云今齊之營丘淄水
過其南及東郭註本孫炎水經註引郭註過作逕郭
云水過其南者水出其前也云及東者水自前而左
也故孔穎達云水所營繞故曰營丘亦言其自前而
左也葢郭氏註爾雅時本作前左唐初爾雅本卽有
脫去前字者故孔氏於禮記疏引爾雅有前字於詩
疏引爾雅無前字然其訓釋營字俱從水之營繞取
義孔氏亦知作前左者爲舊本也今
見行爾雅本俱無前字姑仍其舊

如覆敦者敦丘【註】敦盂也【正義】丘形如覆敦者名敦丘後世有敦丘蓋依此名太平寰宇記敦丘在觀城縣南二十里【註】敦盂也。【正義】孫炎云敦器似盂郭氏取其義也少牢饋食禮云敦皆南首鄭註敦有首者尊者器飾也明堂位云有虞氏之兩敦鄭註黍稷器又鄭註周禮云玉敦受黍稷器儀禮疏引孝經鉤命決云敦規首上下圓相連是敦之形狀也盂體亦圓故郭氏舉類以曉人敦丘之狀似之也

邐迆沙丘【註】旁行連延【正義】說文云邐行邐邐也迆衺行也繫傳云邐邐漸迂衺也凡丘之迂衺相連者俱名沙丘史記殷本紀益廣沙丘苑臺漢書地理志鉅鹿郡鉅鹿縣紂所作沙丘臺在東北七十里淮南道應訓在於沙丘困學紀聞引莊子逸篇云孔子舍於沙丘皆依爾雅爲名也史記集解引爾雅作迆邐沙丘也

左高咸丘右高臨丘前高旄丘【註】詩云旄丘之葛兮後高陵丘偏高阿丘【註】詩云陟彼阿丘【正義】丘之高有有偏在一隅者此别其名也左高而右卑者名咸丘在左右前後者後世有咸丘蓋依此名春秋桓七年焚咸丘杜註咸丘魯地高平國鉅野縣有咸亭公羊傳云咸丘者何邾婁之邑也右高而左卑者名臨丘前高而後卑者名旄丘詩疏引李巡云謂前高後卑下旄本或作髦釋名云前高曰髦丘如馬舉頭垂髦也釋文引字林作嵍云嵍丘也太平寰宇記旄丘在澶州臨河縣東今在大名府開州丘之後高而前卑者名陵丘丘隅偏高而不在左右前後者名阿丘詩疏引李巡云謂丘邊高釋名云偏高曰阿丘阿荷也如人擔荷物一邊偏高也【註】詩云至葛兮。【正義】邶風旄丘文毛傳前高後下曰旄丘。詩云至阿丘。【正義】鄘風載馳文毛傳用爾雅宛中宛丘【注】宛謂中央隆高丘背有丘爲負丘【注】此解宛丘中央隆峻狀如負一丘於背上【正義】陳風宛丘之上兮毛傳四方高中央下曰宛丘疏引李巡孫炎皆云中央下元和郡縣志引爾雅舊註云四方高中央下曰宛釋宛丘者舊無異說郭氏獨以爲中央隆高者以下文釋山云宛中隆山之宛中者名隆隆是高峻之貌是丘之宛中者與山之宛中同義此篇下云丘上有丘爲宛丘可證其爲中央隆高矣釋名云中央高曰宛丘有丘宛宛如偃器也與郭氏義同丘背有丘曰負丘說文云𧸐丘名武負聲相近𧸐丘卽負丘也【注】宛謂至隆高。【正義】詩疏引郭註云宛丘謂中央隆峻狀如一丘矣與今本異。此解至背上。【正義】丘背有丘疑於後高陵丘郭以丘背卽丘上也故定爲重釋宛丘之義

左澤定丘右陵泰丘【注】宋有泰丘社亡見史記【正義】丘之東有

澤者名定丘說文云陑丘名卽定丘也丘之西有大
阜者名泰丘後世有太丘葢依此名【註】宋有至史記
【正義】史記集解引爾雅泰丘作太丘索隱引郭註云
宋有太丘社以社名此地也與今本異六國表周顯
王三十二年秦惠文王二年宋太丘社亡封禪書亦
云宋太丘社亡索隱曰應劭云亡淪入地非也亡謂
社主
亡也

如畝畝丘【註】丘有壠界如田畝如陵陵丘【註】陵大阜也

【正義】小雅巷伯云猗于畝丘疏引李巡云謂丘如田
畝曰畝丘也孫炎云方百步也釋名云畝丘丘體滿
一畝之地也郭註本李巡爲義丘之如陵者名陵丘
與後高之陵丘同名【註】陵大阜也。【正義】釋地文

丘上有丘爲宛丘【註】嫌人不了故重曉之【正義】此重釋宛丘之義輿
地廣記云爾雅丘上有丘
曰宛丘今其地形則然

陳有宛丘【註】今在陳郡陳縣晉有潛丘【註】今在太原晉陽縣淮南有州黎丘【註】今在壽春縣【正義】此釋丘之所在也陳有宛丘者鄭氏詩譜陳都於宛丘之側水經註宛丘在陳城南道東王隱云漸欲平今不知所在矣元和郡縣志宛丘在陳州宛丘縣南三里太平寰宇記在宛丘縣南三里高二丈案宛丘在元魏時酈道元已云不知所在而李吉甫能按其道里樂史且計其崇卑疑後人別指一丘以當之非王隱所云漸欲平者矣晉有潛丘者元和郡縣志在太原縣南三里爾雅云晉有潛丘隋開皇二年於其上置大興國觀案舊圖經在城東八里宋修惠明寺陶土作瓦是丘遂湮淮南有州黎丘者州黎卽州來古者來黎音同劉台拱云鹽鐵論孔子能方不能圓故飢於黎丘哀公二年蔡遷於州來四年孔子自陳適蔡三歲吳伐陳楚救陳軍於城父使人聘孔子於是絕糧陳蔡之間鹽鐵論所謂黎丘蓋卽州黎之丘也【註】陳郡陳縣○【正義】晉

書地理志梁國陳縣案晉初以陳郡屬梁國晉書据初制也惠帝復置陳郡渡江後因之郭氏据當時之郡縣也今爲陳州府淮寧縣。太原晉陽縣。正義晉書地理志太原國晉陽縣今爲太原府太原縣。壽春縣。正義晉書地理志淮南郡壽春縣今爲鳳陽府壽州

天下有名丘五其三在河南其二在河北註說者多以州黎宛營爲河南潛敦爲河北者案此方稱天下之名丘恐此諸丘碌碌未足用當之殆自别更有魁梧桀大者五但未詳其名號今所在耳正義風俗通義引爾雅曰天下有名丘五其三在河南二在河北應劭不言所在今無可考註說者至在耳。正義以州黎宛營爲河南潛敦爲河北葢漢以來之舊說郭不從者以爾雅於陳有宛丘以下始据地望言之營丘敦丘爾雅祇釋

其形狀未可專指一處又据當時目驗諸丠形狀不足以當魁梧桀大之稱故從闕疑

丠上事【正義】題

望厓洒而高岸【註】厓水邊洒謂深也視厓峻而水深者曰岸【正義】說文云岸水厓而高者衛風氓云淇則有岸此釋之也凡水邊之地望之下深而上峻者名岸玉篇云洒深也與郭義同邶風云新臺有洒毛傳洒高峻也與郭註義相成也

夷上洒下不漘【註】厓上平坦而下水深者爲漘不發聲【正義】王風葛藟云在河之漘毛傳漘水隒也魏風伐檀云寘之河之漘兮毛傳漘厓也說文云漘水厓也詩曰寘河之漘案說文節取詩句以證漘爲水厓不備引其全文也【註】厓上至發聲○【正義】詩疏引李巡云夷上平上洒下陗下故名漘孫炎云平上陗下故名曰漘不者葢衍字李孫俱訓洒爲陗郭不從者洒

字从水西聲西與申聲相近又轉爲深是從聲取義不當訓爲陗也孫又以不爲衍字郭知不然者下文釋魚云左倪不類右倪不若不字皆發聲詞不得以爲衍文也

隩隈【註】今江東呼爲浦隩淮南子曰漁者不爭隈【正義】隩毛詩作奥衛風云瞻彼淇奥毛傳奥隈也說文云隩水隈崖也隈水曲澳也詩釋文引孫炎云水曲中也詩疏引陸璣云淇澳二水名劉昭郡國志註引博物志云奥水流入淇水水經註云肥泉博物志謂之澳水毛言澳隈也鄭亦不以爲津源而張司空專以爲水流入於淇非所究也然斯水卽詩所謂泉源之水也案劉昭酈道元所引博物志與陸璣說同然肥泉流入於淇卽泉源之水俱見衛風不得以爲奥水爾雅以隈釋隩毛傳因之是淇澳非二水名也【註】今江至爭隈○【正義】玉篇云水源枝注江海邊曰浦郭引方俗語爲證也淮南覽冥訓云田者不侵畔漁者不爭隈高誘註隈曲深處魚所聚也是郭註所引也又原

道訓云以曲隈深潭相予高誘註曲隈崖岸委曲

厓內爲隩外爲鞫【註】別厓表裏之名【正義】此別水厓內外之名也大雅公劉云芮鞫之即鄭箋水之內曰隩水之外曰鞫疏引李巡云厓內近水爲隩其外爲鞫孫炎云內曲裏也外曲表也周官職方氏註引詩作芮阸之卽漢書地理志芮阸雍州水也顏師古云阸與鞫同韓詩作芮阸言公劉止其軍旅欲使安靜乃就汭水之阸耳詩疏引爾雅作鞫陸氏爾雅釋文亦作鞫今本作隈說文云澳隈崖也其內曰澳其外曰隈是爾雅舊本亦作隈釋文引字林作垠云隈厓外也左傳疏引爾雅亦作隈唐石經及宋本俱作鞫與陸氏釋文同今定從陸本

畢堂牆【註】今終南山道名畢其邊若堂室之牆【正義】秦風終南云有紀有堂毛傳堂畢道平如堂也鄭箋畢也堂也亦高大之山所宜有也畢終南山之道名邊如堂之

墻然疏引李巡云堂牆名崖似堂牆曰𡸣韓非子云董遏于行馬邑山中深澗峭如牆深百仞是山徑之邊如牆也註今終至之牆。正義註本鄭箋詩疏引郭註無室字

重厓岸註兩厓累者爲岸**岸上滸**註岸上地正義兩厓重累者曰岸此覆釋上文望厓洒而高岸之義也岸上之地曰滸說文云汻水厓也从水午聲徐鉉云今作滸非是王風葛藟云在河之滸下文釋水云滸水厓與此互相證明也

墳大防註謂隄正義詩疏引李巡云墳謂厓岸狀如墳墓名大防也說文云濆水厓詩曰敦彼淮濆案大雅常武篇作鋪敦淮濆毛傳濆厓也鄭箋屯其兵於淮水大防之上又鄭註大司徒云水厓曰墳稱人云以防止水鄭註防瀦旁隄也月令云修利隄防註謂隄。正義左傳疏引孫炎云防謂隄也郭註本孫炎淮南修務訓言禹修彭蠡之防高誘註防隄也說文又云坊大防是墳本或作坊

涘爲厓【註】謂水邊【正義】王風葛藟云在河之涘疏引李巡云涘一名厓謂水邊也說文云涘水厓也周書曰王出涘案說文引書今文太誓之詞也詩疏引鄭註云涘涯也王出於岸上公羊僖元年傳云自南涘何休註涘水涯邊行垂厓也

窮瀆汜【註】水無所通者谷者溦【註】通於谷【正義】窮瀆之谷者名溦說文云瀆通溝也古文从谷𧯞本通溝其窮竭無所通者名汜說文云汜窮瀆也水經註引爾雅云通谷者微郭景純曰微水邊通谷也與今本異說文云泉出通川曰谷

厓岸【正義】題上事也水邊高者名厓岸說文云厓山邊也巖岸也是山邊高者亦名厓岸故附見

釋丘

爾雅正義卷第十一

爾雅正義卷第十二

文淵閣校理翰林院編修加二級教習庶吉士 國史館纂修官邵晉涵撰集

釋山第十一

【正義】周語云山土之聚也鄭注周禮云積石曰山春秋繁露云積土成山無損也成其大無虧也小其上泰其下久長安後世無有去就儼然獨處惟山之意說文云山宣也宣气散生萬物有石而高象形釋名云山產也產生物也山體曰石石𥓓也堅捍𥓓也廣雅云土高有石曰山是山者土積而成以石爲體故水經注引春秋說題辭云陰含陽故石凝爲山王廙易注云山之爲體層峯峻嶺嶇險參差也此篇所釋首言五山禹貢所謂奠高山也山三襲陟以下俱釋山之形體不釋山名故禹貢所導諸山若太行王屋嶓冢岷山俱不著于爾雅後世所命諸山依爾雅以爲名若外方謂之嵩山天柱謂之霍山其最著矣泰山爲東嶽

以下疑爲漢初傳
爾雅者所附益也

河南華【注】華陰山河西嶽【注】吳嶽河東岱【注】岱宗泰山

河北恒【注】北嶽恒山江南衡【注】衡山南嶽【正義】此釋周禮五嶽之名也虞夏書言四嶽周禮大宗伯大司樂始有五嶽之文鄭注大司樂云五嶽岱在兗州衡在荊州華在豫州岳在雍州恒在并州據爾雅此文爲釋也周營成周宅於土中四方所和會華山在成周境內故首舉之吳嶽在岐周境內故次及之中庸云載華嶽而不重舉華嶽可以該五岳邦畿喬嶽四方所仰止東岱北恒南衡所爲三面環拱也釋地云河南曰豫州華在豫州故曰河南華河西曰雝州嶽在雝州故曰河西嶽濟河閒曰兖州郭注自河東至濟岱在兖州故曰河東岱兩河閒曰冀州在豫州南河之北恒在冀州故曰河北恒漢南曰荊州爲江漢朝宗之地衡在荊州故曰江南衡爾雅於五嶽各繫以地所以

使望秩者無迷其方也周末望秩禮廢經訓衰微口說流傳寖生異議漢初傳爾雅者遂增益其文於此篇之末曰嵩高爲中嶽太史公封禪書首述其言班固白虎通義應劭風俗通義俱沿襲其說鄭註大宗伯亦云五嶽東曰岱宗南曰衡山西曰華山北曰恒山中曰嵩高山鄭君以爾雅所言五嶽前後異文互見於註迺未定之論孔穎達求其說而不得遂以鄭註爲更見異意大司樂註主災異而言其五岳正名必取嵩高爲定解賈公彥謂周國在雍州權立吳嶽爲西嶽非常法爾此惑於漢儒增益之文轉致疑於五岳之正名也王制云五嶽視三公修其秩祀國有典常如謂可權立其名則秩祀亦無定所成周制禮必不其然大宗伯所言五嶽主祭祀大司樂所言五嶽主災異則是中嶽之祀在嵩高而吳嶽不與焉五嶽間有災異在吳嶽而嵩高不與焉以吳嶽爲五嶽慮其或有震裂而存去樂之文以嵩高爲五嶽即可信其終古無震裂乎不正其名遷就其詞又何能得其定解矣爾雅者正名之書也職方氏掌天下之圖

以掌天下之地九州之山鎮曰會稽曰衡山曰華山曰沂山曰岱山曰嶽山曰醫無閭曰霍山曰恒山而無嵩高以會稽沂山醫無閭霍山爲四鎮則華嶽岱恒衡爲五嶽而不指嵩高其明証矣何休公羊註引尚書巡狩四嶽之文而益其下云還至嵩如初禮白虎通義引尚書大傳云五嶽謂岱山霍山華山恒山嵩山也或以此爲唐虞五嶽有嵩高之證殊不知何休尚識緯大傳多附益皆據漢事言之三代以前書闕有間虞夏書四岳而外惟霍太山有太岳之稱是爲唐虞之五嶽左氏昭四年傳司馬侯云四岳三塗陽城太室太室即嵩高山別太室於四岳之外明乎太室之不稱岳也知周以前不稱嵩高爲岳則無疑於吳嶽之爲岳當從爾雅此文及大司樂註爲成周五岳之定名也詩疏引鄭志離問云周都豐鎬故以吳岳爲西岳周家定以岳山爲西岳不數嵩高鄭君釋五嶽此爲定論矣【証】華陰山○【正義】書疏引李巡云華西岳華山也此沿於舊說也郭意以下文河西嶽例之周以嶽山爲西岳則華當爲中岳故不從李

註但以爲華陰山。吳嶽。【正義】太平御覽引孫炎云嶽雍州鎮有吳嶽山孫氏但以爲雍州鎮葢未能折衷於鄭志定吳嶽爲西岳也禹貢云導岍及岐職方雍州其山鎮曰嶽山漢書地理志扶風汧縣吳山在西古文以爲汧山水經註云汧水又東會一水發南山西側國語所謂虞矣禹貢本名岍山爾雅職方因其爲西嶽故稱爲嶽山俗謂之吳山又合稱吳嶽吳或作虞以其聲近字同也史記封禪書誤分吳山吳嶽爲二吳嶽今在隴州。岱宗至南嶽。【正義】書疏引李巡云岱東岳泰山也恒北岳恒山也衡南岳衡山也郭註本李巡詳見下文書疏又引郭氏音義云恒山一名常山避漢文帝諱

山三襲陟【註】襲亦重再成英【註】兩山相重一成坯【註】書曰至于大坯【正義】此釋山形重襲之異名也成猶重也已見釋丘山之三重者名陟列子湯問篇周以喬陟張湛註山之重壟也殷敬順釋文引郭註云重隴也水經註稱爲三累山書疏引李巡云

再重曰英西山經有英山水經注云禺水出英山太平寰宇記鄭縣有英山其取再成之義以爲名與書疏又引李巡云一重曰坯水經注引爾雅云山一成謂之伾許愼呂忱等並以爲山一成也案今本說文云坯丘再成也與酈注所引許愼說異蓋酈注爲得其實矣【注】書曰至于大伾。【正義】禹貢文水經注河水東逕成皐大伾山下鄭康成曰地喉也沇出伾際矣在河內修武武德之界濟沇之水與滎播澤出入自此然則大伾卽是山矣又云成皐縣之故城在伾上縈帶伾阜是酈注本鄭說以成皐縣山爲大伾也書孔疏引薛瓚漢書音義以爲黎陽縣山臨河豈不是大伾乎後世學者多從薛說隋書地理志黎陽縣有大伾山山在今衛輝府濬縣東南二里

山大而高崧【注】今中嶽嵩高山蓋依此名【正義】大雅云崧高維嶽此釋之也毛傳崧高貌疏引李巡云高大曰崧釋名云山大而高曰嵩嵩竦也亦高稱也嵩爲崇字之或體

字亦作崧已見釋詁【疏】今中至此名。【正義】郭意以外方爲崧高出於禹名山川之後知其依爾雅以爲名也後世山名有依於爾雅者舉以示例也以詩嵩高維嶽爲專指中嶽而言其誤始於應劭風俗通義

山小而高岑【注】言岑崟銳而高嶠【注】言鑯峻皐而大扈【注】扈廣也小而衆巋【注】小山叢羅【正義】此分別山有皐高小大之異名也。小而高岑。釋名云山小而高曰岑岑嶃也嶃然也後漢書注嶠山一名嵚岑山蓋依此名。銳而高嶠。釋名云上銳而長曰嶠形似橋也嶠本作喬淮南泰族訓引詩及河嶠岳今詩作喬本或作橋史記黃帝本紀葬橋山正義引爾雅云山銳而高曰橋也釋文引字林作嵪云山銳而長也玉篇云嵪峻也形似橋與釋名同義列子湯問篇所云海中山有員嶠非雅義也。皐而大扈。山之皐而大者曰扈說文云鄠有扈谷甘亭扈谷之名蓋取義於皐而大矣古文扈作⿰山弓玉篇作⿰山扈山廣貌釋文亦作⿰山扈俗體字

也○小而衆巋○釋文云巋然高峻皃字林云小山而衆也莊子天下篇巋然而有餘釋文云字或作魏高誘淮南注云嵬嵬然故曰魏【注】言岑崟○【正義】方言云岑高也郭氏彼注云岑崟峻皃也說文云崟山之岑崟也釋文云字又作唫公羊僖三十三年傳殽之嶔巖穀梁傳作必於殽之巖唫之下○扈廣也○【正義】鄭注檀弓云扈扈謂大廣郭注本鄭義

小山岌大山峘【注】岌謂高過【正義】兩山相竝而小山高過於大山者曰峘說文云駇馬行相及也讀若爾雅小山駇大山峘玉篇云岌山高皃

屬者嶧【注】言駱驛相連屬**獨者蜀**【注】蜀亦孤獨【正義】郭注子虛賦云屬連也山之連屬者曰嶧孤獨者曰蜀禹貢云嶧陽孤桐漢書地理志東海郡下邳縣有葛嶧山古文以爲嶧陽後世有蜀山又首山一名獨山皆依爾雅以爲名【注】言駱至連屬○【正義】劉昭續漢志注引

郭璞云繹山純石積構連屬初學記引舊說云今魯國有嶧山純石相積構連屬成山葢謂此也疑爲郭氏音義之文。蜀亦孤獨。【正義】蜀本蟲名獨行無羣匹見下文釋蟲假借以爲孤獨之山名

上正章【注】山上平宛中隆【注】山中央高【正義】釋丘云上正章丘宛中宛丘此又釋山形相似者之名也漢書地理志江夏郡竟陵縣章山在東北古文以爲內方史記正義引括地志云方城山頂上平四面險峻是凡山之上平者俱名章也玉篇云隆中央高也左氏成二年傳齊侯圍龍史記晉世家云齊伐魯取隆索隱引劉氏曰隆即龍也魯北有隆山管子中匡篇反胙於隆嶽淮南俶真訓終隆之山後世所謂隆中隆慮葢取宛中之義

山脊岡【注】謂山長脊未及上翠微【注】近上旁陂【正義】釋名云山脊曰岡岡亢也在上之言也山旁曰陂言陂陀也大雅公劉云迺陟南岡疏引孫炎云長山之脊也其末

及上者名翠微謂旁陂也初學記引舊註云一說山氣青縹色曰翠微劉逵蜀都賦註翠微山氣之輕縹也與爾雅義殊

山頂冢**註**山巔崒者厜㕒**註**謂峯頭巉巖**正義**小雅十月云山冢崒崩毛傳山頂曰冢鄭箋崒者崔嵬漸漸之石云惟其卒矣鄭箋亦云卒者崔嵬謂山巔之石也蓋鄭君所見爾雅本作卒者崔嵬說文云崒危高也厜㕒山顛也釋名云山頂曰冢冢腫也言腫起也史記封禪書云四大冢鴻岐吳岳索隱云謂四山為大冢爾雅曰山頂曰冢亦因鴻冢而為號也**註**山巔。**正義**釋言云顛頂也詩疏引孫炎云冢謂山巔也郭註本孫炎。峯頭巉巖。**正義**玉篇云巉巖高危後漢書註云巉巖山石高峻之貌釋文引字林云巉巖山貌也

山如堂者密**註**形如堂室者尸子曰松栢之鼠不知堂

密之有美樅如防者盛【注】防隄【正義】說文云密山形
如堂者後漢書鍾皓
傳歸隱密山元和郡縣志云河南府密縣故密國春
秋諸侯伐鄭圍新密爾雅山如堂者曰密因以爲名
盛者釋文云山形如黍稷之在器案盛通作成楊倞
荀子注盛讀爲成史記封禪書云成山斗入海漢書
郊祀志作盛山海濱以山爲限若隄防之止水矣【注】
形如至美樅。【正義】鄭注檀弓云堂形四方而高山
形如堂當似之也郭引尸子舊疏以爲綽子篇文。
防隄。【正義】說文云防隄也鄭注檀弓云坊形旁殺
平上而長孔頴達云上平而兩旁殺其
南北長也如防之山其形當猶此矣

巒山嶞【注】謂山形長狹者荆州謂之巒詩曰嶞山喬嶽
【正義】說文云巒山小而銳嶞山之嶞嶞者劉逵蜀都
賦注云巒山長而狹也一曰小而銳也釋文引埤蒼
云山小而銳字林云山之施嶞者【注】謂山至喬嶽。
【正義】郭知山形狹長者鄭注儀禮云嶞方曰篋釋文

云隋狹而長隋隓聲相近是巒雖有銳小之訓當以狹長爲正訓也荆州謂之巒者楚詞九諫云登巒山以四望兮好桂樹之冬榮是楚人語也隓山喬嶽周頌般文毛傳隓山山之隓隋小者也

重甗隒【註】謂山形如累兩甗甗甑也山形狀似之因以名云【正義】詩疏引李巡云隒阪也孫炎云山基有重岸也說文云隒崖也下文釋畜云善陞甗釋名云小山別大山曰甗甗甑也甑一孔者甗形孤出處似之也是甗本山名重甗則爲隒也【註】謂山至名云。【正義】郭氏舉類以曉人也方言云甑自關而東謂之甗鄭註考工記云甗無底甑說文云甗甑也一穿曰甗釋文引字林云隒山形似重甑與郭義同

左右有岸厒【註】夾山有岸【正義】說文云巖岸也左右有高峻之岸爲厒厒楚詞九章悲回風云上高巖之峭岸兮謂山岸也玉篇云厒口合切山夾有岸又有𡾰字口合切廣韻云𡾰口答切山

左右有岸錢詹事云當
作屇說文云屇閉也

大山宮小山霍【注】宮謂圍繞之禮記曰君爲廬宮之是也小山別大山鮮【注】不相連【正義】此辨大山小山相繞相別之異名也大山圍繞小山者名霍郭氏注中山經云案爾雅大山繞小山爲霍今平陽永安縣廬江灊縣晉安羅江縣河南鞏縣皆有霍山明山以霍名者非一矣郭氏引爾雅易宮爲繞俾人易曉也酈道元水經注於霍山下引爾雅曰大山宮小山曰霍是也廬江水下引爾雅云大山曰宮謂宮亭之名蓋起於此失其句讀矣小山別於大山者名鮮釋文引李巡云大山少故曰鮮大雅皇矣云度其鮮原毛傳用爾雅逸周書和寤解王乃出圖商至于鮮原即詩所云鮮原矣公劉云陟則在巘毛傳巘小山別於大山也是毛以鮮巘爲一字也釋名鮮作巘所見本異【注】禮記至宮之。【正義】喪大記文鄭注宮謂圍障之也郭引以證宮有圍繞

之義也喪大記又云君大夫士皆宮之。不相連
。正義詩疏引孫炎云別不相連也郭註本孫炎
山絕陘註連山中斷絕正義說文云陘山絕坎也左氏
僖四年傳云齊侯伐楚次于陘
史記楚世家作兵侵楚至陘山戰國策云楚地有分
陘之塞又云韓南有陘山皆指今新鄭縣西南之陘
山也淮南地形訓以井陘爲九塞之一趙世家云與
之陘徐廣云陘者山絕之名常山有井陘中山有苦
陘元和郡縣志引述征記云太行山首始於河內自
河內北至幽州凡有八陘第一曰軹關陘第二太行
陘第三白陘第四滏口陘第五井陘第六飛狐陘第
七蒲陰陘第八軍都陘凡兩山中斷以成隘道者胥
稱陘焉
多小石磝註多礓礫多大石嶨註多磐石正義說文云
嶅山多小石
也嶨山多大石也釋名云山多小石曰磝磝堯也每
石堯堯獨處而出見也山多大石曰嶨嶨學也大石

之形學學然也磝省作敖小雅車攻云搏獸于敖左氏宣十二年傳晉師在敖鄗之閒杜註敖鄗二山名水經註引述征記作磝碻南北史俱作磝碻註多礓礫。正義說文云礫小石也釋名云小石曰礫小石相支柱其閒析析然出內氣也衆經音義引通俗文云地多小石謂之礓礫。多磐石。正義玉篇云磐大石也磐本亦作盤楊倞荀子註盤石盤薄大石也

多草木岵無草木峐註皆見詩正義說文云岵山有草木也屺無草木也釋名云山有草木曰岵岵怙也人所怙取以爲事用也山無草木曰屺屺圮也無所生出也釋文引三蒼字林聲類並云峐猶屺字註皆見詩。正義魏風陟岵云陟彼岵兮又云陟彼屺兮毛傳山無草木曰岵山有草木曰屺與爾雅正相反孔疏以毛傳爲傳寫誤也詩釋文云王肅依爾雅

山上有水埒註有渟泉正義釋名云山上有水曰埒埒脫也脫而下流也釋丘云水潦

所還埒止郭注以爲有界埒水則此山上有水亦當有界以限之也淮南齊俗訓云狟狢得埵防高誘注埵水埒也

夏有水冬無水澩【注】有停潦【正義】說文云夏有水冬無水曰澩澩或作澩元和郡縣志兗州泗水縣有漏澤漏穴有五皆方丈餘深二丈以上其澤每夏積水秋冬漏竭將漏之時居人知之不過三日漏水都盡是其類也【注】有停潦○【正義】郭以潦水易盈易涸猶釋丘以水潦所止爲泥丘也

山豄無所通谿【注】所謂窮豄者豄無所通與水注川同名【正義】說文云谿山瀆無所通者是本於雅訓也杜預左傳注云谿亦澗也與此義殊【注】所謂至同名○【正義】釋丘云窮豄汜釋水云水注川曰谿左傳疏引李巡云山中水瀆雖無所通與水注川同名郭注本李巡兼引釋丘之文相證明也

石戴土謂之崔嵬【注】石山上有土者土戴石爲砠【注】土
山上有石者【正義】周南卷耳云陟彼崔嵬又云陟彼
砠矣此釋之也疏引孫炎云石山上有
土者又云土山上有石者是郭注所本也毛傳崔嵬
土山之戴石者石山戴土曰砠與爾雅正反孔疏以
爲傳寫之誤然說文云岨石戴土也釋名云石戴土
曰岨岨臚然也土戴石曰崔嵬因形名之也俱本毛
傳疑所見本異也說文又云阢
石山戴土也亦所以廣異名
山夾水澗陵夾水澞【注】別山陵間有水者之名【正義】左傳疏引
李巡云山間有水者名澗釋名云山夾水曰澗澗間
也言在兩山之間也廣雅云澗間也衛風云考槃在
澗釋文引韓詩澗作干云墝埆之處也詩序亦以爲
賢者退而窮處蓋兩山夾水沙土墝埆境宇迫隘惟
碩人處之洒覺其寬閑爾左氏隱三年傳云澗谿沼
沚之毛杜注谿亦澗也孫子云凡地有絕澗注云水

深大者爲絕澗杜氏以谿爲澗是深大之澗也陵間夾水者名澞釋文云本又作虞案虞又通作澞

山有穴爲岫【注】謂巖穴【正義】說文云岫山穴也籀文作窗繫傳云詩古公亶父避狄于岐下陶復陶穴謂於地旁巖築下爲室若陶竈然也需卦爻辭云出自穴王弼注穴者陰之路也孔子間居云山川出雲山雲出於岫也

山西曰夕陽【注】暮乃見日山東曰朝陽【注】旦即見日【正義】大雅公劉云度其夕陽卷阿云于彼朝陽此釋之也書疏引李巡云山西暮乃見日故曰夕陽山東朝乃見日故曰朝陽詩疏引孫炎云夕乃見日朝先見日釋名云山東曰朝陽山西曰夕陽隨日所照而名之也秋官柞人疏引爾雅云山南曰陽山北曰陰蓋釋爾雅者之舊說穀梁僖二十八年傳云水北爲陽山南爲陽由雅訓而推廣之也

泰山爲東嶽【注】在奉高縣西北華山爲西嶽【注】在宏農華陰縣西南霍山爲南嶽【注】在衡陽湘南縣南今在廬江灊縣西卽天柱山灊水所出也漢武帝以衡山遼曠因讖緯皆以霍山爲南嶽故移其神於此今其土俗人皆呼之爲南岳南岳本自以兩山得名非從近也而學者多以霍山不得爲南岳又言從漢武帝始乃名之如此言爲漢武在爾雅前乎斯不然矣恒山爲北嶽【注】恒山在常山上曲陽縣西北嵩高爲中嶽【注】大室山也【正義】此後世所稱之五嶽也史記封禪書引尚書而釋之曰歲二月東巡

狩至于岱宗岱宗泰山也五月巡狩至南岳南岳衡山也八月巡狩至西岳西岳華山也十一月巡狩至北岳北岳恒山也又增益其文曰中岳嵩高也是漢初諸儒以嵩高配五岳之數後世仍之至今不改詩疏引孫炎說霍山當作衡山字之誤也郭氏則以爲一山而二名白虎通義云嶽者何謂也嶽之言埆也埆功德也東方爲岱宗者何言萬物更相代於東方也南方爲霍山者何霍之爲言護也言太陽用事護養萬物也西方爲華山者何華之爲言獲也言萬物成熟可得獲也北方爲恒山者何恒者常也萬物伏藏於北方有常也中央爲嵩高者何嵩言其高大也說文云嶽東岱南靃西華北恒中泰室王者之所以巡狩所至此言漢制也風俗通義云東方泰山詩云泰山巖巖魯邦所瞻尊曰岱宗岱者長也萬物之始陰陽交代雲觸石而出膚寸而合不崇朝而徧雨天下其惟泰山乎故爲五嶽之長南方衡山一名霍霍者萬物盛長垂枝布葉霍然而大西方華山華者華也萬物滋然變華於西方也北方恒山恒者常也萬

物伏藏於北方有常也中央曰嵩高嵩者高也詩云嵩高惟嶽峻極于天嶽者捔功考德黜陟幽明也此以漢制傳合雅訓故以衡霍爲一山也孔穎達定從嵩高爲中嶽而以西嶽岳山爲非且爲之說曰若必據已所都以定方岳則五岳之名無代不改何則軒居上谷處恒山之西舜居蒲坂在華陰之北豈當據已所在改岳祀乎今案孔說非也古者五岳之祀豈以後言封禪刻石檢玉引爲受命之符乎夫固將因望秩之文修肆覲之禮行慶讓黜陟於天下也唐虞三代衆建諸侯曰覲班瑞羣后述職天子迺舉五載一巡守之典以考禮正刑一德巡狩所至必於名山穹隆之望爽塏之虛聚一方所觀瞻致其明禋修其典禮辨功考德慶讓遂行唐虞以霍太山爲岳是爲中岳名見禹貢而不著於帝典者霍太山在冀州帝都之內非巡狩所至故畧而不言周營成周華山在王畿之內故爲中嶽西方諸侯必當有朝覲之所故吳嶽爲西嶽周室既衰典章淪墜春秋之始鄭伯以泰山之祊易許田而巡狩之禮廢春秋之末季氏旅

於泰山而塋祀之禮亦廢吳嶽屬於秦衡山屬於楚儒者局於所聞毀所不見說五嶽者紛然殽亂因國語崇山之文而增益爲嵩高因嵩高之名而傳會於詩之崧高維嶽遂以崧高爲中岳之名豈知詩所謂崧高惟嶽者固指四嶽而言哉或謂五嶽所在唐虞周漢屢易其方然則後世亦可別指一山以爲嶽乎斯又有所不可也夫周立西嶽異於唐虞非好爲更易也因封建之制也封建旣廢則嶽祀當視其方位王者大一統而昭無外五方各嶽能興雲雨而有功德者以時秩祀豈必舍往訓而別定其方嶽哉此東岱西華南衡北恒中嵩高所出相沿不改爲五嶽之定名也【註】在奉高縣西北。【正義】漢書地理志泰山郡奉高縣有明堂博縣有泰山廟岱山在西北晉仍漢制泰山今在泰安府泰安縣北。在宏至西南。【正義】漢書地理志京兆華陰縣太華山在南有祠豫州山晉書地理志宏農郡華陰縣華山在縣南今華山在同州府華陰縣南十里。在衡至近也。【正義】郭云在衡陽湘南縣南者漢書地理志長沙國湘南縣禹貢衡山在東南荊州山晉書地理志衡陽郡湘南縣縣名仍漢舊衡陽郡爲長沙郡所分置也衡山在縣南古今所謂南岳也今衡山在衡州府衡山縣西郭云今在廬江灊縣西者漢書地理志廬江郡灊縣天柱山在南有祠晉仍漢制今灊山在安慶府潛山縣西北郭云即天柱山灊水所出者廣雅云霍山謂之天柱今謂之晥公山晥水出焉别流曰灊水合流入於江郭云漢武帝移其神於此者史記封禪書云上巡南郡至江陵而東登禮灊之天柱山號曰南嶽太史公意以天柱山本非南嶽武帝强號曰南嶽爾太平御覽引徐靈期南岳記云衡山者五嶽之南嶽也其來尚矣至于軒轅乃以灊霍之山爲副焉故爾雅曰霍山爲南嶽蓋因其副焉至漢武南巡又以衡山遼遠道隔江漢於是乃徙南嶽之祭於廬江灊山亦承軒轅副義也案軒轅以灊霍爲副於古籍無徵此海上怪迂之士妄引黄帝不足爲信漢武所据讖緯大率類此矣郭云南岳本自以兩山爲名非從近者郭意以衡霍爲一山也尚書大傳有中祀霍山

及莫南方霍山之文大傳爲後人裒集不盡可据應劭謂衡一名霍傳會漢制實則衡之與霍自爲兩山通典引三禮義宗云唐虞以衡山爲南岳周氏以霍山爲南嶽此見爾雅前後異文求其故而不得強爲之詞然未嘗不以衡山霍山爲二山也水經釋禹貢山水澤地云霍山爲南岳在盧江灊縣西南衡山在長沙湘南縣南是亦以霍山衡山爲二山也以爾雅前後覈之釋地所云梁山即爲衡山此由於聲之轉也釋山上云江南衡下云霍山爲南嶽即使衡山別名霍山不得一篇之中互舉其名況夫霍之爲義由於大山宮小山也今天柱山中峯小而四圍有大山以宮繞之衡州之衡山則中峯獨高而前後左右諸山皆在其下揆諸雅訓則天柱可名之曰霍衡山不得名之曰霍此可以目驗而知也然則爾雅此文何以云霍山爲南嶽蓋漢武以後諸儒所竄易也漢初儒者增益五嶽之名名於釋山篇末與封禪書同武帝以後復改衡爲霍以附合時制郭氏不悟其爲竄别遂遷就而爲之詞曰學者以霍山爲嶽始於漢武將

漢武在爾雅前乎夫爾雅固在漢武以前但郭氏所据之本果即漢武以前相傳之爾雅乎斯不得過信今本轉疑古訓也合經傳而總核之冀州之霍山與泰衡華恒唐虞之五嶽也華嶽泰恒衡周之五嶽也泰衡華恒嵩高漢初相傳之五嶽也泰華霍恒嵩高武帝所定之五岳也知漢以前五嶽無定名則不惑於羣說之膠轕矣或謂世所傳本定爲漢儒增易得毋勇於疑經乎斯又不然禮記或素或青雜以秦語左傳其處者爲劉氏明爲漢儒竄入則知漢儒增益經文正不必爲之揜護信古善述者斷不以一端之失而疑及全經爾○恒山至西北○正義漢書地理志常山郡上曲陽縣恒山北谷在西北有祠并州山晉仍漢制今恒山在定州曲陽縣西北郭註自在奉高縣西北至此舊本多闕今据禮記疏及詩疏補入○太室山也○正義漢書地理志潁川郡崈高縣武帝置以奉太室山是爲中岳有太室少室山廟古文以崇高爲外方山也水經註云合而言之爲崧高分而名之爲二室西南有少室東北有太室詩疏引孝

經鉤命決云中岳崧高是漢儒之說也今嵩山在河南府登封縣西

梁山晉望也【注】晉國所望祭者今在馮翊夏陽縣西北臨河上【正義】詩疏引孫炎云晉國所望祭也春秋成五年梁山崩公羊傳云梁山者何河上之山也穀梁傳云梁山崩壅遏河三日不流范甯集解云梁山晉之望也楊士勛疏云詩云奕奕梁山是韓國之鎮霍陽韓魏晉之地故云晉之望也集解又引鄭君曰望者祭山川之名也謂之晉望者猶左氏哀六年傳云江漢雎漳楚之望也【注】今在至西北○【正義】漢書地理志左馮翊夏陽縣禹貢梁山在西北晉書地理志馮翊郡夏陽縣梁山在西北今梁山在同州府郃陽韓城二縣境

爾雅正義卷第十二

爾雅正義卷第十三

文淵閣校理翰林院編修加三級教習庶吉士充國史館纂修官邵晉涵撰集

釋水第十二

【正義】洪範五行一曰水水曰潤下白虎通義五行篇水位在北北方北方者陰氣在黄泉之下任養萬物水之言準也養物平均有準則也說文云水準也北方之行象衆水竝流中有微陽之气也釋名云水準也準平物也此篇所釋始於原泉見水之有本也泉之所出或正或仄或從上下審測地勢俱可得泉故管子云水者地之血氣如筋脉之通流者也文選註引春秋元命包云水者五行始焉元氣之湊液也泉之所會爲川周語云川氣之導也澤水之鍾也天地成而聚于高歸物于下疏爲川谷以導其氣故谿谷溝澮轉相灌注也通川回川或決而復入或歸異出同孫子云水因地而制形又云水無常行故因其形而别其名也

涉水則爲揭爲厲乘舟則溯洄溯游言濟水之用也水之大者爲四瀆故乾鑿度云四瀆通情優游信潔後漢書註引河圖云天有四表以布精魄地有四瀆以出圖書也四瀆之大者莫若河故於河曲九河釋之較詳

泉一見一否爲瀸【註】瀸纔有貌【正義】說文云泉水原也瀸漬也原泉時出而不舍其有時出有時涸者謂之瀸言其泏漉纔有水也論衡是應篇引爾雅作一見一否曰瀸今本作爲瀸所見本異也說文引爾雅與今本同

井一有水一無水爲瀱汋【註】山海經云天井夏有水冬無水即此類也【正義】雜卦傳云井通也易釋文引周書云黄帝穿井世本云化益作井宋衷云化益伯益也說文云井八家一井象構韓形丶罋之象也汋激水聲也釋名云井清也泉之清潔者

也井一有水一無水曰瀱汋瀱竭也汋有水聲汋汋也井以養人而不窮其時見時否者别釋其名焉爲瀱汋說文作謂之瀱汋【註】山海至類也○【正義】中山經云視山其上多韭有井焉名曰天井夏有水冬竭是郭所據也釋山云夏有水冬無水鼎此指停潦而言瀱汋之井亦復時有時無郭氏舉類以曉人也孫子云地多陷曲名曰天井此言行軍險地與郭氏所引山海經義殊

濫泉正出正出涌出也【註】公羊傳曰直出直猶正也沃泉縣出縣出下出也【註】從上霤下氿泉穴出穴出仄出也【註】從旁出也此分釋之也○濫泉至涌出也○【正義】論衡云泉出之異輒有異名說文云濫濡上及下也詩曰畢沸濫泉今大雅桑柔篇作觱沸檻泉毛傳涌泉之源所由者深言泉之直出者其勢超涌故說文云涌滕也滕水超涌也釋名云水正出曰濫泉濫銜也如人口有所銜口闓則見

也詩疏引李巡云水泉從下上出曰涌泉呂氏春秋本味篇高原之山其上有涌泉焉隋書地理志襄陵郡梁縣有濫泉蓋後人依爾雅以爲名○沃泉至下出也○曹風云冽彼下泉毛傳泉下流也疏引李巡云水泉從上溜下出釋名云懸出曰沃泉水從上下有所灌沃也案說文云渼溉灌也高懸下溜之泉如相灌溉故謂之沃泉○氿泉穴出也○小雅大東云有冽氿泉毛傳側出曰氿泉疏引李巡云水泉從傍出名曰氿氿側出釋名云側出曰氿泉氿軌也流狹而長如車軌也說文作厬仄出泉也又云泬水從孔穴疾出也㲃側出泉也是側出之泉又名㲃也【註】公羊至正也○【正義】昭五年傳云濆泉者何直泉也直泉者何涌泉也徐彦疏謂此泉直上而出郭意以直訓爲正直上之濆泉即濫泉也釋名亦云水上出曰涌泉濆泉並是也

湀闢流川【註】通流過辨回川【註】旋流【正義】考工記云兩山之間必有川焉

管子度地篇水之出於他水溝流于大水及海者命曰川水說文云川貫穿通流水也虞書曰濬くㄍ距川言深くㄍ之水會爲川也釋名云川穿也穿地而流也㳄闢說文作㳄辟深水處也玉篇作㳄闢通泉川之回旋者名過辨

說文云淀回泉也

灉反入【註】即河水決出而復入者河之有灉猶江之有汜【正義】水之反入者名灉水經註云反入謂河決復入者也河之有灉猶漢之有潛也元和郡縣志云澭湖在巴陵縣南一十里爾雅曰河水決出復入者爲澭左傳定公四年吳人敗楚於雍澨五戰入郢即此是也是反入之水俱爲灉也【註】即河至有汜。【正義】下文云決復入爲汜郭以江之有汜證河之有灉明反入即爲復入也釋名云水從河出曰雍沛言在河岸限內時見壅出則沛然也

潬沙出【註】今河中呼水中沙堆爲潬【正義】水中有積沙上出者曰潬說文

云沙水散石也从水从少水少沙見燕肅云渾海中沙也商賈或泛海取提謂之登渾【註】今河至爲渾○【正義】元和郡縣志河南府河陽縣中渾城東魏孝靜帝元象元年築玉篇云江南人呼水中沙堆爲渾類篇云江東呼水中沙堆爲渾今河陽縣南有渾城

汧出不流【註】水泉潛出便自停成汙池【正義】水出泉而不達於通川者爲汧與水決之澤入於渭者同名而異實列子黃帝篇汧水之潘爲淵管子度地篇水出地而不流者命曰淵水書釋文引馬融云泉出而不流者謂之潛卽其類也【註】水泉至汙池○【正義】郭以汙池之水但有泉原而不達於通川故舉類以曉人也說文云小池爲汙楊倞荀子註汙停水之處

歸異出同流肥【註】毛詩傳曰所出同所歸異爲肥【正義】水經註引犍爲舍人云水異出流行合同曰肥案水經註馬溝水出朝歌城北東流南屈逕其城東又東流與

美溝合美溝水出朝歌西北大嶺下東流逕駱駝谷東逕朝歌城北又東南流注馬溝水又東南注淇水爲肥泉也酈道元以所出異所歸同爲肥義本舍人與郭氏殊釋名云所出同所歸異曰肥泉本同出時所浸潤少所歸各枝散而多似肥者也與郭意同【註】毛詩至爲肥。【正義】邶風泉水云我思肥泉毛傳所出同所歸異爲肥泉郭引毛傳省泉字水經註引爾雅作歸異出同曰肥

瀵大出尾下【註】今河東汾陰縣有水口如車輪許濆沸涌出其深無限名之爲瀵馮翊郃陽縣復有瀵亦如之相去數里而夾河河中陼上又有一瀵瀵原皆潛相通在汾陰者人壅其流以爲陂種稻呼其本所出處爲瀵魁此是也尾猶底也【正義】說文云瀵水浸也列子湯問篇壺領之山

有水湧出名曰神瀵一源分爲四張湛註山頂之泉曰瀵是水之出流盛大而底原深下者謂之瀵【註】今河至是也○【正義】水經註云瀵水出汾陰縣南四十里西去河三里平地開源濆泉上涌大幾如輪深則不測俗呼爲瀵魁古人壅其流以爲陂水種稻東西二百步南北百餘步與郃陽瀵水夾河河中渚上又有一瀵水皆相潛通故吕忱曰爾雅異出同流爲瀵水共水西北流歷蒲阪西西流注於河又云郃陽城北有瀵水南去二水各數里其水東逕其城内東入於河又於城内側中有瀵水東南出城注於河城南又有瀵水東流注於河元和郡縣志云中瀵水蒲池瀵水與南瀵水並在舊河西縣南五里今郃陽界内太平寰宇記云蒲州臨晉縣瀵水出縣西三十八里案吕忱所引爾雅與今本殊水之出同歸異者爲肥異出同流者爲瀵蓋古義也漢河東郡汾陰縣劉昭注補續漢志引郭註爲證晉因漢制監本晉書地理志作河東郡汾陽縣疑傳寫之譌今爲蒲州府滎河縣漢左馮翊郃陽縣晉爲馮翊郡郃陽縣今爲同州

府部陽縣監本作名之曰瀵呼其本所出處無所字今從宋本

水醮曰厬【註】謂水醮盡【正義】說文云醮盡也氿水厓枯土也爾雅曰水醮曰氿厬仄出泉也案說文所引氿厬二字與今本爾雅彼此互易玉篇云厬水盡也仄出曰氿泉與今本同

水自河出爲灉【註】書曰灉沮會同濟爲濋汶爲瀾洛爲波漢爲潛【註】書曰沱潛既道淮爲滸江爲沱【註】書曰岷山導江東別爲沱過爲洵潁爲沙汝爲濆【註】詩曰遵彼汝濆皆大水溢出別爲小水之名【正義】此釋大水溢出別爲小水之名也河濟淮江詳見下文四瀆汶入於泲洛入於河漢入於江過潁汝入於淮皆發原注四瀆者也其決出者又別爲小水。水自河出爲灉。上文云灉反入此又言水之自河溢出者亦名灉也水經註河水北與枝津合水受大河東北逕富平城所在分裂以溉田圍北流入河河之有灉若漢之有潛也漢書鄒陽傳申徒狄蹈雍之河顏師古註雍者河水溢出爲小流也是水之自河別者俱得名灉矣說文云河灉水在宋又云汳水受陳留浚儀陰溝至蒙爲灉水東入于泗案說文所云汳水至蒙爲灉水者水經所謂獲水也蒙爲宋地故云在宋水經又云東過滎陽縣北蒗蕩渠出焉註云河水又東逕卷縣北晉楚之戰晉軍爭濟舟中之指可掬楚莊祀河告成而還卽是處也淮南八間訓楚莊王勝晉於河雍之間是蒗蕩渠初出卽稱爲灉也水經又云瓠子河出東郡濮陽縣北河註云縣北十里卽瓠河口也爾雅曰水自河出爲灉是酈道元以瓠子河爲灉也洪河下注因勢曲蟠溢爲小水所在多有後人沿爾雅之文凡自河出之水多名灉焉○濟爲濋○水經註云汜水西分濟瀆東北逕濟陰郡南爾雅曰濟別爲濋呂忱曰水決復入爲汜廣異名也是酈氏以汜水爲濋水也○汶爲灂○釋文引李巡云灂溢也漢書地理

志泰山郡萊蕪縣禹貢汶水出西南入泲水經與漢
志同酈道元云淶水又南洸水注之呂忱曰洸水出
東平陽上承汶水於剛縣西闡亭東爾雅曰汶別爲
闡其猶洛之有波矣是洸水即闡水也註又引應劭
曰春秋經書齊人取讙及闡今闡亭是也杜預春秋
釋地曰闡在剛縣北瀾當作闡○洛爲波○漢書地
理志宏農郡上雒縣禹貢雒水出冢領山東北流至
鞏入河水經云洛水出京兆上洛縣讙舉山註云洛
水又東門水出焉爾雅所謂洛別爲波也又云門水
即洛水之枝流者也洛水自上洛縣東北於拒陽城
之西北分爲二水枝渠東北出爲門水也是門水即
波水也○漢爲潛○荀子註引李巡云漢水溢流爲
潛禹貢云嶓冢導漾東流爲漢漢書地理志隴西郡
氐道縣禹貢養水所出至武都爲漢又云武都郡武
都縣東漢水受氐道水一名沔過江夏謂之夏水入
江書疏引郭氏音義云有水從漢中沔陽縣南流至
梓橦漢壽入大穴中通岡山下西南潛出一名沔水
舊俗云即禹貢潛也史記正義引括地志云潛水一

名復水今名龍門水源出利州綿谷縣東龍門山大石穴下元和郡縣志緜谷縣潛水出縣東北龍門山書曰沱潛既道是也龍門山在縣東北八十二里太平寰宇記引梁州記蔥嶺山有石穴高數十丈其狀如門號爲龍門今四川保寧府廣元縣北龍門山潛水自此入穴通山伏流重出屈曲流至巴縣入大江即郭氏音義所云潛水也漢書地理志巴郡宕渠縣潛水西南入江水經與漢志同酈道元云潛水葢漢水枝分潛出故受其稱爾此别一潛水與郭氏義殊○淮爲滸○漢書地理志臨淮郡淮浦縣游水北入海水經註云淮水於縣枝分北爲游水爾雅曰淮别爲滸游水亦枝稱者也○江爲沱○太平寰宇記引李巡云江水溢出爲沱書疏引郭氏音義云沱水自蜀郡都安縣揃山與江别更流漢書地理志蜀郡郫縣禹貢江沱在西東入大江即郭氏所云沱水也後人謂之郫江今成都府灌縣東有都安故城○濄爲洵○說文云過水受淮陽扶溝浪湯渠東入淮又云洵過水中也水經註云陰溝始亂蒗蕩終别於沙而

過水出焉過過水受沙水於扶溝縣爾雅曰過爲洵郭景純曰大水泆爲小水也呂忱曰洵過水也水經註又云過水東南逕城父縣故城北沙水枝分注之水上承沙水於思善縣世謂之章水又云新溝東北注渠卽沙水也音蔡許愼正作沙音楚東有沙水謂此水也沙水東南逕城父縣西南枝津出焉俗謂之章水是酈道元以章水爲洵水矣過漢地理志作渦○潁爲沙○漢書地理志潁川郡陽城縣潁水所出東至下蔡入淮水經註臨潁縣潁水自縣西流注小㶏水出焉爾雅曰潁別爲沙郭景純曰皆大水溢出別爲小水之名也亦猶江別爲沱也是小㶏水卽沙水矣今謂之小㶏水會合潁水於今臨潁縣小商橋下○汝爲濆○淮南地形訓汝出猛山水經云汝水出河南梁縣勉鄉西天息山註云汝水東南逕奇雒城西北濆水出焉亦謂之大㶏水爾雅曰河有灉汝有濆然則濆者汝別也故其下夾水之邑猶流汝陽之名是或濆㶏之聲相近矣亦或下合㶏潁兼統厥稱爾史記正義引括地志云汝水源出汝州魯山縣西

伏牛山亦名猛山汝水至豫州郾城縣一名濆水爾雅曰河有灉汝有濆亦汝之别名案今郾城縣有大溵水卽大濦水也流合於汝卽郾道元所謂濆水矣括地志以濆爲汝之别名未聞其審說文引爾雅作汝爲涓涓涓小流也【註】書曰灉沮會同○【正義】禹貢兖州雷夏旣澤灉沮會同史記集解引鄭康成云雍水沮水相觸而合入此澤中地理志云雷澤在濟陰城陽縣西北張守節正義引括地志云雷夏澤在濮州雷澤縣郭外西北雍沮二水在雷澤西北平地也元和郡縣志云雷澤縣本漢郕陽縣灉水沮水二源俱出縣西北平地去縣十四里是禹貢沇州之灉水不自河出而郭氏引以證河出之灉未知何據司馬貞索隱引爾雅水自河出爲雍以證禹貢灉沮與郭氏同○沱潛旣道○【正義】禹貢荆州云沱潛旣道史記引作沱涔集解引鄭康成云水出江爲沱漢爲涔索隱云涔亦作潛潛出漢中安陽縣西北入漢梁州云沱潛旣道水經註引鄭康成云漢别爲潛其穴本小水積成澤流與漢合大禹自導漢疏通卽爲西漢水

也案漢書地理志安陽縣鬵谷水出西南北入漢索隱据以爲說然鬵谷水尾入漢耳非自漢出也鄭氏以西漢水爲潛與郭氏音義同水經註引劉澄之云有水從阿陽縣南至梓潼漢壽入大穴暗通岡山亦同郭義皆專指梁州之潛而言也○岷山至爲沱○

【正義】禹貢導水之文也水經云岷山在蜀郡氐道縣大江所出漢書地理志云蜀郡江原縣𨛬水首受江南至武陽入江鄭氏以爲沱之類與郭氏所指今爲郫江者義殊水經又云江水東至華容縣西夏水出焉書疏引鄭註云今南郡枝江縣有沱其尾入江首不於江出也華容有夏水首受江尾入沔葢此所謂沱也是鄭以夏水爲荊州之沱也○詩曰至汝濆○

【正義】周南文毛傳濆作墳

水決之澤爲汧【註】水決入澤中者亦名爲汧決復入爲汜【註】水出去復還

【正義】此釋水決之名也說文云決行流也水之決入者俱名爲汧決

出而反入者俱名爲氾後世有汧水氾水蓋依此名○水決至爲汧○水經註云渭水東逕郁夷縣故城南汧水入焉水出汧縣之蒲谷鄉弦中谷決爲弦蒲藪爾雅曰水決之澤爲汧汧之爲名實兼斯舉又云渭水東南出石門度小隴山逕南田縣南東與楚水合楚水又南流注於渭闞駰以是水爲汧水焉按諸地志汧水出汧縣西北蓋以其津流逕通而更攝其通稱矣○決復入爲氾○召南云江有氾毛傳用爾雅說文云氾水別復入水也釋名云水決復入爲氾氾已也如出有所爲畢已而還入也淮南道應訓至於河上而航在一氾是氾之名不專指江水而言矣

註水決至爲汧○正義郭云亦名爲汧所以別於上文之汧出而不流者也

古汧水今謂之汧陽河

河水清且瀾漪大波爲瀾註言渙瀾小波爲淪註言蘊淪直波爲徑註言徑涏正義魏風伐檀云河水清且漣猗又云河水清且直猗又

云河水清且淪猗此釋之也疏引李巡云分別水大小曲直之名大波爲瀾者說文云瀾或从連是漣即瀾之或體字也徐鍇云今俗音力延切毛傳風行水成文曰漣釋名云風吹水波成文曰瀾瀾連也波體轉流相及連也小波爲淪者釋文引韓詩云順流而風曰淪毛傳小風水成文轉如輪也釋名云水小波曰淪淪倫也水文相次有倫理也直波爲徑者毛傳直直波也釋名云水直波曰涇涇徑也言如道徑也說文云波水涌流也此引詩而釋之不盡引者省文【註】言徑涏○【正義】宋本作徑涏

江有沱河有灉汝有濆【註】此故上水別出耳所作者重見【正義】詩疏引李巡云江河汝旁有肥美之地是李巡以此爲地名與上文大水溢出別爲小水者異也劉昭續漢志註引地道記汝南郡汝陰縣有陶丘鄉詩所謂汝墳墳爲地名是其證郭以爲重見不從

李

義

滸水厓【註】水邊地【正義】釋丘云岸上滸又云涘為厓與
云水厓也所此相證明也說文漘涘滸瀕四字俱
以廣異名

水草交為湄【註】詩曰居河之湄【正義】秦風毛傳湄水溓
也疏引李巡云水中有
草木交會曰湄水經註引犍為舍人云水草木交會
也釋名云水草交曰湄湄眉也臨水如眉臨目也水
經川歸之處也【註】詩曰至之湄○【正義】小雅巧言文
今本湄作麋古字通左氏僖二十八年傳云余賜女
孟諸之麋太平寰宇記云
虞城孟諸澤俗呼為湄臺

濟有深涉【註】謂濟渡之處深則厲淺則揭揭者揭衣也
【註】謂褰裳也以衣涉水為厲【註】衣謂褌繇膝以下為
揭繇膝以上為涉繇帶以上為厲【註】繇自也【正義】此引邶風

匏有苦葉之詩而釋之也左傳疏引李巡云濟渡也水深則厲水淺則揭衣渡也不解衣而渡水曰厲孫炎云揭褰衣裳也以衣涉水濡褌也毛傳由膝以上爲涉以衣涉水爲厲謂由帶以上也揭褰衣也孔疏云傳不引爾雅由膝以下爲揭者畧耳爾雅以深淺無限故引詩以由帶以上由膝以下釋之明過此不可厲也揭者褰衣止得由膝以下若以上則褰衣不得渡當須以衣涉爲厲也見水不沒人可以衣渡故言由帶以上其實以由膝以上亦爲厲因文有三等故言由膝以上爲涉鄭註論語及服註左傳皆云由膝以上爲厲者以揭衣褰衣止由膝以下明膝以上至由帶以上總名厲也衆厲揭之義自來釋詩者無異說惟說文引詩作深則砅解云履石渡水也砅或作濿毛鄭詩考正引水經註河水篇云段國沙洲記吐谷渾於河上作橋謂之河厲此可證橋有厲之名詩之意以淺水可褰衣而過若水深則必依橋梁乃可過喻禮義之大防不可犯衛詩淇梁淇厲並稱厲固梁之屬也伸說文以匡爾雅其說辨矣然古字假

借義相貫通不得專主一解衛風言淇厲無妨橋有厲名至於深則厲之文當從雅訓不可易也何則漢世司馬相如劉向並是小學名家相如上林賦云越壑厲水大人賦云橫厲飛泉以正東劉向九歎云權舟杭以橫濿兮又云橫汨羅以下濿王逸云濿渡也由帶以上爲濿濿是相如劉向俱宗雅訓不以厲爲履石渡水也列子說符篇懸水三十仞圜流九十里有一丈夫方將厲之是厲爲以衣涉水也釋文引韓詩云至心曰厲謂之至心卽所云由帶以上是不獨毛傳本爾雅韓詩亦與爾雅同義也許氏撰五經異義主於各推所長合其要歸故說文引經文間存異義要皆折衷於爾雅其解涉字云徒行厲水也是許氏未嘗不以厲爲以衣涉水矣詩之意以涉水尚當度其淺深别居室可踰越於禮義乎反喻見意不必因履石渡水之解而傅合於橋梁也【註】衣謂褌○【正義】釋名云褌貫也貫兩脚上繫要中也郭氏以褌爲衣義本孫炎○繇自也○【正義】釋詁文

潛行爲泳【註】水底行也晏子春秋曰潛行逆流百步順流七里【正義】釋言云泳游也此復申釋其義也周南漢廣云不可泳思毛傳用爾雅說文云泳潛行水中也潛涉水也一曰藏也列子黃帝篇商丘開復從而泳之張湛註水底潛行曰泳【註】晏子至七里○【正義】晏子春秋所載古冶子之詞也今本晏子春秋作順流九里註引作七里蓋所見本異也詩疏引郭註亦作七里

汎汎楊舟紼縭維之紼繂也【註】繂索縭緌也【註】緌繫【正義】此引小雅采菽之文而釋之也毛傳紼繂也纚緌也是據爾雅爲義繂與繂同纚與縭同說文云紼亂系也繂絲屬詩疏引孫炎云繂大索也李巡云繂竹爲索所以維持舟者又引孫炎云舟止繫之於樹木戾竹爲大索是紼繂本絲索之屬戾竹爲大索亦爲紼也詩釋文引韓詩云纚筰也釋名云引舟者曰筰筰

作也作起也起起舟而使動行也筰與綆義同可以起舟使動行亦可繫舟而維持之矣劉向九歎云淩楊舟於會稽兮楊木之舟輕而易浮必竹筰維繫以制其行孔疏云紼訓爲繂繂是大綆縭訓爲綆綆又爲繫正謂舟之止息以綆繫而維持之

天子造舟註比船爲橋諸侯維舟註維連四船大夫方舟註併兩船士特舟註單船庶人乘泭註併木以渡

正義說文云舟船也古者共鼓貨狄刳木爲舟剡木爲楫以濟不通釋名云舟言周流也自天子至於庶人舟各有制鄭箋云天子造舟周制也殷時未有等制疏引王基云自殷以前質畧未有造維方特之差周公制禮因文王敬太姒重初昏行造舟遂即制之以爲天子禮著尊卑之差以爲後世法○天子造舟○大雅大明云造舟爲梁毛傳用爾雅方言云船舟謂之浮梁郭氏彼註云即今浮橋公羊疏引舊說云

以舟爲橋詣其上而行過故曰造舟言以舟爲梁故
謂之造造成也詩疏云造舟者比船於水加板其上
即今之浮橋故杜預云造舟爲梁則河橋之謂也周
制唯天子得用造舟左傳載秦公子鍼造舟於河周
禮之末失也○諸侯維舟○詩疏引李巡云中央前
後相維持曰維舟公羊疏引爾雅音義云維持使不
動搖也○大夫方舟○釋言云舫舟也此又釋其制
也方言云方舟謂之潢郭氏彼註云揚州人呼渡津
舫爲潢荆州人呼杭音横管子小匡篇遂至於西河
方舟設附○士特舟○淮南氾論訓窬木方版以爲
舟航高註窬空也方竝也空其中連其版後世所謂
扁舟也○庶人乘泭○釋言云舫泭也此又釋其制
也詳見上文【註】比船至以渡○【正義】造舟者孫炎云
比舟爲梁維舟者孫炎云維連四船方舟者李巡云
併兩船曰方舟特舟者李巡云一舟曰特舟泭者李
巡云編木以渡別尊卑也俱見公羊疏是郭註所本
也詩疏又引李巡云比其舟而渡曰造舟釋文
引郭圖云天子竝七船諸侯四大夫二士一

水注川曰谿注谿曰谷注谷曰溝注溝曰澮注澮曰瀆

【註】此皆道水轉相灌注所入之處名【正義】此辨水所注入之異名也水之大者爲川瀆各爲小水所灌注也○水注至曰谷○左傳疏引李巡云水出於山入於川曰谿公羊疏引李巡云水相屬曰谷谿澗出於山故孟子云固國不以山谿之險谿水能自達於大川故曰注川管子度地篇山之溝一有水一毋水者命曰谷水是谷水又小於谿故公羊傳云無障谷欲其能注谿也○注谷至曰瀆○山谷水有不盡注於谿者則注於溝自溝注於澮自澮注於瀆釋名云水注谷曰溝田間之水亦曰溝溝搆也從横相交搆也注溝曰澮澮會也小溝之所聚會也太平御覽引舊註云水流不絶曰瀆考工記匠人云廣四尺深四尺謂之溝廣二尋深二仞謂之澮澮水注於瀆與川相貫通也【註】此皆至處名○【正義】詩疏引舊註云皆以小注大大小異名郭氏上林賦註云自谿及瀆皆水相通注也言其

水相貫通也

逆流而上曰泝洄順流而下曰泝游【注】皆見詩【正義】說文云逆流而上曰泝洄泝向也水欲下違之而上也泝或作遡又云汓浮行水上也文選註引三倉云洄水轉也詩疏引孫炎云逆渡者逆流也順渡者順流也左氏文十年傳云沿漢泝江杜註泝逆流也莊十八年傳云閻敖游涌而逸杜註游涌水而走詩疏云逆順流皆謂渡水有順逆也【注】皆見詩○【正義】秦風蒹葭云遡洄從之毛傳用爾雅又云遡游從之毛傳順流而涉曰遡游

正絶流曰亂【注】直橫流也書曰亂于河【正義】大雅公劉云涉渭爲亂疏引孫炎云直橫渡也孔穎達云水以流爲順橫度則絶其流故爲亂【注】直橫至于河○【正義】直者正也郭所引書禹貢梁州之文

江河淮濟爲四瀆四瀆者發源注海者也【正義】史記引古文湯誥云古禹皐陶久勞於外東爲江北爲濟西爲河南爲淮四瀆已修萬民乃有居是禹奠大川四瀆已有定名覲禮云禮月與四瀆于北門外王制云四瀆視諸侯大宗伯言祀五岳不言四瀆鄭註以爲省文是也白虎通義云瀆者濁也中國垢濁發源東注海其功著大故稱瀆也風俗通義云尚書大傳禮三正記江河淮濟爲四瀆瀆者通也所以通中國垢濁民陵居殖五穀也江者貢也珍物可貢獻也河者播爲九流出龍圖也淮者均也均其務也濟者齊也齊其度量也釋名云江公也小水流入其中所公共也淮圍也圍繞揚州北界東至海也河下也隨地下處而通流也濟濟也源出河北濟河而南也海晦也主承垢濁其水黑如晦也廣雅云河何也餘所釋名義與風俗通義同四瀆發源注海者禹貢云導河積石岷山導江導沇水東流爲泲導淮自桐柏此言其施功所在也河出昆侖虛詳見下文漢書地理志蜀郡湔氐道禹

貢嶓山在西徼外江水所出東至江都入海南陽郡平氏縣禹貢桐柏大復山在東南淮水所出東南至淮陵入海河東郡垣縣禹貢王屋山在東北沇水所出東南至武德入河軼出滎陽北地中又東至琅槐入海江河淮濟力能挾衆小水以獨注於海故稱瀆焉管子度地篇水之出於山而流入於海者命曰經水水別於他水入於大水及海者命曰枝水是四瀆皆經水也諸小水之入於瀆者皆枝水也經枝既辨廣有所渟潴旁有所疏洩順其潤下之性由地中行故民得居安土自周末水官失職列國多設隄防控高挹下中塞旁溢水失其性妄行傷人常至危殆遷移瀆決史不絕書枝水時見時竭經水亦失其故瀆矣今江源出四川松潘衞邊徼外西番地之岷山至江南通州入海淮源出河南南陽府桐柏縣西南桐柏山至江南清河縣與河合流至安東縣入海濟源出河南懷慶府濟源縣之王屋山至武陟縣入於河說文源作原云水泉本也徐鉉云今別作源非是

水泉【正義】題上事也易云山下出泉孟子云原泉混混不舍晝夜管子地員篇五七三十五尺而至於泉呼聲中角其水倉四七二十八尺而至於泉呼音中商其水白而甘三七二十一尺而至於泉呼音中宮其泉黃而糗七二七十四尺而至於泉呼音中羽其泉鹹七尺而至於泉呼音中徵其水黑而苦是泉出之殊也水地篇云水者何也萬物之本原也水之本原在乎泉故總題水泉初學記引郭氏讚云川瀆綺錯渙瀾流帶潛潤旁通經營華外殊出同歸混之東會

水中可居者曰洲【正義】說文云水中可居曰州周遶其旁从重川昔堯遭洪水民居水中高土故曰九州詩曰在河之州徐鉉曰今別作洲非是釋名云水中可居者曰洲洲聚也人及鳥獸所聚息之處也詩疏引李巡云四方皆有水中央獨可居泉經音義引孫炎云水有平地可居者也釋文引郭圖

云水中自然可居爲洲方言云水中可居爲洲三輔
謂之淤蜀漢謂之䕯郭氏彼註云上林賦曰行乎洲
淤之浦也又上林賦註
云淤亦州名蜀人云

小洲曰渚 正義 渚釋文引韓詩云一溢一否曰渚釋名云小
洲曰渚渚遮也體高能遮水使從旁迴也高誘淮南
註云水中可居者曰渚是渚又爲水中可居之通名
故禮運云不使渚者居中
原釋文云陼字又作渚

小陼曰沚 正義 沚沚止也小可以止息其上也文選註引韓
詩宛在水中沚薛君章句大
渚曰沚大字疑傳寫之譌

小沚曰坻 正義 秦風蒹葭云宛在水中坻鄭箋坻水中
之高地也釋名云小沚曰泜泜遲也能小遏
水使流
遲也

人所爲潏【註】人力所作【正義】太平御覽引舍人云人力所作力水爲居止釋文引郭圖云人人亦於水中作洲而小不可止住者名潏水中地也釋名云人力所爲之曰潏潏術也堰使水鬱術也魚梁水碓之謂也案左氏襄二十四年傳云規偃豬偃俗體作堰

水中【正義】題上事也詩疏云江有渚傳云小洲也蒹葭傳谷風箋並云小渚曰沚並依爾雅爲說也采蘩傳曰沚渚鳧鷖傳曰渚沚互言以曉人也蒹葭傳云坻小渚也不言沚者沚渚大小異名耳坻亦小於渚故舉渚以言之是則洲渚沚坻皆水中高地雖大小異名可以互用故說文云坻小渚也或作渚

河出崑崙虛色白【註】山海經曰河出崑崙西北隅虛山下基也發源處高潔峻湊故水色白也【正義】釋丘云三成爲崑崙

丘崑崙山以三重得名爾雅言河水所出不曰崑崙之山而曰崑崙之虛言其地也書疏引李巡云昆侖山名虛山下地也釋文引李巡云河水始出其色白也孫炎說與李巡同又云白者西方之色也離騷云朝吾將濟于白水兮登閬風而緤馬白水謂河源之色白也河源所出之山唐人謂之紫山新唐書吐蕃傳劉元鼎使吐蕃還記其經見曰由洪濟梁西南行二千里水益狹春可涉秋夏乃勝舟其南三百里三山中高而四下曰紫山直大羊同國古所謂崑崙者也東距長安五千里河源其間流澄緩東北直莫賀延磧尾殆五百里廣五十里北自沙州西南入吐谷渾寖狹故號磧尾隱測其地盎劒南之西今西寧府界西南千四百餘里有大山厥色紫黑是產金銀唐人所謂紫山稱斯名矣自紫山以西又南迤西連諸山綿亘二千里其即古崑崙之虛與【註】山海至白也

○【正義】釋文引郭氏音義云禹本紀及山海經皆云河出崐崘山漢書曰張騫使西域窮河源其山多玉石而不見崐崘也世人皆以此疑河不出崐崘案山

海經曰東望泑澤河水之所潛也其源渾渾泡泡又云敦薨之水注于泑澤出于崐崘之西北隅實惟河源也西域傳又云河有兩源一出葱嶺山一出于闐于闐在南山下其河北流與葱嶺之河合東注鹽澤鹽澤一名蒲昌海去玉門陽關三百餘里輪廣三四百里其水亭居冬夏不增減皆以爲潛行地下而南出於積石山而爲中國河云然則河出崐崘便潛行地下至葱嶺及于闐復分流歧出也張騫所見葢謂此矣其去崐崘里數遠近所未得而詳也泑澤卽鹽澤也案今本山海經作出於崑崙之東北隅水經註引山海經與今本同郭氏引作西北隅疑傳寫之譌

蒲昌海去玉門陽關三百餘里水經註作千三百里漢書脫千字郭氏音義亦仍其脫文也河源自紫山延緜而西北抵葱嶺山海經所云西海之南流沙之瀕赤水之後黑水之前有大山名崐崘之丘葢不誣矣紫山直今河州積石關外千四百餘里行程二千七百餘里監本脫發源以下十四字今据釋文增入

書疏引郭註云發源高處激湊故水色白與釋文所

引字句微異釋文又引郭氏圖讚云崐崘三層號曰天柱實惟河源水之靈府

所渠并千七百一川色黃【註】潛流地中汩漱沙壤所受渠多眾水溷淆宜其濁黃【正義】說文云渠水所居釋文引李巡云水流而分交錯相穿故曰川也廣韻引蔡邕月令章句云眾流注海曰川水經註引楊泉物理論云河色黃者眾川之流蓋濁之也史記大宛傳張騫使西域還爲天子言于窴之西水皆西流注西海其東則東流注鹽澤鹽澤潛行地下其南則河源出焉騫所言蓋有見於所謂星宿海也河源自出紫山東南流屢折而東至星宿海約三百里星宿海遠以眾山平地有泉千百泓並涌望若列星山海經所謂渾渾泡泡也自星宿海東南流滙爲二巨澤又轉而東北五十餘里又折而東南百餘里至大嶺下又南百五十里地皆沙磧紺泉鉅澤分合不常眾流汩漱水漸變綠而黃又東南流屈曲七百餘里遶大雪山之南大雪山即禹貢之

積石矣又東北入河州歸德堡邊始名黃河又東北逕小積石山南唐宋以來所名之積石也水經註謂之唐述山塞外水無定名其流入於河者不可枚舉自入中國則渭洛汾漳諸大水各合小水以達於河川渠交併混混同流故水經註引考異郵云河者水之氣四瀆之精也

註 潛流至濁黃。

正義 書疏引郭註云潛流地中受渠衆多渾濁故水色黃與今本字句微異今鹽澤南積地數百里往往有小水上出成澤是潛行地中之證也釋文引字林云汩水聲急也

百里一小曲千里一曲一直

註 公羊傳曰河曲流河千里一曲一直

正義 釋文引李巡云水勢小曲乃大直也故曰小曲水陰節每一曲一直通無極也故曰千里一曲一直河源自紫山至歸德堡邊凡三大折流二千三百餘里又東流四百里逕小積石山又東北流千四百里至寧夏府出塞又自東而南八百餘里至平魯縣入塞又南流二千五百餘里

至於華陰折而東流出三門過底柱又東南逕孟津自孟津以下水道移徙非復禹蹟之舊矣河隨地為曲折千里百里約言之也【注】公羊至一直。【正義】文十二年傳云河曲疏矣河千里而一曲也何休注云河曲流郭氏兼采傳註以證河流十里一曲也一直二字疑衍文

河曲【正義】題上事也水經注引春秋說題辭云河之為言荷也荷精分布懷陰引度也孝經援神契云河者水之伯上應天漢新論云四瀆之源河最高而長從高注下水流激峻故其流急禹貢言導河始於積石淮南地形訓遂云河出積石是以施功所在為河源矣言河源者山海經多傳聞異詞惟爾雅為最古太史公引禹本紀言河出崑崙是爾雅所本也後世窮河源者屢易其名然譯音多與崑崙相近則知爾雅之義不可易矣塞外沙磧水流無定形水名無定稱故渠并之水其數終不可得而詳河勢善曲凡沿河而行俱

謂之
河曲

徒駭【註】今在成平縣義所未聞【正義】書疏引李巡云徒駭者禹疏九河以徒衆
起故曰徒駭孫炎云徒駭禹疏九河用功雖廣衆懼
不成故曰徒駭【註】今在至未聞○【正義】晉書地理志
博陵國安平縣郭氏言徒駭所在據漢書許商之言
也今河間府交河縣東有漢成平故城書疏云禹陳
九河云復其故道則名應先有不宜徒駭太史因禹
立名此郭氏所以未詳也或九河雖舊有名至禹治
水更別立名即
爾雅所云是也

太史【註】今所在未詳【正義】書疏引李巡云太史禹大使
徒衆通其水道故曰太史詩疏引
孫炎云太史者大使徒衆故依名云釋文引或云太
史者史官記事之處導河書云太史在德州安德縣
南經滄州臨津
[illegible]西未之詳也

馬頰【註】河勢上廣下狹狀如馬頰【正義】通典云馬頰在平原郡界元和郡縣志云德州安德縣馬頰河在縣南五十里平昌縣馬頰河在縣南十里【註】河勢至馬頰○【正義】釋文引李巡孫炎云河勢上高下狹狀如馬頰也是郭註所本也

覆鬴【註】水中可居往往而有狀如覆釜【正義】通典云覆釜在平原郡界導河書云覆釜在永靜軍阜城縣東經東光縣西北【註】水中至覆釜○【正義】詩疏引李巡云覆釜者水多渚其渚往往而處狀如覆釜釋文引孫炎云水中多渚往往而有可居之處狀如覆釜之形郭氏音云鬴古釜字監本郭註作水中可居而有狀如覆釜今從宋本禹貢指南引郭註與宋本同

胡蘇【註】東光縣今有胡蘇亭其義未詳【正義】詩疏引李巡云胡蘇者其水下流故曰胡蘇胡下也蘇流也孫炎云胡蘇者水流多散胡蘇然顏師古漢書註云胡蘇下流急疾之

貌也【註】東光至蘇亭。【正義】郭氏據許商之言以亭名爲證也漢書地理志渤海郡東光縣有胡蘇亭晉仍漢制今河閒府東光縣有漢東光故城監本光作茪書疏引郭註作光宋本亦作光本或作茪誤

簡【註】水道簡易【正義】書疏引李巡云簡大也河水深而大也詩疏引孫炎云簡者水通易也史記正義云簡在貝州歷亭縣界

絜【註】水多約絜【正義】書疏引李巡云絜言河水多山石治之苦絜絜苦也釋文引孫炎云水多約絜輿地廣記云簡絜在臨津金史地理志南皮縣有潔河

鉤般【註】水曲如鉤流般桓也【正義】書疏引李巡云鉤盤言河水曲如鉤屈折如盤也釋文云李本作股云水曲如鉤折如人股故曰鉤股陸氏所見李巡本與書疏異詩疏引孫炎云水曲如鉤般桓不前也釋文引郭氏音義云鬲般今皆爲縣屬平原郡案漢書地理志平原郡般縣顏師古註

引爾雅郭註爲證通典云鉤盤在景城郡元和郡縣志棣州陽信縣鉤盤河經縣北四十里太平寰宇記滄州樂陵縣鉤盤河在縣東南五十里

鬲津【註】水多阸狹可隔以爲津而横渡【正義】漢書地理志平原郡鬲縣平當以爲鬲津詩疏云徒駭是九河之最北者鬲津是九河之最南者爾雅之文從北而說也太史馬頰鉤盤文在胡蘇之上則三者在成平之南東光之北也簡絜覆釜文在胡蘇之下則三者在東光之南鬲縣之北也按九河次第詩疏以鉤盤列第四覆釜列第八陸氏釋文以覆鬴列第四鉤盤列第八所見本異也鬲縣故城在今德州北【註】水多至横渡○【正義】詩疏引李巡云鬲津者河水狹小可隔曰津故曰鬲津孫炎云鬲津者水多阸狹可隔以爲津而横渡也是郭註所本也

九河【正義】題上事也禹貢云九河既道又云北播爲九河同爲逆河入於海墨子兼愛篇

灑爲九澮淮南要畧云禹之時天下大水禹身執虆垂以爲民先剔河而道九岐高誘註剔洩去也九岐河水播岐而爲九以入海也莊子釋文云河從乾位來乾陽數九也漢書溝洫志許商以爲古說九河之名有徒駭胡蘇鬲津今見在成平東光鬲界中自鬲以北至徒駭間相去二百餘里今河雖數移徙不離此域後世言九河者唯許商之說爲可徵信故郭氏以爲據也釋文引郭氏音義云周時齊桓公塞九河并爲一自鬲津以北至徒駭二百餘里渤海東莞成平平原河間弓高以東往往有其處焉案郭氏音義本鄭康成書註爲說也書疏引春秋緯寶乾圖云移河爲界在齊呂塡閼八流以自廣公羊疏引尚書中候云齊桓之霸遏八流以自廣是鄭郭所本也八流既塞則河流併歸徒駭合九爲一旁無所洩中不能容至周定王五年河徙河患始此矣鄭云今河間弓高以東至平原

鬲盤往往有其遺處焉郭氏復述其言是漢晉之間九河遺處尚未盡湮但陵谷遷移難求實證故酈道元謂沙丘堰以北館陶廮陶貝丘鬲般廣川信都東光河間樂成以東城地並存川瀆多亡又云九河既播八枝代絕遺跡故稱往往時存故鬲盤列於東北徒駭瀆連漳絳同逆之狀灉分陂障之會猶存酈氏祗疏明洚水於九河遺跡不盡述其故稱蓋其慎也唐宋以後推尋地望九河所在務求備徵或取證單辭或併無左驗學者疑焉今聊述舊聞不加別擇唐人所述差為近之緬懷禹蹟八枝雖邈經流故道宜若可求云

從釋地已下至九河皆禹所名也 【正義】此釋地以下四篇之總題也呂刑云禹平水土主名山川大戴記五帝德云使禹敷土主名山川以利于民是禹奠山川因為各命以名也尹文子云形以定名名以定事事以檢名魯語云黃帝能成命百物以明民共財顓頊能修之自黃帝顓

項百物已有定名矣惟地丘山水爲禹所名故武梁祠堂畫像云夏禹長於地理釋丘釋山釋水統於釋地者禮記註引孝經說云地體卑順謙虚開張含泉任萌滋物歸中故以次類叙焉

爾雅正義卷十三

爾雅正義卷第十四

文淵閣校理翰林院編修加一級教習庶吉士充國史館纂修官邵晉涵撰集

爾雅卷下

釋草第十三

【正義】洪範以庶草蕃廡為五是來備之徵凡山澤園圃之草皆庶草也天官九職一曰三農生九穀二曰園圃毓草木三曰虞衡作山澤之材八曰臣妾聚斂疏材冢宰經制國用草木之殖分任以職正名辨類因其土宜故上無匱用下無曠土曲禮述殷制天子之六府其四為司草鄭註以為即周之稻人是庶草以稻為重司徒頒十二職事一曰稼穡二曰樹蓺三曰作材八曰斂材與冢宰職同其以土會之法辨其物生川澤宜膏物墳衍宜莢物原隰宜叢物鄭註謂膏當為櫜字之誤也蓮芡之屬有櫜韜莢物薺莢王棘之屬叢物萑葦之

屬辨壤知種以教稼穡樹蓺庶草所由蕃蕪也草與木皆根於下土垂枝於上故皆謂之倒生淮南原道訓云秋風下霜倒生挫傷高誘註草木首地而生故曰倒生其成實則草與木異文子尚德篇木實生於心草實生於莢是也此篇所釋或別其異名或詳其形狀或以類相從或前後互見多切於民用不徒爲興喻之資焉說文云艸百卉也徐鍇云總名也說文又云草草斗櫟實一曰象斗徐鉉云今俗以此爲艸木之艸

藿山韭茖山蔥葝山䪥蒚山蒜【註】今山中多有此菜皆如人家所種者茖蔥細莖大葉【正義】穀梁宣十五年傳云古者公田爲居井竈蔥韭盡取焉范甯註家作一園以種五菜是韭蔥薤蒜俱爲人家所常種內則云膾春用蔥豚春用韭脂用蔥膏用䪥又爲飲食所恒需也故先及之其生於山者別釋其名○藿山韭○說文云韭菜名一

種而久者故謂之韭象形在一之上一地也夏小正云正月囿有見韭囿也者園之燓者也豳風七月云四之日其蚤獻羔祭韭是夏小正以韭紀時豳風則以夏時仲春二月開冰先薦寢廟而祭用韭也春初百彙未昌唯韭先見於囿故薦時食者有取焉春秋繁露祭義篇釋四時之祭云春上豆實豆實韭也春之始所生也何休公羊傳亦云春薦尙韭卵夏小正又云初歲祭耒或曰祭韭也春祭尚韭由來舊矣曲禮云韭曰豐本鄭注豐茂也古者重豆實故爲別製以名與剛鬣柔毛同爲祝告之辭其謂之豐本者殆以韭爲易種而滋茂與韭之生於山中者名藿說文云藿艸也詩曰食鬱及藿說文據韓詩爲義早韭宜於春初六月食藿庶人之食也南山經云招搖山有草焉其狀如韭注引璨曰韭爾雅云藿山亦多之藿誤爲霍又以爲山名非也藿本作韱說文云韱山韭也○茖山蔥○說文云蔥菜也菜艸之可食者曲禮言進食之禮醯醬處內蔥渫處末鄭注渫蒸蔥也是蔥與醯醬皆進食所恒需也內則云麋鹿魚爲菹麕

為辟雞野豕為軒兔為宛脾切葱若薤實諸醯以柔之少儀與內則同鄭註云以醯與韲菜淹之殺肉及腥氣也是為菹者必用葱薤以柔和之矣葱之生於山中者名茖說文云茖艸也繫傳以為即管子所云齊桓公伐山戎出其山葱者是也衆經音義引爾雅舊註云茖一名山葱并州以北多饒茖葱也茖廣成頌謂之格見後漢書茖格古字通○勤山䪥○說文云䪥菜也形似韭少儀云為君子擇葱薤則絕其本末孔疏云本根也葱薤根不淨末萎乾故擇者必絕其二處是薤與葱皆君子所常御也䪥之生於山中者名勤蘇頌本草註云山薤與家薤相似而葉差大○蒚山蒜○說文云蒜葷菜也夏小正云十有二月納卵蒜卵蒜也者本如卵者也納者何也納之君也小正所謂卵蒜其即後世之獨瓣蒜與蒜之生於山中者名蒚本草蜀本註圖經云小蒜野生小者一名蒚是蒚為小蒜也物類相感志引孫炎云帝登蒚山遭蕕芋草毒將死得蒜乃嚙之解毒乃收植之能殺蟲魚之毒攝諸腥羶誤以蒚為山名疑非孫叔然之

說也【註】今山至大葉○【正義】郭以萑薊蒿之形體與常用之韭薤蒜大致相類特以生山中而異其名爾落葱細莖大葉者北山經云邊春山其草多葱韭郭氏彼註云葱一名茖大葉與此同

薜山蘄【註】廣雅曰山蘄當歸當歸今似蘄而麤大【正義】說文云蘄草也繫傳不言爲山蘄以草之名蘄者不一種也山蘄一名薜一名白蘄葉似山鞠窮七八月之間華其色紫【註】廣雅至麤大○【正義】本草云當歸一名乾歸不云名山蘄廣雅以爲山蘄郎當歸據時驗也郭云當歸今似蘄而麤大者釋文云蘄古芹字當歸葉似芹較麤大爾古今註謂古人相贈以芍藥相招以文無文無一名當歸芍藥一名將離故也說近凡俗然漢末人即有以當歸寄遠者是亦舊時相傳之說也

椵木堇櫬木堇【註】別二名也似李樹華朝生夕隕可食

或呼曰及亦曰王蒸【正義】此廣木堇之名也鄭風有女同車云顏如舜華毛傳舜木槿也說文舜作蕣莊子釋文引司馬彪云椿一名橓橓木槿也崔譔亦以爲橓華蓋因有木槿之名故橓字从木然木槿實爲草類是當從說文作蕣華矣月令仲夏之月木堇榮鄭註木堇王蒸也高誘呂氏春秋註云木堇朝榮暮落是月榮華可用作蒸雜家謂之朝生一名舜詩疏引陸璣疏云舜一名木槿一名櫬一名曰椵齊魯之間謂之王蒸今朝生暮落者也木堇易生之物今所在有之【註】別二至王蒸○【正義】詩疏引樊光云別二名也其樹如李其華朝生暮落與草同氣故在草中郭註畧本樊光禮記疏引郭氏云別二名可食或呼爲日及亦云王蒸其花朝生暮落與今木字句微異

朮山薊【註】本草云朮一名山薊今朮似薊而生山中楊枹薊【註】似薊而肥大今呼之馬薊【正義】此別朮之名類也朮之生於山

者名山薊楊一名枹薊卽朮也朮說文作茉繫傳以爲茉苗似薊也中山經云首山多茉芫郭氏彼註云茉山薊也今朮以山中自生者爲良故山薊直名之曰朮枹薊亦朮之類徐鍇以爲卽今赤朮是也【註】本草至山中○【正義】朮一名山薊神農本草之舊文後代名醫增益則曰一名山薑一名山連又引吳普本草云一名山芥一名天蘇所以廣異名也唯山薊之名合於爾雅餘皆方俗異語爾陶宏景云朮乃有兩種白朮葉大有毛而作椏根甜而少膏赤朮葉細無椏根小苦而多膏案爾雅別山薊枹薊之名陶註分朮爲二種者是也郭云朮似薊而生山中者顏之推以爲朮葉其體似薊徐鍇謂朮形似刺薊但萼別似杜鵑而青紫耳○似薊至馬薊○【正義】郭意以枹薊較大於山薊也後人釋本草者以枹薊爲白朮葢徒見於陶註謂白朮葉大而傳合其名殊不考郭氏所云肥大者不專指葉而言也今赤朮苗高二三尺葉抱莖而生色似棠梨近根之葉岐出若鋸齒蟠根如蘆較白朮爲肥大當從徐鍇之說以赤朮爲枹薊也

一名馬薊者枹馬聲之轉今人呼爲蒼朮

荊王蔧【註】王帚也似藜其樹可以爲掃蔧江東呼之曰落帚【正義】說文云蒚王蔧也廣韻作蒚王䔒徐鍇云今落帚草也今落帚或謂落藜初生時可食藜之類也【註】王帚至落帚○【正義】玉篇云王蔧王帚也草可爲帚與郭註同本草有地膚陶氏謂根苗可爲掃帚唐本云北人名涎衣草或云即落帚子也圖經云其苗即獨帚也

菉王芻【註】菉蓐也今呼鴟脚莎【正義】小雅采綠云終朝采綠鄭箋綠易得之菜也衛風淇奧云綠竹猗猗毛傳綠王芻也釋文云綠爾雅作菉音同詩疏引舍人云菉一名王芻李巡云一物二名說文云菉王芻又云藎艸也案本草藎草即王芻矣太平御覽引吳普本草云藎草一名黃草以其可染黃也唐本云葉似竹而細薄莖亦圓小【註】菉蓐至脚莎○【正義】詩疏引某氏曰菉鹿蓐也證

類本草引孫炎云卽蓐草也今呼爲鳴脚莎郭註本孫炎詩釋文引郭註作今呼白脚莎

拜蔏藋【註】蔏藋亦似藜【正義】拜一名蔏藋說文云藋釐艸也一曰拜商藋繫傳云商藋俗所謂灰藋也案今灰藋莖有紅縷葉銳而青其背則白葉有黑點若著沙矣四月初生可食五月高至數尺秋開細花色白結子如穗

蘩皤蒿【註】白蒿

蒿菣【註】今人呼青蒿香中炙啗者爲菣

蔚牡菣【註】無子者【正義】此別蒿之種與其異名也。蘩皤蒿。夏小正云二月采蘩蘩由胡由胡者蘩母也蘩母者旁勃也名南云于以采蘩于沼于沚左傳云蘋蘩薀藻之菜此蘩之主於水中者今溪沼間春生白蘩細脆可食古者夫人執蘩菜以助祭故鄭箋云以豆薦蘩菹蘩可以生蠶故豳風七月云春日遲遲采蘩祁祁水中之蘩至秋麤大秋盡水涸枯蘺陂塘遇風卷之則起爲蓬矣蘩亦有生於平地者詩疏引陸璣云凡艾白色爲皤蒿今白蒿春始生及秋香美可生食又可蒸一名游胡北海人謂之旁勃釋文引本草注云此蒿葉麤於青蒿從初生至枯白於衆蒿所在有之又云葉似艾葉上有白毛麤澀俗呼蓬蒿可以爲葅此言陸產之白蒿也○蒿菣○說文云菣香蒿也或作𦹗小雅鹿鳴云食野之蒿疏引陸璣云蒿青蒿也荆豫之間汝南汝陰皆云菣也案今青蒿所在有之根葉俱青其氣馥芬南人夏月以代茗飲故許叔重以爲香蒿○蔚牡菣○小雅蓼莪云匪莪伊蔚疏引舍人云蔚一名牡菣陸璣云牡蒿也三月始生七月華華似胡麻華而紫赤八月爲角角似小豆銳而長一名馬新蒿也案馬新廣雅作馬先郎因塵也因塵今謂之茵陳亦蒿之類然與牡蒿有別陸氏合爲一物殆考之不審也【注】白蒿○【正義】詩疏引孫炎云白蒿也郭注本孫炎采蘩毛傳云皤蒿也七月毛傳云白蒿也互文見意以皤即白也說文亦云蘩白蒿也○今人至爲菣○【正義】詩疏引孫炎云荆楚之間謂蒿爲菣某氏云江湖間

曰蔚是青蒿卽爲蔚郭云香中炙啗者爲蔚據時驗也今時青蒿俱香中炙啗○無子者○【正義】牡蒿之名因其無子也或曰子纖細不可辨故人以爲無子

齧彫蓬薦黍蓬【註】別蓬種類【正義】說文云蓬蒿也月令云藜莠蓬蒿並興蓬類至騣其生易殖別其種類則齧爲彫蓬薦爲黍蓬或以彫爲雕胡薦爲莊子所謂麋鹿所食之薦然未聞雕胡一名齧薦亦名黍蓬也名南騶虞云彼茁者蓬言蓬之初生至秋則卷爲飛蓬商君書云飛蓬遇飄風而行千里者乘風之勢也

蕈鼠莞【註】亦莞屬也纖細似龍須可以爲席蜀中出好者【正義】蕈一名鼠莞書疏引樊光云詩曰下莞上簟說文云莞艸也可以作席鼠莞卽莞之屬也【註】纖細至爲席○【正義】中山經云賈超山多龍修郭氏彼註云龍須也似莞而細出山石穴中可以爲席鼠莞

特龍須之
小者爾

葝鼠尾【注】可以染皂【正義】葝一名鼠尾吳普本草謂之山陵翹陶宏景云田野甚多人采作滋染皂今鼠尾草所在有之葉如蒿夏初莖生岐穗穗若車前其華或赤或白華莖葉俱可爲染是典染草所需也【注】可以染皂○【正義】太平御覽引孫炎云葝巨盈切可染皂郭注本孫炎

菥蓂大薺【注】薺葉細俗呼之曰老薺【正義】此别薺之異種也齊民要術引舍人云薺有小故言大薺廣雅云析蓂馬辛也案本草析蓂一名蕿析一名大蕺一名馬辛生川澤及道旁是析蓂特薺之細者非謂其大於常食之薺也呂氏春秋任地篇孟夏之昔殺三葉而大麥獲高誘注昔終也三葉薺葶歷菥蓂也是月之季枯死大麥熟而可穫高誘分薺與析蓂爲二是也陳藏器本草注以葶藶爲大薺誤矣下文云蒫薺實詳見下【注】薺葉至老薺○【正義】本草蜀本注云菥蓂似薺而葉細俗

呼爲老薺與郭註同

蒤虎杖【註】似紅草而麤大有細刺可以染赤【正義】蒤一名虎杖染草之屬也齊民要術載作杬子法如無杬皮代以虎杖則其根與杬皮相近【註】似紅至染赤○【正義】陶註本草云田野甚多狀如大馬蓼莖斑而葉圓與郭註畧同今虎杖似紅蓼

孟狼尾【註】似茅今人亦以覆屋【正義】孟一名狼尾太平御覽引廣志云狼尾子可作黍司馬相如子虛賦云其埤濕則生藏莨蒹葭史記集解引漢書音義云莨莨尾草也莨尾即狼尾矣郭氏彼註云藏莨草中牛馬芻即廣志所謂狼尾子也監本作孟今從宋本作孟

瓠棲瓣【註】瓠中瓣也詩云齒如瓠棲【正義】邶風云匏有苦葉毛傳匏謂之瓠瓠葉苦不可食也疏引陸璣云匏葉少時可爲羹又可淹煮極美故詩曰幡幡匏葉采之烹之今河南

及揚州人恒食之八月中堅强不可食故云苦葉案陸氏所謂八月中堅强不可食者特言其葉爾瓠甘可食故豳風云八月斷壺毛傳壺瓠也孔疏謂甘瓠可食就蔓斷取而食之小雅謂之甘瓠是也瓠中白膚史記所謂肥白如瓠也瓠棲爲瓣釋文引字林云瓜中實也【注】瓠中至瓠棲○【正義】詩疏引孫炎云棲瓠中瓣也郭注本孫炎齒如瓠棲衛風碩人文毛詩作瓠犀傳云瓠犀瓠瓣此言齒之潔白如瓠犀猶云齒如編貝也

茹藘茅蒐【注】今之蒨也可以染絳【正義】鄭風東門云茹藘在阪茹藘一名茅蒐染草也古者以茅蒐染韎韐而韎韐即爲茅蒐之轉聲小雅瞻彼洛矣云韎韐有奭毛傳韎韐者茅蒐染草也一曰韎韐所以代韠也鄭箋云韎韐者茅蒐染也茅蒐韎韐聲也韎韐祭服之韠合韋爲之鄭注士冠禮云韎韐緼韍也士緼韍而幽衡合韋爲之士染以茅蒐因以名焉今齊人名蒨爲韎韐詩疏引鄭

駁異義云韎草名齊魯之間言韎韐聲如茅蒐字當作韎陳留人謂之蒨是鄭君以韎為茅蒐之合聲蒨其別名也左傳疏引賈逵云一染曰韎韋昭云茅蒐今絳草也急疾呼茅蒐成韎此可與鄭君之說相證明矣蒨亦作茜說文云茜茅蒐也茅蒐茹藘人血所生可以染絳史記貨殖傳作茜廣雅作蒨音同相通用【注】今之至染絳○【正義】詩疏引李巡云茹藘一名茜可以染絳儀禮疏引孫炎云一名蒨可以染絳是郭註所本也詩疏引陸璣云一名地血齊人謂之茜徐州人謂之牛蔓別錄云茜草一名地血與陸氏同茜草生山谷蔓莚草木上方莖中空數寸一節每節四五葉相對葉如棗而上銳實如椒而小圜圖亦有種之者禮記疏云以蒨染之其色淺赤是也史記集解引徐廣曰茜一名紅藍其華染繒赤黃今紅藍花與茜草殊種徐廣牽合為一非也

果臝之實栝樓【注】今齊人呼之為天瓜【正義】豳風東山云果臝之實亦

施於宇毛傳果蠃栝樓也疏引李巡云栝樓子名也本草云栝樓葉如瓜葉形兩兩相値蔓延青黑色六月華七月實如瓜瓣是也孔疏所引本草葢唐本註也呂氏春秋云孟夏之月王善生高誘註云善或作瓜𤬪𤬏也是月乃生如高誘之說則月令所云王瓜即栝樓矣今栝樓四月生苗引蔓藤長及秋而華厥色淺黃秋末成實下垂如拳或長而銳或小而圓故詩與爾雅皆言其實焉栝樓當從說文作苦蔞通作

𤬪𤬏【註】今齊至天瓜○【正義】詩疏引孫炎云齊人謂之天瓜郭註本孫炎名爲天瓜殆取義於王瓜與本草云栝樓一名地樓吳普本草作一名澤巨一名澤姑。

荼苦菜【註】詩曰誰謂荼苦苦菜可食【正義】荼一名苦菜夏小正云正月取荼荼也者以爲君薦蔣也是孟春已取荼矣月令云孟夏之月苦菜秀此言其𣪺秀之時耳苦菜四時有之釋文引通卦驗元圖云苦菜生於寒秋歷冬歷春得夏乃成月令並舉王瓜苦菜一言其生一言其成

也荼味苦故曰苦菜唐風云采苦采苦直名之爲苦徐鍇以爲卽野苦苣陸德明以爲葉似苦苣亦堪食但苦耳詩疏引陸璣疏乃云苦菜生山田及澤中得霜甜脆而美所謂堇荼如飴內則云濡豚包苦用苦菜是也案霜後之菜多轉爲甜非其本質大雅所云周原膴膴堇荼如飴迺是言周原之美雖堇荼亦甘若飴爾非謂荼菜本作甘也以今驗之菜之爲苦稱斯名矣【註】詩曰至可食○【正義】誰謂荼苦邶風谷風文大雅疏引孫炎云苦菜可食也郭註本孫炎本草云苦菜一名荼草一名選生益州川谷別錄云一名游冬生山陵道旁冬不死案苦菜卽今苦蕒葉似苦苣而細斷之有白汁華黃似菊所在有之陶註本草誤疑爲茗徐鍇繫傳復仍其誤陸德明云荼今在釋草篇本草爲菜上品陶宏景乃疑是茗失之矣釋木篇有檟苦荼乃是茗耳依於雅訓證明本草陸氏得其實矣

萑蓷【註】今茺蔚也葉似荏方莖白華華生節間又名益

母廣雅云【正義】萑一名蓷王風云中谷有蓷毛傳蓷
鵻也詩釋文引韓詩云茺蔚也茺蔚生海
濵池澤其性宜水而毛傳以爲傷於水者注谿之谷
不能長庶草也詩疏引陸璣疏云舊說及魏博士濟
陰周元明皆云菴閭是也韓詩及三倉說悉云益母
故曾子見益母而感按本草云益母茺蔚也一名益
母故劉歆曰蓷臭穢臭穢即茺蔚也今案陸疏引劉
歆說即其爾雅之註詩疏引李巡云臭穢草也與劉
歆同【注】今茺至雅云。【正義】釋文引本草茺蔚子一
名益母一名大札一名益明一名貞蔚陶註云處處
生葉如荏方莖子細長三楞白華華生節間是郭註
所本也廣雅云益母茺蔚也詩疏引郭註葉似荏作
葉似
萑

虉綬【注】小草有雜色似綬【正義】陳風防有鵲巢云邛有
有旨鷊毛傳鷊綬草也鷊亦
作虉類篇引詩作旨虉虉綬也詩疏引陸璣疏云虉
五色作綬文故曰綬草案詩上云旨苕陸疏以爲苕

可生食此云青鷊亦當爲可食之
草今陳州云有緌草未之覩也

粢稷【注】今江東人呼粟爲粢衆秫【注】謂黏粟也【正義】此釋稷之異名及稷之黏者之異名也。粢稷。說文云稷齋也五穀之長齋稷也或作𥝩粢前人釋稷多異說以今驗之卽北方所謂稷米也月令孟春行冬令則首種不入鄭注云舊說首種謂稷淮南時則訓作首稼不入高誘注云百穀惟稷先種故曰首稼孔疏引考靈曜云日中星鳥可以種稷則百穀之內稷最先種故云首種首卽先也種在百穀之先也今北方種稷者正月土膏脉發卽可布種說文所謂五穀之長以先種爲長也月令又云中央土食稷與牛鄭注亦以稷爲五穀之長白虎通義社稷篇云稷五穀之長故立稷而祭之也稷者得陰陽中和之氣而用尤多故爲長也蓋稷具中和之氣協於土德利以養人故盧辯大戴禮注云庶人無常牲以稷爲主賈邦疏謂豐年之時賤者猶食稷是稷爲庶民所恒食厥利孔溥古者重民食所由以稷名官又奉稷而祀之也稷既爲庶民所恒食則不以爲珍貴玉藻云朔月四簋子卯稷食四簋謂備稻粱黍稷忌日則無稻粱黍而下同於庶民之食也今北方恒食以稷而餉客以稻亦猶行古之道與稷謂之粢者左氏桓二年傳云粢食不鑿又曲禮云稷曰明粢王劭勘晉宋古本俱無此句然明粢之文合於爾雅亦可無致疑矣○衆秫○衆一名秫說文云秫稷之黏者即今北方所謂黃米也與稷米相似而乖穗較疏可以釀酒故月令仲冬乃命大酋秫稻必齊麴蘗必時以秫與稻皆可爲酒也又可爲餌餈酏粥之屬故內則云菽麥蕡稻黍粱秫唯所欲蓋老者不使稷食而稷之黏者則可以養老也鄭司農釋九穀之名並舉稷秫後鄭不從者以秫即是粘稷不可分爲二也後世於他穀之黏者通稱爲秫廣韻云秫穤也此假借以爲名耳注今江至爲粢○正義左傳疏引舍人云粢一名稷稷粟也齊民要術引孫炎註與舍人同後世以粟爲粱多疑舊註爲誤然古者以粟爲穀之總名猶後人以穀爲總

名也今北方呼稷為穀子其米為小米是猶古人以稷為粟也稷為總名又通於粢盛之名故謂粟為粢今以後世所命名區分五穀則稷粟即為小米○謂黏粟也○正義齊民要術引孫炎云黏粟也郭註本孫炎釋文云江東人皆呼稻米為秫米此郎晉人所謂公田種秫也以稻之穤者為秫至今俗語猶然要皆假借之名耳釋文又云北間自有秫穀全與粟相似米黏北人用之釀酒其莖稈似禾而麤大也案今北方釀酒以黃米

戎叔謂之荏菽註即胡豆也正義大雅生民云蓺之荏菽此釋之也菽陸本作尗說文云尗豆也象尗豆生之形也今經傳通作菽生民毛傳云荏菽戎菽也鄭箋戎菽大豆也疏引孫炎云大豆也戎叔謂之荏菽者釋詁云戎壬大也壬通作任又通作荏是戎荏皆言大也先後鄭釋周官九穀皆分大豆小豆為二種農桑輯要引氾勝之書云大豆保歲易為宜古之所以備凶年也王禎農書云

大豆有白黑黃三種白者粥飲皆可拌食是也夏小正云五月初昏大火中大火者心也心中種黍菽糜時也淮南主術訓亦云大火中則種黍菽今南方種大豆者多於二月氾勝之書云三月榆莢時有雨高田可種大豆夏至後二十日尚可種是種菽有蚤晚晚者以五月爲期也菽之穫在後小雅小明云歲聿云暮采蕭穫菽而豳風又云七月亨葵及菽蓋種有蚤晚故穫有先後矣春秋定元年十月隕霜殺菽顔師古漢書註以爲菽大豆周之十月於夏爲八月菽尚未穫霜早則爲災也**註**即胡豆也○**正義**詩疏引舍人樊光李巡皆云今以爲胡豆是郭註所本也又引郭氏云春秋齊侯來獻戎捷穀梁傳曰戎菽也管子亦云北伐山戎出冬葱及戎菽布之天下今之胡豆是也案詩疏所引郭說蓋郭氏音義之文郭所引春秋莊三十一年文也逸周書王會篇云山戎菽徐邈穀梁註亦云今之胡豆與郭註同然荏菽爲后稷所樹不應至桓公始布天下孫炎原本鄭箋以爲大豆者是也

卉草【注】百草總名【正義】說文云卉艸之總名也禹貢云鳥夷卉服鄭注云揚州下溼故衣草服貢其服者以給天子之官也小雅四月云百卉具腓書疏引舍人云凡百草一名卉

蒮雀弁【注】未詳【正義】下文云蔨蔖陸璣疏云一名爵弁爵與雀古通用詳見下

蘥雀麥【注】即燕麥也【正義】蘥一名雀麥說文作爵麥今雀麥自生田野間農家多棄而不刈枚乘七發云穱麥服處躁中煩外李善注以穱麥分𠝹而食馬馬肥故中躁而外煩也是古者嘗以飼馬矣【注】即燕麥也○【正義】本草蘇恭注云所在有之生故墟野林下苗葉似小麥而弱其實似穬麥而細太平御覽引古歌云道旁燕麥何嘗可穫蓋苗雖似麥而與麥異類吳都賦云穱秀菰穗於是乎在則與菰同爲原隰間草也

蘾烏薞菟荄蘩菟蒵【注】皆未詳【正義】蘾一名烏薞下文又云澤烏蘾形狀

所未詳也蘞一名菟荄說文云蘞白蘞也或作蘞繫傳云本草白蘞藥也一名兔荄籐生根似天門冬一株下有十許案唐風葛生云蘞蔓於野毛傳蘞生蔓於野疏引陸璣疏云蘞似栝樓葉盛而細其子正黑如燕薁不可食也幽州人謂之烏服其莖葉煑以哺牛除熱是也蘩一名菟荄下文云菟荄顆涷郎款冬也詳見下

黃菟瓜【註】菟瓜似土瓜【正義】黃一名菟瓜說文云黃兔瓜也舊疏云苗及實似土瓜土瓜者郎王瓜也未聞其審太平御覽引孫炎云一名瓜裂也則下文茢字當上屬

茢薽豕首【註】本草曰彘顱一名蟾蜍蘭今江東呼豨首可以熁蠶蛹【正義】說文云薽豕首也是薽一名豕首與郭異讀玉篇連引茢薽與郭同也鄭註地官典染草以豕首爲染草之屬呂氏春秋任地篇云豨首生而麥無葉高誘註豨首草名也至其生

時麥無葉皆成熟也豕後世言染草者不數豕首然其狀似藍則爲藍草之類其抽條以夏秋則其生之時爲麥盡登之時也【註】本草至蠶蛹○【正義】本草云天名精一名麥句薑一名蝦蟇藍一名豕首別錄云一名彘顱一名蟾蜍蘭圖經云天名精生平原川澤今江湖間皆有之夏秋抽條頗如薄荷花紫白色葉如菘葉而小故南人謂之地菘香氣似蘭故名蟾蜍蘭狀如藍故名蝦蟇藍其味甘辛故名麥句薑一名豕首爾雅所謂茢薽豕首也江東人用此煼蠶蛹五月採梟郭氏以麥句薑爲即下文之蘧麥蓋別据廣雅不盡從本草以今驗之本草爲覈

荓馬帚【註】似著可以爲埽彗【正義】荓一名馬帚夏小正云七月荓秀荓也者馬帚也廣雅云馬帚屈馬第也管子地員篇云蔞下於荓【註】似蓍至埽彗○【正義】說文云蓍蒿屬生千歲三百莖案荓草似蓍則亦蒿屬也李時珍云此卽蒿草謂其可爲馬刷故名馬帚今河南人謂之鐵掃帚

蒐懷羊【注】未詳【正義】蒐一名懷羊西京賦云戎葵懷羊其形狀未聞玉篇蒐作瘣

茭牛蘄【注】今馬蘄葉細銳似芹亦可食【正義】茭一名牛蘄說文云茭牛蘄艸也【注】今馬至可食○【正義】本草蜀本引孫炎云似芹而葉細銳可食菜也郭注本孫炎唐本注云馬蘄生水澤旁苗似鬼針恭菜等嫩時可食花青白色子黃黑色似防風子

葖蘆萉【注】萉宜爲菔蘆菔蕪菁屬紫花大根俗呼雹葖【正義】葖一名蘆菔方言云蕪青其紫華者謂之蘆菔郭氏彼注云今江東名爲溫菘實如小豆說文云蘆菔似蕪青實如小尗者蘩傳云今之蘿蔔也案蘆菔有大小二種方言說文皆舉小者言之亦有細而長者謂之支羅服潛夫論思賢篇云治疾當得人參反得支羅服當得麥門冬反蒸穬麥已而不識真合而服之病以增劇不自知爲人所欺也【注】萉宜至雹葖○【正義】萉宜爲菔者後漢書注引爾雅作葖蘆菔是

爾雅別本有作蘆菔者矣紫花大根者指其大者而言今人多掘之生噉亦煮而食俗呼雹葖者太平御覽引廣志云蘆菔一名雹葖

周密云四川人猶呼為葖

淔灌【注】未詳茵芝【注】芝一歲三華瑞草【正義】釋文引聲類云淔灌茵芝也是淔灌一名茵芝郭以淔灌為未詳是茵一名芝也說文云芝神草也繫傳云今人所見皆元紫二色如鹿角或如繖蓋皆堅實而芳香或叩之有聲本草有青赤黃白黑紫六色【注】芝一至瑞草○【正義】屈原九歌云采三秀兮於山間王逸注三秀芝草因一歲三華而名之也淮南說山訓云采芝生於山而不能生於盤石論衡以為土氣和故芝草生也

筍竹萌【注】初生者簜竹【注】竹別名儀禮曰簜在建鼓之間謂簫管之屬○【正義】此釋竹初生之名及其異名也筍竹萌○詩疏引孫炎云竹初萌

生謂之筍說文云筍竹胎也筍爲豆實又可爲餗天官醢人加豆之實有筍菹鼎卦爻詞云覆公餗鄭註云糝謂之餗震爲竹竹萌曰筍筍者餗之爲菜也大雅韓奕云其餗維何維筍及蒲齊民要術引陸璣疏云筍竹萌也皆四月生唯巴竹筍八月生盡九月成都有筍及冬始生長數寸鬻以苦酒豉汁浸之可下酒及食又可米藏以待冬月也。簜竹。書疏引孫炎云竹闊節者曰簜說文云簜大竹也夏書曰瑤琨筱簜簜可爲幹筱可爲矢地官掌節云以英簜輔之後漢書引干寶註云英刻書也簜竹萌也案簜非竹萌且竹萌不可以刻書掌節所謂簜是竹之闊節者耳書疏又引李巡云竹節相去一丈曰簜今雲南蒼甸山中有巨竹數尺一節俗名竹曰簜與李巡之說相近此大竹之異種也【註】竹別至之屬。【正義】郭意以竹別名簜無侯分大小也大射儀云簜在建鼓之間鄭註簜竹也謂笙簫之屬郭引大射儀兼用康成之說以證竹之可爲簫管者皆得名爲簜也莪蘿【註】今莪蒿也亦曰藁蒿【正義】詩疏引舍人云莪一名蘿莪蘿以聲近爲名也毛傳云莪蘿蒿也是莪爲蒿類小雅云蓼蓼者莪匪莪伊蒿又云匪莪伊蔚李時珍謂莪抱根叢生俗謂之抱孃蒿此孝子不得終養者所由見之而興感與莪澤洳之草亦生高岡至春早茂故小雅言菁菁者莪爲長育人材之象又以在彼中阿在彼中沚在彼中陵見育材之廣焉【註】今莪至藁蒿○【正義】詩疏引陸璣疏云莪蒿也一名蘿蒿生澤田漸洳之處葉似邪蒿而細三月中莖可生食又可蒸香美味頗似蔞蒿郭云亦曰藁蒿者廣雅云莪蒿藁蒿也太平御覽引廣志與廣雅同

苨菧苨【註】薺苨【正義】苨一名菧苨本草別錄有薺苨陶註云根莖都似人參而葉小異別本註云根似桔梗以無心爲異圖經云今川蜀江浙皆有之潤州尤多人家收以爲果菜或作脯噉味甚甘美

經履【註】未詳

莕接余其葉苻【注】叢生水中葉圓在莖端長短隨流水深淺江東菹食之亦呼爲莕音杏【正義】說文云莕菨餘也莕或作荇顏氏家訓引爾雅作荇菨余今本作莕接余其葉名爲苻也周南關雎云參差荇菜齊民要術引陸璣疏云接余其葉白莖紫赤正圓徑寸餘浮在水上根在水底與水深淺等大如釵股上青下白以苦酒浸之脆美可案酒其華爲蒲黃色【注】叢生至音杏○【正義】顏氏家訓謂先儒訓釋皆云水草圓葉細莖隨水淺深是郭注本於舊說也家訓又云今是水悉有之黃花似蓴江南俗亦呼爲猪蓴或呼爲荇菜是也監本作隨水深淺江東食之今從太平御覽增流字齊民要術增菹字又監本作亦呼莕無爲字及音杏二字今從宋本增

白華野菅【注】菅茅屬詩曰白華菅兮【正義】說文云菅茅也此别其名也詩

疏引舍人云白華一名野菅既夕禮云菅筲三其實皆瀹是菅可爲筲故喪禮以盛黍稷麥皆淹漬之也菅草雜生田野而根可入藥故左氏成九年傳云無棄菅蒯又可漚以爲索故陳風東門之池云可以漚菅疏引陸璣疏云菅似茅而滑澤無毛根下五寸中有白粉者柔韌宜爲索漚乃尤善矣【注】菅茅至菅兮○【正義】廣雅以菅爲茅與說文同郭氏以爲茅之屬也白華菅兮小雅白華文毛傳云白華野菅也已漚爲菅鄭箋云白華於野已漚名之爲菅孔疏云漚之柔韌異其名謂之爲菅因謂在野未漚者爲野菅也

薜白蘄【注】即上山蘄【正義】上文云薜山蘄郎當歸又名白蘄以白者爲尚也

菲芴【注】即土瓜也【正義】詩疏引某氏注引詩采葑采菲邶風谷風之詞也菲一名芴左傳疏引孫炎云葍類也案鄭箋以菲爲葍之類孫炎本鄭箋爲義也詩疏引陸璣疏云菲似葍莖麤葉厚而長有毛三月烝鬻爲茹滑美可作羹幽州人謂之芴爾雅謂之蒠菜今河內謂之宿菜是陸璣以爲芴即蒠

萊矣孔穎達云菲也芴也葸菜也土瓜也宿菜也五者一物也其狀似葍而非葍故云葍類【注】卽土瓜也○【正義】圖經本草云爾雅黃菟瓜郭璞云似土瓜而土瓜自謂之藈姑又名鉤藈則菟瓜別是一物也又曰非芴亦謂之土瓜異類同名甚多不可不辨

葍䔰【注】大葉白華根如指正白可啖【正義】小雅我行其野云言采其葍此釋之也葍一名䔰毛傳云葍惡菜也齊民要術引陸璣疏云河東漢中謂之䔰幽兗謂之燕䔰一名爵弁一名蔓根正白著熱灰中溫啖之飢荒可蒸以禦饑漢祭甘泉或用之其華有兩種一種莖葉細而香一種莖赤而有臭氣【注】大葉至可啖○【正義】此卽陸璣所云莖細而香者行野詩人所采以禦飢荒者也下文云藚茅則陸璣所謂莖赤而有臭氣者也

熒委萎【注】藥草也葉似竹大者如箭竿有節葉狹而長

表白裏青根大如指長一二尺可啖【正義】熒一名委

萎也本草云女萎生山谷太平御覽引吳普本草云

女萎一名葳蕤一名玉馬一名地節一名蟲蟬一名

烏萎一名熒一名玉竹生太山山谷葉青黃相值如

蘆【注】藥草至可啖○【正義】圖經本草云莖幹强直似

竹箭幹有節葉狹而長表白裏青亦類黃精而

多鬚大如指長一二尺三月開青花結圓實

蒴芀熒【注】未詳【正義】蒴說文作朐熒玉篇作熒中山經云熊耳之山有草焉其狀如蘇而赤華

名曰葶薴可以毒魚葶

薴疑即芀熒聲相近也

竹萹蓄【注】似小藜赤莖節好生道傍可食又殺蟲【正義】詩疏

引李巡云一物二名孫炎某氏皆引詩綠竹猗猗釋

文引韓詩作薄萹筑說文亦云薄水萹茿也竹一名

萹蓄又謂之萹薄離騷云解萹薄與雜菜兮洪興祖

補注引本草呼爲萹竹是也詩疏引陸璣疏云綠竹

一草名其莖葉似竹青綠色高數尺今淇澳生此人謂此爲綠竹案陸氏以綠竹爲一草非也毛傳云綠王芻也竹萹竹也依於爾雅分綠竹爲二草詩又言綠竹如簀言王芻與萹蓄蔓地如簀矣後人或以綠竹爲卽淇衛之竹箭夫詩言籊籊竹竿以釣於淇則淇上固多竹箭特不可以釋淇澳之詩酈道元云漢武塞決河斬淇園之竹木以爲用寇恂爲河內伐竹淇川治矢百餘萬以爲軍資今通望淇川無復此竹惟王芻編草不異毛典是酈道元在北魏時已云淇上所有唯王芻萹草而陸德明仍引陸璣之說以爲證未可信也今淇水之間無所謂綠竹者【注】似小至殺蟲○【正義】本草陶注云處處有之布地而生節間白華葉細綠人呼爲萹竹煮汁飲小兒療蚘蟲

葴寒漿【注】今酸漿草江東呼曰苦葴【正義】葴一名寒漿與下文馬藍同名而異實也本草謂之酸漿太平御覽引吳普云酸漿一名酢漿陶注云處處人家多有葉亦可食子作房

房中有子如梅李大皆黃赤色釋文本寒作葉【註】今酸至苦葴○【正義】蜀本草云酸漿即苦葴也根如菹芹白色絕苦史記索隱引郭註苦葴作烏葴

蘚茞英光【註】英明也葉銳黃赤華實如山茱萸或曰蔆也關西謂之蘚茞【正義】蘚茞一名英光本草有決明說者謂即英光而不聞其名蘚茞下文蔆蕨攈亦名蘚茞而無英光之名郭氏疑未能定故兩解之【註】英明至蘚茞○【正義】太平御覽引吳普本草云決明子一名草決明一名羊明廣雅云決明羊明也又云羊蹢躅英光也後世釋本草者以草決明羊躑躅與決明分為三物所說形狀亦與郭殊說文繫傳云決明藥菜也馬蹄者葉銳下而實與山茱萸亦頗似華深黃色與郭註同也郭又引或曰蔆也關西謂之蘚茞者說文云蔆芰也楚謂之芰秦曰蔆蘚茞繫傳謂關西即秦地是也又謂許愼所註全是菜屈到嗜芰即決明之菜而非水中之蔆是於郭氏

兼存兩說者牽合爲一未見其覈實也廣雅云蔆芰薢茩也

莁荑蔱蘠【注】一名白蕢【正義】莁荑一名蔱蘠本草云莁荑一名無姑一名蕨瑭蘇恭註謂蕨瑭乃蔱蘠二字之誤案釋木云無姑其實夷則無姑木名也而釋草先有莁荑豈亦如蒤茥著之互見於草木與郭云一名白蕢則不以爲無姑

瓞瓝其紹瓞【注】俗呼瓝瓜爲瓞紹者瓜蔓緒亦著子但小如瓝【正義】說文云瓞瓝也瓝小瓜也釋詁云紹繼也大雅緜云緜緜瓜瓞鄭箋云瓜之本實繼先歲之瓜必小狀似瓝故謂之瓞釋文引韓詩云瓞小瓜也疏引舍人云瓞名瓝小瓜也紹繼謂瓞子漢中小瓜曰瓞孫炎云瓞小瓜子如瓝其本子小紹先歲之瓜曰瓞【注】俗呼至如瓝○【正義】孔穎達云瓞之族類本有兩種大者曰瓜小者曰瓞此則其種別也而瓜蔓近本之瓜必小於先歲之大瓜以其小如瓞

故謂之瓞瓞是瓝之别名故云瓞瓝也徐鍇繫傳云今有馬瓝如小瓜也

芍鳬茈【注】生下田苗似龍須而細根如指頭黑色可食【正義】芍一名鳬茈齊民要術引樊光云澤草可食也後漢書云王莽末南方飢饉人庶羣入野澤掘鳬茈而食注引續漢書作符訾【注】生下至可食○【正義】本草别錄有烏芋唐本注云烏芋今鳬茨也苗似龍須而細色正青根如指頭大黑色皮厚有毛又有皮薄無毛者田中並食之衍義作葧臍聲之轉也

蘱薡蕫【注】似蒲而細【正義】蘱一名薡蕫蒲草之類徐鍇謂今人以織屨者是也說文又引杜林說以爲藕根案蒲下入泥白處俗呼蒲白有似藕根故杜林云然郭云似蒲而細則非藕根也

蕛苵【注】蕛似稗布地生穢草【正義】蕛一名苵孟子云五穀種之美者也苟爲不熟不如荑稗荑即蕛也莊子知北遊云道在蕛稗李頤以爲二草名蕛有米而細故别於秕秋水篇云似蕛

米之在太倉司馬彪云稊米小米也【注】蕛似至穢草〇【正義】衆經音義引爾雅注云蕛似稗布地穢草也今之稗子是也案蕛似稗耳非卽稗也左氏定十年傳云用秕稗也杜注草之似穀者也說文云秕不成粟也稗禾別也蕛與稗俱堪水旱種無不熟北方農家種之以備凶年

鉤芺【注】大如拇指中空莖頭有臺似薊初生可食【正義】鉤一名芺說文云芺艸也味苦江南食以下氣繫傳云今苦芺也案苦芺大者名苦藉其無花實者名地膽草又謂之苦板

䪥鴻薈【注】卽䪥菜也【正義】上文云葝山䪥此又廣其名也䪥一名鴻薈舊疏引本草謂之菜、芝

蘇桂荏【注】蘇荏類故名桂荏【正義】蘇一名桂荏古者以蘇爲薌鄭注內則云薌蘇

荏之屬也方言云蘇亦荏也關之東西或謂之蘇或謂之荏【註】蘇荏至荏荏○【正義】說文繫傳云荏白蘇也桂荏紫蘇也本草陶註云蘇葉下紫色而氣甚香其無紫色不香似荏者名野蘇

薔虞蓼【註】虞蓼澤蓼也【正義】蓼有多種舉虞蓼以該其餘也詩疏引孫炎云虞蓼卽澤之所生按蓼與蘢古相似而葉稍狹其子謂之蓼實太平御覽引吳普本草云蓼實一名澤蓼古者用以調和內則云膾秋用蓼又云鶉羹雞羹鴽釀之蓼蓋取其辛以爲和也蓼爲辛物故周頌小毖云予又集于蓼言辛苦也其雜生田野間者能害稼故良耜云以薅荼蓼荼蓼朽止黍稷茂止此虞蓼之別種也【註】虞蓼澤蓼○【正義】顏師古急就篇註云蓼有數種一種鋭而薄生於水中者曰水蓼生於澤者曰澤蓼一名虞蓼亦謂之薔而許叔重云蓼一名薔虞非也

蓧蓨【註】未詳【正義】蓧與蓨古通用史記周勃世家封爲條侯表作蓨侯漢書地理志信都國脩縣

脩音條括地志作蓨是也下文云苗蓨玉篇以蓧苗蓨三字轉相訓是苗卽蓧也苗蓨古音相近易云其欲逐逐漢書敘傳作其欲攸攸是也管子地員篇其草宜苹蓨蓨一名蓫小雅我行其野云言采其蓫齊民要術引詩義疏云今羊蹄似蘆菔莖赤煮爲茹滑而不美多噉令人下痢揚州謂之羊蹄幽州謂之蓫一名蓨亦食之詩釋文云蓫本又作蓄本草云羊蹄一名蓄陶註云今人呼爲秃菜卽蓄字音訛也

虋赤苗註今之赤粱粟芑白苗註今之白粱粟皆好穀

正義此釋粱穀之異色也大雅生民云維穈維芑孔疏云穈作虋音同耳說文云虋赤苗嘉穀也芑白苗嘉穀又云禾嘉穀也是虋芑同爲粱穀因色有赤白而異其名也註今之至好穀○正義郭意以虋芑卽今之粱米也粟者說文云嘉穀實也爾雅言苗有赤白而郭以爲皆好穀者魏風毛傳云苗嘉穀也是其名相通也齊民要術引舍人云虋芑是伯夷叔齊所食首陽山草也夫虋芑爲后稷所下之嘉種而舍人

迺以當西山之
薇不巳異乎

秬黑黍【註】詩曰維秬維秠秠一稃二米【註】此亦黑黍但
中米異耳漢和帝時任城生黑黍或三四實實二米
得黍三斛八斗是【正義】此釋黍之異色及其稃中之米也詩疏引李巡云黑黍一名秬
說文云秬黑黍一稃二米以釀也或作秬秠一稃二
米天賜后稷之嘉穀也詩釋文引字書云稃䴸糠也
案詩言恒之秬秠是穫是畝毛傳云恒徧也鄭箋云
徧種之成熟則穫而畝計之是秬秠之種植廣矣春
官鬯人掌共秬鬯而飾之鄭註云鬯釀秬爲酒芬香
條暢於上下也文侯之命云用賚爾秬鬯一卣大雅
江漢云釐爾圭瓚秬鬯一卣毛傳云九命錫圭瓚秬
鬯鄭箋云秬鬯黑黍酒也謂之鬯者芬香條鬯也孔
疏云禮有鬱鬯者築鬱金之草而煮之以和秬黍之
酒使之芬香條鬯故謂之鬱鬯之酒又引孫毓云鬱

是草名今之鬱金煮以和酒者也鬯是酒名以黑黍和一秠二米作之左氏僖二十八年傳云秬鬯一卣杜註云秬黑黍鬯香酒所以降神此皆言秬秠之用言秬而秠在其中以秠爲一稃二米與一米者同爲黑黍也釋文云秬黑黍也或云今蜀黍也米白穀黑前人說秬者無異詞陸氏所引或說與舊說殊【註】詩曰至維秠○【正義】大雅生民文毛傳用爾雅孔疏云秬是黑黍之大名秠是黑黍之中有二米者別名之爲秠秬秠皆黑黍矣而春官鬯人註云釀秬爲酒秬如黑黍一秠二米言如者以黑黍一米者多秬爲正稱二米則秬中之異故言如以明秬有二等也秬有二等則一米亦可爲酒鬯人之註必言二米者以宗廟之祭唯祼爲重二米嘉異之物鬯酒當宜用之故以二米解鬯其實秬是大名故名釀秬爲酒爾雅云秠一稃二米鬯人註云一秠二米文不同者鄭志答張逸云秠即皮其稃亦皮也爾雅重言以曉人然則秠稃古今語之異故鄭引爾雅得以稃爲秠也案今本周禮鄭註作一稃二米据詩疏所引則康成易稃

爲秠以曉人也○此亦至斗是○正義郭以秠即黑黍是也黑黍有三四實者誠爲異種二米則不爲異也後漢任城縣今爲濟寧州

稌稻注今沛國呼稌正義稻一名稌周頌云豐年多黍多稌黍宜於高阜稻宜於水田並登則爲豐年矣小雅白華云滮池北流浸彼稻田地官稻人掌稼下地澤草所生種之芒種稻宜於水澤之地故職方謂荆揚二州宜稻矣稻有稉秔二種稉者以釀酒豳風七月云十月穫稻爲此春酒以介眉壽月令仲冬乃命大酋秫稻必齊傳記多言稻醴以稻之稉者爲酒也天官食醫云牛宜稌鄭司農云稌稉也專指稉爲稻本草分秔米稻米爲二則專以稉爲稻皆舉其一偏也膳夫注以稌備九穀之數則稌爲稻之别名兼言稉秔二種注今沛國呼稌○正義詩疏引郭注作今沛國呼稻爲稌案説文云沛國謂稻曰稬秔稻屬釋文引字林云檽黏稻也秔稻不黏者是黏與不黏雖殊其爲稻一也黍稷皆有黏與不

黏二種其爲黍爲稷則一也

藚蔓茅【注】藚華有赤者爲蔓蔓藚一種耳亦猶蔆苕華黃白異名【正義】上文云藚藚此又別其種也說文云秦謂之蔓案木槿名蕣而蔓茅亦名蕣者正謂其華赤似木槿耳其白華者則謂之藚也離騷云索蔓茅以莛篿王逸注蔓茅靈草也【注】藚華至異名○【正義】下文陵苕以黃華白華而異其名此皋類以畁人也

齊民要術引郭注猶作如

臺夫須【注】鄭箋詩云臺可以爲禦雨笠【正義】小雅云南山有臺疏引舍人云臺一名夫須陸璣疏云舊說夫須莎草也可以爲蓑笠案吳語云簦笠相望於艾陵注引唐固云簦夫須也說文云簦笠蓋也是夫須可爲笠也【注】鄭箋至雨笠○【正義】都人士云臺笠緇撮毛傳云臺所以

禦暑笠所以禦雨鄭箋云都人之士以臺皮爲笠蓋笠以禦暑因可以禦雨傳分言其用其爲物一也郭氏通其意而引之

拳蕍【注】未詳【正義】拳類篇作蘻草名蕍也釋文云本亦作搴罰

莔貝母【注】根如小貝圓而白華葉似韭【正義】鄘風載馳傳蝱貝母也說文繫傳引詩作言采其莔詩疏引陸璣疏云蝱今藥草貝母也其葉如栝樓而細小其子在根下如芋子正白四方連累相著有分解是也【注】根如至似韭○【正義】本草別錄云貝母一名空草一名莔草陶注云出近道形似聚貝子故名貝母圖經云二月生苗莖細青色葉亦青葉隨苗出七月開花碧綠色八月采根此有數種郭注言白華形似韭此種罕復見之

荍蚍衃【注】今荊葵也似葵紫色謝氏云小草多華少葉

葉又翹起【正義】陳風東門之枌云視爾如荍毛傳荍芘芣也疏引舍人云荍一名蚍衃陸璣疏云芘芣一名荊葵似蕪菁華紫綠色可食微苦【注】今荊至翹起○【正義】廣雅云荊葵荍也古今注云荊葵一名戎葵一名芘芣似木槿而光色奪目有紅有紫有青有白有黃莖葉不殊但花色有異耳一曰蜀葵羅願云其說戎葵蜀葵之狀可也混荊葵芘芣之名於內者非也荊葵花似五銖錢大色粉紅有紫文縷之一名錦葵注引謝氏疑爲謝嶠之說殆因詩疏連引後人溷入郭注與太平御覽引郭注不引謝氏語

艾冰臺【注】今艾蒿【正義】艾一名冰臺王風采葛云彼采艾兮毛傳艾所以療疾孟子云求三年之艾也趙岐注艾可以爲灸人病乾久益善急就篇注云艾一名醫草【注】今艾蒿○【正義】離騷云戶服艾以盈要兮王逸注艾白蒿也案圖經本草云初春布地生苗莖類蒿葉背白是艾與白蒿相似耳非卽蒿也六朝人以艾爲蕭尤爲傅會

蕈亭歷【註】實葉皆似芥一名狗薺廣雅云【正義】蕈一名亭歷鄭註月令以葶藶之屬爲靡草孔疏云葶藶之屬以其枝葉靡細故云靡草淮南繆稱訓云亭歷去脹高誘以爲藥名【註】實葉至雅云○【正義】廣雅云狗薺大室亭歷也本草云葶藶一名大室一名大適別錄云一名丁歷一名蕈蒿釋文云今江東人呼爲公薺陶註本草云今近道亦有母則公薺子細黃至苦圖經云初春生苗葉高六七寸有似薺根白枝莖俱青三月開花微黃結角子扁小如黍粒微長黃色至夏則枯死

苻鬼目【註】今江東有鬼目草莖似葛葉圓而毛子如耳璫也赤色叢生【正義】苻一名鬼目本草上品有白英別錄有鬼目云一名來甘實赤如五味陶註云俗呼白草子蘇恭陳藏器並云白英鬼目草也【註】今江至叢生○【正義】吳志孫皓傳天紀三年有鬼目菜生工人黃耉家依緣棗樹長丈餘葉廣四寸厚三分蓋鬼目之異種也齊民要術引廣州記有

鬼目樹太平御覽引廣志云鬼目似梅則木之同名者耳

薜庚草【注】未詳

蔜薞蔞【注】今蘩蔞也或曰雞腸草【正義】蔜一名薞蔞即下文所謂蘇蔜也【注】今蘩至腸草○【正義】本草別錄有蘩蔞陶註云此菜人以作羹唐本註云此草即是雞腸也生濕地坑渠之間俗流通謂雞腸雅士總名蘩蔞圖經云即雞腸草也葉似荇菜而小夏秋間生小白黃花其莖梗作蔓斷之有絲縷又細而中空似雞腸因得此名也案別錄分蘩蔞與雞腸草爲二故郭氏兩解之

離南活莌【注】草生江南高丈許大葉莖中有瓤正白零陵人祖曰貫之爲樹【正義】離南一名活莌即下文所云倚商活脫也本草謂之通草一名附支陳藏器云通脫木生山側葉似萆麻其莖空心中有白瓤輕白可愛【注】草生至爲樹○【正義】中

山經云其草多寇脫郭氏彼註云寇脫草生江南高丈許似荷葉莖中有瓤正白零陵人植而日灌之以爲樹此註祖日貫之四字疑有脫誤

龍天蘥須葑蓯註未詳【正義】鄭風山有橋松云隰有游龍鄘風桑中云爰采葑矣此釋之也龍一名天蘥管子地員篇其山之淺有龍與斥尹知章註以龍爲草名也下文云紅龍古其大者蘬廣其名也詳見下文須葑蓯者詩疏引孫炎云須一名葑蓯即下文所謂須蕵蕪也葑通作蘴方言云蘴蕘蕪菁也陳楚之間謂之蘴齊魯之郊謂之蕘關之東西謂之蕪菁趙魏之郊謂之大芥其小者謂之辛芥或謂之幽芥詩疏引陸璣疏云葑又謂之蓯吳人謂葑蓯蔓青幽州人或謂之芥案鄘風鄭箋云葑蔓菁也坊記註云葑蔓菁也陳宋之間謂之葑太平御覽引爾雅舊註云江東呼蕪菁爲菘菘須聲相近是須即蕪菁一名蔓菁也本草別錄有蔓青陳藏器云蕪菁北人名蔓菁今并汾河朔間燒食其根呼爲蕪

根猶是蕪菁之號蕪菁南北之通稱也塞北河西種者名九葉蔓菁亦曰九英菘郭氏下註云似羊蹄葉細味酢可食亦指蔓菁言之也

蒡隱荵**註**似蘇有毛今江東呼爲隱荵藏以爲葅亦可瀹食也**正義**蒡一名隱荵管子地員篇云其種忍蘠可煑食**註**似蘇至食也○**正義**郭所說與陶宏景畧同是桔梗葉也類篇云隱荵菜名似蕨未審何據

莤蔓于**註**多生水中一名軒于江東呼莤**正義**莤一名蔓于管子地員篇云其草魚腸與莤說文云莤水邊草也繫傳云似細蘆蔓生水上隨水高下汎汎然也**註**多生至呼莤○**正義**蔓于一名軒于者子虛賦云菴閭軒于張揖云軒于莤草也生水中揚州有之又謂之于後漢書馬融傳註云于一名莤生於水中

菌蘆【註】作履苴草【正義】菌一名蘆說文云菌艸也可以束或作蒼舊疏以爲蒯之類也釋文引字苑云鞾苴履底

柱夫搖車【註】蔓生細葉紫華可食今俗呼曰翹搖車【正義】柱夫一名搖車可食之菜也本草拾遺作翹搖云幽州謂之苕搖俗呼翹車是矣生平澤蔓生如豋豆紫花【註】蔓生至搖車。【正義】今翹搖以二月開小花紫白色俗謂之野蠶豆亦名小巢菜

出隧蘧蔬【註】蘧蔬似土菌生菰草中今江東啖之甜滑音同氍毹【正義】出隧一名蘧蔬菰草之菌也菰當作苽說文云苽雕苽一名蔣又云蔣苽蔣也天官食醫云魚宜苽後鄭以苽爲九穀之一菰米以九月結實宋玉賦所謂雕胡之飯枚乘七發所謂安胡之飯皆是也南方呼菰爲茭故謂蘧蔬爲茭白【註】蘧蔬至氍毹。【正義】菰根生大菌者名菰手亦曰菰

首本草唐本註云菰手以其似小兒臂也蜀本註云三年中心生白臺如藕狀曰菰首其根生小菌者名菰菜圖經云春生白芽如筍即菰菜又謂之茭白今南方池澤間種之淪爲羹北方亦有之

蘄茝蘪蕪【注】香草葉小如萎狀淮南子云似蛇牀山海經曰臭如蘪蕪【正義】蘪蕪一名蘄茝史記索隱引樊光云藁本一名蘪蕪根名蘄茝案蘪蕪非藁本也索隱又引藥對云蘪蕪一名江蘺芎藭苗也離騷云扈江離與辟芷兮江離爲芎藭之苗則亦非蘪蕪也本草云芎藭生山谷蘪蕪一名薇蕪生川澤自分二種今以大葉者爲芎藭小葉者爲蘪蕪管子地員篇云五沃之土生蘼蕪是也【注】香草至蘪蕪○【正義】郭以蘪蕪之狀如萎蕤也引淮南子者說林訓云蛇牀似蘪蕪而不能香高誘註云蛇牀臭蘪蕪香氾論訓云夫亂人者若芎藭之與藁本蛇牀之與蘪蕪太平御覽引郭氏讚云蘪蕪善草亂之蛇牀不隕其實自別以香是也郭又引山海經者西山經

云浮山有草曰薰草臭如蘪蕪又天帝山有草其臭如蘪蕪名曰杜衡南山經云洞庭山其草多蘪蕪

茨蒺藜【註】布地蔓生細葉子有三角刺人見詩【正義】茨一名蒺藜九家易云坎爲蒺藜困六三云據於蒺藜三居坎上有蒺藜之象焉非所據而據焉身必危蒺藜之草有刺而不可踐也說苑云植蒺藜者夏不得休息秋得其刺焉【註】布地至見詩。【正義】本草云蒺藜一名旁通一名屈人一名止行一名豺羽一名升推別錄云一名即梨一名茨陶註云生道上子有刺狀如菱而小見詩者鄘風云牆有茨說文引作牆有薺小雅云楚楚者茨楚詞章句引作楚楚者薋

蘮蒘竊衣【註】似芹可食子大如麥兩兩相合有毛著人衣【正義】蘮蒘一名竊衣王逸九思作蘮蒘自註云草名【註】似芹至人衣。【正義】齊民要術引孫炎云似芹江淮閒食之實如麥兩兩相合有毛其華著人衣郭註本孫炎

髦顛蕀【註】細葉有刺蔓生一名商蕀廣雅云女木也【正義】髦一名顛蕀本草云天門冬一名顛勒抱朴子云天門冬一名顛蕀是也【註】細葉至木也○【正義】圖經本草云天門冬春生藤蔓大如釵股高至丈餘葉如茴香極尖細而踈滑有逆刺亦有澁而無刺者其葉如絲杉而細散皆名天門冬夏生白花亦有黃色者秋結黑子在其根枝傍入伏後無花暗結子其根白或黃紫色大如手指廣雅云顛蕀女木也

雚芄蘭【註】雚芄蔓生斷之有白汁可啖【正義】衛風云芄蘭之支此釋之也毛傳云芄蘭草也鄭箋云芄蘭柔弱恒蔓延於地有所依緣則起說文雚作莞引詩作芄蘭之枝【註】雚芄至可啖○【正義】雚一名芄蘭郭氏連舉雚芄則當云雚芄一名蘭舊疏以爲或傳寫誤芄衍字也詩疏引陸璣疏云一名蘿摩幽州人謂之雀瓢徐鍇繫傳云芄蘭蘿摩也葉似女青本草陶註云蘿摩作藤生

摘之有白乳汁人家多種之葉厚而大可生啖亦蒸
煮食之唐本註云雀瓢是女青别名也蘿藦葉似女
青故亦
名雀瓢

蕁莐藩【註】生山上葉如韭一曰蝭母【正義】說文云蕁芜藩也蕁或作蕁又
云莐草也繫傳云今之知母【註】生山至蝭母○【正義】
本草云知母一名蚳母一名連母一名野蓼一名地
參一名水參一名水浚一名貨母一名蝭母别錄云
一名沈藩一名蕁陶註云形似菖蒲而柔潤葉至難
死掘出隨生須枯燥乃死圖
經云四月開青花八月結實

蕍蕮【註】今澤蕮【正義】蕍一名蕮即澤瀉也莊子釋文引
司馬彪云陵舄一名澤舄隨燥溼變也
劉向九歎云筐澤瀉以豹鞹兮王逸註澤瀉惡草盛
於革囊無益於用也【註】今澤蕮○【正義】本草云澤瀉
一名水瀉一名鵠瀉陶註云叢生淺水中葉狹而長
圖經云春生苗多在淺水中葉似牛舌獨莖而長秋

時開白花作
叢似穀精草

蔨鹿藿其實莥【註】今鹿豆也葉似大豆根黃而香蔓延生【正義】蔨一名鹿藿其實名莥說文云莥鹿藿之實名是也又云藨鹿藿也讀若剽案下文藨麃子似覆盆與鹿藿異故徐鍇以爲說文誤以藨麃爲藿字也【註】今鹿至延生○【正義】鹿豆今一名登豆一名治豆葉似葛而實長可蒸食一名登菽

薃侯莎其實媞【註】夏小正曰薃也者莎蒻媞者其實【正義】說文云莎鎬侯也繫傳云莎一名鎬一名侯莎案侯莎猶言侯栗侯梅作侯莎者是也廣雅云地毛莎蒻也文選註引司馬彪云一名戾莎急就篇註云莎即今青莎草也青莎所在有之故淮南覽冥訓以路無莎蘋爲災異本草別錄以莎一名夫須是即上文所謂臺夫須矣太平御覽引廣志云莎可以爲雨衣【註】

夏小至其實○正義夏小正云正月緹縞縞也者莎隨也緹也者其實也先言緹而後言縞者何也緹先見者也何以謂之小正以著名也

莞苻蘺其上蒚註今西方人呼蒲爲莞蒲蒚謂其頭臺首也今江東謂之苻蘺西方亦名蒲中莖爲蒚用之爲席也正義説文云蒚夫離也蒚夫離上也又云莞艸苻蘺楚謂之莞蒲其上臺別名蒚小雅斯干云下莞上簟鄭箋莞小蒲也註今西至爲席○正義莞蒲者詩釋文云莞草叢生水中形似小蒲而實非也臺者説文繫傳云艸將生華先抽莖臺今謂菜臺是也用之爲席者詩疏云以莞蒲一草之名而司几筵有莞筵蒲筵則有大小之異爲席有精有粗故得爲兩種席也又本草白芷一名莞一名苻離王逸楚詞註莞夫離也與郭異

荷芙蕖【註】別名芙蓉江東呼荷其莖茄其葉蕸其本蔤
【註】莖下白蒻在泥中者其華菡萏【註】見詩其實蓮【註】
蓮謂房也其根藕其中的【註】蓮中子也的中薏【註】中
心苦【正義】詩疏引李巡云皆分別蓮莖華葉實之名後世稱名多假借當以爾雅所分別者爲正也○荷芙蕖○荷一名芙蕖李巡云芙蕖其總名也鄭風云隰有荷華毛傳荷華扶渠也是芙蕖本或作扶渠後世統謂之荷○其莖茄○芙蕖之莖名茄陳風鄭箋則云芙蕖之莖曰荷證類本草引陸璣疏亦云其莖爲荷詩疏云樊光註爾雅引詩有蒲與茄然則詩本有作茄字者也案說文云茄夫蕖莖是茄爲荷莖之定名○其葉蕸○芙蕖之葉名蕸釋文云衆家並無此句唯郭有然就郭本中或復脫此一句案說文無蕸字以荷爲夫容葉唯詩疏引爾雅有其葉蕸三字與今本同今荷葉初生小如錢暑月葉大者如

盤盂蘧者言其大也○其本蔤○芙蕖之本名蔤此爲萌芽初發穿泥而出者之名故與根别言之也說文云蔤夫蕖本繫傳云藕節上初生莖時萌芽殼也○其華菡萏○芙蕖之華名菡萏說文作萳藺云夫容華未發爲菌藺已發爲夫容爾雅翼引陸璣疏亦云其華未發爲菡萏已發爲芙蕖今芙蕖以六七月華有紅白二種○其實蓮○芙蕖華有鬚長寸許鬚隨華落其實名蓮後世所謂蓮房也說文云蓮夫蕖之實也○其根藕○藕隨葉長蟠於泥中大者如臂冬月掘而食之逸周書云藪澤竭則蓮藕掘是也釋文引本草云一名水芝丹藕當從說文作蕅○其中的○蓮房之子名的簇生房中如蜂在窠詩疏引李巡云的蓮實也爾雅翼引詩義疏云青皮裏白子爲的五月中生生噉脆至秋表皮黑的成可食可磨以爲飯輕身益氣令人强健又可爲糜○的中薏○詩疏引李巡云薏中心苦者也陸璣疏云的中有青爲薏味甚苦故里語云苦如薏是也

註 别名至呼荷○

正義 此别其異名也離騷云製芰荷以爲衣兮集芙

蓉以爲裳王逸註芙蓉蓮華也詩疏云今江東人呼荷華爲芙蓉北方人便以藕爲荷亦以蓮爲荷蜀人以藕爲茄或用其母爲華名或用根子爲母葉號此皆名相錯習俗傳誤失其正體者也○莖下至中者○**正義**蔤爲嫩蒻初生色白上挺爲莖其盡處爲藕是爲華葉根實之本也○見詩○**正義**陳風澤陂云有蒲菡萏毛傳菡萏荷華也

紅蘢古其大者蘬**註**俗呼紅草爲龍鼓語轉耳**正義**上文云龍天蘥此又詳釋之也詩疏引舍人云紅名蘢古其大者名蘬是蘬即紅草之麤大者說文以蘬爲薺實與下文連屬師讀不同故也紅者虞蓼之别種後世所謂水葒也鄭風毛傳云龍紅草也鄭箋云紅草放縱枝葉於隰中今水葒莖麤有毛葉大如商陸蔓地而生故釋詩者言其放縱矣詩疏又引陸璣疏云一名馬蓼葉大而赤白色生水澤中高丈餘玉篇云蘢馬藻也疑即馬蓼之訛**註**俗呼至轉耳○**正義**陶註本

草云馬蓼生下溼地莖斑葉大有黑點其最大者名蘢薣唐本註云爾雅云葒一名蘢薣大者名蘬則最大者不名蘢薣陶誤呼之案唐本所引葢爾雅舊註之文古鼓爲語轉紅與鼓並從艸後世俗書所增益也廣韻云葒水草亦作葓

蒫薺實【註】薺子味甘【正義】薺之實名蒫鄭註月令以薺爲靡草之屬通卦驗云立冬薺麥生春秋繁露天地之行篇云薺以冬美冬水氣也薺甘味也乘於水氣而美者甘勝寒也薺冬生而夏死其味甘故邶風谷風云其甘如薺離騷云故荼薺不同畝兮王逸以爲比忠佞之不同朝也洪興祖補註云言荼苦薺甘故不同畝而生也陶註本草云薺類甚多此是人所食者其葉作菹及羹亦佳急就篇註云薺甘草也其實名蒫

蕡枲實【註】禮記曰苴麻之有蕡枲麻【註】別二名【正義】此釋麻實

之名及麻之異名也○麖枲實○苴麻之子名麖齊民要術引孫炎云麖麻子以枲即麻也說文作萉枲實也或作黂案麻實有稃甲包褁故說卦傳云其于稼也爲反生宋衷曰謂麻豆之屬戴甲而生是也古者以爲籩豆之實天官籩人朝事之籩其實麷蕡少牢饋食禮云麷蕡坐設於豆西鄭註蕡熬枲實也內則以供尊者所食蓋熬而熟之矣月令於秋則食麻與犬鄭註云麻實有文理屬金又仲秋之月以犬嘗麻先薦寢廟鄭註云麻始熟也今苴麻以八九月之間熟先熟者古以爲珍食至季秋則子畢熟而隕落可拾而取豳風言九月叔苴毛傳云叔拾也苴麻子也則以爲農夫之食矣有實之麻亦可供績淮南說林訓云黂不類布而可以爲布高誘註黂麻實也本草云麻蕡一名麻勃○枲麻○詩疏引孫炎云麻一名枲說文云麻與林同人所治在屋下林之爲言微也微纖爲功象形枲麻也禹貢以枲爲青州之貢天官之屬有典枲皆以枲即麻也今牡麻以夏月開白華九歌大司命云折疏麻兮瑤華洪興祖補註云麻

華其色白故比於璘也牡麻華而不實六月可刈太平御覽引春秋說題詞云麻之言微也陰類寖寄女作纖微也麻生於夏夏衣物成禮儀故麻可以爲衣陽成於三物以化故麻三變縷所加也宋均註云麻須陽以成夏枝葉布成爲之衣麻亦夏生可作衣也三變謂麻生成形一變也漚取皮二變也續成爲縷三變也今麻之夏刈者秋月可績故豳風言八月載績矣麻亦謂之紵詩疏引陸璣疏云紵亦麻也科生數十莖宿根在地中至春自生不歲種也荆揚之間一歲三收今官園種之歲再刈刈便生剝之以鐵若竹挾之表厚皮自脫但得其裏韌如筋者謂之徽紵今南越紵布皆用此麻【註】禮記至有蕡○【正義】喪服傳云苴絰者麻之有蕡者也牡麻者枲麻也左傳疏引馬融註云蕡者麻實枲麻之有子者其色麁惡故用之衆傳以釋經故

郭註引以爲禮記

須蕵蕪【註】蕵蕪似羊蹄葉細味酢可食菲蒠菜【註】菲草

生下溼地似蕪菁華紫赤色可食【正義】邶風谷風云采葑采菲上云須葑蓯菲芴此又廣其異名也詳見上

蕢赤莧【註】赤莧一名蕢今莧菜之赤莖者【正義】莧之赤者一名蕢夬九五云莧陸夬夬荀爽云莧者葉柔而根堅且赤是赤莧爲易所取象也釋文引宋衷云莧莧菜也孔疏引董遇說以爲人莧案今莧菜有赤紫白三種人莧則白莧之小者與荀義異也列子天瑞篇謂老韭爲莧物性之變也管子地員篇蘻下于莧

蘠蘼虋冬【註】門冬一名滿冬本草云【正義】蘠蘼一名虋冬上文顛棘爲今之天門冬此爲今之麥門冬也本草別錄云麥門冬葉如韭冬夏長生陶註云根似穬麥故謂之麥門冬今所在有之虋門音同【註】門冬至草云○【正義】釋文云山海經云條谷山其草多芍藥虋冬郭云本草一

名滿冬案本草天門冬一名顛勒麥門冬一名羊韭齊名愛韭楚名馬韭越名羊蓍一名禹葭一名禹餘糧葉似韭冬夏生無名滿冬者說文繫傳所說與釋文同今案門滿聲之轉郭君所見本草有作滿冬者故註引之

薦苻止【註】未詳濼貫衆【註】葉圓銳莖毛黑布地冬不死一名貫渠廣雅云貫節【正義】別三名也貫衆一名薦苻一名止濼釋文引本草云貫衆一名薦苻是也郭氏以薦苻止爲未詳濼一名貫衆師讀不同故也【註】葉圓至貫節○【正義】證類本草引吳普云葉青黃色兩兩相對莖有黑毛叢生冬夏不死是郭註所本也太平御覽引孫炎云一名貫渠廣雅云貫節貫衆也郭註用孫炎兼引廣雅所以廣異名也釋文又引本草云一名百頭一名虎卷一名伯藥一名藥藻此謂草鴟頭也案陶宏景云葉如大蕨形色毛芒全似老鴟頭故呼爲老鴟頭

莙牛藻【註】似藻葉大江東呼爲馬藻【正義】此別藻之大者也莙一名牛藻召南云于以采藻毛傳藻聚藻也鄭箋藻之言澡也齊民要術引陸璣疏云藻水草也生水底有二種其一種葉如雞蘇莖大如箸長四五尺其一種莖大如釵股葉如蓬蒿謂之聚藻又云扶風人謂之藻聚其聲也此二藻皆可食煮熟挼去腥氣米麪糝蒸爲茹嘉美荆揚人饑荒以當穀食顏氏家訓云說文莙牛藻也讀若威音隱塢瑰反即陸璣所謂聚藻葉如蓬者郭璞註三倉亦云蘊藻之類也細葉蓬茸生今水中有此物一節長數寸細茸如絲圓繞可愛長者二三十節猶呼爲莙

【註】江東呼爲馬藻○【正義】廣異名也玉篇云莙牛藻也一云馬藻陳藏器本草註云馬藻生水中如馬齒相連

蓫蕩馬尾【註】廣雅曰馬尾蔏陸本草云別名薚今關西亦呼爲薚江東爲當陸【正義】蓫薚一名馬尾即當陸也說文作募云募草枝枝相

值葉葉相當夬九五云莧陸夬夬荀爽云陸取葉柔根堅也陸差堅於莧莧根小陸根大也孔疏引董遇云陸商陸也今商陸所在有之枝葉相對味酸辛性有毒形似人易象取之以其爲陽中之陰也【註】廣雅至當陸○【正義】郭引廣雅以證蓫薚即當陸也本草云薚根一名夜呼開寶本草云一名白昌一名當陸蜀本註云葉大如牛舌而厚脆赤花者根赤白花者根白

苹蓱【註】水中浮蓱江東謂之薸其大者蘋【註】詩曰于以采蘋【正義】此釋蓱蘋大小之異名也詩疏引舍人云萍一名蓱大者名蘋○苹蓱○說文云苹蓱也無根浮水而生此與下文藾蕭同名故毛傳誤以爲鹿所食者即是苹草後世增加作蓱所以别於藾蕭也月令季春之月萍始生逸周書時訓解云穀雨之日萍始生萍不生陰氣憤盈舊說萍爲楊花所化一葉經宿即生數葉葉下有小鬚垂水中以今驗之楊花實能化萍然萍不盡爲楊花所化三月以前無萍

故月令紀其始生之時穀雨以後凡積水之區悉能生萍故夏小正云七月湟潦生苹湟下處也有湟然後有潦有潦而後有苹也今池陸積水輒生綠萍小正之言信矣萍浮而不沈秋官之屬有萍氏葢取象義以名其官焉○其大者蘋○說文云薲大蓱也繫傳云俗作蘋詩釋文引韓詩云沈者曰蘋浮者曰薸今蘋亦不沈但較浮萍則根連水底爾本草拾遺謂之芣其葉四衢中拆如十字俗謂之四葉菜五月開白華後世所謂白蘋也蘋可以芼羹故左傳言蘋蘩薀藻之菜吕氏春秋本味篇菜之美者崑崙之蘋【註】水中至之薸○【正義】廣雅云瓢蓱也今南人通謂之薸舊疏引陸璣疏云今水上浮萍是也其麤大者謂之蘋小者曰萍季春始生可糝蒸爲茹又可苦酒淹以就酒○詩曰至采蘋○【正義】召南文毛傳云蘋大蓱也鄭箋謂婦人先嫁三月教以四德教成之祭牲用魚芼用蘋藻蘋之言賓也

莃菟葵【註】頗似葵而小葉狀如藜有毛汋啖之滑【正義】莃一

名莵葵本草蘇恭註云莵葵苗如石龍芮而葉光澤花白似梅其莖紫黑煑噉極滑所在下澤田間皆有人多識之**註**頗似至之滑○**正義**本草寇宗奭註云莵葵緑葉似黄蜀葵大不御覽引廣志云莵葵瀹之可食

芹楚葵**註**今水中芹菜**正義**芹一名楚葵說文作菦云菦菜類蒿魯頌泮水云薄采其芹鄭箋芹水菜也天官醢人加豆之實有芹菹祭統云水草之菹鄭註以為芹茆之屬也呂氏春秋本味篇菜之美者雲夢之芹高誘註云芹生水涯**註**今水中芹菜○**正義**本草云水芹一名水英陶註云三月四月作英時可作菹及瀹食之又有盧芹可為生菜亦可生噉別本註云芹有兩種荻芹取根白色赤芹取莖葉並堪作菹及生噉

藚牛蘈**註**今江東呼草為牛蘈者高尺餘許方莖葉長

而銳有穗穗間有華華紫縹色可淋以爲飲【正義】藚一名牛藚小雅我行其野云言采其蓫鄭箋云蓫牛藚也亦仲春時生可采也太平御覽引孫炎云車前草一名牛藚詩疏引陸璣疏云今人謂之羊蹄俱與郭異【註】今江至爲飲○【正義】陳藏器本草註云天麻似馬鞭草子如青葙子孫思邈云天麻草莖如火麻花如鼠尾花即益母之紫花者乃爾雅所謂藚也

藚牛脣【註】毛詩傳曰水蕮也如續斷寸寸有節拔之可復【正義】詩疏引李巡云別二名案上文云蕍蕮郭註云今澤蕮魏風汾沮洳云言采其藚毛傳藚水蕮也本草謂澤瀉一名水蕮陸璣疏亦以藚爲澤蕮是則蕍也蕮也藚也牛脣也一物而四名也郭意以藚一名牛脣別言其形狀本於李巡爲義也

苹蘱蕭【註】今蘱蒿也初生亦可食【正義】此別蒿之類也苹一名蘱蕭小雅云

呦呦鹿鳴食野之苹鄭箋以爲藾蕭疏引陸璣疏云葉青白色莖似蓍而輕脆始生時可生食又可蒸食案藾蕭爲蒿之別種俗呼爲牛尾蒿或以爲卽今白蒿非也

連異翹註一名連苕又名連草本草云正義連一名異翹今謂之連翹本草蘇恭註云此物有兩種大翹小翹大翹生下溼地葉狹長如水蘇花黃可愛著子似椿實之未開者作房翹出衆草其小翹生岡原之上葉花實皆似大翹而小細葼宗奭云連翹亦不翹出衆草其子拆之片片相比註一名至草云○正義本草謂之翹根別錄謂之三廉仲景謂之連苕吳普謂之蘭華皆連草之別名也

澤烏蘬註卽上蘬也正義上文云蘬烏蕵此別其異名舊疏以爲蘬之生於水澤者

傳橫目註一名結縷俗謂之鼓箏草正義傳一名橫目衆經音義引孫炎

云三輔曰結縷今關西饒之俗名句屨草也**註**一名至筝草○**正義**上林賦云布結縷郭氏彼註云結縷蔓生如縷相結漢書音義云結縷似白茅蔓聯而生顔師古云結縷著地之處皆生細根如綫相結故名結縷今俗呼鼓筝草者兩幼童對銜之鼓其中央聲如筝也

蘱蔓華　**註**一名蒙華**正義**蘱一名蔓華說文作萊蔓華徐鍇以爲蘱與萊音同是也小雅云北山有萊齊民要術引詩義疏云萊藜也莖葉皆似菉王芻今兗州人蒸以爲茹謂之萊烝譙沛人謂雞蘇爲萊三倉云萊茱萸此二草異而名同案玉篇云萊藜草也廣韻與玉篇同今不治之地多生萊十月之交云田卒汙萊月令云藜莠蓬蒿並興故盡地力者主於闢草萊也然地不宜稼者或種之以備荒貧者食之莊子所謂藜羹不糝韓非子所謂藜藿之羹也

蔆蕨攈　**註**蔆今水中芰**正義**蔆一名蕨攈天官籩人加籩之實有蔆鄭註蔆芰也賈疏

云卽蓤角也楚語云屈到嗜芰韋昭註芰蓤也釋文引字林云楚人名蔆曰芰蔆陸本作蔆今作蓤**註**蓤今水中芰○**正義**本草謂之芰實蘇頌註云蓤處處有之葉浮水上花黃白色花落而實生漸向水中乃熟實有二種一種四角一種兩角兩角中又有嫩皮而紫色者謂之浮蓤吳仁傑云蓤花黃白而葉綠故反離騷云矜芰茄之綠衣

大菊蘧麥**註**一名麥句薑卽瞿麥**正義**大菊一名蘧麥本草云瞿麥一名巨句麥別錄云一名大菊一名大蘭陶註云今出近道一莖生細葉花紅紫赤色可愛子頗似麥故名瞿麥**註**一名麥句薑○**正義**說文云大菊蘧麥繫傳云今謂之瞿麥其小而華色深者俗謂石竹郭璞云麥句薑本艸云麥句薑地松也非此案繫傳臣正郭註以本草爲据也釋文引廣雅云茈蔆麥句薑蘧麥則郭註本於廣雅未可遽以爲非矣今本廣雅作茈葳陵苕蘧麥也疑傳寫之訛當以陸氏所据之本爲正

薜牡䕷【註】未詳【正義】說文云薜牡贊也釋文本贊作䕷

葥山莓【註】今之木莓也實似藨莓而大亦可食【正義】葥一名山莓郎今所謂普盤也樹高四五尺葉似櫻桃而狹長四月華色白實如缺盆俗亦呼爲木莓爾雅謂之山莓者所以別於藨莓也其形狀相似而蔓藤者郎下文所謂堇缺盆也山莓缺盆子俱可食又有草委地而生謂之地莓本草謂之蛇莓江南謂之蛇盤子不可食【註】今之至可食○【正義】本草拾遺謂之懸鉤註云莖上有刺其子如莓子酸美人多食之

䔨苦堇【註】今堇葵也葉似柳子如米汋食之滑【正義】䔨一名苦堇夏小正云二月榮堇堇菜也堇之苗以二月生其葉對節相撐其莖中虛而有稜其氣芳馨生田野間可茹作羹故小正以紀候焉古者用爲鉶芼公食大夫禮云鉶芼有滑鄭註云堇荁之屬又內則云堇荁

枌榆兔藙滫瀡以滑之鄭註冬用堇夏用荁荁堇類
謂用調和飲食也大雅緜云周原膴膴堇荼如飴言
雖野生之草亦皆甘美堇卽苦堇也孔頴達迺引下
文堇草以爲烏頭今烏頭性毒不可食雖生周原豈
能變其性乎斯不然矣註今堇至之滑○正義說文
云堇艸也根如薺葉如細柳蒸食之甘緐傳云詩所
謂堇荼如飴然則此菜味苦也本草蘇恭註云堇菜
野生非人所種葉似蕺菜花紫色舊疏云本草言味
甘而此言苦者古人語
倒謂甘草謂之大苦也

藫石衣註水苔也一名石髮江東食之或曰藫葉似䪥
而大生水底亦可食正義藫一名石衣天官醢人加
豆之實有菭菹鄭司農云菭水
中魚衣是其類也註水苔至可食○正義苔說文作
菭云水衣也緐傳云菭生水傍水土之潤氣所生故
曰水衣一名石髮者廣雅云石髮石衣也齊民要術
引周處風土記云石髮水苔也青綠色生於石也江

東有之今溫州有石髮菜是也郭又引或說者卽今所謂海苔也劉逵吳都賦註云海苔生海水中正青狀如亂髮乾之赤鹽藏有汁名曰濡苔臨海有之本草陳藏器註云大葉藻也生深海中及新羅葉如水藻而大海人取之正在深海底以繩繫腰因没水下刈得旋繫繩上五月已後當有大魚傷人不可取也案今海濱人取海苔者具如藏器所言

蘜治蘠【註】今之秋華菊【正義】蘜一名治蘠今經傳蘜省作鞠夏小正云九月榮鞠鞠草也鞠榮而樹麥時之急也月令季秋云鞠有黃華逸周書時訓解鞠作菊云菊無黃華土不稼穡此指牝鞠而言也鞠自有不華者謂之牡鞠秋官蟈氏焚其煙以去鼃黽者也【註】今之秋華菊○【正義】說文云蘜日精也以秋華又云蘜治牆也分日精治蘠爲二郭以爲秋華菊則日精卽爲治蘠故爾雅圖讚云菊爲日精布華元月是也本草又謂之節華陶註云菊有兩種一種莖紫氣香而味甘葉可作羹食一種青莖

而大葉作蒿艾氣味不堪食者名蒠

唐蒙女蘿女蘿菟絲【注】別四名詩云爰采唐矣【正義】詩疏引舍人云唐蒙一名女蘿女蘿一名菟絲小雅頍弁云蔦與女蘿毛傳云女蘿菟絲松蘿也疏引陸璣疏云今菟絲蔓連草上生黃赤如金今合藥菟絲子是也非松蘿松蘿自蔓松上生枝正青與菟絲殊異案陸璣所說因本草分松蘿菟絲爲二物據以駁正毛傳也淮南說山訓云千年之松下有茯苓上有兔絲說林訓云茯苓掘兔絲死又曰兔絲無根而生皆言其爲寄生之屬卽松蘿也本草旣分茯苓與兔絲爲二復分兔絲與松蘿爲二艮由入藥之功用旣殊故分晰言之詩釋文云在草曰女蘿在木曰松蘿亦因後世所稱而晰其名爾其實二物同爲寄生無妨同名故唐蘇恭本草註謂本草兔絲無女蘿之名疑爲脫漏是也陸璣謂女蘿蔓連草上不同於松蘿之蔓松上然詩明言女蘿施于松柏豈得違背經文改從新說

乎抱朴子亦云菟絲之草下有伏苓之根皆女蘿即松蘿之證矣菟絲一名菟丘見廣雅【註】別四至唐矣○【正義】詩疏引孫炎云蒙唐也一名菟絲一名玉女別三名郭以爲別四名者毛傳以蒙釋唐是則唐也蒙也女蘿也菟絲也合諸下文所謂玉女蓋一物而五名也詩云爰采唐矣鄘風桑中文

苗蓨【註】未詳【正義】即上文所謂蓧蓨也詳見上

堇蒛葐【註】覆葐也實似莓而小亦可食【正義】堇一名蒛葐太平御覽引孫炎云青州呼堇說文缺盆二字俱不从艸陸本作蒛葐後世增加字也廣雅云缺盆陸英莓也太平御覽又引吳普本草云缺盆一名決盆【註】覆葐至可食○【正義】本草云蓬蘽一名覆盆蘇頌以爲蓬蘽是覆盆苗也後世別其種類則蓬蘽蔓生有刺葉類小葵六七月之間華結實纍纍苗葉至冬不凋也其似蓬蘽而小先開白華四五月間結實稀而小冬月苗凋者謂之覆盆案覆盆子與麥同熟故俗呼爲大麥莓

其實似莓而小也

芨堇草【註】即烏頭也江東呼爲堇音靳【正義】芨一名堇草晉語云置堇於肉詩疏引賈逵註云堇烏頭也堇草又名烏喙燕策云人之饑所以不食烏喙者以爲雖偷充腹而與死同患也又謂之和堇淮南說林訓云蝮蛇螫人傳以和堇則愈物固有重爲害反爲利者又謂之奚毒主術訓云天下之物莫凶於奚毒然而良醫橐而藏之有所用也高誘註奚毒烏頭也【註】即烏至音靳○【正義】吳普本草云烏頭形如烏之頭也有兩岐相合似烏之喙蘇恭以爲烏喙即烏頭異名也案本草附子之母亦名烏頭故呼堇草爲土附子亦曰野烏頭郭云江東呼爲堇音靳者所以別於上文之苦堇也苦堇之堇音謹廼所謂堇荼如飴也監本脫音靳二字今從宋本增補釋文引本草蒴藋一名堇草一名芨非郭義也

蘵百足【注】未詳【正義】說文以蘵爲山韭此云百足蓋異種而同名也

菺戎葵【注】今蜀葵也似葵華如木槿華【正義】菺一名戎葵此葵之大者也左傳云葵猶能衛其足急就篇注葵衛足之菜傾葉而蔽日者也淮南說林訓云聖人之業道猶葵之與日也雖不能與終始其鄉之誠也【注】今蜀至槿華○【正義】戎葵今謂之蜀葵戎蜀皆言其大也釋詁云戎大也釋畜云雞大者蜀是蜀亦爲大而說本草者便謂此草從蜀中來鑿矣今蜀葵四月後華莖特高大其華似木槿而大俗謂之丈紅花

虉狗毒【注】樊光云俗語苦如虉【正義】虉一名狗毒說文草一名續毒陶注云與防葵同根但置水中沈者是狼毒浮者是防葵圖經云狼毒苗葉似商陸及大黃莖葉上有毛四月開花八月結實

乖比葉【註】未詳

蕧盜庚【註】旋蕧似菊【正義】蕧一名盜庚後世所謂旋覆
花也【註】旋蕧似菊。○【正義】本草云
旋覆一名金沸草陶註云出近道下溼地似菊花而
大圖經云今所在皆有二月以後生苗多近水旁大
似紅藍而無刺葉似柳莖細六月開
花如菊花上黨田野人呼爲金錢花

莩麻母【註】苴麻盛子者【正義】麻母一名莩卽麻之字甲
所以盛麻實者也上文云黂枲
實詳見上文說文作芓麻母
今從陸本作莩監本誤作莩

䖆九葉【註】今江東有草五葉共叢生一莖俗因名爲五
葉卽此類也【正義】釋文引舍人云䖆九葉九枝共一
莖樊光本作駁釋云駮一名九葉【註】今
江至類也。○【正義】郭氏未覩
䖆形狀故舉類以曉人也

藐茈草【註】可以染紫一名茈䓢廣雅云【正義】藐一名茈草鄭註地官典染草謂之紫茢染草之屬說文繫傳云史儀制多言綟綬即此艸所染也【註】可以至雅云○【正義】此即後世所謂紫草也廣雅云茈䓢紫草也說文云䓢艸也可以染留黃本草云一名紫丹一名紫芙太平御覽引吳普云紫草節赤二月花唐本云苗似蘭香花紫白色結實白色

倚商活脫【註】即離南也【正義】即通脫木也詳見上

蘵黃蒢【註】蘵草葉似酸漿華小而白中心黃江東以作葅食【正義】蘵一名黃蒢夏小正云二月采蘵蘵草也【註】蘵草至葅食○【正義】蘵與職通蘵草可食之菜故古者以紀候焉顏氏家訓云江南有苦菜葉似酸漿花或紫或白子大如珠或紫或黑即爾雅蘵黃蒢今河北謂之龍葵本草陶註云益州有苦菜乃是苦蘵唐本註云苦蘵即龍葵也俗亦名苦菜非荼也

龍葵所在有之葉圓花白子若牛李子生青熟黑但挑煮食不任生噉

藒車芞輿【註】藒車香草見離騷【正義】藒車一名芞輿太平御覽引廣志云藒車香味辛生彭城高數尺黃葉白華齊民要術云凡樹木蟲蛀者煎此香冷淋之卽辟也【註】見離騷○【正義】離騷云畦留夷與揭車兮王逸註云揭車亦芳草一名芞輿

權黃華【註】今謂牛芸草爲黃華華黃葉似莪蓿【正義】權一名黃華芸之類也夏小正云正月采芸爲廟薦也二月榮芸月令云仲冬之月芸始生鄭註芸香草也權與芸艸也似目宿是芸本似莪蓿權一名牛芸亦與莪蓿相似而香氣過之【註】今謂至莪蓿○【正義】說文云芸相似也羅願云芸謂之芸蒿似邪蒿而香可食其莖幹婀娜可愛世人種之中庭案牛芸亦種之階下王氏談錄所謂草如苜蓿摘之香烈於芸也

葞春草註一名芒草本草云正義本草衍義引孫炎云藥草也俗呼爲菵草中山經云朝歌之山有莽草焉可以毒魚郭氏彼註今用之殺魚註一名至草云○正義本草有莽草別錄云一名葞一名春草陶註云處處皆有葉青辛烈者良又用擣以和陳粟米粉納水中魚吞即死浮出是莽草一名春草亦作菵草郭云芒草所見本異也或云本草白微一名春草此言白微非莽草也

蔠葵蘩露註承露也大莖小葉華紫黃色正義蔠葵一名蘩露葵類之可食者後世所謂藤菜也註承露至黃色○正義本草陶註云落葵一名承露蓋以其葉能承露故謂之蘩露矣蜀本註云蔓生葉圓厚如杏葉子似五味子生青熟黑處處有之齊民要術引郭註多實可食三字案今藤菜以三月種嫩苗可食五月蔓延其葉可作蔬未聞食其實者檢諸本郭註俱無此三字

菋荎藸註五味也蔓生子叢在莖頭、正義菋一名荎藸說文云菋荎藸也

蕛苵也郎廣雅所云會及五味也太平御覽引吳普
本草云五味一名元及【註】五味至莖頭○【正義】陶註
本草云其核似猪腎唐本註云五味皮肉甘酸核中
辛苦都有鹹味此則五味具也圖經云春初生苗引
赤蔓於高木其長六七尺葉小圓似杏葉三四月開
黃白花類小蓮花七月成實如豌豆許大生青熟紅
紫今有數種
大抵相近

荼委葉【註】詩云以茠荼蓼【正義】詩疏引舍人云荼一名
委葉釋文本作荼孔穎達云
荼亦穢草非苦菜也王肅云荼陸穢謂委葉也【註】詩
云至荼蓼○【正義】周頌良耜文詩疏謂某氏引此詩
郭註與某氏同也今毛詩作以薅荼蓼說
文引詩作既茠荼蓼茠亦薅拔去田草也

皇守田【註】似燕麥子如彫胡米可食生廢田中一名守
氣【正義】此稗草之類也皇一名守田羅願云芮米可
為飯生水田中苗子似小麥而小四月熟久食不

飢爾雅所謂皇守田也註似燕至守氣○正義郭氏舉類以曉人燕麥即雀麥彫胡即蘧蔬之米所謂菰米也詳見上文一名守氣者所以廣異名急就篇註云半夏亦名守田物之同名而殊實者也

鉤藤姑註鉤瓜也一名王瓜實如瓝瓜正赤味苦正義鉤一名藤姑廣雅云藤姑瓠瓜王瓜也月令四月王瓜生如高誘註則當爲上文之栝樓張揖則以爲藤姑先儒迄無定論疑未能決也註鉤瓜至味苦○正義郭註本廣雅兼采本草爲義也本草云王瓜一名土瓜陶註云土瓜生籬院閒子熟時赤如彈丸唐本註云四月生苗延蔓葉似栝樓葉但無叉缺有毛刺五月開黃花花下結子如彈丸生青熟赤根似葛而細多糝

望椉車註可以爲索長丈餘正義望一名椉車椉當作桀玉篇云桀渠列切類篇云草名陸本作椉今爾雅本仍有作桀者註可以至丈餘○正義今田野閒有草長而堅韌野人刈以爲

繩索俗謂之芒草
芒望聲近而轉也

困衱袶 註 未詳 正義 袶今本作袶釋文云本今作絳廣韻引爾雅作衱袶

欔烏階 註 卽烏杷也子連相著狀如杷齒可以染皁 正義 欔一名烏階染草之屬也 註 卽烏至染皁 ○ 正義 舊疏云俗謂之狼杷是也案陳藏器本草云狼把草生山道旁與秋穗子並可染皁

杜土鹵 註 杜衡也似葵而香 正義 杜一名土鹵離騷云雜杜衡與芳芷杜衡卽後世所謂馬蹄香也圖經本草云江淮間皆有之春初於宿根上生苗高二三寸莖如麥蒿每窠上有五六葉或八九葉別無枝蔓貼地生紫花瘠結實如豆中有碎子苗葉俱青 註 似葵而香 ○ 正義 釋文引本草云杜衡味辛香人衣體陶註云根葉都似細辛唯氣小異耳本草經又有杜若一名杜衡陶註云葉似薑

根似高良薑而細氣味辛香又絕似旋葍根殆欲相亂如陶之言二種並不似葵或恐郭誤耳案文選子虛賦註引張揖云杜衡其狀若葵其臭如蘪蕪是張揖與郭氏同也史記索隱引博物志云一名土杏其根一似細辛葉似葵是杜衡根似細辛而葉似葵郭註不誤也土杏疑即土鹵傳寫之訛陸氏欲合杜衡杜若爲一種然本草分見不得牽合爲一廣雅以杜衡即楚衡是矣

盱虺牀　**註**　蛇牀也一名馬牀廣雅云　**正義**　盱一名虺牀蘪蕪者也詳見上文本草云蛇牀子一名蛇米別錄云一名蛇粟一名虺牀一名思鹽一名繩毒一名棗棘一名牆蘼陶註云近道田野墟落間甚多花葉正似蘼蕪圖經云三月生苗高三二尺葉青碎作叢似蒿枝每枝上有花百餘結同一窠似馬芹類四五月開白花又如散米　**註**　蛇牀至雅云○　**正義**　廣雅云地粟馬牀蛇床也廣異名也

蘇菝【註】未聞【正義】閻若璩云爾雅以菝釋蘇卽上文之葰䕯也案玉篇云菝蘇子菜而葰䕯亦名滋菜是一物也

赤枹薊【註】卽上枹薊【正義】此卽枹薊之赤色者後世所謂蒼朮也

菟奚顆凍【註】款冬也紫赤華生水中【正義】菟奚一名顆凍廣雅云苦萃款凍也本草云款冬一名橐吾案急就篇云款東貝母藚狼牙顏師古註云款東卽款冬也亦曰款凍以其淩寒叩冰而生故爲此名也一名兔奚亦曰顆東急就篇又云半夏皁莢艾橐吾註云橐吾似款冬而腹中有絲生陸地華黃色一名獸須是款冬與橐吾爲二物矣款冬以冬月華故楚詞九懷云款冬而生兮彫彼葉柯言款冬獨生而百卉俱彫也水經註又引述征記云洛水至歲末凝厲則款冬茂悅曾冰之中【註】紫赤至水中○【正義】藝文類聚引吳普本草云款冬十二月花黃色陶註本草亦云形如宿蓴未舒者

其腹裏有絲其花乃似大菊花所說花色俱與郭異唐本註云葉似葵而大叢生花出根下此迺郭氏所謂紫赤華者也圖經欲兩存其說謂欵冬有二種一種葉似萆薢而花初出如菊花者一種葉如荷而紅花者據顏師古急就篇註則紫赤華者爲欵冬其黃華而腹中有絲者乃橐吾而非欵冬也郭氏讚云吹萬不同陽煦陰蒸欵冬之生擢穎堅冰物體所安焉知渙凝

中馗菌【註】地蕈也似蓋今江東名爲土菌亦曰馗厨可啖之小者菌【註】大小異名【正義】菌之大者名中馗其小者名菌說文云菌㞢地蕈叢生田中又云菌地蕈今地蕈多生田野間中馗之名蓋因其生之地矣說文又云蕈桑萸繫傳云蕈多生桑楮之上也今人食蕈以生槐樹者爲良樹上之蕈皆小者也莊子云朝菌不知晦朔崔譔云糞上芝朝生暮死晦者不及朔朔者不及晦此指土菌而言也註地蕈至啖之○【正義】說文繫傳云地蕈似釘

葢者名菌物類相感志引孫炎云聞雷即生俗呼地菌白如脂可食亦名地蕈北丁馗厨江東人今呼土菌可食者是郭註所本也北丁馗厨疑當從郭註作亦曰馗厨釋文引舍人本作中鳩云菟奚名顆凍顆凍名中鳩案欵冬無中鳩之名而地蕈亦名馗厨則不得以中馗上屬郭氏所不取也衆經音義引郭註名爲土菌作呼爲土菌

芃小葉【註】未聞【正義】釋文云芃本或作菽說文云菽麻蒸也管子地員篇謂麻之細者如蒸細即小也菽爲小葉之麻所以别於山麻也

苕陵苕【註】一名陵時本草云黃華蔈白華茇【註】苕華色異名亦不同【正義】詩疏引舍人云苕陵苕也黃華名蔈白華名茇别華色之名也齊民要術引孫炎云苕華色異名者小雅云苕之華毛傳云苕陵苕也謂之陵苕所以别於陳風之旨苕也疏引陸

璣疏云一名鼠尾生下溼水中七八月中華紫似今紫草華可染皁煑以沐髮卽黑如陸璣所言卽上文葝鼠尾可以染皁者也鼠尾與陵苕自爲二物陸氏特以其華色相似而混言之然鼠尾草惟有紫赤一種絕無黃華白華者其不得爲陵苕明矣徐鍇繫傳謂陵苕卽夌霄是也本草有紫葳唐本註謂之夌霄蔓生依大木久延至顛鄭箋謂陵苕之華紫赤而繁今夌霄以夏秋之閒華厥色紫赤一枝綴華十餘誠爲繁矣葉銳而深青詩所謂其葉青青也至云芸其黃矣汎言花之黃萎不指黃華而言黃華者名蔈今夌霄之赭黃色者也白華者名茇唐本註謂山中亦有白花者也【註】一名至草云○【正義】太平御覽引吳普本草云紫威一名武威一名瞿麥一名陵居腹一名鬼目一名茇草不言其名陵時詩疏引某氏曰本草云蔆蒔一名陵苕是郭氏用舊註所見本異也○苕華至不同○【正義】史記趙世家云顏若苕之華集解引綦毋邃云陵苕之草其華紫今夌霄花皆紫赤色黃華白華色之異者耳說文云㚇苕之黃華也艸

之白華爲茇是茇爲統名陵苕之白華亦名茇也

虉從水生 註 生於水中 正義 釋文云虉草生江水中水中是水草之屬也

薇垂水 註 生於水邊 正義 召南草蟲云言采其薇毛傳薇菜也疏引陸璣疏云山菜也莖葉皆似小豆蔓生其味亦如小豆藿可作羹亦可生食今官園種之以供宗廟祭祀小雅言薇亦作止薇亦柔止薇亦剛止遺成者有先後輩故薇之生者漸茂而且堅也古者用以芼羹公食大夫禮所謂豕薇矣薇一名垂水而陸璣以爲山菜者小雅言山有蕨薇逸詩言登彼西山兮采其薇矣故以爲山菜然水澤間亦有之各隨所見而名之也 註 生於水邊○正義 釋文引顧野王云水濵生故曰垂水太平御覽引廣志云薇葉似萍可蒸食徐鍇繫傳云薇似大萍陳藏器本草云薇生水旁葉似萍皆以薇爲水草也案說文云薇菜也似藿則高原下隰皆有之不定爲水菜也蜀人謂之巢菜今呼野豌豆

薜山麻【註】似人家麻生山中【正義】麻之生於山者異其名也

莽數節【註】竹類也節間促桃枝四寸有節【註】今桃枝節間相去多四寸粼堅中【註】竹類也其中實簢筡中【註】言其中空竹類仲無笐【註】亦竹類未詳箈箭萌【註】萌筍屬也周禮曰箈菹雁醢篠簜【註】別二名【正義】上文簜竹此又別其種類與其異名也○莽數節○說文云節竹約也竹節之促數者名莽今小竹編地而生其節密促葢以其雜於叢莽故謂之莽矣俗呼爲馬鞭竹○桃枝四寸有節○竹節之疎有至四寸者名桃枝春官司几筵云加次席黼純鄭註云次席桃枝席有次列成文賈疏云鄭見漢世以桃枝竹爲席次第行列成其文章故言之也案後世以桃枝竹爲簟謂之桃笙吳都賦註云桃笙桃枝簟也又可作杖魏

都賦註云桃枝竹屬可爲杖○鄰堅中○竹類有中
實者名鄰本亦作簩齊民要術引字林云簩竹實中
玉篇與字林同○簢筡中○竹類之中空者名簢說
文云筡折竹筤也筤竹膚也繫傳云筤竹青也案竹
膚色青其中節則色白簢中空無節故表裏之色如
一○仲無笐○特生之竹無行列者名仲說文云笐
竹列也凡竹皆有行列唯特生者無行列耳春官樂
師云孤竹之管後鄭云孤竹竹特生者釋樂云大籥
謂之産其中者謂之仲籥爲竹管三孔葢以孤生之
竹爲之故有仲之名也○簢篛萌○說文云簢竹萌
也竹類至多故筍類亦夥上文云筍竹萌是筍爲總
名箭爲小竹簢爲小竹之筍也○篠箭○篠一名箭
說文云筱箭屬小竹也禹貢云篠簜既敷釋地云有
會稽之竹箭焉戴凱之竹譜云箭竹高者不過一丈
節間三尺堅勁中矢江南諸山皆有之會稽所生最
精好**註**今桃至四寸○**正義**郭言桃枝之節四寸者
爲多耳竹譜云桃枝竹皮赤編之滑勁可以爲席余
之所見節短者不兼寸長者或踰尺豫章徧有之恐

爾雅所載草族自别有桃枝不必是竹郭註取之誤也案郭言多四寸正以其不限於四寸耳桃枝生地不同故長短不一戴氏僅据豫章所見遂疑桃枝非竹何所見之不廣也桂海虞衡志云桃枝竹多生石上葉如小棕櫚以大者爲杖○竹類至中實○正義廣韻云笝竹名實中是鄰又名笝也元和郡縣志亦云邛來山竹高節實中可爲杖衆經音義引郭註云鄰竹名其中堅可以爲杖○周禮至雁醢○正義天官醢人加豆之實落菹雁醢筍菹魚醢後鄭云箈箭萌筍竹萌賈疏云萌者謂新生者也見今皆爲菹釋文云落爾雅作箈同○别二名○正義箭本小竹之名因其可用爲矢故謂矢爲箭說文云筱可爲矢箭矢也又謂之箘簬禹貢云惟箘簬淮南兵畧訓云淇衛箘簬高誘註云淇衛箘簬箭之所出

枹霍首素華軌鬷註皆未詳正義枹通作苞如詩苞有三蘖玉篇引作枹有三枿是也說文云苞艸也南陽以爲麤履廣韻云素華一名軌鬷其形狀未詳

芏夫王註芏草生海邊似莞蔺今南方越人采以爲席正義芏音杜註芏草至爲席○正義陳藏器本草云茳芏一名江蘺子似莞生海邊可爲席廣韻亦云似莞生海邊可爲席與郭註同監本無方字今從宋本

綦月爾註卽紫綦也似蕨可食正義綦一名月爾齊民要術引詩義疏云綦菜也葉狹長二尺食之微苦卽今莫菜也詩曰彼汾沮洳言采其莫案綦釋文本作惎與義疏同說文作綦月爾也則作綦者是也詩疏引陸璣疏云莫莖大如箸赤節節一葉似柳葉厚而長有毛刺今人繅以取繭緒其味酢而滑始生可以爲羹又可生食五方通謂之酸迷冀州人謂之乾絳河汾之閒謂之莫註卽紫至可食○正義紫綦爲蕨之别種李時珍謂紫萁似蕨有花而味苦謂之迷蕨初生亦可食卽月爾也

葴馬藍註今大葉冬藍也正義染草名馬藍一名葴夏小正云五月啓灌藍蓼啓者

別也陶而疏之也灌者聚生者也記時也月令云仲夏令民毋艾藍以染此言藍草至仲夏始可分別其叢使之稀散故不欲遽刈之也小雅采綠云終朝采藍鄭註地官以藍蒨象斗爲染草之屬註今大至藍也○正義說文云葴馬藍也藍染青艸也藍草所以染青故荀子云青出於藍子虛賦云高燥則生葴菥卽馬藍也馬藍與寒漿同名葴而實異史記索隱引爲一草非也

姚莖涂薺註未詳

芐地黃註一名地髓江東呼芐正義芐一名地黃公食大夫禮記云鉶芼牛藿羊苦豕薇鄭註云今文苦爲芐是古者用以芼羹矣淮南覽冥訓云地黃主屬骨而甘草主生肉之藥也註一名至呼芐○正義廣雅云地髓地黃也本草云地黃一名地髓一名芐一名芑陶註云有子實如小麥圖經云二月生葉似車前高者及尺餘低者三四寸花紅紫色亦有黃花者其實作房如連翹子甚細

而沙褐色

蒙玊女【註】蒙卽唐也女蘿別名【正義】說文云蒙玉女也繫傳云卽女蘿也詳見上文

拔蘢葛【註】似葛蔓生有節江東呼爲龍尾亦謂之虎葛細葉赤莖【正義】拔一名蘢葛本草陶註云五葉莓一名蘢草蔓生籬援閒作藤唐本作烏蘝莓註云蔓生平澤葉似白蘝【註】似葛至赤莖。【正義】此葛之別類所在有之蔓引而長故江東呼爲龍尾莖端五葉分張又似爪矣藤柔而有稜亦謂之虎葛也其莖赤色俗又謂之赤葛

藗牡茅【註】白茅屬【正義】經傳多言白茅此別其類之異者也詩疏引陸璣疏云茅之白者古用包裹禮物以充祭祀縮酒用之案茅與菅相似故詩言露彼菅茅茅之香者與蕭相近天官甸師所謂

祭祀共蕭茅也牡茅一名藗

舊疏以爲茅之不實者也

卷耳苓耳【註】廣雅云枲耳也亦云胡枲江東呼爲常枲

或云苓耳形似鼠耳叢生如盤【正義】卷耳一名苓耳周南云采采卷耳不盈頃筐荀子解蔽篇云頃筐易滿也卷耳易得也然而不可以貳周行毛傳云卷耳苓耳也頃筐易盈之器也蓋本荀子爲訓淮南覽冥訓云位賤尚枲高誘註云尚主也菜枲耳菜名也幽冀謂之檀菜雒下謂之胡枲主是官者至微賤也案卷耳可食之菜故詩人采之此篇言能官人故淮南以尚枲爲官蓋釋詩者相傳之舊說也卷耳一名葹離騷云薋菉葹以盈室兮葹以其實多刺故惡之比諸蒺藜之類義各有取爾九思云枲耳兮充房猶離騷志也【註】廣雅至如盤○【正義】廣雅云苓耳葹常枲胡枲枲耳也詩疏引陸璣疏云葉青白色似胡荽白華細莖蔓生可煮爲茹滑而少味四月中生子如婦人耳中璫今或謂之

耳璫幽州人謂之爵耳是也案今人呼爲常思菜即
常枲之訛爾郭又引或説者説文繫傳云菌屬生朽
潤木根此即所謂叢
生如盤者存異説也

蕨虌【註】廣雅云紫綦非也初生無葉可食江西謂之虌
【正義】召南云言采其蕨疏引舍人云蕨一名虌齊民
要術引陸璣疏云蕨山菜也初生似蒜莖紫黑色二
月中高八九寸先有葉瀹爲茹滑美如葵今隴西天
水人及此時而乾收秋冬嘗之又云以進御三月中
其端散爲三枝枝有數葉葉似青蒿而麤堅長不可
食周秦曰蕨齊魯曰虌【註】廣雅至之虌。【正義】廣雅
云茈綦蕨也葢以紫綦似蕨故誤合爲一也初
生無葉者詩釋文云俗云初生似鼈脚故名焉

蕎卬鉅【註】今藥草大戟也本草云【正義】蕎一名卬鉅淮
南繆稱訓云大戟去
水即卬鉅也【註】今藥至草云。【正義】本草云大戟一
名卬鉅陶註云近道處處有之蜀本註云似甘遂而

高大葉有白汁花
黃根似細苦參

蘩由胡【註】未詳【正義】夏小正云蘩由胡由胡者
蘩母也即上文皤蒿詳見上

蒤杜榮【註】今芒草似茅皮可以爲繩索履屩也【正義】太
平御覽
引雜字解詁云芸杜榮是蒤本或作芸夏小正所謂
二月采芸也今本作蒤釋文云本亦作芒陳藏器本
草云芒今東人多以爲箔又云石芒生高山如芒而
節短江東呼爲折草案上文云葝鼠尾望乘車此皆
其類
也

稂童粱【註】稂莠類也【正義】詩疏引舍人云稂一名童粱
說文云蓈禾粟之采生而不成者
謂之童蓈蓈或作稂曹風下泉云浸彼苞稂毛傳云
稂童粱疏引陸璣疏云不秀爲穗而不成則嶷然謂
之童粱今人謂之宿田翁或謂之守田也大田云不
稂不莠外傳云馬餼不過稂莠皆是也案陸璣所說

與許叔重同稂爲穀之有稃而無米者南方農諺謂之扁子磽瘠之地與夫雨暘之不時人事之不齊禾不能成實則爲稂豐年則無之大田之詩所以言不稂也農家穫稻則簸而揚之以去其稂然稂雖無米亦稍有米皮今南方用以飼鵞又以飼馬魯語所謂馬餼不過稂莠也至於下泉之詩則舉童粱之得水而病以見嘉禾之不殖并及蕭蓍以見庶草之盡萃章言黍苗之盛陰雨之膏嘉穀自無稂莠此詩人追思盛治所由寤歎而不能忘也陸疏謂稂或謂之守田此與上文皇守田同名而異實

註 稂莠類也。

正義 說文繫傳引郭註云莠類也今本註中稂字疑衍文莠者說文云禾粟下揚生莠詩疏引鄭志韋曜問云甫田維莠今何草答曰今之狗尾也韋昭魯語註云莠草似稷而無實今狗尾草所在有之狀誠似稷而不結實與稂之不實者同其稃內有米皮亦與稂同故郭氏以稂爲莠類不言其似稂也羅願誤以爲其形相似遂以爲卽上文之孟狼尾然狼尾草有子可作黍食則與童粱之不實者殊類卽與莠之不實

者殊類不得求其形似牽合爲一也

藨麃【註】麃即莓也今江東呼爲藨莓子似覆盆而大赤酢甜可啖【正義】藨一名麃上文云葥山莓此爲草之相似而小者也其子可食後世謂之藨莓矣又蒯屬之草亦名藨可以爲屨禮傳謂之疏屨又可爲席與此異【註】麃即至可啖。【正義】說文繫傳引爾雅舊註云麃即莓子似覆盆華紫俗名蠶莓可食又有蛇莓黃華子小異食之傷人

的薂【註】即蓮實【正義】上文釋荷云其實蓮其中的的又名薂也

購蔏蔞【註】蔏蔞蔞蒿也生下田初出可啖江東用羹魚【正義】詩疏引舍人云購一名蔏蔞說文云蔞艸也可以亨魚繫傳云今人所食蔞蒿也周南漢廣云翹翹錯薪言刈其蔞毛傳云蔞草中之翹翹然疏引陸璣疏云其葉似艾白色長數寸高丈餘好生水邊及澤

中正月根芽生旁莖正白生食之香而脆美其葉又可蒸爲茹【註】蒿蔞蔞蒿也。【正義】楚辭大招云吳酸蒿蔞不沾薄只王逸註云蒿蘩草也蔞香草也是蔞可以爲羹詩釋文引馬融云蔞蔞蒿也與郭註同釋文又引郭云似艾益郭氏音義之文

葝勃葝【註】一名石芸本草云【正義】葝一名勃葝卽石芸也本草別錄云石芸味甘一名勃烈一名顧啄范子計然云石芸出三輔

蔞繞蕀蒬【註】今遠志也似麻黃赤華葉銳而黃其上謂之小草廣雅云【正義】蔞繞一名蕀蒬說文云蒬棘蒬也繫傳謂卽遠志是也說文又云蔞艸也詩曰四月秀蔞劉向說此味苦苦蔞此說文別釋秀蔞之義或遂謂詩言秀蔞卽今遠志非也【註】今遠至雅云。【正義】本草云遠志一名棘菀一名蔞繞一名細草陶註云狀似麻黃而青圖經云遠志生泰

山及寃句山谷今河陝京西州郡亦有之根黃色形如蒿根莖名小草似麻黃而青亦有似大青而小者三月開花白色根長及一尺泗州出者花紅根葉俱大於它處商州出者根又黑色廣雅云蕀苑遠志也其上謂之小草

茦刺【註】草刺鍼也關西謂之刺燕北朝鮮之間曰茦見方言【正義】茦一名刺說文云茦莿也莿茦也繫傳引爾雅舊註云即草木之莿也【註】草刺至方言○【正義】以草之刺爲刺鍼今俗語猶然以其狀如鍼也方言云凡草木刺人北燕朝鮮之間謂之茦或謂之壯自關而東或謂之梗或謂之劌自關而西謂之刺江湘之間謂之棘廣雅云茦刺箴也

蕭萩【註】即蒿【正義】詩疏引李巡云萩一名蕭天官甸師云祭祀共蕭茅杜子春以爲蕭香蒿也後鄭謂詩所云取蕭祭脂郊特牲云蕭合黍稷臭陽達於牆屋故旣薦然後焫蕭合馨香合馨香者是蕭之

謂也又鄭註郊特牲云蕭薌蒿也染以脂合黍稷燒
之生民詩疏云宗廟之祭以香蒿合黍稷燒此香蒿
以合其馨香之氣是蕭爲蒿之香者也萩監本誤作
荻唐石經作萩釋文萩音秋今改正【註】即蒿○【正義】
詩疏引陸璣疏云今人所謂萩蒿也或云牛尾蒿似
白蒿白葉莖麤科生多者數十莖可作燭有香氣故
祭祀以脂爇之爲香許慎以爲艾蒿非也案春官鬱
人疏引王度記云士以蕭庶人以艾白虎通義亦引
之是蕭與艾定爲二物也蕭艾皆香草而離騷云何
昔日之芳草今直爲此蕭艾也蓋蕭可以爇艾可以
灸古之長育羣材者芳草各有其用而采蕭采艾亦
各以其時今不辨其爲芳草而與蕭艾並見燒薙故
騷人歎之說楚辭者不達其意以蕭艾爲惡草誤矣
管子地員篇云荓下於蕭蕭下於薜辨庶草者固各
有其等
差也

藫海藻【註】藥草也一名海蘿如亂髮生海中本草云【正義】

上文云藫石衣藫亦作蕁一名海藻据本草是一物也郭氏以葉似薤葉狀如亂髮分解之【註】藥草至草云。【正義】本草云海藻一名落首一名蕁陶註云生海島上黑色如亂髮而大少許葉大都似藻葉郭氏江賦云綠苔鬖髿乎研上李善註引南越志云海藻一名海苔生研石上風土記云石髮水苔也青綠色皆生於石

萇楚銚芅【註】今羊桃也或曰鬼桃葉似桃華白子如小麥亦似桃【正義】詩疏引舍人云萇楚一名銚芅說文云萇楚銚弋羊桃也檜風云隰有萇楚猗儺其枝鄭箋云銚弋之性始生正直及其長大則其枝猗儺而柔順不妄蔓草木疏引陸璣疏云今羊桃是也葉長而狹華紫赤色其枝莖弱過一尺引蔓於草上今人以爲汲灌重而善没不如楊柳也近下根刀切其皮著熱灰中脫之可韜筆管【註】今羊至似桃。【正義】廣雅云鬼桃銚弋羊桃也本草云羊桃一名

鬼桃一名羊腸別錄云一名萇楚一名御弋一名銚
弋陶註云山野多有甚似家桃又非山桃子小細不
堪噉花甚赤楚詞七諫云斬伐橘柚兮列樹苦桃王
逸註橘柚美木苦桃苦木洪興祖補註引本草云羊
桃味苦是因其味苦故謂之苦桃列於木類
据圖經云羊桃苗長弱即蔓生不能爲樹也

蘦大苦【註】今甘草也蔓延生葉似荷青黃莖赤有節節
有枝相當或云蘦似地黃【正義】蘦與苓通一名大苦
邶風簡兮云隰有苓唐風
云采苓采苓毛傳俱云苓大苦即今藥草之甘草也
說文云苷甘艸也廣雅云美丹甘草也【註】今甘至地
黃。【正義】詩疏引孫炎曰本草云蘦今甘草是也蔓
延生葉似荷青黃其莖赤有節節有枝相當或云蘦
似地黃郭註本於孫炎也說文繫傳引爾雅註云即
甘草也蔓延生葉似荷青黃莖赤有節枝枝相値葉
葉相當與今本字句微異案本草云甘草味甘平別
錄云一名蜜甘一名美草一名蜜草一名蕗草圖經

云春生青苗高一二尺葉如槐葉七月開紫花似柰冬結實作角子如䔩豆根長者三四尺麄細不定皮赤上有橫梁上下皆細根也

芣苢馬舃馬舃車前【注】今車前草大葉長穗好生道邊江東呼爲蝦蟆衣【正義】芣苢一名馬舃一名車前別三名也周南云采采芣苢毛傳用爾雅疏引陸璣疏云馬舃一名車前一名當道喜在牛跡中生故曰車前當道也今藥中車前子是也幽州人謂之牛舌草可鬻作茹大滑其子治婦人難產案車前易識之草而向來釋詩者多異說有以爲似李之木者詩釋文云山海經及周書王會皆云芣苢木也實似李食之宜子出於西戎衛氏傳及許愼並同此王肅亦同詩疏引王基駁云王會所記雜物奇獸皆四夷遠國各賫土地異物以爲貢贄非周南婦人所得采是芣苢爲馬舃之草非西戎之木也有分芣苢車前爲二物者詩釋文引韓詩云直曰車前瞿

曰芣苢令車前郎芣苢無瞿直之分以爲二物者非也有以芣苢郎澤瀉者文選註引薛君韓詩章句云芣苢澤瀉也芣苢臭惡之草詩人傷其君子有惡疾人道不通求已不得發憤而作以事興芣苢雖臭惡乎我猶采采而不已者以興君子雖有惡疾我猶守而不離去也此据韓詩序芣苢傷夫有惡疾也而演成其說然澤瀉郎上文之蕍舄芣苢自爲車前爾雅分釋之不得牽合爲一是以芣苢爲澤瀉者非也準諸雅訓惟毛傳爲得其實矣**註**令車至蠙衣○**正義**莊子至樂篇鼃蠙之衣生於陵屯則爲陵舄司馬彪云物根在水上際布在水中就水上視不見抄之可得楚人謂之鼃蠙之衣屯阜也物因水成而陸產生於陸亡化作車前改名陵舄也是以車前爲水草所化也然令車前生於春初未聞有化生者本草云車前一名當道別錄云一名芣苢一名蝦蟆衣一名牛遺一名勝舄圖經云春初生苗葉布地如匙面累年者長及尺餘如鼠尾花甚細青色微赤結實如葶藶赤黑色與陸璣疏畧同

綸似綸組似組東海有之【註】綸今有秩嗇夫所帶糾青絲綸組綬也海中草生彩理有象之者因以名云帛似帛布似布華山有之【註】草葉有象布帛者因以名云生華山中【正義】此釋草之似用物者因以爲名也綸似綸組似組東海有之者太平御覽引吳普本草云綸布一名昆布陶註云今惟出高麗繩把索之如卷麻作黃黑色柔韌可食爾雅云綸似綸組似組東海有之今青苔紫菜皆似綸而昆布亦似組恐即是也案綸組即今紫菜之類吳都賦云綸組紫絳郭氏江賦云青綸競糾縟組爭映齊民要術云吳都海邊諸山悉生紫菜是也帛似帛布似布華山有之者草名帛布其色亦似帛布今未聞【註】綸今至名云○【正義】說文云綸青絲綬也組綬屬鄭註緇衣云綸今有秩嗇夫所佩也漢書百官公卿表云百石以下是爲少吏大率十里一亭亭有長十亭一鄉

鄉有三老有秩嗇夫游徼三老掌敎化嗇夫職聽訟收賦稅游徼徼循禁賊盜晉仍漢制有秩嗇夫俱得以青綸爲帶也續漢輿服志云百石青紺綸一采宛轉繆織長丈二尺案淮南子言丈二之組是綸組之長相若也顏師古急就篇註云組亦綬類也其小者以爲冠郭氏𦈡綸組之狀以相況也

芁東蠡【註】未詳【正義】西京賦云薇蕨荔芁集韻云芁草名葉似蒲叢生未聞其審

緜馬羊齒【註】草細葉葉羅生而毛有似羊齒今江東呼爲雁齒繰者以取繭緒【正義】緜馬一名羊齒舊疏以爲似羊齒而毛也【註】草細至繭緒○【正義】郭氏以目驗得之今所未悉陳藏器云水蘇仙人草皆有雁齒乃葉之槎牙者非葉有毛也且不聞可以繰取繭緒

萿麋舌【註】今麋舌草春生葉有似於舌【正義】萿一名麋舌本草別錄云

鬳舌生水中五月采之鬳
與麇通釋文云本或作麋

搴柜朐【註】未聞

蘩之醜秋爲蒿【註】醜類也春時各有種名至秋老成皆
通呼爲蒿【正義】上文别蘩之類則白蒿爲蘩青蒿爲
蒿菣牡蒿爲蔚藁蒿爲莪蘋蒿爲苹萩蒿爲
蕭其類孔多春初生時形色互異因事以命名秋深
葉枯其色不甚相遠故通呼爲蒿蒿即爲蓬涼秋風
厲則起而爲轉蓬也

芺薊其實荂【註】芺與薊莖頭皆有蓊臺名荂荂即其實
音俘【正義】此釋芺薊之實也上文云鉤芺即苕芺也
說文云薊芺也繫傳云薊芺之屬即今刺薊是
又朮一名山薊其形相似也芺薊之實皆謂之荂【註】
芺與至音俘○【正義】凡草花上抽蓊臺者即於蓊臺

結實芙薊亦然故謂其實爲荂也監本
作郎其實也無音俘二字今從宋本

蒤荂荼【註】即芀猋藨芀【註】皆芀荼之别名方俗異語所未聞【正義】此釋荼與芀之别名也荼者茅秀也地官有掌荼下士掌以時聚荼考工記鮑人之事望而眡之欲其荼白也既夕禮云茵著用荼鄭風云有女如荼吳語云望之如荼注皆以爲茅秀也茅秀色白故言白者多取象焉夏小正云荼藿葦之秀顏師古漢書註云荼者今俗所謂蒹錐也又引應劭註以並稱荼矣說文繫傳云荼茅秀也荊楚歲時記引犍荼爲野菅葢由蒹錐亦色白菅爲茅類以其色白故爲舍人曰杏荂如荼可種白沙亦以荼爲色之白者也又謂之蒤又謂之荂聲之遞轉也芀者葦類之秀又謂之猋又謂之藨皆聲轉也廣韻云藨萑葦秀

葦醜芀【註】其類皆有芀秀【正義】此釋上文芀爲葦之類也說文云芀葦華也繫傳云

芀者抽條搖遠生雩而無莩萼也今人取之以爲帚日茗帚是也說文又云葤芀也是葦之類也

葭華【註】即今蘆也蒹薕【註】似藡而細高數尺江東呼爲薕藡音廉葭蘆【註】葦也菼薍【註】似葦而小實中江東呼爲烏蓲音丘其萌蘿【註】今江東呼蘆筍爲蘿然則萑葦之類其初生者皆名蘿音繾綣【正義】曲禮述殷制天子之六工其一曰草工鄭註以爲作萑葦之屬周官大司徒土會之法所謂叢物也萑葦之爲用至廣故爾雅釋之特詳釋言云菼騅也菼薍也皆指萑而言此又兼葦而釋之也萑葦二物易致相混詩疏引李巡註云蘆薍共爲一草是不辨蘆之爲葦薍之爲萑二者不可相混矣夏小正云雚未秀爲菼葦未秀爲蘆七月毛傳云薍爲萑葭爲葦孔穎達云此二草初生者爲菼長大者爲薍成則爲萑初生爲葭長大爲蘆成則名

爲葦孫炎以蘆薍爲二草是也○葭華○詩疏引舍人云葭一名華樊光引詩云彼茁者葭李巡云葦初生騶虞鄭箋亦以爲記蘆始生時也○蒹薕○蒹一名薕說文云蒹萑之未秀者秦風云蒹葭蒼蒼毛傳用爾雅疏引陸璣疏云蒹水草也堅實牛食之令牛肥彊青徐州人謂之蒹兖州遼東通語也○葭蘆○葭一名蘆此申釋上文所謂葭華也淮南修務訓云未秀曰蘆巳秀曰葦俶眞訓云蘆苻之厚高誘註云苻蘆中白○菼薍○菼一名薍此申釋上文所謂蒹薕也說文云薊萑之初生一曰薍一曰騅薊或作菼衛風碩人云葭菼揭揭毛傳用爾雅疏引陸璣疏云薍或謂之荻至秋堅成則謂之萑其初生三月中其心挺出其下本大如箸上銳而細揚州人謂之馬尾○其萌蘿○說文云萌艸芽也又云蘿灌渝讀若萌灌渝爲草之萌生者則下文渝字當上屬與郭讀異也【校】似薖至音廉○【正義】監本作似萑而細案蒹即萑之未秀者不當云似萑宋本作似薖今從之說文繫傳云江之西岸多有之今人以爲簾薄疑因此名

蒹也江東呼爲蒹薍監本無薍字今從宋本郭註子虛賦作江東人呼爲蒹蒿疑傳寫之訛○葦也○正義詩疏引李巡云分别葦類之異名也郭以蘆即爲葦與李巡異○似葦至音丑○正義詩疏引樊光云菼初生葸騂色海濱曰薍鄭註玉藻云莿菼帚也釋文引郭氏云即烏蓲也取其苗爲帚監本無音丑二字今從宋本增補上同○今江至纔綣○正義郭意以蘆之芽爲虇而葦之芽亦得名虇也音纔綣者猶云音纔綣之綣

蕍芛葟華榮註釋言云華皇也今俗呼草木華初生者爲芛音豨豬蕍猶敷蕍亦華之貌所未聞正義說文云芛艸之皇榮也荂榮也蕍通作敷說卦傳王肅本云震爲敷六書故引王肅註云華之通名鋪爲華貌謂之藪是蕍芛葟華榮五字轉相訓也註釋言至未聞○正義郭氏釋言註引此文互相證明也芛讀如豨豬之豨

蕍猶敷蕍者劉逵吳都賦註云敷蕍華開皃李善云蘛與蕍同庾俱切

卷施草拔心不死 註 宿莽也離騷云 正義 卷施草名以冬生能拔心而不死爾雅翼引南越志云寧鄉草多卷施拔心不死江淮閒謂之宿莽 註 宿莽至騷云○ 正義 離騷云夕擥洲之宿莽王逸註云草冬生不死者楚人名之曰宿莽案方言云莽草也南楚曰莽是莽爲草之緫名宿莽則卷施草也郭氏讚云卷施之草拔心不死屈平嘉之諷詠以比取類雖邇興有遠旨

葝茭 註 今江東呼藕紹緒如指空中可啖者爲茭茭即此類也 正義 葝一名茭說文云葝茭也茅根也茭艸根也廣韻云蔈葦根可食者曰茭是草根可食者皆得此名也 註 今江至此類○ 正義 郭氏舉類以曉人也藕紹緒監本誤作經緒今從宋本改正類篇云葝藕紹也本於郭註也

茭根【註】別二名俗呼韭根爲茭【正義】此釋茭卽爲根也方言云茭杜根也東齊曰杜或曰芨說文云茭艸根也繫傳云茭草木枯根也【註】別二至爲茭○【正義】此因韭根有茭之名舉以相証也氾勝之書云陳根可拔陳根猶言枯茭矣

欆橐含【註】未詳【正義】橐含一名欆上文烏階亦名欆郭註以爲染草也鄭註典染草有橐盧疑鄭君所見本異橐含當作橐盧卽烏階也

華荂也【註】今江東呼華爲荂音敷華荂榮也【註】轉相解【正義】此申釋上文華榮之異名也方言云華荂晠也齊楚之間或謂之華或謂之荂郭氏彼註云荂亦華別名監本郭註脫音敷二字今從宋本

木謂之華草謂之榮不榮而實者謂之秀榮而不實者

謂之英【正義】詩疏引李巡云分别異名以曉人也木謂之華者夏小正云正月梅杏杝桃則華召南云華如桃李是也草謂之榮者夏小正云二月榮堇榮芸月令云木槿榮是也不見其榮但見其實者名秀大雅生民云實發實秀孔疏云此亦對文爾其實黍稷皆先榮後實小雅出車云黍稷方華是嘉穀之秀必有榮也案華秀散言似可通用鄭風云隰有荷華月令云菊有黄華是草亦稱華夏小正云七月秀雚葦是秀爲不實者也榮而不實者謂之英郭註山海經引爾雅作榮而不實謂之葍蓋据别本也類篇云葍草名不實

爾雅正義卷第十四

清餘姚邵氏本爾雅正義

第四册

清 邵晋涵撰

山東省圖書館藏清乾隆五十三年餘姚邵氏面水層軒刻本

山東人民出版社·濟南

爾雅正義卷第十五

文淵閣校理翰林院編修加二級教習庶吉士充國史館纂修官邵晉涵撰集

釋木第十四

【正義】洪範云木曰曲直曲直作酸孔疏云木生子實其味多酸五果之味雖殊其爲酸一是木實性然月令春云其味酸是也易曰本乎地者親下指植物而言凡草木之屬皆植物也至於辨其物生則各有所宜大司徒土會之灋云山林其植物宜皁物川澤其植物宜膏物丘陵其植物宜覈物墳衍其植物宜莢物先鄭謂植物根生之屬皁物柞栗之屬膏物謂楊柳之屬後鄭謂覈物李梅之屬莢物薺莢王棘之屬此篇所釋凡山林川澤丘陵墳衍之所植或别其異名或詳其形狀正其名然後能辨所宜也古者列樹以表道故司徒各以其野之所宜木遂以名其社與其野後世若枌榆名社丹楊名縣猶周官之遺制矣竹木生平

地者曰林故林衡所掌有大林麓中林麓小林麓之殊此篇言梩棘桑柳椒㰌桃李之醜類舉以槪其餘也竹類見釋草而此篇復云如竹箭曰苞以草之質勁者與木同性也白虎通義云木觸也陽氣動躍觸地而生也說文云木冒也冒地而生東方之行也釋名云木冒也華葉自覆冒也木類有喬者條者莍者核者其自相覆冒則同

槄山榎**註**今之山楸**正義**詩疏引李巡云山榎一名槄孫炎曰詩云有條有梅條槄也孫炎本秦風毛傳爲義也釋文云榎舍人本作槚古通用亦作夏學記云夏楚二物鄭註夏槄也羅願以爲榎形圓楚形方互相備也詩疏引陸璣疏云槄今山楸也亦如下田楸耳皮葉白色亦白材理好宜爲車板能溼又可爲棺木宜陽共北山多有之案今山楸南方山中有之其材理稹堅陸璣以爲耐溼者是也

註今之山楸○**正義**下文云大而皵楸小而散榎郭以槄爲山楸所以別於小葉之榎也詳見下文

栲山樗【註】栲似樗色小白生山中因名云亦類漆樹俗語曰櫄樗栲漆相似如一【正義】小雅云南山有栲唐風云山有栲毛傳俱云栲山樗是樗之生於山者名栲也詩疏引舍人云栲一名山樗陸璣疏云山樗與下田樗畧無異葉似差狹耳吳人以其葉爲茗方俗無名此爲栲者似誤也今所云爲栲者葉如櫟木皮厚數寸可爲車輻或謂之栲櫟許愼正以栲讀如糗今人言栲者失其聲耳案說文云梡山樗也繫傳引爾雅以爲梡卽樗也【註】栲似至如一○【正義】詩疏引郭註作色小而白說文繫傳作色小白與今本同又詩疏引郭註多俗語曰櫄樗栲漆相似如一十一字釋文則以爲方志之文也今据詩疏增補櫄者說文云杶或作櫄繫傳引字書杶木似樗圖經本草云椿木樗木形幹大抵相類但椿木實而葉香可噉樗木疎而氣臭膳夫亦能熬去其氣北人呼樗爲山椿是本草以櫄爲椿也椿樗二木相似栲卽樗之生山中者漆木色白葉似椿故俗

語以爲四木
相似如一也

柏椈註禮記曰鬯臼以椈正義柏一名椈說文作柏鞠
也說卦傳云艮其於木也爲
多節虞翻云陽剛在外故多節松柏之屬也松柏秉
陽剛之性故能歲寒後彫禮器言松柏之有心蓋內
具陽剛斯柯葉之勁不隨時改矣魏書引尚書逸篇
云東社唯柏白虎通義謂即周官所云各以土地所
宜也魯頌云新甫之柏本草別錄以爲生太山山谷
今柏所在有之三月華九月實其葉側向生者謂之
側柏註禮記至以椈。正義雜記云鬯臼以椈杵以
梧鄭註所以搗鬱也椈柏也孔疏云以柏爲臼以桐
爲杵擣鬱鬯柏香桐潔白
於神爲宜監本誤脫臼字

髡梱註未詳正義說文云棞梡木未析也梡棞木薪也
梱當作棞趙策云爲木材以接手狀如振
梱是其
狀也

椵柂【註】白椵也樹似白楊【正義】椵一名柂檀弓云杝棺
一鄭註云所謂椑棺也凡棺
因能溼之物又云椑謂杝棺椑堅著之言也鄭君所
見爾雅本柂作杝【註】白椵至白楊○【正義】玉篇云椵
木似白楊釋文引字林云木似白楊一名柂今白楊
木高大葉圓似梨面青而背白肌細性堅用爲梁栱
久而不橈椵木
與白楊相似也

梅柟【註】似杏實酢【正義】梅一名柟秦風終南云有條有
梅毛傳云梅柟也衆經音義引樊光
云荆州曰梅揚州曰柟益州曰赤楩似豫章無子也
是樊光不以梅之名柟者爲似杏之梅矣詩疏引陸
璣疏云梅樹皮葉似豫章豫章葉大如牛耳一頭尖
赤心華赤黃子青不可食柟葉大可三四葉一藂木
理細緻於豫樟子赤者材堅子白者材脆江南及新
城上庸蜀皆多樟柟終南山與上庸新城通故亦有
柟也陸璣說與樊光略同詩釋文引沈重云孫炎稱
荆州曰梅揚州曰柟重實揚州人不聞名柟沈氏之

意以揚州人無稱摽梅爲枏者故駁正孫註蔹以樊
光之說則梅枏卽赤楩矣今江南人皆稱枏木鹽鐵
論云江南之枏梓竹箭是也註似杏實酢。正義郭
註山海經云枏大木葉似桑今作楠爾雅以爲枏不
言其似杏實酢也玉篇云葉似桑子似杏而酸則合
郭氏兩註而連言之案說文云梅枏也可食或以爲
似杏實酢之証然說文又有某字釋云酸果也是則
大木之枏似杏實酢之梅說文固分爲二矣文選註
又引郭璞云枏木似水楊蓋郭氏前後分註疑未能
定也今從陸璣疏枏似豫章一名梅下文英梅爲似
杏之梅
詳見下

柀煔註煔似松生江南可以爲船及棺材作柱埋之不
腐正義說文云柀檆也又云檆木也徐鉉云今俗作
杉非是今杉木所在有之圖經本草以爲木類松
而徑直葉附枝生是也或以柀子一名榧實永昌人
呼爲野杉遂分柀爲煔之類非雅義也註煔似至不

腐○正義說文繫傳引爾雅註云生江南可作船又耐埋與今本互有詳略

櫠椵註柚屬也子大如盃皮厚二三寸中似枳食之少味○正義櫠一名椵說文云椵木可作牀几註柚屬至少味○正義齊民要術引郭註作中似枳實今本無實字櫠爲柚屬卽范成大所謂廣南臭柚大如瓜可食其皮甚厚者也

杻檍註似棣細葉葉新生可飼牛材中車輞關西呼杻子一名土橿正義詩疏引舍人云杻一名檍小雅云北山有杻唐風云隰有杻杻之植山隰俱所宜也考工記弓人取幹之道檍次之後世爲車輪者或用爲輻之牙焉詩疏引陸璣疏云杻檍也葉似杏而尖白色皮正赤爲木多曲少直枝葉茂好二月中華疏華如練而細蘂正白蓋樹今官園種之正名曰萬歲既取名於億萬其葉又好故種之共汲山下人或謂之牛筋或謂之檍材可謂弓弩幹也案陸

氏謂檍取名於億萬葢因小雅以栲杻與眉壽而申言其義爾註似棣至土橿○正義郭註山海經云杻似棣而細葉又云橿中車材與此義同文選註引郭璞云檍似桑疑傳寫之訛

楙木瓜註實如小瓜酢可食正義木瓜一名楙衛風云投我以木瓜韓詩外傳以爲於木瓜見苞苴之禮行焉考工記弓人取幹之道木瓜次之水經註云魚復縣地多木瓜樹有子大如瓜白黃甚苦香爾雅之所謂楙也今木瓜南方所在有之產中土者爲良小者如握拳註實如至可食○正義齊民要術引詩義疏云楙葉似柰葉實如小瓜上黃似著粉香欲噉者截著熱灰中令萎蔫淨洗以苦酒豉汁蜜度之可案酒食蜜封藏百日食之甚益人故郭氏以爲可食也

椋即來註今椋材中車輞正義椋一名即來太平御覽引爾雅舊註云椋有髓態折而乳之本草蘇恭註云葉似柿兩葉相當子細圓如牛李子生青熟黑其木堅重煑汁赤色註今椋至車

輞○正義玉篇云椋材中車輞也本郭註爲義釋文引埤蒼字林並作椋云椋也玉篇亦作椋

栵栭註樹似槲樕而庳小子如細栗可食今江東亦呼爲栭栗正義栵一名栭大雅皇矣云其灌其栵毛傳用爾雅內則云芝栭蔆椇孔疏引賀氏說以栭爲軟棗案今軟棗不聞名栭疑賀氏以意度之耳栭卽大雅之栵後世所謂栭栗矣詩疏引陸璣疏云葉如榆也木理堅韌而亦可爲車轅廣韻云楚呼爲芧栗或作茅栗傳寫之訛也圖經本草云茅栗細如橡子其樹雖小葉亦不殊但春生夏華秋實冬枯爲異耳註樹似至栭栗○正義今栭栗有二三實作一梂者是其子細也詩釋文引舍人云江淮之間呼小栗爲栭栗郭註與舍人同

檴落註可以爲杯器索正義檴一名落小雅大東云無浸檴薪鄭箋檴落木名也案說文以檴爲樗字之或體云樗木也以其皮裹松脂詩疏引陸璣疏云今椰榆也其葉如榆其皮堅韌剝之

長數尺可爲絙索又可爲餓帶其材可爲栝器是樓之爲用多取其皮陸疏與說文同樗爲散木雜於薪蘇故詩連言樓薪【註】可以至器素○【正義】詩疏引某氏云可作栝圈皮韌繞物不解案栝素栝棬也

柚條【註】似橙實酢生江南【正義】柚一名條禹貢揚州云厥包橘柚玉篇云柚似橘而大是也柚爲南方之木故列子湯問篇云吳楚之國有大木焉其名爲櫾碧樹而冬生實丹而味酸食其皮汁已憤厥之疾齊州珍之渡淮而北而化爲枳焉橘柚皆不踰淮屈原橘頌所謂受命不遷生南國也韓非外儲說云樹橘柚者食之則甘嗅之則香今南人多喜植之文子尚德篇云橘柚有鄉是楚人之言也【註】似橙至江南○【正義】郭註山海經云櫾似橘而大皮厚味酸與此註互相證明也云似橙實酢者不使橙溷於柚也本草蘇恭註云柚皮厚味甘橘皮味辛而苦柚肉如橘有甘有酸酸者名壺甘今俗或謂橙爲柚非也云生江南者呂氏春秋本味篇果之美者有雲夢之柚今南方所在有之

時英梅【註】雀梅【正義】時一名英梅說文云楳梅也繫傳引時英梅爲證說文又云梅或作楳某酸果古文作槑是爲似杏實酢之梅也召南云摽有梅釋文引韓詩作楳毛傳云盛極則隋落者梅也夏小正云五月煮梅爲豆實也天官籩人饋食之籩有乾𧀇鄭註乾𧀇乾梅也是周以梅爲籩實矣內則所云梅諸即乾梅也齊民要術引詩義疏云梅杏類也樹木葉皆如杏而黑耳實亦似杏而酸亦生噉也煮而曝乾爲腊置羹臛虀中又可食以香口亦蜜藏而食【註】雀梅○【正義】齊民要術引郭註云英梅未聞與今本異雀梅者本草別錄云一名千雀葉與實俱如麥李是梅之別種也棨傳記多言梅此舉其種之異者言之下文釋桃李亦然

楥柜柳【註】未詳或曰柳當爲柳柜柳似柳皮可以煮作飲【正義】楥一名柜柳說文云柳楥柳木也繫傳引爾雅【註】未詳至作飲○【正義】楥柜柳之名不見於它

書故郭云未詳或曰柳當爲柳存異說也玉篇云柳柜柳與或說同柜柳後世謂之欅柳葉似楞而狹長大者高數丈皮麤厚今山中采茗者或雜柳葉以眩人欅柳亦其一也監本脫以字今從宋本

栩杼註作樹 **正義** 嘉祐本草引孫炎云栩一名杼小雅四牡唐風鴇羽並云集于苞栩栩木叢密而槙固故詩謂之苞栩矣栩葉如櫧而斜理四五月華黃色實如離支核而銳蒂上有斗以包之故謂其實曰皁斗即下文所云櫟其實梂也大司徒土會之法山林其植物宜皁物先鄭以爲皁物柞栗之屬今世閒謂柞實爲皁斗後鄭典染草註則以爲象斗也說文云栩柔也其實皁一曰樣繫傳云皁亦曰皁斗俗謂之橡可染皁故曰皁杼赤栗之屬莊子曰狙公賦杼是也說文又云樣栩實繫傳云今俗書作橡莊子徐無鬼居于深山拾橡栗而食案栩實可食故詩言雝鴇並集於栩鳥有知者也呂氏春秋恃君篇云冬日則食橡栗高誘註橡皁斗也其狀似栗是不獨狙與鳥食之人亦食之矣今山中人飢歲以爲糧葉

之柔者可代茗飲【註】柞樹。【正義】詩疏引陸璣疏云今柞櫟也徐州人謂櫟爲杼或謂之爲栩其子爲皁或言皁斗其殼爲汁可以染皁今京洛及河內多言杼汁謂櫟爲杼五方通語也陸疏所以廣異名郭云柞樹與陸疏同今汝州人呼爲橡子生山谷中殼可染皂以不經雨者爲良

𠵅荎著【註】釋草已有此名疑誤重出【正義】周禮註引杜子春云韎讀如𠵅荎著之𠵅是𠵅有韎音莫戒反與音味者師讀不同也釋文引舍人本荎著作抵都樊光本著作屠是舍人樊光俱不以爲重出之名【註】釋草至重出。【正義】郭註釋草以荎藸爲五味故疑此爲重出然齊民要術引皇覽冢記云孔子冢墓中有五味木則五味亦有木本矣

櫙荎【註】詩曰山有蓲今之刺榆【正義】櫙一名荎舊疏引陸璣疏云其針刺如柘其葉如榆瀹爲茹美滑如白榆榆之類數十種葉皆相似皮及木理異矣【註】詩曰至刺榆。【正義】郭所引

詩唐風文今本毛詩作樞隸釋載石經魯詩作蓲郭註本於魯詩也云今之刺榆者所以別於大榆也監本脫詩曰山有蓲五字今据太平御覽增補

杜甘棠註今之杜梨正義杜之甘者爲棠召南云蔽芾甘棠杜與棠相似而實殊甘棠味滑美而杜味澀酢此味之殊也下文云杜赤棠白者棠此色之殊也說文云牡曰棠牝曰杜此性之殊也繫傳謂木有牝牡者去其牡則牝者不實詳見下

狄臧槔貢綦註皆未詳正義玉篇云楸臧槔也釋文引舍人本槔作皋樊光本作檺案說文云檺木也讀若皓貢綦無考監本臧作藏

朹繫梅註朹樹狀似梅子如指頭赤色似小柰可食正義朹一名繫梅本草云山樝一名朹子一名繫梅齊民要術引廣志云朹木易長多種之爲薪又以肥田郭

註山海經亦云杌可燒糞田【註】杌樹至可食。【正義】
今杌生高原有二種小者高數尺多枝柯葉銳而刻
上其華白其核若牽牛子矣大者
高丈餘華葉同而實大經霜乃赤
枓者聊【註】未詳【正義】聊玉篇作栁云木名也
枓本誤作枓釋文云郭音紏
魄㯪榼【註】魄大木細葉似檀今河東多有之齊人諺曰
上山斫檀㯪榼先殫【正義】魄一名㯪榼似檀之木也
一名繫迷又作繫彌太平御覽
引廣志云繫彌子赤如楠栗可食蘇恭本草註以爲
莢迷子兩兩相對色赤味甘【註】魄大至先殫。【正義】
詩疏引陸璣疏云檀木皮正青滑澤與繫迷相似又
似駮馬駮馬梓榆故里語曰斫檀不諦得繫迷繫迷
尚可得駮馬繫迷一名挈榼故齊人諺曰上山斫檀
挈榼先殫案陸疏以㯪榼爲挈榼㯪挈聲之轉也㯪
榼皮可爲索故
伐木者取之

梫木桂【註】今南人呼桂厚皮者爲木桂桂樹葉似枇杷而大白華華而不著子叢生巖嶺枝葉冬夏常青間無雜木【正義】梫一名木桂說文云梫桂也桂江南木百藥之長繫傳云桂林郡以此得名案逸周書王會篇云自深桂呂氏春秋本味篇云招搖之桂屈原遠遊云嘉南州之炎德兮麗桂樹之冬榮桂南方之木也南方草木狀云桂生合浦交趾生必高山之顛冬夏常青其類自爲林更無雜樹有三種皮赤者爲丹桂葉似柿者爲菌桂葉似枇杷者爲牡桂蜀本草云牡桂葉似枇杷葉狹長於菌桂一二倍其嫩枝皮半卷多紫而肉中皺起肌理虛軟謂之桂枝又名肉桂削去上皮名曰桂心其厚者名曰木桂【註】今南至雜木。【正義】郭註山海經云桂葉似枇杷長二尺餘廣數寸味辛白華叢生山峯冬夏常青間無雜木與此註同說文繫傳引郭氏桂讚云桂生南裔拔華峯嶺廣莫熙葩凌霜津穎氣王百木森然雲挺

棆無疵【註】棆楩屬似豫章【正義】棆一名無疵管子地員篇云其木宜蚖宜蕎蕎即棆
也說文云棆毋杶也是無疵本作毋杶也釋文引字
書云無椛棆也本又作椛廣韻又作𣏌云無𣏌木也
【註】棆楩至豫章○【正義】郭氏舉類以曉人也顏師古
漢書註云豫即枕木章即樟木二木生至七年乃可
分別今樟木高丈餘葉似柟四時不彫
大者數抱肌理細縟雕刻之氣甚芬烈

椐樻【註】腫節可以爲杖【正義】椐一名樻大雅皇矣云其
檉其椐詩釋文引陸璣疏云節
中腫似扶老即今靈壽是也今人以爲馬鞭及杖詩
疏亦引陸疏無即今靈壽是也六字多宏農共北山
甚有之八字漢書孔光傳云賜太師靈壽杖孟康曰
扶老杖也服虔曰靈壽木名顏師古曰木似竹有枝
節長不過八九尺圍三四寸自然有合杖制不須削
治也陳藏器本草註以爲生劍南山谷圓長皮紫【註】
腫節至爲杖○【正義】詩疏引孫炎云樻腫節可
以作杖釋文引樊光註與孫炎同郭註本樊孫

檉河柳【註】今河旁赤莖小楊旄澤柳【註】生澤中者楊蒲
柳【註】可以爲箭左傳所謂董澤之蒲【正義】此別楊柳之類也大司徒
土會之法川澤其植物宜膏物先鄭云膏物楊柳之
屬理致且白如膏故爾雅釋楊柳以爲河旁澤中之
木也夏小正云正月柳稊稊也者發孚也三月委楊
楊則花而後記之此析柳與楊而分言之也爾雅以
檉旄爲柳可作箭者爲楊其種類固殊矣然三百篇
多連言楊柳傳記皆合而舉之故檉爲朱楊楊爲蒲
柳其名未嘗不互通也○檉河柳○大雅皇矣云其
檉其椐毛傳檉河柳也疏引某氏云河柳謂河旁赤
莖小楊也陸璣疏云生河旁皮正赤如絳一名雨師
枝葉似松案河柳今南方道旁有之亦呼爲檉柳近
根皮赤亦有莖白者陸疏以爲一名雨師未審其命
名之義後儒傅會謂天之將雨檉先知之起氣以應
此指楊枝起風者而言河柳小幹不如是也○旄澤
柳○旄爲澤柳細葉猗儺垂枝映水因風眠起有似

於舞今人謂之垂絲柳○楊蒲柳○王風揚之水云不流束蒲鄭箋以爲蒲柳疏引陸璣疏云蒲柳有兩種皮正青者曰小楊其一種皮紅者曰大楊其葉皆長廣似柳葉皆可以爲箭幹故春秋傳曰董澤之蒲可勝既乎今又以爲箕鑵之楊也案唐本草謂之水楊【註】今河至小楊○【正義】說文云柳小楊也郭氏子虛賦註云朱莖柳生水邊與此註義同顏師古漢書註亦云朱楊赤莖柳也生水邊○左傳至之蒲○【正義】宣十二年傳文

權黃英輔小木【註】權輔皆未詳【正義】說文云權黃華木玉篇以爲黃英木按釋草云權黃華草木之華有相似也輔者鄭風山有扶蘇毛傳云扶蘇扶胥小木輔爲扶胥之合聲小雅正月云無棄爾輔言任載之車旁輔之小木也

杜赤棠白者棠【註】棠色異異其名【正義】上文云杜甘棠所以別其味此又別

其色也唐風云有杕之杜毛傳杜赤棠也六書故引舍人云白者爲棠赤者爲杜爲甘棠爲赤棠詩疏引樊光云赤者爲杜白者爲棠陸璣疏云赤棠與白棠同耳但子有赤白美惡子白色爲白棠甘棠也少酢滑美赤棠子澀而酢無味俗語云澀如杜是也赤棠木理韌亦可以作弓幹【註】棠色至其名○【正義】郭意以杜之名從棠而辨也今棠梨似梨而小二月華色白實如小楝子霜後可食

諸慮山櫐【註】今江東呼櫐爲藤似葛而麤大欇虎櫐【註】今虎豆纏蔓林樹而生莢有毛刺今江東呼爲欇欇

【正義】此別櫐之類也○諸慮山櫐○諸慮一名山櫐困上六云困于葛櫐周南樛木云葛櫐藟之櫐即山櫐也蔓生似葛故易詩皆連言之劉向九歎云葛藟虆於桂樹兮王逸註葛藟巨荒也齊民要術引詩義疏云櫐苣荒也似燕薁連蔓生葉白色子赤可食酢而不美幽州謂之椎櫐○欇虎櫐○欇一名虎櫐即

虎豆也古今註云虎豆一名虎沙似貍豆而大【註】今江至蘽大○【正義】江東呼欙爲藤者廣雅云藟藤也似葛而蘽大者押韻釋疑云欙似葛葉似艾白色子赤可食○今虎至欙欘○【正義】郭註山海經以欙爲虎豆貍豆之屬貍豆一名黎豆虎豆則虎欙也莢者廣雅云豆角謂之莢釋文引字林云草實也

杞枸檵【註】今枸杞也【正義】說文云杞枸杞也檵枸杞也姤九五云以杞包瓜釋文引張氏說以爲苟杞也小雅四牡云集於苞杞毛傳用爾雅左氏昭十二年傳云我有圃生之杞乎杜註云世所謂枸杞也證類本草引陸璣疏云一名苦杞一名地骨春生作羹茹微苦其莖似莓子秋熟正赤莖葉及子服之輕身益氣爾【註】今枸杞也○【正義】左傳疏引舍人云句杞也禮記疏引孫炎云即今枸杞也郭註本孫炎本草云一名杞根一名杞忌一名地輔太平御覽引吳普云一名枸己一名羊乳

杬魚毒【註】杬大木子似栗生南方皮厚汁赤中藏卵果

正義杬一名魚毒管子地員篇其木宜蚖菕蚖卽杬也玉篇云杬木名出豫章煎汁藏果及卵不壞也杬監本誤作杭今從宋本**註**杬大至卵果○**正義**急就篇云烏喙附子椒芫華顏師古註云芫華一名魚毒漁者煮之以投水中魚則死而浮出故以爲名其根曰蜀桑其華可以爲藥芫字或作杬爾雅曰杬魚毒郭景純解云大木生南方皮厚汁赤堪藏卵果此說誤耳其生南方用藏卵果者自别一杬木乃左思吳都賦所云緜杬杶櫨者耳非毒魚之杬也案說文作芫魚毒顏氏以芫華駁正郭註誠有据矣然中山經云首山草多朮芫郭氏彼註云芫花中藥是郭氏非不知草類有芫華也特以爾雅載杬於釋木而南方實有大木名杬者故不以爾雅之魚毒爲芫華劉逵吳都賦註引異物志云杬大樹也其皮厚味近苦澁劉乾之正赤煎訖以藏衆果使不爛敗以增其味豫章有之此正可與郭註相證明豈得遽以郭氏爲誤解哉顏監所据者漁人以芫花藥魚耳以今驗之藥魚者不皆用芫華而創瘍有所謂魚尾者以杬子敷

之卽瘥是亦杬子名爲魚毒之證也言各有當知郭註未可非矣

檓大椒【註】今椒樹叢生實大者名爲檓【正義】椒之大者名檓唐風云椒聊之實蕃衍盈升陳風云貽我握椒毛傳椒芬香也周頌云有椒其馨芬香之物古以和酒又以作佩離騷云雜申椒與箘桂兮又云懷椒糈而要之九歌東皇太一云奠桂酒兮椒漿湘夫人云播芳椒兮成堂九章悲回風云折芳椒以自處皆於芳物有取焉詩疏引陸璣疏椒聊聊語助也椒樹似茱萸有針刺葉堅而滑澤蜀人作茶吳人作茗皆合煮其葉以爲香今成皐諸山間有椒謂之竹葉椒其樹亦如蜀椒少毒熱不中合藥也可著飲食中又用烝雞豚最佳香東海諸島亦有椒樹枝葉皆相似子長而不圓甚香其味似橘皮島上獐鹿食此椒葉其肉自然作椒橘香案本草有秦椒蜀椒兩種蜀椒一名巴椒一名蓎藙唐本註云秦椒葉及莖子都似蜀椒但味短實細圖經云蜀椒高四五尺四月結子無花但生於葉間

如小豆顆而圓皮紫赤色此椒江淮及北土皆有之但不及蜀中者皮肉厚氣味濃耳【註】今椒至爲檓○【正義】郭註山海經云椒爲木小而叢生下有草木則蠚死檓其實大者之名也

椇鼠梓【註】楸屬也今江東有虎梓【正義】詩疏引李巡云鼠梓一名椇小雅云北山有椇毛傳用爾雅釋文以爲楸屬【註】楸屬至虎梓○【正義】詩疏引陸璣疏云其樹葉木理如楸山楸之異者今人謂之苦楸圖經本草鼠李亦名鼠梓然花實都不相類或别一物而名同爾

楓欇欇【註】楓樹似白楊葉圓而岐有脂而香今之楓香是【正義】說文云楓木厚葉弱枝善搖一名欇欇又云欇木葉搖白也繫傳云木遇風而翻見葉背背多白故曰搖白也楓木一名欇欇義出乎此廣韻引孫炎云欇欇生江上有寄生高三四尺生毛一名楓子天旱以泥泥之卽雨今楓木所在有之楚辭所謂湛湛江水兮上有楓也【註】楓樹至香是○【正義】本草蘇

須註云今南方及關陜甚多樹甚高大似白楊葉圓而作岐有三角而香二月有花白色乃連著實大如鵝卵八月九月熟時暴乾可燒案廣韻引爾雅云楓有脂而香蓋引爾雅舊註之文郭註山海經亦云楓木卽今楓香樹也

寓木宛童【註】寄生樹一名蔦【正義】小雅頍弁云蔦與女蘿疏引陸璣疏云蔦一名寄生葉似當盧子如覆盆子赤黑甜美案方言云寓寄也寄附於大木而生故謂之寓木廣雅云宛童寄生鴇也又云寄屏寄生也廣異名也今寄生多於桑上本草云桑上寄生一名寄屑一名寓木一名宛童後漢書註云百草至寒皆彫落惟寄生獨榮於桑上【註】寄生至名蔦○【正義】中山經云龍山上多寓木郭氏彼註云寄生也說文云蔦寄生也

無姑其實夷【註】無姑姑榆也生山中葉圓而厚剝取皮

合漬之其味辛香所謂蕪荑**正義**廣雅云山榆毋姑也是無姑爲榆類也其實名夷頤九二云枯楊生荑釋文引鄭註云枯謂无姑山榆荑木更生謂山榆之實是鄭亦以無姑爲山榆矣秋官壺涿氏謂之牡橭杜子春云橭讀爲枯枯榆木名是也春秋繁露郊語篇蕪荑生於燕橘柚死於荆此言物性之相感也**註**無姑至蕪荑。**正義**顏師古急就篇註云蕪荑無姑之實無荑一名橭榆生於山中其莢圓厚剝取樹皮合漬而乾之成其辛味此據郭註而申言之也王應麟補註引本草云榆類而差小其實亦早成今人多取作屑以芼五味

櫟其實梂**註**有梂彙自裹**正義**上文云栩杼所以別二名杼又名櫟此言其實彙裹也秦風晨風云山有苞櫟疏引陸璣疏云秦人謂柞櫟爲櫟河內人謂木蓼爲櫟椒椴之屬也其子房生爲梂木蓼子亦房生故說者或曰柞櫟或曰木蓼璣以爲此秦詩也宜從其方土之言柞櫟是也案陸疏

從秦中方土之言以柞櫟爲櫟然元和郡縣志引周處風土記云吳越之間名柞爲櫟是不獨秦語爲然故郭氏上文註直以栩爲柞樹也淮南時則訓云十二月其樹櫟高誘註云櫟可以爲車轂木不出火惟櫟爲然**註**有梂彙自裹。**正義**詩疏引孫炎云櫟實橡也有梂彙自裹郭註本孫炎釋文引舍人云櫟實名梂也案櫟實即皁斗一名爲橡梂與莍通所謂聚生成房也以梂爲名誤矣故郭氏不取

檖蘿**註**今楊檖也實似棃而小酢可食**正義**檖一名蘿說文檖作椽蘿作羅秦風晨風云隰有樹檖太平御覽引陸璣疏云檖一名赤蘿一名山梨今人謂之楊檖樹及實如梨但小耳一名鹿梨一名鼠梨今齊郡廣縣堯山魯國河內共地有人亦種之極有脆美者亦如梨之美者詩疏引釋木云檖赤羅疑連引舊註之文**註**今楊至可食。**正義**太平御覽引廣志云陽檖子似梨大如杏可食與郭註同

楔荊桃【註】今櫻桃【正義】楔一名荊桃月令仲夏之月羞以含桃孔疏云諸月無薦果之文此獨羞含桃者以此果先成異於異物故特記之高誘呂氏春秋註云鸎鳥所含故曰含桃今之朱櫻是也淮南時則訓註云含桃鶯桃也此皆荊桃之異名也太平御覽又引吳普本草云一名牛桃一名英桃【註】今櫻桃。【正義】廣雅云櫻桃含桃也齊民要術引廣志云櫻桃大者如彈丸子有長八分者有白色者凡三種

旄冬桃【註】子冬熟榹桃山桃【註】實如桃而小不解核【正義】此別桃之異種者也桃之冬熟者名旄說文作楙冬桃今之十月桃也生山中者名榹桃夏小正云正月梅杏杝桃則華杝桃山桃也六月煑桃桃也者杝桃也杝桃也者山桃也煑以為豆實也【註】子冬熟。【正義】齊民要術引廣志云桃有冬桃夏白桃案冬桃至今有之朱弁謂嵠縣有一種冬桃夏花秋實八九月

間桃自開其核墮地而復合肉生滿其中至冬而熟味如淇上銀桃尙加美此冬桃之異種也桂海虞衡志云冬桃狀如棗軟爛甘酸冬月熟○實如至解核○**正義**太平御覽引曹毗魏都賦註云山桃子如胡麻子此言其小也又引裴淵廣州記云山桃大如檳榔形亦似之色黑而味甘酢

休無實李**註**一名趙李痤接慮李**註**今之麥李駁赤李**註**子赤**正義**此别李之異種者也李之無實者名休痤誤作座今從宋本李之赤者名駁齊民要術引廣志云麥李赤李細小**註**一名趙李○**正義**郭氏据時驗也今未聞○今之麥李○**正義**陶註本草云李類甚多京口有麥李麥秀時熟小而肥甜羅願云爲果肉厚而乾與核相離○子赤○**正義**羅願以爲李之赤而有水者也

棗壺棗**註**今江東呼棗大而銳上者爲壺壺猶瓠也邊

要棗註子細腰今謂之鹿盧棗櫅白棗註即今棗子白熟樲酸棗註樹小實酢孟子曰養其樲棘楊徹齊棗註未詳遵羊棗註實小而圓紫黑色今俗呼之爲羊矢棗孟子曰曾晳嗜羊棗洗大棗註今河東猗氏縣出大棗子如雞卵煑塡棗註未詳蹶泄苦棗註子味苦晳無實棗註不著子者還味稔棗註還味短味

正義夏小正云八月剥棗剥也者取也豳風與夏小正同周禮以棗爲饋食之籩實曲禮又以爲婦贄焉棗類孔多此分晰其名也壺棗者釋文引孫炎云棗形上小下大似瓠故曰壺是也要棗一名邊唐石經邊作籩白棗一名櫅今之白色棗也說文云櫅木可以爲車軸材也酸棗一名樲樲即棘也魏風云園有

棘其實之食毛傳云棘棗也淮南兵畧訓云伐棘棗
而爲矜高誘註云棘棗酸棗是又名棘棗也齊棗一
名楊徹釋文云徹本或作㯙羊棗一名遵說文棗羊
棗也是以爲棗之總名也大棗一名洗本草謂大棗
曰良棗史記所謂安邑千樹棗也塡棗一名煮苦棗
一名蹶泄無實者名晳還味者名棯棗後世棗類有
出於爾雅之外者然於爾雅所釋未能盡悉也【註】今
江至瓠也○【正義】此據時驗以壺棗爲象形也壺猶
瓠者古者壺瓠通用禹貢壺口史記作瓠口左傳寘
諸瓠丘杜註作壺丘亭七月毛傳云壺瓠也○子細
至盧棗○【正義】太平御覽引廣志云棗有細腰之名
要古腰字○郎今至白熟○【正義】今之白棗也凡棗
至熟時多作紅色或作黑色惟白棗則熟時仍色白
耳監本作白乃熟宋本無乃字今從宋本○樹小至
樲棘○【正義】今酸棗無大樹結實生青熟紅而皮薄
孟子曰養其樲棘者告子篇文趙岐註云樲棘小棘
所謂酸棗也說文云𣗥小棗叢生○實小至羊棗○
【正義】羊棗樹小北人有植於園圃者實紫黑而甘俗

呼爲羊妳棗因羊矢棗而訛也郭引孟子盡心篇文
趙岐註云羊棗棗名也○今河至雞卵○正義齊民
要術引廣志云河東安邑棗太平御覽引杜氏新書
云杜畿爲河東太守劉勳常從畿求大棗是河東故
多大棗矣大如雞卵舉其大者言之也晉書地理志
司州河東郡猗氏縣今爲蒲州府猗氏縣○子味苦
○正義今苦棗色青而小味苦人多不能食○不著
子者○正義今有無核棗此蓋爲不華而實者也○
還味短味○正義說文作檈味棯棗繫
傳引爾雅註云還味短苦也與今本異

櫬梧註今梧桐正義櫬一名梧賈誼書以梧爲春木柳
爲夏木桑爲中央之木棘爲秋木棗爲
冬木木生於春故梧爲場師所宜養者矣梧似桐而
皮青理細而穊葉亦似桐稍小而銳四月開華下垂
細蘂莢長數寸結實蕃滋秋綴虆鄂烏喜食之右亦
謂之梧桐雖顧以爲櫬者棺之别名疑郎左傳所謂
桐棺三
寸也

樸枹者【註】樸屬叢生者爲枹詩所謂棫樸枹櫟【正義】此釋樸即爲枹也方言云樸聚也郭氏彼註云樸屬藂相著貌說文云樸棗也棗疑聚字之訛繫傳謂爾雅釋木方說諸棗而連屬云樸枹者則註解者自然以此樸爲棗也是徐鍇以許慎引爾雅註爲漢府舊本未之詳也【註】樸屬至枹櫟○【正義】詩疏引孫炎云樸屬叢生謂之枹郭註本孫炎鄭註考工記云樸屬附著堅固貌孔穎達云樸屬謂根枝迫迮相附著之貌詩所謂棫樸枹櫟者大雅云芃芃棫樸秦風云山有苞櫟

謂櫬采薪采薪即薪【註】指解今樵薪【正義】此言薪采之事月令季冬收秩薪柴鄭註大者可析謂之薪小者合束謂之柴薪施炊爨柴以給燎高誘淮南註即就也是即薪爲就薪也謂櫬采薪未嘶其義釋文謂舍人引上句櫬梧舍在此句以謂字作彙釋云櫬梧者樸枹者櫬者其理也樸者相追附也彙者莖也如竹箭一讀曰枹也櫬名采薪又名即薪樊光引詩云薪薪是穫薪荆州曰柞

木桑木詩人不曉薪意言薪謂身即薪伐之也李巡
云桑薪一名彙櫬言卽薪謂二薪也孫炎引詩云薪
是穫薪薪一名彙櫬四家之說小有異同
以謂字作彙葢爾雅家相傳之舊說也

棪樕其 註 棪實似柰赤可食 正義 說文云棪遬其也今
爾雅本遬作樕齊民要術
引異物志云梓棪性貞勁堪作船其實類棗 註 棪實
至可食○ 正義 郭註山海經云棪一名速其子似柰
而赤可食與此註同說
文繫傳引郭註無赤字

劉劉杙 註 劉子生山中實如梨酢甜核堅出交趾 正義 劉一
名劉杙南方草木狀云劉樹子大如李實三月花包
仍連著實七八月熟其色黃其味酢煮膏藏之仍甘
好 註 劉子至交趾○ 正義 太平御覽引吳錄地理志
云交趾羸樓縣有劉子樹出山中實如梨而味酸美
郡內皆有之與郭註同吳都賦作榴劉逵註云榴子
出山中實亦如梨核堅味酸美交趾獻之案劉榴以

聲近相通爾或以此爲安石榴非也

櫰槐大葉而黑【註】槐樹葉大色黑者名爲櫰守宮槐葉晝聶宵炕【註】槐葉晝日聶合而夜炕布者名爲守宮槐【正義】此別槐之類也秋官朝士掌外朝之法面三槐三公位焉白虎通義社稷篇引尚書云北社宜槐淮南時則訓以爲九月其樹槐也槐細葉而緑四月華色黃六七月之閒實垂枝扶疎夏得其蔭古者多植於庭謂之庭槐其大葉而黑者別名櫰又有守宮槐葉晝合而夜分布故謂之守宮【註】槐葉至宮槐○【正義】初學記引孫炎云聶合也齊民要術引孫炎云炕張也釋文引樊光本作抗亦張布之義郭註義本孫炎釋文又引顧野王云炕張也亦本於孫炎也或欲傅會於今之合昏以爲晝開宵合疑郭氏爲誤解今考太平御覽引晉儒林祭酒杜行齊說在朗陵縣南有一樹似槐葉晝聚合相著夜則舒布而守宮

也江東有樹與此相反是則守宮之槐晝合宵張古人得諸目驗不得傳會爲合昏也

槐小葉曰榎【註】槐當爲楸楸細葉者爲榎大而散楸【註】老乃皮麤散者爲楸小而散榎【註】小而皮麤散者爲榎左傳曰使擇美榎【正義】說文云檟楸也此別其相似而殊也楸誤爲槐因上文傳寫而誤也楸之小葉者爲榎大者爲楸其皮之麤散則同左氏襄十八年傳云伐雍門之萩徐鍇以爲萩即楸也古者列樹以表道伐雍門之楸猶襄八年傳所云斬行栗矣離騷云望長楸而太息楸爲長大之木也左傳疏引舍人云大老也散皮也皮老而麄楷爲楸小少也小而麄楷者爲檟釋文引孫炎云老乃皮麤散爲楸散釋文本作檄【註】左傳至美檟○【正義】襄二年傳文傳又云使樹六檟於蒲圃又云樹吾墓檟檟可材也

椅梓【註】即楸【正義】詩疏引舍人云梓一名椅桼鄘風定之方中云椅桐梓漆以椅與梓分言之小雅湛露云其桐其椅以桐椅爲類續漢志註引王隱小學漢官篇云樹栗椅桐梓胡廣云四者皆木名治宫室并主之是亦以椅梓爲二木也以今考之椅梓實爲同類詩疏引陸璣疏云梓者楸之疏理白色而生子者爲梓梓實桐皮曰椅則大類同而小別也書疏云梓木之艮者治之宜善後遂以爲木之工匠之名【註】即楸。【正義】鄭註考工記云梓榎屬榎即楸也齊民要術云楸梓二木相類白色有角生子者爲梓或名子楸或名角楸黃色無子者爲柳楸亦呼荆黃楸也說文繫傳云今人名賦理曰梓質白曰楸

桋赤楝白者楝【註】赤楝樹葉細而岐銳皮理錯戾好叢生山中中爲車輞白楝葉圓而岐爲大木【正義】小雅四月云隰有杞桋此別其赤白之異名也說文云桋赤楝也詩疏引舍人云桋名赤楝也某氏云白色爲楝其色雖

異爲名同江河間楝可作鞍釋文云楝又作棟【註】赤楝至大木。【正義】詩疏引陸璣疏云楝葉如柞皮薄而白其木理赤者爲赤楝一名楝白者爲楝其木皆堅韌今人以爲車轂郭註又以葉之細圓爲辨也

終牛棘【註】卽馬棘也其刺麤而長【正義】九家易云坎爲叢棘棘叢生而多刺此斷其類也牛棘一名終葢棘之大者鄭註士喪禮云世俗謂王棘矺鼠王棘可以吒鼠是其類也【註】卽馬至而長。【正義】中山經云大苦之山有草焉其狀如榆方莖而蒼傷其名曰牛傷郭氏彼註云猶言牛棘也牛棘一名馬棘廣異名也

灌木叢木【註】詩曰集于灌木瘣木苻婁【註】謂木病尫傴癭腫無枝條蕡藹【註】樹實繁茂菴藹枹遒木魁瘣【註】謂樹木叢生根枝節目盤結磈磊【正義】大雅皇矣云其灌其栵說文引

詩云譬彼瘣木周南桃夭云有蕡其實廣韻引詩云
枹有三枿此分釋之也○灌木叢木○夏小正云灌
也者聚生者也說文云叢聚也詩疏引李巡云木叢
生曰灌木易謂之莽鄭註云莽叢木也說文又以欝
爲木叢生者楚爲叢木平土有叢木曰林是皆推言
其類也釋文本灌作欟○瘣木苻婁○瘣木今毛詩
作壞木傳云壞瘣也謂傷病也說文云瘣病也一曰
腫旁出也苻說文作㾈云俛病也婁說文作瘻云頸
腫也木性喜喬及受病則多拳曲而擁腫㾈瘻言其
病狀也詩疏引某氏曰詩云譬彼瘣木疾用無枝苻
婁尪傴內疾瘣磊故疾用無枝釋文以爲卽樊光之
說矣釋文又引李巡云苻婁一名瘣木無枝木也○
蕡藹○說文以蕡爲雜香艸假借以爲木實錯雜之
貌詩言藹藹亦形容其多故以蕡爲藹也毛傳云蕡
實貌是也詩疏引舍人說以苻婁屬此句樊孫郭皆
所不從也○枹遒木魁瘣○此覆釋上文樸枹者之
義說文云遒迫也釋文云謂叢攢迫而生詳見上文
郭以磈磊釋魁瘣取其聲相近也此申釋上文瘣木

苻婁之義也【註】詩云至灌木。【正義】周南葛覃文毛傳用爾雅

棫白桵【註】桵小木叢生有刺實如耳璫紫赤可啖【正義】棫一名白桵大雅云芃芃棫樸疏引陸璣云三蒼說棫即柞也其材理全白無赤心者為白桵直理易破可以為櫝車輻又可為矛戟矜今人謂之白棫或曰白柘此二說不同未知孰是案薛綜西京賦註謂今白桵也本草以為蕤核是也【註】桵小至可啖。【正義】陶註本草云蕤核大如烏豆形圓而扁有文理狀似胡桃核圖經本草云葉細似枸杞而狹長花白子附莖生紫赤色大如五味子莖多細刺與郭註同

梨山樆【註】即今梨樹【正義】梨生山中者名樆子虛賦謂之離文選註引張揖云離山梨也玉篇云樆山梨也皆以樆為山中之梨也顏師古急就篇註謂梨一名山樆非也【註】即今梨樹。【正義】說文云梨果也今梨樹高二三丈葉銳而賦二月華色白結實生啖之亦可蒸食

桑辨有葚梔【註】辨半也女桑桋桑【註】今俗呼桑樹小而條長者爲女桑樹【正義】說文云桑蠶所食葉木夏小正云三月攝桑攝而記之急桑也

此釋其葚與其類也○桑辨有葚梔○魯頌泮水云食我桑黮毛傳黮桑實也說文作葚云桑實也小爾雅云桑之實謂之葚柞之實謂之橡桑實自白變紅至熟而黑乃可食故字或從黑王禎農書云荊桑多葚魯桑少葚此地氣之殊也釋文引舍人云桑樹一半有葚半無葚名梔樊光與舍人同○女桑桋桑○豳風七月云猗彼女桑毛傳女桑荑桑也荑與桋通鄭箋女桑小枝長不枝落者束而采之【註】今俗至桑樹○【正義】郭註本鄭箋以女桑爲樹名詩疏引集註定本云女桑柔桑取周易枯楊生荑之義荑是葉之新生者非郭義也

榆白枌【註】枌榆先生葉卻著莢皮色白【正義】詩疏引孫炎云榆白者名

枌或以榆爲白枌者誤也陳風云東門之枌毛傳枌白榆也鄭註內則云榆白者枌玉篇云枌白榆也榆類至多上文已釋刺榆山榆此又言榆之白者爲枌也【註】枌榆垂色白○【正義】此別枌與榆之異也赤榆未生葉時先著莢莢既拆葉方生白榆則先生葉卻著莢此爲異爾白榆名枌故亦稱爲枌榆也枌皮本白剝而去其麤皵中更白而滑內則所謂堇荁枌榆免薨滫瀡以滑之殆榆取其葉枌取其皮與

唐棣栘【註】今白栘也似白楊江東呼夫栘【正義】詩疏引舍人云唐棣一名栘唐棣與常棣異而詩考引韓詩序云夫栘燕兄弟閔管蔡之失道也藝文類聚引三家詩云夫栘之華萼不煒煒誤以唐棣爲常棣兼明書引孔氏論語解唐棣棣也又誤以常棣爲唐棣也舊疏引陸璣疏云奧李也一名雀梅亦曰車下李所在山皆有其華或白或赤六月中熟大如李子可食案郭云似白楊則與陸璣所云奧李者異也【註】今白至夫栘○【正義】白栘亦謂之栘楊以其似白楊也陳藏器云夫栘

木生江南山谷無風葉動花反而後合詩云唐棣之華偏其反而是也今名本郭註俱脱今白移也四字詩疏及詩釋文引郭註皆有之齊民要術引郭註作白移似白楊蓋已有刪節也今據詩疏增補

常棣棣【註】今關西有棣樹子如櫻桃可食【正義】詩疏引舍人云常棣一名棣小雅云常棣之華又云維常之華舊疏引陸璣疏云許慎曰白棣樹也如李而小如櫻桃正白今官園種之又有赤棣樹亦似白棣葉如刺榆葉而微圓子正赤如郁李而小五月始熟自關西天水隴西多有之齊民要術引詩義疏云承花者蕚其實似櫻桃薁李麥時熟食美北人呼之相思也【註】今關至可食。【正義】顔師古急就篇註云其子熟時正赤可啗俗呼為山櫻桃隴西人謂之棣子

檟苦茶【註】樹小如梔子冬生葉可煑作羹飲今呼早采者為茶晚取者為茗一名荈蜀人名之苦茶【正義】檟一名苦

茶釋文云茶埤蒼作搽今蜀人以作飲音眞加反茗之類案晏子春秋有茗菜之文然無以定其爲卽今茗飲漢人有陽羨買茶之語則西漢已尚茗飲三國志韋曜傳曜初見禮異密賜茶荈以當酒自此以後爭以茗飲相尚矣註樹小至苦茶○正義今茶樹小者一二尺大者至數丈葉似梔子南方采葉作飲以春采者爲良釋文云荈搽茗其實一也張揖雜字云荈茗之別名也

樕樸心註槲樕別名正義詩疏引孫炎云樸樕一名心某氏云樸樕槲樕也有心能溼江河間以作柱名南野有死麕云林有樸樕毛傳樸樕小木也案詩疏引爾雅作樸樕心諸家訓釋俱從詩文作樸樕唯陸氏釋文本作樕樸亦作樸今本仍陸本之舊也註槲樕別名○正義說文繫傳引郭註作樕別名槲與今本異繫傳又云卽今小槲樹栗之類也

榮桐木註卽梧桐正義桐木一名榮夏小正云三月拂桐芭拂也者拂也桐芭之時也或曰

言桐芭始生拂拂然也案月令三月桐始華至今猶然以桐芭爲三月始生者非也羅願云桐與梧旣異而桐之中又有數種有其子可以取油者蓋卽詩所謂其桐其椅其實離離也有華而不實堪作琴瑟者若生石間其聲則鳴書嶧陽孤桐是也

棧木干木【註】殭木也江東呼木觡【正義】棧木一名干木釋文引樊光本作杆廣雅云杆柘也玉篇云杆殭木也【註】殭木至木觡○【正義】釋文引字書云殭死而不朽木或作僵說文云僵偃也又作橿江東呼木觡者言其殭𣐿也

檿桑山桑【註】似桑材中作弓及車轅【正義】說文云檿山桑也詩曰其檿其柘說文所引大雅皇矣文也檿爲桑類故稱檿桑顏師古漢書註以爲桑葉之有點文者是也檿桑之絲謂之檿絲禹貢云厥篚檿絲司馬貞云檿絲是蠶食檿之絲孔穎達以爲絲中琴瑟也【註】似桑至車轅○

【正義】書疏引郭註云柘屬也疑今本註有闕文云材
中作弓者考工記云弓人取幹之道柘爲上檿桑次
之檿桑之弓卽春秋國語所云檿弧矣
檿桑又可作車轅以桑本之堅韌也

木自斃柛【註】斃踣立死甾【註】不斃頓甾蔽者翳【註】樹蔭
翳覆地者詩云其椔其翳也【正義】此別木枯僵之異名
於地者曰柛說文作槙云仆木也繫傳云尚書若顛
木之有田枿本作傎字作顛假借也既枯之木側立
不仆根著於地者曰甾詩疏引李巡云以當死害生
曰甾是也木勢將下偃垂陰委地者曰翳李巡本蔽
作斃云斃死也【註】詩云至其翳○【正義】大雅皇矣文
毛傳云木立死曰甾自斃爲翳孔疏引爾雅作立死
甾斃者翳而釋之曰以立死之木妨他木生長爲木
之甾故曰甾也自斃者生木自倒枝葉覆地爲蔭翳
故曰翳爾雅直云斃者傳以非人斃之故曰自斃案
孔氏所見爾雅無自斃柛一句劉昭註補續志引爾

雅曰木立死曰菑與孔氏所据本同詩釋文引爾雅
云木自斃神薇者爲翳又似無立死菑三字皆所見
異本也監
本菑作椔

木相磨槸【註】樹枝相切磨棤皵【註】謂木皮甲錯梢梢擢
【註】謂木無枝柯梢擢長而殺者【正義】此釋枝柯皮甲
之異也凡兩木枝柯
相竝互相摩戛者謂之槸說文云槸木相摩或作槸
是也木之皮甲錯皵者謂之棤亦謂之皵上文云大
而皵小而皵是也木之直竦而無旁枝者謂之梢亦
謂之梢擢下文云無枝爲檄即擢也方言云擢拔也
廣雅云擢出也小爾雅云拔根曰擢文選註引倉頡
篇云擢抽也【註】樹枝相切磨○【正義】說文繫傳引爾
雅註云謂樹皮相
切磨也與此微異

樅松葉柏身【註】今大廟梁材用此木尸子所謂松柏之

鼠不知堂密之有美樅檜柏葉松身**註**詩曰檜楫松舟**正義**此別樅與檜之異也松葉柏身者名樅文選註引魯連子云東方有松樅高千仞而無枝是松柏之類樅材爲最大其性與松柏同說文繫傳引李暹文子註云如樅之常不彫是也柏葉松身者名檜檜一名栝禹貢荊州云杶榦栝柏史記集解引鄭註云柏葉松身曰栝釋文引馬融說又以栝爲白栝說文從爾雅以柏葉松身爲檜也羅願云檜今人亦謂之圓柏以別於側柏**註**尸子至美樅○**正義**釋山篇註亦引尸子此文舊疏以爲綽子篇文○詩曰王松舟○**正義**鄘風竹竿文左傳稱棺有翰檜皆檜材之見於用者也

句如羽喬**註**樹枝曲卷似鳥毛羽下句曰朻上句曰喬

如木楸曰喬**註**楸樹性上竦如竹箭曰苞**註**篠竹性

叢生如松柏曰茂【註】枝葉婆娑如槐曰茂【註】言亦扶疏茂盛【正義】釋詁云喬高也苞茂豐也此釋其形狀也此言其句曲如鳥羽也句上下之殊周南云南有樛木毛傳云下曲曰樛說文與毛傳同釋文引韓詩作南有朻木故此云下句曰朻也上句曰喬者周南云南有喬木毛傳云喬上竦也即下文所云小枝上繚為喬也如木楸曰喬者禹貢云厥木惟喬木類多喬竦而梧檟椅梓皆為楸類故舉楸以槩其餘也如竹箭曰苞者小雅斯干云如竹苞矣今竹箭之屬皆叢生而稹密也如松柏曰茂者天保云如松柏之茂斯干云如松茂矣松柏之屬細葉蟠蓋望之蓊茂也如槐曰茂者槐葉細縧蟠枝成蓋故亦曰茂也【註】言亦扶疏茂盛。【正義】郭意以槐茂不見於經傳而其扶疏茂盛亦如松柏也監本脫亦字今從宋本

柷州木髦柔英【註】皆未詳【正義】柷本亦作祝祝州古音通見春秋傳州玉篇作栦云

木名也齊民要術引南方記云州樹野生三月花色仍連著實五月熟剥核滋味甜出武平州樹卽州木矣髦一名柔英未詳廣韻連引髦柔英於柷字下非也

榽棘醜喬【註】枝皆翹竦桑柳醜條【註】阿那垂條茦㮕醜茦【註】茦萸子聚生成房貌今江東亦呼茦茦㮕似茦萸而小赤色桃李醜核【註】子中有核人【正義】此別木之生枝結實各有其類也。榽棘醜喬。上文云如木楸曰喬楸樹小枝上繚榽棘之類亦如楸而喬也秋官朝士掌外朝之法左九棘右九棘面三槐鄭註云樹棘以爲位者取其赤心而外刺象以赤心三刺也槐之言懷也懷來人於此欲與之謀案榽棘之屬歲久枝皆喬竦樹於外朝則喬木之間羣臣之位在焉然所謂故國者不在乎喬木而在乎世臣也推言其類則松柏之屬亦曰喬故鄭風云山有橋松釋文云橋本亦作喬。桑柳醜條。說文云條小枝也豳風七月云蠶月條桑取彼斧斨以伐遠揚毛傳以爲桑之枝遠而條揚也南方蠶月急桑則翦其條今猶古矣柳條猗儺故小雅采薇云楊柳依依凡桑柳之類皆曰條。茱椒醜荥。說文云茱茱萸繫傳云茱性叢生如薔薇之屬非木也故从艸今通作椒說文又云茱椴實裹如表者椴禮記謂之藙鄭注內則云藙煎茱萸也漢律會稽獻焉爾雅謂之椴孔疏引賀氏云今蜀郡作之九月九日取茱萸折其枝連其實廣長四五寸一升實可和十升膏名之藙也離騷云椴又欲充夫佩幃王逸云椴茱萸也似椒而非椒喻似賢而非賢也椒椴之類皆有荥通作梂上文云櫟其實梂是其類也詩疏云梂謂椒之房裹實者也今椒實一裹之內唯有一實時有二實者少耳案今椒茱多實不盡如孔疏所言也。桃李醜核。太平御覽引孫炎云桃李之屬類皆有核曲禮云賜果於君前其有核者懷其核 **註** 茱萸子赤色。**正義** 詩疏引李巡云椴茱萸也椒茱荥皆有梂梂實也郭以荥爲實之房是也

榝即茱萸之小者廣雅謂之欓亦謂之越椒。子中有核人。正義 核中有仁後世所謂桃仁之類是也人仁音義同古通用

瓜曰華之桃曰膽之棗李曰疐之樝棃曰鑽之註皆啖食治擇之名樝似棃而酢澀見禮記 正義 此釋啖食治擇之名也瓜曰華之者鄭註曲禮云華中裂之不四析也孔穎達云謂半破也桃曰膽之者太平御覽引舊註云膽擇取其美者孔穎達云桃多毛拭治去毛令色青滑如膽也或曰膽謂苦桃有苦如膽者擇去之也棗李曰疐之者初學記引孫炎云疐之去柢也特牲饋食禮云棗蒸栗擇鄭註果實之物多皮核優尊老可蒸裹之也蒸擇互文是古者於棗李並有治擇去其本柢也樝棃曰鑽之者孔穎達云恐有蟲故一一鑽看蟲孔也 註 樝似至禮記。正義 說文云樝似梨而酢郭註與說文同故內則鄭註以爲梨之不臧者也王禎

農書云樝似小梨味劣於梨蜜煮則香美過之云見禮記者曲禮云爲天子削瓜者副之巾以絺爲國君者華之巾以綌內則云棗曰新之栗曰撰之桃曰膽之柤梨曰鑽之鄭註皆治擇之名也

小枝上繚爲喬【註】謂細枝皆翹繚上句者名爲喬木**無枝爲檄**【註】檄擢直上**木族生爲灌**【註】族叢【正義】此中釋上文之義也上文云上句曰喬此又言其細枝之翹繚也說文枝木別出條也木之喬者其小枝皆上竦也上文云梢梢擢此又言檄卽爲擢直上無旁枝所以異於喬也上文云灌木叢木此又言族生卽叢生也詩疏引孫炎云族叢也顏氏家訓書證篇釋爾雅云族亦叢生也嫌人不了故重言之

爾雅正義卷十五

爾雅正義卷第十六

文淵閣校理翰林院編修加一級教習庶吉士充國史館纂修官邵晉涵撰集

釋蟲第十五

【正義】月令謂春月其蟲鱗夏月其蟲羽中央其蟲倮秋月其蟲毛冬月其蟲介是蟲其總名大戴禮記易本命云有羽之蟲三百六十而鳳凰爲之長有毛之蟲三百六十而麒麟爲之長有甲之蟲三百六十而神龜爲之長有鱗之蟲三百六十而蛇龍爲之長倮之蟲三百六十而聖人爲之長此統言萬物之數也聚其類分其羣則文子九守篇所云精氣爲人粗氣爲蟲蟲是也論衡云夫蟲風氣所生倉頡知之故凡蟲爲風之字取義於風故八日而化生易本命及淮南地形訓俱云風生蟲蟲八日而化也考工記云外骨內骨卻行仄行連行紆行以脰鳴者以注鳴者以旁鳴者以翼鳴者以股鳴者以胷鳴者謂之小蟲之屬古者博庶

物以刻畫爲器各象其形此篇所釋博其名也
八蜡有昆蟲之祭鄭康成謂昆明也得陽而出
得陰而藏之蟲也又謂昆蟲之災螟螽之屬故
此篇於食苗食葉之蟲分析其名蟲之中又各
有類鬼谷子權篇云介蟲之捍也必以堅厚螫
蟲之動也必以毒螫此篇於螽醜螽醜又各言
其類
也

螜天螻【註】螻蛄也夏小正曰螜則鳴【正義】螜一名天螻月令孟夏之月螻蟈鳴釋文引蔡邕章句以螻爲螻蛄也高誘呂氏春秋註淮南註並以爲螻蛄本草云螻蛄一名天螻一名螜是也螻蛄穴地而生立夏後夜鳴聲如蚯蚓王逸九思云螻蛄兮鳴東以爲陰類之蟲也【註】夏小至則鳴○【正義】夏小正云三月螜則鳴螜天螻也是說小正者與爾雅同也說文云螜螻蛄也廣雅云炙鼠津姑螻蜮蝎蛉蛞螻螻蛄也廣異名也方言謂蟦螪或謂之天螻釋本草者謂螻蛄亦謂之碩鼠又謂之

蟌蛄皆名同而實異也螻蛄之類爲蛂螻詳見下

蜚蠦蜰【注】蜚卽負盤臭蟲【正義】蜚一名蠦蜰說文作盧蜰當從之漢書五行志云蜚劉歆以爲負蠜也性不食穀食穀爲災介蟲之孽劉向以爲蜚色青近青眚也非中國所有南越盛暑男女同川澤淫風所生爲蟲臭惡顏師古云蜚者中國所有非南越之蜚未詳向所說案有蜚見於春秋經傳而劉向廼云非中國所有顏師古駁之是也【注】蜚卽至臭蟲○【正義】蜚又名負盤廣雅云負蠜蜰也孔穎達云本草曰蜚厲蟲也然則蜚是臭惡之蟲害人衣物故春秋左氏傳曰有蜚不爲災亦不書也春秋經傳皆云有蜚則此蟲名蜚一名蠦蜰而舍人李巡皆云蜚蠦一名蜰非也此蟲一名負盤漢書及左傳註多作負蠜以此下有草蟲負蠜故相涉誤耳今案說文亦云蜚臭蟲負蠜也是蜚亦有負蠜之名也註中蜚字監本作蜰今從左傳疏所引郭註改正

螾衘入耳【註】蚰蜒【正義】鄭註考工記云卻行螾衍之屬也螾衘一名入耳又名蛉窮淮南說林訓云昌羊去蚤虱而來蛉窮高誘註云昌羊昌蒲蛉窮蚰蜒入耳之蟲也【註】蚰蜒○【正義】方言云蚰蜒自關而東謂之螾蜇或謂之入耳或謂之蜧蠷趙魏之間或謂蚨虶北燕謂之蛆蚭郭氏彼註云江東又呼蛩音鞏

蜩蜋蜩【註】夏小正傳曰蜋蜩者五彩具螗蜩【註】夏小正傳曰螗蜩者蝘俗呼爲胡蟬江南謂之螗蛦

蚻蜻蜻【註】如蟬而小方言云有文者謂之螓夏小正曰鳴蚻

虎懸蠽茅蜩【註】江東呼爲茅截似蟬而小青色蝒馬蜩【註】蜩中最大者爲馬蟬蜺寒蜩【註】寒螿也似蟬而

小青色月令曰寒蟬鳴蜓蚞螇螰【注】即蝭蟧也一名
蟪蛄齊人呼螇螰【正義】此别蟬之類兼廣其異名也
詩疏引舍人云皆蟬也方語不同
初學記引李巡云自蜩蟧以下皆分别五方之語而
名不同也檀弓云蟬有緌鄭註緌爲蜩喙長在腹下
故考工記謂之以旁鳴者古者人君燕食所加庶羞
有蜩荀子大略篇云飲而不食者蟬也郭氏讚云物
之清潔可貴唯蟬故爾雅釋之特詳○蜩蜋蜩○蜩
爲蟬之總名其翼有彩色者爲蜋蜩小雅菀柳云鳴
蜩嘒嘒毛傳蜩蟬也方言云蟬楚謂之蜩陳鄭之間
謂之蜋蜩秦晉之間謂之蟬○螗蜩○螗爲蜩之類
也大雅蕩云如蜩如螗毛傳蜩蟬也螗蝘也豳風云
五月鳴蜩毛傳蜩螗也方言云蟬宋衛之間謂之螗
蜩螗又名蝘詩疏引舍人云三輔以西爲蜩梁宋以
東謂蜩爲蝘陸璣疏云螗一名蝘蚒當由其狀相似
其聲相混故得通其名矣詩釋文以蝘爲蟬屬○蚻
蜻蜻○蜩之廣額而有文者名蚻一名蜻蜻衛風螓

人云螓首蛾眉鄭箋螓蜻蜻也疏引舍人云小蟬也青青者某氏云鳴蚻蚻者案毛傳謂螓首顙廣而方孔頴達亦謂此蟲額廣而且方指其體之所似也○蠽茅蜩○說文云蠽小蟬蜩也方言云蜩蟧謂之蠚蜩又云蟬其小者謂之麥蚻是茅蜩一名蠽爲蟬之小者也○蝒馬蜩○夏蟬之大者名蝒一名馬蜩方言云海岱之間謂之𧍡其大者謂之蟧或謂之蝒馬郭氏彼註云按爾雅蝒者馬蜩非別名蝒馬也此方言誤耳案說文亦云蝒馬蜩也○蜺寒蜩○寒蜩郎寒蟬也夏小正云七月寒蟬鳴蟬也者蝭蠑也寒蟬一名蜺方言云大而黑者謂之䗃黑而赤者謂之蜺說文云蜺寒蜩也方言又云軈謂之寒蜩今池歙間人呼秋蟬爲寒軈子○蜓蚞螇螰○蜓蚞一名螇螰蟬之屬也方言云蛥蚗齊謂之螇螰楚謂之蟪蛄或謂之蛉蛄秦謂之蛥蚗自關而東謂之虭蟧或謂之蝭蟧或謂之蜓蚞西楚與秦通名也案方言以蟪蛄與蟬分爲二類說文云螇鹿蛁蟟也蚜蚗蛁蟟也蚜蚗蟬屬是皆螇鹿之別名其爲蟬屬則一也詩疏

引舍人云楚地謂之蟪蛄楚詞云蟪蛄鳴兮啾啾是也是舍人以蟪蛄即蟬矣詩疏又引陸璣疏云青徐謂之螇螰【注】夏小至彩具○【正義】夏小正云五月良蜩鳴良蜩也者五彩具初學記引孫炎注亦云蜋五色具也案夏小正舊不分經傳郭注釋草引夏小正曰蒿也者莎蘠媞者其實亦不稱爲傳隋書經籍志謂藏德作傳未之詳也郭氏此云夏小正傳是晉初即有分經傳者矣宋傅崧卿夏小正本分晰經傳本於郭氏也○夏小至螗蛦○【正義】夏小正云五月唐蜩鳴唐蜩者匽也又云匽之興五日翕望乃伏其不言生而稱興何也不知其生之時故曰興以其興也故言之興五日翕也望也者月之望也而伏云者不知其死也故謂之伏五日也者十五日也翕也者合也伏也者入而不見也案論衡無形篇蠐螬化而爲復育復育轉而爲蟬蟬生兩翼不類蠐螬是蟬以化轉而生故小正云不知其生之時也十五日而合十五日而伏即淮南說林訓所云蟬三十日而蛻也郭又云俗呼爲胡蟬江南謂之螗蛦者方言注云今胡

蟬也似蟬而小鳴聲清亮江南呼蟪蛥義同○如蟬至虎懸○正義詩釋文引王肅云蟧似蟬而小詩疏引孫炎云方言曰有文者謂之蟧與郭註同案今本方言作有文者謂之蜻蜻其蠽蜻謂之蟧郭又引夏小正曰鳴蚻虎懸者今本夏小正云四月鳴札札也者寧縣也鳴而後知之故先鳴而後札○江東至靑色○正義郭氏方言註云河東呼爲蟿蠽又云如蟬而小今關西呼麥蠽○蜩中至馬蟬○正義羅願云今夏中鳴者比衆蟬最大○寒螿至蟬鳴○正義寒蜩一名寒螿文子上德篇云寒螿得木依其所生也案本草謂蚱蟬生楊柳上故以得木爲依所生矣月令孟秋之月寒蟬鳴鄭註寒蟬寒蜩謂蜺也文選註引蔡邕章句云寒蟬應陰而鳴鳴則天涼故謂之寒蟬高誘淮南註云寒蟬靑蟬也蟲陰類感氣鳴也方言又以寒蜩爲瘖蜩蓋此蟲不鳴於夏故謂之瘖蜩得秋露之潤乃鼓翼而鳴耳禮記疏引郭註靑色作靑赤○即蜈至螇螰○正義莊子逍遙遊云蟪蛄不知春秋釋文引司馬彪云惠姑寒螿也一名蝭蟧春

生夏死夏生秋死崔譔云蛁蟟也或曰山蟬秋鳴者不及春春鳴者不及秋高誘註淮南道應訓云蟪蛄貂蟟也廣雅云蟪蛄蛁蟧也郭註方言云江東人呼蟂蟧皆聲之轉也

蛣蜣蜣蜋【註】黑甲蟲噉糞土【正義】蛣蜣一名蜣蜋戴侗云甲蟲之巨者黑甲甲下有翅飛鳴洪洪然好轉牛矢爲丸俗亦謂之矢丸案廣雅云天社蜣蜋也說文則以渠蝌一曰天社蓋以蛣蜣似蜉蝣而名同也【註】黑甲至糞土○【正義】古今註云蜣蜋能以土包糞轉而成丸莊周所謂蛣蜣之智在於轉丸一名蛣蜣一名蜣蜋一名弄丸一名轉丸

蝎蛣蝠【註】木中蠹蟲【正義】蝎爲蝤蠐之在木中者說文作蝎蛣蚍也詳見下【註】木中蠹蟲○【正義】左傳疏引李巡云蝎木蟲也詩疏引孫炎云蝎木蟲也郭氏本李孫爲義下文云蝎桑蠹是也

蠰齧桑【註】似天牛長角體有白點喜齧桑樹作孔入其

中江東呼爲齧髮【正義】玉篇以蠰爲齧桑蟲淮南道應訓云猶黃鵠與蠰蟲也蠰蟲能緣木上下而飛騰不遠視高飛之黃鵠其大小固不可比量矣【注】似天至齧髮。【正義】戴侗云俗謂天牛亦謂桑羊盧黑而白駁此蟲似之也

諸慮奚相【注】未詳【正義】釋文云慮本或作蘧相舍人本作桑案桑奚桑次於齧桑蓋以類相從者矣或以諸慮爲蚊非也

蜉蝣渠略【注】似蛣蜣身陜而長有角黃黑色叢生糞上中朝生暮死豬好啖之【正義】詩疏引舍人云蜉蝣一名渠略南陽以東曰蜉蝣梁宋之間曰渠略孫炎云夏小正云蜉蝣渠略也朝生而暮死案夏小正云五月浮游有殷殷衆也浮游殷之時也浮游也者渠略也朝生而暮死稱有何也有見也曹風云蜉蝣之羽衣裳楚楚說文作衣裳𪓰𪓰

云會五彩鮮色也蜉蝣帶甲有似衣裳厥色黄黑似采色之會故詩謂之䵺䵺矣大戴禮記易本命云蜉蝣不飲不食淮南詮言訓云龜三千歲蜉蝣不過三日以蜉蝣而爲龜憂養生之具人必笑之矣方言云蜉蝣秦晉之間謂之蝶蜸説文云蟟蟲蟟也一曰蜉蝣朝生暮死者玉篇作蜉蝣渠蟟皆聲近而字體遞變也【注】似蛣至啖之。【正義】詩疏引陸璣疏云蜉蝣方土語也通謂之渠略似甲蟲有角大如指長三四寸甲下有翅能飛夏月陰雨時地中出今人燒炙噉之美如蟬也樊光謂之糞中蝎蟲隨陰雨時爲之朝生而夕死案郭氏方言註云似天牛而小有甲角出糞土中朝生夕死與此註畧同

蛂蟥蛢【注】甲蟲也大如虎豆綠色今江東呼黄蛢【正義】蛢一名蛂蟥説文作蛢䗁蟥考工記云以翼鳴者鄭註以爲發黄之屬也蛂通作䗁又轉作發蟥省作黄其音義同也【注】甲蟲至黄蛢。【正義】御覽引孫炎云翼在甲裏凡甲蟲之能飛者皆甲下有翅也衆經音義引

爾雅註作江南呼爲黄𧎜疑傳寫之訛

郭引時諺以蚣一名黄蛢與鄭讀異

蠸輿父守瓜 **註** 今瓜中黄甲小蟲喜食瓜葉故名守瓜

正義 蠸一名輿父一名守瓜說文云蠸蟲也玉篇云蠸食瓜蟲莊子至樂篇瞀芮生乎腐蠸釋文引司馬彪云蠸蟲名爾雅云一名守瓜一名𤟧鼠 **註** 今瓜至守瓜○ **正義** 張湛列子註云謂瓜中黄甲蟲也與郭註同戴侗云瓜蠅狀似螢火

蝚蛖螻 **註** 蛖螻螻蛄類 **正義** 蝚一名蛖螻方言云蛄詣謂之杜蛒螻螲謂之螻蛄或謂之蟓蛉南楚謂之杜狗或謂之蛞螻舊疏云蝚及蛖螻亦螻蛄之别名耳

不蜩王蚥 **註** 未詳 **正義** 玉篇以蚥爲蟾蠩謂之不蜩所未詳也

蛄𧏧強蝆 **註** 今米穀中蠹小黑蟲是也建平人呼爲蝆

子【正義】蛄䗟一名強蛘說文作蛄䗟強蛘也今米中蠱多隨米色而變黑甲者能齧人或纏米作繭米廩中有之耗米玉篇作蛄蟅米中蠹也【注】今米至蛘子○【正義】方言云蛄䗟謂之強蛘郭氏彼注云米中小黑甲蟲也江東謂之蛒音加建平人呼蛘子音芊芊卽姓也案今俗呼米中黑蟲爲揚甲亦呼楊子疑芊誤爲羊又音轉爲楊子也

不過蟷蠰【注】蟷蠰螗蜋別名其子蜱蛸【注】一名䗋蟭蟷蠰卵也【正義】此廣螳蜋之異名及其子之名也禮記疏引舍人云不蝸名蟷蠰今之螳蜋也孫炎云蟷蠰螳蜋一名不蝸李巡云其子名蜱蛸卽螵蛸案說文云堂蠰不過也蟲蛸堂蜋子本爾雅爲義也月令云小暑至螳蜋生鄭注螵蛸母也太平御覽引蔡邕章句云蟲名食蟬殺蟲逸周書時則解云芒種之日螳蜋生螳蜋不生是謂陰息通卦驗作夏至螳蜋生是螳蜋感陰氣而生故能殺蟲也下文云莫貈

螳蜋蛑卽蟷蠰也藝文類聚云王瓚問曰爾雅莫貈螳蜋同類物也今沛魯以南謂之蟷蠰三河之域謂之螳蜋燕趙之際謂之食肬齊濟以東謂之馬穀然名其子則同云螵蛸是以註云螳蜋螵蛸母也此蓋鄭志之文禮記疏引作方言疑傳寫之訛【註】一名至卵也○【正義】陶註本草云螳蜋逢樹便産以桑上者爲好是兼得桑皮之津氣也證類本草云螵蛸在處有之螳蜋卵也多在小桑樹上叢荆棘間三四月中一枝出數百枚

蒺藜蝍蛆【註】似蝗而大腹長角能食蛇腦【正義】蒺藜一名蝍蛆莊子齊物論云蝍蛆甘帶釋文引司馬彪云帶小蛇也蝍蛆好食其眼淮南說林訓云騰蛇游霧而殆於蝍蛆蝍蛆能㲋大蛇不獨食小蛇之腦矣太平御覽引春秋考異郵云土勝水故蝍蛆搏蛇宋均以爲蝍蛆生於土蛇藏物屬於坎坎爲水爲隱伏也王逸九思云蝍蛆兮穰穰註云將變貌蝍蛆至秋而變也今蝍蛆

狀若水蝦小者一寸大至一丈尾有光山中大蛇白鬣者皆爲其所殆蛇腐後復化蝍蛆關尹子三極篇云蝍蛆食蛇蛇食蛙蛙食蝍蛆互相食也【注】似蝗至蛇腦○【正義】廣雅云蝍蛆蜈蚣也衆經音義引字林云蜈蚣也玉篇廣韻並以爲蜈蚣矣今蝍蛆爲蜈蚣之屬而非蜈蚣也高誘淮南註云蝍蛆蟋蟀也爾雅謂之蜻蛚上蛇蛇不敢動案今捕蟋蟀者多於蛇穴其氣能制蛇然以爲卽蝍蛆則非也

蝝蝮蜪【注】蝗子未有翅者外傳曰蟲舍蚔蝝【正義】左傳疏引李巡云蝮蜪一名蝝蝝蝗子也漢書五行志引董仲舒劉向說並以爲蝗始生也春秋宣十五年冬蝝生杜預謂螽子以冬而生遇寒而死故公羊傳云幸之也【注】蝗子至蚔蝝○【正義】郭以蝗始生者皆不生翅申言蝗子之狀也說文引劉歆說蝝復陶也蚍蜉子五行志引劉歆說則以爲蚍蜉之有翼者食穀爲災孔穎達以劉歆說爲非也外傳曰蟲舍蚔蝝者魯語里革諫宣公之詞韋昭註蝝復陶也可食祭統云陸產之

臨鄭註以爲
蚳蝝之屬

蟋蟀蛬【註】今促織也亦名青蛪【正義】詩疏引李巡云蛬一名蟋蟀蟋蟀蜻蛪也禮記疏引孫炎云蜻蛚也梁國謂蛬說文作悉蟹考工記云以注鳴鄭註以爲精列之屬也蟋蟀微蟲而可以趨民務故古者多取以紀時候焉月令云季夏之月蟋蟀居壁逸周書時則訓云蟋蟀不居壁急迫之暴孔穎達云此物生在於土中至季夏羽翼稍成未能遠飛但居其壁至七月則能遠飛在野此言其生成之漸也易通卦驗云立秋蜻蛚鳴鄭註蜻蛚蟋蟀之名也此紀其鳴之時也唐風云蟋蟀在堂毛傳蟋蟀蛬也九月在堂豳風云十月蟋蟀入我牀下此言其因寒而漸近人也蟋蟀易識之物禮記疏引蔡氏說以爲斯螽太平御覽引毛詩義問云蟋蟀食蠅而化成高誘淮南註以蟋蟀爲蝍蛆皆異說不可從

【註】今促至青蛪○【正義】方言云蜻蛚楚謂之蟋蟀或謂之蛬南楚之間謂之蚟孫郭氏彼註云即趨織也

梁國呼蚻詩疏引陸璣疏云蟋蟀似蝗而小正黑有
光澤如漆有角翅一名蚻一名蜻蛚楚人謂之王孫
幽州人謂之趨織里語
曰趨織鳴嬾婦驚是也

鼃蟆【注】蛙類【正義】玉篇云鼃蝦蟇也月令孟夏之月螻
蟈鳴釋文引蔡氏云蟈蛙也蛙即蝦蟇也
高誘淮南註云蟈蝦蟇也四月陰氣始動於下故鳴
秋官蟈氏掌去鼃黽鄭註云齊魯之間謂鼃爲蟈蟈
與耿黽尤怒鳴爲聒人耳故去之案蟾諸及耿黽俱
見釋魚鼃爲蛙類見於此篇者以蟲魚之類有相通
者
也

蛝馬蝬【注】馬蠲蚼俗呼馬蝬【正義】蛝一名馬蝬又名馬
蠲說文云蠲馬蠲也明堂
月令云腐草爲蠲呂氏春秋作腐草爲蚈是馬蠲又
名蚈又名馬蚿又名商蚷文子上德篇若蚈之足衆
而不相害莊子秋水篇云蘷憐蚿蚿憐蛇釋文引司
馬彪云蚿馬蚿蟲也蘷一足蚿多足蛇無足莊子又

云使商蚷馳河必不勝任矣司馬彪云商蚷蟲名北燕謂之馬蚿淮南汜論訓云蚿足衆而走不若蛇高誘謂馬蚿一名螢火非也博物志云馬蚿一名百足中斷則首尾異行而去是矣【注】馬蠲至馬蜒○【正義】方言云馬蚿北燕謂之蛆蟝其大者謂之馬蚰郭氏彼註蚰音逐今關西云廣雅云蛆渠馬蜒馬蚿也

阜螽蠜【注】詩曰趯趯阜螽草螽負蠜【注】詩云喓喓草蟲謂常羊也蜤螽蜙蝑【注】蜙蝑也俗呼春黍蟿螽螇蚸【注】今俗呼似蜙蝑而細長飛翅作聲者爲螇蚸土螽蠰谿【注】似蝗而小今謂之土蝶【正義】左傳疏引李巡云皆分別蝗子異方之語也○阜螽蠜○阜螽一名蠜爲螽之總名春秋桓五年螽杜預云蚣蝑之屬爲災蓋舉其類言之漢書五行志註云阜蟲今之蝗蟲也詩疏引李巡云蝗子也陸璣疏云今人謂蝗子爲螽子兗州人謂之螣

許慎云蝗螽也蔡邕云螽蝗也明一物○草螽負蠜○螽之在草中者爲草螽一名負蠜說文云蠜負蠜也名南鄭箋云草蟲鳴阜螽躍而從之異種同類小雅箋又云草蟲鳴晚秋之時也詩釋文引陸璣疏云一名負蠜大小長短如蝗而青也詩疏引陸璣云奇音青色好在茅草中○蛗螽蜙蝑○似草蟲而大夏以股鳴者爲蛗螽本亦作斯螽一名蜙蝑考工記云以股鳴鄭註謂蜙蝑動股屬豳風云五月斯螽動股毛傳斯螽蜙蝑也周南云螽斯羽詵詵兮毛傳螽斯蜙蝑也是斯螽螽斯互言之實一物也鄭箋云凡物有陰陽情慾者無不妒忌維蜙蝑不耳疏引陸璣云幽州人謂之春箕春箕卽春黍蝗類也長而青長角長股股鳴者也或謂似蝗而小斑黑其股似瑇瑁又五月中以兩股相切作聲聞數十步是也○蟿螽螇蚸○似斯螽而細長者爲蟿螽一名螇蚸左傳疏引樊光云蟿螽土螽皆蜙蝑之屬○土螽蠰谿○螽之生於土中者爲土螽青色善躍南方稻隴中時有之不爲異也多則爲災【註】詩曰至羊也○【正義】名南草

蟲小雅出車並云喓喓草蟲趯趯阜螽鄭康成以爲鳴躍之相應其天性然也毛傳云草蟲常羊也負蠜蠜也郭註本毛傳阜當從毛詩作阜○蜙蝑至春黍○正義詩疏引舍人云蜙蝑即今所謂春黍也方言云春黍謂之䗸蝑郭氏彼註云又名蚣䗸○今俗至螇蚸○正義蟿螽長翅而能飛漢書五行傳所謂介蟲有甲能蜚揚之類也○似蝗至土蝶○正義釋文云蝶字又作蚝蚝蜢也善跳今蚝蜢生土中躍起不過尺許故謂之土螽郭註方言以蚣蝑爲蚝蜢蓋舉類言之也

螼蚓蜸蠶註即蛩蟺也江東呼寒蚓○正義螼蚓一名蜸蠶說文云螼螾也螾側行者月令孟夏之月蚯蚓出仲冬之月蚯蚓結疏引蔡邕章句云結猶屈也蚯蚓出穴屈首下嚮陽氣氣動則宛而上首故其結而屈也通卦驗云芒種蚯蚓出鄭康成註云舊說蚯蚓淫邪按太平御覽引郭氏讚云蚯蚓土精無心之蟲交不以分婬於阜螽觸而感物無有常雄是也大戴禮記易本命云食土

者無心而不息盧辯註云蚯蚓之屬趙岐孟子註云蚓食土飲泉極廉矣然無心無識皆以蚓爲無心之蟲也荀子勸學篇則云螾無爪牙之利筋骨之彊上食埃土下飲黃泉用心一也蟹六跪而二螯非蛇蟺之穴無所寄託者用心躁也是蚓非無心者矣太元銳之初六云蟹之郭索後蚓黃泉測曰蟹之郭索心不一也本荀子爲義【註】即螿至寒蚓。【正義】廣雅云蛩蟺蚯蚓也寒蚓釋文本作⿰虫寒蚓吳普本草謂之附蚓今人謂之曲蟺

莫貈蟷蜋蛑【註】蟷蜋有斧蟲江東呼爲石蜋孫叔然以方言說此義亦不了【正義】上文云不過蟷蠰此又廣其名也蟷蠰一名莫貈又名蟷蜋又名蛑詳見上文【註】蟷蜋至不了。【正義】蟷蜋有斧蟲者高誘淮南註云蟷蜋世謂之天馬一名齕肬兖豫謂之巨斧也螳蜋有臂如斧故又謂之巨斧莊子人間世云女不知夫螳蜋乎怒其臂以當車轍不

知不勝任也韓詩外傳云齊莊公出獵有螳蜋舉足將搏其輪螳蜋二臂四足其搏輪者臂也云江東呼爲石硠者郭註方言云江東呼爲石硠陶註本草亦云俗呼石硠也云孫叔然以方言說此義亦不了者方言云螳蜋謂之髦或謂之虰或謂之蝆蝆孫叔然据方言此文取下文虰字上屬郭氏所不從也說文作丁蛵負勞則虰字不應上屬矣

虰蛵負勞【註】或曰即蜻蛉也江東呼狐棃所未聞【正義】虰蛵一名負勞郭氏引舊說以爲即蜻蛉也淮南齊俗訓云水蠆爲蟌蟌莣高誘註云青蛉也說林訓云水蠆爲蟌註云水蠆化爲蟌蟌青蜓也案蜻蜓生於水中多飛水上羅願謂附物施卵仍爲水蠆也【註】江東至未聞○【正義】方言云蜻蛉謂之蝍蛉郭氏彼註云六足四翼蟲也江東名爲狐棃淮南呼蛺蚜釋文引字林云蜻蜓一名桑根高誘呂覽註云蜻蜓細腰四翅一名白宿皆異名也郭引舊說仍疑未能定故云未聞

蜭毛蠹【註】即蛓【正義】蜭一名毛蠹說文作蝨毛蠹也蛓說文云蛓毛蟲也釋文云今俗呼毛蛓有毒螫人楚辭云蛓緣兮我裳案釋文所引王逸九思之詞也

螺蛅蟴【註】蛓屬也今青州人呼蛓爲蛅蟴孫叔然云八角螫蟲失之【正義】螺一名蛅蟴說文作蛅斯墨也本草別錄云雀甕生樹枝閒蛅蟴房也陶注云蛅蟴蚝蟲也其背毛螫人陳藏器云蚝蟲好在果樹上大小如蠶身面背上有五色斑文毛有毒能螫人欲老者口吐白汁凝聚如雀卵其蟲以甕爲繭在中成蛹夏月羽化而蛾生於葉閒如蠶子【註】蛓屬至失之○【正義】郭氏据時驗定爲蛓屬孫叔然謂八角螫蟲郭氏所不從也說文云螫蟲虫行毒也

蟠鼠負【註】瓮器底蟲【正義】蟠一名鼠負說文云蟠鼠婦也又云蛜威委黍委黍鼠婦是下文所云蛜威委黍與此爲一物也豳風東山云伊威在室鄭箋以爲室無人有此物也本草云鼠負一名

負蟠一名伊威一名委黍陶註云多在鼠坎中鼠背負之今作婦字則似乖理一名鼠姑案婦負聲相近古字通用圖經本草謂之濕生蟲**註**瓮器底蟲○**正義**詩疏引陸璣疏云伊威一名委黍一名鼠婦在壁根下甕底土中生似白魚者是也玉篇云蟠鼠婦案蟠蟲本草謂之地鼈與鼠婦狀相似是其類也

蟫白魚　**註**衣書中蟲一名蛃魚**正義**蟫一名白魚本草云一名衣魚穆天子傳云蠹書於羽陵郭氏彼註云暴書蠹蟲因曰蠹書也詩疏引陸璣疏云蘭香草可著粉中藏衣著書中辟白魚是衣書中蟲俱名白魚也**註**一名蛃魚○**正義**廣雅云白魚蛃魚也鄭註秋官翦氏又謂之蠹魚

蛾羅　**註**蠶蛾**正義**蛾一名羅說文云蛾蠶化飛蟲大戴禮記易本命篇云食桑者有絲而蛾論衡無形篇蠶食桑老績而為繭繭又化而為蛾蛾有兩翼變去蠶形案蛾為蠶之再變者也**註**蠶蛾○**正義**說文云蠶吐絲蟲埤雅引孫炎云蛾卽是雄羅卽是雌蓋孫炎正義之文也案今人育蠶子者亦取蠶蛾

相匹謂之對蛾荀子蠶賦所云有父母而無牝牡者
言爲蠶之時未有牝牡也至化爲蛾則有雌雄矣蛾
即爲羅以聲轉而有二名猶穉草以蕠爲藸也
孫炎正義迺欲以螽羅分别雌雄殊爲穿鑿

翰天雞【注】小蟲黑身赤頭一名莎雞又曰樗雞【正義】一名天翰雞即莎雞也豳風七月云六月莎雞振羽毛傳莎雞羽成而振訊之疏引李巡云一名酸雞陸璣疏云莎雞如蝗而斑色毛翅數重其翅正赤或謂之天雞六月中飛而振羽索索作聲幽州人謂之蒲錯案莎雞翅分兩重外灰色而內深紅五色皆具太平御覽引廣志云莎雞似蠶蛾而五色赤日犨雞是也監本翰作鶾【注】小蟲至樗雞○【正義】太平御覽引孫炎云小蟲黑身赤頭一名莎雞廣雅云樗鳴樗雞也是郭注所本也

傅負版【注】未詳【正義】傳一名負版柳宗元蝜蝂傳云蝜蝂者善負小蟲也行遇物輒持取昂其

首負之背逾重雖困劇不止也其背甚澀物積因不散卒躓仆不能起人或憐之爲去其負苟能行又持取如故又好上高極其力不止至墜地死案宗元所說似寓言然負重之蟲所在有之特未聞有負版之名耳玉篇云蝂蝜蟦也則當云傳負一名蝂

強蚚【注】即強醜捋【正義】強一名蚚玉篇云強米中蠹小蟲也是即上文所謂蛄𧏡強蛘矣郭又引下文強醜捋爲證也

蛶螪何【注】未詳【正義】蛶一名螪何說文作商何玉篇作蛶螪蚵也又云蚵蠪蝪蜥集韻引爾雅蛶螪何以爲蝪蜥之類也

螝蛹【注】蠶蛹【正義】螝一名蛹說文云蛹繭蟲也玉篇云蛹老蠶也案蠶老成繭蛹在繭中荀子蠶賦云蛹以爲母蛾以爲父此互舉言之言蛹破繭而爲蛾蛾生蠶子耳埤雅引孫炎正義云螝即是雄蛹

即是雌謂蛹有雌雄非所聞也

蜆縊女【註】小黑蟲赤頭喜自經死故曰縊女【正義】蜆一名縊女太平御覽引孫炎云小黑蟲赤頭三輔謂之縊女此蟲多民多縊死又引異苑云縊女蟲也一名蜆長寸許頭赤身赤恒吐絲自懸六書故引說文蜀本云化爲蝀是也

蚍蜉大螘【註】俗呼爲馬蚍蜉小者螘【註】齊人呼螘爲蛘蠪朾螘【註】赤駁蚍蜉蠡飛螘【註】有翅其子蚳【註】蚳蟻卵周禮曰蜃蚳醬【正義】此別螘之類也○蚍蜉大螘小者螘○說文云蠪蠹大螘也或作蚍蜉詩疏引舍人云蚍蜉即大螘也小者即名螘也夏小正云十有二月元駒賁元駒也者螘也賁者走於地中也學記云蛾子時術之鄭註云蛾蚍蜉也蚍蜉之子微蟲耳時術蚍蜉之所爲其功乃復成大

垤淮南修務訓云螘知爲蛭豳風東山云鸛鳴于垤文選注引韓詩云巢居知風穴居知雨天將雨蟻出壅土鸛鳥見之長鳴而喜論衡商蟲篇云天將雨螘出蚓蛬爲與氣相應也釋文云螘本作蛾俗作蟻字音同。蠪朾螘。赤色之螘名蠪一名朾螘山海經所謂朱蟻其狀如蟻也戴侗云蚍蟻狀如壓蟻化而羽能螫人爾雅所謂丁蟻也。蠽飛螘。螘之有翅者名蠽一名飛螘羅願云社中白螘之所化也以泥爲房詰屈而上往往變化生羽遇天晏溫羣隊而出飛亦不能高尋則脫翼藉藉在地而死。其子蚳。螘之子名蚳夏小正云二月抵蚳抵猶推也蚳螘卵也爲祭醢也取之則必推之推之不必取故言推而不言取魯語云蟲舍蚳蝝韋昭注云蚳螘子也可以爲醢**注**俗呼至蚍蜉。**正義**今蟻之大者俗呼爲馬蟻。齊人至爲蚼。**正義**方言云蚍蜉齊魯之間謂之蚼蟓西南梁益之間謂之元蚼燕謂之蛾蛘其場謂之坻或謂之垤釋文引字林云北燕人謂蚍蜉曰蛘義本方言郭云齊人呼螘爲蛘各以方俗語爲驗

也○周禮至蚳醬○【正義】天官醢人饋食之豆有蜃蚳醢鄭注蚳蛾子是也醢爲肉醬故此云醬

次蟗鼅鼄鼅鼄蝥【注】今江東呼蝃蝥土鼅鼄【注】在地中布網者草鼅鼄【注】絡幕草上者【正義】此別蜘蛛之名及其種類也○次蟗至鼄蝥○方言云鼅鼄鼄蝥也自關而西秦晉之間謂之鼄蝥自關而東趙魏之郊謂之鼅鼄或謂之蠾蝓蠾蝓者侏儒語之轉也北燕朝鮮洌水之間謂之蝳蜍說文云鼅鼄鼄蝥也或作蜘蛛又云蠿蟊作罔蛛蝥也蠿蟊即次蟗之異文也蜘蛛布網以罥飛蟲故抱朴子謂太昊師蜘蛛而結網春秋二時蜘蛛吐游絲或至數丈太元務次五云蜘蛛之務不如蠶之緰測曰蜘蛛之務無益人也○土鼅鼄○蜘蛛在土中者爲土蜘蛛陳藏器所謂孔穴中作網開一門出入者也或以爲即下文蛈蝪按蛈蝪似蜘蛛耳非即蜘蛛也詳見下○草鼅鼄○蜘蛛之在草上者名草蜘蛛太平御覽引廣志云草蜘蛛在草上色青土

蜘蛛在地上春行草間索索聲也【注】今江至蝃蝥。【正義】郭注方言云今江東呼蝃蝥齊人又呼社公亦言罔工

土螽【注】今江東大螽在地中作房者爲土螽啖其子即馬螽今荆巴間呼爲蟺木螽【注】似土螽而小在樹上作房江東亦呼爲木螽又食其子【正義】此別螽之類也說文云螽飛蟲螫人者左氏僖二十二年傳云螽蠆有毒螽類甚多而皆能螫人又皆可釀蜜故說文以蜜爲螽甘飴也在地中者名土螽莊子庚桑楚云奔蜂不能化藿蠋釋文引司馬彪注奔蜂一曰土蜂也其在樹上者名木螽【注】今江至爲蟺。【正義】陳藏器本草注云土蜂穴居作房赤黑色最大螫人至死亦能釀蜜其子亦大而白案螽子可食故內則謂蜂爲范也檀弓云范則冠孔疏謂蜂頭上有物似冠也土螽即馬螽荆巴

間呼爲蟺廣異名也○似土至其子○**正義**羅願云今土木之蠭亦各有蠹北方地燥多在土中故多土蠹南方地濕多在木中故多木蠹木蠭子亦可食也

蟦蠀螬**註**在糞土中 蝤蠀蝎**註**在木中今雖通名爲蝎所在異

正義此別蝎之異名也○蟦蠀螬○蝎之在於土中者名蟦一名蠀螬莊子至樂篇云烏足之根爲蠀螬其葉爲胡蝶釋文引司馬彪云烏足草名生水邊蠀螬蝎也胡蝶蛺蝶也草化爲蟲蟲化爲草未始有極太平御覽引陸璣疏云蠀螬生糞土中博物志云蠀螬以背行駛於用足也○蝤蠀蝎○蝎之在木中者名蝤蠀衛風碩人云領如蝤蠀毛傳蝤蠀蝎蟲也孔疏云以在木中白而長故以比頸方言云蟦螬謂之蟦自關而東謂之蝤蟦或謂之卷蠾或謂之蝖蝜梁益之間謂之蝎或謂之蛒或謂之蛭蛒秦晉之間謂之蠹或謂之天螻四方異語而通者也詩疏引孫炎云蠀螬謂之蟦蠀關東謂之蝤蠀梁

益之間謂之蝎本方言爲義也此郎上文所云蛣蝹下文又云蝎桑蠹也

蛜威委黍【注】舊說鼠婦別名然所未詳【正義】詩疏引舍人云伊威名委黍案說文云委黍鼠婦是委黍爲鼠婦別名無可疑也上文云蟠鼠負詳見上

蟰蛸長踦【注】小鼅鼄長腳者俗呼爲喜子【正義】詩疏引舍人云蟰蛸名長踦說文云蟰蛸長股者豳風東山云蟰蛸在戶疏引陸璣疏云蟰蛸長踦一名長腳荊州河內人謂之喜母此蟲著人衣當有親客至有喜也幽州人謂之親客亦如蜘蛛爲羅網居之是也【注】小鼅鼄至喜子○【正義】太平御覽引劉芳詩義箋云蟰蛸小蜘蛛長腳者俗呼爲喜子與郭注同玉篇亦云蟰蛸喜子今俗語猶然

蛭蝚至掌【注】未詳【正義】本草云水蛭一名至掌是蛭蝚郎釋魚所謂蛭蟣也蛭爲水族而互

見於釋蟲者蛭之類有草蛭在深山草中有石蛭生石上有泥蛭生泥中是爲蟲類論衡商蟲篇云下地之澤其蟲曰蛭蛭食人足亦以蛭爲蟲也詳見釋魚

國貉蟲蠁【注】今呼蛹蟲爲蠁廣雅云土蛹蠁蟲【正義】國貉一名蟲蠁說文云蠁知聲蟲也玉篇云蠁禹蟲也【注】今呼至蠁蟲○【正義】廣雅云土蛹蠁蟲也郭氏又以時驗爲證也蠁說文亦作蚼

蠖蚇蠖【注】今蝍蠘【正義】蠖一名蚇蠖考工記謂之斥蠖鄭註屈蟲也繫辭傳云尺蠖之屈以求伸也說文云尺蠖屈伸蟲也郭氏讚云貴有可賤賤有不珍嗟茲尺蠖體此屈伸論配龍蛇見歎聖人【注】今蝍蠘○【正義】方言云蠀蠘謂之蚇蠖郭氏彼註云又呼步屈廣雅云尺蠖蠀蠘也衆經音義引舍人云宋地曰尋桑也又引纂文云吳人以步屈名桑闔一名蝍蠘太平御覽引郭氏云尺蠖有呼步屈其色

青而細小或在草木葉上今蜾蠃所負以爲子者蓋郭氏音義之文也今屈伸蟲多在桑樹上色青而小其在他草木上者隨所食而變故晏子春秋謂尺蠖食黄卽身黄食蒼卽身蒼也

果蠃蒲盧【註】卽細腰蠭也俗呼爲蠮螉螟蛉桑蟲【註】俗謂之桑蟃亦曰戎女【正義】小雅小宛云螟蛉有子果蠃負之此釋之也鄭箋云蒲盧取桑蟲之子負持而去煦嫗養之以成其子鄭註中庸亦云蒲盧蜾蠃謂土蜂也蒲盧取桑蟲之子去而變化之以成爲已子也詩疏引陸璣云螟蛉者桑上小青蟲也似步屈其色青而細小或在草萊上蜾蠃土蜂也似蜂而小腰取桑蟲負之於木空中七日而化爲其子案說果蠃者舊無異說陶宏景註本草迺云今一種蜂黑色腰甚細銜泥於人屋及器物邊作房如併竹管者是也其生子如粟米大置中乃捕取草上青蜘蛛十餘枚滿中仍塞口以待其子大爲糧也其一種入蘆管中者亦取草上青蟲以舊說變成

已子爲謬蘇頌云物類變化固不可度如陶所說卵
如果者未必非祝蟲而成之者也案法言學行篇云
螟蠕之子殪逢蜾蠃祝之曰類我類我久則肖之矣
揚雄所說卽詩教誨爾子式穀似之之義合諸莊子
淮南則知化生之說不可易矣注郎細至蠮螉○正
義郎細腰蠭者說文云蟜蠃蒲盧細要土蠭也天地
之性細要純雄無子莊子天運篇云細要者化釋文
引司馬彪云取青蟲子祝使似之也淮南說山訓云
貞蟲之動以毒螫高誘註云貞蟲細要蜂蜾蠃之屬
無牝牡之合曰貞有毒故能螫是皆果蠃無牝牡之
證既無牝牡則其子爲他蟲化成無可疑矣郭又云
俗呼爲蠮螉蠮螉者方言云蠭燕趙之間謂之蠓螉其小
者謂之蠮螉郭氏彼註云小細腰蠭也○俗謂至戎
女○正義郭註山海經云蒲盧螟蛉也蓋以螟蛉能
化蒲盧故得蒙其名矣俗謂之桑蟃者玉
篇云蟃螟蛉蟲也亦曰戎女者廣異名

蝎桑蠹注郎蛣蝠正義說文云蠹木中蟲文子云木生
蠹反自食淮南說林訓云蠹衆則木

折上文云蝎蛣蝠通言木中之蠹此言桑木之蠹亦名爲蝎論衡商蟲篇云桂有蠹桑有蝎是也【注】卽蛣蝠。【正義】詩疏引孫炎云卽蛣蝠也郭註本孫炎

熒火卽炤【注】夜飛腹下有火【正義】熒火一名卽炤月令季夏之月腐草爲熒逸周書時訓解云大暑之日腐草化爲螢月令疏引蔡邕章句云鳩化爲鷹鷹還化爲鳩故稱化今腐草爲螢螢不復爲腐草故不稱化案時訓解螢亦稱化蔡氏之說非也螢火感暑溼之氣而化至秋天陰沈數雨入夜螢火亂飛故豳風東山云熠燿宵行至八月則食蚊蚋故夏小正云八月丹鳥羞白鳥丹鳥也者謂丹良也白鳥也者謂蚊蚋也禮記疏引皇侃說謂丹良是熒火古今注亦云螢腐草爲之食蚊蚋焉本草云螢火一名夜光一名熠燿廣雅云景天螢火燐也毛傳亦云燐螢火也【注】夜飛至有火。【正義】詩疏引舍人云螢火卽炤夜飛有火蟲也禮記疏引李巡云螢火夜飛腹下有火光故曰卽炤是郭註所本也郭

氏讚云熠燿宵行物之微么出自腐
草煙若散漂物之相照孰知其陶

密肌繼英【註】未詳【正義】繼英玉篇作𧒶蟥謂之密肌未詳

蚅烏蠋【註】大蟲如指似蠶見韓子【正義】蚅一名烏蠋說文作蜀云葵中蠶也
豳風東山云蜎蜎者蠋詩疏謂樊光註引此詩鄭箋
云蠋蜎蜎然特行莊子庚桑楚云奔蜂不能化藿蠋
釋文引司馬彪云藿蠋豆藿中小青蟲也太平御覽
引廣志云藿蠋有五色者案蠋亦作蠾化蛾孚子諸
草木皆有之故說文以爲蠶也韓奕毛傳作戹烏蠋
【註】見韓子○【正義】韓非內儲說云蟺似蛇蠶似蠋人
見蛇則驚駭見蠋則毛起然而婦人拾蠶而漁者握
鱣利之所在則忘其所惡皆爲孟賁淮南說林訓亦
云鱓之與蛇蠶之與蠋狀相類而愛憎異高誘
註愛鱓與蠶畏蛇與蠋是蠋爲似蠶之蟲也

蠓蠛蠓【註】小蟲似蜹喜亂飛【正義】蠓一名蠛蠓文選註
引孫炎云蠛蠓蟲小於蚊

埤雅引孫炎此蟲微細羣飛淮南所謂飛蟲滿野高誘以飛蟲即蠛蠓也飛蟲又轉作蜚鴻史記索隱云蜚鴻蠛蠓也其在甕中者名醯雞莊子田子方篇云其猶醯雞與郭象註醯雞甕中之蠛蠓釋文引司馬彪云酒上蠛蠓也列子天瑞篇醯雞生乎酒抱朴子云蠓蚋之育於醯酢今蠛蠓酒醯之甕皆有之【註】小蟲至亂飛○【正義】衆經音義引郭註云小蟲似蚋風春雨磑者也與今本異疑係郭氏音義之文

王蛈蜴【註】即螲蟷似鼅鼄在穴中有蓋今河北人呼蛈蜴【正義】王一名蛈蜴鬼谷子內揵篇云若蛈母之從其子也出無間入無朕獨往獨來莫之能止註云蛈母螲蟷也似蜘蛛在穴中有蓋言蛈母養子以蓋覆穴出入往來初無間朕故物不能止之【註】即螲至蛈蜴○【正義】劉崇遠金華子云長安閭里中小兒常以鐵草刺地穴間共邀勝負以手撫地曰顛當出來既見草動則鉤出赤色小蟲形似蜘蛛江南小兒謂之釣駱駝其蟲背有若駝峯然也明經劉寡辭曰此

爾雅所謂王蚨蜴也案今時北方以蚨蜴爲
顛當小兒以纖草刺地穴畧如崇遠所言

蟓桑繭【註】食桑葉作繭者卽今蠶雠由樗繭【註】食樗葉棘繭【註】食棘葉欒繭【註】食欒葉蚢蕭繭【註】食蕭葉皆蠶類【正義】說文云繭蠶衣也此別蠶類其名因所食之葉而殊也○蟓桑繭○食桑葉而作繭者名蟓今之蠶也鄭註夏官馬質引蠶書云蠶爲龍精月直大火則浴其種淮南說林訓云蠶食而不飲二十一日而化齊民要術引春秋考異郵云蠶陽物火惡水故食而不飲陽立於三春故蠶三變而消死於七三七二十一故二十一日而繭今南方養蠶者三十六日而化爲蠶則二十一日而化仲長統昌言云寒而餓之則引日多溫而飽之則用日少蒸天時有寒燠人事有勤惰蠶事之登亦難預計以日也夏小正云三月妾子始蠶故豳風以倉庚鳴爲蠶生之候荀子蠶賦云三俯三起事乃大已三俯今謂之三眠亦

有四眠者淮南覽冥訓云蠶弭絲而商弦絕高誘注以蠶上下絲於口爲弭絲也春秋繁露實性篇繭待繅以綰湯而後能爲絲今繭有黄白二種繅絲者别而擇之古者桑土宜於兖豫桑詠於豳桑繭之利既溥又别其蠶類不專取給於桑繭故能衣被天下老者皆得衣帛後世桑繭之利專重東南原蠶無禁且以八繭之蠶爲美談矣○雠由樗繭○食樗葉而成繭者名雠由今人名樗者曰臭椿後世所謂椿綢其卽樗繭所成與○棘繭○蠶類之食棘葉而成繭者或以爲柘蠶與桑蠶並育卽棘蠶也○欒繭○欒者本草有欒華蘇恭云葉似木槿而薄細蠶類有食其葉而成繭者與樗蠶棘蠶同爲野蠶之屬荀子蠶賦云人屬所利飛鳥所害謂野蠶也○蚢蕭繭○玉篇云蚢蠶類食蒿葉蒿卽蕭也今嶺南蠶或食紫蘇葉

翥醜罅**注**剖母背而生螽醜奮**注**好奮迅作聲強醜捋**注**以脚自摩捋蠭醜螸**注**垂其腴蠅醜扇**注**好搖翅

正義此別蟲類所生與其狀也廣雅云䖶類也○翥䖶鏄○方言云翥舉也楚謂之翥說文云翥飛舉也凡飛翥之屬多裂母背而生故說文又云鏄裂也舊疏謂蟬屬皆剖拆母背以爲孔鏄而出也○螽䖶奮○蝗未成翅時常自奮躍及翅長則高飛矣莎雞之振羽蚚蜢之善躍皆其類也○强䖶捋○米中小蟲之類常自摩抄釋文引李巡孫炎註云以口捋其翅○蠭䖶螸○蠭種至多而皆能螫人說文云螸垂腴也爾雅翼引孝經援神契云蜂蠆垂芒腴即腹下之螫人者以其有垂芒也○蠅䖶扇○齊風云蒼蠅之聲小雅云營營青蠅暑月蒼蠅際曉羣飛作聲青蠅則終日營營如有所求皆自搖其翅也扇說文作蝙云搖翼也凡蟲蝻之屬皆自搖其翅也

食苗心螟食葉蟘食節賊食根蟊註分別蟲啖食禾所在之名耳皆見詩正義此釋害田稺之蟲之異名也○食苗心螟○左傳疏引舍人云

食苗心者名螟言冥冥然難知也李巡云食禾心爲螟言其姦冥冥難知也說文以爲螟蟲食苗葉者似與雅義異羅願謂食苗心者乃無足小青蟲江東謂之蟥蟲音若橫逆之橫案羅說是也今南方農家謂食心之蟲不可見祗視葉有纓絲即知有蟥蟲食心矣爾雅覈其實說文言其著也春秋隱五年螟公羊傳曰何以書記災也穀梁傳曰蟲災也甚則月不甚則時月令云仲春行夏令蟲螟爲害鄭註暑氣所生爲災害也又鄭註禮運云昆蟲之災螟螽之屬也○食葉蟘○說文云蟘蟲食苗葉者左傳疏引李巡云食禾葉者言其假貸無厭故曰蟘也蟘通作螣月令云仲夏行冬令百螣時起鄭註螣蝗之屬言百者明衆類並爲害案今稻畦蔬圃中多食葉之蟲其似蠶而青色者不甚爲害細小而黃色者農家忌之○食節賊○詩疏引李巡云食禾節者言貪狠故曰賊也案今田閒小青蟲能食禾節蚳蝠亦能食節是其類也○食根蟊○說文云蟊蟲食艸根者或作蝥古文作蛑左傳疏引李巡云食其根者言其稅取萬民財

貣故曰蟊也案蟊爲蟓屬六書故引孫氏說則以爲蟊蠿蟊也【注】分別至見詩○【正義】左傳疏引孫炎云皆政貪所致因以爲名詩疏云郭璞直以蟲食所在爲名而李巡孫炎並因託惡政則災由政起雖食所在爲名而所在之名緣政而致理爲兼通也陸璣詩疏云蝗似子方而頭不赤螣蝗也賊似桃李中蠹蟲赤頭身長而細耳或說云蟊螻蛄也食苗根爲人患許慎云吏犯法則生螟乞貣則生螣舊說螟螣蟊賊一種蟲也如言寇賊姦宄內外言之耳故犍爲文學曰此四種蟲皆蝗也實不同故分別釋之案四蟲以所食爲名農家能別其種類其治之亦異以爲一種蟲者非也郭云皆見詩者小雅大田云去其螟螣及其蟊賊鄭箋云此四蟲恒害田中之稺禾又云螟螣之屬盛陽氣嬴則生之案今南方農家孟春月幾望然稭田野謂之照蟥蟲是亦古人卜畀炎火之遺意也

有足謂之蟲無足謂之豸【正義】此別蟲豸之異也史記黃帝本紀云淳化鳥獸蟲蛾

正義云蛾音豸直起反爾雅曰有足曰蟲無足曰豸案張守節以蛾爲豸是也所引爾雅文有增損爾王逸九思云蟲豸兮夾余固以足之有無爲辨矣舊疏云散言則無足亦曰蟲

爾雅正義卷第十六

爾雅正義卷第十七

文淵閣校理翰林院編修加三級教習庶吉士充國史館纂修官邵晉涵撰集

釋魚第十六

【正義】庖犧氏之王天下也作結繩而爲罟以田以魚維時粒食未登先奏鮮食禹别九州任土作貢青州海物惟錯徐州蠙珠暨魚揚州厥篚織貝澤國之利既開水族之類尤雜辨其物生則地官大司徒土會之法所謂川澤宜鱗物墳衍宜介物也登取以時則天官鼈人所謂春獻鼈蜃秋獻龜魚也用之祭祀則取諸備物天官庖人鄭註謂若荆州之鮺魚青州之蟹胥皆共祭祀之好羞也用諸飲食月令所謂食麥與魚内則所謂魚宜苽是也數罟不入長育以時則不可勝食荀子富國篇云黿鼉魚鼈鰌鱣以時别一而成羣楊倞註云一而成羣言每一類皆得成羣也魚類既多故爾雅分釋其名以其爲蟲類故在釋蟲之後説文

云魚水蟲也魚種善變論衡無形篇云禮曰水潦降不獻魚鼈何則雨水暴下蟲虵化爲魚鼈離本眞暫變之蟲臣子謹慎故不敢獻此篇於小大之異名俯仰之狀與夫種類之異者晰而別之俾人不以暫變者失其本眞也

鯉註今赤鯉魚鱣註鱣大魚似鱏而短鼻口在頷下體有邪行甲無鱗肉黃大者長二三丈今江東呼爲黃魚鰋註今鰋額白魚鮎註別名鯷江東通呼鮎爲鮧鱧註鮦也鯇註今鱓魚似鱒而大正義小雅云魚麗于罶魴鱧又云魚麗于罶鰋鯉說文云鯉鱣也鱣鯉也毛傳云鰋鮎也詩疏引舍人云鯉一名鱣鱧一名鯇孫炎謂鰋鮎一魚鱧鯇一魚是皆謂爾雅釋二名以鱣釋鯉以鮎釋鰋以鯇釋鱧也郭氏分爲六物得諸時驗不從先儒

舊說詩疏又引郭氏音義云先儒及毛詩訓傳皆謂此魚有兩名今此魚種類形狀有殊無緣強合之爲一物以今驗之郭註信有徵矣或疑爾雅單列六物與前後訓釋之體不符案荀子正名篇云單足以喻則單單不足以喻則兼楊倞註單物之單也兼復名也艮以此六物人所易喻故爾雅單舉之無俟兼名訓釋陸德明謂目驗毛傳與世不協從郭註是六魚之名也**註**今赤鯉魚。**正義**陳風衡門云豈其食魚必河之鯉今鯉處處有之出黃河者特肥美月令孟春之月獺祭魚呂氏春秋高誘註云獺取鯉魚置水邊四面陳之世謂之祭魚爲時候者淮南時則訓註與呂氏春秋同圖經本草云其脅鱗一道從頭至尾無大小皆三十六鱗每鱗有小黑點。鱣大至黃魚。**正義**衛風碩人云鱣鮪發發疏引陸璣疏云鱣鮪出江海三月中從河下頭來上鱣身形似龍銳頭口在頷下背上腹下皆有甲縱廣四五尺今於盟津東石磧上釣取之大者千餘斤可烝爲臛又可爲鮓魚子可爲醬案鱣魚今遼海及江河皆有之郭註山海經云鱣魚大魚也口在頷下與此註同也云似鱏而短鼻者釋文引字林云鱏長鼻魚也重千斤鱣魚似之也云無鱗肉黃者淮南氾論訓云牛蹏之涔不能生鱣鮪高誘註云鱣大魚長丈餘細鱗黃首白身短頭口在腹下今鱣魚無鱗高註誤以爲細鱗其言黃首白身者是也鱣之小者近百斤大者長二三丈郭氏江賦謂之王鱣矣江東呼爲黃魚至今猶然亦呼爲鱘鱑魚劉逵蜀都註謂之䱾鱏。今鰋額白魚。**正義**周頌潛云鰷鱨鰋鯉釋文以爲鰋卽白魚也今白魚生江湖中色白頭昂大者長六七尺。别名至今爲鮧。**正義**廣雅云鮷鯷鮎也羅願云鮧魚偃額兩目上陳頭大尾小身滑無鱗謂之鮎魚一名鯷魚善登竹以口銜葉而躍於竹上大抵能登高其有水堰處輙自下騰上愈高遠而未止諺曰鮎魚上竹謂是故也。鮦也。**正義**魚麗毛傳云鱧鮦也鮦亦作𩸂音義同太平御覽引陸璣疏云似鱧狹而厚則鱧與鮦爲二魚也案說文云鱶鮦也本草云蠡魚一名鮦魚陶註云今皆作鱧字舊言是公蠣蛇所變然亦有相生者是鱧郎鮦也羅願云鱧魚圓長而斑點有七點作北斗之象○今鱓至而大○**正義**陳藏器本草云鯇魚生江湖中似鯉今鯇魚其形長身圓肉厚俗謂之草魚以其食草也

鯊鮀【註】今吹沙小魚體圓而有點文**正義**詩釋文引舍人云鯊石鮀也小雅云魚麗于罶鱨鯊毛傳云鯊鮀也疏引陸璣疏云魚狹而小常張口吹沙故曰吹沙【註】今吹至點文○**正義**後漢書註引廣志云吹沙大如指沙中行太平御覽引臨海異物志云吹沙長三寸背上有刺犯之螫人是吹沙爲小魚也詩釋文云體圓而有黑點文本於郭註也釋文又云鯊亦作魦蜀都賦註云魦似鮒羅願云今人呼爲重唇唇厚特甚有若竈黽故以爲名今江南小谿中每春鯊至甚多夏則隨水下

鮂黑鰦【註】即白儵魚江東呼爲鮂**正義**鮂一名黑鰦周頌潛云鰷鱨鰋鯉毛傳云鰷白鰷也鰷鮂聲相近鮂即鰷矣羅願云其形纖細而白故曰白鰷又謂白儵江東呼爲鮂此魚好

游水上故莊子觀於濠梁稱鯈魚出游從容以爲魚樂明遂其性也【註】今白至爲鮂。【正義】玉篇云鮂或作鮋白鯈易識之魚而玉篇以爲似雞六尺四目與郭異

鰼鰌【註】今泥鰌【正義】鰼一名鰌莊子庚桑楚云尋常之溝巨魚無所還其體而鯢鰌爲之制鰌魚生於江海者皆長大其在泥中者名鰼埤雅引孫炎正義云鰼尋也尋習其泥厭其清水【註】今泥鰌。【正義】今俗語呼爲泥鰌長三四寸伏於泥中首鋭而身青黑無鱗以涎自染釋文引字林云似鱓短小是也一名委蛇莊子達生篇養鳥者食之以委蛇司馬彪云委蛇泥鰌

鰹大鮦小者鮵【註】今青州呼小鱺爲鮵【正義】此釋鱧魚大小之異名也大者名鰹小者名鮵今鱧魚之大者狀類蝮蛇腹背有鬚連尾無岐形與常見之鱧有異【註】今青至爲鮵。【正義】郭引時諺以鱺即鱧也今人於鱧之小者亦呼爲鮦魚

鮤大鱯小者鮡【註】鱯似鮎而大白色【正義】說文云鮤大鱯也其小者名鮡本草陶註云鯷卽鮎也鱯似鯷而大陳藏器以鱯卽鯱魚生海中大如石首作膾如雪【註】鱯似至白色。【正義】北山經云洧水東流注於河其中有鱯鼂郭氏彼註云鱯似鮎而大色白與此同

鰝大鰕【註】鰕大者出海中長二三丈鬚長數尺今青州呼鰕魚爲鰝【正義】說文云鰝大鰕也【註】鰕大至爲鰝。【正義】鰕之大者今謂之海蝦亦謂之紅蝦北戸錄云滕恂爲廣州刺史客語恂曰蝦鬚有一丈者堪拄杖恂不信客去東海取鬚四尺以示恂方服其異案尚書大傳云東海魚須鄭註魚須今以爲簪水生不測魚須爲簪蝦須爲杖無足異也

鯷魚子【註】凡魚之子總名鯷【正義】鯷爲魚子亦名爲鱦齊風敝笱云其魚魴鱮鄭

箋云鯤魚子也古音鯤鯀同故字亦通用魯語云魚禁鯤鮞韋昭註云鯤魚子也鮞未成魚也古者立夏水蟲懷孕之時禁魚鼈之罔所以蕃庶物也然魚易生子大寒降取名魚亦有懷子者則以魚子爲醬內則云濡魚卵醬實蓼鄭註云卵讀爲鯤鯤魚子或作攔也用醬各有所宜濡魚則宜於鯤爲醬也【註】凡魚至名鯤。【正義】詩疏引李巡云凡魚之子總名鯤也郭註本李巡

鱀是鱁【註】鱀鰽屬也體似鱏尾如鯯魚大腹喙小銳而長齒羅生上下相銜鼻在額上能作聲少肉多膏胎生健啖細魚大者長丈餘江中多有之【正義】鱀一名是鱁玉篇云鱀魚名似鱏也類篇云胎生鼻長丈【註】鱀鰽至有之。【正義】鱀爲鰽屬者今鰽魚青目赤頰背上有鬛腹下有翅大者尾長數尺云體似鱏者說文云鱏魚也傳曰伯牙鼓琴鱏魚出聽淮南說山訓作淫魚出聽

高誘註云淫魚喜音出頭於水而聽之淫魚長頭身相半長丈餘鼻正白身正黑口在頷下似鬲獄魚而身無鱗出江中也尾如鮒魚者說文云鮒魚也出樂浪潘國一曰鰤出九江有兩乳郭氏舉其類以相證明是爲魵細魚之大魚也

鱦小魚【註】家語曰其小者鱦魚也今江東亦呼魚子未成者爲鱦【正義】小魚名鱦是鯤鮞之類也【註】家語至爲鱦○【正義】家語屈節解云魚之大者名爲鱄鱄其小者名鱦郭引之以證鱦爲小魚也

鮥鮛鮪【註】鮪鱣屬也大者名王鮪小者名鮛鮪今宜都郡自京門以上江中通出鱏鱣之魚有一魚狀似鱣而小建平人呼鮥子卽此魚也【正義】鮥一名鮛鮪詩釋文引沈旋集註以

為江淮間曰叔伊洛曰鮪海濱曰鮥一物三名非也鮪魚味美應時而至故古者重之夏小正云二月祭鮪祭不必記記鮪何也鮪之至有時美物也鮪者魚之先至者也而其至有時謹記其時天官獻人春獻王鮪周頌序云潛季冬薦魚春獻鮪也鄭箋云冬魚之性定春鮪新來薦獻之者謂於宗廟也月令季春之月薦鮪於寢廟高誘呂氏春秋註云鮪魚似鯉而大詩曰鱣鮪潑潑案說文作鱣鮪潑潑今毛詩作鱣鮪發發說文鱉傳引作鱣鮪撥撥鱣鮪大魚宜其所至有聲矣【註】鮪鱣至魚也○【正義】禮記疏引郭景純云似鱣而小建平人呼鮥子一本云王鮪似鱣口在頷下音義云大者為王鮪小者為鮛鮪似鱣長鼻體無鱗甲据孔穎達所引郭註在唐初已有二本矣今本復與孔所引者互有詳畧也詩疏引陸璣疏云鮪魚形似鱣而青黑頭小而尖似鐵兜鍪口亦在頷下其甲可以摩薑大者不過七八尺益州人謂之鱣鮪大者為王鮪小者為鮛鮪一名鮥肉色白味不如鱣也今東萊遼東人謂之尉魚或謂之仲明仲明者樂

涙尉也溺死海中化爲此魚案尉化爲鮪此流俗傳會之談陸氏逃之好奇之過也陸璣又云河南鞏縣東北崖上山腹舊說云此穴與江湖通鮪從此穴而來北入河西上龍門入漆沮故張衡賦云王鮪岫居山穴爲岫謂此穴也案鮪穴之說相傳有之李奇漢書註云周洛曰鮪蜀曰䱋鱒出鞏縣穴中三月遡河上能度龍門之浪則爲龍矣高誘註淮南氾論訓云鮪大魚長丈餘仲春二月從西河上得過龍門便爲龍又修務訓註云龍門本有水門鮪魚游其中上行得過者便爲龍故曰龍門水經註亦云鞏縣北有山臨河其下有穴謂之鞏穴言潛通淮浦北達於河直穴有渚謂之鮪渚成公子安大河賦曰鱣鯉王鮪暮春來遊皆可與陸疏相證也郭云京門以上江中通出鱣鮪之魚即水經註所云漢水又東爲鱣湍矣晉宜都郡今爲湖北宜昌府建平郡今爲施南府

鮥當鮛 **註** 海魚也似鯿而大鱗肥美多鯁今江東呼其

最大長三尺者爲當魱 正義 鮥一名當魱說文云鮥當互也類篇云鮥或作鰽 註 海魚至當魱○ 正義 如郭氏所說形狀卽後世所謂鰣魚也鰣之名因鮤鯀而聲轉詳見下

鮤鱴刀 註 今之鮆魚也亦呼爲魛魚 正義 鮤一名鱴刀鄭註天官鼈人謂鱴刀含漿之屬爲貍物賈疏云鄭意以鱴刀爲一物含漿爲一物孫氏註爾雅刀魚與鱴別非鄭意也 註 今之至魛魚○ 正義 說文云鮆飲而不食刀魚也九江有之南山經云浮玉之山苕水出於其陰其中多鮆魚郭氏彼註云鮆魚狹薄而長鬚一名刀魚太湖中饒案鮆魚卽今鱭魚也細鱗白色吻有二鬚腹下有角刺利若刀炙肉多細刺人炙食之南方謂之江鱭其出有時以三月中泝流而上郭氏江賦所謂鮆順時而往還也

鯦鮬鱖鯞 註 小魚也似鮒子而黑俗呼爲魚婢江東呼

爲妾魚【正義】鱊鮬一名鱖鯞羅願云鱖鯞似鯽而小黑色而揚赤今人謂之旁皮鯽【註】小魚至妾魚。【正義】廣雅云鮒鰿也今謂之鯽魚鱖鯞又似鯽而小者耳羅願云又謂之婢妾魚蓋其行以三爲率一頭前行兩頭從之若婢妾之狀故以爲名

魚有力者徽【註】強大多力【正義】徽大魚之有力者統名爲徽劉逵吳都賦註云徽鯨魚之有力者也魚大者莫若鯨也案劉逵舉鯨以實之然爾雅祇言魚有力者不定爲一物也

魵鰕【註】出穢邪頭國見呂氏字林【正義】魵一名鰕玉篇以魵爲魚名是也太平御覽引廣志云斑文魚出濊國獻其皮魏畧云濊國出斑魚皮漢時恒獻之是其類也【註】出穢至字林○【正義】說文云魵魚出薉邪頭國字林本說文案釋文引郭云魵小鰕別名與此異

鮅鱒【註】似鯶子赤眼【正義】鮅一名鱒豳風云九罭之魚鱒魴毛傳以爲大魚也說文云鱒

赤目魚也埤雅引孫炎正義云鱒好獨行【註】似鯶子赤眼○【正義】太平御覽引陸璣疏云鱒似鯶魚而鱗細於鯶赤眼多細文羅願云鱒魚目中赤色一道橫貫瞳魚之美者今俗謂之赤眼鱒食螺蚌

魴魾【註】江東呼魴魚爲鯿一名魾【正義】魴一名魾周南汝墳云魴魚赬尾後漢書註引薛夫子章句云赬赤也魚勞則尾赤君子勞苦則顏色變易左氏哀十七年傳云如魚赬尾橫流而方羊詩疏引鄭氏云魚肥則尾赤說文云魴赤尾魚也以今驗之魴魚色青白其尾不赤言赬尾者以其勞而變色耳故毛詩傳及杜預集解詩疏引服虔註左傳疏引鄭衆註並以爲魚勞則尾赤也魴與鯉皆魚之美者故陳風衡門云豈其食魚必河之魴內則云魴鱮蒸葢蒸而孰之以爲珍膳矣詩疏引陸璣疏云魴今伊洛濟潁魴魚也廣而薄脆甜而小肉細鱗魚之美者遼東梁水魴特肥而厚故其鄉語曰居就糧梁水魴是也【註】江東至名魾○【正義】今鯿魚穹脊博腹而頭項縮小後世所謂縮項鯿也說苑陽

晝曰夫投綸錯餌迎而吸之者陽橋也其爲魚也薄而不美若亡若存若食若不食者魴也其爲魚也博而厚味是古以魴爲難得之魚矣今所在有之以出漢水中者爲勝

鰲鯠【註】未詳【正義】廣雅云鮂鰲釋文引埤蒼云鰲鯠鮂也則與上文鮂字連屬然鮂自爲魴不聞魴名鰲鯠也廣韻以鯠爲鰻更無所据全祖望云鮂卽鰣魚也粵諺曰三鰲不上銅鼓灘謂粵鰣不過潯州也案鰲與鰣古音相通鰣音近鯠全說爲得之今鰣魚似魴而長色白味腴肉多細刺與郭氏釋當鮂之形狀相合是當鮂卽鰣魚之大者矣類篇云其生有時吳人以爲珍

蜎蠉【註】井中小蛣蟩赤蟲一名孑孓廣雅云【正義】蜎一名蠉水中小赤蟲之無足者也莊子秋水篇云還虷蟹與科斗釋文云虷井中赤蟲也一名蜎【註】井中至雅云○【正義】廣雅云孑孓蜎案說文云孑無右臂也孓無左臂也葢此蟲無足似人無左右臂故彖此名矣亦謂之

蛣蟩與孑孓同音也淮南說林訓云孑孓爲蟁衆
經音義引通俗文云蜎化爲蟁是孑孓即蜎也

蛭蟣 註 今江東呼水中蛭蟲入人肉者爲蟣 正義 說文云齊謂蛭
曰蟣玉篇云蛭水蟣也蟣有生於草中泥中者故見
釋蟲然多生於水中者是爲魚類也賈誼書春秋連
語云楚惠王食寒菹而得蛭遂吞之是夕也惠王之
後而蛭出其久病心腹之積皆愈論衡云蛭食血之
蟲惠王殆有積血之疾故食食血之蟲而疾愈也 註
今江至爲蟣○ 正義 蛭入人肉而咂其血多生水田
耘者苦之治之以鹽滷本草謂之水蛭
一名馬蜞一名馬耆今俗謂之馬蟥

科斗活東 註 蝦蟆子 正義 科斗一名活東釋文引舍人
本作顆東山海經謂之活師東山
經云䔿山下有金湖水出焉東流注於食水其中多
活師郭氏彼註云科斗也古今註云一名懸針一名
元魚因其形以爲名也 註 蝦蟆子○ 正義 釋文引樊
光孫炎云蟾諸子也郭以爲蝦蟆子以蟾諸與蝦蟆

同類也顏師古急就篇註云科斗卽蝦蟇所生子也未成蝦蟇之時身及頭並圓而尾長漸乃變耳案今所在水中有之春月之暮蝦蟇聒鳴科斗乃生圓首黑體垂尾如丁漸乃生足復蝦蟇之形矣

魁陸【註】本草云魁狀如海蛤圓而厚外有理縱橫卽今之蚶也【正義】魁一名陸卽魁蛤也古者取其灰以爲飾士冠禮云素積白屨以魁柎之鄭註魁蜃蛤柎注也賈疏云魁蛤之灰注其上使色白也說文云魁蛤一名復累老服翼所化【註】本草至蚶也○【正義】本草云海蛤一名魁蛤別錄分爲二云魁蛤一名魁陸生東海正圓兩頭空表有文取無時陶註云形似紡軖小狹長外有縱橫文理云是老蝙蝠化爲也案蝙蝠名服翼詳見釋鳥蝙蝠老而化魁蛤猶賓爵化爲蛤矣卽今之蚶者釋文引字書云蚶蛤也出會稽可食嶺表錄異云瓦屋子南中舊呼爲蚶子以其殼上有稜故名焉殼中有肉紫色而滿腹廣人尤重之蚶之形狀畧如錄異所言然今浙東常有之不爲

異也蚶之大者爲洪蚶江賦所謂洪蚶專車也李善註引臨海水土記云蚶徑四尺背似瓦壟有文

蚼蚅 註 未詳

鼁䵷蟾諸 註 似蝦蟆居陸地淮南謂之去蚥在水者黽 註 耿黽也似青蛙大腹一名土鴨 正義 此別蝦蟆之類也○蝦蟇之大而皮鼁者名蟾諸一名鼁䵷說文云圥鼁詹諸也其鳴詹諸其皮鼁鼁其行圥圥鼁或作䵷又云䵷鼁詹諸也詩曰得此䵷鼁言其行鼁鼁太平御覽引韓詩云得此戚施薛君云戚施蟾蜍喻醜惡也今蟾諸之狀誠爲醜惡矣然古者以爲異物之貢尚書大傳云濟中詹諸鄭註詹諸䵷鼁也或水中詹諸有異於陸地者矣文子上德篇云蟾諸辟兵壽盡五月之望今人以五月五日取蟾諸猶沿古制○在水者黽○蝦蟇之類在水而大腹者名黽秋官蟈氏掌去鼃黽鄭註云黽耿黽也鼃與耿黽尤怒鳴爲聒人耳去之 註

似蝦至去蚊。正義衆經音義引郭註云似蝦蟆居陸地淮南謂之去蚊山東謂之去蚥江南呼蟾蠩疑今本註有闕文或郭氏音義之文也陶註本草云蝦蟆是腹大皮多痱磊者也詹諸似之易疏引子夏傳謂井中蝦蟆呼爲鮒魚此卽莊子所謂埳井之鼃非詹諸也禮記疏引李巡註以蟾諸卽蝦蟆與郭義異。耿黽至土鴨。正義陶註本草云蛙有大而青脊者俗名土鴨其鳴甚壯是也其小而善鳴者爲青蛙鼃之屬考工記所謂以脰鳴者也

蜌螷註今江東呼蚌長而狹者爲螷正義說文云螷陛也脩爲螷圜爲蠇陛今作蜌隸體增加字也天官鼈人之職祭祀共蠯蠃蚳以授醢人醢人共饋食之豆旣夕禮東方之饌有蠯醢後鄭註並以螷蠯爲蜯也註今江至爲螷。正義鄭司農謂蠯蛤也賈疏遂以蜯蛤爲一物淮南道應訓云食蛤梨高誘註蛤梨海蚌也說文繫傳以爲鮒卽螷也以今驗之蚌有狹而長者俗呼爲螳子卽

廑也玉篇以蛙爲蚌之長者是矣

蚌含漿【註】蚌即蜃也【正義】蚌一名含漿鄭註天官鼈人以含漿爲貍物之屬蚌含肉而多漿故有含漿之名矣大戴禮記易本命云蚌蛤龜珠與月盛盈盧辨註云月者太陰之精故龜蛤之屬因之以盛虧呂氏春秋曰月望則蚌蛤實月晦則蚌蛤虛孝經援神契曰月虧于天則陰類消于淵也【註】蚌即蜃也○【正義】說文云蚌蜃屬又云鮚蚌也漢律會稽郡獻鮚醬三斗漢書地理志云會稽郡鄞有鮚埼亭顏師古云鮚蚌也長一寸廣二分有一小蟹在其腹中埼曲岸也其中多鮚故以名亭案鮚爲蚌之别種非即蚌也蚌體內圓而外鋭大者能孕珠禹貢云蠙珠曁魚孔疏云蠙是蚌之别名此蠙出珠遂以蠙爲珠名陸佃云蚌珠在腹是也蜃爲大蛤與蚌異詳見下

鼈三足能龜三足賁【註】山海經曰從山多三足鼈大苦

山多三足龜吳興郡陽羨縣君山上有池池中出三足鼈又有六眼龜【正義】說卦傳云離爲鼈爲蚌爲龜虞翻云皆取外剛內柔也考工記又謂之內骨賈疏云鼈外有肉緣故爲內骨鄭註地官以龜鼈之屬水居陸生者爲介物淮南說林訓云鼈無耳而目不可以瞥精於明也說文云鼈甲蟲也左傳疏引樊光云鼈龜皆四足今三足故記之山澤之產種類各殊不得限以耳目所恒見鼈三足者謂之能龜三足者謂之賁爾雅爲之正其名俾見者不以爲異也論衡是應篇云鼈三足曰能龜三足曰賁能與賁不能神於四足之龜鼈是知爾雅所載以別物類非以廣異聞矣【注】山海至眼龜。【正義】中山經云從山從水出于其上潛于其下其中多三足鼈又云大苦山其陽狂水出焉西南流注于伊水其中多三足龜是郭氏所引也郭又引時驗者太平寰宇記云宜興縣君山在縣南二十里山上有池池中有三足鼈六眸龜卽郭氏所取證也初學記引宋畧云吳郡獻六眼龜則吳地嘗獻之郭氏江賦云有鼈三足有龜六眸則以爲江中所有者矣陋儒局於拘墟俗儒好言神異故爲按其地望別其形生使周知庶物者皆折衷於雅訓以此爲訓猶有以東陽六眼龜爲符瑞如沈約者以長山六目龜爲祥瑞如蕭子顯者識有所蔽當由未嫺雅訓爾君山在今常州府宜興縣西南江陰縣北瀕大江

蚹蠃螔蝓【註】卽蝸牛也【正義】蚹蠃一名螔蝓天官鼈人祭祀共蠯蠃蚳以授醢人醢人以蠃醢爲饋食之豆士冠禮亦以蠃醢爲豆實旣夕禮則以爲東方之饌鄭註並以蠃爲螔蝓今文蠃爲蝸故內則云蝸醢而苽食是也尚書大傳云鉅定蠃是古者以爲方土之貢埤雅引孫炎正義云負螺而行因以名之【註】卽蝸牛也○【正義】廣雅云蠡蠃蝸牛螔蝓也莊子則陽篇云有所謂蝸者釋文引李頤云蝸蟲有兩角俗謂之蝸牛三倉云小牛螺也中山經云青要之山北望河曲是多僕纍蒲盧郭氏彼註云

僕纍蝸牛也是又名僕纍矣本草云一名陸蠡一名土蝸一名蛞蝸陶註云生陰地石垣下似蛞蝓但背負殼爾海邊又一種正相似以火炙殼便走出食之益顏色名寄居亦可作醢

蠃小者蜬【註】螺大者如斗出日南漲海中可以爲酒杯【正義】此海蠃也吳語云其民必移就蒲蠃于東海之濱韋昭註蠃蚌蛤之屬韓非外儲說澤之魚鹽龜鼈蠃蚌是澤國所資也淮南修務訓云古者民茹草飲水采樹木之實食蠃蠬之肉今蠃有數種海濱人皆食之其小者名蜬與貝之在水者同名【註】螺大至酒杯○【正義】郭氏舉蠃之大者相況也太平御覽引廣志云海大蠃數種其大者受一升南人以爲酒杯嶺表錄異云大者受三升裝爲酒杯又紅螺亦爲酒器

蜎蠌小者蟧【註】螺屬見埤蒼或曰即蟚蜎也似蟹而小【正義】蜎蠌之小者名蟧玉篇云蜎蠌蟲又云蜎似蟹而小葢爾解之【註】螺屬至而小○【正義】郭引埤蒼以

螖蠌爲螺屬今於它書無攷或曰即蟚螖似蟹而小者古今註云蟚螖小蟹也生海邊塗泥中食土一名長卿其有螯偏大者名擁劍一名執火以其螯赤故謂之執火也俗謂之越王劍嶺表錄異云蟚螖吳人呼爲彭越蓋語訛也足上無毛堪食吳越間多以漬鹽藏貨於市

蜃小者珧【註】珧玉珧即小蚌【正義】鄭註天官鼈人云蜃大蛤也其小者名珧夏小正云十月雉入于淮爲蜃蜃者蒲盧也通卦驗云小雪雉入水爲蜃古者薦時食蜃爲春時所獻以其切於用故設官以掌之地官掌蜃掌斂互物蜃物蜃之用有三其一爲闉壙之蜃後鄭云將井椁先塞下以蜃禦濕也鄭司農說以春秋傳曰始用蜃炭言僭天子也其二爲祭祀蜃器之蜃後鄭云飾祭器之屬也鬯人職曰凡四方山川用蜃器春秋定十四年秋天王使石尚來歸蜃蜃之器以蜃飾因名焉鄭司農云蜃可以白器令色白其三爲白盛之蜃後鄭云盛猶成也謂飾牆使白之蜃也今東萊用蛤謂之叉灰云

王會篇云東越海蛤且甌文蜃蜃爲蛤之有文者也珧者說文云珧蜃甲也所以飾物也禮云天子玉琫而珧珌案說文引禮今見瞻彼洛矣毛傳蓋逸禮之文也【註】珧玉至小蚌。【正義】郭以蜃爲蚌故以玉珧爲小蚌也太平御覽引臨海異物志云玉珧似蚌長二寸廣五寸上大下小其殼中柱啜之味酒案此即後世所謂江瑶柱也亦謂之海月海濱四月有之

龜俯者靈【註】行頭低仰者謝【註】行頭仰前弇諸果【註】甲前長後弇諸獵【註】甲後長左倪不類【註】行頭左庳今江東所謂左食者以甲卜審右倪不若【註】行頭右庳爲右食甲形皆爾【正義】春官卜師凡卜辨龜之上下左右陰陽以授命龜者龜人掌六龜之屬各有名物天龜曰靈屬地龜曰繹屬東龜曰果屬西龜曰靁屬南龜曰獵屬北龜曰若屬此釋之

也。龜俯者靈。鄭註卜師云下俯者也又註龜人云天龜元俯者靈天龜俯是俯者即天龜也。仰者謝。鄭註云上仰者也又云地龜黃仰者繹地龜仰是仰者即地龜也周官作繹此作謝者古者繹謝聲近字通如詩在此無斁韓詩作在此無射是也。前弇諸果。鄭註云陽前弇也又云前弇果東龜前杜子春讀果爲贏是前弇者即東龜也諸爲語辭故鄭註引從省文下同。後弇諸獵。鄭註云陰後弇也又云南龜赤後弇獵南龜卻是後弇者即南龜也。左倪不類。鄭註云左左倪也又云西龜白左倪靁西龜左是左倪即西龜也靁與類因聲近而轉不爲發語聲故鄭氏引之從省文下同。右倪不若。鄭註云右右倪也又云北龜黑右倪若北龜右是右倪即北龜也此龜人之職所爲各以其方之色與其體辨之也【註】行頭低。【正義】俯者天龜賈公彥疏云天在上法之故向下低也。行頭仰。【正義】仰者地龜賈疏云地在下法之故向上仰。甲前長。【正義】前弇者東龜賈疏云在陽方故甲向前長而前弇也杜

子春讀果爲贏者此龜前甲長後甲短露出邊爲贏
露得爲一義○甲後長○【正義】後弇者南龜賈疏云
南龜亦在陽方故甲後長而後弇○行頭至卜審○
【正義】左倪者西龜賈疏云以其在陰方故亦不長前
後而頭向左相睥睨然是賈疏以左倪爲左顧也初
學記引臧榮緒晉書印紐之龜有左顧者葢象西龜
左倪之形矣郭以左倪爲左庳謂其頭偏向左也江
東所謂左食以其甲卜之得其審諦据時驗也○行
頭至皆爾○【正義】右倪者北龜賈疏云在陰方故亦
不長前後而頭向右睥睨然郭氏之意則頭偏向右
江東所謂右食也此以龜之頭甲有俯仰前後左右
而辨其體也鄭註中庸云四體謂龜之四足春占後
左夏占前左秋占前右冬占
後右又以其足言之與此異

貝居陸贆在水者蜬【註】水陸異名也貝中肉如科斗但
有頭尾耳大者魧【註】書大傳曰大貝如車渠車渠謂

車輞卽鯇屬小者鰿【註】今細貝亦有紫色者出日南

餘貾黃白文【註】以黃爲質白以白爲質黃爲文點今紫貝以紫爲質黑爲文點蚆博而頯【註】頯者中央廣兩頭銳蜬大而險【註】險者謂汙薄蟦小而橢【註】卽上小貝橢謂陜而長此皆說貝之形容【正義】小雅菁菁者莪云錫我百朋鄭箋云古者貨貝五貝爲朋高誘淮南註亦以五貝爲一朋也漢書食貨志云金刀龜貝所以通有無也說文云古者貨貝而寶龜周而有泉至秦廢貝行錢禮記疏云古者貨貝以貝爲貨若今之用錢爲貨也古旣以貝爲貨又用以爲飾魯頌所謂貝胄朱綅也其用至廣故釋之特詳○貝居至者蜬○詩疏引舍人云貝

水中蟲也鄭註士喪禮云貝水物古者以爲貨江水出焉是貝本爲水中甲蟲因有居陸者故爲别其名焉說文云貝海介蟲也居陸名猋在水名蜬案今本作贆當從說文作猋蜬與蠃之小者同名蠃貝類相近也詩疏引陸璣疏云貝水中介蟲也龜鼈之屬其文彩大小之殊甚衆古者貨貝是也○大者魧小者鰿○此別貝大小之異名也大者名魧小者名鰿淮南道應訓云散宜生得大貝百朋白虎通義封禪篇云江出大貝大貝即所謂魧矣漢書食貨志言貨貝之品大貝四寸八分以上二枚爲一朋壯貝三寸六分以上二枚爲一朋幺貝二寸四分以上二枚爲一朋小貝一寸二分以上二枚爲一朋不盈寸二分漏度不得爲朋是爲貨貝五品此述王莽之制當時多立名目屢有紛更民以爲苦爾雅所釋唯大貝小貝而已其大小之寸分當如漢書所云也○元貝貽貝○此釋貝之色異者也鹽鐵論云夏后以元貝是古以元貝爲重逸周書王會篇云共人元貝孔晁註云共人吳越之蠻元貝即貽貝也葢因其爲異物而貢

之矣。餘貾至黃文。此釋貝之有文者也顧命云文貝仍几小雅巷伯云成是貝錦鄭箋錦文者文如餘泉餘貾之貝文也疏引陸璣云餘貾黃爲質以白爲文餘泉白爲質黃爲文又有紫貝白質如玉紫點爲文皆行列相當大者徑一尺七寸今九眞交趾以爲杯盤實物也。蚆博至而橢。此廣釋貝之形狀也蚆者釋文引字林云贏屬博而頯也案貝與贏相近而非贏也玉篇以蚆爲貝引爾雅博而頯是矣蜬者玉篇亦以爲卽貝也其狀大而險薄則大貝之別種也蟦卽小貝其狀小而狹長也**註**貝中至尾耳。**正義**西山經云邽山濛水出焉其中多貝郭氏彼註云貝甲蟲肉如科斗但有頭尾耳與此註同。書大至魧屬。**正義**尚書大傳云散宜生之江淮之浦取大貝如大車之渠鄭康成註云渠車罔也漢書言尉佗獻大貝五百則大貝固出自南海嶺外代答云海南有大貝圓而紫平面深縫縫之兩旁有橫細縫陷生縫中又海中介物有名車渠者故郭氏以爲卽魧屬桂海虞衡志云車渠似大蚌嶺外代答云南海有蚌屬曰車渠形如大蚶長三尺許亦有盈一尺以下者郭氏江賦云紫䖴如渠謂車渠也。今細至日南。正義貝之小者本草別錄謂之貝齒圖經云長寸許色微白亦有深紫黑者。黑色貝也。正義釋文引字林貽作蛤云黑貝也郭云黑色與字林同。以黃至文黜。正義詩疏引李巡云餘貾貝甲黃爲質白爲文彩餘泉貝甲白爲質黃爲文彩郭註本李巡爲義又引紫貝者皋類以況也荀子王制篇云東海則有紫蛣魚鹽焉楊倞註云紫紫貝也文選註引相貝經云赤電黑雲謂之紫貝本草唐本註云背有紫斑而骨白。頯者至而長。正義鄭註士冠禮云博廣也郭氏訓頯爲銳訓險爲薄訓橢爲狹而長也史記索隱以橢爲狹長而去其四角又省作隋儀禮疏以隋爲狹而長也

蠑螈蜥蜴蜥蜴蝘蜓蝘蜓守宮也註轉相解博異語別四名也。正義詩疏引李巡云蠑螈一名蜥蜴蜥蜴名蝘蜓蝘蜓名守宮小雅正月云胡爲虺蜴毛

傳蜴螈也鄭箋虺蜴之性見人則走考工記云以胷鳴者鄭註胷鳴榮原屬賈疏云此記本不同馬融以爲胃鳴干寶本以爲骨鳴胃在六府之內其鳴又未可以骨爲狀亦難信皆不如作胷鳴也蠑亦作蚖說文云榮蚖蛇醫以注鳴者以爲注鳴與鄭註異韋昭鄭語註亦云蚖蜥蜴也象龍太平御覽引春秋考異郵云土勝水故守宮食蠆宗均云守官生於土藏物屬坎水也【註】轉相至名也○【正義】詩疏引孫炎云別四名也郭以轉相訓傳異語者以此蟲本一物四名而後世別爲二者則在壁在艸別之方言云守宮秦晉西夏謂之守宮或謂之蠦蝘或謂之蜥易其在澤中者謂之易蜴南楚謂之蛇醫或謂之蠑螈漢書東方朔傳云臣以爲龍又無角謂之爲蛇又有足跂跂脈脈善緣壁是非守宮即蜥蜴詩疏引陸璣疏云虺蜴一名蠑螈蜴也或謂之蛇醫如蜥蜴青緑色大如指形狀可惡此皆欲別其類而名易相溷說文云在壁曰蝘蜓在艸曰蜥易今蝘蜓食蝎者多在壁間蝎即蠆也其在草中者則青緑色蓋本爲一物因所在

而異其名許愼之言信矣蜥蜴爲蟲類而見於釋魚者太平御覽引曹叔雅異物志云魚跳躍則蜥蜴從草中下稍相依近便共浮水上而相合事竟魚還水底蜥還草中此蜥蜴所由附見魚類也顏師古漢書註引術家養守宮之法又謂俗呼爲辟宮皆俗說不足爲據

蚨蝁【註】蝮屬大眼最有毒今淮南人呼蝁子

螣螣蛇【註】龍類也能興雲霧而遊其中淮南云蟒蛇

蟒王蛇【註】蟒蛇最大者故曰王蛇

蝮虺博三寸首大如擘【註】身廣三寸頭大如人擘指此自一種蛇名爲蛇虺

【正義】此釋蛇之異類也地官土訓導地慝以辨地物此辨之也先鄭云地慝地所生惡物害人者若虺蝮之屬自蝁以下皆地慝也故詳之○蚨蝁○說文云蚨虵惡毒長也蝁虺屬虺一名蝮是蛇之有毒者也○螣螣蛇

○螣一名螣蛇說文云螣神蛇也亦作騰蛇荀子勸學篇螣蛇無足而飛大戴禮記作騰蛇無足而騰韓非十過篇螣蛇伏地淮南泰族訓云螣蛇雄鳴於上風雌鳴於下風而化成形精之至也○蟒王蛇○蟒一名王蛇玉篇云蟒大蛇也王訓爲大也今山中巨蟒長者至數丈搏麋鹿食之其目圓夜有光望之如炬今人亦稱爲王蟒○蝮虺至如擘○說文云虫一名蝮博三寸首大如擘指詩疏引舍人云蝮一名虺江淮以南曰蝮江淮以北曰虺孫炎云江淮以南謂虺爲蝮廣三寸頭如拇指有牙最毒案吳語云爲虺弗摧爲蛇將若何是虺非大蛇也今土虺伏地不見首尾與土同色螫人至死故應劭漢書註云蝮一名虺蠚蟲也螫人手足則割去其肉不然則死今人遇螫者具如應劭所言淮南說林訓云蝮蛇螫人傅以和堇則愈未聞有試之者【註】龍類至蟒蛇○【正義】史記龜策傳騰蛇之神而殆于蝍蛆集解引郭璞曰騰蛇龍屬也後漢書註引爾雅舊註云螣蛇有鱗是爲龍類也云能興雲霧而遊其中者慎子云飛龍乘雲

騰蛇遊霧雲罷霧霽而龍蛇與螾蛩同矣則失其所乘也郭氏讃云騰蛇配龍因霧而躍雖欲登天雲罷陸暴技非所體難以久託是也淮南云螣蛇者主術訓云騰蛇遊霧以動舊疏云螣當爲奔引覽冥訓云前白螭後奔蛇許愼云奔蛇馳蛇羅願亦謂螣乃奔字之譌。身廣至蛇虺。**正義** 趙岐孟子註云巨擘大指也釋文引郭氏三倉解詁云擘大指也陸德明謂手足大指俱名擘也郭意以爾雅所釋乃土虺而非綬文之蝮故其圖讃云蛇之殊狀其名爲虺其尾似頭其頭似尾虎豹可踐此蛇忌履顔師古漢書註云以今俗名證之郭註得矣虺若土色所在有之俗呼土虺其蝮唯出南方詩疏引郭氏音義云今蛇細頸大頭色如綬文文間有毛似猪鬣鼻上有針大者長七八寸一名反鼻如虺類足以明此是一種蛇南山經云猨翼之山多蝮虫郭氏彼註云蝮虫色如綬鼻上有鍼大者百餘斤一名反鼻虫古虺字衆經音義引郭氏三倉解詁云蝮蛇色如綬文間有鬣鼻上有針大者長七八尺有牙最毒郭氏三說大致相同詩疏引作七八寸當作七八尺此爲異蛇而非所在有之之土虺也然種類雖異而其毒則同故土虺亦稱爲蝮虺亦稱爲蝮以其首大如擘故文子尚德篇云蝮蛇不可爲足高誘淮南註云蝮蛇有毒螫人不可爲足有足益毒玉篇云蝮毒蛇也

鯢大者謂之鰕**註**今鯢魚似鮎四脚前似獮猴後似狗聲如小兒啼大者長八九尺別名鰕**正義**說文云鯢刺魚也左氏宣十二年傳云取其鯨鯢而封之管子輕重甲篇請立五厲之祭祭魚以爲脯鯢以爲殽是古者戮鯨鯢以爲祭殺矣又以爲遠方之貢逸周書王會篇云濊人前兒前兒若獮猴立行聲似小兒前兒卽鯢也左傳疏引裴淵廣州記云鯨鯢長百丈雄曰鯨雌曰鯢目卽明月珠也故死卽不見眼睛也周處風土記云鯨鯢海中大魚俗說出入卽爲潮水**註**今鯢至名鰕。**正義**水經註引廣志云鯢魚有四足似鱧出伊水太平御覽引異物志云鯢魚有四足如龜而行疾有魚之體而以足行故曰鰕魚含水仰天不動小鳥就飲因而吞之案諸家言鯢魚所似互有不同惟郭註得其詳其爲四足則一也上林賦謂之鰨徐廣史記註謂即人魚高誘呂氏春秋註以爲魚之賊是不獨食飛鳥且食魚矣一本郭註無别名鰕三字

魚枕謂之丁註枕在魚頭骨中形似篆書丁字可作印

魚腸謂之乙魚尾謂之丙註此皆似篆書字因以名焉禮記曰魚去乙然則魚之骨體盡似丙丁之屬因形名之正義此釋魚之骨體因形以爲名也魚頭之骨似篆書丁字其腸似篆書乙字其尾似篆書丙字今驗之良然註禮記曰魚去乙○正義內則文鄭註云乙魚體中害人者名也今東海鰦魚有骨名乙在目旁狀如篆乙食之鯁人不可出案鄭與郭異郭意以食魚者去其在首之枕也

一曰神龜【注】龜之最神明二曰靈龜【注】涪陵郡出大龜甲可以卜緣中文似瑇瑁俗呼爲靈龜卽今觜蠵龜一名靈蠵能鳴三曰攝龜【注】小龜也腹甲曲折解能自張閉好食蛇江東呼爲陵龜四曰寶龜【注】書曰遺我大寶龜五曰文龜【注】甲有文彩者河圖曰靈龜負書冄甲青文六曰筮龜【注】常在蓍叢下潛伏見龜策傳七曰山龜八曰澤龜九曰水龜十曰火龜【注】此皆說龜生之處所火龜猶火鼠耳物有含異氣者不可以常理推然亦無所怪【正義】此釋十朋之龜之名也損卦六五云或益之十朋之

龜虞翻云謂神靈攝寶文筮山澤水火之龜也孔疏引馬融鄭康成註並引此文釋之廣韻引逸周書云武王悅箕子之對錫十朋今逸周書無此語蓋舊在箕子篇而今佚也龜爲陰類故十朋之龜以應坤數孔穎達云大凡神靈寶文攝唯五體而已是則筮龜以言其用山龜澤龜水龜火龜皆指其所生之處而名之也【注】龜之最神明。【正義】禮器疏引爾雅一曰神龜郭註云此當龜以爲畜在宮沼者與今本異疑禮疏所引爲郭氏音義之文或所見本異也禮運云龜以爲畜故人情不失又云龜龍在宮沼鄭註云龜北方之靈信則至矣疏引服虔左傳註云言從乂成則神龜在沼逸周書伊尹朝獻商書云正西以神龜爲獻是爲龜之最神明者也南齊書謂神龜腹下有離兌卦此後世偶見之事非郭義也。涪陵至能鳴。【正義】文選註引譙周異物志云涪陵多大龜其甲可以卜其緣中文似瑇瑁俗名曰靈與郭氏義同郭又云一名靈蠵能鳴者說文云蠵大龜也以胃鳴者揚雄羽獵賦云抾靈蠵郭註東山經云觜蠵大龜也甲有文采似瑇瑁而薄與此註同也禮器疏引註云今江東所用卜龜黃靈黑靈者此蓋與天龜靈屬一也是郭以龜人所謂天龜卽靈龜矣尚書大傳云盂諸靈龜說苑云靈龜文五色似玉似金背陰向陽上隆象天下平象地四趾轉運象四時文著象二十八宿蛇頭龍翅左精象日右精象月千歲之化下氣上通能知吉凶存亡之變寧則信信如也動則著矣。小龜至陵龜。**正義**攝龜今南方有之羅願云蓋今之呷蛇龜小狹長尾腹下橫折見蛇則呷而食之多在陸地亦能登木是也禮器疏引郭註云以腹甲翕然攝斂頭閉藏之卽當周禮地與四方之龜知者以皆有奄斂之義故也案郭氏此說與今註不同又春官龜人所掌六龜之屬鄭註以上文龜俯者靈仰者謝六者釋之今迺以天龜爲靈龜地與四方之龜通爲攝龜是六龜祇有兩類矣既乖鄭義又誤以爲卜師之文疑郭氏未定之論也。書曰至寶龜。**正義**大誥云寧王遺我大寶龜禮器疏引註云卽遺我大寶龜及樂記曰青黑緣者天子之寶龜及公羊定八年龜青純皆是也案寶龜所以贈諸侯故諸侯以龜爲寶春秋云盜竊寶玉大弓公羊傳云寶者何龜青純何休註云千歲之龜青髯經不言龜者以先知從寶省文謂之寶者世世寶用之辭白虎通義蓍龜篇引禮三正記云天子龜長一尺二寸諸侯一尺大夫八寸士六寸龜陰類故數偶也○甲有至青文○正義禮器疏引註云甲有文彩者河圖云靈龜負書丹甲青文是也言靈者直是神龜之義非大龜也○常在至策傳○正義儀禮疏引郭氏云上有叢蓍下有千齡蔡蓋郭氏音義之文以蔡爲筮龜也淮南說山訓云大蔡神龜出於溝壑高誘註云大蔡元龜之所出地名因名其龜爲大蔡云見龜策傳者史記龜策傳云傳曰上有壽蓍下有神龜又云聞蓍滿百莖者其下必有神龜守之其上常有青雲覆之○此皆至所怪○正義山澤水皆龜所生之處唯火龜爲異故郭引火鼠以況之郭註山海經云今去扶南東萬里有耆薄國復五十里許有火山國其山雖霖雨常燃火中白鼠時出山邊求食人捕得之以毛作布名

爾雅正義卷第十七

浣之
布火

爾雅正義卷第十八

文淵閣校理翰林院編修加二級教習庶吉士充國史館纂修官邵晉涵撰集

釋鳥第十七

【正義】左氏昭十七年傳郯子述少皞摯之立也鳳鳥適至故紀於鳥爲鳥師而鳥名尚書獨載堯以來而少皞設官之制五鳩五雉九扈爾雅分釋其名所謂書闕有間其軼時見於他說也上古聖王觀鳥獸之文與地之宜以通神明之德以類萬物之情故羽畎夏翟暘鳥攸居禹貢以徵庶物而鳥鼠同穴遂以名其山焉大司徒土會之法丘陵其動物宜羽物鄭康成以羽物爲翟雉之屬庖人辨六禽之名鄭司農以鴈鶉鷃雉鳩鴿爲六禽也養鳥者爲掌畜羅鳥者爲羅氏射鳥者爲射鳥氏去天鳥者爲翨氏硩蔟氏其羽則入於羽人是古人於鳥之名物辨之特詳說文云鳥長尾禽總名也隹鳥之短尾總名也此篇所釋兼長尾短

尾而言之倂及於蝙蝠者夏小正云凡有翼者爲鳥也鼯鼠爲鼠類而亦及之者以其能飛是亦鳥之類也

隹其鳺鴀【注】今鵓鳩【正義】釋鳥首言鳺鴀者以其爲孝鳥也隹其一名鳺鴀左氏昭十七年傳謂之祝鳩說文云隹祝祝鳩也孔疏引樊光曰春秋云祝鳩氏司徒祝鳩卽隹其夫不孝故爲司徒盍以夫不之鳥爲孝鳥故以爲五鳩之首杜預亦云祝鳩鵻鳩也鵻鳩孝故爲司徒主教民也小雅四牡云翩翩者鵻毛傳鵻夫不也鄭箋云夫不鳥之慤謹者人皆愛之案四牡以勞使臣其辭曰不遑將父不遑將母故詩人取興興於鵻以慰其思琴操謂孝子見鳩與母俱飛鳴相哺食感思作歌其猶四牡詩人之意與鳺鴀當從毛傳作夫不【注】今鵓鳩○【正義】左傳疏引舍人云隹一名夫不今楚鳩也詩疏引舍人云鵻名其夫不李巡云夫不一名鵻今楚鳩也某氏引春秋云祝鳩氏司徒祝鳩鵻夫不孝故爲司徒詩疏所

引某氏註即左傳疏所引樊光註也郭云今鶌鳩者詩疏引作今鶻鳩也左傳疏引郭註與今本同鶌鶻聲相近今人又謂之鶻鵃南有嘉魚毛傳云鵻壹宿之鳥鄭箋云壹宿者壹意於其所宿之木也今鶻鳩栖息有定所俗語謏則曰鶻鵃定矣鶻鵃似班鳩而臆無繡采拙於營巢俗以爲將雨逐其雌雨止則呼而反之也詩疏引陸璣疏云今小鳩也一名鶻鳩幽州人或謂之鸋鴂梁宋之閒謂之佳揚州人亦然陸疏畧本方言然方言以鶌鳩鶻鳩爲一鳥則非也

鶌鳩鶻鵃【註】似山鵲而小短尾青黑色多聲今江東亦呼爲鶻鵃【正義】左傳云鶻鳩氏司事者也疏引舍人云鶌鳩一名鶻鵃今之班鳩也樊光曰春秋云鶻鳩氏司事春來冬去孫炎云鶻鳩一名鳴鳩夏小正云三月鳴鳩言始相命也先鳴而後鳩何也鳴者鳩而後知其鳩也月令云鳴鳩拂其羽太平御覽引蔡邕章句云鶻鳩也鳩先是時鳴故稱鳴鳩拂

猶搏也陽氣所感故搏羽小雅小宛云宛彼鳴鳩毛傳宛小貌鳴鳩鶻雕釋文引字林云鶻鵃小種鳩也毛詩草木疏云班鳩也杜陽人謂之班佳案鶻鵃爲司事之鳥故杜預左傳註亦以爲春來冬去若斑鳩則四時有之是鶌鳩非斑鳩也【註】似山至鶻鵃○【正義】禮記疏引郭景純云鶌音九物反鵃音嘲後世即謂之鶻嘲矣玉篇云鶌似鵲而小黑色本於郭註也鶻鵃好以春朝鳴其聲連屬如相貫故郭以爲多聲離騷云雄鳩之鳴逝兮予猶惡其佻巧雄鳩即鶌鳩惡之者以其多聲也莊子謂之鷽鳩釋文引司馬彪註鷽鳩小鳩也崔譔註鷽讀爲滑滑鳩一名滑雕李頤註鶻雕也案杜預左傳註亦以鶻鳩爲鶻雕與毛傳同皆因字形相涉而誤分爲二名也古文周作𠣿或省作舟大東鄭箋云舟當作周考工記註云故書舟作周是周舟二字相涵从鳥从隹或相通用故鶻鵃傳寫作鶻雕矣

鳲鳩鴶鵴【註】今之布穀也江東呼爲穫穀【正義】鳲鳩一名鴶鵴說文

作枯鵴尸鳩因鳴聲以命名凡聲近之字俱可通也鳲鳩有均一之德而無營巢之智能隨時以變化故古者以命官後世以爲農驗焉左傳疏引樊光曰春秋云鳲鳩氏司空心平均故爲司空曹風云鳲鳩在桑其子七兮毛傳鳲鳩秸鞠也鳲鳩之養其子朝從上下暮從下上平均如一杜預左傳註云鳲鳩鴶鵴也鳲鳩平均故爲司空平水土是言其德之均壹也召南云維鵲有巢維鳩居之毛傳云鳩鳲鳩秸鞠也鳲鳩不自爲巢居鵲之成巢鄭箋云鳲鳩因鵲成巢而居有之而有均壹之德此言其性之拙鄭箋兼言其德也夏小正云正月鷹則爲鳩五月鳩爲鷹傳云鷹也者其殺之時也鳩也者非其殺之時也善變而之仁也故其言之也曰則盡其辭也鳩爲鷹變而之不仁也故不盡其辭也月令仲春之月鷹化爲鳩鄭註云鳩搏穀也高誘呂氏春秋註云鷹化爲鳩喙正直不鷙擊也鳩蓋布穀鳥列子天瑞篇云鷂之爲鸇鸇之爲布穀布穀又復爲鷂也此言其因時以變化也【註】今之至穫穀○【正義】布穀穫穀皆聲之轉故鄭

康成又謂之搏穀月令疏云布搏聲相近謂之搏穀以聲呼之或以爲此鳥鳴布種其穀云詩疏引陸璣疏云一名擊穀陳藏器本草云亦名郭公北人名撥穀皆聲之轉也今布穀以穀雨後鳴農家聞其聲以趣東作矣左傳疏引孫炎曰方言云鳲鳩自關而東謂之戴勝後漢書註亦以布穀爲戴勝葢本於方言今案鳲鳩戴勝自爲二鳥太平御覽引陸璣疏云今梁宋之間謂布穀爲鴶鵴一名桑鳩是則布穀非戴勝矣詩疏引謝氏云布穀類也諸說皆未詳布穀者近得之

鵖鴔鶝鵖【註】小黑鳥鳴自呼江東名爲烏臼【正義】鵖鴔一名鶝鵖淮南說林訓云烏力勝日而服於鵻禮高誘註云烏在日中而見故曰勝日服猶畏也鵻禮爾雅鵯笠秦人謂之祀祝聞鸎時晨鳴人舍者鳩烏皆畏之案高誘所見爾雅本鶝鵖作鵯笠故引以釋淮南之鵻禮後世謂之批頰因聲近而訛也【註】小黑至烏臼○【正義】釋文云臼本作鴭玉篇云烏鴭似鳩有冠羅願云

今鶪鴨小於烏而逐烏荆楚歲時記亦稱四月有鳥如烏鴻先雞而鳴聲云加格加格民候此鳥鳴則入田以爲催人犁格也亦引爾雅鳥鵙即鵯鳩案羅願以鶪鵙即烏鵙是矣又以爲即祝鳩非也

鵙鳩王鵙【註】鵰類今江東呼之爲鶚好在江渚山邊食魚毛詩傳曰鳥摯而有別【正義】左傳疏引李廵云王雎一名鵙鳩周南云關關雎鳩後漢書註引薛夫子韓詩章句云詩人言雎鳩貞絜以聲相求必於河之洲隱蔽無人之處蓋詩人起興唯取其鳴聲之和故釋詁云關關音聲和也淮南泰族訓亦云關雎與於鳥而君子美之者爲其雌雄之不乖居也然王雎實爲鷙鳥左氏昭十七年傳云雎鳩氏司馬也杜預註云王鳩也鷙而有別故爲司馬主法制此取其力能鷙擊與詩義各有當也【註】鵰類至有別。【正義】鵰類者說文云白鷢王雎也詩疏引陸璣疏云雎鳩大小如鴟深目目上骨露幽州人謂之鷲而楊雄許慎皆曰白鷢似鷹尾上白是爲雎之類也今江東呼之爲鶚者史記正義云王雎金口鶚也好在江渚山邊食魚者詩疏引郭註作好在江邊沚中亦食魚左傳疏所引與今本同今鶚鳥能翱翔水上捕魚而食後世謂之魚鷹其鳴緩而和順與白鷺相似而色蒼非即白鷺也郭又引毛傳者即關雎傳文

鵅鵋鵙 **註** 今江東呼鵂鶹爲鵋鵙亦謂之鵅鵅 **正義** 鵅一名鵋鵙即下文所謂怪鴟也詳見下文鵅當從說文作雒釋文云鵋鵙本亦作忌欺 **註** 今江至鵅鵅○ **正義** 衆經音義引爾雅鵅忌欺郭璞曰今江東呼鵂鶹爲忌欺亦謂之鉤鵅與今本微異又引舍人云謂鵂鶹也南陽名鉤鵅又作格其鳥晝伏夜行爲怪也

鶅鵵軌 **註** 未詳 **正義** 此與東方之雉同名而殊類也

鴗天狗 **註** 小鳥也青似翠食魚江東呼爲水狗 **正義** 說文云鴗

天狗也羅願云此鳥穴土爲巢其喙皆紅項下白今人謂之翠碧鳥又謂之魚狗或曰小者名魚狗大者名翠奴亦有斑白者俱能水上取魚其尾亦可爲飾

鷚天鸙【註】大如鷃雀色似鶉好高飛作聲今江東名之曰天鷚音綢繆【正義】鷚一名天鸙釋文云鸙說文作鸙今本說文作鷚天鸙也蓋傳寫之訛當從釋文本作鸙此鳥直刺上飛而鳴聲相屬俗人謂即告天鳥蓋不誤也【註】大如至綢繆○【正義】此與雉之暮子同名故爲別其形狀也音綢繆者猶云音綢繆之繆

鵱鷜鵝【註】今之野鵞【正義】說文云陸蔞鵝也是鵱一名鷜鵝鷜當作蔞玉篇云鵱鷜野鵞也則又以鵱鷜二字連讀矣郭註子虛賦云駕鵞野鵞也玉篇云駕鵞鴈屬是也

鶬麋鴰【註】今呼鶬鴰【正義】鶬一名麋鴰通卦驗云雨水鶬鶊鳴鶬知時之鳥也史記正義

引司馬彪云鶬似雁而黑鳥之高飛者難弋故列子湯問篇以蒲且子連雙鶬於青雲之際爲中雋矣說文云鴰麋鴰也玉篇作鶬鴰【註】今呼鶬鴰○【正義】顏師古漢書註云鶬鴰今關西呼爲鴰鹿山東通謂之鶬鄙俗名爲錯落錯落者亦言鳴聲之急耳又謂鴰捋鴰捋鴰鹿皆象其鳴聲也案酉陽雜俎引裴瑜爾雅註云是九頭鳥案九頭之鳥即廣韻引韓詩謂孔子渡江所見者乃奇鶬非麋鴰也

鶬烏鸔【註】水鳥也似鶂而短頸腹翅紫白背上綠色江東呼烏鸔【正義】說文云鶬烏鸔也鸔與鸔同玉篇云鶬烏鸔水鳥也【註】水鳥至烏鸔○【正義】說文繫傳及廣韻俱本郭註爲義鶂者白孔六帖引三倉云鶂鳥高飛似雁目相擊而孕吐而生子其色蒼白烏鸔似之也

舒鴈鵝【註】禮記曰出如舒鴈今江東呼鳴舒鳧鶩【註】鴨

也【正義】說文云鴈鵝也从鳥人厂聲與鴻雁之雁从隹者有別說文又云鶩舒鳧也二者爲常畜之禽故連釋之內則記不食之物曰舒鴈翠舒鳧翠翠者尾肉也舒鴈舒鳧皆可以供養老者所不食者其尾肉耳夏官掌畜掌養鳥而阜蕃教擾之鄭註云鳥之可養使盛大蕃息者謂鵝鶩之屬是鵝鶩得爲鳥也○舒鴈鵝○禮記疏引李巡云野曰鴈家曰鵝案爾雅以鵞釋舒鴈不應以在野在家而異其名衆經音義引孫炎云鵞一名舒鴈禮記疏又引孫炎云在野舒翼飛遠者爲鵞是也莊子山木篇云命豎子殺鴈而烹之卽家畜之鵞矣○舒鳧鶩○禮記疏引舍人李巡云鳧家鴨名也鶩野鴨名也某氏云在野舒飛遠者爲鳧大宗伯以禽作六摯庶人執鶩鄭註云鶩取其不飛遷象庶人安土重遷也曲禮云庶人之摯匹鄭註云舊說匹讀爲鶩淮南地形訓云食水者善游能寒高誘以爲鶩之屬矣左傳疏云謂之舒者家養馴不畏人故飛行遲別野名耳其爲鴨一也【註】禮記至呼鴨○【正義】出如舒鴈聘禮記文今江東呼鴨

者方言云鴈自關而東謂之鳴鵝南楚之外謂之鵝或謂之鶬鳴郭氏彼註云今江東通呼為鳴說文云鳴鵝也

鳽鵁鶄**註**似鳧脚高毛冠江東人家養之以厭火災**正義**說文云鳽鵁鶄也夏官職方氏揚州宜鳥獸鄭註云鳥獸孔雀鸞鵁鶄犀象之屬鵁鶄雖小鳥而羽毛可以為飾故與孔雀鸞鳥同為珍禽矣上林賦謂之交精**註**似鳧至火災○**正義**玉篇云鵁鶄似鴨太平御覽引異物志云鵁鶄巢於高樹顛生子未能飛皆銜其母翼下地飲食後世養鵁鶄者多於池渠以其為水禽故云以厭火災

輿鵛鷭**註**未詳**正義**玉篇云鷽鵛鷭又云鷭鳩也鳩鷭鳥喙蛇尾也廣雅以鵛為怪鳥

鵜鴮鸅**註**今之鵜鶘也好羣飛沈水食魚故名洿澤俗

浮之爲洵河【正義】詩疏引舍人云鵜一名鴮鸅說文云鵜胡汚澤也鵜或作鶘曹風候人云維鵜在梁不濡其翼毛傳鵜洿澤鳥也梁水中之梁鵜在梁可謂不濡其翼乎鄭箋云鵜在梁當濡其翼而不濡者非其常也鄭註表記亦云汚澤善居泥水之中鵜鶘食魚故莊子外物篇云魚不畏網而畏鵜鶘又能竭池水故淮南齊俗訓云鵜胡飲水數斗而不足漢書五行志云鵜鶘即汙澤也或曰禿鶖顏師古云即汚澤也【註】今之至洵河。【正義】詩疏引陸璣疏云鵜水鳥形如鶚而極大喙長尺餘直而廣口中正赤頷下胡大如數升囊若小澤中有魚便羣共抒水滿其胡而棄之令水竭盡魚在陸地乃共食之故曰洵河又郭註東山經云今鵜鶘足頗似人脚形狀也禮記疏引郭註作沈於水詩疏引郭註與今本同

翰天雞【註】鶾雞赤羽逸周書曰文鶾若彩雞成王時蜀人獻之【正義】翰一名天雞雉之類也說文云翰天雞赤羽也一名鷐風又云鶾雉肥鶾音者也魯

郊以丹雞祝曰以斯鶾音赤羽去魯侯之咎案天雞爲丹雞魯郊用之則非希有者矣【註】逸周至獻之。【正義】逸周書王會篇云蜀人以文鶾文鶾者若翬雉孔晁註云鳥有文彩者皐雞似鳧冀州謂之澤特也皐一作皇釋文引樊光云鶾一名山雞非郭義也

鸐山鵲【註】似鵲而有文彩長尾觜脚赤【正義】說文云鸐鸐山鵲知來事鳥也鸐或作翟繫傳以爲亦猶猩猩知人往事也禮射鳱鴠即此也淮南氾論訓云乾鵲知來而不知往高誘註云乾鵲鵲也人將有來事憂喜之徵則鳴知歲多風多巢於木枝人皆探其卵賈公彦周禮疏亦以鵲爲山鵲案鵲爲乾鵲山鵲爲鵲之類舊說謂鵲即山鵲非也【註】似鵲至脚赤。【正義】乾鵲大如雅而長尾銳咮黑爪綠背白腹山鵲則似鵲而有文采喙與足俱赤尾長不能遠飛山中人諺云朝鸐叫晴暮鸐叫雨故說文以爲知來事鳥

鷶負雀【註】鷶鷂也江東呼之爲鷶善捉雀因名云【正義】鷶能攫雀故亦名負雀玉篇云鷶鷂也蓺文類聚引詩義疏云隼鷂也齊人謂之題肩或曰雀鷹春分化爲布穀此屬數種皆爲隼說文云鷂鷙鳥也廣雅云籠脫鷂也

齧齒艾【註】未詳

鶨鶪老【註】鴒鶨也俗呼爲癡鳥【正義】鶨一名鶪老左傳疏云舍人李巡孫炎郭氏皆斷老上屬鳸下屬解云鶨一名鶪老鳸一名鴳雀也唯樊光斷鶨鶪爲句以老下屬案諸家釋九扈之名者俱有老鳸不獨樊光也然說文云鶨欺老也又云老鳸鷃是則鶪老之名其來已久不得以上屬者爲非疑下文鳸字上舊有老字後人誤以爲重衍而去之耳【註】鴒鶨至癡鳥。【正義】說文云鴒鳥也釋文引字林云句喙鳥玉篇云鴒鳥啄食廣韻亦作鴒監本鴒字从令作鴒非也鳸鴳**註**今鴳雀**正義**鳸一名鴳又作鷃亦謂之鴳鷃左傳疏引賈逵服虔註謂鷃鷃以聲音爲名也鷃爲六禽之屬周官庖人共之內則亦以爲庶羞之品晉語云晉平公射鴳韋昭註鴳鳸小鳥也**註**今鴳雀。**正義**莊子謂之斥鷃釋文引司馬彪云鷃鴳雀也高誘呂氏春秋註云鴳一名冠雀顏師古急就篇註云今俗呼爲鴳爛堆衆經音義引纂文云關中以鷃爲鷃爛堆

桑鳸竊脂**註**俗謂之青雀觜曲食肉好盜脂膏因名云**正義**左傳疏引李巡云桑鳸一名竊脂小雅小宛云交交桑扈率場啄粟毛傳交交小貌桑扈竊脂也鄭箋云竊脂肉食今乃無肉而循場啄粟失其天性不能以自活疏引陸璣疏云青雀也好竊人脯肉及筩中膏故以名竊脂也說竊脂者舊無疑義至孔穎達左傳疏廼云諸儒說竊脂皆謂竊人脂膏也卽如此言竊元竊黃者豈復盜竊元黃乎爾雅釋獸云虎竊毛謂之虦貓魋如小熊竊毛而黃竊毛皆謂淺毛竊

節古之淺字竊元淺黑也竊藍淺青也竊黃淺黃也竊丹淺赤也四色皆具則竊脂爲淺白也案孔疏所辨非徒不達於物性也又不明於詩義今桑扈色青翠春暮常在叢薈間孔疏定爲淺白當由未識此鳥以臆決之且三百篇善言物性前後互見宜得其會通詩不云乎交交桑扈有鶯其羽又云交交桑扈有鶯其領毛傳云鶯然有文章是鶯者指其色之青翠而言後世以黃離爲黃鶯亦言其文彩也若如孔疏以桑扈爲淺白之鳥然則白鷹白鷺亦可云有鶯其羽有鶯其領乎夫物性各殊不可以强詞而奪桑扈竊肉而食其性然也淮南說林訓云馬不食脂桑扈不啄粟非廉也高誘云桑扈青雀馬不竊脂是則桑扈之竊食脂膏古人盡物之性以正其名至今可得之目驗豈得强所不知斷爲淺白哉至於竊藍竊黃竊自爲淺不得與竊脂一例爾雅命名有取諸聲者如鴟鳩之名鶻鵃鳲鳩之名鴶鵴有象其形者如燕爲白脰烏倉庚爲黧黃以及竊藍竊黃皆是也有指其事者如鳲鳩爲剖葦鶪爲蟲母鴷爲斲木暨桑扈

爲竊脂皆是也古人命物之名原未嘗預立定制孔疏徒知竊有淺義遂欲併竊脂而訓爲淺白然則釋鳥有鶚負雀謂鶚能捉雀釋蟲有草蟲負蠜豈可謂草蟲之所負爲蠜乎蠦蜰一名負盤豈可謂蠦蜰能負盤匜乎以是推之則竊脂之竊爲盜竊之竊竊藍竊黃與獸類之竊毛皆爲竊淺之竊義本殊途言各有當不窮物性而望文生義此無異於高叟爲詩多見其固也

鳭鷯剖葦【注】好剖葦皮食其中蟲因名云江東呼蘆虎似雀青斑長尾【正義】鳭鷯一名剖葦說文云刀鷯剖葦食其中蟲鳭當從說文作刀【注】好剖至長尾○【正義】玉篇云剖葦似雀青斑居蘆葦本於郭註也說文繫傳云江東呼蘆虎虎袴蟲衣也未詳虎袴蟲衣之義

桃蟲鷦其雌鴱【注】鷦䳺桃雀也俗呼爲巧婦小鳥而生

鷦鷯者也【正義】詩疏引舍人云桃蟲名鷦其雌名鴱桃蟲鷦也鳥之始小終大者鄭箋云鷦之所爲鳥題肩也或曰鴞皆惡聲之鳥案鄭君因始小終大而推言之互舉二鳥不爲定說也【註】鷦鷯至者也○【正義】鷦鷯桃雀者說文云鷦鷯桃蟲也俗呼爲巧婦者方言云桑飛自關而東謂之工爵或謂之過羸或謂之女匠郭氏彼註云卽鷦鷯也今亦名爲巧婦江東呼布母莊子逍遥遊云鷦鷯巢于深林不過一枝李頤註云鷦鷯小鳥也郭又云小鳥而生鵰鶚者詩疏引陸璣疏云今鷦鷯是也微小於黃雀其雛化而爲鵰故俗語鷦鷯生鵰監本脫小鳥以下八字今從詩疏所引郭註增補

鶠鳳其雌皇【註】瑞應鳥雞頭蛇頸燕頷龜背魚尾五彩色其高六尺許【正義】說文云鶠鳥也其雌皇一曰鳳凰也左氏昭十七年傳云少皞摯之

立也鳳鳥適至故紀於鳥而爲鳥師鳳鳥氏歷正也杜註云鳳鳥知天時故以名歷正之官益稷云鳳凰來儀鄭註云儀匹言其相乘匹大雅卷阿云鳳凰于飛翽翽其羽毛傳云鳳凰靈鳥仁瑞也雄曰鳳雌曰凰釋文引陸璣疏云雄曰鳳雌曰皇一名鷗其雛曰鸑鷟或曰鳳一名鸑鷟

【註】瑞應至尺許○【正義】韓詩外傳云黃帝召天老而問之曰鳳象何如天老對曰夫鳳象鴻前鱗後蛇頸而魚尾龍文而龜身燕頷而雞喙戴德負仁抱忠挾義小音金大音鼓延頸奮翼五彩備明舉動八風氣應時雨食有質飲有儀往即文始來即嘉成惟鳳爲能通天祉應地靈律五音覽九德天下有道得鳳象之一則鳳過之得鳳象之二則鳳翔之得鳳象之三則鳳集之得鳳象之四則鳳春秋下之得鳳象之五則鳳沒身居之案諸家說鳳者大率本於天老也說文云鳳神鳥也見則天下大安寧皆爲瑞應之鳥郭氏所言鳳象本於廣雅又云其高六尺許者郭註山海經云漢時鳳皇數出高五六尺五字與此註同監本脫其字今從宋本

鵖鴔䳭渠【註】雀屬也飛則鳴行則搖【正義】鵖鴔詩作脊
令䳭渠說文作䳭鶺別二名也小雅常棣云脊令在原毛傳脊令䳭渠
也鄭箋云䳭渠水鳥而今在原失其常處則飛則鳴
求其類天性也疏引陸璣疏云大如鷃雀長脚長尾
尖喙背上青灰色腹下白頸下黑如連錢故杜陽人
謂之連錢【註】雀屬至則搖○【正義】說文云雃石鳥一
名䳭鶺是䳭鶺又名雃又名石鳥也飛則鳴行則搖
者毛傳文小宛云題彼脊令載飛載鳴鄭
箋云則飛則鳴翼也口也無有止息時

鷽斯鵯鶋【註】鴉烏也小而多羣腹下白江東亦呼爲鵯
烏【正義】鷽斯一名鵯鶋水經註引孫炎云卑居楚烏
犍爲舍人以爲壁屋小雅小弁云弁彼鷽斯歸飛
提提毛傳鷽卑居卑居雅烏也提提羣貌孔疏云此
鳥性好羣聚故曰歸飛提提夏官羅氏掌羅烏鳥鄭
註以烏爲卑居之屬亦以其羣聚而易羅也斯爲語
辭古人每多連舉如斯螽螽斯之類是也鵯鶋當作

卑居【註】鵯烏至鴨烏。【正義】鵯當作雅說文云雅楚烏也一名卑居一名鸒秦謂之雅小爾雅云純黑而反哺者謂之烏小而腹下白不反哺者謂之雅烏釋文引字林亦曰秦云雅烏水經注又引馬融說以爲賈烏矣

燕白脰烏【註】脰頸【正義】此後世所謂燕烏也小爾雅云白項而羣飛者謂之燕烏白脰烏也水經註引小爾雅白項作白頭又多大而白頭者謂之蒼烏一句蒼烏爲燕烏之類也

鴽鴾母【註】鵪也青州呼鴾母【正義】鴽一名鴾母夏小正云三月田鼠化爲鴽八月鴽爲鼠傳曰鴽鵪也變而之善故盡其辭也鴽爲鼠變而之不善故不盡其辭也今鴽有海魚所化者背有斑文其田鼠所化者則無斑文鴽爲小鳥而古者食品用之夏官掌畜掌膳獻之鳥鄭註以爲鴾鴽之屬公食大夫禮以鴽爲庶羞充二十豆之數蓋蒸而食之內則云鶉羹雞羹鴽釀之蓼鄭註云鴽在羹下

蒸之不羨也說文作翟牟毋也駕或作翟禮記疏引
舍人云毋作無鄭註儀禮作駕無毋蓋傳寫之訛月
令註作駕鴾毋是也【註】鴾也至鴾毋。【正義】郭以駕
爲鴾者禮記疏引李巡云駕鴾一名鴾毋郭註本李
巡淮南時則訓註云駕鶉也此因莊子謂田鼠化爲
鶉而傳合之田鼠亦能化鶉鴾爲鶉之類而非鶉也
禮記釋文引蔡邕章句以駕爲鶉鴾之屬則又泛舉
而不得其定名說文以鴾爲鶉屬玉篇以鴾毋即鴾
皆可與郭註相證明也青州呼鴾毋者高誘呂氏春
秋註云青州謂之鴾鴾周雒謂之駕幽州謂之鶕鴾
鴾即鴾毋之訛也禮記疏引皇侃疏義用賀瑒
之說以駕爲蝙蝠此又因鼠能化蝙蝠而誤也

密肌繫英【註】釋蟲已有此名疑誤重【正義】釋文本密作
鶓英作鶓郭疑爲
重出則郭本不從鳥玉篇云鶓肌繼鶓鳥名又云
鶓鳥名鳥似鵲密𪈎古通用蓋爾雅家之舊說也

巂周【註】子巂鳥出蜀中【正義】巂一名周史記歷書云百
草奮興秭鳺先滜徐廣以爲郎

子規也今子規大如鳩以春分先鳴至夏尤甚日夜號深林中口爲流血至章陸子熟乃止【註】子巂至蜀中。【正義】詩疏引舍人云巂周名燕燕又名鳦孫炎云别三名太平御覽引孫炎云巂周燕别名皆合下文釋之說文以爲子巂鳥而亦云巂周燕也郭不從者以子規與燕自爲兩鳥人盡知之不得傅合爲一也玉篇以鶗鴂爲子巂聲之轉也又以爲巂即布穀則誤矣子規出蜀中今所在有之蜀中尤多

燕燕鳦【註】詩云燕燕于飛一名玄鳥齊人呼鳦【正義】燕一名燕鳦說文云燕元鳥也籋口布翄枝尾象形又云乙元鳥也或作鳦左氏昭十七年傳云元鳥氏司分者也說文引明堂月令元鳥至之日祠于高禖以請子請子必以乙至之日者乙春分來秋分去開生之候鳥帝少昊司分之官也鄭註月令云燕以施生時來巢人堂宇而孚乳娶嫁之象也古者重高禖之祀其祀之之禮則盧植以爲用三牲商頌言降而生商或謂因祀高禖而得子故詩人謂之天命矣燕畏人而襲

諸人間人多喜其來巢夏小正云二月來降燕乃睇
燕乙也降者下也言來者何也莫能見其始出也言
乃睇何也睇者眄也眄者視可爲室者也百鳥皆曰
巢突穴又謂之室何也操泥而就家入人內也九月
陟元鳥蟄陟升也元鳥者燕也先言陟而後言蟄者
何也陟而後蟄也今燕蟄毛羽盡脫多藏海濱坻岸
或在深山空木中【註】詩云至呼鳦○【正義】邶風云燕
燕于飛毛傳燕燕鳦也呂氏春秋音初篇云燕燕往
飛漢書五行志童謠云燕燕尾涎涎是古人多連言
燕燕左傳疏云或單呼爲燕或重名燕燕異方語也
商頌毛傳云元鳥鳦也說文云齊魯謂之乙取其鳴
自呼莊子謂之鷾鴯山木篇云鳥莫知於鷾鴯司馬
彪註云鷾鴯燕也皆
因其聲轉而爲名也

鴟鴞鸋鴂【註】鴟類【正義】詩疏引舍人云鴟鴞一名鸋鴂
文選註引韓詩傳曰鴟鴞既取我子
無毁我室鴟鴞鸋鴂鳥名也鴟鴞所以愛養其子者
適所以病之愛養其子者謂堅固其窠巢病之者不

知託于大樹茂枝反敷之葦蔄風至蔄折巢覆有子則死有卵則破是其病也韓詩所說鴟鴞即荀子勸學篇所謂蒙鳩也詩疏引陸璣疏云鴟鴞似黃雀而小其喙尖如錐取茅莠爲巢以麻紩之如刺襪然縣著樹枝或一房或二房幽州人謂之鸋鴂或曰巧婦或曰女匠關東謂之工雀或謂之過羸關西謂之桑飛或謂之韈雀或曰巧女陸疏所說異名本於方言以鴟鴞爲小鳥也楊倞荀子註謂蒙鳩即鷦鷯也引說苑客謂孟嘗君曰鷦鷯巢於葦苕箸之以髮可謂完堅矣大風至則苕折卵破者何也所託者然也案鷦鷯自爲桃蟲巢林不過一枝形微處卑物莫之害繁滋族類乘居匹游無巢覆卵破之患以鷦鷯爲蒙鳩非也蒙鳩大戴禮記作蝬鳩【註】鴟類○【正義】諸家並以鴟鴞爲鳩屬郭云鴟類與諸家異劉向九歎云鴟鴞集於木蘭王逸註鴟鴞鸋鴂貪鳥也與郭註意同

狂茅鴟【註】今鵂鶹也似鷹而白怪鴟【註】即鴟鵂也見廣

雅今江東通呼此屬爲怪鳥梟鴟註士梟正義秋官哲蔟氏掌

覆夭鳥之巢庭氏掌射國中之夭鳥若不見其鳥獸則以救日之弓與救月之矢射之鄭註云夭鳥惡鳴之鳥若鴞鷅又云不見鳥獸謂夜來鳴呼爲怪者此以茅鴟怪鴟及梟鴟釋妖鳥之類也○狂茅鴟○茅鴟一名狂卽下文所謂萑老鵵也○怪鴟○說文云鴟舊留也舊或爲鵂繫傳以爲卽怪鴟也卽上文所云鵅鵋鶀矣莊子秋水篇云鴟鵂夜撮蚤察毫末晝出瞋目而不見丘山釋文引司馬彪云鴟鵂鶹夜取蚤食之李頤云鵂鶹夜聚人爪於巢中案鴟鵂所聚或以爲蚤蝨而非人之爪甲然博物志謂其夜至人家取人所棄爪甲分別視之則知吉凶凶者輒鳴陳藏器又謂有人獲之嗉中猶有爪甲跡涉語怪無俟究詰淮南謂鴟夜聚蚤察分毫末與莊子同○梟鴟○鴟一名梟大雅瞻卬云爲梟爲鴟毛傳鴟梟惡聲之鳥說文梟不孝鳥日至捕梟磔之从鳥頭在木上詩疏引陸璣疏云鴞大如斑鳩綠色惡聲之鳥也入

人家凶賈誼所賦鵩鳥是也其肉甚美可爲羹臛又可爲炙漢供御物各隨其時鴞冬夏常施之以其美故也案淮南說林訓云鼓造辟兵壽盡五月之望高誘註鼓造謂梟後世五月作梟羹蓋仍古制矣史記賈誼傳云楚人命鴞曰服鄧展云似鵲而大晉灼引巴蜀異物志云有鳥小如雞體有文色土俗因形名之曰服不能遠飛行不出域荆州記云巫縣有鳥如雌雞其名爲鴞楚人謂之服吳錄云服黑色鳴自呼是鵩爲鴟類而非梟也 **註** 卽鴟至怪鳥○ **正義** 衆經音義引舍人云一名怪鳥一名鵂鶹一名鉤鵅說文云鴟鵋也籀文作鴟廣雅云肥鵂鴟鵂怪鴟也郭云江東通呼此屬爲怪鳥故賈誼傳亦以鵩爲不祥之鳥也○土梟○ **正義** 羅願云土梟穴土以居故曰土梟

鶛劉疾 **註** 未詳 **正義** 鶉之雄者亦名鶛故玉篇云鶛鶉也劉疾其同名而異類者與

生哺鷇 **註** 鳥子須母食之 生噣雛 **註** 能自食 **正義** 此別鳥生子之

異名也。生哺鷇。說文云鷇鳥子生哺者漢書五行傳註云鳥子新生而哺者曰鷇魯語云鳥翼鷇卵文子上德篇云鷇卵不探皆通以鳥子爲鷇史記趙世家云探爵鷇而食之集解引綦毋邃云鷇爵子也此順文釋之鷇不專指爵子也方言云爵子及雞雛皆謂之鷇史記索隱謂生而受哺者謂之鷇莊子天地篇鶉居而鷇食言其仰物而生也。生噣雛。鳥之生而自能噣食者謂之雛月令云天子乃以雛嘗黍淮南時則訓註云雛新雞也內則云雛燒孔疏云雛是鳥之小者火中燒之然後調和若今之臛也內則又云雛尾不盈握弗食所以長養庶物也

爰居雜縣**註**國語曰海鳥爰居漢元帝時琅邪有大鳥如馬駒時人謂之爰居**正義**爰居一名雜縣釋文引李巡云爰居海鳥也樊光云似鳳凰急就篇謂之乘風**註**國語至爰居。**正義**魯語云海鳥曰爰居止於魯東門之外二日臧文仲使

國人祭之莊子至樂篇云海鳥止於魯郊魯侯御而觴之於廟奏九韶以為樂具太牢以為膳鳥乃眩視憂悲三日而死是因魯祭爰居而相傳為此說也釋文引司馬彪云爰居舉頭高八尺

春鳸鳻鶞夏鳸竊玄秋鳸竊藍冬鳸竊黃棘鳸竊丹行鳸唶唶宵鳸嘖嘖【注】諸鳸皆因其毛色音聲以為名竊藍青色【正義】左氏昭十七年傳云九扈為九農正扈民無淫者也前人釋九扈者俱引爾雅前後之文以證之一曰春扈二曰夏扈三曰秋扈四曰冬扈五曰棘扈六曰行扈七曰宵扈八曰桑扈九曰老扈唐石經重出桑扈竊脂四字於冬扈竊黃之下則桑扈五棘扈六行扈七宵扈八老扈九今以諸家所引者證之則石經重出桑扈竊脂四字實為後人所羼入而唐後諸本俱仍其誤也諸家之說可證者左傳疏引賈逵云春扈分循相五土之宜趣民耕種者也夏扈竊元趣民耘苗者也秋扈竊藍趣民收

歛者也冬扈竊黃趣民蓋藏者也棘扈竊丹爲果驅鳥者也行扈唶唶晝爲民驅鳥者也宵扈嘖嘖夜爲農驅獸者也桑扈竊脂爲蠶驅雀者也老扈鷃鷃趣民收麥令不得晏起者也是賈逵以春扈至宵扈七扈相次而益以桑扈老扈爲九扈不以桑扈越居第五其證一也左傳疏謂舍人註爾雅其言與賈逵同是舍人本以桑扈居第八文不重見其證二也左傳疏又引樊光註曰春秋云九扈爲九農正九扈者春扈夏扈秋扈冬扈棘扈行扈宵扈桑扈老扈以爾雅上文所云鳻鶞老者老字下屬唯鳻不重是樊光本亦以七扈連舉然後及上文之桑扈老扈不重桑扈竊脂四字其證三也說文云九雇農桑候鳥扈民不婬者也春雇鳻盾夏雇竊元秋雇竊藍冬雇竊黃棘雇竊丹行雇唶唶宵雇嘖嘖桑雇竊脂老雇鷃鷃是許叔重所見爾雅本先舉七扈始益以桑扈老扈與賈逵同其證四也蔡邕獨斷說九扈之官云春扈氏農正趣民耕種夏扈氏農正趣民芸除秋扈氏農正趣民收歛冬扈氏農正趣民蓋藏棘扈氏農正常謂

茅氏一曰掌人百果行扈氏農正晝爲民驅鳥宵扈氏農正夜爲民驅獸桑扈氏農正趣民養蠶老扈氏農正趣民收麥蔡氏以桑扈爲趣民養蠶勝於賈逵所說其九扈之次第亦以桑扈老扈列於後其證五也杜預集解云扈有九種春扈鳻鶞夏扈竊元秋扈竊藍冬扈竊黃棘扈竊丹行扈唶唶宵扈嘖嘖桑扈竊脂老扈鷃鷃以九扈爲九農之號各隨其宜以教民事是杜元凱所据爾雅不以桑扈竊脂列於棘扈之前其證六也孔穎達疏云釋鳥自春鳸鳻鶞至宵鳸嘖嘖凡七鳸其文相次李廵總釋之云諸鳸別春夏秋冬四時之名唶唶嘖嘖鳥聲貌也郭璞曰諸鳸皆因其毛色音聲以爲名竊藍青色釋鳥又云鴱鳽老扈鴳桑扈竊脂是孔氏所見郭氏爾雅本自春扈至宵扈連次七扈而老扈桑扈自在上文未嘗於冬扈竊黃之下複見桑鳸竊脂四字其證七也有此七證則四字爲後人羼入而非爾雅元文明矣今刪去

【注】諸鳸至青色○【正義】左傳疏引樊光云鳻鶞言分循也又謂俗人樊光註爾雅其言與賈逵同其意皆

謂以扈爲官還令依此諸扈而動作郭氏不引者以此篇主於釋鳥故辨其毛色音聲不暇追述少皡之官孔疏駁賈逵云趣民耕耘及收斂蓋藏其事皆可召民使聚而總號令之其爲果驅鳥爲蠶驅雀豈得多置官方使之就果樹入蠶室爲民驅之哉又晝驅鳥夜驅獸不免竟日通宵常在田野溥天之下何以可周且其言不經難可據信也案古制茫昧唐虞以前設官分職自難定其職掌第如孔疏所駁則又不然古者重民衣食果亦民食所資故爾雅以果不熟爲荒而急就篇亦云園菜果蓏助米糧九扈爲農正植果養蠶設官董率於事無不便豈必親就果園躬入蠶室而始稱棘扈桑扈之職哉田家種蓺春夏之交晝驅鳥雀夜驅走獸設人伺守至今猶然上古質樸設官以相倡導自可與民相安若如孔疏所言將令農民袖手旁觀而行扈宵扈之官使其竟日通宵馳逐田野有是理乎彊域所限耳目難周無妨隨地設官如漢制鄉置三老嗇夫者古今官制不必其設一官號祇使一人爲之後世守牧令丞則千百人而

同一官號孔疏廼慮及普天之下何以可周是謂九扈之官必祇有九人也無乃失之泥與

鶻鵃戴鵀【注】鵀即頭上勝今亦呼爲戴勝鶻鵃猶䳕鶌語聲轉耳【正義】禮記疏引李巡云戴勝一名鶻鵃今本訛作一名鵻鳩鶻鵃說文作䳟鶻語互轉也月令云戴勝降于桑鄭註云戴勝織紝之鳥是時恒在桑言降者若時始自天來重之也呂氏春秋作戴任降于桑高誘註云戴任戴勝也爾雅曰鶻鵃即生於桑是月其子彊飛從桑空中來下故曰戴任降于桑也淮南時則訓作戴鵀降于桑註云鵀戴勝鳥逸周書云戴勝不降桑政教不平【註】鵀即至轉耳○【正義】郭註方言云勝所以纏紝所謂頭上勝也今戴勝鳥似山鵲而尾短青色毛冠俱有文飾若戴花勝矣鶻鵃即䳕鶌者方言云自關而東謂之戴鵀東齊海岱之間謂之戴南南猶鵀也或謂之戴頒或謂之戴勝東齊吳揚之間謂之鵀自關而西謂之服鶌或謂之䳕鶌燕之東北朝鮮洌水之間謂之鴔郭氏

彼註云此亦語楚聲轉也禮記疏引孫炎云鳲鳩自
關而東謂之戴鵀案方言以鳲鳩即戴鵀故孫炎本
以爲說郭氏彼註云尸
鳩即布穀非戴勝也

鶩澤虞【註】今婟澤鳥似水鴞蒼黑色常在澤中見人輒
鳴喚不去有象主守之官因名云俗呼爲護田鳥【正義】
鶩說文作鴋云澤虞也太平御覽引孫炎云鳲鳩或
謂紡澤虞其别名也常在澤中見人報鳴不去有象
主守之官因名之案方言云鳲鳩或謂之鶩澤故孫
炎引爲一鳥郭氏方言註以爲别一鳥名則鳲鳩非
澤虞也【註】今婟澤鳥。【正義】說文婟嫪也釋文引聲
類婟嫪戀惜也此鳥常在池澤有似嫪戀故名婟澤

鷘鶿【註】即鸕鷀也觜頭曲如鉤食魚【正義】鷘一名鶿說
文云鷧鷀也繫傳
云盧鷀也即鷁鷧文選註引倉頡篇云似鶂而黑上
林賦謂之鸕【註】即鸕至食魚。【正義】今人謂之鸕鷀

所在有之南人畜以捕魚後漢書註引楊孚異物志云能没於深水取魚而食之不生卵而孕雛於池澤間既胎生而又吐生多者生八九少生五六相連而出若絲緒焉水鳥而巢高樹之上

鷯鶉其雄鵲牝痺【註】鶉鵪屬【正義】詩疏引李巡云別雌雄異方之言鶉一名鷯是鷯爲鶉之別名也其雄者名鵲牝者名痺鄘風云鶉之奔奔鵲之彊彊釋文引韓詩云奔奔彊彊乘匹之貌鄭箋云奔奔彊彊言其居有常匹飛則相隨之貌因韓詩爲義也左傳及禮記表記呂氏春秋俱作鶉之賁賁鄭註表記以爲爭鬬惡貌高誘以賁賁爲其色不純今鶉馴伏草間栖息無定所而雌雄有常匹得粟粒則爭而相鬬毛有斑文是鄭高各據所見言之義似相反而實相成也魏風伐檀云不狩不獵胡瞻爾庭有縣鶉兮鶉爲田獵者所資取故莊子徐無鬼云未嘗好田而鶉生于宎今人捕鶉者五更伏草中效其雌鳴則雄者羣至延掩而羅之北方養鶉者以足高者爲雄足卑者爲雌烹以爲羹勝於鴈鵞內

則所謂鶉羹也【註】鶉鵪屬。【正義】鶉與鵪相似故說文亦云鶉鵪屬也列子天瑞篇云田鼠之爲鶉也而淮南王書則以爲蝦蟆爲鶉今人皆以鶉爲蝦蟇所化矣鶉頭細尾禿韓詩外傳言衣若懸鶉謂衣之無後者也

鷉沈鳧【註】似鴨而小長尾背上有文今江東亦呼爲鷉【正義】鷉一名沈鳧詩疏引某氏曰詩云弋鳧與鴈鄭風女曰雞鳴文也大雅鳧鷖在涇毛傳云鳧水鳥也疏引陸璣疏云大小如鴨青色卑脚短喙水鳥之謹愿者也【註】似鴨至爲鷉。【正義】急就篇云春草雞翹鳧翁濯顏師古注云水中之鳥今所謂水鴨也翁頸上毛也水鴨善濯故有沈鳧之名矣

鵜頭鵁【註】似鳧脚近尾略不能行江東謂之魚鵁音髐箭【正義】鵜一名頭鵁太平御覽引孫炎云鳥鵁也玉篇云白鵁羣飛尾如雌雞頭鵁爲水鳥而不利於

行亦謂之蜧獱史記賈誼傳云偭蜧獺以隱處索隱以爲即魚鵁矣【註】似鳧至髐箭。【正義】張揖子虛賦註云鵁䴖頭鳥也是以䴖頭一名鵁也郭不從者以西山經云青要山畛水出焉北注河其中有鳥名䴖狀如鳧青身赤目赤尾是䴖爲鳥名頭鵁其別名也又郭註南山經云鵁似鳧而小腳近尾音骹箭之骹與此註略同

鵽鳩寇雉【註】鵽大如鴿似雌雉鼠腳無後指岐尾爲鳥憨急羣飛出北方沙漠地【正義】鵽鳩一名寇雉下文又云一名洪洪玉篇云一名冠雀雉之類也今鵽鳩其色淡黃形似鴿爪似人足而有毛莊子逸篇云青鵽愛子忘親司馬彪云專愛其子而忘其母也舊唐書謂之突厥雀【註】鵽大至漠地。【正義】衆經音義引爾雅舊註云今鵽大如鴿亦言如鶉似雌雉鼠腳無後指岐尾羣飛出北方沙漠地肉美俗名突厥雀生於蒿萊之閒與此註詳略

互異

萑老鵵【註】木兔也似鵄鵂而小兔頭有角毛脚夜飛好食雞【正義】萑一名老鵵即上文所謂狂茅鴟也說文云萑鴟屬有毛角所鳴其家有旤【註】木兔至食雞○【正義】玉篇云似鵂鶹有角夜飛食雞鳴人有禍葢本郭註爲義

鵋鶀鳥【註】似雉青身白頭【正義】鵋一名鶀鳥太平御覽引孫炎云鷇鶀水鳥玉篇作鵋胡鳥釋文云鵋本亦作宊

狂寢鳥【註】狂鳥五色有冠見山海經【正義】寢鳥一名狂釋文作舊集韻以舊爲鴟屬太平御覽引孔融周歲論云儀屯集狂鳥穢之【註】見山海經○【正義】大荒西經云栗廣之野有五彩之鳥有冠名曰狂鳥郭氏彼註云爾雅狂夢鳥即此也

皇黄鳥【註】俗呼黄離留亦名搏黍【正義】詩疏引舍人云皇名黄鳥案詩屢言
黄鳥未聞其名皇也王會篇云方揚以皇鳥殆謂
是與郭氏以爲卽黄離留詳見下文倉庚商庚下

翠鷸【註】似燕紺色生鬱林【正義】左傳疏引李巡云鷸一名爲翡翠其羽可以爲飾樊
光云青羽出交州說文云鷸知天將雨鳥也禮記曰
知天文者冠鷸案今禮記無此文顏師古漢書註云
鷸大鳥卽戰國策所云啄蚌者也天之將雨鷸則知
之逸周書云知天文者冠鷸以鷸知天時者也又禮
圖術氏冠鷸左氏僖二十四年傳鄭子臧好聚鷸冠
蓋非常用之冠欲以示異故聞者惡之也【註】似燕至
鬱林○【正義】郭註山海經亦云翠似燕而紺色與此
同云生鬱林者王會篇云倉吾翡翠說文亦云翡赤
羽雀也翠青羽雀也出鬱林是翡翠爲南方之鳥故
漢時尉佗以翠鳥毛爲獻矣張揖上林賦註云翡翠
大小亦如雀雄赤曰翡雌青曰翠博物志云翡身通
黑唯胸前背上翼後有赤毛翠身通青黄唯六翮上

毛長寸餘青其飛則羽鳴翠翡翠翡然因以爲名也
劉逵吳都賦註翡翠巢樹顛生子夷人稍徙下其巢
子大未飛便取之
出交州鬱林郡

鸀山烏【註】似烏而小赤觜穴乳出西方【正義】山烏一名
鸀即赤觜烏也
水經註云火山出雛烏形類雅烏純黑而姣好音與
之同續釆紺發觜若丹砂馴良而易附丱童幼子捕
而執之曰赤觜
烏亦曰阿雛烏

蝙蝠服翼【註】齊人呼爲蟙蠌或謂之仙鼠【正義】蝙蝠一
名服翼今所
在有之爲物微小而其出有時通卦驗云雨水蝙蝠
出古者以紀時候焉太平御覽引孝經援神契云蝙
蝠服匿故夜食今蝙蝠乘夜而出盤翔室中說苑云
黃鵠白鶴一飛千里使之與燕服翼藏之空廡之下
廬室之間其便未必能過燕飛服翼也蝙蝠有大者
水經註云交州丹水亭下有石穴穴中蝙蝠如烏【註】

齊人至仙鼠。正義方言云蝙蝠自關而東謂之服翼或謂之飛鼠或謂之老鼠或謂之僊鼠自關而西秦隴之間謂之蝙蝠北燕謂之蟙蠌案蝙蝠爲鼠所化猶未離夫鼠類故兼有鼠名

晨風鸇注鷂屬詩曰鴥彼晨風正義詩疏引舍人云晨風一名鸇鸇摯鳥也鸇爲鷹類有生於土窟者故亦謂之土鸇孟子云爲叢敺爵者鸇也趙岐云鸇土鸇也詩疏引陸璣疏云鸇似鷂青黃色燕頷句喙嚮風搖翅乃因風飛急疾擊鳩鴿燕雀食之注詩曰至晨風。正義秦風晨風文毛傳鴥疾飛貌

鸉白鷢注似鷹尾上白正義鸉一名白鷢與王雎相似而尾色白古今注云白鷢似鷹尾上白亦謂之印尾鷹監本誤分楊鳥爲二字釋文及唐石經俱作鸉今從之注似鷹尾上白。正義玉篇作鸉白鷢似雁尾白雁字疑傳寫之訛白鷢爲鷹類故廣雅云白鷢鷹也

寇雉泆泆【註】即鵽鳩也【正義】廣異名也詳見上

鶾鷐母【註】似烏䴏而大黃白雜文鳴如鴿聲今江東呼為蚊母俗說此鳥常吐蚊因以名云【正義】鶾一名鷐母嶺表錄異云蚊母鳥形如青鷁觜大而長於池塘捕魚而食每叫一聲則有蚊蚋飛出其口俗云採其翅為扇可辟蚊子亦呼為吐蚊鳥李肇國史補云江東有吐蚊鳥夏夜吐於蘆荻中湖湘尤甚案此鳥今嶺南有之

鷉須鸁【註】鷉鷿鷉似鳧而小膏中瑩刀【正義】鷉一名須鸁野鳧也方言云野鳧其小而好沒水中者南楚之外謂之鷿鷉大者謂之鶻蹏皆所以廣異名【註】鷉鷿至瑩刀○【正義】鷿鷉說文作鸊鷈玉篇云鸊鷉水鳥後漢書註引方言而增成其義曰膏可以瑩刀劒與此註同釋文云鎣本今作瑩瑩磨瑩也

鼯鼠夷由【註】狀如小狐似蝙蝠肉翅翅尾項脅毛紫赤色背上蒼艾色腹下黃喙頷雜白腳短爪長尾三尺許飛且乳亦謂之飛生聲如人呼食火烟能從高赴下不能從下上高【正義】鼯鼠一名夷由卽鸓也說文云鸓鼠形飛走且乳之鳥上林賦謂之飛蝙郭氏彼註云飛且生一名飛生玉篇鼺作鴟由作鵃【註】狀如至上高。【正義】劉逵吳都賦註云鼺大如猿肉翼若蝙蝠其飛善從高集下食火煙聲如人號一名飛生飛生子故也東吳諸郡皆有之唐書地理志台州土貢飛生鳥、

倉庚商庚【註】卽鵹黃也【正義】夏小正云二月有鳴倉庚倉庚者商庚也商庚者長股也三百篇多言倉庚黃鳥詳其聲狀倉庚爲候鳥故豳風七月云春日載陽有鳴蒼庚說文云離黃倉庚也

鳴則蠶生鄭箋亦以倉庚鳴為可蠶之候也其鳴聲和調而圓亮故葛覃云其鳴喈喈其毛色陸離而鮮明故東山云熠燿其羽其為鳥柔易而近人故凱風云睍睆黃鳥毛傳以睍睆為好貌也其頸端有細毛雜色故小雅云緜蠻黃鳥文選註引薛君章句云緜蠻文貌也以其為時候之鳥詩人所興詠故爾雅釋之特詳下文云鵹黃楚雀倉庚鵹黃也皆申釋之【註】即鵹黃也〇【正義】郭氏上文黃鳥註云俗呼黃離留亦名搏黍廣其異名也方言云鸝黃自關而東謂之倉庚自關而西謂之鸝黃或謂之黃鳥或謂之楚雀詩疏引陸璣疏云黃鳥黃鸝留也或謂之黃栗留幽州人謂之黃鶯一名倉庚一名商庚一名鵹黃一名楚雀齊人謂之搏黍當葚熟時來在桑間故里語曰黃栗留看我麥黃葚熟亦是應節趍時之鳥也高誘呂氏春秋註秦人謂之黃離幽冀謂之黃鳥

鳺餔敊【註】未詳【正義】說文作鴃鋪豉玉篇云鴃餔豉鳥

鷹鶆鳩【註】鶆當爲鷞字之誤耳左傳作鷞鳩是也【正義】左氏昭十七年傳云爽鳩氏司寇也杜註云爽鳩鷹也鷙故爲司寇案鷹爲鷙鳥列於五鳩者鳩化爲鷹猶未離其類也故稱鳩焉夏小正云五月鳩爲鷹六月鷹始摯始摯而言之何也諱殺之辭也故言摯云月令季夏之月鷹乃學習孟秋之月鷹乃祭鳥鄭註云鷹學習謂攫搏也鷹祭鳥者將食之示有先也旣祭之後不必盡食孔疏云鷹欲食鳥之時先殺鳥而不食與人之祭食相似是則鷹雖習爲搏攫而不盡食猶刑戮止及有罪而不濫及故五鳩皆所以鳩民【註】鶆當至是也○【正義】左傳疏引樊光云來鳩爽鳩也春秋曰爽鳩氏司寇鷹鷙故爲司寇是樊本作來郭以鶆爲鷞字之誤

鶼鶼比翼【註】說已在上【正義】釋文云衆家本作兼兼李巡云鳥有一目一翅相得乃飛故曰鶼鶼也詳見釋地

鵹黃楚雀【註】即倉庚也【正義】禮記疏引李巡云一名楚雀詳見上

鴷斲木【註】口如錐長數寸常斲樹食蟲因名云【正義】斲木鳥一名鴷淮南說林訓云斲木愈齲以其善啄故能治齒病此類之可推者也高誘時則訓註以倉庚爲斲木今倉庚自爲黃鸝應候而鳴斲木所在山中有之終日啄木中之蠹而非候鳥知高氏爲誤矣【註】口如至名云○【正義】此釋其命名之義也羅願云此鳥褐者是雌斑者是雄又有青黑者又有如鶴頂者山中人呼爲山啄木

鶩鷵鶋【註】似烏蒼白色【正義】玉篇云鶩一名唐屠鳥似鳥投成式云鶩色黃一變爲青鴘青灰色鴘之後乃至屢變橫理轉細臆前微微漸白

鸕諸雉【註】未詳或云即今雉【正義】說文釋雉有十四種其一曰盧諸雉張揖上林

賦註云鸕
白雉也

鷺春鉏【註】白鷺也頭翅背上皆有長翰毛今江東人取以爲睫䍦名之曰白鷺縗【正義】鷺一名春鉏其色純潔故詩人以喻潔白之士周頌云振鷺于飛于彼西雝毛傳鷺白鳥也後漢書註引韓詩薛君章句云鷺潔白之鳥也雝文王之雝也言文王之時辟雍學士皆潔白之人也又古者以鷺飾鼓隋書樂志云鼓栖翔鷺其上不知何代所加或曰鷺鼓精也或曰非也詩曰振振鷺鷺于飛鼓咽咽醉言歸古之君子悲周道之衰頌聲之輟飾鼓以鷺存其風流【註】頭翅至鷺縗○【正義】鷺頭翅背上有長翰毛即古人取以爲翿者也陳風宛丘云值其鷺羽又云值其鷺翿毛傳鷺鳥之羽可以爲翳䟽引陸璣云鷺水鳥也好而潔白故謂之白鳥齊魯之間謂之春鉏遼東樂浪吳揚人皆謂之白鷺青脚高尺七八寸尾如鷹尾喙長三寸頭上有毛十數枚長尺餘

毿毿然與衆毛異好欲取魚時則弭之今吳人亦養
焉楚威王時有朱鷺合沓飛翔而來舞則復有赤者
舊鼓吹朱鷺曲是也孔疏
云鳥名白鷺赤者少耳

鷂雉註青質五彩鷮雉註卽鷮鷄也長尾走且鳴鳪雉
註黃色鳴自呼鷩雉註似山雞而小冠背毛黃腹下
赤項綠色鮮明秩秩海雉註如雉而黑在海中山上
鸐山雉註長尾者鶾雉鵫雉註今白鵫也江東呼白
鶾亦名白雉雉絕有力奮註最健鬬伊洛而南素質
五彩皆備成章曰翬註翬亦雉屬言其毛色光鮮江
淮而南青質五彩皆備成章曰鷂註卽鷂雉也南方

曰𪄀東方曰鶅北方曰鵗西方曰鷷 **註** 說四方雉之
名 **正義** 說卦傳云離爲雉取其文明之象故服飾多
尚之其性耿介稟純陽之質與雷氣通夏小正云
正月雉震呴呴也者鳴也震也者鼓其翼也正月必
雷雷不必聞惟雉爲必聞之春官作六摯士執雉取
其守介而死不失節也說文云雉有十四種盧諸雉
喬雉鳪雉鷩雉秩秩海雉翟山雉翰雉卓雉伊洛而
南曰翬江淮而南曰搖南方曰𪄀東方曰甾北方曰
稀西方曰蹲此分釋之兼及其絕有力者也○鷂雉
○此即素質五采皆備成章者也字本作搖又轉作
揄玉藻云夫人揄狄鄭註云揄讀如搖後世作字異
耳○鷮雉○說文云鷮走鳴長尾雉也乘輿以爲防
釳著馬頭上小雅車舝云有集維鷮疏引陸璣疏云
鷮微小於翟也走而且鳴曰鷮鷮其尾長肉甚美故
林麓山下人語曰四足之美有麃兩足之美有鷮麃
者似鹿而小是也詩釋文引韓詩云二矛重鷮葢二
矛皆懸毛羽若後世鷲毛猶矣○鳪雉○黃色之雉

因其自呼者以爲名猶鵫之自呼曰鵫也○鷩雉○說文云鷩赤雉也左氏昭十七年傳云丹鳥氏司閉者也疏引樊光云丹雉也少皞氏以鳥命官丹鳥氏司閉以立秋來以立冬去入水爲蜃是鷩雉爲候鳥來去知時故古以命官不徒尚其采色也至有虞以華蟲作繪華蟲即鷩雉則取其象之文明周有鷩冕春官司服所謂享先公饗射則鷩冕又云侯伯之服自鷩冕而下如公之服是也鄭註謂鷩畫以雉兼取其耿介而有文章矣釋名云祭服有鷩冕鷩雉之憋惡者山雞是也鷩憋也性急憋不可生服必自殺故畫其形於衣以象人執耿介之節也案劉成國此說誤耳繪象以觀德不取其憋惡鷩雉似山雞非即山雞也○秩秩海雉○此雉之色黑者因其所在以名之○鸐山雉○說文云翟山雉尾長者左傳疏引樊光云其羽可持而舞詩云右手秉翟案邶風簡兮毛傳云翟羽也孔疏以爲雉之羽也翟羽既可以持舞又刻其形以綴衣天官內司服掌王后之六服有闕狄鄭註云狄當爲翟釋名云闕翟翦闕繒爲翟雉形

以綴衣也鄘風偕老云其之翟也毛傳云闕翟羽飾衣也孫毓謂羽施於旌旂則可施於衣裳則否蓋附人身動則卷舒非可以羽飾鄭註內司服謂刻繒爲之形闕翟刻而不畫較毛義爲長也翟又爲染采之總名染人云秋染夏鄭註染夏者染五色謂之夏者其色以夏翟爲飾禹貢曰羽畎夏翟是其總名其類有六曰翬曰搖曰鷂曰甾曰希曰蹲其毛羽皆備五色成章染者擬以爲深淺之度是以放而取名焉○雗雉鵫雉○說文以雗雉鵫雉爲二雉郭氏則以爲一物而二名即白雉也抱朴子謂白雉有種南越尤多○雉絕有力奮○說文云奮翬也詩曰不能奮飛淮南時則訓云鳴鳩奮其羽高誘註云奮迅其羽直刺上飛也凡鳥之有力者皆能上飛此言其雉絕有力爲奮專指其力之健也○伊洛至曰翬○左傳疏引李巡云素質五彩備具文章鮮明曰翬孫炎云翬雉白質五采爲文也玉藻云王后禕衣鄭註云禕讀如翬釋名云禕衣畫翬雉之文於衣也伊洛爲土中故翬雉爲五雉之一○江淮至曰鷂○以青色爲質

而備五采者爲鵗王后之六服有揄狄鄭註云褕翟
畫搖者釋名云鷂翟畫鷂雉之文於衣也又釋名以
翬爲靑質鶅爲素質與爾雅互異○南方至曰鷷○
左傳云五雉爲五工正疏引賈逵云西方曰鷷雉攻
木之工也東方曰鶅雉摶埴之工也南方曰翟雉攻
金之工也北方曰鵗雉攻皮之工也伊洛而南曰翬
雉設五色之工也樊光註爾雅四方之雉配工亦與
賈同案古者利器用正度量以平民故五工正與九
農正並重唐虞之世工垂猶列於九官賈樊所說五
雉之名當屬漢初相傳舊說不可疑其無據也考工
記於五工之外更有刮摩之工則後來所增設耳惟
爾雅作南方曰翯而賈逵作南方曰翟杜預集解與
賈逵同疑所見本異也【註】鶡至且鳴○【正義】鶡雉
亦謂之鶡雞薛綜西京賦註云雉之健者爲鶡尾長
六尺○似山至鮮明○【正義】西山經云小華之山鳥
多赤鷩郭氏彼註云赤鷩山雞之屬匈腹洞赤冠金
背黃頸綠尾中有赤毛采鮮明與此註同鷩雉又名
鵔鸃說文云鵔鸃鷩也秦漢之初侍中冠鵔鸃冠郭

氏註子虛賦云鵕鸃似鳳有光彩史記索隱以爲鵕鸃卽山雞顔師古漢書註云鵕鸃似山雞而小冠背毛黃腹下赤項綠色其尾下紅赤光采鮮明今俗呼山雞非也魏都賦又謂之鷩鶮太平御覽引綦母邃云鷩鵕鳥名如山雞是郭以鷩雉似山雞非卽山雞也○長尾者○正義郭註西山經云翟似雉而大長尾博物志云翟雉長毛雨雪惜其尾棲高木杪不敢下食往往餓死○今白至白雉○正義南山經云播冢之山多白翰郭氏彼註云白翰白鵫也亦名鵫雉又曰白雉又北山經云縣雍之山其鳥多白鵗郭氏云卽白鵫也○翬亦至光鮮○正義舊疏引郭註此下多王后之服以爲飾七字檢諸本俱無之未知邢氏所据○說四至之名○正義左傳疏引舍人云釋四方之雉名也郭註本舍人

鳥鼠同穴其鳥爲鵌其鼠爲鼵註鼵如人家鼠而短尾鵌似鵽而小黃黑色穴入地三四尺鼠在內鳥在外

今在隴西首陽縣鳥鼠同穴山中孔氏尚書傳云共爲雄雌張氏地理記云不爲牝牡【正義】禹貢云導渭自鳥鼠同穴此釋其鳥鼠之名也書疏引李巡云鵌鼵鳥鼠之名共處一穴天性也水經註引鄭康成書註云鳥鼠之山有鳥焉與鼠飛行而處之又有止而同穴之山焉是二山鳥名爲鵌似鵽而黃黑色鼠如家鼠而短尾穿地而共處鼠內而鳥外【註】穴入至牝牡○【正義】郭云穴入地三四尺者宋書云沙州甘谷嶺有雀鼠同穴或在山嶺或在平地雀色白鼠色黃地生黃紫花草便有雀鼠穴云在隴西首陽縣者漢書地理志隴西首陽縣西南有鳥鼠同穴山山今在甘肅蘭州府渭源縣西又引孔氏尚書傳者郭氏嘗見梅賾所上古文孔傳故引之又引張氏地理記者水經註引張晏云不相爲牝牡故以名山卽其文也水經註又引杜彥遠云同穴止處養子互相哺食長大乃止

鸛鶇鶝鶔如鵲短尾射之銜矢射人【註】或說曰鸛鶇鶝鶔一名㜸羿【正義】說文作鸛專畐蹂如誰短尾射之銜矢射人廣韻作鸛鶝【註】一名㜸羿○【正義】釋文云㜸字又作隋字書云右以爲懈惰字羿古之善射者言此鳥捷勁雖羿之善射亦懈惰不敢射也因以名云郭氏圖讚云鸛鶇之鳥一名㜸羿應弦銜矢矢不著地逢蒙縮手養由不睨

鵲鵙醜其飛也翪【註】竦翅上下鳶烏醜其飛也翔【註】布翅翺翔鷹隼醜其飛也翬【註】鼓翅翬翬然疾梟鴈醜其足蹼【註】脚指間有幕蹼屬相著其踵企【註】飛即伸其脚跟企直烏鵲醜其掌縮【註】飛縮脚腹下【正義】此別鳥類飛之異狀也○鳶鵙至也翪○鵲與伯勞之類其飛不能翺翔斂足相與上下莊子所謂翂翂翐翐進不

敢爲前退不敢爲後也玃說文作㚖云歛足也○鳶烏至也翔○鳶說文作鳶鷙烏也夏官射烏氏以弓矢敺烏鳶鄭註烏鳶喜鈔盜便汙人鳶烏之類其飛爲翔說文云翔回飛也高誘淮南註云翼上下曰翶直剌不動曰翔○鷹隼至也翬○秋官翨氏掌攻猛鳥鄭註以猛鳥爲鷹隼之屬說文云隼鷙鳥也詩疏引陸璣疏云隼鷂屬也齊人謂之擊征或謂之題肩或謂之雀鷹春化爲布穀者是也鷹隼之類其飛也翬小雅斯干云如翬斯飛疏引舍人云謂鷹鷂之屬翬翬其飛疾羽聲也說文云翬大飛也○鳧雁至踵企○夏官射鳥氏掌射鳥鄭註鳥謂中膳羞者鳧雁之屬鄭風女曰雞鳴云弋鳧與雁鄭箋云往弋射鳧雁以待賓客爲燕具古者以雁爲贄春秋繁露云雁乃有類於長者長者在民上必施然有先後之隨必淑然有行列之治故大夫以爲贄鳧雁之屬其足蹼者謂其足指有幕肉相連屬也其踵企者小雅斯干云如企斯翼說文云企舉踵也衆經音義引通俗文云舉踵曰企顔師古漢書註云企謂舉足而竦身○

鳥鵲至掌縮○鳥與鵲其飛之勢殊而其掌皆縮
廣韻引文字音義云鳥鵲飄其飛掌縮在腹下

亢鳥嚨**註**嚨謂喉嚨亢即咽　其粻嗉**註**嗉者受食之處
別名嗉今江東呼粻**正義**亢鳥嚨者釋文引舍人云亢鳥
高飛也嚨嚨財可見也樊光云亢星鳥也嚨嚨亢鳥
之頸也案邶風云頡之頏之蓋鳥上飛則見其嚨樊
光以亢爲星名非也其粻嗉者釋言云粻糧也
釋獸齸屬云鳥曰嗉郭氏以爲咽中裹食處也

鶉子鳼鴽子鸋**註**別鵪鶉鶵之名　雉之暮子爲鷚**註**晚
生者今呼少雞爲鷚**正義**鶉爲蝦蟇所化鴽爲田鼠
所化化生之後便有雌雄遂有
卵生今人於田野間時得鶉卵是也此爲別其名鶉
之子名爲鳼鴽之子名爲鸋也雉之暮子爲鷚說文
鷚作翏雉子之晚而生者也淮南時則訓云天
子以雛嘗黍高誘云春鷚也雛之少者亦名鷚

鳥之雌雄不可別者以翼右掩左雄左掩右雌【正義】說文云雄鳥父也雌鳥母也此釋其形之不可別者也小雅白華云鴛鴦在梁戢其左翼鄭箋云斂左翼者謂右掩左也鳥之雌雄不可別者以翼右掩左雄左掩右雌陰陽相下之義也周禮疏引爾雅云飛曰雌雄走曰牝牡蓋爾雅舊註之文急就篇云雌雄牝牡相隨趨顏師古云飛曰雌雄走曰牝牡詩曰雄狐綏綏書稱牝雞無晨亦互言之無所滯也案此篇上文云鷯鶉其雄鶛其牝痺已互言之矣

鳥少美長醜爲鶹鷅【註】鶹鷅猶留離詩所謂留離之子

【正義】此卽上文土梟之類也詩釋文引爾雅作少美而長醜爲鶹鷅詩疏引陸璣疏云流離梟也自關而西謂梟爲流離其子適長大還食其母故張奐云鶹鷅食母許愼云梟不孝鳥是也【註】鶹鷅至之子。【正義】鶹鷅說文作鶹離聲之轉也邶風旄丘云瑣兮尾兮流離之子毛傳瑣尾少好之貌流離鳥也少好長

醜詩釋文云流本又作鶹

二足而羽謂之禽四足而毛謂之獸正義此別禽獸之異也聘禮記云宰夫始歸乘禽小雅吉日云搏獸于敖皆以毛羽爲分堯典云鳥獸毛毨鳥獸氄毛是鳥亦稱毛矣曲禮疏云語有通別別而言之羽則曰禽毛則曰獸所以然者禽者擒也言鳥力小可擒捉而取之獸者守也言其力多不易可擒先須圍守然後乃獲故曰獸也通而爲說鳥亦可曰獸獸亦可曰禽故曲禮鸚鵡不曰獸而猩猩通曰禽也易曰王用三驅失前禽則驅走者亦曰禽也又周禮司馬職云大獸公之小禽私之以此而言禽未必皆鳥也又康成註周禮云凡鳥獸未孕曰禽周禮又云禽作六贄卿羔是禽中亦有羔也白虎通云禽者鳥獸之總名以其小獸可擒故得同名禽也案孔疏推言禽獸之通稱是也考工記云天下之大獸五脂者膏者臝者羽者鱗者是獸之名所該者廣魯語謂水虞登川禽韋昭注云鼈蜃之屬

是水族亦稱禽也

鶪伯勞也【註】似鶷鶡而大左傳曰伯趙氏【正義】詩疏引李巡云伯勞一名鶪通作鴂夏小正云五月鴂則鳴鴂者百鷯也鳴者相命也月令仲夏之月鶪始鳴鄭註鶪搏勞也通卦驗云小暑伯勞鳴蓺文類聚引通卦驗云伯勞性好單棲其飛翪其鳴嗅嗅夏至應陰而鳴冬至而止疑連引通卦驗舊註或所見本異也高誘呂氏春秋註云鶪伯勞也是月陰作於下陽發於上伯勞夏至後應陰而殺蛇磔之於棘而鳴其上淮南時則訓註云五月陰極於下搏勞應陰而鳴是鴂之始鳴不出五月不必定在夏至之日也豳風云七月鳴鴂鄭箋云豳地晚寒鳥物之候從其氣焉詩疏引陳思王惡鳥論云伯勞以五月鳴應陰氣而動陽爲生仁養陰爲殺殘賊伯勞蓋賊害之鳥也離騷云恐鶗鴂之先鳴兮使夫百草爲之不芳此鳥應陰而鳴陰氣寖進則草木零落騷人預見其兆矣【註】似鶷至趙氏○

正義 釋文引字林云鶝鶔似伯勞而小左氏昭十七年傳云伯趙氏司至者也疏引樊光曰春秋云伯趙氏司至伯趙鴂也以夏至來冬至去又引蔡邕云鶪伯勞也一曰伯趙應時而鳴爲陰候也

倉庚黧黃也 註 其色黧黑而黃因以名云 正義 說文云黧黃一名楚雀其色黎黑而黃詳見上 說 其色至名云○ 正義 黧黃方言作驪黃郭氏彼註云其色黧黑而黃因名之與此同

爾雅正義卷第十八

爾雅正義卷第十九

文淵閣校理翰林院編修加三級教習庶吉士充國史館纂修官邵晉涵撰集

釋獸第十八

【正義】說文云獸守備者自吮漁既典獸臣司原物盡其性虞書云百獸率舞公羊疏引鄭註云百獸服不氏所養者也率舞言其和也大司徒土會之法山林其動物宜毛物原隰其動物宜嬴物後鄭謂毛物貂狐貒貉之屬縟毛者嬴物虎豹貔貅之屬淺毛者上古淳化百物猛獸可馴服不氏掌之而獸人所掌則主於辨其名物此篇所釋牝牡之名毛角之狀其性各殊則有善登善顧其形負異則爲牛犀似豕所爲辨其名物也虎豹貔貙之屬爲害於人者則冥氏攻猛獸以靈鼓敺之穴氏攻蟄獸以其物火之山澤之𥫗角骨物則迹人所徵也庖人掌共六獸鄭司農以麋鹿熊麕野豕

兎爲六獸野豕非可常畜而實爲豕類故豕見於釋獸上篇釋鳥云四足而毛謂之獸鼠亦四足而毛故鼠屬附見於後𪖙屬須屬又推類言之

麋牡麔牝麎其子麇【註】國語曰獸長麛麇**其跡躔**【註】脚所踐處**絕有力狄**【正義】說文云麋鹿屬也此爲別其類釋其名也麋爲六獸之一天官獸人夏獻麋醢人朝事之豆有麋臡鄭註以爲麋膏散散則涼蓋鹿爲山獸屬陽麋爲澤獸屬陰陰類故性涼也左氏宣十二年傳云射麋麗龜杜註云麗著也龜背之隆高當心者也又司裘設射侯則麋侯爲卿大夫所射白虎通義鄉射篇云諸侯射麋者示達迷惑者也麋之言迷也公羊疏引春秋感精符亦云麋之言迷也是則卿大夫射麋侯亦取其能討擊迷惑也春秋莊十七年冬多麋劉向以爲麋色青近青祥今麋青黑色肉䶂目下有兩孔相傳謂其能夜視也其牡名麔麋之有角者也其牝名麎說文云麎牝

麎也詩疏引某氏曰詩云瞻彼中原其麎孔有今毛詩吉日篇作其祁孔有鄭箋謂祁當作麎今澤中之麎少牡而多牝故詩言孔有炎其子名麌或省作夭淮南主術訓云不取麛夭高誘註麋子曰夭也其跡躔者南方麋食澤草踐土成泥謂之麋畯是其迹也其絕有力者名狄麋之屬有麈似麋而長尾說文云麈麋屬也　註　國語至麛麌○　正義　魯語里革之詞韋昭註云麋子曰麌

鹿牡麚牝麀其子麛其跡速絕有力麉　正義　說文云鹿獸也象頭角四足之形此釋其類也大戴禮記易本命云六主律律主禽鹿故禽鹿六月而生也盧辨註云麋鹿角長短大小似律麈麋之屬皆以六月生也鹿能別良草食則相呼行則同旅淮南泰族訓云鹿鳴興於獸而君子大之者取其見食而相呼也說文云鹿之性見食急則必旅行禮儷皮納聘蓋鹿皮也其牡名麚鹿之有角者黃質而白斑說文云麚牡鹿以夏至解角月令云仲夏之月鹿角解鹿爲陽獸夏至得陰氣而解

角從陽退之象也其牝名麀左氏襄四年傳云思其麀牝鄭康成曲禮註云鹿牝曰麀今麀鹿無角毛雜黃白色而無斑鹿性多羣聚夏小正云八月鹿人從鹿人從者從羣也鹿之養也離羣而善之離而生非所知時也故記從不記離君子之居幽也不言或曰人從也者大者于外小者于內率之也鹿之子名麛地官迹人云禁麛卵者王制云不麛不卵鄭註云重傷未成物也麛卵之禁通行於四時然春時禁之特嚴至於秋物備成間有取之者天官庖人云秋行犢麛士相見禮云如麛執之鄭註云秋獻麛或曰麛孤之贄也鹿之迹名速說文作𨔶鹿迹也豳風東山云町畽鹿場卽鹿所踐矣其絕有力者名麉說文作麗齊風還云並驅從兩肩兮文選註引薛君章句云獸三歲爲肩與毛傳同鄭司農周禮註又以四歲爲肩皆無依据賈公彥以爲卽鹿之絕有力者也

麕牡麌註詩曰麀鹿麌麌鄭康成解卽謂此也但重言

耳牝麌其子麆其跡解絕有力豜 正義 說文云麇麞也籀文作麕麞麇
屬今麕無角而黃黑色是麇之屬也召南云野有死
麕鄭註考工記云齊人謂麕爲獐釋文引陸璣疏云
麏麏也青州人謂之麏麕性從羣而集故羣集謂之
麇至呂氏春秋博志篇云使獐疾走馬弗能至已而
得者其時顧也高誘註云反顧稍其時故見得也淮
南主術訓云鹿之上山獐不能跂也蓋麕爲麇屬陰
性多疑故走不及鹿矣別其類則其牡名麌俗謂之
牙麞因其有牙也其牝名麜即麕之無牙者也然牙
麞雖有牙而不能噬猶鹿有角而不能觸也其子名
麆其跡名解絕有力者名豜豳風七月云獻豜于公
說文引詩作並驅從兩豜兮豜麉音同凡鹿麕子絕
有力者通得名豜 註 詩曰至言耳○ 正義 詩小雅吉
日文鄭箋云麕牡曰麌麌復麌言多也是麌麌爲重
言也說文作麀鹿嚘嚘麌鹿羣口相聚皃與鄭箋異
詩疏引郭氏音義云
麕或作麏或作麇

狼牡貛牝狼其子獥絕有力迅【正義】詩疏引舍人云狼牡名貛牝名狼其子名獥說文云狼似犬銳頭白頰高前廣後天官獸人冬獻狼鄭註以爲狼性聚聚則溫也豳風云狼跋其胡載疐其尾埤雅引毛詩草蟲經云老狼項下有袋求食滿腹向前行乃觸之退後又自踏踐上疐其尾進退有患故詩以況跋前疐後詩疏引陸璣疏云其鳴能小能大善爲小兒啼聲以誘人去數十步其猛健者雖善用兵者不能免也其膏可煎和皮可爲裘故禮記狼臅膏又曰君之右虎裘其左狼裘是也案狼善驚人故鄭康成以狐狼之屬爲秋官庭氏所射者管子兵法篇舉狼章則山行以狼爲山獸也狼之絕有力者名迅詩疏引孫炎云迅疾也

兔子嬎【註】俗呼曰䨲其跡迒絕有力欣【正義】說文云兎獸名兔謾訑善逃也小雅小弁云躍躍毚兔遇犬獲之史記集解引韓詩章句云趯趯往來逃匿其迹有時遇犬得之文

子尚德篇云兔走歸窟齊策亦謂狡兔有三窟今兔穴有三孔獵者攻之則自前躍出潛自後入獵者轉以是得之矣兔之精在目故曲禮云兔曰明視孔疏謂兔肥則目開而視明也王肅云目精明皆肥貌也兔之子名娩說文作嬔云兔子也娩疾也論衡謂兔舐毫而孕及其生子從口而出也其跡迒者方言云迒迹也說文云迒獸迹也釋名云迒者行不由正亢陌山谷草野而過也絕有力者名欣說文以兔之駿者爲㲜詩疏引倉頡解詁亦云㲜大兔也註俗呼曰䨲○正義廣雅云㝹嬔䨲兔子也釋文引字林云䨲兔子也

豕子豬註今亦曰彘江東呼豨皆通名豶豮註俗呼小豶豬爲貗子么幼註最後生者俗呼爲么豚奏者豱註今豱豬短頭皮理腠蹙豕生三豵二師一特註豬

生子常多故別其少者之名所寑檜【註】檜其所臥蓐

四豶皆白豥【註】詩云有豕白蹢蹢蹄也其跡刻絕有

力豝【註】即豕高五尺者牝豝【註】詩云壹發五豝【正義】孔穎

達云豕有野豕因記於釋獸此別其類也○豕子豬

○說文云豕彘也竭其尾故謂之豕彘豕也後蹏廢

謂之彘豬豕而三毛叢居者曲禮云豕曰剛鬣豕以

毛鬣爲辨也○豱豶○舊疏引舍人云豱一名豶說

文云豶羠豕也易釋文引說文作豶劇豕也今俗豬

呼劇豬大畜爻辭云豶豕之牙崔憬云豕本剛突劇

乃性和雖有其牙不足害物也○幺幼○凡物之小

者謂之幺故豕之幼者爲幺豚釋文引字林云小豚

也淮南主術訓云先王之法彘不期年不得食是字

幼之政不遺於禽獸也○奏者豱○此釋豬種之異

者安埋湊燹謂之豱內則言不食之物豕望視而交

睫腥注疏云腥謂肉結如星望視謂豕視望揚交睫

謂目睫毛交家若如此則其肉似星是其類也○豕
生至一特○豕以生少爲異生三子爲豵二子爲師
一子爲特召南騶虞云一發五豵鄭箋云豕生三曰
豵疏引鄭志張逸問曰豕生三曰豵不知母豕也豚
也答曰豚也過三以往猶謂之豵案豵多異說豳風
七月云言私其豵毛傳云一歲曰豵大司馬云大獸
公之小獸私之一歲之獸爲小獸也齊風還傳云三
歲曰豜豳風伐檀傳云三歲曰特王肅以爲三歲者
有二名鄭司農註大司馬云一歲爲豵二歲爲豝三
歲爲特四歲爲肩五歲爲慎說文云豵生六月豚一
曰一歲豵尚叢聚也此皆舊時相傳異說與雅義殊
○所寢檜○詩疏引舍人云豕所寢草名爲檜李巡
云豬臥處名檜某氏云臨淮之間謂野豬所寢爲檜
案禮運云夏則居檜巢鄭註夏則聚薪柴居其上是
上古穴居野處檜亦爲人所居既有宮室則檜爲豕
所寢矣方言云其檻及蓐曰檜今牧豕者積草以居
之旁爲之檻大雅公劉云執豕于牢孟子云既入其
苙牢也苙也皆所以爲之檻也○四蹢皆白豥○豕

之四蹄皆白者名豥此豕之異種猶遼東之白頭豕矣○其跡刻○豕能負塗故記其迹焉迹名爲刻○絕有力豜○今養猪有高大者剛突尤甚其名爲豜玉篇作豣○牝豝○說文云豝牝豕也其牡者直謂之豕【註】今亦至通名○【正義】方言云豬北燕朝鮮之間謂之豭關東西或謂之彘或謂之豕南楚謂之豨其子或謂之豚或謂之豯吳揚之間謂之猪子漢書註引鄧展云東海人名猪曰豨皆其通語也○俗呼至豬子○【正義】豬子爲豶猪之小者墨子非儒篇云豶彘起以其善突也易釋文引劉氏云豕去勢曰豶爾雅釋文云豶謂犍豬俱與郭異○槍其所臥蓐○【正義】槍亦名艽荀淮南修務訓云野彘有艽荀高誘以爲蓐也廣雅云槍圈也○詩云至蹄也○【正義】小雅漸漸之石文鄭箋云四蹄皆白曰駭白蹄其尤躁疾者孔疏謂爾雅此文以釋詩之白蹢駭與豥字異義同又引孫炎云蹢蹄也○詩云至五豝○【正義】召南騶虞文毛傳云豕牝曰豝

虎竊毛謂之虦貓【註】竊淺也詩曰有貓有虎【正義】方言云虎陳魏宋楚之間或謂之李父江淮南楚之間謂之李耳或謂之於䖘自關東西或謂之伯都虎毛文彪縟其淺毛者名虦貓說文作虦苗【註】竊淺至有虎○【正義】竊淺也義本說文詩曰有貓有虎大雅韓奕文毛傳云貓似虎而淺毛者也

貘白豹【註】似熊小頭庳腳黑白駁能舐食銅鐵及竹骨骨節强直中實少髓皮辟溼或曰豹白色者別名貘【正義】說文云貘似熊而黃黑色出蜀中釋文引字林云似熊而白黃出蜀郡一名白豹是貘爲白豹也王會篇云不令之元貘則貘又是黑色蓋以其黑毛而白臆故各據所見言之矣【註】似熊至名貘○【正義】史記索隱引張揖云貘似熊庳腳鋭鬐骨無髓食銅鐵與郭註同郭註山海經又以爲毛淺有光輝能食蛇

也劉逵魏都賦註引魏完南中志云貊獸毛黑白臆似熊而小以舌舐鐵須臾便數十斤出建寧郡郭又引或說者詩疏引陸璣云毛赤而文黑謂之赤豹毛白而文黑謂之白豹釋文引字林云豹似虎貝文

甝白虎【註】漢宣帝時南郡獲白虎獻其皮骨爪牙虪黑虎【註】晉永嘉四年建平秭歸縣檻得之狀如小虎而黑毛深者爲斑山海經云幽都山多玄虎玄豹也【正義】此釋虎白黑之異名也甝當作甝說文云甝白虎也虪黑虎也逸周書王會篇云般吾白虎屠州黑豹黑豹卽黑虎之類此因毛色之異而別其名【註】漢宣至爪牙○【正義】漢書郊祀志云宣帝時南郡獲白虎獻其皮牙爪上爲立祠萊漢儒以白虎擾爲思睿信立之應四子講德論又以爲偃武修文之應沈約宋書列於符瑞志然南齊屢見白虎不爲瑞也○晉永至豹也○【正義】說文繫傳引郭註云建平秭歸縣檻得

黑虎如小虎而黑毛深爲斑與此詳畧稍異郭又引
山海經者海內經云北海之內有山名曰幽都之山
其上多元豹元虎郭氏彼註云黑虎名儵又中山經
云卽谷之山多元豹郭氏云黑豹也卽今荆州山中
之黑虎也晉書地理志建平郡秭歸
縣屬荆州今爲湖北宜昌府歸州

貀無前足【註】晉太康七年召陵扶夷縣檻得一獸似狗
豹文有角兩足卽此種類也或說貀似虎而黑前無
兩足【正義】此兩足之獸名爲貀也說文引漢律云能
捕豺貀購百錢釋文云字又作豽押韻釋疑云
豽豺屬無前足能捕鼠【註】晉太至兩足○【正義】西山
經云玉山有獸焉其狀如犬而豹文其角如牛其名
曰狡郭氏彼註云晉太康七年邵陵扶夷縣檻得一
獸狀如豹文有兩角無前兩腳時人謂之狡疑非是
此蓋當時檻得異獸人以爲卽山海經之狡郭氏以
意定爲貀之類也蓺文類聚引王隱晉書云太康六

年荆州送兩足虎晉書地理志卲陵郡扶夷縣屬荆州此即郭氏所說以七年爲六年傳聞之異詞耳晉書帝紀太康六年南陽郡獻兩足獸南陽疑係召陵之訛也郭又引或說貘似虎而黑前無兩足者釋文引字林云獸無前足似虎而黑郭註本字林

鼳鼠身長須而賊秦人謂之小驢**註**鼳似鼠而馬蹄一歲千斤爲物殘賊**正義**此即鼠屬所謂鼳鼠而郭氏兩釋之則此爲獸而非鼠矣身長須而賊廣韻引爾雅無而賊二字秦人謂之小驢疑漢初傳爾雅者所增入也說文云驢似馬長耳**註**鼳似至殘賊○**正義**鼳鼠一歲千斤爲世所罕聞未知郭氏何所本也晉書郭璞傳云有物大如牛灰色卑脚類象胸前尾上皆白有力而遲鈍璞案卦名之是爲驢鼠蓋即其類也

熊虎醜其子狗絕有力麙**註**律曰捕虎一購錢三千其

狗半之【正義】左傳疏引李巡云熊虎之類其子名狗之所謂熊是說文云熊獸似豕山居冬蟄夏小正云九月熊羆豹貉鼬鼪則穴卽秋官穴氏所攻之蟄獸也熊與虎同爲山獸之猛者故其子同名爲狗絕有力者同名爲麤也古以熊配虎爲旗又同以爲射侯天官司裘云王大射則共熊侯虎侯豹侯卽夏官射人所設之三侯也白虎通義鄉射篇云天子所以射熊何示服猛巧佞也熊爲獸猛巧者非但當服猛示當服天下巧佞之臣也大夫射虎豹者示服猛也今熊山行數十里悉有跧伏之所在層巖枯木間山中人謂之熊館猛獸中信爲巧者矣【註】律曰至半之○【正義】此引漢律以證虎子名狗也玉篇作豿熊虎之子也

貍子隸【註】今或呼豾貍　貈子貆【註】其雌者名貔今江東呼貉爲貁貆　貒子貗【註】貒豚也一名貛【正義】貍貈貒皆穴居之獸

貍爲狐類貔似狐而與貒同穴故連而及之釋其子之名焉○貍子隸○說文云貍伏獸似貙夏官射人云若王大射則以貍步張三侯後鄭云貍善搏者也行則止而疑度焉其發必獲是以量侯道法之也今貍有所伺捕趨縮之步不失尺寸如鄭君所云也貍口方而身有黃黑文故楚詞九歌謂之文貍其子名隸釋文云諸家作肆或作隷舍人本作隸○貈子貆○說文云貈似狐善睡論語曰狐貈之厚以居今畜貈者扣之即寤已而復寐其毛細縟爲裘者尚之經典通作貉考工記云貉踰汶則死釋文云貉獸名依字作貈其子名貆魏風伐檀云胡瞻爾庭有縣貆兮鄭箋云貉子貆地官草人云鹹潟用貆鄭註云貆貒也賈疏引爾雅貈子貆或曰貆是貆本或作貒周禮釋文引干寶註以貆爲六獸之一也○貒子貗○說文云貒獸也玉篇云貒似豕而肥釋文引字林與說文同貒之子名爲貗【註】今或呼貛貍○【正義】釋文引字林云狸貛貍也陶註本草謂貍有數種有虎貍有貓貍亦有色黃而臭者○其雌至貄貅○此廣其異名

也釋文引字林云貜雌貑狖謂之貜廣雅云貜貁也爾雅翼引詩義問云貉子名貊形狀與貉異○貒豚至名貛○正義後世所謂貛猪也貛一名貆淮南齊俗訓云狟貉得埵防弗去而緣高誘註狟狟豚也今貛猪善攻岸修隄防者惡之

貔白狐其子縠**註**一名執夷虎豹之屬**正義**書疏引舍人云貔名白狐其子名縠說文云貔豹屬牧誓云如虎如貔禮記疏引鄭註云其威當如獸之將攫搏也貔北方之獸故大雅韓奕云獻其貔皮古者載其皮於旌旗以服猛曲禮云前有鷙獸則載貔貅鄭註貔貅亦摯獸也縠為其子之名而形狀殊異漢書音義云縠白狐子郭氏子虛賦註云縠似䶂而大要以後黃一名黃要食獼猴**註**一名至之屬○**正義**釋文引陸璣疏云貔似虎或曰似熊一名執夷一名白狐其子為縠遼東人謂之白羆

麝父麕足**註**脚似麕有香**正義**太平御覽引說文云麝黑色麞如小麋臍有香今本說文無黑色麞三字麝之足似麕故曰麕足釋文引字林云如小鹿有香李巡本作澤父云澤父獸名註脚似麕有香。**正義**郭註西山經云麝似獐而小有香與此義同

豺狗足**註**脚似狗**正義**說文云豺狼屬狗聲夏小正云十月豺祭獸善其祭而食之也高誘註呂氏春秋云豺似狗而長毛其色黃於是月殺獸四圍陳之世所謂祭獸文子上仁篇云豺未祭獸置罘不得通於野是古者以爲冬狩之候焉其性善搏噬故師旅取其象牧誓云如熊如羆史記引作如豺如離衆經音義引倉頡解詁云豺似狗白色爪牙迅利善搏噬也四子講德論云牧獸者不畜豺

貙獌似貍**註**今山民呼貙虎之大者爲貙豻**正義**獌獸之長者與下文貙似貍名狀相同而實爲二獸謝靈運山居賦註云獌似貙而長狼之屬一曰貙說文云獌狼屬釋

文引字林亦云貜狠屬一曰貙也【註】今山至貙豻○【正義】郭註子虛賦云蝯蜒大獸似貍長百尋所說形狀似過於長聞者疑焉廣韻謂貜蜒長八尺差爲近之豻者郭註子虛賦云野犬似狐而小釋文引字林與郭註同說文云豻或作犴

羆如熊黃白文【註】似熊而長頭高腳猛憨多力能拔樹木關西呼曰貑羆【正義】詩疏引舍人云羆如熊色黃白也孫炎曰書云如熊如羆羆爲熊類而力大於熊有赤黃二種而古者以黃爲貴大雅韓奕云赤豹黃羆羆王會篇載諸國所獻有黃羆淮南道應訓亦謂散宜生得元豹黃羆以爲獻皆取羆之黃者禹貢以熊羆狐狸爲梁州之貢是貢羆之始也詩疏引陸璣疏云羆有黃羆有赤羆大於熊其脂如熊白而麤理不如熊白美也案陸疏以食味言之小雅大東云熊羆是裘則羆皮可爲裘矣【註】似熊至貑羆○【正義】羆與熊相似古人多連舉淮南說山訓

云熊羆之動以攫搏高誘云熊羆多力故能攫搏郭註山海經云羆似熊而黃白色猛憨能拔樹與此註畧同郭又云關西呼曰貑羆者据時驗也今獵者不知有羆熊而分熊爲三種曰猪熊曰馬熊曰人熊柳宗元謂鹿畏貙貙畏虎虎畏羆羆之狀被髮人立而甚害人是以人熊爲羆矣

麢大羊【註】麢羊似羊而大角圓銳好在山崖間【正義】說文云麢大羊而細角張揖子虛賦註野羊麢羊也似羊而青顏師古云野羊今所謂山羊也非麢羊矣後漢書西南夷傳作靈羊云能療毒【註】麢羊至崖間○【正義】郭註山海經云麢似羊而大角細好在山崖間與此註畧同陶註本草云今出建平宜都諸蠻中及西域多兩角者一角者爲勝角甚多節蹙蹙員繞別有山羊角極長唯一邊有節節亦疎大而不入用羌夷云只此名麢羊甚能步峻短角者名山羊案麢羊與山羊相似以角爲異麢羊夜宿以角掛樹不著地人得其角彎中深銳猶有掛痕山羊即下文羱羊詳見下

麠大麃牛尾一角【註】漢武帝郊雍得一角獸若麃然謂之麟者此是也麃卽麞【正義】說文云麠大鹿也牛尾一角麠或作麖麠爲麃之大者王會篇云發人麃麃者若鹿迅走管子地員篇云既有麋麃又且多鹿是麃爲鹿之屬【註】漢武至卽麞〇【正義】史記封禪書云郊雍獲一角獸若麃然有司曰陛下肅祗郊祀上帝報享錫一角獸蓋麟云索隱引韋昭云體若麕而一角春秋所謂有麕而角是也楚人謂麕爲麃郭引漢武時事以爲漢武所獲者卽麃也然漢書終軍傳云從上雍獲白麟一角戴肉今麃未聞其戴肉其別爲一獸與郭又云麃卽麞者麞卽是麕卽韋昭所云楚人謂麕爲麃也然麃爲鹿屬其肉特美陸璣所謂四足之美有麃顏師古郊祀志註謂麃爲鹿屬形似麞是矣衆經音義引爾雅註云麃卽麞也黑色耳疑今本郭註脫黑色耳三字

麔大麢旄毛狗足【註】旄毛㲠長【正義】說文云麔大麋也狗足麔或作麂案說文

所謂大麋當係大麋之訛麋籀文作麢即獐也山海經云女几之山其獸多麢麈今所在山中有之其大者大於獐然小於獐者特多毛長而足短善騰躍好登山峯夜鳴如老人欬笑牡者有短角

【註】旄毛猥長○【正義】釋文引字林云猥多毛犬也麢皮細耨今人或以爲履

羆如小熊竊毛而黃【註】今建平山中有此獸狀如熊而小尾麈淺赤黃色俗呼爲赤熊【正義】羆即熊之類也釋文引字林云獸如熊黃而小竊毛者淺毛也夏官方相氏掌蒙熊皮鄭註云冒熊皮者以驚敺疫癘之鬼如今魌頭魌魌聲相近羆即熊類故蒙熊皮者謂之魌矣

貗貐類貙虎爪食人迅走【註】迅疾【正義】貗貐與貙相類故說文以爲貗貐似貙也物類相感志引孫炎云獸中最大者龍頭馬尾虎爪長四尺善走以人爲食遇有道君隱藏無道君

出食人矣高誘淮南註云猰貐獸名狀若龍首或曰似貍善步而食人此不經見之獸故說者多異辭貍狀似貙故亦云似貍【註】迅疾。【正義】釋詁文北山經云少咸之山有獸焉狀如牛而赤身人面馬足名猰貐其音如嬰兒海內南經云猰貐龍首海內西經云猰貐者蛇身人面所說形狀與雅訓殊郭所不取

狻麑如虦貓食虎豹【註】即獅子也出西域漢順帝時疏勒王來獻犎牛及獅子穆天子傳曰狻猊日走五百里【正義】說文云狻麑獸也如虦貓食虎豹者又云虦師子也是狻麑一名虦也大雅常武云闞如虦虎其以狻麑與虎並舉與虦貓爲虎之淺毛者狻麑與相似力猛能食虎豹又能搏象而殺之【註】即獅至百里。【正義】後世俱謂狻麑爲獅子後漢書孝順帝紀云陽嘉三年疏勒國獻獅子犎牛註引東觀漢紀云疏勒王遣使文時詣闕獻獅子似虎正黃有頓彰尾端毛大如斗郭又引穆天子傳者傳云狻麑野馬行

五百里今相傳獅子走最迅疾日行不止五百里云五百里者約舉之詞也

䮂如馬一角不角者騏【註】元康八年九真郡獵得一獸大如馬一角角如鹿茸此即䮂也今深山中人時或見之亦有無角者【正義】公羊疏引舍人云䮂如馬而有一角不有角者名騏王會篇云俞人雖馬孔晁註云雖馬䮂如馬一角不角者騏子虛賦謂之游騏張揖註引爾雅此文爲證也【註】元康至角者○【正義】晉書地理志九真郡屬交州葢當時獵得一角之獸郭氏舉類以況也

羱如羊【註】羱羊似吳羊而大角角橢出西方【正義】羱羊似常畜之羊而大說文云莧山羊細角也讀若丸繫傳云本草註莧羊似麢羊角有文俗作羱後漢書以爲鮮卑有野馬羱羊也釋文引字林云野羊大角野羊即山羊矣【註】羱羊至西方○【正義】吳羊即釋畜所謂羒羊也

羱羊似之而角大顏師古急就篇註云西方有野羊大角牡者曰羱牝者曰羠並以時墮角其羱羊角尤大今人以爲鞍橋羠角差小可以爲刀子把爾雅曰羱如羊卽此也今羱羊出甘肅西寧府大者重百斤角環盤郭云角橢者謂其狹而長也後漢書註引郭註無角橢二字

麐麕身牛尾一角【註】角頭有肉公羊傳曰有麕而角【正義】詩疏引李巡云麐瑞應獸名孫炎云靈獸也說文云麐牝麒也麒仁獸也麋身牛尾一角案說文以麟爲大牝鹿今經典多作麒麟假借字也周南云麟之趾毛傳云麟信而應禮以足至者也禮運云麟以爲畜則獸不狘大戴禮記易本命云有毛之蟲三百六十而麒麟爲之長禮記疏引京房易傳云麟麕身牛尾馬蹄有五彩高丈二又引服虔左傳註云麟中央土獸土爲信信禮之子修其母致其子視明禮修而麟至詩疏引陸璣疏云麟麕身牛尾馬足黃色圓蹄一角角端有肉音中鐘呂行中規矩遊必擇地詳而後

處不履生蟲不踐生草不羣居不侶行不入陷穽不罹羅網王者至仁則出今幷州界有麟大小如鹿非瑞應麟也故司馬相如賦曰射麋腳麟謂此麟也**註**麟角頭至而角。**正義**角頭有肉者麟趾毛傳云麟角所以表德也鄭箋云麟角之末有肉示有武而不用禮記疏引廣雅云文章斌斌故呼爲大角之獸今本廣雅無此語公羊傳曰有麕而角者哀十四年傳文孔叢子作有麐肉角麐即麕也郭氏引以證麐爲麕身也

猶如麂善登木**註**健上樹**正義**猶獸狀如麐以其善援上樹故說者以爲玃屬曲禮云定猶與也孔疏引說文云猶玃屬與亦是獸名象屬此二獸皆進退多疑人多疑惑者似之也與豫古字通此以猶豫爲二獸然舊說多謂猶獸能豫防不以豫爲獸名顏氏家訓云猶獸名也既聞人聲乃豫緣木如此上下故稱猶豫顏師古漢書註云此獸性多疑慮常居山中忽聞有聲即恐有人且來害

之每豫上樹久之無人然後敢下須臾又上如此非
一故不决者稱猶豫焉此皆言如麐之獸善登木也
或以猶爲犬名常豫在人前殊非雅義史記索隱引
崔浩説謂猶猨屬卬鼻長尾性多疑拔卬鼻者乃蜼
而非
猶也

貄修毫【註】毫毛長【正義】貄説文作𢊁云脩豪獸又云𧰲
豕鬣如筆管者籀文作豪徐鉉云今
俗别作毫非是長楊賦云拖豪豬顔師古云豪豬一
名希豬自爲牝牡者也【註】毫毛長○【正義】方言云脩
長也廣雅云毿毛謂之毫文
選註引聲類云毫長毛也

貙似貍【註】今貙虎也大如狗文如貍【正義】貙似虎而五
爪以立秋殺物故
漢有貙劉之祭鄭註夏官射人云今立秋有貙劉臨
鐵論亦謂涼風至殺氣動天子行微刑始貙劉以順
天氣漢書蘇林註云貙虎屬常以立秋祭獸王者亦
以是日出獵遂以祭宗廟故有貙膢之祭【註】今貙至

如貍○【正義】郭註子虛賦云貙似貍而大釋文引字林與子虛賦註同

兕似牛【註】一角青色重千斤【正義】說文云兕如野牛青毛其皮堅厚可制鎧古者射兕以服猛故鄉射禮云大夫兕中兕善觝觸故又以比戰士小雅何草不黃云匪兕匪虎鄭箋云兕虎比戰士也淮南說山訓云兕牛之動以觝觸是也兕皮爲甲堅厚勝於犀甲考工記函人爲甲兕甲壽二百年犀甲壽百年吉日云殪此大兕晉語云唐叔射兕於徒林殪以爲大甲蓋取其皮之堅矣兕角可以爲酒觥說文云觵兕牛角可以飲者也其狀觵觵然詩疏引韓詩說兕觥以兕角爲之容五升郭氏圖讚所謂皮充武備角助文德也【註】一角至千斤○【正義】詩疏引某氏云兕牛千斤是郭氏所本也郭註山海經云兕似水牛青色重三千斤三字疑衍文也左傳疏引劉欣期交州記云兕出九德有一角角長三尺餘形如馬鞭柄

犀似豕【註】形似水牛豬頭大腹庳脚脚有三蹄黑色三角一在頂上一在額上一在鼻上鼻上者即食角也小而不橢好食棘亦有一角者【正義】說文云犀南徼外牛一角在鼻一角在頂似豕地官迹人以時徵齒角骨物犀象其大者也犀皮堅韌故犀甲七屬掌於函人太平御覽引蔡邕月令章句亦云犀兕水牛之屬以爲甲楯鼓鞞其角之異謂之文犀伊尹朝獻商書令正南以文犀爲獻吳語云奉文犀之渠韋昭註文犀犀角之有文理者【註】形似至角者○【正義】左傳疏引交州記云犀出九德毛如豕蹄有三甲頭似馬有三角鼻上角短額上頭上角長又引吳錄地理志云武陵沅南縣以南皆有犀是犀出南方故爾雅九府以犀象爲南方之美也郭註山海經說犀形狀與此註畧同劉逵吳都賦註云犀狀如水牛頭似豬四足類象蒼黑色一角當額上鼻上角亦橢也又有小角五寸不墮者性好

食蕀卩中洒血武陵巴南山中有之與此註可相證

彙毛刺【註】今蝟狀似鼠【正義】彙說文作𢑴云蟲似豪豬者或作蝟薛綜西京賦註云猬其毛如刺史記龜策傳云蝟辱於鵲集解引郭璞云蝟能制虎見鵲仰地淮南萬畢云鵲令蝟反腹者蝟憎其意心惡之也今蝟見人則掩面腹下攢毛外刺圜轉不可搏執相傳虎誤吞之則破其腹而出見鵲則仰腹受啄或曰蝟惡鵲聲仰腹受啄欲掩取鵲而反爲鵲所制也【註】今蝟狀似鼠○【正義】蝟之大者如小豘故說文以爲似豪豬小者似鼠郭註山海經云赤毛如刺蝟今蝟多蒼白色聲如犬嘷

狒狒如人被髮迅走食人【註】梟羊也山海經曰其狀如人面長脣黑身有毛反踵見人則笑交廣及南康郡山中亦有此物大者長丈許俗呼之曰山都【正義】狒說文

引爾雅作𩳐𩳐王會篇云州靡費費其形人身反踵自笑笑則上脣弇其目食人北方謂之土螻狒狒作費費因聲近而轉也【註】梟羊巫山都○【正義】淮南汜論訓云山出嘄陽高誘註嘄陽山精也人形長大而黑色身有毛若反踵見人而笑郭引山海經者海內南經文也郭又云交廣及南康郡山中亦有此物者山海經註云今交州南康郡深山中皆有此物土俗謂之山都南康今有贛水因有此人因以名水又郭氏圖讚云狒狒怪獸被髮操竹見人則笑脣蔽其目終亦號咷反爲我戮劉逵吳都賦註云梟羊喜食人大口其初得人喜而笑邪脣上覆額移時而後食之人因爲筒貫於臂上待執人人卽抽手從筒中出鑿其脣於額而後禽之

貍狐貒貈醜其足蹯【註】皆有掌蹯其跡厹【註】厹指頭處

【正義】貍狐貒貈四獸之類釋其足跡之名也鄭康成地官註作貂狐貒貉賈疏云言貂不言貍者鄭君所

讀爾雅爲貂不爲狸也說文引爾雅作狐狸貛貉醜其足蹯其迹厹又云獸足謂之番从釆田象其掌或从足从煩今經典通作蹯左氏文元年傳云王請食熊蹯而死杜註云熊掌難熟或云熊好舐其掌故熊掌爲珍膳是獸掌名爲蹯也其跡厹者說文云厹獸足蹂地也

蒙頌猱狀 註 卽蒙貴也狀如蜼而小紫黑色可畜健捕鼠勝於貓九眞日南皆出之猱亦獮猴之類 正義 匡謬正俗云蒙頌爲獸狀類猱案今嶺南有獴獱若黑白黃狸狀類貓而大常貓見而避之

猱蝯善援 註 便攀援 **玃父善顧** 註 貑玃也似獮猴而大色蒼黑能玃持人好顧眄 正義 此別蝯與玃之異各舉其狀以爲別也○猱蝯善援○初學記引孫炎云猱母猴也小雅角弓云無教猱升木毛傳猱猨屬鄭箋云猱之性善登木也說

文云蝯善援禺屬徐鉉云今俗別作猨非是案蝯與沐猴靜躁不同而狀相類單舉其文則或謂之猱或謂之蝯連舉其文則謂之猱蝯管子形勢解云緣高出險猱蝯之所長而人之所短也又云墜岸三仞人之所大難也而猱蝯飲焉是並稱猱蝯也今猱蝯好攀援其飲水輒自高崖或大木上纍纍相接而下飲畢相引而上其爲善援信若管子所言矣詩疏引陸璣疏云猱獮猴也楚人謂之沐猴老者爲玃長臂者爲猨猨之白要者爲獑胡猨駿捷於獮猴此就其類而言之毋沐獮聲相近實一獸也○玃父善顧○說文云玃母猴也爾雅云玃父善顧攫持人也案沐猴老者爲玃故許氏以玃爲母猴郭註上林賦亦云能攫搏故云玃也呂氏春秋察傳篇云狗似玃玃似母猴母猴似人高誘註云玃猳玃獸名也註猳玃至顧眄○正義張揖上林賦註云似獮猴而小博物志謂其長七尺人行健走名曰猴玃或曰猳玃則郭氏以爲似獮猴而大者是也猳玃乘間而攫故多顧眄郭氏江賦云孤玃登危而雍容蓋狀其登高顧眄也

威夷長脊而泥【註】泥少才力【正義】說文云委虒虎之有角者也委威聲相近如周道倭遲韓詩作周道威夷是也虒有夷音是威夷即委虒矣廣韻云虒似虎有角好行水中

麔麚短脰【註】脰項【正義】麋之牡者爲麔鹿之牡者爲麚皆短項也說文引作麔豭短脰

贙有力【註】出西海大秦國有養者似狗多力獷惡【正義】廣韻云贙獸名似犬郭氏讚云爰有獷獸厥狀似犬飢則馴服飽則反眼出於西海名之曰贙【註】出西至獷惡○【正義】後漢書云大秦國在海西亦云海西國新唐書西域傳云拂菻古大秦也有獸名贙大如狗獷惡多力太平寰宇記與新唐書同贙傳寫誤作贙

豦迅頭【註】今建平山中有豦大如狗似獼猴黃黑色多髯鬣好奮迅其頭能舉石擿人貜類也【正義】說文引司馬相如說

以虞爲封豕之屬玉篇云封虞豕屬也高誘淮南註以梟羊似遽類遽卽虞也

蜼卬鼻而長尾【註】蜼似獼猴而大黃黑色尾長數尺似獺尾末有岐鼻露向上雨卽自縣於樹以尾塞鼻或以兩指江東人亦取養之爲物捷健【正義】廣雅云狖蜼也尾長四五尺春官司尊彝有蜼彝又天子冕服十二章五曰宗彝謂畫虎蜼虎取其服猛蜼取其有智也文子尚德篇云猨狖之捷來格淮南說林訓作猨狖之捷來乍高誘云猨狖屬仰鼻而長尾乍暫疾也以其操捷來使疾擊而取之【註】蜼似至捷健○【正義】山海經云鬲山多猨蜼郭氏註與此同史記索隱亦云蜼尾端爲兩岐天雨便以尾插鼻兩孔後漢書註云零陵南康人呼之音餘建平人呼之音相贈遺之遺又音余救反皆土俗語輕重之不同耳郭氏讚云寓屬之才莫過於蜼雨則自懸塞鼻以尾厥性雖陋列象宗彝

時善乘領【註】好登山峰【正義】舊疏云好登山峰之一獸也然所未詳

猩猩小而好啼【註】山海經曰人面豕身能言語今交阯封谿縣出猩猩狀如貛㹠聲似小兒啼【正義】王會篇云都郭狌狌狌狌若黃狗人面能言淮南氾論訓云猩猩知往而不知來高誘云猩猩北方獸名人面獸身黃色禮記曰猩猩能言不離走獸見人往走則知人姓氏又嗜酒人以酒搏之飲而不能息不知當醉以擒其身案今曲禮作不離禽獸高註引作走獸所見本異也【註】山海至兒啼○【正義】海內南經云狌狌知人名其爲獸如豕而人面郭氏彼註云今交州封谿縣出狌狌土俗人云狀如豚膜如狗聲如小兒啼也太平御覽引爾雅作猩猩小兒啼

闕洩多狃【註】說者云脚饒指未詳【正義】釋文云凢字林或作狃凢爲脚指跡

也闕洩
未詳

寓屬【正義】題上事也方言云寓寄也上所說諸獸或寄於木或寄於穴郭氏下文註云獮猴之類寄寓木上後漢書註云寓屬謂穴居之屬是兼熊羆之類言之也鄭註春官司尊彝引爾雅作禺屬釋文引舍人本作麌屬說文云蝯善援禺屬又云禺猴屬獸之愚者也

鼢鼠【註】地中行者【正義】說文云鼢地行鼠伯勞所化也一曰偃鼠鼢或作蚡莊子逍遙遊云偃鼠飲河不過滿腹今人呼地中鼠爲地鼠竊出飲水如莊子所言李頤註以偃鼠爲鼹鼠誤矣廣雅作鼹鼠偃鼹聲相近也釋文云本或作鼴方言謂之犁鼠

鼸鼠【註】以頰裏藏食【正義】文選註引李巡云鼸鼠鼱鼩鼠也夏小正云正月田鼠出田鼠者嗛鼠也記時也嗛與鼸通墨子非儒篇云鼸鼠藏蓋鼸鼠冬藏穴中故記其出之時也說文云鼸䶗也

鼢鼠屬【註】以頰裏藏食。【正義】釋文引孫炎云鼸者頰裏也郭註本孫炎

鼷鼠【註】有螫毒者【正義】說文云鼷小鼠也春秋成七年鼷鼠食郊牛角何休云鼷鼠鼠中之微者又定十五年哀元年俱鼷鼠食郊牛京房易傳云祭天不愼鼷鼠食郊牛角劉向以爲鼠小蟲性盜竊鼷又其小者也牛大畜祭天尊物也角兵象在上君威也小小鼷鼠食至尊之牛角象季氏乃盜竊之人將執國命而傷君威而害周公之祀也董仲舒以爲養牲不謹得春秋重祀事之意矣【註】有螫毒者。【正義】春秋集註引孫炎云有螫毒如鼠狼郭祇云有螫毒者以鼷鼠至微與鼠狼不相似也玉篇云鼷鼠小鼠也螫毒食人及鳥獸皆不痛今之甘鼠也釋文引博物志云鼠之最小者或以爲耳鼠案今俗傳鼷鼠能入人耳甘而不知痛其爲螫毒不特牛有其害矣莊子應帝王云鼷鼠深穴乎神丘之下以避熏鑿之患漢書所謂社鼷不灌屋鼠不熏也淮南人間訓云塘漏若鼷穴一墣之所能塞也葢鼷鼠本小其穴

自小
矣
鼶鼠【註】夏小正曰鼶鼬則穴【正義】説文云鼶鼠也玉篇
云田鼠鼢鼶鼠也鼢卽地中行之鼢鼠鼶卽鼶鼠也
【註】夏小至則穴。【正義】夏小正九月之文蓋蟄以九
月至正月則出爲田
鼠二月則化爲鴽矣
鼬鼠【註】今鼬似鼦赤黃色大尾啖鼠江東呼爲鼪【正義】此後
世所謂鼠狼也説文云鼬如鼠赤黃而大食鼠者今
鼠狼能捕鼠及禽畜祇雞者患之或追截其尾【註】今
鼬至爲鼪。【正義】説文云貂鼠屬大而黃黑郭氏舉
類以況也江東呼爲鼪者莊子所謂騏驥驊騮捕鼠
不如貍鼪
者是也
鼩鼠【註】小鼱鼩也亦名䶂鼩【正義】説文云鼩精鼩鼠也
文選註引李巡云鼩鼱鼠

一名鼷鼠案鼩鼠爲鼠之小者故亦有
鼷鼠之名然與食牛之鼠爲二鼠也

鼭鼠**註**未詳

鼣鼠**註**山海經說獸云狀如鼣鼠然形則未詳**正義**釋文引舍人云其鳴如犬也**註**山海至未詳。**正義**中山經云倚帝山有獸焉其狀如鼣鼠白耳白喙名曰狙如郭氏彼註云爾雅說鼠有十三種中有此鼠形所未詳也

鼫鼠**註**形大如鼠頭似兔尾有毛青黃色好在田中食粟豆關西呼爲鼩鼠見廣雅音雀**正義**詩疏引孫炎云五技鼠也荀子勸學篇云梧鼠五技而窮大戴禮記作鼫鼠五伎而窮說文云鼫五技鼠也能飛不能過屋能緣不能窮木能游不能渡谷能穴不能掩身能走不能先人易疏引蔡邕勸學篇云鼫鼠五能不成一技術所說五

能與說文同【注】形大至音雀。【正義】鼫鼠通作碩鼠九家易云碩鼠喻貪翟元云碩鼠晝伏夜行貪猥無已碩鼠夜出食禾故郊特牲云迎貓爲其食田鼠也食禾之田鼠爲碩鼠鼠與化鴽之田鼠名同而實異也詩疏引舍人云詩曰碩鼠碩鼠五技鼠也陸璣疏云今河東有大鼠能人立交前兩脚於頸上號舞善鳴食人禾苗人逐則走入樹空中亦有五技或謂之雀鼠是也鼩者說文云鼩从鼠勺聲廣雅云鼩爵鼠鼩爵聲相近故郭云音雀諸本誤作鼩鼠復改雀爲瞿其誤蓋始於沈旋集註而諸家本俱因之陸德明旣定作鼩字以鼩字爲非而復爲瞿字作音尚疑未能定也今改正

鼤鼠鼨鼠【注】皆未詳【正義】玉篇云鼨斑毛鼠說文云鼨豹文鼠也與郭氏異

豹文鼮鼠【注】鼠文彩如豹者漢武帝時得此鼠孝廉郎終軍知之賜絹百匹【正義】郭氏以豹文下屬鼮鼠蓋据終軍豹鼠之說也【注】鼠文至

百匹○**正義**郭氏爾雅序云豹鼠既辯其業亦顯然說豹鼠者多異詞玉篇云鼮鼠名漢武帝時有此鼠文如豹終軍識之賜絹百匹與此註同廣韻引竇氏家傳云竇攸治爾雅舉孝廉爲郎世祖與百寮遊於靈臺得鼠身如豹文熒有光輝羣臣莫有知者唯攸對曰此名鼮鼠事見爾雅乃賜絹百匹水經註及文選註引三輔決疑註並載竇攸此事其以豹文爲鼮鼠則同也說文以豹文上屬鼨鼠唐書盧若虛傳云時有獲異鼠者豹首虎臆大如拳職方辛怡諫謂之鼮鼠若虛曰非也此許愼所謂鼨鼠豹文而形小一座盡驚是豹文之爲鼮爲鼨舊亦互存兩說也

鼰鼠**註**今江東山中有鼰鼠狀如鼠而大蒼色在樹木上音巫覡**正義**此與寓屬之鼰鼠同名一爲獸一爲鼠有異耳然鼠屬之鼰在樹木上則亦寓屬也**註**今江至巫覡○**正義**鼠之在樹木上者今人所謂松鼠也似鼠蒼色而長尾云音巫覡者猶云音

巫覡之覡

鼠屬【正義】說文云鼠穴蟲之總名此別其類也釋文引字林云鼵鼠卽鼫鼠也郭不從者名可單舉不必皆爲別二名也例見釋魚

牛曰齝【註】食之已久復出嚼之羊曰齥【註】今江東呼齝爲齥麋鹿曰齸【註】江東名咽爲齸齸者齥食之所在依名云鳥曰嗉【註】咽中裹食處寓鼠曰嗛【註】頰裹貯食處寓謂獮猴之類寄寓木上【正義】牛曰齝者說文云齝吐而噍也衆經音義引郭註作食已復出嚼之也羊曰齥者說文云齥羊粻也釋文引埤蒼與說文同張揖云羊食已吐而更嚼之麋鹿曰齸者說文云齸麋鹿粻也釋文引埤蒼云鹿粻也廣韻云吞芻而反出嚼之也鳥曰嗉

者釋鳥云亢鳥嚨其粻嗉是齸䳒嗉皆羊麇鹿與鳥之粻因郎其受粻之處名爲齸爲䳒爲嗉也寓鼠曰嗛者說文云嗛口有所銜也今奇君木上之鼠竊果而食故謂之嗛矣

齸屬【正義】此因麋鹿曰齸并及於牛羊鳥鼠故總題齸屬皆謂咽中藏食復出嚼之也郭氏因寓鼠而兼釋上文寓屬之義也

獸曰釁【註】自奮迅動作　人曰撟【註】頻伸夭撟　魚曰須【註】鼓顋須息　鳥曰狊【註】張兩翅皆氣體所須【正義】獸曰釁者獸欲舒其氣體則自奮迅故謂之釁宋本郭註無動作二字諸本有之人曰撟者說文云撟舉也曲禮云君子欠伸孔疏以爲體疲則伸也趙岐孟子註云折枝按摩折手節解罷枝是氣體所須之類也魚曰須者魚値淺水輒自鼓其鰓鬣有所須也鳥曰狊者張拍其翅論語云三嗅而作皇侃義疏引虞喜說云子路見

雉在山梁因設食物以張之雉性明儆知其非常三
嗅而作去不食其供也虞喜所說與爾雅合也嗅與
狊通

須屬【正義】此因釁動而連及之皆
爲氣體所須故總題須屬

爾雅正義卷第十九

爾雅正義卷第二十

文淵閣校理翰林院編修加三級教習庶吉士充國史館纂修官邵晉涵撰集

釋畜第十九

【正義】畜爲獸之畜於家者周禮疏云案爾雅在野曰獸在家曰畜據此兩篇分釋而言古者畜亦稱爲獸鄭注天官獸醫云獸牛馬之類祭義云古者天子諸侯必有養獸之官犧牷祭牲必於是取之是散文相通也對文則獸畜異陸德明云釋獸釋畜二篇俱釋獸而異其名者畜是畜養之名獸是毛蟲總號故釋畜唯論馬牛羊雞犬釋獸通說百獸之名案天官庖人辨六畜之名物鄭注云六畜六牲也始養之曰畜將用之曰牲春官小宗伯毛六牲而頒之於五官使共奉之鄭司農謂司徒主牛宗伯主雞司馬主馬及羊司寇主犬司空主家夏官職方氏謂之六擾以其可擾習也馬屬及於騊駼野馬牛屬及於犘牛犂牛者服牛乘

馬所以引重致遠故有取於遠方駿異之產太宰九貢之法所謂物貢也畜說文作嘼云犍也釋文云畜本又作嘼音同字林云嘼產也

騊駼馬【注】山海經云北海有獸狀如馬名騊駼色青【正義】逸周書王會篇云禺氏騊駼說文云騊駼北野之良馬也釋文引瑞應圖云幽隱之獸也有明王在位即至案騊駼自爲良馬故周成王時以爲貢漢有騊駼厩亦取義於良馬不必如瑞應圖所言也【注】山海至色青○【正義】海外北經文郭氏以爲其色青也又郭氏圖讚云騊駼野駿產自北域交頸相摩分背翹陸雖有孫陽終不在服此言騊駼之難致耳

野馬【注】如馬而小出塞外【正義】馬屬自有名野馬者非以野馬釋騊駼也釋文謂騊駼一曰野馬淮南主術訓云騎騵而服騊駼高誘註亦云騊駼野馬也案逸周書載伊尹朝獻商書正北

請令以槖駝白玉野馬騊駼駃騠良弓爲獻並舉野馬騊駼不以爲一物也子虛賦軼野馬而轊騊駼亦分舉爲二矣【註】如馬至塞外○【正義】穆天子傳云野馬日走五百里郭氏以爲似馬而小也云出塞外者後漢書鮮卑傳禽獸之異者有野馬

駮如馬倨牙食虎豹【註】山海經云有獸名駮如白馬黑尾倨牙音如鼓食虎豹【正義】駮似馬之獸謂之駮馬說卦傳云乾爲駮馬王廙云駁馬能食虎豹取其至健也孔疏云鋸牙如鋸能食虎豹蓋由其剛堅外著負力至健故易取象焉衆經音義引舍人云駮多力獸是也又謂之玆白王會篇云義渠以玆白玆白者若白馬鋸牙食虎豹孔晁註云玆白一名駮秦風隰有六駮毛傳引爾雅此文爲釋据陸璣疏則别有樹名駮非爾雅所云駮也【註】山海至虎豹○【正義】海外北經云北海有獸焉其名曰駮狀如白馬鋸牙食虎豹郭氏彼註以此說及王會

篇與爾雅同也又西山經云中曲山有獸如馬而身黑二尾一角虎牙爪音如鼓音其名曰駮是食虎豹可以禦兵郭氏彼註謂爾雅說駮不道有角及虎爪是郭氏以海外北經所說爲爾雅之駮也此註又兼兩說而參合之張揖子虛賦註云駮如馬白身黑尾一角鋸牙食虎豹與此註意同

騉蹄趼善陞甗【註】甗山形似甑上大下小騉蹄蹄如趼而健上山秦時有騉蹄苑【正義】此釋昆蹄之狀及其所善也釋文引舍人云騉蹄者涸蹄也研平也謂蹄平正善陞甗者能登山隒也一云甗者阪也言騉善登高歷險上下於阪李巡云騉者其蹄正堅而平似研也顧野王曰山嶺曰甗孫炎同【註】甗山至蹄苑○【正義】釋山云重甗隒郭註云甗甑也山形似之詳見釋山趼者說文云趼獸足企也郭云蹄似趼者以趼與研聲同本或作研故以爲蹄平之證也秦有騉蹄苑者漢有昆蹄廄本於秦制百官公卿表有昆蹏令丞顏師古註云昆獸名也

蹄研者謂其蹄下平也善陞甗者謂山形如甑而能升之也㝖師古以昆爲獸名非也應劭以昆蹄爲好馬名是矣

騉駼枝蹄趼善陞甗【註】騉駼亦似馬而牛蹄【正義】騉駼蹄異耳釋文引李巡云騉駼其迹枝平似趼亦能登高歷危險也孫炎云騉駼之馬枝蹄如牛而下平皆以騉駼爲馬名也釋文又引舍人云騉駼外國之名枝蹄者枝足也與李孫異義【註】騉駼至牛蹄○【正義】騉駼似馬故西京賦云陵重巘獵騉駼薛綜註云山之上大下小者曰巘昆駼如馬枝蹄善登高

小領盜驪【註】穆天子傳曰天子之駿盜驪綠耳又曰右服盜驪盜驪千里馬【正義】小領細頸也駿馬細頸者名盜驪史記秦本紀作溫驪徐廣云溫一作盜索隱引劉伯莊音義云盜驪盜竊也竊淺青色【註】穆天至里馬○【正義】穆天子傳云天子

之駿赤驥盜驪白義踰輪山子渠黃驊騮綠耳郭註云盜驪者爲馬細頸驪黑色也綠耳者紀年曰北唐之君來見以一驪馬是生綠耳魏時西畢獻千里馬白色而兩耳黃因名之黃耳即此類也傳又曰次車之乘右服渠黃而左踰輪右驂盜驪而左山子是郭氏所引也列子周穆王篇作左驂盜驪

絕有力駥【註】即馬高八尺【正義】馬之絕有力者名駥玉篇廣韻俱云駥馬八尺釋詁云戎大也馬之高大者爲駥其力亦殊於凡馬矣下文云馬八尺爲駥

膝上皆白惟馵四骹皆白驓【註】骹膝下也四蹢皆白前【註】俗呼爲踏雪馬前足皆白騱後足皆白狗前右足白啟【註】左傳曰啟服左白踦【註】前左脚白後右足白驤左白馵【註】後左脚白易曰震爲馵足【正義】馬之白色在膝與足

者此釋其名也○膝上至白驓○膝以上皆白者謂之惟馵膝以下皆白者謂之驓詩疏引郭氏云膝上皆白爲惟馬左脚白者直名馵葢郭氏音義之文也骹者釋文引字書云骹脛也脛在膝下也○四蹢皆白前○蹢蹄也四蹄皆白者謂之前諸本訛作首桒玉篇云騚四蹄白廣韻云騚四蹄皆白也是爾雅舊本作前後人增加馬字作騚又因字形相涉前誤爲首也今改正○前足至白狗○前兩足白者謂之騱後兩足白者謂之狗釋文引舍人本騱作雞狗作狗葢假於他畜以爲名也其連稱騱者說文以爲野馬後世以爲駿馬之名○前右至白踦○前右足白者謂之啟啟者開也前左足白者謂之踦踦與掎通○後右至白馬○詩疏引樊光云後右足白曰驤左足白曰馵小雅小戎云駕我騏馵說文云馵馬後左足白也啟踦驤馵又兼其才能言之驤爲騰驤有俯仰之勢馵爲絆足狀其行步遲也【註】俗呼至雪馬○【正義】踏雪馬狀其四蹄之白也亦謂之連錢馬此因爾雅名爲前故聲轉作連錢矣○左傳曰啟服○【正義】

昭二十九年傳云衛侯來獻其乘馬曰啟服杜預註
啟服馬名○易曰至馬馵足○**正義**說卦傳文虞翻云
馬白後左足爲馵震爲
左爲足初陽爲白也

駵馬白腹騵**註**駵赤色黑鬛**驪馬白跨驈****註**驪黑色跨
髀間**白州驠****註**州竅**尾本白騴****註**尾株**白尾白駺****註**
但尾毛白**馰顙白顛****註**戴星馬也**白達素縣****註**素鼻
莖也俗所謂漫䮫徹齒**面顙皆白惟駹****註**顙額**正義**馬之
分色者白毛各有所在因别其名也○駵馬白腹騵
○駵者詩疏引孫炎云駵赤色也史記索隱引郭氏
云今名馬騵赤者爲棗駵駵馬赤也赤馬而白腹者
謂之騵檀弓云周人戎事乘騵故大雅大明云駟騵
彭彭毛傳云駵馬白腹曰騵言上周下殷也周尚赤
居上殷尚白居下孔疏謂戰爲二代革易故見此義

因武王所乘遂爲一代常法是戎事皆乘騵也騂馬則爲天子四時之駕月令夏駕赤騮中央駕黃騮黃騮爲馬赤而黃者周以赤爲尚故中央亦取騵馬也後世塞外之駿馬亦謂之騵馬淮南主術訓云騎騵馬鹽鐵論云驒騱騵馬盡爲我畜高誘云黃馬白腹曰騵是騵馬雖兼有黃色其爲白腹則同○驪馬白跨驈○說文云驪馬深黑色又云驈驪馬白跨也詩曰有驈有皇說文引詩魯頌駉篇文也毛傳用爾雅疏引孫炎云驪黑色白胯股腳白也○白州驠○說文云驠白州馬也舊疏云馬之白尻者名驠也○尾本白騴○尾之根株白者名騴本卽株也○尾白駺○馬雜色而其尾白者名駺亦謂之驃說文所謂白髦尾也○馰顙白顚○釋言云顚頂也說文云馰馬白頟也說卦傳震爲的顙虞翻云的白顙頟也震體頭在口上白故的顙秦風車鄰云有馬白顚○白達素縣○馬之鼻莖白者名曰達亦謂之素縣因其狀以名之也○面顙皆白惟駹○馬雜色而面與顙俱白者惟駹說卦傳震爲駹虞翻云駹蒼色震東方故

爲駹地官牧人云毁事用尨秋官犬人云凡幾珥沈
辜用駹可也先鄭云駹謂不純色也是駹惟面顙俱
白而其色不純古者刑馬以祭盍用之矣【註】騂赤色
黑鬣。【正義】秦風小戎云騏騂是中鄭箋赤身黑鬣
曰騂郭註本鄭箋孔穎達云今人猶謂此爲騂馬也【正義】
騂通作騮說文云騮赤馬黑毛尾。跨髀間。【正義】
詩釋文引倉頡篇云跨兩股間也孔穎達云跨者所
跨據之處謂髀間也。戴星馬也。【正義】詩疏引舍
人云的白也顙額也額有白毛今之戴星馬也郭註
本舍人駒舍人本作的。俗所至徹齒。【正義】此引
俗語相馬法以爲證也釋文云驢字書作顱謂額顱
也案今時相馬者以尨顱突目者能迅走鼻紋有字
者壽初學記引相馬經伯樂云
鼻孔欲得大鼻頭有王火字

回毛在膺宜乘【註】樊光云俗呼之官府馬伯樂相馬法
旋毛在腹下如乳者千里馬在肘後減陽在幹茀方

【註】幹脅在背闋廣【註】背別旋毛所在之名【正義】回毛旋毛也旋毛所在可別馬之良駑此釋其名也腹下有旋毛者名宜乘因共質以爲名也旋毛在肘後者名減陽旋毛在脅者名茀方旋毛在背者名闋廣【註】樊光至里馬。【正義】俗呼之官府馬樊氏據當時語也隋志有伯樂相馬經今佚說文云驥千里馬也孫陽所相者繫傳云孫陽卽伯樂也文選註引相馬經云目成人者行千里註云兩目中央旋毛爲鏡今人相馬者多取驗於旋毛以在腹下者爲犴觀又療馬者亦視其旋毛如以乘鐙爲旋毛之善賸虵爲旋毛之惡是也

逆毛居馻【註】馬毛逆刺【正義】馬有逆毛者名居馻玉篇云馻馬逆毛也今馬領上有逆毛如刺者人以爲不祥羸亦然

騋牝驪牡【註】詩云騋牝三千馬七尺以上爲騋見周禮

𩣡駒褭驂【註】𩣡駒小馬別名褭驂耳或曰此即騕褭古之良馬名【正義】鄭註夏官廋人引爾雅曰騋牝驪牡元駒褭驂賈疏云騋中所有牝則驪色牡則元色兼有駒褭驂又鄭註檀弓亦引爾雅云騋牝驪牡元是鄭讀爾雅以元字上屬也郭不從者以說文引詩曰騋牝驪牡許氏以爾雅此文所以釋詩故省文稱詩猶書傳所以釋書即稱爲書也許氏以牡字斷句郭氏讀依說文也羅願云釋獸蓋言以騋爲牝以驪爲牡而生元駒則謂褭驂也郭意或當然【註】詩云至周禮。【正義】詩鄘風定之方中文賈公彥云詩直言牝不言牡爾雅之意以詩人美衛文公直牝有三千其實兼有牡郭云見周禮者夏官廋人云七尺以上爲騋六尺以上爲馬釋文云孫炎註改上騋牝爲牡牡與郭異。元駒至馬名。【正義】郭以元駒爲小馬意以爲即今駒也淮南修務訓云馬之爲草駒之時跳躍揚蹏翹尾而走人不能制高誘註云馬五尺以下爲駒放在草中故曰草駒褭驂其別名也又引或曰此即騕褭古之良馬名者呂氏春秋離俗覽云飛兔要褭古之駿馬也史記集解引郭璞云騕褭神馬漢書註引張揖云騕褭馬金喙赤色初學記引漢書音義云騕褭者神馬也赤喙黑身

牡曰騭**註**今江東呼駁馬爲騭牝曰騇**註**草馬名**正義**此別馬牝牡之名也說文云騭牡馬也䮕牝馬也騇當從說文作䮕**註**今江至爲騭○**正義**駁馬釋文本作父馬江東呼爲父馬者猶說文以雄爲鳥父也○草馬名○**正義**草馬即牝馬今俗語猶然匡謬正俗云問牝馬謂之草馬何也答曰本以牡馬壯健堪駕乘及軍戎者皆伏皂櫪芻而養之其牝馬唯充蕃字不暇服役常牧於草故稱草馬

草之得名主於草澤矣

駵白駁黃白騜**註**詩曰騜駁其馬駵馬黃脊騝驪馬黃脊騽**註**皆背脊毛黃青驪駽**註**今之鐵驄青驪驎驒

註色有深淺斑駁隱粼今之連錢驄青驪繁鬣騥註
禮記曰周人黃馬繁鬣繁鬣兩被毛或云美髦鬣驪
白雜毛駂註今之烏驄黃白雜毛駓註今之桃華馬
陰白雜毛駰註陰淺黑今之泥驄蒼白雜毛騅註即
今騅馬也詩曰有騅有駓彤白雜毛騢註即今之赭
白馬彤赤白馬黑鬣駱註禮記曰夏后氏駱馬黑鬣
白馬黑脣駩黑喙騧註今之淺黃色者為騧馬一目
白瞯二目白魚註似魚目也詩曰有驔有魚正義馬之毛色
不純者此別其異名也○騂白駁黃白騜○馬毛有
赤有白者名駁有黃有白者名騜騜本作皇詩疏引

舍人云騂赤色名曰駁也黃白色雜名皇也案說文
云駁色不純也古者宗廟齊毫以純色爲尚故淮南
說林訓云騂駁不入牲高誘註犧牲以純色也而魯
頌駉篇首言有驈有皇者以皇驈性馴良宜於乘也
監本兩白字俱譌作日今從石經及宋本改正○騂
馬至脊騮○此別騂驪黃脊之異名也赤馬而脊毛
黃者名騝黑馬而脊毛黃者名騮說文作驔驪馬黃
脊又云騮馬豪骭也魯頌云有驔有魚毛傳驔馬豪
骭者驔騮聲近義通○青驪駽○說文云駽青驪馬
詩曰駜彼乘駽說文所引魯頌有駜文也詩疏引舍
人云青驪馬今名駽馬也孫炎云色青黑之間○青
驪驎驒○馬之青黑色而有斑文者名驒魯頌駉云
有驒有駱毛傳云青驪驎曰驒說文云驒青驪白鱗
文如鼉魚釋文引韓詩及字林俱云白馬黑鬣也案
白馬黑鬣自爲駱非驒也○青驪繁鬣騥○馬青黑
而鬣繁多者名騥檀弓云夏后氏戎事乘驪孔穎達
云三代俱以鬣爲所尚案此云繁鬣而不言其色則
其鬣亦青驪夏后氏戎事所乘也○驪白雜毛鴇○

馬毛黑白而復有雜毛者名鴇鄭風太叔于田云乘乘鴇毛傳驪白雜毛曰鴇是鴇爲田馬也○黃白雜毛駓○馬毛黃白而復有雜毛者名駓魯頌駉云有騅有駓毛傳黃白雜毛曰駓此馬有雜毛所由異於黃白色之騜也說文以駓爲黃馬白毛與雅義異○陰白雜毛駰○馬毛陰白而復有雜毛者名駰陰爲淺黑色也小雅四牡云我馬維駰駰爲乘車之馬也說文云駰馬陰白雜毛也詩疏引樊光云駰者目下白也○蒼白雜毛騅○馬毛蒼白而復有雜毛者名騅說文作蒼黑雜毛繫傳以爲蘆騅色是即後世所謂烏騅也毛傳云蒼白雜毛曰騅與爾雅同○彤白雜毛騢○馬毛赤白而復有雜毛者名騢魯頌駉云有騢有騢毛傳彤白雜毛曰騢說文云騢馬赤白雜毛謂色似鰕魚也文選註引劉芳毛詩義證云彤白雜毛曰駁非也○白馬黑鬣駱○白馬而黑鬣者名駱小雅四牡云我馬維駱月令言天子四時之駕秋駕白駱鄭康成高誘竝以駱爲白馬黑鬣也說文云駱馬白色黑鬣尾也則兼其尾言之廣雅又以爲白

馬朱鬣曰駱。白馬黑脣駩黑喙騧。白馬而脣黑者名駩釋文引孫炎本作犉云與牛同稱也白馬而黑口者名騧秦風小戎云騧驪是驂。一目白瞯二目白魚。詩疏引舍人云一目白曰瞯兩目白曰魚說文瞯作驔繫傳以爲今馬環目也瞯者釋文引倉頡篇云目病也江湖之間曰瞯說文云戴目也相馬者馬目欲得黃又欲光而有紫豔若目小多白則驚畏驚畏馬之病也【註】詩曰至其馬。【正義】詩疏引孫炎曰詩曰皇駁其馬豳風東山文也郭註本孫炎詩疏又引樊光引乾爲駁馬案宋衷說卦傳註云天有五行之色故爲駁馬郭意以此言黃白色爲駁不兼言五色故不引。今之鐵驄。【正義】說文云驖馬赤黑色驄馬青白雜毛也此云鐵驄則爲毛色之青而黑者月令言四時之駕冬駕鐵驪蓋有取乎此。色有至錢驄。【正義】詩疏引孫炎云色有淺深似魚鱗也郭氏本孫炎爲義連錢驄與連錢馬異青黑色有文者爲連錢驄四蹄皆白者直名連錢馬。禮記至髦鬣。【正義】郭引禮記明堂位文釋文云鬣髦也又

引舍人云騮馬騣也。今之烏驄。正義詩疏引郭
註作今呼之爲烏驄與今本字句微異。今之桃華
馬。正義郭註穆天子傳云騂騮色如華而赤桃華
馬是其類也。陰淺至泥驄。正義詩疏引舍人云
今之泥驄也孫炎云陰淺黑也郭氏合而釋之。郎
今至有駆。正義史記正義引顧野王云騅青白色
也顔師古漢書註云騅馬以色爲名也詩魯頌駉文
監本駁郎今騅馬也五字今据詩疏所引郭註增補
。郎今至形赤。正義文選註引劉芳毛詩證云彤
赤也郎赫白也監本彤白訛作形白今据宋本改正
。今之至騧馬。正義說文云騧黃馬黑喙毛傳與
說文同郭以爲淺黃色則與白色相近也。似魚至
有魚。正義釋文云魚字書作驄字林
作䮝詩魯頌駉文毛傳云二目白日魚

旣差我馬差擇也宗廟齊毫註尚純戎事齊力註尚强

田獵齊足註尚疾正義此引小雅吉日之文而釋之
也釋詁云差擇也宗廟齊毫者李

巡云祭於宗廟當加謹敬取其同色也戎事齊力者某氏云戎事謂兵革戰伐之事當齊其力以載干戈之屬田獵齊足者舍人云田獵取牲於園囿之中追飛逐走取其疾而已李巡某氏舍人註俱見詩疏【註】尚純至尚疾○【正義】毛傳云宗廟齊豪尚純也戎事齊力尚強也田獵齊足尚疾也郭註本毛傳爲義也孔疏云齊齊其毫毛尚純色齊其馬力尚強壯齊其馬足尚迅疾也

馬屬【正義】題上事也淮南地形訓云天一地二人三三三而九八九七十二主偶偶以承奇奇主辰辰主月月主馬故馬十二月而生說文云馬怒也武也白虎通義云大司馬主兵不言兵言馬者馬陽物乾之所爲行兵用馬不以傷害爲名故言馬也夏官馬質馬量三物一曰戎馬二曰田馬三曰駑馬校人辨六馬之物種馬一物戎馬一物齊馬一物道馬一物田馬一物駑馬一物此篇所釋騊駼褭驂之屬皆種馬也馵騆之屬皆戎馬也騵

騇之屬皆齊馬以其色之齊也騉蹄騉駼之
屬皆道馬也皇鵃白顛之屬皆田馬也蜩魚
之屬皆
駑馬也

犘牛【註】出巴中重千斤【正義】犘牛今之野牛也大者重
千斤出西寧府西寧衛【註】出巴
至千斤。【正義】或以犘牛爲卽犪牛郭氏据時驗分
爲二荀子云單足以喻則單不必其爲釋二名也

犪牛【註】卽犎牛也領上肉犪胅起高二尺許狀如橐駝
肉鞍一邊健行者日三百餘里今交州合浦徐聞縣
出此牛【正義】犪牛卽封牛後漢書順帝紀云疏勒國
獻封牛註引東觀記云封牛其領上肉墳起
若封然因以名之卽今之峯牛郭註上林賦云犦牛
領有肉堆顏師古以爲卽犎牛也【註】領上至此牛。
【正義】狀如橐駝者郭註山海經云橐駝有肉鞍善行
流沙中日行三百里負千斤知水泉所在此牛狀似

之也元和郡縣志云海康縣多牛項上有骨大如覆斗日行三百里爾雅所謂犦牛也晉交州合浦郡徐聞縣今廣東雷州府海康縣

犤牛【註】犤牛庳小今之㹇牛也又呼果下牛出廣州高涼郡【正義】犤牛即每牛也逸周書王會篇云數楚每牛每牛者牛之小者也犤每聲之轉【註】犤牛至涼郡○【正義】廣韻以㹇爲牛名即犤牛之别名也又呼果下牛者以其庳小可行果樹下也晉廣州高涼郡今爲廣東高州府桂海虞衡志有果下馬最高不踰三尺是果下牛之類也

犩牛【註】即犪牛也如牛而大肉數千斤出蜀中山海經日岷山多犪牛【正義】犩爲獸之似牛者因其大以爲名也釋文引字林云黑色而大重三千斤【註】即犪至犪牛○【正義】郭氏据當時目驗也中山經云岷山其獸多犀象犪牛郭氏彼註云今蜀山

中有大牛重數千斤名爲㹈牛晉太興元年此牛出上庸郡人弩射殺之得十擔肉即爾雅犩牛是也

犣牛【註】旄牛也髀厀尾皆有長毛【正義】釋文引字林云犣牛名也本或作鬣字此牛多毛鬣案犣牛即旄牛釋器云旄謂之蘢即此牛之尾也鄭註春官旄人云旄旄牛尾舞者所持以指麾張揖上林賦註云旄牛狀如牛而四節毛顏師古以爲即今之偏牛也莊子謂之犛牛逍遥遊云犛牛大若垂天之雲能爲大矣而不能執鼠司馬彪謂即旄牛也【註】旄牛至長毛○【正義】北山經云潘侯之山有獸焉其狀如牛而四節生毛名曰旄牛郭氏彼註云今旄牛背厀及胡尾皆有長毛是也後漢書西南夷傳云旄牛無角一名童牛肉重千斤毛可爲旄太平寰宇記云旄牛無角一曰童牛重千斤以旄牛爲即童牛案釋名云牛羊之無角者曰童是旄牛非童牛也

犝牛【註】今無角牛【正義】大畜九四云童牛之牿侯果云童牛無角之牛也犝爲隸體增加字

釋文引字林云犝牛名【註】今無角牛○【正義】監本脫今字今從宋本增

犑牛【註】未詳

角一俯一仰觭【註】牛角低仰皆踊觢【註】今豎角牛【正義】釋文引樊光云傾角曰觭說文云觭角一俛一仰也觢一角仰也易曰其牛觢案今本睽六三爻詞作其牛掣易釋文引鄭康成本作犎云牛角皆踊曰犎子夏作契荀爽作觭虞翻云牛角一低一仰故稱犎字林云一角低一角仰

黑脣犉【註】毛詩傳曰黃牛黑脣此宜通謂黑脣牛黑眥牰【註】眼眥黑黑耳犚黑腹牧黑脚犈【註】皆別牛黑所在之名【正義】牛以黑爲尚猶馬以白爲尚此別黑色所在之名也脣黑者名犉詩疏引某氏云黃

牛黑脣曰犉背黑者名牰說文云背目匡也耳黑者名犚腹黑者名牧脚黑者名犈玉篇以犈爲牛耳黑疑所見本異也【註】毛詩至脣牛。【正義】小雅無羊云九十其犉毛傳黃牛黑脣曰犉疏云傳言黃牛者以言黑脣明不與深色同而牛之黃者衆故知是黃牛也

其子犢【註】今青州呼犢爲㸬【正義】說文云犢牛子也月令季春之月犧牲駒犢舉書其數孔疏云小馬之駒小牛之犢【註】今青至爲㸬。【正義】文選註引爾雅註云今青州呼犢爲㸬㸬者䕙牛之子也較今本增多一句䕙字葢衍文也釋文引字林以㸬爲牛鳴

體長犻【註】長身者【正義】犻疑當作犻說文云犻二歲牛犙三歲牛牭四歲牛葢牛子初生爲犢二歲牛體漸長名之爲犻長犢如長幼之長郭云長身者則讀如長短之長

絕有力欣犌【正義】玉篇云犌牛有力廣韻云犌牛絕有力欣字疑衍文

牛屬【正義】題上事也說文云牛大牲也又云牛為物大此篇先言犘牛犪牛皆牛之大者也賈誼書胎教篇云牛者中央之牲也鄭註周禮云牛屬司徒土也牛能任載地之類故為土土色黄故牛類多黄此篇別牛黑所在就黄牛而別之也

羊牡羒【註】謂吳羊白羝牝牂【註】詩曰牂羊墳首【正義】羊之白毛者其牡名羒其牝名牂說文云羒牂羊也牂牡羊也許氏以白羊統名牂羊故以羒為牂羊也莊子徐無鬼篇云未嘗好牧而羊生於奥釋文云西南隅未地是則以羊配未由來舊矣古者以牂羊之裘為惡衣墨子兼愛篇云晉文公好士之惡衣故文公之臣皆牂羊之裘【註】謂吳羊白羝。【正義】廣雅云吳羊牡一歲曰牡䍫三歲曰羝其牝一歲曰牸䍫三歲曰牂郭氏取廣雅之義故云吳羊白羝也然羝又黑白羊之通名說文云羝牡羊也易言羝羊觸藩詩言取羝以軷墨翟書言羝羊視皆通言也監本作白羒今從宋

本○詩曰至墳首○正義小雅苕之華文毛傳牂羊
牝羊也墳大也牂羊墳首言無是道也孔疏云牝小
羊也首必稱身小羊而
大首必無是道理也
夏羊註黑羖䍽牡羭註黑羝也歸藏曰兩壺兩羭牝羖
註今人便以牂羖爲白黑羊名正義說文云夏羊牡曰羭牝曰羖夏羊羊
之黑毛者也古者黑羔裘通於上下天官司裘掌爲
大裘以共王祀天之服鄭司農云大裘黑羔裘服以
祀天示質孔穎達云五冕之裘亦同黑羔裘其諸侯
視朝及卿大夫等同用黑羔裘玉藻云羔裘緇衣以
裼之又鄭註論語云緇衣羔裘諸侯視朝之服是也
羭爲牡羊列子天瑞篇云老羭之爲猿張湛註以爲
牝羊非也羖爲牝羊而有角今治疾者用之而詩云
俾出童羖則羖有無角者矣百里奚衣五羊之皮以
入秦後遂號五羖大夫羖又爲賤者所服也註黑羝
至兩羭○正義郭言黑羝明其與吳羊之牡者同爲

甒也歸藏曰兩壺兩瑜者舊疏引歸藏齊母經云瞿有瞿有觚宵粱爲酒尊於兩壺兩瑜飲之三日然後蘇士有澤我取其魚緜辭協於古音郭氏節取以爲證也

角不齊觤【註】一短一長角三觭羷【註】觭角三匝【正義】春秋繁露執贄篇羔有角而不任設備而不用類好仁者此釋羊角之有異者也說文云觤羊角不齊也觭曲角也繫傳引爾雅舊註云觭卷也角卷三匝者名羷

羳羊黃腹【註】腹下黃【正義】羊之腹下黃色者名羳羊後世所謂黃羊也狀如羊而庳小細筋纖耳角似羖羊生野草間而善羣又有尾黑者有尾似麞鹿者有黑脊斑文者皆其別種也

未成羊羜【註】俗呼五月羔爲羜【正義】羊新生而未成羊者名羜小雅伐木云既有肥羜說文云羜五月生羔也羍六月生羔也羔爲羊子故以爲未成羊後漢書註引韓詩章句云小者

曰羔大者曰羊是也春秋繁露云羔食於其母必跪而受之類知禮者詩疏引薛綜答韋昭云羊子初生曰達小名羔羔未成羊曰羜長幼之異名

絕有力奮【正義】羊之絕有力者曰奮與雉及雞同名

羊屬【正義】題上事也說卦傳云兌爲羊又夏官之屬有羊人賈疏引易說云太山失金雞西嶽亡玉羊玉羊者西嶽之精而羊不在西方者羊有二義五行傳云視之不明則有羊䀜註云羊畜之遠視者屬視故列於夏官兌爲羊又屬西方也案賈公彥所引易說今見易緯是類謀註云金雞玉羊二岳之精也鄭司農云羊屬司馬火也火爲視羊亦視故屬火後鄭少牢饋食禮註引尚書傳亦云羊屬火而賈誼書云羊者西方之牲也是漢儒說羊並兼二義

犬生三猣二師一玂【註】此與豬生子義同名亦相出入【正義】此別犬生子多寡之名也說文云犬狗之有縣蹏者也玉篇云猣犬生三子也玂犬生一子也師廣韻作獅云犬生二子也犬二子名師與豕生二子者同名郭註釋獸云猪生子常多故别其少者之名犬與豕同矣猣與豵同鄭註大司馬引爾雅曰豕生三曰猣

未成毫狗【註】狗子未生榦毛者【正義】犬子生而長毛未成者爲狗曲禮疏云通而言之狗犬通名若分而言之則大者爲犬小者爲狗故月令皆爲犬而周禮有犬人職無狗人職也故爾雅曰未成毫狗是也但燕禮烹狗或是小者或通語耳

長喙獫短喙猲獢【註】詩曰載獫猲獢【正義】詩疏引李巡云分別犬喙長短之名也說文云獫長喙犬猲獢短喙犬也爾雅曰短喙犬謂之猲獢案說文所引爾雅增成其義以曉人

也【註】詩曰至猲獢○【正義】秦風駟鐵文今本作歇驕毛傳云獫歇驕田犬也鄭箋云載始也始田犬者謂達其搏噬始成之也

絕有力狣【正義】犬之絕有力者名狣狣與獒聲相近卽獒也

尨狗也【註】詩曰無使尨也吠【正義】詩疏引李巡云尨一名狗說文云尨犬之多毛者尨性善吠故說文以爲狗叩氣吠以守也【註】詩曰至也吠○【正義】召南野有死麕文毛傳云尨狗也非禮相陵則狗吠孔疏云主不迎客則有狗吠

狗屬【正義】題上事也說卦傳云艮爲狗九家易云艮止主守禦也艮數三七九六十三三主斗斗爲犬故犬懷胎三月而生斗運行十三時日出故犬十三日而開目斗詘故犬卧詘也斗運行四帀犬亦夜繞室也火之精畏水不敢飲但舌舐水耳犬鬭以水灌之則解

也犬近奎星故犬淫當路不避人者也周禮疏云犬有三種一曰田犬二曰吠犬三曰食犬此篇所釋獫猲獢田犬也厖吠犬也雞豚狗彘之畜無失其時狗爲食犬也

雞大者蜀【註】今蜀雞**蜀子雛**【註】雞子名【正義】說文云雞知時畜也雞之大者名蜀以其異於常雞也莊子謂之魯雞庚桑楚篇云魯雞固能矣向秀云魯雞大雞今蜀雞也蜀雞之子名雛方言云雞雛徐魯之間謂之稚子皆方俗之異名也

未成雞僆【註】江東呼雞少者曰僆【正義】淮南時則訓云大寒之日雞始乳雞之乳古以紀候焉雛甫離乳而未成雞謂之僆【註】江東至日僆○【正義】玉篇云江東呼畜雙產者謂之僆蓋俗語以畜始生爲僆也

絕有力奮【註】諸物有氣力多者無不健自奮迅故皆以

名云【正義】雞之絕有力者名奮雞與雉同類故名相同羊亦名奮則因其氣之健自奮迅也

雞屬【正義】題上事也說卦傳云巽爲雞九家易云應八風也風應節而變變不失時雞時至而鳴與風相應也二九十八主風精爲雞故雞十八日剖而成雞二九順陽數故雞知時而鳴也此篇釋雞類之大者及其子之異名也

馬八尺爲駥【註】周禮曰馬八尺已上爲駥【正義】駥卽馬之絕有力者後漢書註引爾雅作馬八尺爲龍月令云駕蒼龍是也【註】周禮至爲駥○【正義】夏官庾人云馬八尺以上爲龍郭氏引作爲駥聲近義通或所見本異也

牛七尺爲犉【註】詩曰九十其犉亦見尸子【正義】六畜長短之量以次而減牛七尺者曰犉卽牛屬之黑脣犉也【註】詩曰至尸子○【正義】詩小雅無羊文尸子無考下同

羊六尺爲羬【注】尸子曰大羊爲羬六尺【正義】羊高六尺者曰羬山海經云錢來山有獸焉其狀如羊而馬尾名曰羬羊郭氏彼註云今月氏國有大羊如驢而馬尾案今黃羊有極高大者爾雅所釋不必爲似驢之羊故郭氏亦不引爲證也

彘五尺爲豟【注】尸子曰大豕爲豟五尺今漁陽呼豬大者爲豟【正義】彘高五尺曰豟小爾雅云豕之大者謂之豣豟玉篇作豟章移切豕高五尺釋文作豟於革反大豕也

狗四尺爲獒【注】公羊傳曰靈公有善狗謂之獒也尚書孔氏傳曰大高四尺曰獒即此義【正義】狗高四尺者曰獒說文云獒知人心可使者左氏宣二年傳云公嗾夫獒焉杜預註獒猛犬也【注】公羊至此義○【正義】公羊宣六年傳云

靈公有周狗謂之獒何休註云周狗可以比周之狗所指如意郭氏引作善狗疑傳寫誤或所見本異也郭又引孔氏傳者東晉所上古文尚書旅獒云西旅底貢厥獒孔傳云犬高四尺曰獒郭氏引以爲證也

雞三尺爲鶤【註】陽溝巨鶤古之名雞【正義】雞高三尺者曰鶤郭註穆天子傳云鶤雞卽鵾雞也楚詞九辨云鵾雞啁哳而悲鳴漢書註引張揖云昆雞似鶴黃白色文選註又引張揖云鶤雞黃白色長頸赤喙與鵾同卽高三尺之鶤也淮南覽冥訓云軼鶤雞於姑餘高誘謂鶤雞鳳凰之屬非郭義也

六畜

【正義】唐石經及宋本俱篇末總題六畜監本無之蓋脫文也左傳疏云爾雅於馬牛羊豕犬雞之下題曰六畜是孔穎達所見本有之今据補

爾雅正義卷二十